Samuel P. Huntington
Der Kampf der Kulturen

Aus dem Amerikanischen von Holger Fliessbach

Samuel P. Huntington

DER KAMPF DER KULTUREN

The Clash of Civilizations. Die Neugestaltung der Weltpolitik im 21. Jahrhundert

EUROPAVERLAG MÜNCHEN – WIEN

Die Deutsche Bibliothek – CIP-Einheitsaufnahme

Huntington, Samuel P.:
Kampf der Kulturen : die Neugestaltung
der Weltpolitik im 21. Jahrhundert / Samuel P. Huntington.
Aus dem Amerikan. von Holger Fliessbach. –
München ; Wien : Europaverlag, 1996
Einheitssacht.: The clash of civilizations <dt.>
ISBN 3-203-78001-1

Originalausgabe
The Clash of Civilizations
Simon & Schuster, New York 1996

3. Auflage 1997

Lektorat: Afra Margaretha

Umschlaggestaltung: Wustmann und Ziegenfeuter, Dortmund

Herstellung: Bercker, Kevelaer
Printed in Germany
ISBN 3-203-78001-1

Inhalt

III Die kommende Ordnung der Zivilisationen

IV Konflikte zwischen Kulturkreisen

Für Nancy,
die lächelnd den »Kampf der Kulturen« erduldete

Vorwort

Im Sommer 1993 brachte die Zeitschrift *Foreign Affairs* einen Beitrag von mir mit dem Titel »The Clash of Civilizations?«. Dieser Artikel hat nach Auskunft der Herausgeber in den vergangenen drei Jahren mehr Diskussionen ausgelöst als irgendein anderer Zeitschriftenartikel seit den vierziger Jahren. Auf jeden Fall hat er in drei Jahren mehr Debatten provoziert als alles, was ich sonst geschrieben habe. Von allen fünf Kontinenten und aus Dutzenden von Ländern kamen Reaktionen und Kommentare. Die Leser waren abwechselnd beeindruckt, empört, besorgt und ratlos ob meiner These, daß die zentrale und gefährlichste Dimension der kommenden globalen Politik der Konflikt zwischen Gruppen aus unterschiedlichen Zivilisationen sein werde. Was immer er sonst wert sein mochte, der Artikel hatte einen Nerv in Menschen aller Zivilisationen getroffen.

Das Interesse, das der Artikel gefunden hatte, die Fehldeutungen, denen er ausgesetzt war, und die Kontroverse, die er hervorrief, ließen eine weitere Untersuchung der dort aufgeworfenen Streitfragen wünschenswert erscheinen. Eine konstruktive Art des Fragens ist das Aufstellen einer Hypothese. Mein Artikel, der ein generell übersehenes Fragezeichen im Titel enthielt, war der Versuch einer solchen Hypothesenbildung. Das vorliegende Werk ist der Versuch, auf die Frage des Artikels eine umfassendere, tiefere und gründlicher dokumentierte Antwort zu geben. Ich versuche hier, die in dem Artikel angesprochenen Themen zu entfalten, zu vertiefen, zu ergänzen, gelegentlich auch einzuschränken und viele Ideen auszuführen und viele Gegenstände zu berühren, die in dem Artikel gar nicht erwähnt oder nur beiläufig gestreift worden sind. Dazu gehören:

das Konzept von Zivilisationen; die Frage einer universalen Zivilisation; das Verhältnis zwischen Macht und Kultur; das veränderte Gleichgewicht der Macht zwischen den Zivilisationen; die kulturelle Indigenisierung in nichtwestlichen Gesellschaften; die politische Struktur von Zivilisationen; die Konflikte, die westlicher Universalismus, muslimische Militanz und chinesisches Auftrumpfen erzeugen; opportunistische und kritische Reaktionen auf den Aufstieg der chinesischen Macht; Ursachen und Dynamik von Bruchlinienkriegen; die Zukunft des Westens und einer Welt aus Zivilisationen. Ein wichtiges Thema, das in dem Artikel fehlte, betrifft den entscheidenden Impakt des Bevölkerungswachstums auf Stabilität und das Gleichgewicht der Macht. Ein weiteres höchst wichtiges Thema fassen der Titel des Buches und sein letzter Satz zusammen: »Konflikte von Zivilisationen sind die größte Gefahr für den Weltfrieden, und eine auf Zivilisationen basierende internationale Ordnung ist der sicherste Schutz vor einem Weltkrieg.«

Das Buch ist kein sozialwissenschaftliches Werk und soll es nicht sein. Vielmehr versteht es sich als eine Interpretation der Entwicklung der globalen Politik nach dem Kalten Krieg. Es will ein Gerüst, ein Paradigma für die Betrachtung globaler Politik liefern, das für Wissenschaftler gehaltvoll und für die Macher der Politik nützlich ist. Die Probe auf Gehalt und Nützlichkeit des Paradigmas ist nicht die Frage, ob es alles und jedes erklären kann, was in der globalen Politik geschieht. Offenkundig kann es das nicht. Die Probe besteht in der Frage, ob das Paradigma eine gehaltvollere und nützlichere Perspektive auf internationale Entwicklungen erlaubt als jede vergleichbare paradigmatische Perspektive. Dazu kommt, daß kein Paradigma für alle Zeiten gültig ist. Zwar mag ein kultureller Ansatz geeignet sein, das Verständnis für die globale Politik Ende des 20. und Anfang des 21. Jahrhunderts zu erleichtern; das heißt nicht, daß er Mitte des 20. Jahrhunderts ebenso hilfreich gewesen wäre oder daß er Mitte des 21. Jahrhunderts noch hilfreich sein wird.

Die Ideen, die ihren Niederschlag in jenem Artikel und in

diesem Buch fanden, habe ich öffentlich erstmals im Oktober 1992 im Rahmen einer Bradley Lecture am American Enterprise Institute in Washington vorgetragen und danach zu einem Paper für das Olin Institute und dessen von der Smith Richardson Foundation ermöglichtes Projekt »Die veränderte Sicherheitsumwelt und die nationalen Interessen Amerikas« ausgearbeitet. Nach der Veröffentlichung des Artikels wurde ich von Universitäts-, Regierungs-, Wirtschafts- und anderer Seite in allen Teilen der USA zu zahllosen Seminaren und Tagungen über den »Kampf der Kulturen« gebeten. Darüber hinaus hatte ich das Glück, an Diskussionen über den Artikel und seine These in vielen anderen Ländern teilnehmen zu können, so in Argentinien, Belgien, China, Deutschland, Frankreich, Großbritannien, Japan, Korea, Luxemburg, Rußland, Saudi-Arabien, Singapur, Südafrika, Schweden, der Schweiz, Spanien und Taiwan. Diese Diskussionen brachten mich mit allen großen Zivilisationen mit Ausnahme der hinduistischen in Berührung, und ich habe von den Einsichten und Perspektiven der Teilnehmer an diesen Diskussionen enorm profitiert. 1994 und 1995 hielt ich in Harvard ein Seminar über die Eigenart der Zeit nach dem Kalten Krieg, und die stets engagierten und mitunter kritischen Kommentare der Studenten zu meinen Ideen wirkten zusätzlich stimulierend. Die Arbeit an dem vorliegenden Buch profitierte auch sehr von der kollegialen und hilfsbereiten Atmosphäre am John M. Olin Institute for Strategic Studies und am Center for International Affairs der Universität Harvard.

Michael C. Desch, Robert O. Keohane, Fareed Zakaria und R. Scott Zimmerman haben das Manuskript zur Gänze gelesen und durch ihre Kommentare zu erheblichen Verbesserungen inhaltlicher und struktureller Art beigetragen. Während der gesamten Niederschrift des Buches stand Scott Zimmerman auch für unentbehrliche Recherchen zur Verfügung; ohne seine tatkräftige, fachkundige und engagierte Hilfe wäre dieses Buches nicht zum jetzigen Zeitpunkt fertig geworden. Auch unsere Hilfsassistenten Peter Jun und Christiana Briggs packten auf konstruktive Weise mit an. Grace de Magistris tippte erste Teile des Manuskripts, und Carol Edwards arbeitete mit großem Einsatz und hervorragender Effizienz das Manuskript so viele Male um, daß sie große Teile davon fast auswendig können muß. Denise Shannon von der Agentur Georges Borchardt sowie Robert Asahina, Robert Bender und Johanna Li vom Verlag Simon & Schuster haben das Manuskript gutgelaunt und professionell durch den Prozeß seiner Publikation begleitet. Allen Genannten bin ich überaus dankbar, daß sie diesem Buch ans Licht der Welt verholfen haben. Sie haben es viel besser gemacht, als es ohne sie geworden wäre, und wenn es noch Mängel hat, gehen sie auf mein Konto.

Die Arbeit an diesem Buch wurde mir durch die finanzielle Unterstützung der John M. Olin Foundation und der Smith Richardson Foundation ermöglicht. Ohne diesen Rückhalt hätte sich die Vollendung des Buches um Jahre verzögert, und ich weiß ihre großzügige Hilfe für meine Bemühungen zutiefst zu schätzen. Während andere Stiftungen sich zunehmend auf innenpolitische Fragen konzentrieren, verdienen Olin und Smith Richardson Loblieder ob ihres ungebrochenen Interesses und Engagements für Studien über Krieg, Frieden und die nationale und internationale Sicherheit.

S. P. H.

Vorbemerkung zur Übersetzung:
Es wäre der Wunsch des Autors gewesen, die Begriffe »civilization« und »culture« mit »Zivilisation« und »Kultur« zu übersetzen. Dies wurde in einer ersten Fassung versucht, was sich aber aus praktischen und Verständnisgründen nicht durchhalten ließ. Deswegen wird »civilization« jeweils mit »Kultur«, »Kulturkreis« oder »Hochkultur« wiedergegeben und für »culture« der Begriff »Zivilisation« verwendet, in Einzelfällen auch »Kultur«. Der deutsche Sprachgebrauch für »Kultur« und »Zivilisation« entspricht gerade nicht dem Englischen und Französischen. Vgl. dazu Norbert Elias, *Über den Prozeß der Zivilisation* (Frankfurt 1976), Einleitung zum ersten Band.

H. F.

I

WELT AUS KULTUREN

Kapitel 1

Die neue Ära der Weltpolitik

Flaggen und kulturelle Identität

Am 3. Januar 1992 fand im Hörsaal eines Moskauer Regierungsgebäudes eine Konferenz russischer und amerikanischer Wissenschaftler statt. Zwei Wochen zuvor hatte die Sowjetunion aufgehört zu bestehen, und die Russische Föderation war ein unabhängiges Land geworden. Aus diesem Grund war die Leninbüste, die bis dahin das Podium des Auditoriums geziert hatte, verschwunden; statt ihrer prangte jetzt die Flagge der Russischen Föderation an der Stirnseite des Saales. Das einzige Problem war – wie ein Amerikaner bemerkte –, daß die Flagge verkehrt herum hing. Nachdem man die russischen Gastgeber auf den Lapsus hingewiesen hatte, wurde er in der ersten Sitzungspause rasch und diskret korrigiert.

In den Jahren nach dem Kalten Krieg machten die Identität von Völkern, die Symbole dieser Identität und infolgedessen die globale Politik dramatische Veränderungen durch, die noch nicht beendet sind. Verkehrt hängende Flaggen waren ein Zeichen dieses Überganges. Aber mittlerweile wehen immer mehr Fahnen stolz und richtig, und die Russen und andere Völker sind dabei, sich zu mobilisieren und hinter diesen und anderen Symbolen ihrer neuen kulturellen Identität herzumarschieren.

Am 8. April 1994 versammelten sich in Sarajevo zweitausend Menschen und schwenkten Fahnen – nicht etwa die Fahnen der UNO, der NATO oder der USA, sondern die Fahnen Saudi-Arabiens und der Türkei. Sie zeigten im wahrsten Sinne des Wortes Flagge und demonstrierten der Welt, wer ihre wahren und wer ihre weniger wahren Freunde waren.

Am 16. Oktober 1994 protestierten in Los Angeles 70.000 Menschen in einem »Meer von mexikanischen Flaggen« gegen ein geplantes Referendum (Proposition 187), das vielen illegalen Einwanderern und ihren Kindern bundesstaatliche Vergünstigungen gestrichen hätte. »Warum«, so fragten sich Beobachter, »laufen sie mit der mexikanischen Fahne durch die Stadt, wenn sie von den USA kostenlosen Schulbesuch verlangen? Sie sollten lieber die amerikanische Fahne schwenken!« Zwei Wochen später sah man auf der Straße noch mehr Protestmarschierer, die wirklich die amerikanische Fahne schwenkten – verkehrt herum. Diese Flaggendemonstration sicherte dem Referendum den Erfolg: 59 Prozent der kalifornischen Wähler stimmten dafür.

In der Welt nach dem Kalten Krieg zählen Flaggen und andere Symbole kultureller Identität wie Kreuze, Halbmonde und sogar Kopfbedeckungen; denn Kultur zählt, und kulturelle Identität hat für die meisten Menschen höchste Bedeutung. Die Menschen entdecken heute neue, aber oft eigentlich alte Identitäten und marschieren hinter neuen, aber oft eigentlich alten Fahnen im Kriege mit neuen, aber oft eigentlich alten Feinden.

Eine grimmige Weltanschauung für diese neue Ära formuliert der nationalistische venezianische Demagoge in Michael Dibdins Roman *Dead Lagoon*: »Ohne wahre Feinde keine wahren Freunde! Wenn wir nicht hassen, was wir nicht sind, können wir nicht lieben, was wir sind. Das sind die alten Wahrheiten, die wir heute, nach dem sentimentalen Gesülze von hundert Jahren, unter Schmerzen wieder entdecken. Wer diese Wahrheiten leugnet, der verleugnet seine Familie, sein Erbe, seine Kultur, sein Geburtsrecht, sein ganzes Ich! Das wird ihm nicht so leicht vergessen.« An der betrüblichen *Wahrheit* dieser alten *Wahrheiten* können Staatsmänner und Wissenschaftler nicht vorbeigehen. Für Menschen, die ihre Identität suchen und ihre Ethnizität neu erfinden, sind Feinde unabdingbar, und die potentiell gefährlichsten Feindschaften begegnen uns an den Bruchlinien zwischen den großen Kulturen der Welt.

Das zentrale Thema dieses Buches lautet: Kultur und die Identität von Kulturen, auf höchster Ebene also die Identität von Kulturkreisen, prägen heute, in der Welt nach dem Kalten Krieg, die Muster von Kohärenz, Desintegration und Konflikt. Die fünf Teile dieses Buches entwickeln diese Hauptaussage weiter.

Teil Eins. Zum erstenmal in der Geschichte ist globale Politik sowohl multipolar als auch multikulturell; Verwestlichung ist etwas anderes als Modernisierung; und wirtschaftliche und soziale Modernisierung erzeugt weder eine universale Kultur irgendeiner Art noch die Verwestlichung nichtwestlicher Gesellschaften.

Teil Zwei. Das Machtgleichgewicht zwischen den Kulturkreisen verschiebt sich: Der Westen verliert an relativem Einfluß; asiatische Kulturen verstärken ihre wirtschaftliche, militärische und politische Macht; der Islam erlebt eine Bevölkerungsexplosion mit destabilisierenden Folgen für muslimische Länder und ihre Nachbarn; und nichtwestliche Kulturen bekräftigen selbstbewußt den Wert ihrer eigenen Grundsätze.

Teil Drei. Eine auf kulturellen Werten basierende Weltordnung ist im Entstehen begriffen: Gesellschaften, die durch kulturelle Affinitäten verbunden sind, kooperieren miteinander. Bemühungen, eine Gesellschaft von einem Kulturkreis in einen anderen zu verschieben, sind erfolglos; und Länder gruppieren sich um die Führungs- oder Kernstaaten ihrer Kultur.

Teil Vier. Seine universalistischen Ansprüche bringen den Westen zunehmend in Konflikt mit anderen Kulturkreisen, am gravierendsten mit dem Islam und China. Auf lokaler Ebene bewirken Bruchlinienkriege (im wesentlichen zwischen Muslimen und Nichtmuslimen) den »Schulterschluß verwandter Länder«, die Gefahr einer breiteren Eskalation und damit Bemühungen von Kernstaaten um Eindämmung und Unterbindung dieser Kriege.

Teil Fünf. Das Überleben des Westens hängt davon ab, daß die Amerikaner ihre westliche Identität bekräftigen und die Westler sich damit abfinden, daß ihre Kultur einzigartig, aber nicht universal ist, und sich einigen, um diese Kultur zu erneuern und vor der Herausforderung durch nichtwestliche Gesellschaften zu schützen. Ein weltweiter Kampf der Kulturen kann nur vermieden werden, wenn die Mächtigen dieser Welt eine globale Politik akzeptieren und aufrechterhalten, die unterschiedliche kulturelle Wertvorstellungen berücksichtigt.

Eine multipolare, multikulturelle Welt

In der Welt nach dem Kalten Krieg ist Weltpolitik zum erstenmal in der Geschichte multipolar *und* multikulturell geworden. Für die längste Zeit menschlichen Daseins auf Erden waren Kontakte zwischen Kulturen sporadisch oder nicht existent. Zu Beginn der Neuzeit um 1500 n. Chr. nahm dann die globale Politik zwei Dimensionen an. Auf der einen Seite bildeten die Nationalstaaten des Westens – England, Frankreich, Spanien, Österreich, Preußen, Deutschland, die USA und andere – ein multipolares internationales System im Rahmen des westlichen Kulturkreises und interagierten, konkurrierten und kämpften miteinander. Auf der anderen Seite wurde jede andere Kultur von den expandierenden westlichen Nationen erobert, kolonisiert oder zumindest massiv beeinflußt. (Karte 1.) Während des Kalten Krieges wurde die globale Politik bipolar, und die Welt zerfiel in drei Teile. Eine Gruppe zumeist wohlhabender und demokratischer Gesellschaften unter Führung der USA stand in einer durchgängigen ideologischen, politischen, ökonomischen und zeitweise militärischen Konkurrenz zu einer Gruppe etwas ärmerer kommunistischer Gesellschaften im Machtbereich und unter Führung der Sowjetunion. Ein erheblicher Teil dieses Konfliktes wurde außerhalb dieser beiden Lager in der Dritten Welt ausgetragen, bestehend aus armen, politisch instabilen Ländern, die erst seit kurzem unabhängig waren und für sich Bündnisfreiheit beanspruchten. (Karte 2.)

Ende der achtziger Jahre brach die kommunistische Welt zusammen, und das internationale System des Kalten Krieges wurde Geschichte. In der Welt nach dem Kalten Krieg sind die wichtigsten Unterscheidungen zwischen Völkern nicht mehr ideologischer, politischer oder ökonomischer Art. Sie sind kultureller Art. Völker und Nationen versuchen heute, die elementarste Frage zu beantworten, vor der Menschen stehen können: Wer sind wir? Und sie beantworten diese Frage in der traditionellen Weise, in der Menschen sie immer beantwortet haben: durch Rückbezug auf die Dinge, die ihnen am meisten bedeuten. Die Menschen definieren sich über Herkunft, Religion, Sprache, Geschichte, Werte, Sitten und Gebräuche, Institutionen. Sie identifizieren sich mit kulturellen Gruppen: Stämmen, ethnischen Gruppen, religiösen Gemeinschaften, Nationen und, auf weitester Ebene, Kulturkreisen. Menschen benutzen Politik nicht nur dazu, ihre Interessen zu fördern, sondern auch dazu, ihre Identität zu definieren. Wir wissen, wer wir sind, wenn wir wissen, wer wir nicht sind und gegen wen wir sind.

Nationalstaaten bleiben die Hauptakteure des Weltgeschehens. Die wichtigsten Gruppierungen von Staaten sind jedoch nicht mehr die drei Blöcke aus der Zeit des Kalten Krieges, sondern die sieben oder acht großen Kulturen der Welt. (Karte 3.) Nichtwestliche Gesellschaften, zumal in Ostasien, sind heute dabei, ihren wirtschaftlichen Wohlstand zu entwickeln und die Grundlage für eine Ausweitung ihrer militärischen Macht und ihres politischen Einflusses zu schaffen. In dem Maße, wie Macht und Selbstbewußtsein der nichtwestlichen Gesellschaften zunehmen, pochen sie verstärkt auf ihre eigenen kulturellen Werte und verwerfen jene, die ihnen der Westen »aufgezwungen« hat. »Das internationale System des 21. Jahrhunderts«, bemerkt Henry Kissinger, »... wird mindestens sechs Großmächte aufweisen – die USA, Europa, China, Japan, Rußland und wahrscheinlich Indien –, neben einer Vielzahl mittelgroßer und kleinerer Länder.«[1] Kissingers sechs Großmächte gehören zu fünf sehr verschiedenen Kulturen, und außerdem gibt es wichtige islamische Staaten, die durch strategische Lage, Bevölkerungsgröße und/oder Ölreserven Einfluß auf das Weltgeschehen

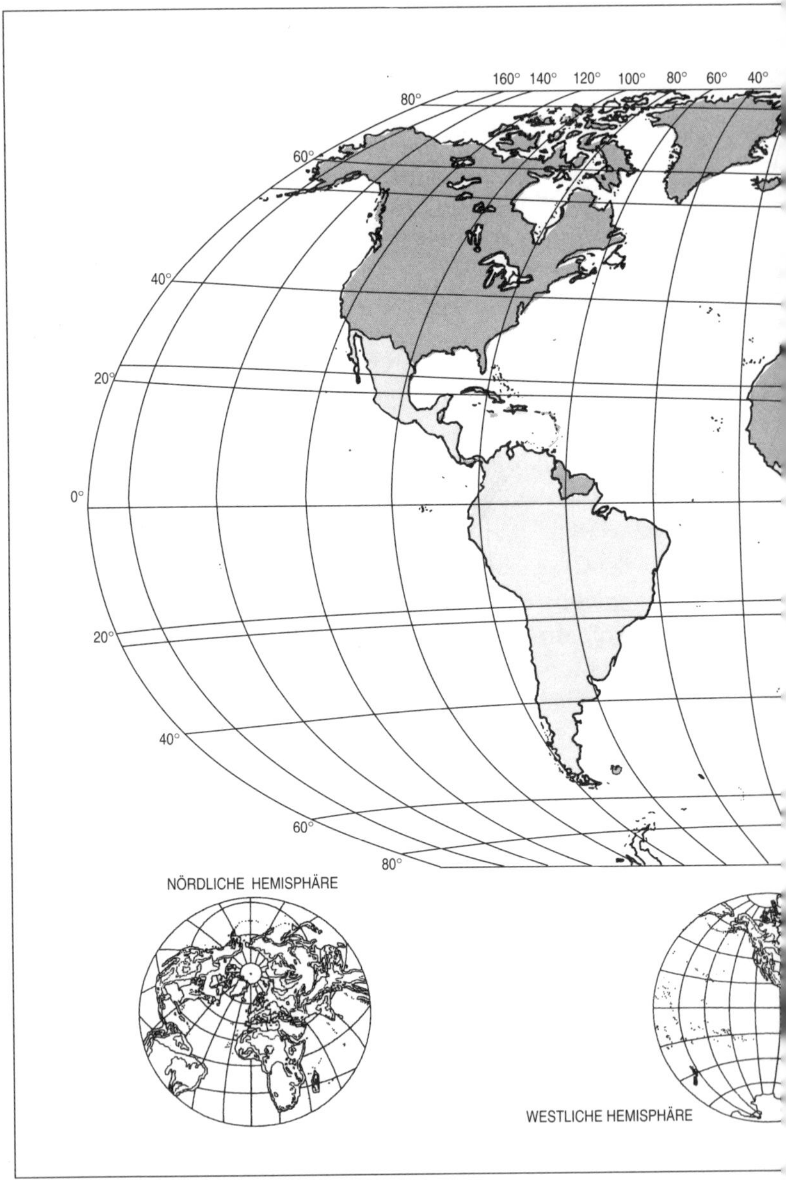

Karte 1.1: Der Westen und der Rest 1920

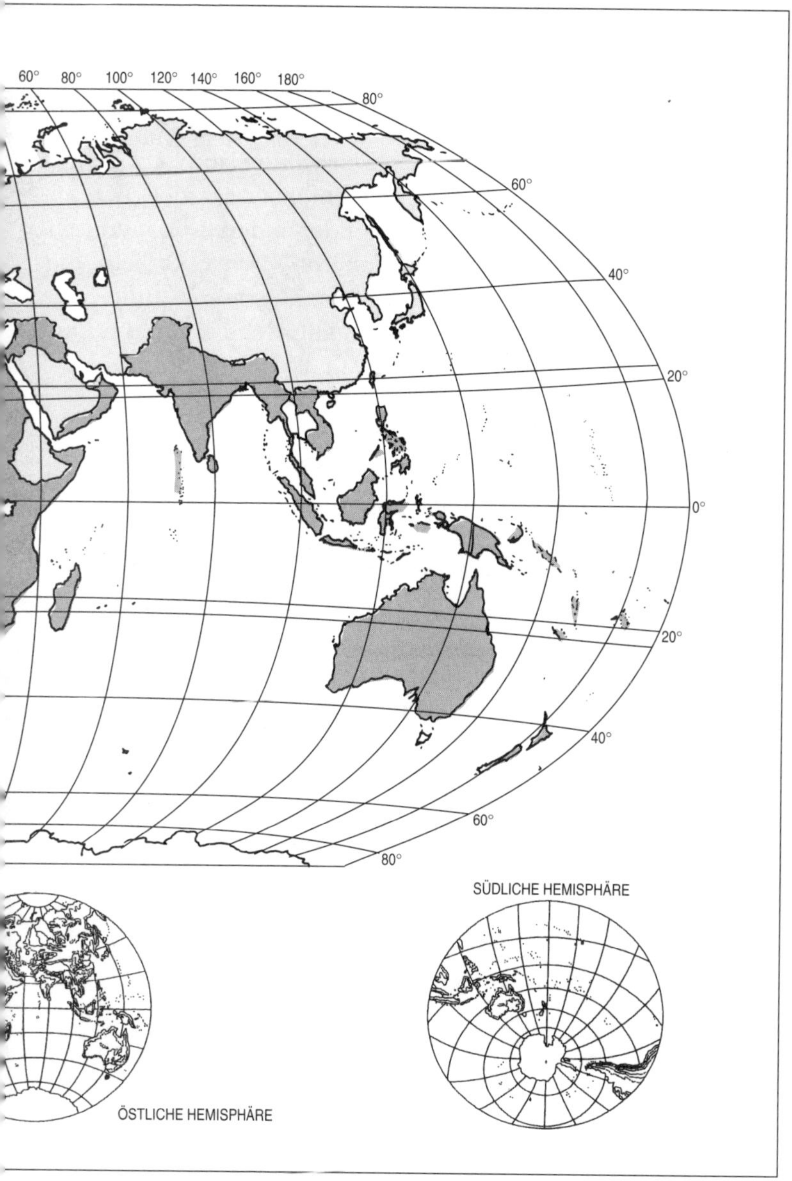
60°
80°
100°
120°
140°
160°
180°
80°
60°
40°
20°
0°
20°
40°
60°
80°
SÜDLICHE HEMISPHÄRE
ÖSTLICHE HEMISPHÄRE

haben. In dieser neuen Welt ist Lokalpolitik die Politik der Ethnizität, Weltpolitik die Politik von Kulturkreisen. Die Rivalität der Supermächte wird abgelöst vom Konflikt der Kulturen.

Weltpolitik wird heute nach Maßgabe von Kulturen und Kulturkreisen umgestaltet. In dieser Welt werden die hartnäckigsten, wichtigsten und gefährlichsten Konflikte nicht zwischen sozialen Klassen, Reichen und Armen oder anderen ökonomisch definierten Gruppen stattfinden, sondern zwischen Völkern, die unterschiedlichen kulturellen Einheiten angehören. Innerhalb der einzelnen Kulturkreise werden Stammeskriege und ethnische Konflikte auftreten. Die Gewalt zwischen Staaten und Gruppen aus unterschiedlichen Kulturkreisen jedoch trägt den Keim der Eskalation in sich, da andere Staaten und Gruppen aus diesen Kulturkreisen ihren »Bruderländern« (kin countries)[2] zu Hilfe eilen werden. Der blutige Kampf der Clans in Somalia birgt nicht die Gefahr eines größeren Konflikts. Der blutige Kampf der Stämme Ruandas wirkt sich auf Uganda, Zaire und Burundi aus, aber nicht sehr viel weiter. Aus dem blutigen Kampf der Kulturen in Bosnien, dem Kaukasus, Mittelasien oder Kaschmir könnten größere Kriege werden. Wenn in den jugoslawischen Konflikten Rußland den Serben diplomatische Unterstützung gewährt und Saudi-Arabien, die Türkei, der Iran und Libyen den Bosniern Geldmittel und Waffen geliefert haben, dann nicht aus Gründen der Ideologie oder der Machtpolitik oder des ökonomischen Interesses, sondern aufgrund kultureller Verwandtschaft. »Kulturelle Konflikte«, hat Vaclav Havel erkannt, »greifen um sich und sind heute gefährlicher denn je zuvor,« und Jacques Delors pflichtet ihm bei: »Künftige Konflikte werden sich nicht an wirtschaftlichen oder ideologischen, sondern an kulturellen Faktoren entzünden.«[3] Die gefährlichsten Konflikte aber sind jene an den Bruchlinien zwischen den Kulturen.

In der Welt nach dem Kalten Krieg ist Kultur eine zugleich polarisierende und einigende Kraft. Menschen, die durch Ideologien getrennt, aber durch eine Kultur geeint waren, finden zusammen, wie die beiden Deutschlands zusammenfanden und wie die beiden Koreas und verschiedenen Chinas zusammenzufinden beginnen. Gesellschaften, die durch Ideologie oder historische Umstände geeint, aber kulturell vielfältig waren, fallen entweder auseinander, wie die Sowjetunion, Jugoslawien und Bosnien, oder sind starken Erschütterungen ausgesetzt, wie die Ukraine, Nigeria, der Sudan, Indien, Sri Lanka und viele andere. Länder mit kulturellen Affinitäten kooperieren miteinander auf wirtschaftlichem und politischem Gebiet. Internationale Organisationen, die auf Staaten mit kultureller Gemeinsamkeit basieren, wie etwa die Europäische Union, sind viel erfolgreicher als solche, die kulturelle Grenzen zu überschreiten suchen. Fünfundvierzig Jahre lang war der Eiserne Vorhang die zentrale Trennungslinie in Europa. Diese Linie hat sich um mehrere hundert Kilometer nach Osten verschoben. Heute ist es die Linie, die die Völker des westlichen Christentums auf der einen Seite von muslimischen und orthodoxen Völkern auf der anderen trennt. Österreich, Schweden und Finnland, kulturell ein Teil des Westens, waren im Kalten Krieg zu Neutralität und Trennung vom Westen gezwungen. In der neuen Ära stoßen sie wieder zu ihrer kulturellen Verwandtschaft in der Europäischen Union, und Polen, Ungarn und die Tschechische Republik sind dabei, ihnen zu folgen.

Die philosophischen Voraussetzungen, Grundwerte, sozialen Beziehungen, Sitten und allgemeinen Weltanschauungen differieren von Kulturkreis zu Kulturkreis erheblich. Die Revitalisierung der Religion in weiten Teilen der Welt verstärkt diese kulturellen Unterschiede. Kulturen können sich verändern, und die Art ihrer Auswirkung auf Politik und Wirtschaft kann von Epoche zu Epoche variieren. Gleichwohl wurzeln die wesentlichen Unterschiede in der politischen und wirtschaftlichen Entwicklung der Kulturkreise eindeutig in ihren unterschiedlichen kulturellen Grundlagen. Der wirtschaftliche Erfolg Ostasiens wurzelt in der Kultur Ostasiens, so wie die Schwierigkeiten der ostasiatischen Gesellschaften bei der Etablierung eines stabilen

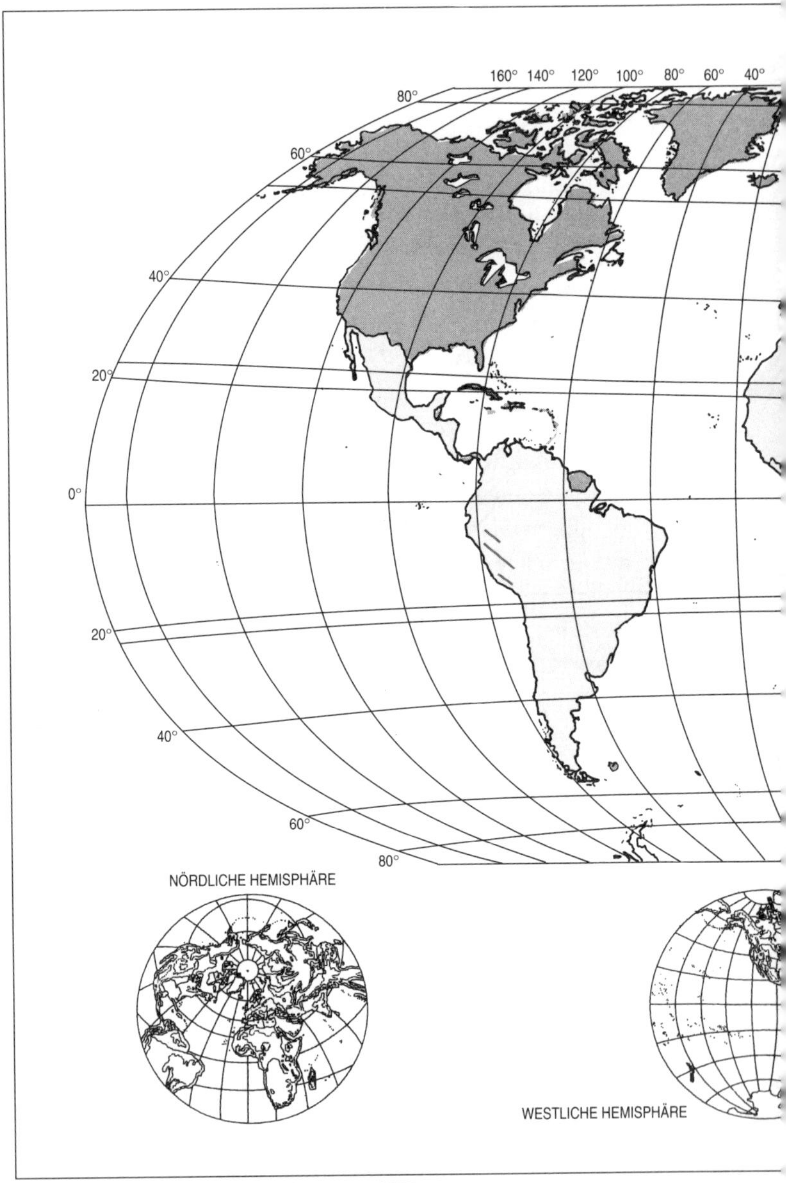

Karte 1.2: Die Welt des Kalten Krieges, um 1960

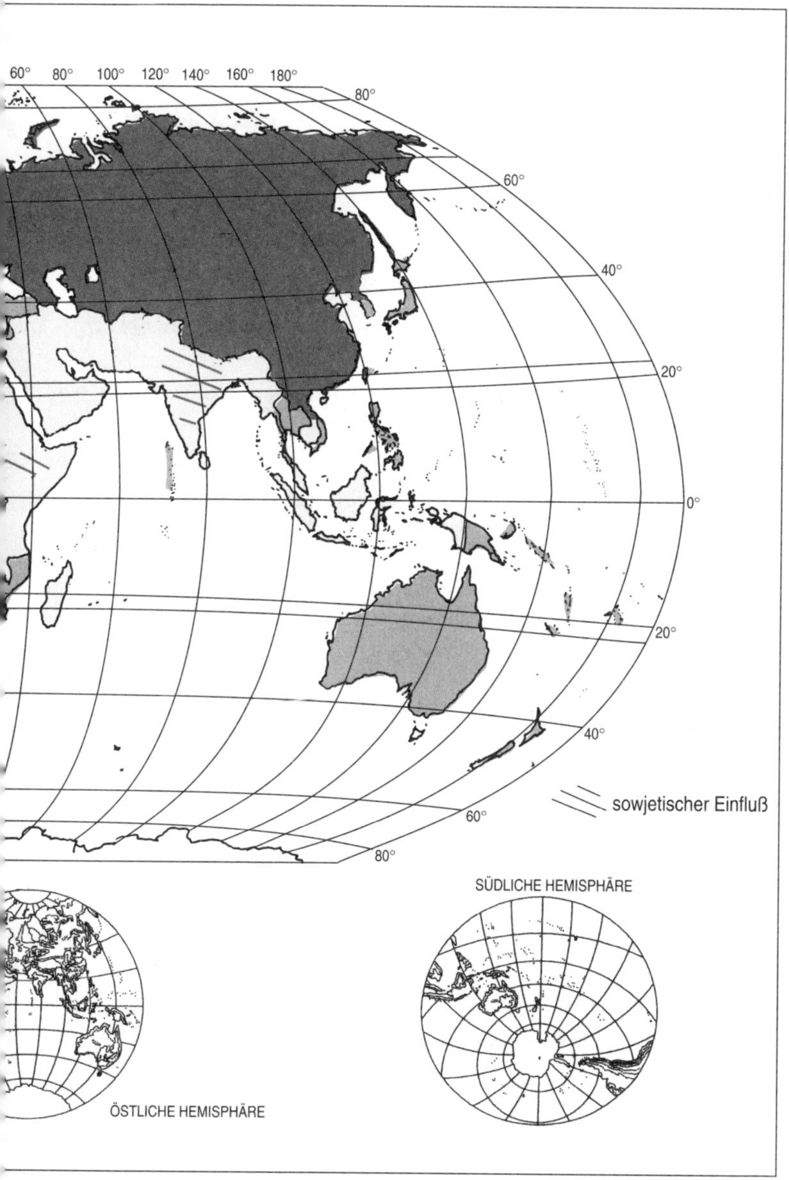
60°
80°
100°
120°
140°
160°
180°
80°
60°
40°
20°
0°
20°
40°
60°
80°
sowjetischer Einfluß
SÜDLICHE HEMISPHÄRE
ÖSTLICHE HEMISPHÄRE

demokratischen Systems von der ostasiatischen Kultur herrühren. Die islamische Kultur erklärt zu einem großen Teil, warum die Demokratie in weiten Teilen der muslimischen Welt nicht Fuß fassen kann. Die Entwicklungen in den postkommunistischen Gesellschaften Osteuropas und der früheren Sowjetunion werden durch deren kulturelle Identität geprägt: Solche mit westlich-christlichem Erbe machen auf dem Wege zu wirtschaftlicher Entwicklung und demokratischer Politik Fortschritte; in den orthodoxen Ländern sind die Aussichten auf wirtschaftliche und politische Entwicklung unklar; in den muslimischen Republiken sind sie düster.

Der Westen ist und bleibt auf Jahre hinaus der mächtigste Kulturkreis der Erde. Gleichwohl geht seine Macht in Relation zur Macht anderer Kulturkreise zurück. In dem Maße, wie der Westen versucht, seine Werte zu behaupten und seine Interessen zu schützen, sind nichtwestliche Gesellschaften mit einer Alternative konfrontiert. Einige versuchen, den Westen nachzuahmen und sich dem Westen anzuschließen, »mitzuhalten«. Andere konfuzianische und islamische Gesellschaften versuchen, ihre wirtschaftliche und militärische Macht auszuweiten, um dem Westen zu widerstehen, »dagegenzuhalten«. Eine zentrale Achse der Weltpolitik nach dem Kalten Krieg ist daher die Interaktion der westlichen Macht und Kultur mit der Macht und Kultur nichtwestlicher Gruppierungen.

Die Welt nach dem Kalten Krieg ist demnach eine Welt aus sieben oder acht großen Kulturkreisen oder »Zivilisationen«. Kulturelle Gemeinsamkeiten und Unterschiede prägen ihre Interessen, Antagonismen und staatlichen Zusammenschlüsse. Die wichtigsten Länder der Welt kommen ganz überwiegend aus verschiedenen Kulturen. Jene lokalen Konflikte, deren Eskalation zu umfassenderen Kriegen am wahrscheinlichsten ist, sind Konflikte zwischen Gruppen und Staaten aus verschiedenen Kulturen. Die vorherrschenden Muster der politischen und wirtschaftlichen Entwicklung differieren von Kultur zu Kultur. Die Schlüsselthemen auf der internationalen Tagesordnung implizieren Unterschiede zwischen Kulturen. Die Macht verschiebt sich allmählich vom lange vorherrschenden Westen auf nichtwestliche Kulturkreise. Die globale Politik ist multipolar und multikulturell geworden.

Andere Welten?

Karten und Paradigmen. Dieses Bild der Weltpolitik nach dem Kalten Krieg – von kulturellen Faktoren geprägt und Interaktionen zwischen Staaten und Gruppen verschiedener Kulturen implizierend – ist stark vereinfacht. Es unterschlägt vieles, verzerrt manches und verdunkelt einiges. Totzdem benötigen wir, wenn wir ernsthaft über die Welt nachdenken und effizient in ihr handeln wollen, eine Art von vereinfachter Landkarte der Realität, eine Theorie, ein Konzept, ein Modell, ein Paradigma. Ohne derartige geistige Konstrukte gibt es nur, wie William James gesagt hat, ein »kunterbuntes Durcheinander«. Wie Thomas Kuhn in seinem Klassiker *Die Struktur wissenschaftlicher Revolutionen* gezeigt hat, besteht geistiger und wissenschaftlicher Fortschritt darin, ein Paradigma, das immer weniger imstande ist, neue oder neu entdeckte Tatsachen zu erklären, durch ein neues Paradigma zu ersetzen, das diesen Tatsachen auf befriedigendere Weise gerecht wird. »Um als Paradigma angenommen zu werden«, schreibt Kuhn, »muß eine Theorie besser erscheinen als die mit ihr im Wettstreit liegenden, sie braucht aber nicht – und tut es tatsächlich auch niemals – alle Tatsachen, mit denen sie konfrontiert wird, zu erklären.«[4] – »Um sich in unvertrautem Gelände zurechtzufinden«, bemerkt auch John Lewis Gaddis sehr klug, »braucht man in der Regel irgendeine Art von Landkarte. Die Kartographie ist, wie die Kognition selbst, eine notwendige Vereinfachung, die uns erlaubt festzustellen, wo wir sind und wohin wir uns wenden.« Ein derartiges Schema war laut Gaddis das im Kalten Krieg geläufige Bild von der Rivalität der Supermächte; es wurde erstmals von Harry Truman artikuliert, als »ein Stück geopolitischer Kartographie, das die interna-

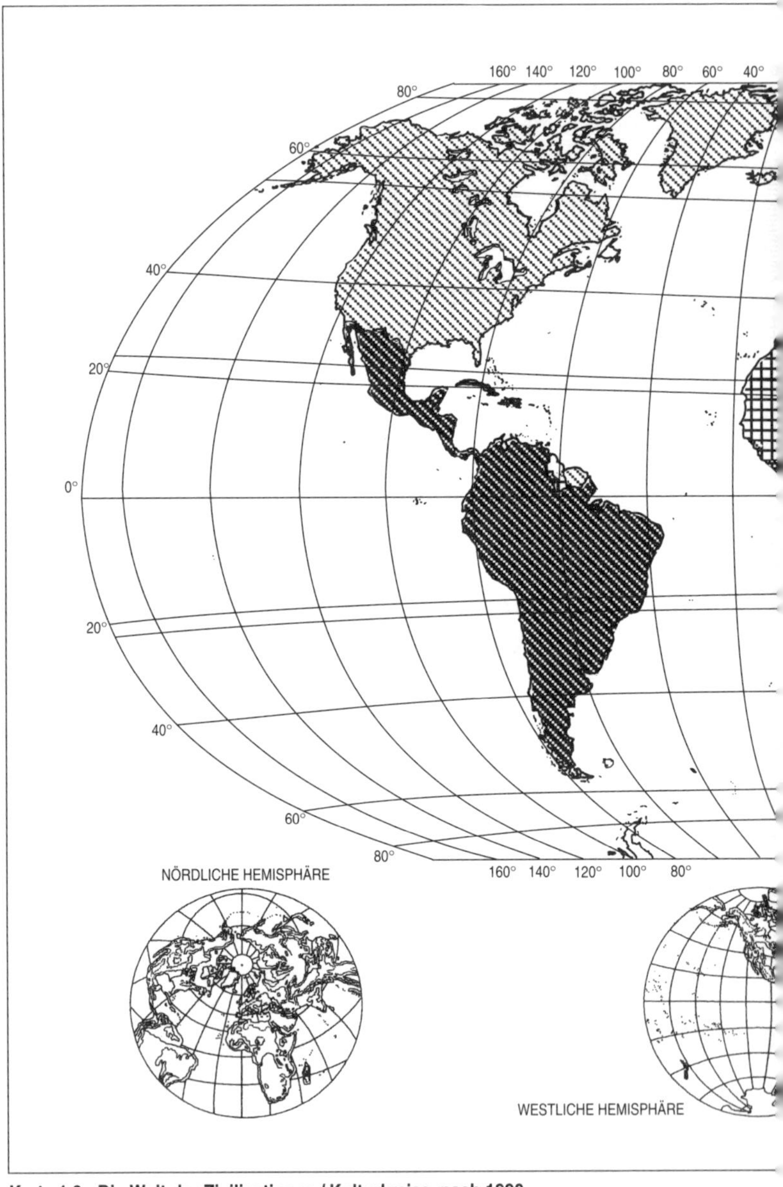

Karte 1.3: Die Welt der Zivilisationen / Kulturkreise, nach 1990

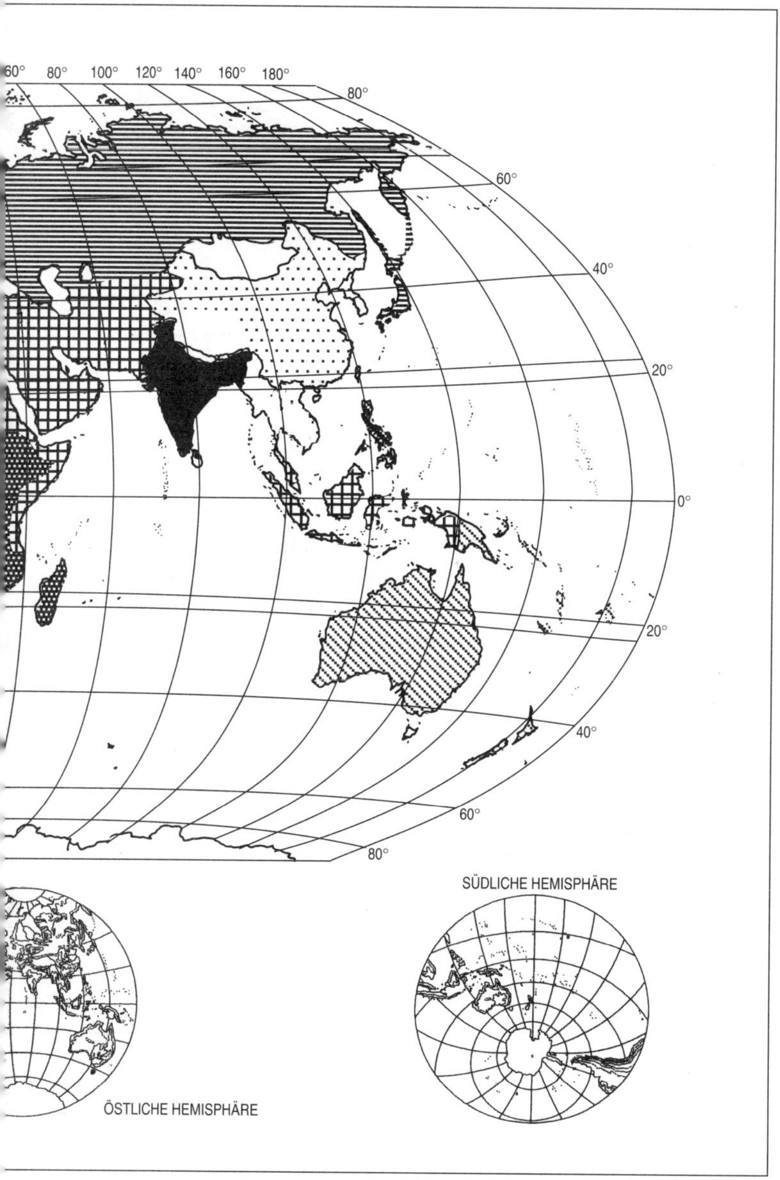
60°
80°
100°
120°
140°
160°
180°
80°
60°
40°
20°
0°
20°
40°
60°
80°
SÜDLICHE HEMISPHÄRE
ÖSTLICHE HEMISPHÄRE

tionale Landschaft in jedermann verständlichen Begriffen beschrieb und damit den Weg für die ausgefeilte Strategie der Eindämmung bereitete, die bald darauf eingeführt wurde.« Weltsichten und Kausalvorstellungen sind Goldstein und Keohane zufolge unentbehrliche »Straßenkarten« für das Verstehen und Handeln in der internationalen Politik.[5]

Vierzig Jahre lang dachten und handelten die Beobachter und Akteure der internationalen Beziehungen im Sinne dieses stark vereinfachten, aber sehr nützlichen Bildes vom Weltgeschehen; es war das Paradigma des Kalten Krieges. Dieses Paradigma konnte nicht alles erklären, was in der Weltpolitik geschah. Es gab viele »Anomalien«, um mit Kuhn zu reden, und gelegentlich machte das Paradigma Wissenschaftler und Politiker blind für wesentliche Entwicklungen, wie etwa den Bruch zwischen China und Rußland. Doch als einfaches Modell globaler Politik erklärte es wichtigere Phänomene als jedes konkurrierende Paradigma, es war ein wesentlicher Ausgangspunkt für das Nachdenken über internationale Angelegenheiten, es wurde fast überall akzeptiert, und es prägte zwei Generationen lang das Nachdenken über Weltpolitik.

Vereinfachte Paradigmen oder Landkarten sind für das menschliche Denken und Handeln unentbehrlich. Auf der einen Seite können wir derartige Theorien oder Modelle explizit formulieren und sie bewußt zur Orientierung unseres Verhaltens einsetzen. Die andere Möglichkeit ist, die Notwendigkeit solcher Orientierungshilfen zu bestreiten und anzunehmen, daß wir ausschließlich nach Maßgabe spezifischer »objektiver« Tatsachen handeln, die wir jeweils konkret »würdigen«. Mit dieser Annahme betrügen wir uns jedoch selbst. Es gibt im Hintergrund unseres Bewußtseins verborgene Annahmen, Vorlieben und Vorurteile, die bestimmen, wie wir die Realität wahrnehmen, auf welche Tatsachen wir achten und wie wir deren Wichtigkeit und Vorteile einschätzen. Wir benötigen explizite oder implizite Modelle, die uns befähigen,

1. die Realität zu ordnen und allgemeine Aussagen über sie zu treffen;
2. Kausalbeziehungen zwischen Phänomenen zu verstehen;
3. künftige Entwicklungen abzuschätzen und womöglich vorauszusagen;
4. Wichtiges von Unwichtigem zu unterscheiden; und
5. zu erkennen, welche Wege wir einschlagen müssen, um unsere Ziele zu erreichen.

Jedes Modell, jede Landkarte ist eine Abstraktion und wird für bestimmte Zwecke besser geeignet sein als für andere. Eine Straßenkarte zeigt uns, wie wir mit dem Auto von A nach B kommen, wird uns aber wenig nützen, wenn wir das Flugzeug nehmen. In diesem Fall werden wir eher zu einer topographischen Karte greifen, die es uns erlaubt, Berge und Flüsse zu identifizieren. Ganz ohne Karte werden wir jedoch in die Irre gehen. Je detaillierter eine Karte ist, desto umfassender wird sie die Realität widerspiegeln. Eine extrem detailreiche Karte wird jedoch für viele Zwecke nicht hilfreich sein. Wenn wir aus einer Großstadt in eine andere Großstadt oder auf eine Autobahn gelangen wollen, benötigen wir nicht, ja fänden wir irritierend eine Landkarte, auf der zahlreiche für den Straßenverkehr unwichtige Informationen verzeichnet sind, die Autobahnen aber in einem unübersichtlichen Gewirr von Landstraßen verschwinden. Andererseits würde eine Landkarte, auf der nur eine einzige Autobahn verzeichnet wäre, einen großen Teil der Realität unterschlagen und unsere Möglichkeiten einschränken, im Fall einer Sperre nach einem Unfall eine Ausweichstrecke zu finden. Kurzum, wir benötigen eine Landkarte, die zwar die Realität abbildet, diese aber zugleich in einer Weise vereinfacht, die für unsere Zwecke am geeignetsten ist. Am Ende des Kalten Krieges sind verschiedene Landkarten oder Paradigmen der Weltpolitik vorgelegt worden.

Eine Welt: Euphorie und Harmonie. Ein vielfach artikuliertes Paradigma beruhte auf der Annahme, das Ende des Kalten Krieges bedeute das Ende signifikanter Konflikte in der globalen Politik und die Entstehung einer einzigen, relativ harmonischen Welt. Die meistdiskutierte Formulierung dieses Modells war Francis Fukuyamas These vom »Ende der Geschichte«. (In Kapitel III werden wir eine analoge Argumentation erörtern, die nicht auf dem Ende des Kalten Krieges beruht, sondern auf langfristigen ökonomischen und sozialen Tendenzen, die eine »universale Kultur« hervorbringen sollen.) »Was wir heute erleben«, behauptete Fukuyama, »ist vielleicht das Ende der Geschichte als solcher, das heißt der Endpunkt der ideologischen Evolution der Menschheit und die Universalisierung der westlich-liberalen Demokratie als definitiver Regierungsform des Menschen.« Gewiß, fuhr er fort, mag es noch einige Konflikte an Orten der Dritten Welt geben, aber der globale Konflikt ist vorüber, und zwar nicht allein in Europa. »Gerade in der nichteuropäischen Welt« sind die ganz großen Veränderungen eingetreten, namentlich in China und in der Sowjetunion. Der Krieg der Ideen ist zu Ende. Gläubige Anhänger des Marxismus-Leninismus gibt es vielleicht noch »an Orten wie Managua, Pjöngjang und Cambridge (Massachusetts)«, aber im großen und ganzen hat die liberale Demokratie gesiegt. Die Zukunft wird nicht mehr großen, berauschenden Kämpfen um Ideen gewidmet sein, sondern der Lösung nüchterner ökonomischer und technischer Probleme. Und es wird alles, schlußfolgerte Fukuyama bekümmert, ziemlich langweilig werden.[6]

Die Harmonieerwartung wurde von vielen geteilt. Führende Politiker und Intellektuelle formulierten ähnliche Ansichten. Die Berliner Mauer war gefallen, kommunistische Regimes waren zusammengebrochen. Die Vereinten Nationen waren dabei, neue Bedeutung zu erlangen, die einstigen Rivalen aus der Zeit des Kalten Krieges würden eine »Partnerschaft« und einen »großen Handel« eingehen, Friedenserhaltung und Friedensstiftung würden die Parole des Tages sein. Der Präsident des führenden Landes der Welt proklamierte »die neue Weltordnung«; der Präsident der wohl führenden Universität der Welt legte gegen die

Berufung eines Professors für Sicherheitsstudien sein Veto ein, weil die Notwendigkeit entfallen sei: »Halleluja! Wir studieren den Krieg nicht mehr, weil es Krieg nicht mehr gibt.«

Der Augenblick der Euphorie am Ende des Kalten Krieges erzeugte eine Illusion von Harmonie, die sich bald als eben diese erweisen sollte. Die Welt wurde Anfang der neunziger Jahre anders, aber sie wurde nicht unbedingt besser. Veränderung war unvermeidlich; Fortschritt nicht. Ähnliche Harmonieillusionen gediehen für kurze Zeit auch am Ende der zwei anderen großen Konflikte des 20. Jahrhunderts. Der Erste Weltkrieg war »der Krieg zur Beendigung aller Kriege« und sollte die Welt für die Demokratie sicher machen. Der Zweite Weltkrieg würde, so Franklin Roosevelt, »das System einseitigen Handelns, die Exklusivbündnisse, die Machtgleichgewichte und alle anderen Notbehelfe beseitigen, die seit Jahrhunderten erprobt worden – und immer gescheitert sind.« Statt dessen würden wir eine »Weltorganisation« aus »friedliebenden Nationen« und die Anfänge einer »dauerhaften Struktur des Friedens« bekommen.[7] Aber der Erste Weltkrieg brachte Kommunismus und Faschismus und die Umkehr eines hundertjährigen Trends zur Demokratie. Der Zweite Weltkrieg produzierte einen Kalten Krieg, der nun wirklich global war. Die Harmonieillusion am Ende des Kalten Krieges wurde bald zerstört durch zahlreiche ethnische Konflikte und »ethnische Säuberungen«, den Zusammenbruch von Recht und Ordnung, das Auftreten neuer Bündnis- und Konfliktmuster zwischen den Staaten, das Wiedererstarken neokommunistischer und neofaschistischer Bewegungen, die Intensivierung des religiösen Fundamentalismus, das Ende der »Diplomatie des Lächelns« und der »Jasager-Politik« in den Beziehungen Rußlands zum Westen und endlich das Unvermögen der Vereinten Nationen und der USA, blutige lokale Konflikte zu unterdrücken. In den fünf Jahren seit dem Fall der Berliner Mauer hat man das Wort »Genozid« weit öfter gehört als in irgendeiner Fünfjahresspanne des Kalten Krieges. Das Paradigma von der einen, harmonischen Welt ist offensichtlich von der Realität allzu weit entfernt, als daß es ein brauchbarer Leitfaden durch die Welt nach dem Kalten Krieg sein könnte.

Zwei Welten: Wir und Die. Während Eine-Welt-Erwartungen vor allem am Ende von großen Konflikten aufzutreten pflegen, wiederholt sich die Tendenz, in Begriffen von zwei Welten zu denken, durch die menschliche Geschichte. Menschen sind immer versucht, die Menschen einzuteilen in »wir« und »die«, in die In-group und die anderen, in unsere Zivilisation hier und die Barbaren dort. Wissenschaftler haben die Welt nach Kriterien wie Orient und Okzident, Norden und Süden, Mitte und Peripherie analysiert. Muslime teilen seit jeher die Welt in *dar al-Islam* und *dar al-Harb*, das Haus des Friedens und das Haus des Krieges. Diese Unterscheidung, allerdings in ihr Gegenteil verkehrt, wurde am Ende des Kalten Krieges von zwei amerikanischen Gelehrten aufgegriffen, die die Welt in »Zonen des Friedens« und »Zonen des Aufruhrs« einteilten. Zu ersteren gehörten der Westen und Japan mit rund fünfzehn Prozent der Weltbevölkerung, zu letzteren alle anderen. Auch andere Wissenschaftler entwarfen nach dem Kalten Krieg derartige Bilder einer zweigeteilten Welt.[8]

Je nachdem, wie die Teile definiert werden, kann ein zweiteiliges Weltbild in einem gewissen Maße mit der Realität übereinstimmen. Die geläufigste Einteilung, die unter verschiedenen Namen kursiert, ist die in reiche (moderne, entwickelte) und arme (traditionsverhaftete, unentwickelte oder Entwicklungs-) Länder. In geschichtlicher Hinsicht entspricht dieser ökonomischen Einteilung die kulturelle Einteilung in Westen und Osten, bei der der Akzent weniger auf Unterschieden des wirtschaftlichen Wohlstands als vielmehr auf Unterschieden der grundlegenden Philosophie, der Werte, der Lebensart liegt.[9] Jedes dieser Bilder spiegelt einige Elemente der Realität, hat jedoch auch seine Grenzen. Reichen, modernen Ländern sind gewiß Merkmale gemeinsam, die sie von armen, traditionsverhafteten Ländern unterscheiden, denen ihrerseits eigene Merkmale gemeinsam sind. Unterschiedlicher Wohlstand mag in der Tat zu Konflikten zwischen Gesellschaften führen, aber die Geschichte scheint zu lehren, daß dies in erster Linie dann geschieht, wenn reiche und mächtige Länder versuchen, arme Gesellschaften mit starken Traditionen zu erobern und zu kolonisieren. Der Westen hat dies 400 Jahre lang getan; dann lehnten sich einige Kolonien auf und führten Befreiungskriege gegen die Kolonialmächte, denen vielleicht der Wille zum Imperium abhanden gekommen war. In der Welt von heute hat die Entkolonialisierung stattgefunden, und an die Stelle kolonialer Befreiungskriege sind Konflikte zwischen den befreiten Völkern getreten.

Ganz allgemein sind Konflikte zwischen Reich und Arm eher unwahrscheinlich, weil es den armen Ländern unter normalen Umständen an politischer Einigkeit, ökonomischer Macht und militärischem Potential gebricht, die reichen Länder herauszufordern. Reiche Staaten mögen Handelskriege, arme Staaten mögen blutige Kriege gegeneinander führen; aber ein internationaler Klassenkrieg zwischen dem armen Süden und dem reichen Norden ist fast ebenso unrealistisch wie die einige, glückliche, harmonische Welt.

Noch weniger brauchbar ist die *kulturelle* Zweiteilung der Welt. Der Westen ist auf einer bestimmten Ebene in der Tat eine Einheit. Aber was haben nichtwestliche Gesellschaften anderes gemeinsam als die Tatsache, daß sie nichtwestlich sind? Die japanische, chinesische, hinduistische, arabische und afrikanische Kultur haben wenig Verbindendes, was Religion, Gesellschaftsstruktur, Institutionen, herrschende Werte betrifft. Die Einheit des Nichtwestens und die Ost-West-Dichotomie sind Mythen, die der Westen erfunden hat. Diese Mythen kranken an denselben Mängeln wie die Orientalistik, an der Edward Said mit Recht kritisiert, daß sie »die Differenz zwischen dem Bekannten (Europa, der Westen, ›wir‹) und dem Fremden (Orient, der Osten, ›sie‹) unterstützte« und von der inhärenten Überlegenheit jener über diese ausging.[10] Während des Kalten Krieges fand weltweit eine ideologische Polarisierung statt. Aber es gibt keine kulturelle Polarisierung. Die Polarisierung von »Osten« und »Westen« unter kulturellen Vorzeichen ist zum Teil eine Folge der weltweiten, aber unglücklichen Praxis, die europäische Kultur »westliche« Kultur zu nennen. Anstatt von »Osten und Westen« zu sprechen, wäre es zutreffender, »der Westen und der Rest« zu sagen, was zumindest die Existenz vieler Nicht-Westen implizierte. Die Welt ist zu komplex, als daß es für die meisten Zwecke nützlich wäre, sie einfach ökonomisch in Norden und Süden und kulturell in Osten und Westen zerfallen zu lassen.

184 Staaten, mehr oder weniger. Eine dritte Landkarte der Welt nach dem Kalten Krieg geht von dem aus, was oft als die »realistische« Theorie der internationalen Beziehungen bezeichnet wird. Nach dieser Theorie sind Staaten die primären, ja die einzig wichtigen Akteure des Weltgeschehens, die Beziehung der Staaten untereinander ist an sich anarchisch. Um daher ihr Überleben und ihre Sicherheit zu gewährleisten, versuchen ausnahmslos alle Staaten, ihre Macht zu maximieren. Sieht ein Staat einen anderen an Macht zunehmen und so zu einer potentiellen Bedrohung werden, versucht er, seine Sicherheit zu schützen, indem er seine eigene Macht stärkt und/oder sich mit anderen Staaten verbündet. Interessen und Handlungen der etwa 184 Staaten der Welt nach dem Kalten Krieg können auf der Basis dieser Annahmen vorausgesagt werden.[11]

Dieses »realistische« Bild der Welt ist ein höchst nützlicher Ausgangspunkt für die Analyse internationaler Beziehungen und erklärt vieles am Verhalten von Staaten. Staaten sind und bleiben die beherrschenden Größen im Weltgeschehen. Sie unterhalten Armeen, treiben Diplomatie, handeln Verträge aus, kontrollieren internationale Organisationen, beeinflussen und gestalten maßgeblich Produktion und Handel. Die Regierungen der Staaten räumen der Gewährleistung der Sicherheit ihres Staates Priorität ein (noch höhere Priorität räumen sie freilich oft der Gewährleistung ihrer eigenen Sicherheit gegen Bedrohungen von innen ein). Alles in allem liefert dieses etatistische Paradigma in der Tat ein viel realistischeres Bild von globaler Politik und einen viel zuverlässigeren Leitfaden als das Eine-Welt- oder das Zwei-Welten-Paradigma.

Es hat jedoch ebenfalls seine unverkennbaren Grenzen.

Es setzt voraus, daß alle Staaten ihre Interessen auf dieselbe Weise begreifen und daß sie auf dieselbe Weise handeln. Die simple Voraussetzung, daß Macht alles ist, bietet zwar einen Ausgangspunkt zum Verstehen staatlichen Verhaltens, führt aber nicht sehr weit. Staaten definieren ihre Interessen in Begriffen der Macht, aber auch auf vielerlei andere Weise. Natürlich erstreben Staaten oft ein Gleichgewicht der Macht; aber wenn das alles wäre, hätten sich die westeuropäischen Länder Ende der vierziger Jahre mit Rußland gegen die USA verbündet. Staaten reagieren in erster Linie auf mögliche Bedrohungen, und die westeuropäischen Staaten sahen damals eine politische, ideologische und militärische Bedrohung aus dem Osten. Sie sahen ihre Interessen auf eine Weise, die von der realistischen Theorie nicht prognostiziert worden wäre. Werte, Kultur und Institutionen haben einen erheblichen Einfluß darauf, wie Staaten ihre Interessen definieren. Auch sind die Interessen von Staaten nicht nur von ihren internen Werten und Institutionen geprägt, sondern auch von internationalen Institutionen. Vor und neben ihrem Urbedürfnis nach Sicherheit definieren unterschiedliche Arten von Staaten ihre Interessen auf unterschiedliche Art und Weise. Staaten mit ähnlicher Kultur und ähnlichen Institutionen werden ein gemeinsames Interesse sehen. Demokratische Staaten haben Gemeinsamkeiten mit anderen demokratischen Staaten und bekriegen einander daher nicht. Kanada muß sich nicht mit einer anderen Macht verbünden, um die USA von einer Invasion abzuhalten.

Auf einer elementaren Ebene sind die Voraussetzungen des etatistischen Paradigmas historisch zu allen Zeiten gültig. Sie leisten daher keinen Beitrag zur Klärung der Frage, wie globale Politik nach dem Kalten Krieg sich von globaler Politik während und vor dem Kalten Krieg unterscheidet. Offenkundig gibt es aber Unterschiede, und je nach historischer Periode verfolgen

Staaten ihre Interessen auf unterschiedliche Weise. In der Welt nach dem Kalten Krieg definieren Staaten ihre Interessen zunehmend in kulturellen Begriffen. Sie kooperieren und verbünden sich mit Staaten, die einen ähnlichen oder denselben kulturellen Hintergrund haben, und befinden sich häufiger im Konflikt mit Ländern mit einer anderen kulturellen Basis. Staaten definieren Bedrohung im Sinne von Absichten anderer Staaten, und diese Absichten und die Art, wie sie empfunden werden, sind stark von kulturellen Erwägungen geprägt. Die Öffentlichkeit und die Staatsmänner werden sich weniger von Menschen bedroht fühlen, die sie zu verstehen meinen und denen sie aufgrund ihrer gemeinsamen Sprache, Religion und Kultur, ihrer Werte und Institutionen glauben trauen zu können. Viel eher werden sie sich von Staaten bedroht fühlen, deren Gesellschaften eine andere Kultur haben und die sie daher nicht verstehen und denen sie glauben nicht trauen zu können. Nun, da eine marxistisch-leninistische Sowjetunion nicht mehr eine Bedrohung für die Freie Welt darstellt und die USA nicht mehr eine Gegenbedrohung für die kommunistische Welt bilden, fühlen sich Länder in beiden Welten zunehmend von Gesellschaften bedroht, denen eine andere Kultur zugrunde liegt.

Staaten bleiben zwar die Hauptakteure des Weltgeschehens, müssen heute aber Einbußen an Souveränität, Funktionen und Macht hinnehmen. Internationale Institutionen machen ihr Recht geltend, das Tun und Lassen von Staaten auf deren eigenem Territorium zu beurteilen und zu beschneiden. In einigen Fällen, namentlich in Europa, haben internationale Institutionen wichtige Aufgaben übernommen, die früher von Staaten wahrgenommen wurden. Es sind mächtige internationale Bürokratien geschaffen worden, die direkte Auswirkung auf den einzelnen Bürger haben. Weltweit herrscht auch die Tendenz, daß staatliche Regierungen einen Teil ihrer Macht an innerstaatliche politische Organe auf Regional-, Provinz- oder Lokalebene übertragen und damit verlieren. In vielen Staaten, auch in solchen der entwickelten Welt, gibt es regionale Bewegungen, die eine weitgehende Autonomie oder die Sezession anstreben. Staatliche Regierungen haben in erheblichem Maße die Kontrolle über die Geldströme verloren, die ihr Land erreichen und verlassen, und sehen sich heute immer weniger imstande, die Ströme von Ideen, Technologie, Gütern und Menschen zu lenken. Mit einem Wort, Staatsgrenzen sind in zunehmendem Maße durchlässig geworden. Aufgrund all dieser Entwicklungen sehen viele Beobachter das allmähliche Ende jenes festgefügten und fest abgegrenzten Staates, der seit 1648 die Norm gewesen sein soll,[12] und prophezeien das Entstehen einer veränderlichen, komplexen, vielschichtigen internationalen Ordnung, die größere Ähnlichkeit mit der des Mittelalters haben wird.

Reines Chaos. Das Schwächerwerden der Staaten und das Aufkommen von »gescheiterten Staaten« führen zu einem vierten Bild, das eine Welt in Anarchie zeigt. Dieses Paradigma verweist auf den Zusammenbruch staatlicher Autorität, das Auseinanderbrechen von Staaten, die Intensivierung von religiösen, ethnischen und Stammeskonflikten, das Auftreten internationaler Verbrechersyndikate, den Anstieg der Flüchtlingszahlen in die Abermillionen, die Weiterverbreitung nuklearer und anderer Massenvernichtungswaffen, die Ausbreitung des Terrorismus, das Überhandnehmen von Massakern und ethnischen Säuberungen. Dieses Bild einer Welt im Chaos suggerierten überzeugend die Titel von zwei eindringlichen, 1993 erschienenen Werken: Zbigniew Brzezinskis *Out of Control* und Daniel Patrick Moynihans *Pandemonium*.[13] Wie das Staaten-Paradigma kommt auch das Chaos-Paradigma der Realität sehr nahe. Es bietet ein anschauliches und zutreffendes Bild von vielem, was in der Welt vor sich geht, und beleuchtet im Unterschied zum Staaten-Paradigma die signifikanten Veränderungen in der Weltpolitik, die mit dem Ende des Kalten Krieges eingetreten sind. So waren Anfang 1993 auf der ganzen Welt schätzungsweise 48 ethnische Kriege im Gange; auf dem Gebiet der früheren Sowjetunion gab es 164 »territorial-ethnische Forderungen und Grenzkonflikte«, von denen 30 in irgendeiner Form bewaffnete

Konflikte waren.[14] Das Chaos-Paradigma krankt jedoch noch mehr als das Staaten-Paradigma daran, daß es der Realität allzu nahe ist. Die Welt mag ein Chaos sein, aber sie ermangelt nicht jeglicher Ordnung. Das Bild einer weltweiten, undifferenzierten Anarchie trägt wenig dazu bei, die Welt zu verstehen, Ereignisse einzuordnen und ihre Bedeutung abzuschätzen, innerhalb der Anarchie Tendenzen vorauszusagen, Arten des Chaos und deren möglicherweise unterschiedlichen Ursachen und Folgen zu unterscheiden und für die Gestalter staatlicher Politik Orientierungshilfen zu entwickeln.

Vergleich von Welten: Realismus, Abstraktion, Prognosen

Jedes dieser vier Paradigmen bietet eine andere Kombination aus Realismus und Abstraktion. Gleichwohl hat jedes seine Mängel und Grenzen. Man könnte auf den Gedanken kommen, Abhilfe in der Kombination von Paradigmen zu suchen und beispielsweise zu postulieren, daß die Welt sich gleichzeitig in einem Prozeß der Fragmentierung und einem Prozeß der Integration befindet.[15] In der Tat existieren beide Tendenzen, und ein komplexes Modell wird der Realität näherkommen als ein einfaches. Aber damit opfert man der Realität die Abstraktion und endet im Extremfall bei der Verwerfung aller Paradigmen oder Theorien. Außerdem vermag das Modell von Fragmentierung und Integration, so wie es formuliert wird, nicht anzugeben, unter welchen Umständen sich die eine Tendenz durchsetzen wird und unter welchen Umständen die andere. Die Herausforderung besteht darin, ein Paradigma zu entwickeln, das eine größere Zahl von wesentlichen Ereignissen erklärt und ein bessere Einsicht in Tendenzen erlaubt als andere Paradigmen von vergleichbarem Abstraktionsgrad.

Diese vier Paradigmen sind im übrigen miteinander unvereinbar. Die Welt kann nicht eine einzige sein und gleichzeitig prinzipiell in Osten und Westen oder Norden und Süden zerfallen. Der Nationalstaat kann nicht das eherne Fundament des internationalen Geschehens sein, wenn er gleichzeitig in Auflösung begriffen ist und von Auseinandersetzungen in der Bevölkerung zerrissen wird. Es gibt entweder eine Welt oder zwei Welten oder 184 Staaten oder eine potentiell fast unendliche Anzahl von Stämmen, ethnischen Gruppen und Nationalitäten.

Man vermeidet viele dieser Schwierigkeiten, wenn man die Welt als bestehend aus sieben oder acht Kulturkreisen begreift. Man opfert nicht der Abstraktion die Realität auf, wie es das Eine-Welt- und das Zwei-Welten-Paradigma tun; umgekehrt opfert man nicht der Realität die Abstraktion auf, wie es das etatistische und das Chaos-Paradigma tun. Das neue Paradigma liefert einen leicht verständlichen Rahmen, um die Welt zu verstehen, angesichts der Fülle von Konflikten das Wichtige vom Unwichtigen zu unterscheiden, künftige Entwicklungen vorauszusagen und Orientierungshilfen für die Politik zu geben. Es stützt sich auch auf Elemente der anderen Paradigmen. Es ist mit ihnen kompatibler, als sie selbst es miteinander sind. Ein kultureller Ansatz vertritt zum Beispiel folgende Thesen:

- Der Druck in Richtung Integration in der Welt ist real. Genau dieser Druck ist es, welcher den Gegendruck der kulturellen Selbstbehauptung und des kulturellen Bewußtseins weckt.
- Die Welt ist in mancher Hinsicht zweigeteilt, doch ist die zentrale Unterscheidung heute die zwischen dem Westen als der bisher dominierenden Kultur und allen anderen Kulturen, die allerdings wenig bis gar nichts gemeinsam haben. Die Welt zerfällt mit einem Wort in eine westliche und viele nichtwestliche.
- Nationalstaaten sind und bleiben die wichtigsten Akteure des Weltgeschehens, aber ihre Interessen, Zusammenschlüsse und Konflikte werden zunehmend von kulturellen Faktoren geprägt.
- Die Welt ist in der Tat anarchisch und voll von Stammes- und Nationalitätenkonflikten, aber die Konflikte, die die größte Gefahr für die Stabilität darstellen, sind jene zwischen Staaten oder Gruppen aus unterschiedlichen Kulturen.

Der kulturelle Ansatz entwirft also eine relativ einfache, aber nicht zu einfache Landkarte zum Verständnis dessen, was in der

Welt vor sich geht. Er liefert eine Grundlage zur Unterscheidung des Wichtigen vom weniger Wichtigen. So waren beispielsweise knapp die Hälfte der 48 ethnischen Konflikte, die es Anfang 1993 gab, Konflikte zwischen Gruppen aus unterschiedlichen Kulturen. Der kulturelle Gesichtspunkt würde den Generalsekretär der Vereinten Nationen und den Außenminister der USA ermutigen, ihre Friedensbemühungen auf diese Konflikte zu konzentrieren, da sie in sich ein viel stärkeres Potential bergen, zu weiträumigeren Kriegen zu eskalieren, als andere. Paradigmen erzeugen auch Prognosen, und es ist ein entscheidendes Kriterium für die Gültigkeit und Brauchbarkeit eines Paradigmas, ob die aus ihm abgeleiteten Prognosen sich als präziser erweisen als die Prognosen aus konkurrierenden Paradigmen. So veranlaßt ein etatistisches Paradigma John Mearsheimer zu folgender Voraussage: »Die Lage zwischen der Ukraine und Rußland ist reif für den Ausbruch eines Sicherheitswettstreits. Großmächte mit einer langen und nicht geschützten gemeinsamen Grenze, wie die Ukraine und Rußland, gehen oft in einen vom Sicherheitsdenken diktierten Wettstreit ein. Rußland und die Ukraine könnten zwar aus dieser Dynamik ausbrechen und lernen, in Harmonie miteinander zu leben; aber es wäre ungewöhnlich, wenn sie das täten.«[16] Der kulturell orientierte Ansatz würde demgegenüber die engen kulturellen, persönlichen und historischen Bande zwischen Rußland und der Ukraine und die Vermischung von Russen und Ukrainern in den beiden Ländern hervorheben und das Hauptaugenmerk statt dessen auf die Bruchlinie zwischen der orthodoxen Ost-Ukraine und der unierten West-Ukraine richten – eine alte, aber geschichtlich schwerwiegende Tatsache, die Mearsheimer mit seinem »realistischen« Konzept vom Staat als einer einheitlichen und identischen Größe völlig außer acht läßt. Während der etatistische Ansatz ein Schlaglicht auf die Möglichkeit eines russisch-ukrainischen Krieges wirft, minimalisiert der kulturelle Ansatz diese Gefahr und wirft statt dessen ein Schlaglicht auf die Möglichkeit einer Spaltung der Ukraine, wobei kulturelle Faktoren zu der Prognose führen würden, daß eine solche Teilung blutiger als in der Tschechoslowakei verlaufen könnte, aber weit weniger blutig als in Jugoslawien. Diese unterschiedlichen Prognosen wiederum lassen unterschiedliche politische Prioritäten entstehen. Mearsheimers etatistische Prognose eines möglichen Krieges und einer Eroberung der Ukraine durch Rußland veranlaßt ihn, für den ukrainischen Besitz von Kernwaffen zu plädieren. Ein kultureller Ansatz würde Rußland und die Ukraine zur Zusammenarbeit ermutigen, die Ukraine zum Verzicht auf ihre Kernwaffen drängen und für umfangreiche Wirtschaftshilfe und sonstige Maßnahmen eintreten, die dazu dienen könnten, die Einheit und Unabhängigkeit der Ukraine zu erhalten und Pläne für den Fall zu erstellen, daß sie auseinanderfällt.

Viele wichtige Entwicklungen nach dem Ende des Kalten Krieges waren mit dem kulturellen Paradigma vereinbar und hätten mit seiner Hilfe vorausgesagt werden können. Genannt seien: der Zusammenbruch der Sowjetunion und Jugoslawiens, die auf ihrem früheren Territorium fortdauernden Kriege, der weltweite Aufstieg des religiösen Fundamentalismus, das Ringen Rußlands, der Türkei und Mexikos um die eigene Identität, die Heftigkeit der Handelskonflikte zwischen den USA und Japan, der Widerstand islamischer Staaten gegen den Druck des Westens auf den Irak und Libyen, die Bemühungen islamischer und konfuzianischer Staaten um den Erwerb von Kernwaffen und der Mittel zu ihrem Einsatz, die fortdauernde Rolle Chinas als »Außenseiter«-Großmacht, die Konsolidierung neuer demokratischer Regierungen in einigen Ländern, aber nicht in anderen, und der zunehmende Rüstungswettlauf in Ostasien.

Die Bedeutung des kulturell begründeten Paradigmas für die Neuordnung der Welt veranschaulichen die in das Paradigma passenden Ereignisse, die 1993 in einem Zeitraum von sechs Monaten eintraten:

- die Fortdauer und Intensivierung der Kämpfe zwischen Kroaten, Muslimen und Serben im früheren Jugoslawien;

- die Nichtbereitschaft des Westens, den bosnischen Muslimen sinnvolle Unterstützung zu gewähren oder kroatische Greueltaten ebenso lautstark zu verurteilen wie die serbischen;
- die mangelnde Bereitschaft Rußlands, gemeinsam mit anderen Mitgliedern des UN-Sicherheitsrates die Serben in Kroatien zum Friedensschluß mit der kroatischen Regierung zu bewegen, und das Angebot des Iran und anderer muslimischer Nationen, eine 18.000 Mann starke Truppe zum Schutz der bosnischen Muslime zu entsenden;
- die Intensivierung des Krieges zwischen Armeniern und Aserbeidschanern, die Forderung der Türkei und des Irans, Armenien solle seine Geländegewinne zurückgeben, die Entsendung türkischer Truppen an die und iranischer Truppen über die aserbeidschanische Grenze und die Warnung Rußlands, das iranische Vorgehen trage zur »Eskalation des Konflikts« bei und treibe ihn »an die gefährlichen Grenzen der Internationalisierung«;
- die Fortdauer der Kämpfe zwischen russischen Truppen und Mudschaheddin-Guerillas in Zentralasien;
- die bei der Wiener Menschenrechtskonferenz aufgetretene Konfrontation zwischen dem Westen unter Führung des US-amerikanischen Außenministers Warren Christopher, der einen »kulturellen Relativismus« beklagte, und einer Koalition aus islamischen und konfuzianischen Staaten, die den »westlichen Universalismus« zurückwiesen;
- die parallel verlaufende Umorientierung der Militärstrategen Rußlands und der NATO auf die »Bedrohung aus dem Süden«;
- die anscheinend fast ausschließlich nach kulturellen Gesichtspunkten gefallene Entscheidung, die Olympischen Spiele des Jahres 2000 nach Sydney und nicht nach Beijing [Peking] zu vergeben;
- der Verkauf von Raketenkomponenten durch China an Pakistan, die hieraus resultierende Verhängung von Sanktionen gegen China durch die USA und die Konfrontation zwischen

China und den USA wegen der angeblichen Lieferung von Nukleartechnologie an den Iran;

- Chinas Bruch des Kernwaffen-Moratoriums und Durchführung eines Kernwaffentests trotz heftiger Proteste der USA, und Nord-Koreas Verzicht auf die Fortsetzung von Gesprächen über das nordkoreanische Kernwaffenprogramm;
- die Enthüllung, daß das Außenministerium der USA eine Politik der »doppelten Eindämmung« gegen den Iran wie gegen den Irak verfolgt;
- die Bekanntgabe des Verteidigungsministeriums der USA, daß es eine neue Strategie der Vorbereitung auf zwei »große Regionalkonflikte«, einer gegen Nord-Korea, der andere gegen den Iran oder den Irak, verfolge;
- die Forderung des iranischen Präsidenten nach Bündnissen mit China und Indien, »damit wir bei internationalen Ereignissen das letzte Wort behalten können«;
- neue deutsche Gesetze, die die Aufnahme von Flüchtlingen drastisch beschneiden;
- die Einigung zwischen dem russischen Präsidenten Boris Jelzin und dem ukrainischen Präsidenten Leonid Krawtschuk betreffend die Verfügung über die Schwarzmeerflotte und andere strittige Fragen;
- die Bombardierung Bagdads durch die USA, deren praktisch einhellige Unterstützung durch westliche Regierungen und ihre Verurteilung durch fast alle muslimische Regierungen als weiteres Beispiel dafür, daß der Westen mit »zweierlei Maß« messe;
- die Eintragung des Sudans in die Liste der terroristischen Staaten durch die USA und die Anklage gegen Scheich Omar Abdel Rahman und seine Anhänger wegen Verschwörung »zu einem terroristischen Großstadtkrieg gegen die Vereinigten Staaten«;
- die verbesserten Aussichten Polens, Ungarns, der Tschechischen Republik und der Slowakei auf spätere Aufnahme in die NATO;

– die russische Präsidentenwahl, die bewies, daß Rußland wirklich ein »zerrissenes« Land war, dessen Bevölkerung und Eliten in der Frage schwankten, ob sie dem Westen folgen oder ihn bekämpfen sollten.

In den ersten Jahren des Kalten Krieges registrierte der kanadische Staatsmann Lester Pearson aufmerksam den Wiederaufstieg und die Vitalität nichtwestlicher Gesellschaften. »Es wäre absurd zu glauben«, mahnte er vorausschauend, »daß diese neuen politischen Gesellschaften, die im Osten entstehen, eine Kopie jener Gesellschaften sein werden, die uns hier im Westen vertraut sind. Die Renaissance dieser uralten Zivilisationen wird neue Formen annehmen.« Unter Hinweis darauf, daß internationale Beziehungen »jahrhundertelang« die Beziehungen zwischen den Staaten Europas gewesen seien, vertrat er die These: »Die folgenschwersten Probleme werden sich nicht mehr zwischen Nationen einer einzigen Zivilisation ergeben, sondern zwischen den Zivilisationen selbst.«[17] Die Bipolarität während des Kalten Krieges verzögerte die Entwicklungen, die Pearson kommen sah. Erst das Ende des Kalten Krieges setzte die kulturellen Kräfte frei, die er in den fünfziger Jahren aufzeigte, und zahlreiche Wissenschaftler und Beobachter haben die neue Rolle dieser Faktoren in der Weltpolitik erkannt und untersucht.[18] »So ist es für jeden«, mahnt Fernand Braudel mit Recht, »der sich um Einsicht ins aktuelle Geschehen bemüht, mehr noch aber für den, der tätig einzugreifen gedenkt, eine ›lohnende‹ Aufgabe, die Kulturen von heute auf der Weltkarte zu fixieren, ihre Grenzen, Zentren und Peripherien sowie ihre Provinzen festzulegen und die Luft, die man dort atmet, die besonderen und allgemeinen ›Formen‹, die dort leben und sich zusammenschließen, zu kennen. Andernfalls drohen ihm Fehlurteile und gröbliche Schnitzer!«[19]

Kapitel 2

Kulturen in Geschichte und Gegenwart

Das Wesen von Kulturen

Die menschliche Geschichte ist die Geschichte von Kulturen. Es ist unmöglich, die Entwicklung der Menschheit in anderen Begriffen zu denken. Sie erstreckt sich über viele Generationen von Kulturen, angefangen bei der alten sumerischen und ägyptischen über die klassische und mesoamerikanische bis hin zur westlichen und zur islamischen, begleitet von einer Reihe unterschiedlicher sinischer und hinduistischer Kulturen.

Zu allen Zeiten waren Kulturen für die Menschen Gegenstand ihrer umfassendsten Identifikation. Infolgedessen sind Voraussetzungen, Entstehung, Aufstieg, Wechselwirkungen, Errungenschaften, Niedergang und Verfall der Kulturen von den hervorragendsten Historikern, Soziologen und Anthropologen erforscht worden; genannt seien unter vielen anderen Max Weber, Émile Durkheim, Oswald Spengler, Pitirim Sorokin, Arnold Toynbee, Alfred Weber, A. L. Kroeber, Philip Bagby, Carroll Quigley, Rushton Coulborn, Christopher Dawson, S. N. Eisenstadt, Fernand Braudel, William H. McNeill, Adda Bozeman, Immanuel Wallerstein und Felipe Fernández-Arnesto.[1] Diesen und anderen Autoren verdanken wir eine gewaltige, gelehrte und scharfsinnige Literatur zur vergleichenden Untersuchung von Kulturen.

Unterschiede in der Perspektive, Methodologie, Akzentsetzung und Begrifflichkeit sind in dieser Literatur selbstverständlich. Dennoch gibt es auch breite Übereinstimmung, was gewisse zentrale Aussagen über Wesen, Identität und Dynamik von

Kulturen [beziehungsweise »Zivilisationen« – vergleiche unsere Hinweise im Vorwort – A. d. Ü.] betrifft.

Zunächst einmal gibt es im nichtdeutschen Sprachgebrauch die Unterscheidung zwischen »Zivilisation« (= Kultur) im Singular und »Zivilisationen« (= Kulturkreisen) im Plural. Die Idee der Zivilisation wurde von französischen Denkern des 18. Jahrhunderts als Gegensatz zum Begriff »Barbarei« entwickelt. Die zivilisierte Gesellschaft unterschied sich von der primitiven Gesellschaft dadurch, daß sie seßhaft, städtisch und alphabetisiert war. Zivilisiert zu sein war gut, unzivilisiert zu sein war schlecht. Der Begriff der Zivilisation bot einen Maßstab zur Beurteilung von Gesellschaften, und im 19. Jahrhundert verwandten die Europäer viel geistige, diplomatische und politische Energie auf die Ausarbeitung von Kriterien, die es erlaubten, nichteuropäische Gesellschaften als hinreichend »zivilisiert« zu beurteilen, um sie in das von Europa dominierte internationale System einzubeziehen. Gleichzeitig begann man jedoch, zunehmend von Zivilisationen im Plural (= Kulturkreisen) zu sprechen, was bedeutete, »stillschweigend auf eine ideale Zivilisation oder vielmehr auf das Ideal der Zivilisation [zu] verzichten«, und von der Voraussetzung abzugehen, es gäbe nur einen Maßstab für Zivilisiertheit, der auf einige wenige privilegierte Völker oder Gruppen, die ›Elite‹ der Menschheit, zuträfe. Statt dessen gab es viele Zivilisationen, deren jede auf ihre Weise zivilisiert war. Mit einem Wort, Zivilisation im singularischen Sinn büßte etwas von ihren »Qualitäten« ein, und eine Zivilisation im pluralischen Sinn konnte durchaus der Zivilisation im singularischen Sinne entraten.[2]

Gegenstand dieses Buches sind Zivilisationen im Plural (= Kulturkreise). Doch behält die Unterscheidung zwischen Singular und Plural ihre Relevanz, und die Idee von Zivilisation im Singular kehrt in der These von der universalen Weltzivilisation wieder. Zwar läßt sich diese These nicht halten, doch ist es nützlich, zu klären, ob eine zunehmende »Zivilisierung von Zivilisationen« zu erwarten ist oder nicht (siehe Kapitel 12).

Zweitens ist eine Zivilisation eine kulturelle Größe, außer im deutschen Sprachgebrauch. Deutsche Denker des 19. Jahrhunderts unterschieden streng zwischen Zivilisation, wozu Mechanik, Technik und materielle Faktoren zählten, und Kultur, wozu Werte, Ideale und die höheren geistigen, künstlerischen, sittlichen Eigenschaften einer Gesellschaft zählten. Diese Unterscheidung hat sich im deutschen Denken behauptet, während sie ansonsten abgelehnt wird. Manche Anthropologen haben die Bedeutung sogar radikal umgekehrt und verstehen unter Kultur eine primitive, statische, nichtstädtische Gesellschaft, während komplexere, entwickelte, städtische und dynamische Gesellschaften als Zivilisationen bezeichnet werden. Die angestrebte Unterscheidung zwischen Kultur und Zivilisation hat sich jedenfalls nicht durchgesetzt, und außerhalb Deutschlands ist man sich mit Fernand Braudel weitgehend einig, daß es illusorisch wäre, »die Kultur nach Art der Deutschen von ihrer Grundlage, der Zivilisation, trennen zu wollen«.[3]

Zivilisation und Kultur meinen beide [im englischen Sprachgebrauch] die gesamte Lebensweise eines Volkes; eine Zivilisation ist eine Kultur in großem Maßstab [im Deutschen ist es genau umgekehrt – A.d.Ü.]. Beide implizieren die »Werte, Normen, Institutionen und Denkweisen, denen aufeinanderfolgende Generationen einer gegebenen Gesellschaft primäre Bedeutung beigemessen haben.«[4] Für Braudel ist eine Zivilisation »in erster Linie ein Raum, ein ›kultureller Bereich‹, eine Wohnstatt«, eine Ansammlung von kulturellen Merkmalen und Phänomenen. Wallerstein definiert sie als »ein spezifisches Gefüge aus Weltsicht, Sitten, Strukturen und Kultur (materieller Kultur und hoher Kultur), das eine Art historisches Ganzes bildet und (nicht immer gleichzeitig) mit anderen Varianten dieses Phänomens koexistiert«. Nach Dawson ist eine Zivilisation das Produkt »eines besonderen, spezifischen kulturschöpferischen Prozesses, der das Werk eines spezifischen Volkes ist«; für Durkheim und Mauss ist sie »eine Art von moralischem Umfeld für eine gewisse Anzahl von Nationen, wobei jede nationale Kultur nur eine besondere Ausprägung des Ganzen ist«. Für Spengler ist die Zivilisation »das unausweichliche Schicksal einer Kultur ... Zivilisationen sind die äußersten und künstlichsten Zustände, deren eine höhere Art von Menschen fähig ist. Sie sind ein Abschluß; sie folgen dem Werden als das Gewordene.« Kultur ist das gemeinsame Thema praktisch aller [nichtdeutschen] Definitionen von Zivilisation.[5]

Die entscheidenden Elemente, die eine Kultur definieren, wurden schon von den Athenern benannt, als sie den Spartanern versicherten, sie würden sie nicht an die Perser verraten:

»Vieles und Großes verbietet uns das, selbst wenn wir es tun wollten; erstens und hauptsächlich die niedergebrannten und zerstörten Götterbilder und Tempel, für die wir blutigste Rache üben müssen, ehe wir uns mit dem Manne, der das getan, versöhnen können; ferner die Bluts- und Sprachgemeinschaft mit den anderen Hellenen, die Gemeinsamkeit der Heiligtümer, der Opferfeste und Lebensweise. Es stünde den Athenern schlecht an, wenn sie an dem allen Verrat üben wollten.«

Blut, Sprache, Religion, Lebensweise waren das, was die Griechen gemeinsam hatten und was sie von den Persern und anderen Nichtgriechen unterschied.[6] Von allen objektiven Elementen, die eine Kultur definieren, ist jedoch das wichtigste für gewöhnlich die Religion, wie die Athener betonten. In ganz hohem Maße identifiziert man die großen Kulturen der Menschheitsgeschichte mit den großen Religionen der Welt; und Menschen, die Ethnizität und Sprache miteinander teilen, sind fähig – so im Libanon, im früheren Jugoslawien und auf dem indischen Subkontinent –, einander abzuschlachten, weil sie an verschiedene Götter glauben.[7]

Es gibt eine signifikante Entsprechung zwischen der an kulturellen Merkmalen orientierten Einteilung der Menschen in Kulturkreise und ihrer an physischen Merkmalen orientierten Einteilung in Rassen. Freilich sind Kulturkreis und Rasse nicht identisch. Angehörige einer Rasse können durch ihre Zugehörigkeit zu unterschiedlichen Kulturkreisen tief gespalten sein; Angehörige verschiedener Rassen können durch einen Kulturkreis geeint sein. Insbesondere die großen missionarischen Religionen, das Christentum und der Islam, umfassen Gesellschaften aus den verschiedensten Rassen. Die wesentlichen Unterschiede zwischen Menschengruppen betreffen ihre Werte, Überzeugungen, Institutionen und Gesellschaftsstrukturen, nicht ihre Körpergröße, Kopfform und Hautfarbe.

Drittens sind Kulturkreise in sich geschlossen in dem Sinne, daß keiner ihrer einzelnen Bestandteile ohne Bezug auf die Gesamtkultur ganz verstanden werden kann. Zivilisationen »umschließen, ohne von anderen umschlossen zu sein«, wie Toynbee behauptet. Eine Zivilisation ist eine »Totalität«. Allen Zivilisationen, sagt Melko weiter,

> »ist ein gewisses Maß an Integration zu eigen. Ihre einzelnen Teile definieren sich durch ihr Verhältnis zueinander und zum Ganzen. Setzt sich die Zivilisation aus Staaten zusammen, werden diese Staaten untereinander mehr Beziehung haben als zu Staaten außerhalb der Zivilisation. Sie könnten mehr miteinander streiten und häufiger diplomatische Beziehungen unterhalten. Sie werden ökonomisch abhängiger voneinander sein. Es wird übergreifende ästhetische und philosophische Strömungen geben.«[8]

Ein Kulturkreis ist [hier] die größte kulturelle Einheit. Dörfer, Regionen, ethnische Gruppen, Nationalitäten, religiöse Gruppen besitzen, auf unterschiedlichen Ebenen der kulturellen Heterogenität, ihre je eigene Kultur. Die Kultur eines süditalienischen Dorfes mag sich von der eines norditalienischen Dorfes unterscheiden, aber beiden wird eine gemeinsame italienische Kultur eigen sein, die sie von deutschen Dörfern unterscheidet. Europäische Gemeinschaften wiederum werden miteinander kulturelle Merkmale teilen, die sie von arabischen oder chinesischen Gemeinschaften unterscheiden. Araber, Chinesen und Westler jedoch gehören keiner noch allgemeineren kulturellen

Größe an. Sie bilden Kulturkreise. Ein Kulturkreis ist demnach die höchste kulturelle Gruppierung von Menschen und die allgemeinste Ebene kultureller Identität des Menschen unterhalb der Ebene, die den Menschen von anderen Lebewesen unterscheidet. Sie definiert sich sowohl durch gemeinsame objektive Elemente wie Sprache, Geschichte, Religion, Sitten, Institutionen als auch durch die subjektive Identifikation der Menschen mit ihr. Menschen besitzen mehrere Ebenen der Identität: Ein Einwohner Roms kann sich mit unterschiedlichem Nachdruck als Römer, Italiener, Katholik, Christ, Europäer, Westler definieren. Die Kultur, zu der er gehört, ist die allgemeinste Ebene der Identifikation, mit der er sich nachdrücklich identifiziert. Kulturkreise sind das umfassendste »Wir«, in dem wir uns kulturell zu Hause fühlen, gegenüber allen anderen »Sie« da draußen. Kulturkreise können eine sehr große Anzahl von Menschen umfassen, wie beispielsweise der chinesische, aber auch eine sehr kleine Anzahl von Menschen, wie der anglophon-karibische. Zu allen Zeiten hat es kleine Gruppen von Menschen mit einer eigenen Kultur und ohne allgemeinere kulturelle Identifikation gegeben. Im Hinblick auf ihre Größe und Bedeutung hat man unterschieden zwischen großen und »peripheren Zivilisationen« (Bagby) oder zwischen großen und gehemmten oder »gescheiterten Zivilisationen« (Toynbee). Das vorliegende Buch befaßt sich mit jenen Kulturkreisen (= Zivilisationen), die allgemein als die großen der menschlichen Geschichte angesehen werden.

Kulturkreise haben keine klar umrissenen Grenzen, ihre Entstehung und ihr Ende stehen nicht präzise fest. Die Kulturen von Völkern wirken aufeinander ein und überlagern sich. Der Umfang, in dem die Kulturen von Kulturkreisen einander ähneln oder sich voneinander unterscheiden, variiert ebenfalls beträchtlich. Gleichwohl sind Kulturkreise sinnvolle Einheiten, und wenn die Grenzlinien zwischen ihnen auch selten scharf gezogen sind, so sind sie doch vorhanden.

Viertens sind Kulturkreise zwar vergänglich, aber sie sind auch sehr langlebig; sie entwickeln sich weiter, passen sich an und sind der dauerhafteste aller menschlichen Zusammenschlüsse. Sie sind »Realitäten von langer, unabsehbarer Dauer«. Das Einzigartige und Besondere ihres Wesen ist ihre »außerordentliche Langlebigkeit«. »Zivilisation« ist nach Braudel die längste Geschichte von allen. Weltreiche steigen auf und fallen, Regierungen kommen und gehen, aber »Zivilisationen« bleiben und überleben »politische, soziale, wirtschaftliche, sogar ideologische Umwälzungen«.[9] »Die internationale Geschichte«, resümiert Bozeman, »dokumentiert die These, daß politische Systeme vergängliche Notbehelfe an der Oberfläche der Zivilisation sind und daß das Schicksal jeder sprachlich und moralisch einheitlichen Gemeinschaft letzten Endes vom Überleben gewisser strukturierender Grundideen abhängt, die aufeinanderfolgenden Generationen als Kristallisationspunkt gedient haben und damit die Kontinuität der Gesellschaft symbolisieren.«[10] Praktisch alle großen Kulturkreise in der Welt des 20. Jahrhunderts existieren seit mindestens tausend Jahren oder sind, wie in Lateinamerika, der unmittelbare Sproß anderer, alteingesessener Kulturen.

Kulturkreise überleben nicht nur, sie entwickeln sich auch weiter. Sie sind dynamisch; sie steigen auf und fallen; sie verschmelzen miteinander und teilen sich; und wie jeder Kenner der Geschichte weiß, verschwinden sie auch, und der Sand der Zeiten begräbt sie. Die Phasen ihrer Entwicklung kann man auf verschiedene Weise gliedern. Nach Quigley machen Zivilisationen sieben Stadien durch: Vermischung, Reifung, Expansion, Zeitalter des Konflikts, Weltreich, Niedergang, Invasion. Melkos verallgemeinertes Modell des Wandels unterscheidet: ausgebildetes Feudalsystem, Feudalsystem im Übergang, ausgebildetes Staatssystem, Staatssystem im Übergang, ausgebildetes Imperialsystem. Toynbee sieht eine »Zivilisation« als Reaktion auf Herausforderungen aufsteigen und danach eine Periode des Wachstums durchmachen, in der eine schöpferische Minderheit zunehmend die Kontrolle über ihre Umwelt ausübt; es folgen Zeiten der Unruhen, der Aufstieg eines Universalstaates und endlich der Zerfall. Ungeachtet bedeutsamer Unterschiede sehen alle diese Theorien den Entwicklungsgang von »Zivilisationen« als den Weg von einer Zeit der Unruhen oder Konflikte über einen Universalstaat bis hin zu Verfall und Auflösung.[11]

Da Kulturkreise – fünftens – keine politischen, sondern kulturelle Größen sind, tun sie nichts von dem, was Regierungen tun: die Ordnung aufrechterhalten, für Gerechtigkeit sorgen, Steuern erheben, Kriege führen, Verträge aushandeln und dergleichen mehr. Die politische Zusammensetzung von Kulturkreisen ist in jedem anders und variiert im Laufe der Zeit innerhalb jedes Kreises. So kann ein Kulturkreis eine oder mehrere politische Einheiten enthalten; diese Einheiten können Stadtstaaten, Kaiserreiche, Bundesstaaten, Staatenbünde, Nationalstaaten, Vielvölkerstaaten sein, mit jeweils unterschiedlichen Regierungsformen. Im Laufe der Entwicklung eines Kulturkreises verändern sich normalerweise Anzahl und Art der sie konstituierenden politischen Einheiten. Im Extremfall können Kultur und politische Einheit deckungsgleich sein. China, bemerkt Lucian Pye, ist »eine Zivilisation, die vorgibt, ein Staat zu sein«.[12] Japan ist ein Kulturkreis, der ein Staat *ist*. Die meisten Kulturkreise enthalten allerdings mehr als einen Staat oder eine politische Einheit. In der modernen Welt enthalten der westliche, der orthodoxe, der lateinamerikanische, der islamische, der hinduistische und sogar der chinesische Kulturkreis zwei oder mehr Staaten, wobei es in einigen von ihnen einen Kern- oder Führungsstaat gibt: China, Indien, Rußland. Im Westen hat es in der Geschichte eine große Anzahl von Staaten, aber auch eine kleine Zahl von Kernstaaten gegeben (zum Beispiel Frankreich, England, Deutschland und die USA), deren Einfluß im Laufe der Zeit wechselte. In seinen besten Tagen war das Osmanische Reich Kernstaat des islamischen Kulturkreises; in moderner Zeit gibt es hingegen keinen islamischen Kernstaat, eine Situation, die wir auch in Lateinamerika und Afrika antreffen.

Schließlich stimmen die Gelehrten generell in der Frage überein, welches die großen Kulturkreise in der Geschichte waren und wie viele es in der modernen Welt gibt. Sie differieren jedoch, was die Gesamtzahl der Kulturkreise betrifft, die es in der Geschichte gegeben hat. Quigley plädiert für 16 klare historische Fälle und sehr wahrscheinlich acht weitere. Toynbee setzte die Zahl zuerst bei 21, später bei 23 »Zivilisationen« an, Spengler unterscheidet acht hohe Kulturen. McNeill erörtert neun »Zivilisationen« in der gesamten Geschichte; Bagby sieht ebenfalls neun große »Zivilisationen«, beziehungsweise elf, wenn man Japan und die russische Orthodoxie von China und dem Westen unterscheidet. Braudel zählt neun, Rostovanyi sieben große zeitgenössische »Zivilisationen«.[13] Die Unterschiede hängen teilweise davon ab, ob man für Kulturgruppen wie die Chinesen oder die Inder eine einzige, ihre ganze Geschichte prägende Kultur annimmt oder von zwei oder mehr miteinander eng verwandten Kulturen ausgeht, deren eine aus der anderen hervorging. Ungeachtet dieser Unterschiede ist die Identität der großen Kulturen nicht umstritten. »Ziemliche Übereinstimmung«, wie Melko nach Durchsicht der Literatur resümiert, herrscht über mindestens zwölf große Hochkulturen, von denen sieben nicht mehr existieren (mesopotamische, ägyptische, kretische, klassische, byzantinische, mittelamerikanische und Anden-Kultur) und fünf noch vorhanden sind (die chinesische, japanische, indische, islamische und westliche).[14] Verschiedene Gelehrte nennen noch die russisch-orthodoxe Kultur als eigenen Kulturkreis im Unterschied zu der mit ihm verwandten byzantinischen und zum westlich-christlichen. Im Hinblick auf unsere Zwecke in der zeitgenössischen Welt empfiehlt es sich, zu diesen sechs Kulturkreisen noch die lateinamerikanische und möglicherweise die afrikanische Kultur hinzuzufügen.

Die großen zeitgenössischen Kulturkreise sind hiermit die folgenden:

Der sinische. Wissenschaftlich unumstritten ist die Existenz einer einzigen chinesischen Kultur, die mindestens bis auf das Jahr 1500 v. Chr., vielleicht sogar noch tausend Jahre weiter zurückgeht beziehungsweise von zwei chinesischen Kulturen, die einander in den ersten Jahrhunderten der christlichen Ära ablösten. In meinem Aufsatz in *Foreign Affairs* habe ich diese Kultur »konfuzianisch« genannt. Zutreffender ist jedoch die Bezeichnung »sinisch« [analog zu Sinologie, Sinica, Sinisierung]. Denn der Konfuzianismus ist zwar ein wesentlicher Bestandteil der chinesischen Kultur, doch ist der chinesische Kulturkreis mehr als Konfuzianismus und erstreckt sich auch über China als politische Größe hinaus. Der von vielen Gelehrten verwendete Begriff »sinisch« bezeichnet treffend die gemeinsame Kultur Chinas und der chinesischen Gemeinschaften in Südostasien und anderswo außerhalb Chinas sowie der verwandten Kulturen Vietnams und Koreas.

Der japanische. Einige Gelehrte verbinden japanische und chinesische Kultur zu einem einzigen fernöstlichen Kulturkreis. Die meisten tun es jedoch nicht und erkennen Japan als eigene Kultur an, die sich in der Zeit zwischen 100 und 400 n. Chr. aus der chinesischen Zivilisation herausentwickelte.

Der hinduistische. Auf dem indischen Subkontinent haben, wie unumstritten ist, seit mindestens 1500 v. Chr. eine oder mehrere aufeinanderfolgende Kulturen existiert. Man nennt sie in der Regel indisch oder hinduistisch, wobei letzterer Begriff für die jüngste Kultur bevorzugt wird. Seit dem 2. Jahrtausend v. Chr. prägt der Hinduismus die Kultur des indischen Subkontinents. Er ist mehr als eine Religion oder ein Gesellschaftssystem; er ist »der Kern der indischen Zivilisation«.[15] Er hat diese Rolle bis heute inne, auch wenn Indien selbst eine namhafte muslimische Gemeinde sowie mehrere kleinere kulturelle Minderheiten beherbergt. Wie das Wort »sinisch«, trennt auch der Begriff »hinduistisch« den Namen der Kultur von dem Namen ihres Kernstaates, was in Fällen wie diesen wünschenswert ist, wo der Kulturkreis über diesen Staat hinausgeht.

Der islamische. Alle bedeutenden Wissenschaftler erkennen die Existenz eines eigenen islamischen Kulturkreises an. Im 7. Jahrhundert n. Chr. von der arabischen Halbinsel ausgehend, breitete der Islam sich rasch über Nordafrika und die Iberische

Halbinsel sowie ostwärts nach Zentralasien, auf dem indischen Subkontinent und in Südostasien aus. Infolgedessen gibt es innerhalb des Islam viele eigene Kulturen oder Sub-Kulturen, so die arabische, die türkische, die persische und die malaiische.

Der westliche Kulturkreis ist nach allgemeiner Auffassung um 700 oder 800 n. Chr. entstanden. In der Wissenschaft unterscheidet man in der Regel drei Schwerpunkte dieses Kulturkreises, nämlich Europa, Nordamerika und Lateinamerika.

Der lateinamerikanische. Lateinamerika hat sich jedoch auf einem etwas anderen Weg entwickelt als Europa und Nordamerika. Obgleich ein Sproß der europäischen Kultur, verkörpert es in unterschiedlichem Ausmaß auch Elemente einheimischer amerikanischer Kulturen, die in Nordamerika wie in Europa fehlen. Es hat eine ständestaatlich-autoritäre Kultur, die in Europa in viel geringerem Maße und in Nordamerika überhaupt nicht vorhanden war. Europa wie Nordamerika haben die Folgen der Reformation zu spüren bekommen, katholische und protestantische Kultur haben sich vermischt. Bisher ist Lateinamerika immer nur katholisch gewesen, was sich freilich in Zukunft ändern mag. Die lateinamerikanische Kultur hat einheimische Kulturen absorbiert, die in Europa nicht existierten, in Nordamerika erfolgreich ausgerottet wurden und von Mexiko, Mittelamerika, Peru und Bolivien einerseits bis nach Argentinien und Chile andererseits von unterschiedlichem Einfluß sind. Politische Evolution und wirtschaftliche Entwicklung Lateinamerikas unterscheiden sich deutlich von jenen der nordatlantischen Länder. Subjektiv sind die Lateinamerikaner in ihrem Selbstverständnis gespalten. Manche sagen: »Jawohl, wir sind ein Teil des Westens.« Andere behaupten: »Nein, wir haben unsere eigene, unverwechselbare Kultur.« Eine umfangreiche latein- und nordamerikanische Literatur untersucht die kulturellen Unterschiede.[16] So könnte man Lateinamerika entweder als eine Sub-Kultur innerhalb des westlichen Kulturkreises oder aber als eine eigene Kultur betrachten, die mit dem Westen eng verbunden und in der Frage gespalten ist, ob sie zum Westen gehört oder nicht. Letztere Variante ist brauchbarer und zutreffender, wenn es um die Analyse der internationalen politischen Implikationen von Kulturen geht, also auch um die Beziehungen zwischen Lateinamerika einerseits und Nordamerika und Europa andererseits.

Der Westen umfaßt also Europa, Nordamerika sowie andere von Europäern besiedelte Länder wie Australien und Neuseeland. Das Verhältnis zwischen den beiden Hauptkomponenten des Westens hat sich jedoch im Laufe der Zeit verändert. Die Amerikaner definierten ihre Gesellschaft lange Zeit als Gegensatz zu Europa. Amerika war das Land der Freiheit, der Gleichheit, der Möglichkeiten, der Zukunft; Europa stand für Bedrückung, Klassenkonflikt, Hierarchie, Rückständigkeit. Amerika, wurde sogar behauptet, sei eine eigene Kultur. Dieses Postulat eines Gegensatzes zwischen Amerika und Europa war zu einem erheblichem Teil eine Folge der Tatsache, daß Amerika mindestens bis Ende des 19. Jahrhunderts nur begrenzte Kontakte zu nichtwestlichen Kulturen hatte. Sobald die USA einmal die Weltbühne betraten, entwickelte sich das Gefühl einer größeren Identität mit Europa.[17] Das Amerika des 19. Jahrhunderts definierte sich über seinen Unterschied und Gegensatz zu Europa; das Amerika des 20. Jahrhunderts definiert sich als Bestandteil und sogar als Führer einer umfassenderen Einheit, eben des Westens, zu der auch Europa gehört.

Der Terminus »der Westen« wird heute allgemein benutzt, um das zu bezeichnen, was man einmal das christliche Abendland zu nennen pflegte. Der Westen ist damit der einzige Kulturkreis, der mit einer Himmelsrichtung und nicht mit dem Namen eines bestimmten Volkes, einer Religion oder eines geographischen Gebiets identifiziert wird.[18] Das löst diesen Kulturkreis aus seinem geschichtlichen, geographischen und kulturellen Kontext heraus. Historisch gesehen ist westliche Kultur europäische Kultur. Heute ist westliche Kultur euroamerikanische oder nordatlantische Kultur. Europa, Nordamerika und den Atlantik kann man auf einer Landkarte finden; den Westen nicht. Der Name »der Westen« hat auch zur Bildung des Begriffs »Verwestlichung« geführt und einer irreführenden Gleichsetzung von Verwestlichung und Modernisierung Vorschub geleistet; es ist leichter, sich die »Verwestlichung« Japans vorzustellen als seine »Euroamerikanisierung«. Die europäisch-amerikanische Kultur wird jedoch allgemein als »westliche« Kultur bezeichnet, und so werden wir diesen Terminus trotz seiner ernsthaften Nachteile hier beibehalten.

Der afrikanische, vielleicht. Die meisten großen Kulturtheoretiker mit Ausnahme Braudels anerkennen keine eigene afrikanische Kultur. Der Norden des afrikanischen Kontinents und seine Ostküste gehören zum islamischen Kulturkreis. Äthiopien mit seinen besonderen Institutionen, seiner monophysitischen Kirche und seiner Schriftsprache stellte schon früh eine eigene Kultur dar. Anderswo flossen mit dem europäischen Imperialismus und europäischen Siedlungen Elemente westlicher Kultur ein. In Südafrika schufen holländische, französische und später englische Siedler eine vielfältige europäische Kultur.[19] Am bedeutsamsten war, daß der europäische Imperialismus das Christentum südlich der Sahara einführte. Doch sind in ganz Afrika Stammesidentitäten ausgeprägt. Freilich entwickeln Afrikaner zunehmend auch das Gefühl einer afrikanischen Identität, und es ist vorstellbar, daß das subsaharische Afrika zu einer eigenen Kultur zusammenwächst, vielleicht mit Südafrika als ihrem Kernstaat.

Ein elementares Merkmal von Kulturkreisen ist die Religion; die großen Religionen sind, wie Christopher Dawson gesagt hat, »in einem sehr realen Sinn die Grundlagen, auf denen die großen Zivilisationen ruhen«.[20] Von Webers fünf »Weltreligionen« hängen vier – Christentum, Islam, Hinduismus und Konfuzianismus – mit großen Kulturkreisen zusammen; die fünfte, der Buddhismus, nicht. Woran liegt das? Wie der Islam und das Christentum spaltete sich der Buddhismus schon früh in zwei Hauptströmungen auf, und wie das Christentum überlebte er nicht in dem Land seiner Entstehung. Vom 1. Jahrhundert n. Chr. an wurde der Mahayana-Buddhismus nach China und in der Folge nach Korea, Vietnam und Japan exportiert. In diesen Gesellschaften wurde der Buddhismus unterschiedlich übernommen, der einheimischen Kultur angeglichen (in China zum Beispiel dem Konfuzianismus und Taoismus) oder unterdrückt. Diese Gesellschaften bilden also nicht einen Teil des buddhistischen Kulturkreises und verstehen sich nicht als solchen, mag der Buddhismus auch eine wichtige Komponente ihrer jeweiligen Kultur bleiben. Eine mit Recht so zu nennende Theravada-Buddhismus-Kultur hingegen existiert in Sri Lanka, Burma, Thailand, Laos und Kambodscha. Darüber hinaus haben die Völker Tibets, der Mongolei und Bhutans sich schon seit langem der lamaistischen Version des Mahayana-Buddhismus verschrieben; diese Gesellschaften bilden daher einen zweiten Bereich buddhistischer Kultur. Alles in allem haben jedoch die faktische Ausrottung des Buddhismus in Indien und seine Anpassung und Integration in die Kulturen Chinas und Japans bewirkt, daß er, obgleich eine große Religion, nicht zur Grundlage eines großen Kulturkreises geworden ist.[21]

Beziehungen der Kulturen untereinander

Begegnungen: Kulturen vor 1500 n. Chr. Die Beziehungen der Hochkulturen untereinander haben zwei Phasen durchgemacht und befinden sich heute in einer dritten. Nach dem ersten Auftreten von Kulturen überhaupt fanden die Kontakte zwischen ihnen – mit einigen Ausnahmen – dreitausend Jahre lang entweder gar nicht oder selten oder kurz und heftig statt. Das Wesen dieser Kontakte kommt gut in der Bezeichnung zum Ausdruck, die die Historiker für sie verwenden: »Begegnungen«.[22] Hochkulturen lagen räumlich und zeitlich weit auseinander. Nur eine kleine Zahl von ihnen existierte jeweils gleichzeitig, und wie Benjamin Schwartz und Shmuel Eisenstadt betonen, gibt es einen wesentlichen Unterschied zwischen Kulturen der Achsenzeit und solchen der Vor-Achsenzeit im Hinblick darauf, ob sie einen Gegensatz zwischen »transzendentaler und weltlicher Ordnung« kannten oder nicht. Die Kulturen der Achsenzeit hatten, anders als ihre Vorgänger, transzendente Mythen, die eine eigene Klasse von Intellektuellen propagierte: »die jüdischen Propheten und Priester, die griechischen Philosophen und Sophisten, die chinesischen Gelehrten, die hinduistischen Brahmanen, die buddhistischen Sangha und die islamische Ulema.«[23] Einige Regionen erlebten zwei oder drei Generationen von miteinander verknüpften Kulturen, wobei auf das Ende einer Kultur und eine Zeit des Interregnums der Aufstieg einer nächsten folgte. Abbildung 2.1 ist eine vereinfachte Darstellung der zeitlichen Beziehungen großer eurasiatischer Kulturen zueinander (nach Carroll Quigley).

Abbildung 2.1
Zivilisationen der östlichen Hemisphäre

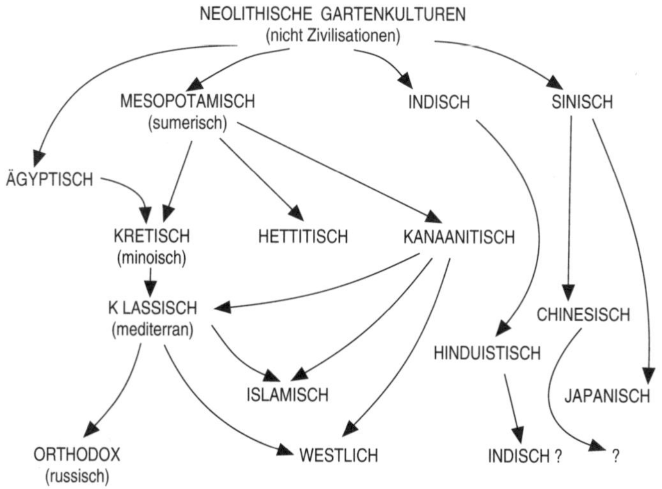

Quelle: Carroll Quigley: *The Evolution of Civilizations: An Introduction to Historical Analysis* (Indianapolis 1979), S. 83.

Hochkulturen waren auch geographisch getrennt. Bis zum Jahre 1500 hatten die Anden- und die mesoamerikanische Kultur weder zu anderen Kulturen noch zueinander Kontakt. Auch die frühen Hochkulturen am Nil, an Euphrat und Tigris, am Indus und am Gelben Fluß waren nicht in Fühlung miteinander. Endlich kam es doch zu vermehrten Kontakten zwischen Kulturen im östlichen Mittelmeerraum, in Südwestasien und in Nordindien. Die Verkehrsverbindungen und Handelsbeziehungen waren jedoch eingeschränkt aufgrund der großen Entfernungen zwischen den einzelnen Kulturen und den begrenzten Transportmöglichkeiten zur Überwindung derartiger Strecken. Zwar gab es einen gewissen Seeverkehr im Mittelmeer und im Indischen Ozean. Aber: »Steppendurchquerende Pferde, nicht ozeanüberquerende Segler waren das hauptsächliche Fortbewegungsmittel, durch das die getrennten Kulturen der Welt vor 1500 nach Christus miteinander verbunden waren – in dem geringen Ausmaß, in dem sie überhaupt Kontakt zueinander unterhielten.«[24]

Ideen und Technologie wanderten von Kultur zu Kultur, aber das dauerte oft Jahrhunderte. Der vielleicht wichtigste kulturelle Einfluß, der nicht auf Eroberung beruhte, war die Ausbreitung des Buddhismus nach China etwa 600 Jahre nach seiner Entstehung in Nordindien. Der Buchdruck wurde in China im 8. Jahrhundert n. Chr., die bewegliche Letter im 11. Jahrhundert erfunden, aber erst im 14. Jahrhundert kam diese Technologie nach Europa. Papier wurde erstmals im 2. Jahrhundert n. Chr. in China hergestellt, kam im 7. Jahrhundert nach Japan und gelangte im 8. Jahrhundert nach Zentralasien, im 10. nach Nordafrika, im 12. nach Spanien und im 13. nach Nordeuropa. Eine weitere chinesische Erfindung, die im 9. Jahrhundert gemacht worden war, das Schießpulver, wurde einige hundert Jahre später bei den Arabern bekannt und kam im 14. Jahrhundert nach Europa.[25]

Die dramatischsten und folgenreichsten Kontakte zwischen Kulturen ergaben sich, wenn Menschen der einen Kultur das

Volk einer anderen Kultur eroberten und es ausrotteten oder unterwarfen. Diese Kontakte waren normalerweise nicht nur blutig, sondern auch kurz und nur sporadisch. Zwar entwickelten sich seit dem 7. Jahrhundert n. Chr. relativ kontinuierliche und mitunter sogar enge interkulturelle Kontakte zwischen dem Islam und dem Westen sowie zwischen dem Islam und Indien. Die meisten wirtschaftlichen, kulturellen und militärischen Interaktionen fanden jedoch innerhalb ein und desselben Kulturkreises statt. Während beispielsweise Indien und China gelegentlich von anderen Völkern (Moguln, Mongolen) erobert und unterworfen wurden, gab es in beiden Kulturkreisen auch immer wieder Perioden »kämpfender Staaten« innerhalb der eigenen Kultur. Auch die Griechen kämpften und handelten weit öfter miteinander als mit Persern oder anderen Nichtgriechen.

Impakt: Der Aufstieg des Westens. Die europäische Christenheit begann im 8. und 9. Jahrhundert als eigene Kultur hervorzutreten. Sie hinkte jedoch, was ihren Zivilisationsgrad betraf, jahrhundertelang hinter vielen anderen Kulturen her. China unter der T'ang-, Sung- und Ming-Dynastie, die islamische Welt zwischen dem 8. und 12. Jahrhundert und Byzanz zwischen dem 8. und 11. Jahrhundert übertrafen Europa bei weitem an Wohlstand, Ausdehnung, militärischer Macht und künstlerischer, literarischer und wissenschaftlicher Leistung.[26] Zwischen dem 11. und 13. Jahrhundert begann die europäische Kultur sich zu entwickeln, hierin begünstigt durch »die begierige und systematische Aneignung von zweckmäßigen Elementen aus der höheren Zivilisation des Islam und Byzanz', verbunden mit der Anpassung dieses Erbes an die besonderen Gegebenheiten und Interessen des Westens«. In demselben Zeitraum wurden Ungarn, Polen, Skandinavien und die Ostseeküste zum westlichen Christentum bekehrt, das römische Recht und andere Aspekte der westlichen Zivilisation folgten nach, und die Ostgrenze der westlichen Kultur wurde dort etabliert, wo sie fortan ohne bedeutende Veränderung verlaufen sollte. Im 12. und 13. Jahrhundert kämpfte der Westen um die Ausweitung seiner Herrschaft auf Spanien und errang in der Tat die Kontrolle über das Mittelmeer. Später hatte jedoch der Aufstieg der türkischen Macht zur Folge, daß dieses »erste Übersee-Imperium Westeuropas«[27] zusammenbrach. Gleichwohl war um 1500 die Renaissance der europäischen Zivilisation in vollem Gange, und sozialer Pluralismus, expandierender Handelsverkehr und technische Errungenschaften lieferten die Grundlage für eine neue Ära der Weltpolitik.

An die Stelle sporadischer oder begrenzter wechselseitiger Begegnungen zwischen Hochkulturen trat nun der kontinuierliche, überwältigende, einseitige Druck des Westens auf alle anderen Kulturen. Das ausgehende 15. Jahrhundert erlebte die *Reconquista*, die endgültige Rückeroberung der Iberischen Halbinsel von den Mauren, sowie die Anfänge der portugiesischen Durchdringung Asiens und der spanischen Durchdringung beider Amerika. In den folgenden 250 Jahren gerieten die gesamte westliche Hemisphäre und wesentliche Teile Asiens unter europäische Herrschaft oder Dominanz. Das ausgehende 18. Jahrhundert brachte eine Minderung direkter europäischer Kontrolle, als zunächst die USA, danach Haiti und schließlich weiteste Teile Lateinamerikas sich gegen die europäische Herrschaft auflehnten und ihre Unabhängigkeit erlangten. Ein erneuerter westlicher Imperialismus jedoch dehnte in der zweiten Hälfte des 19. Jahrhunderts die Herrschaft des Westens über fast ganz Afrika aus, konsolidierte die westliche Kontrolle des indischen Subkontinents und anderer Teile Asiens und brachte Anfang des 20. Jahrhunderts praktisch den gesamten Nahen Osten mit Ausnahme der Türkei unter direkte oder indirekte westliche Kontrolle. Europäische oder ehemalige europäische Kolonien (in Nord- und Südamerika) kontrollierten 1800 35 Prozent der Landoberfläche der Erde, 1878 67 Prozent und 1914 84 Prozent. 1920 stieg der Prozentsatz noch einmal, als das Osmanische Reich zwischen England, Frankreich und Italien aufgeteilt wurde. 1800 bestand das britische Empire aus 3,885 Millionen Quadratkilometern und 20 Millionen Menschen. 1900 umfaßte das viktorianische Weltreich, in dem die Sonne niemals unterging, 28,49 Millionen Quadratkilometer und 390 Millionen Menschen.[28] Im Zuge der europäischen Expansion wurden die mesoamerikanische und die Anden-Hochkultur praktisch vernichtet, die indische und die islamische Kultur ebenso wie Afrika unterjocht und China vom Westen durchdrungen und westlichem Einfluß unterworfen. Allein die russische, die japanische und die äthiopische Kultur, jede von ihnen von einer starken kaiserlichen Zentralgewalt regiert, vermochten dem Ansturm des Westens standzuhalten und eine nennenswerte Unabhängigkeit zu wahren. 400 Jahre lang bedeuteten interkulturelle Beziehungen die Anpassung anderer Gesellschaften an die westliche Kultur.

Zu den Gründen für diese einzigartige, dramatische Entwicklung gehörten die soziale Struktur und die Klassenverhältnisse des Westens, der Aufstieg von Städten und Handelsverkehr, die in westlichen Gesellschaften anzutreffende relative Machtverteilung zwischen Ständen und Herrschern, weltlichen und geistlichen Gewalten, das aufkeimende Gefühl eines Nationalbewußtseins unter den Völkern des Westens und die Entfaltung staatlicher Bürokratien. Die unmittelbare Quelle der westlichen Expansion war jedoch eine technologische: die Erfindung von Methoden der Hochseenavigation, um ferne Völker zu erreichen, und die Entwicklung des militärischen Potentials, um diese Völker zu erobern. »Denn der ›Aufstieg des Westens‹«, hat Geoffrey Parker bemerkt, »beruhte in hohem Maße auf der Anwendung von Gewalt, darauf, daß sich das militärische Gleichgewicht zwischen den Europäern und ihren Gegnern in Übersee stetig zugunsten der ersteren verschob«. Die These seines Buches lautet denn auch, »daß der Schlüssel zum erfolgreichen Aufbau der ersten wirklich weltumfassenden Imperien durch den Westen zwischen 1500 und 1750 genau in jenen Verbesserungen der Kriegführung zu suchen ist, die als ›militärische Revolution‹ bezeichnet worden sind.« Die Expansion des Westens wurde auch begünstigt durch die überlegene Organisation, Disziplin und Ausbildung seiner Truppen und später durch die

Überlegenheit seiner Waffen, Transportmittel, Logistiksysteme und medizinischen Hilfsdienste, die aus seiner Führungsrolle in der Industriellen Revolution resultierten.[29] Der Westen eroberte die Welt nicht durch die Überlegenheit seiner Ideen oder Werte oder seiner Religion (zu der sich nur wenige Angehörige anderer Kulturen bekehrten), sondern vielmehr durch seine Überlegenheit bei der Anwendung von organisierter Gewalt. Oftmals vergessen Westler diese Tatsache; Nichtwestler vergessen sie niemals.

Um 1910 war die Welt in politischer und wirtschaftlicher Hinsicht mehr als je zuvor in der Geschichte ein Ganzes. Der internationale Handel machte 33 Prozent des globalen Sozialprodukts aus, mehr als jemals zuvor oder danach. Der prozentuale Anteil der internationalen Investitionen an den Gesamtinvestitionen war damals höher als zu irgendeiner anderen Zeit.[30] Zivilisation bedeutete westliche Zivilisation, und der Westen kontrollierte oder beherrschte die meisten Teile der Welt. Internationales Recht war westliches internationales Recht in der Tradition des Hugo Grotius. Das internationale System war das westliche, westfälische System souveräner, aber »zivilisierter« Nationalstaaten und der kolonialen Gebiete, die sie kontrollierten.

Die Entstehung dieses an westlichen Maßstäben ausgerichteten internationalen Systems war die zweite große Entwicklungsstufe der globalen Politik nach 1500. Während westliche Gesellschaften mit nichtwestlichen Gesellschaften im Stil von Herr und Knecht umgingen, verkehrten sie untereinander auf einer mehr gleichberechtigten Basis. Diese Interaktionen zwischen politischen Gebilden ein und derselben Kultur hatten große Ähnlichkeit mit jenen, die im chinesischen, indischen und griechischen Kulturkreis anzutreffen gewesen waren. Sie basierten auf einer kulturellen Homogenität von »Sprache, Recht, Religion, Verwaltungspraxis, Landwirtschaft, Grundbesitz und vielleicht auch Verwandtschaft«. Die Völker Europas »hatten miteinander eine gemeinsame Kultur und knüpften ausgedehnte Kontakte über ein aktives Handelsnetz, eine ständige Bewegung von Personen und eine ungeheure Verflechtung der herrschenden Familien«. Sie bekriegten einander auch praktisch ohne Ende; zwischen europäischen Staaten war Friede die Ausnahme, nicht die Regel.[31] Das Osmanische Reich, das in dieser Zeit bis zu einem Viertel dessen kontrollierte, was man sich unter »Europa« vorzustellen pflegte, galt nicht als Teil des internationalen Systems Europa.

150 Jahre lang wurde die innere Politik des Westens vom großen Religionsschisma und von religiösen und dynastischen Kriegen beherrscht. Nach dem Westfälischen Frieden waren die Konflikte der westlichen Welt weitere 150 Jahre lang im wesentlichen Konflikte von Fürsten – Kaisern, absoluten Monarchen und konstitutionellen Monarchen, die ihre Bürokratie, ihre Armeen, die Stärke ihrer merkantilistischen Wirtschaft, vor allem aber das von ihnen beherrschte Gebiet zu vergrößern trachteten. Im Zuge dieser Entwicklung schufen sie Nationalstaaten, und seit der Französischen Revolution verliefen die hauptsächlichen Konfliktlinien zwischen Nationen, nicht zwischen Fürsten. »Die Kriege der Könige waren vorbei; die Kriege der Völker hatten begonnen«, sagt R. R. Palmer über das Jahr 1793.[32] Dieses für das 19. Jahrhundert typische Muster bestand bis zum Ersten Weltkrieg fort.

1917 wurde infolge der Russischen Revolution der Konflikt zwischen Nationalstaaten um den Konflikt zwischen Ideologien ergänzt, zunächst zwischen Faschismus, Kommunismus und liberaler Demokratie, danach zwischen den beiden letzteren. Im Kalten Krieg wurden diese Ideologien von den zwei Supermächten verkörpert, die beide ihre Identität über ihre Ideologie definierten und die beide kein Nationalstaat im traditionellen westlichen Sinne waren. Die Machtübernahme des Marxismus zuerst in Rußland und dann in China und Vietnam stellte eine Phase des Übergangs vom europäischen internationalen System zum posteuropäischen multikulturellen System dar. Der Marxismus war zwar ein Produkt der europäischen Kultur, wurde aber in ihr nicht heimisch und hatte dort keinen Erfolg. Statt dessen importierten ihn modernisierende und revolutionäre Eliten nach Rußland, China und Vietnam; Lenin, Mao und Ho modelten ihn für ihre Zwecke um und benutzten ihn, um die Macht des Westens herauszufordern, ihre Völker zu mobilisieren und die nationale Identität und Autonomie ihrer Länder gegen den Westen zur Geltung zu bringen. Der Zusammenbruch dieser Ideologie in der Sowjetunion und ihre gründliche Adaption in China und Vietnam bedeuten jedoch nicht, daß diese Länder nun zwangsläufig auch die andere westliche Ideologie, die liberale Demokratie, übernehmen werden. Westler, die annehmen, daß dies der Fall sein wird, dürften von der Kreativität, Dauerhaftigkeit und Anpassungsfähigkeit nichtwestlicher Kulturen überrascht werden.

Interaktionen: Ein multikulturelles System. Im 20. Jahrhundert sind also die Beziehungen zwischen Kulturen von einer Phase, die vom einseitigen Impakt einer einzigen Kultur auf alle anderen beherrscht war, in eine Phase intensiver, anhaltender und vielseitiger Interaktionen zwischen allen Kulturen übergegangen. Die beiden zentralen Merkmale der vorangegangenen Ära interkultureller Beziehungen begannen zu verschwinden.

Erstens, und um zwei Lieblingswendungen der Historiker zu gebrauchen, endete »die Expansion des Westens«, und es begann »der Aufstand gegen den Westen«. Uneinheitlich und mit Pausen und Erholungsphasen ging die Macht des Westens im Verhältnis zur Macht anderer Kulturen zurück. Die Weltkarte von 1990 hat wenig Ähnlichkeit mit der Weltkarte von 1920. Das Gleichgewicht der militärischen und ökonomischen Macht und des politischen Einflusses hat sich verschoben (und wird in einem späteren Kapitel genauer erörtert werden). Der Impakt des Westens auf andere Länder war nach wie vor bedeutend, aber was in zunehmendem Maße die Beziehungen zwischen dem Westen und anderen Kulturen beherrschte, waren die Reaktionen des Westens auf Entwicklungen in diesen. Weit davon entfernt, einfach das Objekt der vom Westen gemachten Geschichte zu sein, wurden nichtwestliche Gesellschaften in zunehmendem Maße zu Gestaltern ihrer eigenen und der westlichen Geschichte.

Zweitens und als Ergebnis dieser Entwicklungen expandierte das internationale System über den Westen hinaus und wurde multikulturell. Gleichzeitig verschwanden Konflikte zwischen westlichen Staaten, die jenes System jahrhundertelang beherrscht hatten. Ende des 20. Jahrhunderts hatte der Westen die zivilisatorische Entwicklungsphase der »kämpfenden Staaten« hinter sich gelassen und war in die Phase des »Universalstaates« eingetreten. Ende des Jahrhunderts war diese Phase noch nicht abgeschlossen, da sich die Nationalstaaten des Westens zu zwei Halb-Universalstaaten in Europa und Nordamerika gruppierten. Diese zwei Größen und ihre Bestandteile waren jedoch durch ein überaus komplexes System von offiziellen und inoffiziellen institutionellen Verbindungen miteinander verknüpft. Die Universalstaaten früherer Kulturen waren Imperien. Da jedoch die politische Form der westlichen Kultur die Demokratie ist, ist der entstehende Universalstaat der westlichen Kultur nicht ein Imperium, sondern vielmehr ein Konglomerat aus Bundesstaaten, Staatenbünden und internationalen Regimes und Organisationen.

Die großen politischen Ideologien des 20. Jahrhunderts heißen Liberalismus, Sozialismus, Anarchismus, Korporatismus, Marxismus, Kommunismus, Sozialdemokratie, Konservatismus, Nationalismus, Faschismus, christliche Demokratie. Ihnen allen ist eines gemeinsam: Sie sind Produkte der westlichen Kultur. Keine andere Kultur hat eine signifikante politische Ideologie erzeugt. Der Westen hingegen hat niemals eine große Religion hervorgebracht. Die großen Religionen der Welt sind ausnahmslos in nichtwestlichen Kulturen entstanden und in den meisten Fällen älter als die westliche Kultur. In dem Maße, wie die Welt ihre westliche Phase hinter sich läßt, verfallen die Ideologien, die für die späte westliche Zivilisation typisch waren, und an ihre Stelle treten Religionen und andere kulturell gestützte Formen von Identität und Bindung. Die im Westfälischen Frieden etablierte Trennung von Religion und internationaler Politik, ein ureigenes Ergebnis westlicher Kultur, geht zu Ende, und die Religion wird, wie Edward Mortimer vermutet, »mit zunehmender Wahrscheinlichkeit in die internationalen Angelegenheiten eindringen«.[33] Die intrakulturelle Auseinandersetzung um die politischen Ideen aus dem Westen wird abgelöst von einer interkulturellen Auseinandersetzung um Kultur und Religion.

Auf ein multipolares westliches System internationaler Beziehungen folgte also ein bipolares halbwestliches System und darauf ein multipolares, multikulturelles System. Die politische Weltgeographie ging von der einen Welt der zwanziger Jahre zu den drei Welten der sechziger Jahre und von dort zu dem halben Dutzend Welten der neunziger Jahre über. Gleichzeitig schrumpften die globalen Imperien des Westens von 1920 zu der viel engeren »Freien Welt« der sechziger Jahre (zu der viele nichtwestliche Staaten gehörten, die den Kommunismus ablehnten) und danach zu dem noch begrenzteren »Westen« der neunziger Jahre. Diese Verschiebung fand zwischen 1988 und 1993 ihren semantischen Niederschlag in der immer geringeren Verwendung des ideologischen Begriffs »Freie Welt« und der immer häufigeren Verwendung des kulturell verstandenen Begriffs »der Westen« (siehe Tabelle 2.1). Sie zeigt sich auch in vermehrten Hinweisen auf den Islam als ein kulturell-politisches Phänomen, auf »Groß-China«, auf Rußland und sein »nahes Ausland« und auf die Europäische Union. Dies alles sind Begriffe mit kulturellem Hintergrund. Interkulturelle Beziehungen sind in dieser dritten Phase viel häufiger und intensiver, als sie es in der ersten Phase waren, und viel gleichberechtigter und reziproker als in der zweiten Phase. Auch gibt es im Unterschied zum Kalten Krieg nicht eine einzelne gravierende weltanschauliche Differenz, sondern mannigfache Meinungsverschiedenheiten zwischen dem Westen und den anderen Kulturen sowie zwischen den vielen Nicht-Westen untereinander.

Ein internationales System besteht laut Hedley Bull, »wenn zwei oder mehr Staaten hinreichenden Kontakt zueinander haben und hinreichenden Einfluß auf die Entscheidungen des jeweils anderen ausüben, um beide – wenigstens in einem gewissen Ausmaß – zu veranlassen, sich als Teile eines Ganzen zu verhalten.« Eine internationale Gesellschaft existiert erst dann, wenn Staaten in einem internationalen System »gemeinsame Interessen und gemeinsame Werte« haben, »sich einem gemeinsamen System von Regeln verpflichtet wissen«, »sich in die Arbeit von gemeinsamen Institutionen teilen« und »eine gemeinsame Kultur oder Zivilisation besitzen«.[34] Wie sein sumerischer, griechischer, hellenistischer, chinesischer, indischer und islamischer Vorgänger war auch das europäische internationale System des 17. bis 19. Jahrhunderts zugleich eine internationale Gesellschaft. Im 19. und 20. Jahrhundert expandierte das internationale System Europas und umfaßte praktisch alle Gesellschaften in anderen Kulturen. Einige europäische Institutionen und Praktiken wurden auch in diese Länder exportiert. Gleichwohl ermangeln diese Gesellschaften noch immer einer gemeinsamen Kultur, wie sie der europäischen internationalen Gesellschaft zugrunde lag. In der Terminologie der britischen

Tabelle 2.1
Verwendung der Begriffe »Freie Welt« und »der Westen«

	Anzahl der Belege 1988	1993	Veränderung in Prozent
New York Times			
Freie Welt	71	44	–38%
Der Westen	46	144	+213%
Washington Post			
Freie Welt	112	67	–40%
Der Westen	36	87	+142%
Congressional Record			
Freie Welt	356	114	–68%
Der Westen	7	10	+43%

Quelle: Lexis/Nexis. Die Anzahl der Belege ist die Anzahl von Artikeln, in denen die Begriffe »Freie Welt« oder »der Westen« behandelt werden oder vorkommen. Die Belege zu »der Westen« wurden auf ihre Kontextstimmigkeit geprüft, um sicherzugehen, daß der Westen als Kultur oder politische Größe gemeint war.

Theorie der internationalen Beziehungen ist die Welt also zwar ein wohlentwickeltes internationales System, aber bestenfalls nur eine sehr primitive internationale Gesellschaft.

Jede Kultur sieht sich selbst als Mittelpunkt der Welt und schreibt ihre Geschichte als zentrales Drama der Menschheitsgeschichte. Dies gilt für den Westen vielleicht noch mehr als für andere Kulturen. Derartige monokulturelle Gesichtspunkte verlieren jedoch in einer multikulturellen Welt zunehmend an Relevanz und Brauchbarkeit. Kulturtheoretiker haben diese Binsenweisheit längst erkannt.

Spengler verurteilte schon 1918 die im Westen vorherrschende, kurzsichtige Auffassung von Geschichte mit ihrer säuberlichen Einteilung in Antike, Mittelalter und Neuzeit, die nur für den Westen relevant ist: »Ich nenne dies dem heutigen Westeuropäer geläufige Schema, in dem die hohen Kulturen ihre Bahnen um uns als den vermeintlichen Mittelpunkt alles Weltgeschehens ziehen, das ptolemäische System der Geschichte und ich betrachte es als die kopernikanische Entdeckung im Bereich der Historie, daß in diesem Buche ein System an seine Stelle tritt, in dem Antike und Abendland neben Indien, Babylon, China, Ägypten, der arabischen und mexikanischen Kunst ... eine in keiner Weise bevorzugte Stellung einnehmen.«[35]

Einige Jahrzehnte später geißelte Toynbee die »Provinzialität und Impertinenz« des Westens mit seinen »egozentrischen Illusionen«, daß die Welt sich um ihn drehe, daß es einen »unwandelbaren Osten« gäbe und daß der »Fortschritt« unausweichlich sei. Wie Spengler hatte er keine Verwendung für die Annahme einer Einheit der Geschichte, die Annahme, daß es »nur einen einzigen Strom der Zivilisation, nämlich den unseren, gibt und daß alle anderen entweder Zuflüsse sind oder im Wüstensand versickern«.[36]

Fünfzig Jahre nach Toynbee hat auch Fernand Braudel die Notwendigkeit betont, zu einer umfassenderen Perspektive zu gelangen und die großen kulturellen Konflikte in der Welt und die Mannigfaltigkeit ihrer »Zivilisationen« zu verstehen.[37] Doch die Illusionen und Vorurteile, vor denen diese Autoren warnten, leben fort und treiben Ende des 20. Jahrhunderts neue Blüten in der verbreiteten und provinziellen Einbildung, die europäische Kultur des Westens sei jetzt die universale Weltkultur.

KAPITEL 3

Eine universale Kultur? Modernisierung und Verwestlichung

UNIVERSALE KULTUR: BEDEUTUNGEN

Es wird die These vertreten, unsere Ära erlebe das Entstehen dessen, was V. S. Naipaul »universale Zivilisation« genannt hat.[1] Was ist mit diesem Ausdruck gemeint? Gemeint ist generell das kulturelle Zusammenrücken der Menschheit und die zunehmende Akzeptanz von gemeinsamen Werten, Überzeugungen, Orientierungen, Praktiken und Institutionen durch Völker in der ganzen Welt. Genauer sind wohl einige Dinge gemeint, die zwar tiefgründig, aber unwichtig sind, einige, die wichtig, aber nicht tiefgründig sind, und einige, die unwichtig und vordergründig sind.

Erstens anerkennen die Menschen praktisch aller Gesellschaften gewisse Grundwerte, zum Beispiel, daß Mord böse ist, und gewisse Grundinstitutionen, etwa bestimmte Formen der Familie. Die meisten Menschen in den meisten Gesellschaften besitzen ein ähnlich gelagertes »sittliches Empfinden«, es besteht ein »dünner« minimaler sittlicher Konsens darüber, was richtig und falsch ist.[2] Wenn mit »universaler Kultur« dieser Sachverhalt gemeint ist, dann ist das zwar tiefgründig und zutiefst wichtig, aber es ist weder neu noch ausschlaggebend. Die Tatsache, daß die Menschen zu allen Zeiten einige fundamentale Werte und Institutionen gemeinsam hatten, mag bestimmte Konstanten des menschlichen Verhaltens erklären. Sie taugt aber nicht zur Erhellung oder Erklärung der Geschichte, die aus Veränderungen im menschlichen Verhalten besteht. Und falls es eine »universale Kultur« gibt, die der ganzen Menschheit gemeinsam ist, welche Bezeichnung verwenden wir dann für die großen kulturellen Gruppierungen des menschlichen Geschlechts? Die Menschheit zerfällt in Untergruppen – in Stämme, Nationen und größere zivilisatorische Einheiten, die man für gewöhnlich Kultur nennt. Wird der Begriff »Kultur« überhöht und auf das beschränkt, was der Menschheit als ganzer gemeinsam ist, muß man entweder einen neuen Begriff für die größten zivilisatorischen Gruppierungen unterhalb der Ebene der Gesamtmenschheit erfinden, oder man muß annehmen, daß diese größten, aber nicht die Menschheit insgesamt umfassenden Gruppierungen verschwinden werden. So hat zum Beispiel Vaclav Havel betont: »Wir leben heute in einer einzigen, globalen Zivilisation«; er hat jedoch hinzugesetzt: »Freilich ist sie nicht mehr als ein dünner Firnis.« Sie »überzieht oder verhüllt eine ungeheure Vielfalt von Kulturen, Völkern, religiösen Welten, geschichtlichen Traditionen und historisch geprägten Einstellungen, die in gewisser Weise alle ›darunter‹ liegen.«[3] Es stiftet nur semantische Verwirrung, wenn man den Begriff »Kultur« auf die globale Ebene beschränkt und als »Zivilisationen« oder »Subzivilisationen« jene größten kulturellen Einheiten bezeichnet, die in der Geschichte immer als Kultur oder Kulturkreis bezeichnet worden sind.[4]

Zweitens könnte der Begriff »universale Kultur« zur Bezeichnung dessen verwendet werden, was zivilisierte Gesellschaften miteinander gemeinsam haben, wie zum Beispiel Städte oder Alphabetisierung, und was sie von primitiven Gesellschaften oder Barbaren unterscheidet. Das ist natürlich die dem 18. Jahrhundert eigene singularische Bedeutung des Begriffs »Zivilisation«, und in diesem Sinne ist in der Tat eine universale Zivilisation im Entstehen begriffen, sehr zum Entsetzen diverser Anthropologen und anderer, die mit Bestürzung das Verschwinden primitiver Völker registrieren. Die Zivilisation in diesem Sinne hat sich im Laufe der Menschheitsgeschichte immer weiter ausgebreitet, und die Verbreitung von Zivilisation im Singular war und ist mit der Existenz vieler Kulturen im Plural durchaus verträglich.

Drittens könnte sich der Begriff »universale Kultur« auf Annahmen, Werte und Doktrinen beziehen, die gegenwärtig von vielen Menschen im westlichen Kulturkreis und von manchen Menschen in anderen Kulturkreisen vertreten werden. Man könnte es die »Davos-Kultur« nennen. Jedes Jahr treffen sich etwa tausend Wirtschaftsfachleute, Bankiers, Regierungsvertreter, Intellektuelle und Journalisten im schweizerischen Davos zum Weltwirtschafts-Forum. Fast alle diese Leute haben einen akademischen Abschluß in einem natur-, sozial-, wirtschafts- oder rechtswissenschaftlichen Fach, gehen mit Worten und/oder Zahlen um, sprechen ziemlich fließend Englisch, sind in Behörden, Unternehmen oder akademischen Einrichtungen mit ausgedehntem internationalem Engagement tätig und reisen häufig ins Ausland. Gemeinsam ist ihnen der Glaube an Individualismus, Marktwirtschaft und politische Demokratie, der auch unter Menschen der westlichen Kultur verbreitet ist. Davos-Leute kontrollieren praktisch alle internationalen Institutionen, viele Regierungen und ein gut Teil des wirtschaftlichen und militärischen Potentials der Welt. Die Davos-Kultur ist daher ungeheuer wichtig. Aber wieviele Menschen sind weltweit wirklich Teil dieser Kultur? Außerhalb des Westens wird sie wahrscheinlich von kaum fünfzig Millionen Menschen oder einem Prozent der Weltbevölkerung anerkannt, vielleicht sogar nur von einem Zehntelprozent der Weltbevölkerung. Sie ist weit davon entfernt, eine universale Kultur zu sein, und die Führer, die die Davos-Kultur vertreten, haben nicht unbedingt einen festen Zugriff auf die Macht in ihrer jeweiligen Gesellschaft. Diese »gemeinsame intellektuelle Kultur existiert«, wie Hedley Bull hervorhebt, »nur auf der Ebene der Eliten: Ihre Wurzeln reichen in vielen Gesellschaften nicht tief ... [und] es ist fraglich, ob sie selbst auf der diplomatischen Ebene das umfaßt, was gemeinsame moralische Kultur genannt worden ist, ein System gemeinsamer Werte im Unterschied zu einer gemeinsamen intellektuellen Kultur.«[5]

Viertens wird der Gedanke ventiliert, daß die Ausbreitung westlicher Konsummuster und westlicher Populärkultur über die ganze Welt dabei ist, eine »universale Kultur« zu schaffen. Dieses Argument ist weder tiefgründig noch bedeutend. Modetrends sind seit jeher von Kultur zu Kultur weitergegeben worden. Innovationen in einer Zivilisation werden regelmäßig von anderen Kulturen aufgegriffen. Dabei handelt es sich jedoch entweder um Techniken, die keine signifikanten kulturellen Auswirkungen haben, oder um Moden, die kommen und gehen, ohne die eigentliche Kultur der Empfänger zu tangieren. Diese Importe schlagen in der Empfänger-Kultur ein, weil sie entweder exotisch sind oder weil sie aufoktroyiert werden. In früheren Jahrhunderten wurde die westliche Welt in regelmäßigen Abständen von der Begeisterung für diverse Aspekte der chinesischen oder hinduistischen Kultur erfaßt. Im 19. Jahrhundert wurden kulturelle Importe aus dem Westen in China und Indien populär, weil sich in ihnen westliche Macht zu spiegeln schien. Die jetzige These, daß die Verbreitung von Pop-Kultur und Konsumgütern über die ganze Welt den Triumph der westlichen Zivilisation darstelle, trivialisiert die westliche Kultur. Die Quintessenz der westlichen Zivilisation ist die Magna Charta, nicht der Big Mac. Die Tatsache, daß Nichtwestler in diesen beißen, sagt nichts darüber aus, ob sie jene akzeptieren.

Es sagt auch nichts über ihre Einstellungen zum Westen aus. Irgendwo im Nahen Osten kann es sehr wohl ein paar junge Männer in Jeans geben, die Coca Cola trinken und Rap hören, aber zwischen Verbeugungen in Richtung Mekka eine Bombe basteln, um ein amerikanisches Flugzeug in die Luft zu jagen. In den siebziger und achtziger Jahren haben die Amerikaner Millionen von japanischen Autos, Fernsehapparaten, Fotoapparaten und elektronischen Geräten konsumiert, ohne »japanisiert« zu werden, ja bei gleichzeitig sich verstärkender Japanfeindlichkeit. Naive Arroganz verleitet Westler zu der Annahme, Nichtwestler würden durch den Erwerb von westlichen Gütern »verwestlicht«. Was sagt es aber der Welt wirklich über den Westen, wenn Westler ihre Zivilisation mit Sprudelgetränken, ausgebleichten Hosen und fetthaltigen Speisen gleichsetzen?

Eine etwas anspruchsvollere Version dieser These von der universalen Populärkultur zielt nicht auf Konsumgüter generell, sondern auf die Medien ab, auf Hollywood statt auf Coca Cola. Die amerikanische Kontrolle der globalen Film-, Fernseh- und Videoindustrie übertrifft sogar Amerikas Dominanz in der Luftfahrtindustrie. 88 von 100 der weltweit meistbesuchten Filme im Jahre 1993 kamen aus den USA; zwei amerikanische und zwei europäische Organisationen beherrschen weltweit die Sammlung und Verbreitung von Nachrichten.[6] Diese Situation spiegelt zwei Phänomene wider. Das eine ist die Universalität des menschlichen Interesses an Liebe, Sexualität, Gewalt, Geheimnis, Heldentum und Reichtum sowie das Vermögen profitorientierter Unternehmen zumal in den USA, dieses Interesse zu ihrem eigenen Vorteil auszunutzen. Erstens gibt es jedoch wenige oder gar keine Beweise dafür, daß das Entstehen einer umfassenden globalen Kommunikation eine nennenswerte Konvergenz der Einstellungen und Überzeugungen bewirken würde. »Unterhaltung«, wie Michael Vlahos gesagt hat, »ist nicht gleichzusetzen mit kultureller Konversion.« Zweitens interpretieren die Menschen Kommunikation im Sinne ihrer eigenen, vorhandenen Werte und Perspektiven. »Ein und dasselbe Bild«, so Kishore Mahbubani, »gleichzeitig in die Wohnzimmer der ganzen Welt übertragen, löst entgegengesetzte Wahrnehmungen aus. In westlichen Wohnzimmern wird applaudiert, wenn Cruise Missiles Bagdad angreifen. Die meisten Menschen außerhalb des Westens sehen, daß der Westen unverzüglich Vergeltung gegen nichtweiße Irakis oder Somalis übt, aber nicht gegen weiße Serben – in jeder Hinsicht ein gefährliches Signal.«[7]

Globale Kommunikation ist eine der wichtigsten zeitgenössischen Manifestationen westlicher Macht. Diese Hegemonie des Westens ermutigt jedoch populistische Politiker in nichtwestlichen Gesellschaften dazu, den westlichen Kulturimperialismus anzuprangern und ihr Publikum zur Sicherung des Überlebens und der Integrität ihrer einheimischen Kultur aufzurufen. Das Ausmaß, in dem die globale Kommunikation vom Westen beherrscht wird, ist daher eine wesentliche Quelle des Ressentiments und der Feindseligkeit nichtwestlicher Völker gegen den Westen. Daneben führten spätestens Anfang der neunziger Jahre Modernisierung und wirtschaftliche Entwicklung in nichtwestlichen Gesellschaften zur Entstehung lokaler und regionaler Medienindustrien, die sich am spezifischen Geschmack dieser Gesellschaften ausrichten.[8] 1994 schätzte die Gesellschaft »CNN International« die Zahl ihrer potentiellen Zuschauer auf 55 Millionen oder rund ein Prozent der Weltbevölkerung (eine auffallend ähnliche Zahl wie bei den Angehörigen der Davos-Kultur und zweifellos weithin mit diesen identisch). Der Präsident von CNN behauptete, die englischen Sendungen seiner Gesellschaft könnten zwei bis vier Prozent des Marktes erreichen. Seither sind regionale (das heißt: kulturkreisorientierte) Netze entstanden, die auf spanisch, japanisch, arabisch, französisch (für Westafrika) und in anderen Sprachen senden. »Dem Globalen Nachrichtenstudio«, resümierten drei Forscher, »steht noch immer der Turm von Babel im Wege.«[9] Ronald Dore vertritt eindrucksvoll die These vom Entstehen einer globalen intellektuellen Kultur unter Diplomaten und Inhabern öffentlicher Ämter. Doch sogar er zieht einen stark eingeschränkten Schluß, was den Impakt einer verstärkten Kommunikation betrifft: »Eine zunehmende Kommunikationsdichte sollte, *wenn sonst alles gleich ist* [Hervorhebung von ihm] eine Grundlage für ein Nachbarschaftsgefühl unter den Nationen, oder zumindest unter den mittleren Schichten, oder zuallermindest unter den Diplomaten der Welt garantieren«; aber, so fügt er hinzu: »einiges von dem, was eben nicht gleich ist, kann in der Tat ausschlaggebend sein.«[10]

Sprache. Die zentralen Elemente jeder Kultur oder Zivilisation sind Sprache und Religion. Falls eine universale Kultur im Entstehen begriffen ist, müßte es Tendenzen zur Herausbildung einer universalen Sprache und einer universalen Religion geben. Dieser Anspruch wird in bezug auf die Sprache in der Tat oft erhoben. »Die Sprache der Welt ist Englisch«, wie der Herausgeber des *Wall Street Journal* behauptet.[11]

Dies kann zweierlei bedeuten, würde aber nur in einem Fall die These einer universalen Kultur stützen. Es könnte bedeuten, daß ein wachsender Anteil der Weltbevölkerung Englisch spricht. Es gibt keine Anhaltspunkte, die diese Behauptung untermauern würden; das zuverlässigste Material, das existiert und zugegebenermaßen nicht sehr präzise sein kann, zeigt das genaue Gegenteil. Die verfügbaren Daten über die gut drei Jahrzehnte von 1958 bis 1992 lassen darauf schließen, daß sich das Gesamtbild der verwendeten Sprachen nicht dramatisch verändert hat, daß der Prozentsatz der Menschen stark zurückgegangen ist, die Englisch, Französisch, Deutsch, Russisch und Japanisch sprechen, daß in geringerem Maße der Prozentsatz der Menschen zurückgegangen ist, die Mandarin sprechen, und daß der prozentuale Anteil der Menschen gestiegen ist, die Hindi, Malaiisch-Indonesisch, Arabisch, Bengali, Spanisch, Portugiesisch und andere Sprachen sprechen. Der Anteil der Englischsprechenden fiel von 9,8 Prozent der Menschen, die 1958 eine von mindestens einer Million Menschen gesprochene Sprache sprachen, auf 7,6 Prozent im Jahre 1992. (Siehe Tabelle 3.1.) Der Anteil der Weltbevölkerung, der die fünf großen westlichen Sprachen (Englisch, Französisch, Deutsch, Portugiesisch, Spanisch) spricht, sank von 24,1 Prozent 1958 auf 20,8 Prozent 1992. 1992 sprachen knapp doppelt so viele Menschen Mandarin wie Englisch, nämlich 15,2 Prozent der Weltbevölkerung; dazu kamen 3,6 Prozent, die andere Arten von Chinesisch sprachen. (Tabelle 3.2.)

In gewisser Hinsicht kann eine Sprache, die 92 Prozent der Menschen fremd ist, nicht die Weltsprache sein. In anderer Hinsicht könnte man sie dennoch so nennen, sofern es die Sprache ist, die Menschen verschiedener Sprachgruppen und Kulturen benutzen, um miteinander zu kommunizieren, sofern es also die *lingua franca* der Welt, sprachwissenschaftlich gesprochen die wichtigste »Language of Wider Communication« (LWC) in der Welt ist.[12] Menschen, die miteinander in Verbindung treten müssen, benötigen ein Mittel hierfür. Auf einer Ebene können sie sich auf speziell ausgebildete Fachleute stützen, die zwei oder mehr Sprachen fließend sprechen und als Dolmetscher oder Übersetzer fungieren. Das ist jedoch mühsam, zeitraubend und teuer. Daher sind zu allen Zeiten *linguae francae* aufgekommen: Latein in der klassischen und der mittelalterlichen Welt, Französisch jahrhundertelang im Westen, Swahili in weiten Teilen Afrikas und Englisch in der zweiten Hälfte des 20. Jahrhunderts fast überall auf der Welt. Diplomaten, Geschäftsleute, Wissenschaftler, Touristen und die Touristikbranche, Flugzeugpiloten und Fluglotsen benötigen ein Mittel der effizienten Kommunikation untereinander und tun dies heute großenteils auf englisch.

Tabelle 3.1
Sprecherzahlen großer Sprachen

	in Prozent der Weltbevölkerung*			
Jahr Sprache	1958	1970	1980	1992
Arabisch	2,7	2,9	3,3	3,5
Bengali	2,7	2,9	3,2	3,2
Englisch	9,8	9,1	8,7	7,6
Hindi	5,2	5,3	5,3	6,4
Mandarin	15,6	16,6	15,8	15,2
Russisch	5,5	5,6	6,0	4,9
Spanisch	5,0	5,2	5,5	6,1

* 100 = Anzahl der Menschen, die eine von mindestens 1 Million Menschen gesprochene Sprache sprechen

Quelle: Die Prozentsätze wurden aus Daten berechnet, die Professor Sidney S. Culbert vom Fachbereich Psychologie der University of Washington in Seattle über von mindestens 1 Million Menschen gesprochene Sprachen gesammelt und jährlich im World Almanac and Book of Facts mitgeteilt hat. Seine Schätzungen erfassen Muttersprachler wie Nichtmuttersprachler und beruhen auf nationalen Zählungen, Bevölkerungsstichproben, Auswertungen von Rundfunk- und Fernsehsendungen, Angaben über Bevölkerungswachstum, sekundären Studien und anderen Quellen.

Tabelle 3.2
Verbreitung der wichtigsten chinesischen und westlichen Sprachen

– Anzahl und prozentualer Anteil an der Weltbevölkerung –

	1958		1992	
	Anzahl	Prozent	Anzahl	Prozent
		(in Mio.)		(in Mio.)
Mandarin	444	15,6	907	15,2
Kanton	43	1,5	65	1,1
Wu	39	1,4	64	1,1
Min	36	1,3	50	0,8
Hakka	19	0,7	33	0,6
chinesische Sprachen	581	20,5	1119	18,8
Englisch	278	9,8	456	7,6
Spanisch	142	5,0	362	6,1
Portugies.	74	2,6	177	3,0
Deutsch	120	4,2	119	2,0
Französ.	70	2,5	123	2,1
westliche Sprachen	684	24,1	1237	20,8
Welt Ges.	2845	44,5	5979	39,4

Quelle: Die Prozentsätze wurden aus Daten berechnet, die Professor Sidney S. Culbert vom Fachbereich Psychologie der University of Washington in Seattle gesammelt und 1959 und 1993 im World Almanac and Book of Facts mitgeteilt hat.

In diesem Sinne ist Englisch die Art, wie die Welt interkulturell kommuniziert, so wie der christliche Kalender die Art ist, wie die Welt die Zeit berechnet, arabische Zahlen die Art sind, wie die Welt zählt, und das metrische System fast überall die Art ist, wie die Welt mißt. Dieser Gebrauch des Englischen ist jedoch *interkulturelle* Kommunikation; er setzt die Existenz separater Kulturen voraus. Eine *lingua franca* ist eine Methode, um sprachliche und kulturelle Unterschiede zu überwinden, nicht eine Methode, um sie zu beseitigen. Sie ist ein Werkzeug zur Kommunikation, aber sie stiftet nicht Identität und Gemeinschaft. Daß ein japanischer Bankier und ein indonesischer Geschäftsmann miteinander englisch sprechen, heißt nicht, daß einer von ihnen oder beide anglisiert oder verwestlicht wären. Dasselbe kann man von französisch- und deutschsprachigen

Schweizern sagen, die miteinander ebensogut auf englisch kommunizieren können wie in einer ihrer nationalen Sprachen. Auch die Beibehaltung des Englischen als zweiter Staatssprache in Indien – entgegen den Plänen Nehrus – zeugt für das starke Bedürfnis der nicht-hindisprachigen Völker Indiens nach Erhaltung ihrer eigenen Sprachen und Kulturen und für die Notwendigkeit Indiens, eine vielsprachige Gesellschaft zu bleiben.

Wie der führende Sprachwissenschaftler Joshua Fishman bemerkt hat, wird eine Sprache als *lingua franca* oder LWC eher akzeptiert, wenn sie nicht hauptsächlich einer bestimmten ethnischen Gruppe, Religion oder Ideologie zugeordnet werden kann. In der Vergangenheit wies das Englische viele dieser Zuordnungen auf. Neuerdings ist es »ent-ethnisiert« (oder minimal ethnisiert), wie es in der Vergangenheit mit dem Akkadischen, Aramäischen, Griechischen und Lateinischen geschah. »Es war das Glück des Englischen als einer Zusatzsprache, daß *in den letzten 25 Jahren* [Hervorhebung von Fishman] weder seine britischen noch seine amerikanischen Ursprünge ernsthaft und verbreitet in einem ethnischen oder ideologischen Kontext gesehen wurden.«[13] Die Verwendung des Englischen zur interkulturellen Kommunikation hilft also die separaten unterschiedlichen Identitäten der Völker bewahren, ja stärkt diese sogar. Gerade weil die Menschen ihre eigene kulturelle Identität bewahren wollen, bedienen sie sich des Englischen, um mit Menschen anderer Kulturen zu kommunizieren.

Die Menschen, die weltweit Englisch sprechen, sprechen auch zunehmend regional verschiedene Arten von Englisch. Die englische Sprache wird indigenisiert und nimmt lokale Färbungen an, die sie vom britischen und amerikanischen Englisch unterscheiden und im Extremfall diese englischen Idiome füreinander fast unverständlich machen, wie dies auch bei Varianten des Chinesischen der Fall ist. Nigerianisches Pidgin-Englisch, indisches Englisch und andere Formen des Englischen werden in ihre jeweiligen Gastkulturen integriert und dürften sich in Zukunft weiter ausdifferenzieren, so daß vermutlich aus ihnen verwandte, aber eigene Sprachen entstehen werden, so wie sich aus dem Lateinischen die romanischen Sprachen entwickelt haben. Doch im Unterschied zum Italienischen, Französischen und Spanischen werden diese aus dem Englischen abgeleiteten Sprachen entweder nur von einer Minderheit der Gesellschaft gesprochen oder in erster Linie für die Kommunikation zwischen besonderen Sprachgruppen eingesetzt werden.

Alle diese Entwicklungen kann man in Indien studieren. Dort soll es 1983 18 Millionen Englischsprechende in einer Bevölkerung von 733 Millionen Menschen, 1991 20 Millionen in einer Bevölkerung von 867 Millionen Menschen gegeben haben. Der Anteil der Englischsprechenden an der indischen Bevölkerung liegt damit relativ stabil bei 2 bis 4 Prozent.[14] Außerhalb einer kleinen Elite dient Englisch nicht einmal als *lingua franca.* »Die Wirklichkeit«, behaupten zwei Anglistik-Professoren der Universität New Delhi, »sieht so aus, daß man auf einer Reise von Kaschmir nach Kanyakumari an der Südspitze am besten mit einer Form des Hindi, nicht mit Englisch die Verständigung aufrechthält.« Darüber hinaus nimmt das indische Englisch viele Besonderheiten an; es wird in dem Maße indisiert oder, besser gesagt, regionalisiert, wie sich unter den diversen Englischsprechern mit verschiedener Muttersprache Unterschiede herausbilden.[15] Das Englische wird heute von der indischen Kultur absorbiert wie einst Sanskrit und das Persische.

Zu allen Zeiten hat die Sprachenverteilung in der Welt die Machtverteilung in der Welt widergespiegelt. Die meistverbreiteten Sprachen – Englisch, Mandarin, Spanisch, Französisch, Arabisch, Russisch – sind oder waren die Sprachen imperialer Staaten, die aktiv den Gebrauch ihrer Sprache durch andere Völker förderten. Verschiebungen in der Machtverteilung bewirken Verschiebungen im Gebrauch der Sprachen. »Zwei Jahrhunderte britischer und amerikanischer Kolonial-, Wirtschafts-, Industrie-, Wissenschafts- und Finanzmacht« haben weltweit »ein gewichtiges Vermächtnis in Bildung, Politik, Handel und Technologie hinterlassen«.[16] England und Frankreich drangen in ihren Kolonien auf den Gebrauch ihrer Sprache. Im Anschluß an die Unabhängigkeit versuchten jedoch die meisten früheren Kolonien in unterschiedlichem Umfang und mit unterschiedlichem Erfolg, die imperiale Sprache durch eine einheimische zu ersetzen. In den Blütezeiten der Sowjetunion war Russisch die *lingua franca* von Prag bis Hanoi. Mit dem Verfall der russischen Macht geht ein entsprechender Verfall des Gebrauchs des Russischen als Zweitsprache einher. Wie bei anderen Formen der Kultur erzeugt zunehmende Macht sprachliches Selbstbewußtsein bei Muttersprachlern und liefert Anreize zum Erlernen der Sprache durch andere. In den euphorischen Tagen unmittelbar nach dem Fall der Mauer, als das vereinigte Deutschland der neue Gigant zu sein schien, neigten Deutsche, die fließend Englisch sprachen, dazu, auf internationalen Tagungen deutsch zu sprechen. Die wirtschaftliche Macht Japans hat Nichtjapaner zum Erlernen des Japanischen animiert, und die wirtschaftliche Macht Chinas bewirkt einen ähnlichen Boom beim Chinesischen. Zügig verdrängt Chinesisch das Englische als vorherrschende Sprache in Hongkong[17] und ist angesichts der Rolle der Auslandschinesen in Südostasien die Sprache geworden, in der ein gut Teil der internationalen Geschäfte in der Region abgewickelt werden. In dem Maße, wie die Macht des Westens im Verhältnis zu der Macht anderer Kulturkreise allmählich schwindet, wird auch der Gebrauch des Englischen und anderer westlicher Sprachen in anderen Gesellschaften und zur Kommunikation zwischen Gesellschaften langsam zurückgehen. Wenn China irgendwann in ferner Zukunft den Westen als herrschende Kultur der Welt ablöst, wird Englisch dem Mandarin als *lingua franca* der Welt weichen.

In dem Maße, wie die früheren Kolonien ihre Unabhängigkeit erstrebten und selbständig wurden, war die Förderung des Gebrauchs einheimischer Sprachen und die Unterdrückung der imperialen Sprachen für nationalistische Eliten eine Methode, sich von den westlichen Kolonialherren zu unterscheiden und ihre eigene Identität zu definieren. Nach erreichter Unabhängigkeit jedoch hatten diese Eliten das Bedürfnis, sich von den einfachen Menschen ihrer eigenen Gesellschaft zu unterscheiden. Die fließende Beherrschung des Englischen, Französischen oder einer anderen westlichen Sprache leistete da gute Dienste. Infolgedessen vermögen Eliten nichtwestlicher Gesellschaften oft besser mit Westlern und miteinander zu kommunizieren als mit Menschen ihrer eigenen Gesellschaft (eine ähnliche Situation wie im 17. und 18. Jahrhundert im Westen, wo der Adel verschiedener Länder sich bequem auf französisch verständigte, aber nicht die Muttersprache des eigenen Landes beherrschte). In nichtwestlichen Gesellschaften scheinen sich heute zwei entgegengesetzte Tendenzen abzuzeichnen. Auf der einen Seite dient Englisch in zunehmendem Maße dazu, Graduierten auf universitärer Ebene das Rüstzeug zu vermitteln, das sie benötigen, um im globalen Wettbewerb um Kapital und Kunden bestehen zu können. Auf der anderen Seite führt gesellschaftlicher und politischer Druck in zunehmendem Maße zum weitgehenden Gebrauch einheimischer Sprachen. In Nordafrika verdrängt Arabisch das Französische, in Pakistan ersetzt Urdu als Regierungs- und Unterrichtssprache das Englische, und in Indien verdrängen Medien in einheimischer Sprache solche in englischer Sprache. Diese Entwicklung wurde bereits 1948 von der indischen Bildungskommission vorausgesehen. Sie vertrat den Standpunkt: »Der Gebrauch des Englischen ... spaltet die Menschen in zwei Nationen, die wenigen, die regieren, und die vielen, die regiert werden, die einen unfähig, die Sprache der anderen zu sprechen, und beide einander nicht verstehend.« Vierzig Jahre später hat die Fortdauer des Englischen als Elitesprache diese Prognose bestätigt und »eine unnatürliche Situation in einer auf dem Wahlrecht für Volljährige basierenden Demokratie« geschaffen: »Das englischsprachige Indien und das politisch bewußte Indien divergieren mehr und mehr«; es entstehen »Spannungen zwischen der Minderheit an der Spitze, die Englisch kann, und den – mit Stimmrecht bewaffneten – Abermillionen, die es nicht können.«[18] In dem Maß, wie nichtwestliche Gesellschaften demokratische Institutionen einführen und die Menschen dieser Gesellschaften stärker am politischen System beteiligt werden, geht der Gebrauch westlicher Sprachen zurück, und der einheimischer Sprachen nimmt zu.

Das Ende des Sowjetimperiums und des Kalten Krieges förderte die Tendenz zur Ausweitung und Erneuerung von Sprachen, die unterdrückt oder vergessen worden waren. In den meisten der früheren Sowjetrepubliken sind große Anstrengungen unternommen worden, die traditionelle Sprache zu neuem Leben zu erwecken. Estnisch, Lettisch, Litauisch, Ukrainisch, Georgisch und Armenisch sind heute Amtssprachen unabhängiger Staaten. In muslimischen Republiken hat es ein ähnliche sprachliche Selbstbehauptung gegeben. Aserbaidschan, Kirgisistan, Turkmenistan und Usbekistan sind von der kyrillischen Schrift ihrer früheren russischen Herren zur westlichen Schrift ihrer türkischen Verwandten übergegangen, während das persischsprachige Tadschikistan die arabische Schrift eingeführt hat. Die Serben wiederum nennen ihre Sprache jetzt Serbisch, nicht mehr Serbokroatisch, und sind von der westlichen Schrift ihrer katholischen Feinde zur kyrillischen Schrift ihrer russischen Verwandten übergegangen. Dementsprechend nennen die Kroaten ihre Sprache nunmehr Kroatisch und beginnen damit, sie von türkischen und anderen Fremdwörtern zu reinigen, während in Bosnien »eben diese türkischen und arabischen Lehnwörter, sprachlicher Niederschlag der 450jährigen Präsenz des Osmanischen Reiches auf dem Balkan, wieder groß in Mode gekommen sind«.[19] Sprache wird neu formiert und umgestaltet, um der Identität und Kontur von Zivilisationen zu entsprechen. In dem Maße, wie Macht aufsplittert, wächst auch die babylonische Sprachenverwirrung.

Religion. Das Entstehen einer universalen Religion ist nur wenig wahrscheinlicher als das einer universalen Sprache. Das ausgehende 20. Jahrhundert hat ein globales Wiedererstarken von Religionen in aller Welt gesehen (siehe S. 90f.). Dieses Wiedererstarken hat auch eine Intensivierung des religiösen Bewußtseins und den Aufstieg fundamentalistischer Bewegungen mit sich gebracht. Es hat damit die Unterschiede zwischen den Religionen verstärkt. Jedoch hat es nicht zwangsläufig signifikante Verschiebungen in der prozentualen Verteilung der Weltbevölkerung auf die verschiedenen Religionen bewirkt. Die verfügbaren Daten über Religionszugehörigkeit sind noch fragmentarischer und unzuverlässiger als die Daten über Benutzer von Sprachen. Tabelle 3.3 gibt die Zahlenangaben einer vielfach benutzten Quelle wieder. Diese und andere Daten lassen erkennen, daß die relative zahlenmäßige Stärke der Religionen in der Welt sich im Laufe des 20. Jahrhunderts nicht dramatisch verändert hat. Die größte Veränderung, die diese Quelle verzeichnet, ist der Anstieg von »Nichtreligiösen« und »Atheisten« von zusammen 0,2 Prozent im Jahre 1900 auf zusammen 20,9 Prozent im Jahre 1980. Es wäre denkbar, daß dies eine entschiedene Abkehr von der Religion widerspiegelt, und das Wiedererstarken der Religion kam ja 1980 gerade erst in Gang. Aber diese Zunahme der Nichtgläubigen um 20,7 Prozent entspricht ziemlich genau der Abnahme der Anhänger von »chinesischen Volksreligionen« um 19,0 Prozent, nämlich von 23,5 Prozent 1900 auf 4,5 Prozent 1980. Diese praktisch identische Zunahme und Abnahme läßt darauf schließen, daß mit dem Aufkommen des Kommunismus die Masse der chinesischen Bevölkerung einfach von religiös in nichtgläubig umdefiniert worden ist.

Doch zeigen die Daten, daß die prozentualen Anteile der Weltbevölkerung, die sich zu einer der zwei großen missionierenden Religionen, Islam und Christentum, bekennen, im Zeitraum von achtzig Jahren in bescheidenem Maße gestiegen sind. Der Anteil der westlichen Christen wurden 1900 auf 26,9 Prozent der Weltbevölkerung geschätzt, 1980 auf 30,0 Prozent. Muslime lagen 1900 bei 12,4 Prozent, 1980 bei 16,5 Prozent oder, nach anderen Schätzungen, sogar bei 18 Prozent. In den letzten Jahrzehnten des 20. Jahrhunderts erzielten sowohl der Islam als auch das Christentum signifikante Zugewinne in Afrika. In Südkorea fand eine bedeutende Verschiebung der religiösen Orientierung statt. In rapide sich modernisierenden Gesellschaften, in denen die traditionelle Religion die durch diese Veränderungen hervorgerufenen Bedürfnisse nicht zu befriedigen vermag, existiert ein Potential für die Ausbreitung des westlichen Christentums und des Islam. In diesen Gesellschaften sind die erfolgreichsten Protagonisten westlicher Kultur weder neo-klassische Nationalökonomen noch flammende Demokraten noch Manager multinationaler Unternehmen. Es sind – und bleiben es höchst wahrscheinlich auch in Zukunft – die christlichen Missionare. Weder Adam Smith noch Thomas Jefferson werden den psychologischen, emotionalen, moralischen und sozialen Bedürfnissen von städtischen Migranten und Hochschülern der ersten Generation gerecht. Jesus Christus wird ihnen vielleicht auch nicht gerecht; aber seine Chancen sind besser.

Tabelle 3.3
Anteil der Weltbevölkerung an großen religiösen Traditionen

(in Prozent der Weltbevölkerung)

Jahr	1900	1970	1980	1985*	2000*
Religion					
christlich (westlich)	26,9	30,6	30,0	29,7	29,9
christlich (orthodox)	7,5	3,1	2,8	2,7	2,4
muslimisch	12,4	15,3	16,5	17,1	19,2
nicht religiös	0,2	15,0	16,4	16,9	17,1
hinduistisch	12,5	12,8	13,3	13,5	13,7
buddhistisch	7,8	6,4	6,3	6,2	5,7
chinesische Volksreligionen	23,5	5,9	4,5	3,9	2,5
Stammesreligionen	6,6	2,4	2,1	1,9	1,6
atheistisch	0,0	4,6	4,5	4,4	4,2

* = Schätzung

Quelle: David B. Barrett (Hrsg.): World Christian Encyclopedia: A comparative study of churches and religions in the modern world AD 1900-2000 (Oxford 1982).

Auf lange Sicht gesehen wird jedoch Mohammed das Rennen machen. Das Christentum breitet sich in erster Linie durch Bekehrung aus, der Islam durch Bekehrung und Reproduktion. Der Anteil der Christen an der Weltbevölkerung erreichte in den achtziger Jahren mit 30 Prozent seinen Höchststand, hielt dieses Niveau eine Zeitlang, geht heute zurück und wird wahrscheinlich um das Jahr 2025 bei 25 Prozent der Weltbevölkerung liegen. Infolge ihrer extrem hohen Zuwachsraten bei den Bevölkerungszahlen (siehe Kapitel 5) wird der Anteil der Muslime an der Weltbevölkerung weiter dramatisch ansteigen und um die Jahrhundertwende 20 Prozent der Weltbevölkerung ausmachen, bald darauf die Anzahl der Christen übertreffen und sich wahrscheinlich spätestens im Jahre 2025 auf 30 Prozent der Weltbevölkerung belaufen.[20]

Universale Kultur : Quellen.

Das Konzept einer »universalen Kultur« ist ein typisches Produkt des westlichen Kulturkreises. Im 19. Jahrhundert diente die Idee von der »Last des weißen Mannes« dazu, die Ausweitung der politischen und ökonomischen Dominanz des Westens auf nichtwestliche Gesellschaften zu rechtfertigen. Im ausgehenden 20. Jahrhundert dient das Konzept einer universalen Kultur dazu, die kulturelle Dominanz des Westens über andere Gesellschaften und die Notwendigkeit der Nachahmung westlicher Praktiken und Institutionen durch andere Gesellschaften zu rechtfertigen. Universalismus ist die Ideologie des Westens angesichts von Konfrontationen mit nichtwestlichen Kulturen. Wie das bei Randfiguren oder Konvertiten häufig der Fall ist, gehören intellektuelle Migranten in den Westen wie Naipaul oder Fuad Ajami zu den begeistertsten Verfechtern der Idee von der einen Kultur. Für sie liefert dieses Konzept eine befriedigende Antwort auf die Frage: »Wer bin ich?« – »Der Nigger des weißen Mannes«, lautet freilich die Erwiderung eines Intellektuellen, der sein nichtwestliches Erbe nicht aufgegeben hat,[21] und die Idee einer »universalen Kultur« findet denn auch in anderen Kulturkreisen wenig Unterstützung. Die Nichtwestler betrachten als westlich, was der Westen als universal betrachtet. Was Westler als segensreiche globale Integration anpreisen, zum Beispiel die Ausbreitung weltweiter Medien, brandmarken Nichtwestler als ruchlosen westlichen Imperialismus. Insoweit Nichtwestler die Welt als eine einzige sehen, sehen sie sie als Bedrohung.

Die Argumente für die These, daß eine Art von »universaler Kultur« im Entstehen begriffen sei, beruhen auf einem oder mehreren von drei Anhaltspunkten, warum dem so sein soll.

Erstens gibt es die in Kapitel 1 erörterte Annahme, daß der Zusammenbruch des Sowjetkommunismus das Ende der Geschichte und den weltweiten Sieg der liberalen Demokratie bedeutet. Dieses Argument beruht auf dem Trugschluß der einzigen Alternative. Es wurzelt in der Perspektive des Kalten Krieges, daß nämlich die einzige Alternative zum Kommunismus die liberale Demokratie ist und daß der Untergang des ersteren die Universalität der letzteren herbeiführt. Offenkundig gibt es jedoch in der heutigen Welt viele Formen des Autoritarismus, Nationalismus, Korporatismus und der kommunistischen Marktwirtschaft (wie in China). Noch bedeutsamer ist, daß es außerhalb der von säkularen Ideologien geprägten Welt eine ganze Reihe religiöser Alternativen gibt. In der modernen Welt ist Religion eine zentrale, vielleicht sogar die zentrale Kraft, welche die Menschen motiviert und mobilisiert. Es ist reine Überheblichkeit zu glauben, daß der Westen, nur weil der Sowjetkommunismus zusammengebrochen ist, die Welt für alle Zeiten erobert hat und daß Muslime, Chinesen, Inder und alle anderen nun nichts Eiligeres zu tun haben, als den westlichen Liberalismus als einzige Alternative zu übernehmen. Die Zweiteilung der Menschheit aus der Zeit des Kalten Krieges ist vorbei. Die fundamentaleren Spaltungen der Menschheit nach Ethnizität, Religionen und Kulturkreisen bleiben und erzeugen neue Konflikte.

Zweitens gibt es die Annahme, daß die zunehmende Interaktion zwischen Menschen – Handel, Investitionen, Tourismus, Medien, die elektronische Kommunikation generell – dabei ist, eine gemeinsame Weltkultur zu erzeugen. In der Tat haben Verbesserungen der Transport- und Kommunikationstechnologie es leichter und billiger gemacht, Geld, Waren, Menschen, Wissen, Ideen und Bilder um die ganze Welt zu transportieren. An der Zunahme des diesbezüglichen internationalen Austauschs besteht kein Zweifel. Große Zweifel hingegen bestehen hinsichtlich des Einflusses dieses gesteigerten Verkehrs. Wird durch Handel die Wahrscheinlichkeit eines Konflikts erhöht oder verringert? Die Annahme, daß Handel die Wahrscheinlichkeit eines internationalen Krieges verringert, ist zumindest nicht erwiesen, und es gibt viele Hinweise, die für das Gegenteil sprechen. Der internationale Handel expandierte in den sechziger und siebziger Jahren kräftig. 1980 machte er 15 Prozent des Weltbruttosozialprodukts aus. In dem anschließenden Jahrzehnt fand der Kalte Krieg ein Ende. Aber 1913 belief sich der internationale Handel auf 33 Prozent des Weltbruttosozialprodukts, und in den folgenden paar Jahren schlachteten die Nationen einander in einem beispiellosen Ausmaß ab.[22] Wenn der internationale Handel selbst auf dieser Ebene den Krieg nicht verhindern kann, wann dann? Die Geschichte stützt ganz einfach nicht die liberal-internationalistische Annahme, daß Handel den Frieden fördert. Analysen aus den neunziger Jahren rücken diese Annahme weiter ins Zwielicht. Eine Studie kommt zu dem Schluß: »Handel auf steigendem Niveau kann ein stark polarisierender Faktor … in der internationalen Politik sein«; »zunehmender Handel im internationalen System als solcher dürfte weder internationale Spannungen mildern noch eine größere internationale Stabilität fördern.«[23] Eine andere Studie vertritt die These, daß wirtschaftliche Interdependenz auf hohem Niveau »den Frieden *oder* den Krieg befördern kann, je nachdem, welche Zukunftserwartungen an den Handel gerichtet werden«. Wirtschaftliche Interdependenz dient dem Frieden nur dann, »wenn

Staaten erwarten, daß Handel auf hohem Niveau in absehbarer Zukunft fortdauert (oder im Falle einer gegenwärtigen Unterbrechung wiederaufgenommen wird).« Wenn Staaten nicht ein hohes Maß an Interdependenz erwarten, ist Krieg die wahrscheinliche Folge.[24]

Das Unvermögen von Handel und Kommunikation, Frieden oder Gemeinschaftsgefühl zu bewirken, wird von den Befunden der Sozialwissenschaften bestätigt. In der Sozialpsychologie behauptet die Distinktivitätstheorie, daß Menschen sich über das definieren, was sie in einem bestimmten Kontext von anderen unterscheidet: »Man perzipiert sich selbst in Begriffen von Merkmalen, die einen von anderen Menschen unterscheiden, insbesondere von Menschen im üblichen sozialen Milieu ... eine Psychologin in Gesellschaft von einem Dutzend Frauen, die in anderen Berufen tätig sind, versteht sich als Psychologin; in Gesellschaft von einem Dutzend Männern versteht sie sich als Frau.«[25] Menschen definieren ihre Identität über das, was sie nicht sind. In dem Maße, wie Kommunikationsmittel, Handel und Reisen die Interaktionen zwischen Kulturen vervielfachen, legen die Menschen ihrer kulturellen Identität zunehmend größere Bedeutung bei. Zwei Europäer, ein Deutscher und ein Franzose, die miteinander interagieren, werden sich selbst und ihr Gegenüber als Deutschen bzw. als Franzosen identifizieren. Zwei Europäer, ein Deutscher und ein Franzose, die mit zwei Arabern, einem Saudi und einem Ägypter, interagieren, werden sich selbst und ihre Gegenüber als Europäer bzw. als Araber definieren. Die Einwanderung von Nordafrikanern nach Frankreich erzeugt bei Franzosen Feindseligkeit und gleichzeitig eine erhöhte Aufnahmebereitschaft für die Einwanderung europäischer katholischer Polen. Amerikaner reagieren weit negativer auf japanische Investitionen als auf viel größere Investitionen aus Kanada und europäischen Ländern. Ähnlich hat es Donald Horowitz auf den Punkt gebracht: »Ein Ibo mag zum Beispiel in der Region, die früher Ost-Nigeria war, ein Owerri-Ibo oder ein Onitsha-Ibo sein. In Lagos ist er einfach ein Ibo. In London ist er Nigerianer. In New York ist er Afrikaner.«[26] Von seiten der Soziologie führt die Globalisierungstheorie zu einem ähnlichen Schluß: »In einer zunehmend globalisierten Welt – gekennzeichnet durch ein historisch außergewöhnliches Maß an kultureller, gesamtgesellschaftlicher und anderweitiger Interdependenz und durch das verbreitete Bewußtsein hiervon – *verschärft* sich das kulturelle, gesamtgesellschaftliche und ethnische Bewußtsein.« Die globale religiöse Erneuerung, »die Wiederkehr des Sakralen«, ist eine Reaktion auf die Perzeption der Welt als eines »einzigen Ortes«.[27]

Der Westen und die Modernisierung

Das dritte und allgemeinste Argument für das Entstehen einer »universalen Kultur« sieht diese als das Ergebnis der umfassenderen Modernisierungsprozesse, die seit dem 18. Jahrhundert bis heute im Gange sind. Modernisierung beinhaltet Industrialisierung, Urbanisierung, ein zunehmendes Maß an Alphabetisierung, Bildung, Wohlstand und sozialer Mobilität, komplexere und diversifiziertere berufliche Strukturen. Sie ist ein Produkt jener ungeheuren Erweiterung des naturwissenschaftlichen und technischen Wissens seit dem 18. Jahrhundert, die es dem Menschen ermöglichte, seine Umwelt auf eine nie dagewesene Weise zu beherrschen und zu gestalten. Modernisierung ist ein revolutionärer Prozeß, der nur mit dem Übergang von primitiven zu zivilisierten Gesellschaften vergleichbar ist, daß heißt mit dem Entstehen von Zivilisation im Singular, das ungefähr 5000 v. Chr. in den Tälern des Euphrat und Tigris, des Nil und des Indus einsetzte.[28] Einstellungen und Werte, Wissen und Kultur von Menschen einer modernen Gesellschaft unterscheiden sich erheblich von denen einer traditionalen Gesellschaft. Der Westen als die erste Zivilisation, die sich modernisierte, hat beim Erwerb der Kultur der Modernität die Führung inne. In dem Maße, wie andere Gesellschaften in puncto Bildung, Arbeit, Wohlstand und Klassenstruktur ähnlichen Mustern zustreben, wird – so lautet das Argument – diese moderne westliche Kultur die universale Weltkultur werden.

Daß es signifikante Unterschiede zwischen modernen und traditionalen Kulturen gibt, steht außer Frage. Daraus folgt jedoch nicht zwangsläufig, daß Gesellschaften mit moderner Kultur einander ähnlicher sind als Gesellschaften mit traditionaler Kultur. Offenkundig wird eine Welt, in der einige Gesellschaften hochmodern und andere noch immer traditional sind, weniger homogen sein als eine Welt, in der alle Gesellschaften ein vergleichbar hohes Modernitätsniveau aufweisen. Aber wie steht es mit einer Welt, in der alle Gesellschaften traditional waren? Diese Welt gab es bis vor einigen hundert Jahren. War sie um irgend etwas weniger homogen, als es eine künftige Welt der universalen Modernität vielleicht sein wird? Möglicherweise nicht. »Das China der Ming-Zeit«, behauptet Braudel, »steht dem Frankreich der Valois näher als das China Mao Tse-tungs dem Frankreich der V. Republik.«[29]

Trotzdem könnten moderne Gesellschaften einander ähnlicher sein, als es traditionale Gesellschaften sind, und zwar aus zwei Gründen. Erstens mag die vermehrte Interaktion zwischen modernen Gesellschaften zwar keine gemeinsame Kultur erzeugen, aber sie erleichtert doch den Transfer von Techniken, Erfindungen und Praktiken von einer Gesellschaft in die andere mit einer Geschwindigkeit und in einem Ausmaß, die in der traditionalen Welt unmöglich waren. Zweitens basierte die traditionale Gesellschaft auf der Agrarwirtschaft; die moderne Gesellschaft basiert auf der Industrie, die sich aus handwerklichen Fertigkeiten über die klassische Schwerindustrie bis zur wissensgestützten Industrie entwickelt haben mag. Agrarische Muster und die mit ihnen einhergehende Gesellschaftsstruktur sind viel mehr von der natürlichen Umwelt abhängig als industrielle Muster. Sie variieren mit dem Boden und dem Klima und mögen daher unterschiedlichen Formen des Grundbesitzes, der Gesellschaftsstruktur und der politischen Herrschaft zum Aufstieg verhelfen. Ohne eine Gesamtwertung von Wittfogels These vom

»hydraulischen System« vornehmen zu wollen [Bewässerung und Überflutungskontolle als Voraussetzung der »orientalischen Despotie« – A. d. Ü.]: eine Agrarwirtschaft, die vom Bau und Betrieb riesiger Bewässerungssysteme abhängt, begünstigt in der Tat das Entstehen zentralisierter und bürokratischer politischer Institutionen. Es könnte kaum anders sein. Fruchtbarer Boden und gutes Klima sind geeignet, das Entstehen einer Plantagen-Agrarwirtschaft in großem Stil und einer entsprechenden Gesellschaftsstruktur zu begünstigen, bei der eine kleine Schicht wohlhabender Grundbesitzer einer breiten Schicht von Bauern, Sklaven oder Leibeigenen gegenübersteht. Bedingungen, die eine extensive Agrarwirtschaft nicht zulassen, können das Entstehen einer Gesellschaft von selbständigen Bauern begünstigen. In agrarischen Gesellschaften ist sozusagen die Gesellschaftsstruktur von der Geographie geprägt. Dagegen ist eine Industrie viel weniger von der lokalen natürlichen Umwelt abhängig. Unterschiede in der industriellen Organisation dürften ihre Ursache eher in Unterschieden der Kultur und der Gesellschaftsstruktur haben als in solchen der Geographie, und während erstere sich theoretisch einander annähern können, ist dies bei letzteren unmöglich.

Moderne Gesellschaften haben also vieles gemeinsam. Verschmelzen sie aber deshalb zwangsläufig? Das Argument, daß sie es tun, beruht auf der Annahme, daß die moderne Gesellschaft sich einem einzigen Typus, dem westlichen Typus, annähern muß, daß moderne Kultur westliche Kultur ist und westliche Kultur moderne Kultur. Das ist jedoch eine völlig verfehlte Gleichsetzung. Die westliche Kultur entstand im 8. und 9. Jahrhundert und entwickelte ihre typischen Merkmale in den darauffolgenden Jahrhunderten. Ihre Modernisierung begann erst im 17. und 18. Jahrhundert. Der Westen war der Westen, lange bevor er modern war. Die zentralen Merkmale des Westens, jene, die ihn von anderen Kulturkreisen unterscheiden, sind älteren Datums als die Modernisierung des Westens.

Welches waren nun diese unterscheidenden Merkmale der

westlichen Gesellschaft in den Hunderten von Jahren vor ihrer Modernisierung? Verschiedene Kulturtheoretiker haben auf diese Frage Antworten gegeben, die in manchen Einzelheiten differieren, aber hinsichtlich einer Reihe von Institutionen, Praktiken und Überzeugungen übereinstimmen, deren Gesamtheit man füglich als Kern der westlichen Kultur bezeichnen darf. Diese Merkmale sind die folgenden.[30]

Das klassische Erbe. Als eine Kultur der dritten Generation erbte der Westen vieles von früheren Kulturen, darunter namentlich von der klassischen Kultur. Zu den vielen Vermächtnissen der klassischen Kultur an den Westen gehören griechische Philosophie und griechischer Rationalismus, römisches Recht, lateinische Sprache und Christentum. Auch die islamische und die orthodoxe Kultur beerbten die klassische Kultur, aber nicht auch nur annähernd in dem Umfang wie der Westen.

Katholizismus und Protestantismus. Das westliche Christentum – zunächst der Katholizismus, dann Katholizismus und Protestantismus – ist historisch gesehen das wichtigste Charakteristikum der westlichen Kultur. In seinem 1. Jahrtausend hieß denn auch das, was wir heute westliche Kultur nennen, »christliches Abendland«; es herrschte unter den christlichen Völkern des Westens das wohlentwickelte gemeinschaftliche Gefühl, daß sie sich von Türken, Mauren, Byzantinern und anderen unterschieden; und als die Westler im 16. Jahrhundert auszogen, die Welt zu erobern, geschah es auch für Gott, nicht nur für Geld und Gold. Reformation und Gegenreformation sowie die Teilung der westlichen Christenheit in einen protestantischen Norden und einen katholischen Süden sind ebenfalls kennzeichnende Merkmale der westlichen Geschichte, die in der östlichen Orthodoxie völlig fehlen und von der lateinamerikanischen Erfahrung weit entfernt sind.

Europäische Sprachen. Die Sprache ist nach der Religion der wichtigste Faktor, der Menschen einer Kultur von Menschen einer anderen Kultur unterscheidet. Der Westen unterscheidet sich von den meisten Kulturkreisen durch die Fülle seiner Sprachen. Japanisch, Hindi, Mandarin, Russisch und sogar Arabisch werden als Kernsprachen ihres jeweiligen Kulturkreises anerkannt. Der Westen erbte das Lateinische, aber eine Vielzahl von Nationen entstanden, und mit ihnen zerfielen die Nationalsprachen in die beiden übergreifenden Kategorien Romanisch und Germanisch. Im 16. Jahrhundert hatten diese Sprachen im allgemeinen ihre gegenwärtige Form angenommen. Als gemeinsame internationale Sprache für den Westen wich das Lateinische dem Französischen, das seinerseits im 20. Jahrhundert vom Englischen abgelöst wurde.

Trennung von geistlicher und weltlicher Macht. In der gesamten westlichen Geschichte haben zuerst die eine Kirche und dann viele Kirchen neben dem Staat existiert. Gott und Kaiser, Kirche und Staat, geistliche Autorität und weltliche Autorität sind ein durchgängiger Dualismus in der westlichen Kultur gewesen. Nur in der hinduistischen Kultur waren Religion und Politik auch so klar getrennt. Im Islam ist Gott der Kaiser; in China und Japan ist der Kaiser Gott; in der Orthodoxie ist Gott des Kaisers Juniorpartner. Die Trennung und die immer neuen Konflikte von Kirche und Staat, die für die westliche Kultur typisch sind, hat es in keiner anderen Kultur gegeben. Diese Teilung der Herrschaft hat unermeßlich viel zur Entwicklung der Freiheit im Westen beigetragen.

Rechtsstaatlichkeit (rule of law). Die Vorstellung von der zentralen Bedeutung des Rechts für eine zivilisierte Existenz hat der Westen von den Römern übernommen. Mittelalterliche Denker entwickelten den Begriff des Naturrechts, in dessen Zeichen Monarchen ihre Macht auszuüben hatten, und in England entwickelte sich eine Tradition des ungeschriebenen Gewohnheitsrechts (*common law*). In der Phase des Absolutismus im 16. und 17. Jahrhundert akzeptierte man die Herrschaft des Rechts eher in der Theorie als in der Praxis, aber der Gedanke der Unterordnung der menschlichen Macht unter einen äußeren Zwang behauptete sich: »*Non sub homine sed sub Deo et lege* [nicht dem Menschen, sondern Gott und dem Gesetz untertan].« Die Tradition der Rechtsstaatlichkeit legte den Grundstein für den Konstitutionalismus und den Schutz der Menschenrechte und der Eigentumsrechte vor Willkür. In den meisten anderen Kulturen war das Recht ein das Denken und Verhalten weit weniger prägender Faktor.

Gesellschaftlicher Pluralismus. Die westliche Gesellschaft ist zu allen Zeiten stark pluralistisch gewesen. Kennzeichnend für den Westen sind, wie Deutsch bemerkt, »Aufstieg und Fortbestand von diversen autonomen Gruppen, die nicht auf Blutsbanden oder Heirat basieren«.[31] Ab dem 6. und 7. Jahrhundert umfaßte der Kreis dieser Gruppen zunächst Klöster, Mönchsorden und Zünfte, doch dann erweiterte er sich und umfaßte in vielen Teilen Europas eine Vielzahl anderer Vereinigungen und Gesellschaften.[32] Zum Pluralismus der Vereinigungen kam der Klassenpluralismus hinzu. In den meisten westeuropäischen Gesellschaften gab es einen relativ starken und autonomen Adel, eine bedeutende Bauernschaft und eine kleine, aber signifikante Schicht von Kaufleuten und Händlern. Die Macht des Adels zeigte sich besonders markant in der Art, wie er in den meisten europäischen Nationen die feste Verwurzelung des Absolutismus verhinderte. Von diesem europäischen Pluralismus unterscheiden sich drastisch die Dürftigkeit der zivilen Gesellschaft, die Schwäche des Adels und die Macht des zentralisierten bürokratischen Imperiums, die gleichzeitig in Rußland, China und den osmanischen Ländern anzutreffen sind.

Repräsentativorgane. Dieser gesellschaftliche Pluralismus brachte schon früh Stände, Parlamente und andere Institutionen hervor, die die Interessen des Adels, des Klerus, der Kaufleute und anderer Gruppen zu vertreten hatten. Diese Organe lieferten Formen der Repräsentation, die sich im Laufe der Modernisierung zu den Institutionen der modernen Demokratie weiterentwickelten. In manchen Fällen wurden in der Zeit des Absolutismus diese Organe abgeschafft oder in ihren Vollmachten stark beschnitten. Aber selbst wenn das geschah, konnten sie, wie in Frankreich, wieder zum Leben erweckt werden und zum Instrument einer erweiterten politischen Beteiligung werden. Keine andere zeitgenössische Kultur kann auf eine vergleichbare, tausend Jahre zurückreichende Vorgeschichte von Repräsentativorganen zurückblicken. Auch auf lokaler Ebene entstanden seit dem 9. Jahrhundert Selbstverwaltungsbewegungen in den italienischen Städten und breiteten sich dann nach Norden aus; »sie zwangen Bischöfe, lokale Barone und andere große Herren, die Macht mit den Stadtbewohnern zu teilen und ihnen am Ende gar zu überlassen.«[33] So wurde Repräsentation auf nationaler Ebene ergänzt um ein Maß an Autonomie auf lokaler Ebene, für das es in anderen Gegenden der Welt kein Pendant gibt.

Individualismus. Viele der genannten Merkmale westlicher Kultur bewirkten die Herausbildung eines Individualitätsgefühls und einer Tradition individueller Rechte und Freiheiten. Der Individualismus entwickelte sich im 14. und 15. Jahrhundert, die Anerkennung eines Rechts auf individuelle Entscheidung – was Deutsch die »Romeo-und-Julia-Revolution« nennt – setzte sich im Westen im 17. Jahrhundert durch. Sogar Forderungen nach *gleichen* Rechten für alle Individuen – »der ärmste Mann in England hat ein Leben zu leben wie der reichste Mann« – wurden artikuliert, wenn auch nicht allgemein akzeptiert. Individualismus bleibt das kennzeichnende Merkmal des Westens unter den Kulturen des 20. Jahrhunderts. In einer Untersuchung vergleichbarer Stichproben aus fünfzig Ländern gehörten zu den zwanzig Ländern, die auf der Individualismusskala am höchsten rangierten, alle westlichen Länder außer Portugal, dazu Israel.[34] Der Verfasser einer anderen kulturübergreifenden Studie zum Thema Individualismus und Kollektivismus hob ebenfalls die Dominanz des Individualismus im Westen gegenüber dem Vorherrschen des Kollektivismus anderswo hervor und kam zu dem Schluß: »Die Werte, die im Westen am wichtigsten sind, sind weltweit am bedeutungslosesten.« Immer wieder verweisen Westler wie Nichtwestler auf den Individualismus als das zentrale unterscheidende Merkmal des Westens.[35]

Die obige Liste ist nicht als erschöpfende Aufzählung aller kennzeichnenden Charakteristika der westlichen Zivilisation gedacht. Sie soll auch nicht besagen, daß diese Charakteristika in der westlichen Gesellschaft immer und überall anzutreffen waren. Sie waren es offenkundig nicht: Die vielen Despoten in der Geschichte des Westens pflegten regelmäßig die Rechtsstaatlichkeit zu ignorieren und Repräsentativorgane zu suspendieren. Ferner soll die Liste nicht unterstellen, daß diese Charakteristika in anderen Kulturen überhaupt nicht vorhanden gewesen wären. Sie waren es offensichtlich: Der Koran und die Scharia sind die Rechtsgrundlage in islamischen Gesellschaften; Japan und Indien kannten Klassensysteme ähnlich denen des Westens (und sind vielleicht aus diesem Grund die einzigen beiden großen nichtwestlichen Gesellschaften, in denen sich demokratische Regierungen für nennenswerte Zeit halten konnten). Als einzelner war fast keiner dieser Faktoren auf den Westen beschränkt. Wohl aber war es die Kombination der Faktoren, und sie war es, die dem Westen seine Eigenart gegeben hat. Diese Konzepte, Praktiken und Institutionen waren und sind einfach im Westen weiter verbreitet als in anderen Kulturkreisen. Sie bilden zumindest einen Teil des Wesenskernes des westlichen Kulturkreises. Sie sind das, was am Westen westlich, nicht aber modern ist. Es sind zum großen Teil auch jene Faktoren, die den Westen befähigten, bei der eigenen und der Modernisierung der Welt die Führung zu übernehmen.

Reaktionen auf den Westen und die Modernisierung

Die Expansion des Westens hat sowohl die Modernisierung als auch die Verwestlichung nichtwestlicher Gesellschaften gefördert. Die politischen und geistigen Führer dieser Gesellschaften haben auf den Impakt des Westens auf eine oder mehrere von drei Arten reagiert: Verweigerung von Modernisierung und Verwestlichung; Annahme von beidem; Annahme der ersteren und Verweigerung der letzteren.[36]

Verweigerung. Japan steuerte von den ersten Kontakten mit dem Westen 1542 bis um die Mitte des 19. Jahrhunderts im wesentlichen einen Verweigerungskurs. Erlaubt waren nur begrenzte Formen der Modernisierung, etwa der Erwerb von Schußwaffen, während der Import westlicher Kultur, namentlich des Christentums, stark eingeschränkt war. Mitte des 17. Jahrhunderts wurden Westler völlig aus Japan vertrieben. Diese Verweigerungshaltung wurde aufgegeben, nachdem Commodore Perry 1854 die Öffnung Japans erzwungen hatte und im Anschluß an die Meiji-Restauration 1868 intensive Bemühungen einsetzten, vom Westen zu lernen. Auch China versuchte mehrere Jahrhunderte lang, jede signifikante Modernisierung oder Verwestlichung zu verhindern. Christliche Emissäre wurden zwar 1601 nach China hereingelassen, jedoch 1722 wieder ausgewiesen. Im Unterschied zu Japan wurzelte die Verweigerungspolitik Chinas in seinem Selbstverständnis als Reich der Mitte und in der unerschütterlichen Überzeugung von der Überlegenheit der chinesischen Kultur über die aller anderen Völker. Die chinesische Isolation wurde wie die japanische durch westliche Waffen beendet, die die Briten 1839/42 im Opiumkrieg gegen China richteten. Wie diese Fälle erkennen lassen, machte es die Macht des Westens im 19. Jahrhundert nichtwestlichen Gesellschaften immer schwerer und zuletzt unmöglich, isolationistische Strategien zu verfolgen.

Die Verbesserungen des Transport- und Kommunikationswesens und die globale Interdependenz trieben im 20. Jahrhundert die Kosten solcher Isolation erschreckend in die Höhe. Abgesehen von kleinen, isolierten ländlichen Gemeinschaften, die bereit sind, sich mit dem Existenzminimum abzufinden, ist die totale Verweigerung von Modernisierung und Verwestlichung in einer generell sich modernisierenden und vernetzenden Welt kaum möglich. »Nur die allerextremsten Fundamentalisten«, schreibt Daniel Pipes über den Islam, »verweigern sich der Modernisierung wie der Verwestlichung. Sie werfen Fernsehgeräte ins Wasser, verbieten Armbanduhren und verteufeln den Verbrennungsmotor. Die Praxisferne dieses Programms mindert jedoch die Anziehungskraft solcher Gruppierungen erheblich. In verschiedenen Fällen – etwa bei den Yen Izala aus Kano, den Mördern Sadats, bei den Leuten, die die Moschee in Mekka attackierten, und bei einigen *dakwah*-Anhängern in Malaysia – hatte die Niederlage solcher Gruppen bei blutigen Zusammenstößen mit den Behörden zur Folge, daß sie praktisch spurlos verschwanden.«[37] Das praktisch spurlose Verschwinden ist generell das Schicksal einer reinen Verweigerungspolitik im ausgehenden 20. Jahrhundert. Fanatisches Eifern, meint Toynbee, ist einfach keine Alternative.

Kemalismus. Eine zweite mögliche Reaktion auf den Westen ist das, was Toynbee »Herodianismus« nennt: die Annahme sowohl der Modernisierung als auch der Verwestlichung. Diese Reaktion geht von der Voraussetzung aus, daß Modernisierung wünschenswert und notwendig ist, daß die einheimische Kultur mit Modernisierung unvereinbar ist, daß die einheimische Kultur aufgegeben oder abgeschafft werden muß und daß die Gesellschaft, um sich erfolgreich modernisieren zu können, sich vollkommen verwestlichen muß. Modernisierung und Verwestlichung unterstützen einander und müssen Hand in Hand gehen. Dieser Ansatz fand seine Zuspitzung in der These einiger japanischer und chinesischer Intellektueller des ausgehenden 19. Jahrhunderts. Sie meinten, daß ihre Gesellschaften, um sich modernisieren zu können, ihre historische Sprache aufgeben und das Englische als Staatssprache einführen müßten. Diese Auffassung ist – kaum verwunderlich – unter Westlern noch beliebter gewesen als unter nichtwestlichen Eliten. Die Botschaft lautet: »Um erfolgreich zu sein, müßt ihr so sein wie wir; unser Weg ist der einzige Weg.« Das Argument heißt: »Die religiösen Werte, moralischen Voraussetzungen und Gesellschaftsstrukturen dieser [nichtwestlichen] Gesellschaften sind den Werten und Praktiken des Industrialismus günstigstenfalls fremd, mitunter sogar feind.« Wirtschaftliche Entwicklung »erfordert daher eine radikale und destruktive Neugestaltung des Lebens und der

Gesellschaft, oft auch eine neue Sinngebung des Lebens selbst, wie es von den Menschen dieser Kulturen verstanden worden ist.«[38] Pipes trifft dieselbe Feststellung, wobei er ausdrücklich auf den Islam verweist:

> »Um der Anomie zu entgehen, haben Muslime nur eine Wahl; denn Modernisierung erfordert Verwestlichung ... Der Islam bietet keinen alternativen Weg zur Modernisierung ... Laizismus ist nicht zu umgehen. Moderne Naturwissenschaft und Technologie erfordern die völlige Absorption der sie begleitenden Denkprozesse; dasselbe gilt für moderne politische Institutionen. Weil der Inhalt nicht weniger nachgeahmt werden muß als die Form, muß die Vormachtstellung der westlichen Zivilisation anerkannt werden, um aus ihr lernen zu können. Europäische Sprachen und westliche Bildungseinrichtungen sind nicht zu umgehen, selbst wenn letztere Freidenkertum und Lebenslust ermutigen. Nur wenn die Muslime das westliche Modell ausdrücklich akzeptieren, werden sie in der Lage sein, sich zu technisieren und danach, sich zu entwickeln.«[39]

Sechzig Jahre, bevor diese Worte niedergeschrieben wurden, war Mustafa Kemal Atatürk zu ähnlichen Schlußfolgerungen gelangt, hatte aus den Trümmern des Osmanischen Reiches eine neue Türkei geschaffen und massive Anstrengungen unternommen, das Land sowohl zu verwestlichen als auch zu modernisieren. Indem Atatürk diesen Kurs einschlug und die islamische Vergangenheit verwarf, machte er aus der Türkei ein »zerrissenes Land«, eine Gesellschaft, die nach Religion, Erbe, Sitten und Institutionen muslimisch war, deren herrschende Elite jedoch unbedingt das Land modernisieren, verwestlichen und an den Westen anschließen wollte. Im ausgehenden 20. Jahrhundert sind einige Länder dabei, die kemalistische Option zu verwirklichen und zu versuchen, eine nichtwestliche durch eine westliche Identität zu ersetzen. Diese Bemühungen werden in Kapitel 6 untersucht.

Reformismus. Die Verweigerungshaltung bedeutet das hoffnungslose Unterfangen, eine Gesellschaft von der schrumpfenden modernen Welt zu isolieren. Kemalismus bedeutet die schwere und traumatisierende Aufgabe, eine jahrhundertealte Kultur zu zerstören und an ihre Stelle eine vollkommen neue Kultur zu setzen, die von einer anderen Zivilisation importiert worden ist.

Eine dritte Möglichkeit ist der Versuch, die Gesellschaft zu modernisieren, aber zugleich die zentralen Werte, Praktiken und Institutionen der einheimischen Kultur zu bewahren. Diese Alternative ist bei nichtwestlichen Eliten begreiflicherweise die beliebteste gewesen. In China hieß in den letzten Phasen der Ching-Dynastie die Parole *Ti-Yong*: »Chinesische Bildung als grundlegendes Wertesystem, westliche Bildung zu praktischen Zwecken.« In Japan hieß die Parole *Wakon Yosei*: »Westliche Technik, japanischer Geist«. In Ägypten erstrebte Muhammad Ali um 1830 »technische Modernisierung ohne übertriebene kulturelle Verwestlichung«. Dieser Versuch scheiterte jedoch. Die Briten zwangen ihn zur Rücknahme der meisten modernisierenden Reformen. Das Resultat hat Ali Mazrui so beschrieben: »Das Schicksal Ägyptens war weder das japanische Los einer technischen Modernisierung *ohne* kulturelle Verwestlichung noch das Atatürk-Los einer technischen Modernisierung *durch* kulturelle Verwestlichung.«[40] In der zweiten Hälfte des 19. Jahrhunderts jedoch erstrebten Jamal al-Din al-Afghani, Muhammad ‘Abduh und andere Reformer eine neue Annäherung zwischen Islam und Modernität; sie verkündeten »die Vereinbarkeit des Islam mit der modernen Naturwissenschaft und dem Besten des westlichen Denkens« und lieferten »eine islamische Begründung für die Übernahme moderner Ideen und Institutionen in Wissenschaft, Technologie und Politik (Konstitutionalismus, repräsentatives System)«.[41] Das war ein zum Kemalismus tendierender, breit angelegter Reformismus, der nicht nur Modernität, sondern auch einige westliche Institutionen akzeptierte. Ein Reformismus dieser Art war fünfzig Jahre lang, etwa zwischen

1870 und 1920, die vorherrschende Reaktion gewisser muslimischer Eliten auf den Westen. Danach wurde er durch das Aufkommen des Kemalismus und später eines viel reineren Reformismus in Gestalt des Fundamentalismus in Frage gestellt. (Abb. 3.1).

Abbildung 3.1
Alternative Reaktionen auf den Impakt des Westens

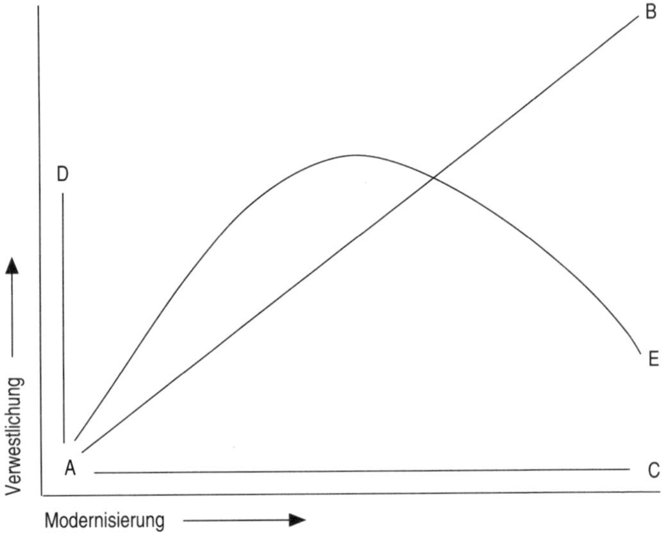

Verweigerung, Kemalismus und Reformismus gründen auf unterschiedlichen Annahmen darüber, was möglich und was erwünscht ist. Für die Verweigerungshaltung sind sowohl Modernisierung als auch Verwestlichung unerwünscht, und es ist möglich, beide zu verwerfen. Für den Kemalismus sind sowohl Modernisierung als auch Verwestlichung erwünscht – letztere darum, weil sie unentbehrlich ist, um erstere zu erreichen –, und beide sind möglich. Für den Reformismus ist Modernisierung erwünscht und möglich, und zwar ohne weitgehende Verwestlichung, die unerwünscht ist. Es bestehen also Konflikte zwischen der Verweigerungshaltung und dem Kemalismus über die Erwünschtheit von Modernisierung und Verwestlichung und zwischen dem Kemalismus und dem Reformismus über die Möglichkeit einer Modernisierung ohne Verwestlichung.

Abbildung 3.1 veranschaulicht diese drei Handlungsweisen. Der Verweigerer würde auf Punkt A verharren; der Kemalist würde sich auf der Diagonale zum Punkt B bewegen; der Reformer würde sich horizontal zum Punkt C bewegen. Aber welchen Weg haben Gesellschaften tatsächlich eingeschlagen? Offenkundig hat jede nichtwestliche Gesellschaft ihren eigenen Kurs genommen, der sich von jedem dieser drei prototypischen Wege erheblich unterscheiden kann. Mazrui vertritt sogar die These, daß Ägypten und Afrika sich durch einen »schmerzlichen Prozeß der Verwestlichung *ohne* technische Modernisierung« zum Punkt D bewegt haben. Soweit die Reaktionen nichtwestlicher Gesellschaften auf den Westen überhaupt ein allgemeines Muster von Modernisierung und Verwestlichung aufweisen, dürfte es eher der Kurve A-E entsprechen. Anfänglich sind Verwestlichung und Modernisierung eng miteinander verbunden, wobei die nichtwestliche Gesellschaft wesentliche Elemente der westlichen Kultur absorbiert und langsame Fortschritte in Richtung Modernisierung macht. In dem Maße jedoch, wie sich das Tempo der Modernisierung beschleunigt, geht die Verwestlichungsrate zurück, und die einheimische Kultur erlebt eine Renaissance. Weitere Modernisierung verändert dann dieses kulturelle Machtgleichgewicht zwischen dem Westen und der nichtwestlichen Gesellschaft, stärkt Macht und Selbstvertrauen dieser Gesellschaft und festigt die Bindung an die eigene Kultur.

In den Anfangsphasen des Wandels fördert also Verwestlichung die Modernisierung. In den späteren Phasen hingegen fördert Modernisierung die Entwestlichung und das Wiederaufleben der einheimischen Kultur auf zweierlei Weise. Auf der Ebene der Gesellschaft stützt sie die wirtschaftliche, militärische und politische Macht der Gesellschaft als ganzer und ermutigt die Mitglieder derselben, Vertrauen in ihre Kultur zu haben und kulturell selbstbewußt zu werden. Auf der Ebene des Individuums erzeugt Modernisierung Gefühle der Entfremdung und Anomie, da traditionelle Bande und soziale Beziehungen zerbrechen und zu Identitätskrisen führen, auf welche Religion eine Antwort bietet. Diesen kausalen Zusammenhang veranschaulicht in vereinfachter Form Abbildung 3.2. Dieses hypothetische allgemeine Modell deckt sich sowohl mit der sozialwissenschaftlichen Theorie als auch mit der historischen Erfahrung. Rainer Baum kommt in seiner Analyse des verfügbaren Materials über die »Invarianzhypothese« zu dem Schluß: »Die unablässige Suche des Menschen nach sinnvoller Autorität und sinnvoller persönlicher Autonomie tritt in kulturbedingt verschiedenen Formen auf. In diesen Dingen gibt es keine Konvergenz zu einer sich kulturübergreifend vereinheitlichenden Welt. Statt dessen scheint es eine Invarianz der Muster zu geben, die sich in verschiedenen Formen in älterer und frühmoderner Zeit entwickelten.«[42] Unter Berufung auf Theorien unter anderem von Frobenius, Spengler und Bozeman hebt Baum besonders das Ausmaß hervor, in dem Empfängerkulturen selektiv Dinge aus anderen Kulturen entlehnen und sie adaptieren, transformieren und assimilieren, um das Überleben ihrer *Paideuma* [Kulturseele], der Kernwerte ihrer Kultur zu kräftigen und zu sichern.[43] Fast alle nichtwestlichen Kulturen auf der Welt sind seit mindestens tausend Jahren und

Abbildung 3.2
Modernisierung und kulturelles Wiedererstarken

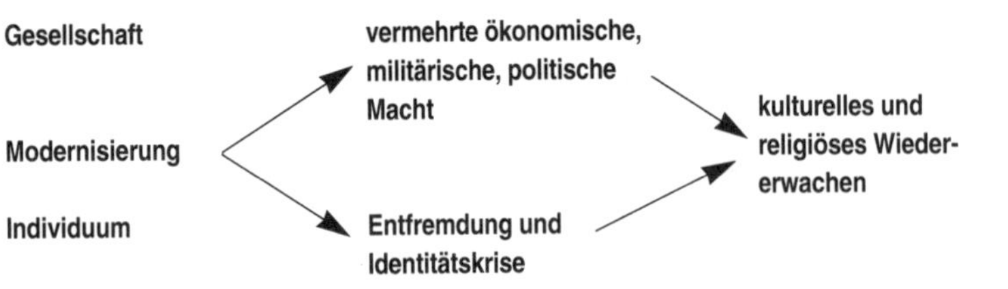

in einigen Fällen seit mehreren Jahrtausenden vorhanden. Sie haben nachweislich Entlehnungen aus anderen Kulturen so vorgenommen, daß sie ihre eigenen Überlebenschancen verbesserten. China importierte aus Indien den Buddhismus, was jedoch nach übereinstimmender Meinung der Forschung keine »Indisierung« Chinas bewirkte. Die Chinesen paßten vielmehr den Buddhismus chinesischen Bedürfnissen an. Die chinesische Kultur blieb chinesisch. Die Chinesen haben bis heute konsequent die heftigsten Anstrengungen des Westens abgewehrt, sie zu christianisieren. Sofern sie irgendwann einmal doch das Christentum importieren sollten, ist zu erwarten, daß sie es auf eine Weise absorbieren und adaptieren werden, die die fortdauernde chinesische *Paideuma* stärkt. Auf ähnliche Weise übernahmen, schätzten und nutzten die muslimischen Araber »das hellenische Erbe zu hauptsächlich utilitaristischen Zwecken. Da sie vornehmlich daran interessiert waren, gewisse äußere Formen oder technische Aspekte zu übernehmen, verstanden sie es, alle Elemente des griechischen Denkgebäudes zu ignorieren, die mit der ›Wahrheit‹, wie sie in ihren koranischen Normen und Vorschriften festgelegt war, in Konflikt geraten wären.«[44] Japan folgte demselben Muster. Im 7. Jahrhundert importierte Japan die chinesische Kultur und schaffte »aus eigener Initiative, frei von ökonomischen oder militärischen Zwängen« die Transformation zur Hochkultur. »In den folgenden Jahrhunderten wechselten Perioden der relativen Abschottung gegen kontinentale Einflüsse, in denen frühere Entlehnungen gesichtet und die nützlichen assimiliert wurden, mit Perioden erneuten Kontakts und kultureller Übernahme ab.«[45] Durch alle diese Phasen hindurch blieb die japanische Kultur jedoch eindeutig japanisch.

Die gemäßigte Form des kemalistischen Arguments, wonach nichtwestliche Gesellschaften sich durch Verwestlichung modernisieren *können*, bleibt unbewiesen. Die extreme Form des kemalistischen Arguments, wonach nichtwestliche Gesellschaften sich verwestlichen *müssen*, um sich modernisieren zu können, ist als allgemeingültige Aussage unhaltbar. Sie wirft jedoch die Frage auf: Gibt es bestimmte nichtwestliche Gesellschaften, in denen die einheimische Kultur der Modernisierung so große Hindernisse entgegenstellt, daß diese Kultur im wesentlichen durch die westliche Kultur ersetzt werden muß, wenn eine Modernisierung stattfinden soll? Theoretisch sollte das eher bei konsummatorischen [auf unmittelbare Bedürfnisbefriedigung abzielenden – A. d. Ü.] als bei instrumentalen Kulturen wahrscheinlich sein. Instrumentale Kulturen »zeichnen sich durch ein breites Feld von Zwischenzielen aus, die andere als die Endziele und von diesen unabhängig sind«. Diese Systeme »erneuern sich leicht, indem sie den Mantel der Tradition über den Wandel selbst breiten ... Derartige Systeme können sich anscheinend erneuern, ohne ihre gesellschaftlichen Institutionen grundlegend zu ändern. Im Gegenteil, die Innovation dient der Verewigung.«[46] Apter benutzt diese Kategorien, um den Wandel in afrikanischen Stämmen zu analysieren. Eisenstadt geht mit einer ähnlichen Analyse an die großen asiatischen Zivilisationen heran und kommt zu einem ähnlichen Schluß. Innerer Wandel »wird durch Autonomie der gesellschaftlichen, kulturellen und politischen Institutionen erheblich erleichtert«.[47] Aus diesem Grund gingen die eher instrumentale japanische und hinduistische Gesellschaft früher und leichter zur Modernisierung über als konfuzianische und islamische Gesellschaften. Sie waren besser imstande, die moderne Technologie zu importieren und zur Festigung ihrer bestehenden Kultur einzusetzen. Bedeutet dies, daß chinesische und islamische Gesellschaften entweder auf beides, Modernisierung und Verwestlichung, verzichten oder daß sie beides annehmen müssen? So begrenzt scheinen die Alternativen nicht zu sein. Neben Japan sind Singapur, Taiwan, Saudi-Arabien und in geringerem Maße der Iran moderne Gesellschaften geworden, ohne westlich zu werden. Die Bemühungen des Schah, einen kemalistischen Kurs zu steuern und beides zu tun, erzeugten denn auch eine heftige antiwestliche, aber keine antimoderne Reaktion. China befindet sich erkennbar auf einem reformistischen Weg.

Islamische Gesellschaften haben Schwierigkeiten mit der Modernisierung gehabt, und Pipes stützt seine Behauptung, daß Verwestlichung eine Vorbedingung der Modernisierung sei, mit dem Hinweis auf die Konflikte, die in wirtschaftlichen Fragen wie Zinsen, Fasten, Erbgesetzen und Berufstätigkeit der Frau zwischen Islam und Modernität bestehen. Doch selbst er zitiert zustimmend Maxine Rodinson: »Nichts deutet zwingend darauf hin, daß die muslimische Religion die muslimische Welt daran gehindert hätte, sich auf dem Weg zum modernen Kapitalismus zu entwickeln.« Und er vertritt den Standpunkt:

> »Islam und Modernisierung geraten in den meisten nichtwirtschaftlichen Dingen nicht in Konflikt. Fromme Muslime können sich den Wissenschaften widmen, tüchtige Fabrikarbeiter sein oder sich fortschrittliche Waffen zunutze machen. Modernisierung erfordert keine bestimmte politische Ideologie oder ein bestimmtes System von Institutionen: Wahlen, nationale Grenzen, staatsbürgerliche Zusammenschlüsse und die übrigen Kennzeichen des westlichen Lebens sind für das wirtschaftliche Wachstum nicht notwendig. Als Glaube ist der Islam für Management-Consultants ebenso befriedigend wie für Bauern. Die Scharia sagt nichts über die Veränderungen, die mit der Modernisierung einhergehen, wie Übergang von der Landwirtschaft zur Industrie, vom Land zur Stadt, von sozialer Stabilität zu sozialem Fluß; ebensowenig berührt sie Dinge wie Massenbildung, Telekommunikation, neue Transportmittel oder Gesundheitswesen.«[48]

Selbst militante Gegner der Verwestlichung und Befürworter der Wiederbelebung indigener Kulturen zögern nicht, moderne Technik wie E-Mail, Audiocassetten und Fernsehen für ihre Anliegen zu benutzen. Kurzum, Modernisierung bedeutet nicht notwendig Verwestlichung. Nichtwestliche Gesellschaften können sich modernisieren und haben sich modernisiert, ohne ihre eigene Kultur aufzugeben und pauschal westliche Werte, Institutionen und Praktiken zu übernehmen. Letzteres ist vielleicht sogar fast unmöglich: Die Hindernisse, die nichtwestliche Kulturen einer Modernisierung entgegensetzen, sind nichts, verglichen mit jenen, die sie einer Verwestlichung entgegensetzen. Es wäre, wie Braudel bemerkt, »kindisch«, in dem »Triumph der *Zivilisation* im Singular … die Ursache der Eliminierung der unterschiedlichen Kulturen zu sehen«, die seit Jahrhunderten in die großen Kulturkreise der Welt eingebettet sind.[49] Modernisierung stärkt vielmehr diese Kulturen und verringert die relative Macht des Westens. Auf mancherlei ganz elementare Weise ist die Welt insgesamt dabei, moderner und weniger westlich zu werden.

II

DAS VERÄNDERTE GLEICHGEWICHT DER KULTUREN

Kapitel 4

Das Verblassen des Westens: Macht, Kultur, Indigenisierung

Die Macht des Westens: Dominanz und Niedergang

Über die Macht des Westens in bezug auf andere Kulturen herrschen zwei gängige Vorstellungen. Auf der einen Seite herrscht die einer überwältigenden, triumphalen, fast totalen Dominanz des Westens. Die Auflösung der Sowjetunion hat den einzigen ernstzunehmenden Herausforderer des Westens beseitigt; infolgedessen ist und bleibt die Welt geprägt von den Zielen, Prioritäten und Interessen der wichtigsten westlichen Nationen, unter gelegentlicher Mitwirkung Japans. Als die einzige verbliebene Supermacht treffen die USA gemeinsam mit Großbritannien und Frankreich die wesentlichen Entscheidungen zu Politik und Sicherheit; gemeinsam mit Deutschland und Japan treffen sie die wesentlichen Entscheidungen in Wirtschaftsfragen. Der Westen ist der einzige Kulturkreis, der in jeder anderen Kultur oder Region wesentliche Interessen wahrzunehmen hat und die Fähigkeit besitzt, Politik, Wirtschaft und Sicherheit jeder anderen Kultur oder Region zu beeinflussen. Gesellschaften aus anderen Kulturkreisen können ihre eigenen Ziele und Interessen meist nur durchsetzen, wenn sie die westlichen Mächte davon überzeugen, sie zu unterstützen. Die westlichen Nationen, meint ein Autor,

- besitzen und betreiben das internationale Bankensystem,
- kontrollieren alle harten Währungen,
- sind der wichtigste Kunde der Weltwirtschaft,
- liefern die Mehrheit aller Fertigprodukte der Welt,

- beherrschen die internationalen Kapitalmärkte,
- üben in vielen Gesellschaften eine beachtliche moralische Führungsrolle aus,
- besitzen das Potential zu massiven Militärinterventionen,
- kontrollieren die Schiffahrtsstraßen,
- kontrollieren die fortgeschrittenste technische Forschung und Entwicklung,
- kontrollieren die führende technische Ausbildung,
- beherrschen den Zugang zum Weltraum,
- beherrschen die Raumfahrtindustrie,
- beherrschen die internationalen Kommunikationsmittel,
- beherrschen die High-Tech-Rüstungsindustrie.[1]

Die zweite Vorstellung vom Westen ist eine ganz andere. Es ist die Vorstellung von einer im Niedergang befindlichen Kultur, deren Anteil an der globalen politischen, wirtschaftlichen und militärischen Macht im Verhältnis zu anderen Kulturen zurückgeht. Der Sieg im Kalten Krieg hat dem Westen keinen Triumph, sondern Erschöpfung beschert. Der Westen ist zunehmend mit seinen eigenen inneren Problemen und Bedürfnissen beschäftigt; ihn bedrängen niedriges Wirtschaftswachstum, Arbeitslosigkeit, riesige Staatsdefizite, sinkende Arbeitsmoral, niedrige Sparzinsen, ferner in vielen Ländern, zu denen auch die USA gehören, soziale Desintegration, Drogen und Kriminalität. Die wirtschaftliche Macht verlagert sich zusehends nach Ostasien, die militärische Macht und der politische Einfluß werden ihr dahin folgen. Die indische Wirtschaft sitzt in den Startlöchern, und die islamische Welt steht dem Westen zunehmend feindselig gegenüber. Die Bereitschaft anderer Gesellschaften, die Diktate oder Moralpredigten des Westens hinzunehmen, schwindet ebenso rapide wie das Selbstvertrauen des Westens und sein Wille zur Dominanz. Ende der achtziger Jahre gab es lebhafte Debatten über die These vom Niedergang der USA. Mitte der neunziger Jahre kam Aaron Friedberg zu einem ganz ähnlichen Schluß:

»In vielen wichtigen Punkten wird die relative Macht der USA immer schneller zurückgehen. Was ihre rein wirtschaftliche Leistungsfähigkeit betrifft, werden die USA in bezug auf Japan und später China wahrscheinlich weiter abbauen. Im militärischen Bereich wird sich das Gleichgewicht der Kräfte zwischen den USA und einer Reihe von aufstrebenden Regionalmächten (darunter vielleicht Iran, Indien und China) vom Zentrum zur Peripherie verlagern. Ein Teil von Amerikas struktureller Macht wird auf andere Nationen übergehen; ein anderer Teil (und auch etwas von seiner sanften Macht) wird nichtstaatlichen Akteuren, wie etwa multinationalen Unternehmen, zufallen.«[2]

Welches dieser beiden konträren Bilder vom Platz des Westens in der Welt beschreibt die Realität? Die Antwort lautet natürlich: beide. Derzeit dominiert der Westen massiv und wird bis weit ins 21. Jahrhundert bezüglich Macht und Einfluß die Nummer Eins bleiben. Aber das Machtgleichgewicht zwischen Kulturen verändert sich heute allmählich, unaufhaltsam und fundamental. Die Macht des Westens wird sich weiter verringern. In dem Maße, wie der Primat des Westens erodiert, wird sich ein gut Teil seiner Macht einfach verflüchtigen, und der Rest wird sich auf regionaler Basis auf die verschiedenen großen Kulturkreise und ihre Kernstaaten verteilen. Die bedeutendsten Machtzuwächse verzeichnen heute und in Zukunft die asiatischen Kulturkreise, wobei China sich allmählich als jene Gesellschaft herauskristallisiert, die vermutlich den globalen Einfluß des Westens in Frage stellen wird. Die Machtverschiebungen zwischen den Kulturkreisen führen heute und in unmittelbarer Zukunft zur Erneuerung und Steigerung des kulturellen Selbstbewußtseins der nichtwestlichen Gesellschaften und zu ihrer wachsenden Ablehnung der westlichen Kultur.

Der Niedergang des Westens hat drei wesentliche Merkmale.

Erstens ist er ein langsamer Vorgang. Der Aufstieg der westlichen Macht dauerte vierhundert Jahre. Der Abschwung könnte ebensolange dauern. In den achtziger Jahren vertrat der berühmte britische Gelehrte Hedley Bull die These: »Man kann sagen, daß die europäische oder westliche Dominanz der universalen internationalen Gesellschaft ihren Höhepunkt um das Jahr 1900 erreicht hat.«[3] Der erste Band von Spenglers Werk erschien 1918, der »Untergang des Abendlandes« ist ein Hauptthema der Geschichte des 20. Jahrhunderts geblieben. Der Vorgang selbst hat sich über den größten Teil des Jahrhunderts erstreckt. Denkbar ist jedoch, daß er sich beschleunigt. Wirtschaftliches Wachstum und andere Ausweitungen des Potentials eines Landes beschreiben häufig eine S-Kurve: ein langsamer Start, dann rapide Beschleunigung, gefolgt von reduzierten Expansionsraten und Abflachen. Der Niedergang von Ländern kann auch eine umgekehrte S-Kurve beschreiben, wie im Falle der Sowjetunion: maßvolles Einsetzen, dann rapide Beschleunigung bis zum Erreichen des Tiefststandes. Der Niedergang des Westens steckt noch in der ersten, langsamen Phase, könnte sich aber an irgendeinem Punkt dramatisch beschleunigen. (Siehe Tabelle 4.1).

Zweitens erfolgt der Niedergang westlicher Macht nicht geradlinig. Er verläuft unregelmäßig, mit Pausen, Erholungsphasen und neuem Auftrumpfen nach Zeichen von Schwäche. Die demokratischen, offenen Gesellschaften des Westens zeichnen sich durch ein großes Erneuerungspotential aus. Außerdem besitzt der Westen, im Unterschied zu vielen Kulturkreisen, zwei große Machtzentren. Der Niedergang, den Bull um 1900 einsetzen sah, war primär der Niedergang der europäischen Komponente der »westlichen Zivilisation«. Von 1910 bis 1945 war Europa in sich gespalten und mit seinen internen wirtschaftlichen, sozialen und politischen Problemen beschäftigt. In den vierziger Jahren begann dann die amerikanische Phase der westlichen Vormachtstellung, und 1945 dominierten die USA für kurze Zeit fast die ganze Welt in einem vergleichbaren Umfang wie die Alliierten um 1918. Die Entkolonialisierung nach dem Zweiten Weltkrieg reduzierte den Einfluß Europas noch mehr, nicht aber

Tabelle 4.1
Territorium unter der politischen Kontrolle von Zivilisationen, 1900 – 1993
Relativer Anteil am Weltterritorium anhand der im Stichjahr gültigen Staatsgrenzen

Aggregierte Schätzungen (Quadratkilometer in Tausend)

Zivilisation **Jahr**	**westlich**	**afrikanisch**	**sinisch**	**hinduistisch**	**islamisch**	**japanisch**	**latein-amerikanisch**	**orthodox**	**andere**
1900	52551	425	11181	140	9303	417	19997	22618	19342
1920	65908	1036	10148	140	4690	676	20974	26568	5848
1971	33168	12007	10194	3408	23784	368	20287	26796	5962
1993	32921	14716	10161	3313	28630	376	20251	18568	7040

Geschätzter Anteil am Weltterritorium* (in Prozent)

1900	38,7	0,3	8,2	0,1	6,8	0,3	14,7	16,6	16,6
1920	48,5	0,8	7,5	0,1	3,5	0,5	15,4	19,5	4,3
1971	24,4	8,8	7,5	2,5	17,5	0,3	14,9	19,7	4,4
1993	24,2	10,8	7,5	2,4	21,1	0,3	14,9	13,7	5,2

*Geschätztes Weltterritorium: 136.000.0000 Quadratkilometer (ohne Antarktis)

Quelle: *Statesman's Year-Book* (New York 1901 – 1927); *World Book Atlas* (Chicago 1970); *Britannica Book of the Year* (Chicago 1992/1994)

den der USA, die an die Stelle des traditionellen territorialen Imperiums einen neuen, transnationalen Imperialismus setzten. Während des Kalten Krieges hielten jedoch der Militärmacht Amerikas die Sowjets die Waage, und die Wirtschaftskraft Amerikas ging im Vergleich mit der Japans zurück. Trotzdem gab es periodische Ansätze zu einer militärischen und wirtschaftlichen Erholung. 1991 vertrat denn auch ein anderer bedeutender britischer Gelehrter, Barry Buzan, die These: »Tatsache ist, daß das Zentrum heute dominanter und die Peripherie untergeordneter ist als zu irgendeinem Zeitpunkt seit Beginn der Entkolonialisierung.«[4] Die Genauigkeit dieser Wahrnehmung verblaßt jedoch in dem Maße, wie der militärische Sieg, der ihr voranging, ebenfalls historisch verblaßt.

Tabelle 4.2
Bevölkerungszahl von Ländern der großen Weltzivilisationen, 1993 (in Tausend)

sinisch	1,340.900
islamisch	927.600
hinduistisch	915.800
westlich	805.400
lateinamerik.	507.500
afrikanisch	392.100
orthodox	261.300
japanisch	124.700

Quelle:
Berechnung nach Zahlenangaben in: Encyclopedia Britannica, 1994 Book of the Year (Chicago 1994), S. 764-769.

Drittens ist Macht die Fähigkeit einer Person oder Gruppe, das Verhalten einer anderen Person oder Gruppe zu verändern. Verhalten kann man verändern durch Zureden, Zwang oder Ermahnung, was von demjenigen, der Macht ausübt, wirtschaftliche, militärische, institutionelle, demographische, politische, technologische, soziale oder sonstige Ressourcen verlangt. Die Macht eines Staates oder einer Gruppe wird daher normalerweise nach Maßgabe der Ressourcen eingeschätzt, die dem Staat oder der Gruppe gegen jene anderen Staaten oder Gruppen zur Verfügung stehen, die beeinflußt werden sollen. Der Anteil des Westens an den meisten, jedoch nicht allen wichtigen Machtressourcen erreichte zu Beginn des 20. Jahrhunderts seinen Höhepunkt und begann dann im Vergleich zu den Ressourcen anderer Kulturkreise zurückzugehen.

Territorium und Population. Im Jahre 1490 kontrollierten westliche Gesellschaften den größten Teil der europäischen Halbinsel jenseits des Balkans oder etwa 3,9 Millionen Quadratkilometer von den rund 136 Millionen Quadratkilometern der Landoberfläche der Erde (ohne Antarktis). Auf dem Höhepunkt seiner territorialen Ausdehnung, im Jahre 1920, beherrschte der Westen etwa 66 Millionen Quadratkilometer oder annähernd die Hälfte der Landoberfläche der Erde. Bis 1993 halbierte sich diese territoriale Kontrolle auf rund 32,9 Millionen Quadratkilometer. Der Westen war wieder bei seinem ursprünglichen europäischen Kern angelangt, plus seinen weiträumigen, von Siedlern bevölkerten Ländereien in Nordamerika, Australien und Neuseeland. Das Territorium von unabhängigen islamischen Gesellschaften wuchs demgegenüber von 4,66 Millionen Quadratkilometern 1920 auf 28,5 Millionen Quadratkilometer 1993. Ähnliche Veränderungen ergaben sich in der Kontrolle über Populationen. Im Jahre 1900 machten Westler annähernd 30 Prozent der Weltbevölkerung aus, und westliche Regierungen beherrschten in jenem Jahr fast 45 Prozent der Weltbevölkerung, 1920 sogar 48 Prozent. 1993 herrschten westliche Regierungen ausschließlich über Westler, wenn man von ein paar kleinen, imperialen Überresten wie Hongkong absieht. Die Zahl der Westler belief sich auf etwas über 13 Prozent der Menschheit und dürfte zu Beginn des nächsten Jahrhunderts auf etwa 11 Prozent und bis zum Jahr 2025 auf 10 Prozent zurückgehen.[5] In bezug auf die Gesamtpopulation rangierte der Westen 1993 an vierter Stelle, hinter der sinischen, islamischen und hinduistischen Kultur.

Tabelle 4.3
Anteil der Weltbevölkerung unter der politischen Kontrolle von Zivilisationen, 1900 – 2025

Anm.: Schätzungen der relativen Weltbevölkerung anhand der im Stichjahr gültigen Staatsgrenzen. Bevölkerungsschätzungen für 1995 bis 2025 unter Zugrundelegung der Grenzen von 1994.

Zivilisation Jahr (Welt gesamt)	westlich	afrikanisch	sinisch	hinduistisch	islamisch	japanisch	lateinamerikanisch	orthodox	andere
1900 (1,6)	44,3	0,4	19,3	0,3	4,2	3,5	3,2	8,5	16,3
1920 (1,9)	48,1	0,7	17,3	0,3	2,4	4,1	4,6	13,9	8,6
1971 (3,7)	14,4	5,6	22,8	15,2	13,0	2,8	8,4	10,0	5,5
1990 (5,3)	14,7	8,2	24,3	16,3	13,4	2,3	9,2	6,5	5,1
1995 (5,8)	13,1	9,5	24,0	16,4	15,9*	2,2	9,3	6,1**	3,5
2010 (7,2)	11,5	11,7	22,3	17,1	17,9*	1,8	10,3	5,4**	2,0
2025 (8,5)	10,1	14,4	21,0	16,9	19,2*	1,5	9,2	4,9**	2,8

*Ohne Muslime in der GUS und in Bosnien.
**Einschließlich GUS, Georgien und früherem Jugoslawien.

(Schätzung der Weltbevölkerung in Milliarden)

Quellen: Vereinte Nationen, Abt. Bevölkerung, Dep. für Wirtschafts- und Sozial-Information: *World Population Prospects, The 1992 Revision* (New York 1993); *Statesman's Year-Book* (New York 1901 – 1927); *World Almanac and Book of Facts* (New York 1970 – 1993).

In quantitativer Hinsicht stellen also die Westler eine stetig kleiner werdende Minderheit der Weltbevölkerung dar. Auch in qualitativer Hinsicht verändert sich das Gleichgewicht zwischen dem Westen und anderen Populationen. Nichtwestliche Völker werden gesünder, städtischer, alphabetisierter, gebildeter. Anfang der neunziger Jahre des 20. Jahrhunderts betrug der Prozentsatz der Säuglingssterblichkeit in Lateinamerika, Afrika, dem Nahen Osten, Südasien, Ostasien und Südostasien ein Drittel oder die Hälfte der Rate dreißig Jahre zuvor. Die Lebenserwartung in diesen Regionen hat erheblich zugenommen, mit Steigerungen zwischen elf Jahren in Afrika und 23 Jahren in Ostasien. Um 1960 konnten in den wenigsten Ländern außerhalb des Westens, Japans, der Sowjetunion und Lateinamerikas mehr als ein Drittel der erwachsenen Bevölkerung lesen und schreiben. Um 1990 konnten in den wenigsten Ländern außerhalb Afrikas weniger als die Hälfte der gesamten Bevölkerung lesen und schreiben. 50 Prozent der Inder und fast 75 Prozent der Chinesen konnten lesen und schreiben. Die Alphabetisierungsrate in Entwicklungsländern betrug 1970 durchschnittlich 41 Prozent der Rate in entwickelten Ländern; 1992 betrug sie durchschnittlich 71 Prozent. Um 1990 erhielt in jeder Region außerhalb Afrikas praktisch die gesamte Altersgruppe Grundschulunterricht. Am bedeutsamsten ist, daß um 1960 in Asien, Lateinamerika, dem Nahen Osten und Afrika weniger als ein Drittel der entsprechenden Altersgruppe Sekundarstufenunterricht erhielt, während es um 1990 die Hälfte der Altersgruppe war, außer in Afrika. 1960 machten Stadtbewohner weniger als ein Viertel der Population der weniger entwickelten Welt aus. Zwischen 1960 und 1992 jedoch stieg der Anteil der städtischen Bevölkerung in Lateinamerika von 49 auf 73 Prozent, in arabischen Ländern von 34 auf 55 Prozent, in Afrika von 14 auf 29 Prozent, in China von 18 auf 27 Prozent und in Indien von 19 auf 26 Prozent.[6]

Diese Veränderungen in der Alphabetisierung, Bildung und Urbanisierung erzeugten mobile Populationen mit gesteigerten Potentialen und höheren Erwartungen, die zu politischen

Zwecken auf eine Weise mobilisiert werden konnten, wie es bei illiteraten Bauern nicht möglich gewesen wäre. Im Jahre 1953, als kaum 15 Prozent der Iraner alphabetisiert und kaum 17 Prozent urbanisiert waren, hatten Kermit Roosevelt und ein paar CIA-Agenten wenig Mühe, einen Aufstand niederzuschlagen und den Schah wieder auf den Thron zu setzen. 1979, als 50 Prozent der Iraner alphabetisiert waren und 47 Prozent in Städten lebten, hätte keine noch so große amerikanische Militärmacht den Schah halten können. Noch trennt eine signifikante Kluft Chinesen, Inder, Araber und Afrikaner von Westlern, Japanern und Russen. Aber die Kluft schrumpft rapide. Gleichzeitig tut sich eine andere Kluft auf. Das Durchschnittsalter von Westlern, Japanern und Russen steigt stetig, und der steigende Prozentsatz der Bevölkerung, der nicht mehr arbeitet, wird für jene, die noch im Erwerbsleben stehen, zunehmend zur Belastung. Andere Kulturen werden durch riesige Zahlen von Kindern belastet; Kinder aber sind künftige Arbeiter und Soldaten.

Wirtschaftsproduktion. Der Anteil des Westens an der Weltwirtschaftsproduktion mag ebenfalls um 1920 seinen Höhepunkt erreicht haben und geht seit dem Zweiten Weltkrieg eindeutig zurück. 1750 stellten China fast ein Drittel, Indien fast ein Viertel und und der Westen kaum ein Fünftel der Weltindustrieproduktion. Bis 1830 hatte der Westen China knapp überflügelt. Wie Paul Bairoch feststellt, führte in den folgenden Jahrzehnten die Industrialisierung des Westens zur Desindustrialisierung der restlichen Welt. 1913 betrug die Industrieerzeugung nichtwestlicher Länder rund zwei Drittel des Standes von 1800. Ab der Mitte des 19. Jahrhunderts nahm der Anteil des Westens dramatisch zu und erreichte 1928 mit 84,2 Prozent der Welterzeugung seinen Höhepunkt. Fortan ging der Anteil des Westens zurück, da seine Wachstumsrate niedrig blieb und weniger industrialisierte Länder nach dem Zweiten Weltkrieg ihre Erzeugung rapide steigerten. 1980 stellte der Westen 57,8 Prozent der Weltindustrieproduktion; das entsprach in etwa seinem Anteil 120 Jahre zuvor, um 1860.[7]

Tabelle 4.4
Anteil von Zivilisationen oder Ländern an der Welt-Industrieerzeugung, 1750 – 1980
(in Prozent, Welt = 100)

Jahr / Land	1750	1800	1830	1860	1880	1900	1913	1928	1938	1953	1963	1973	1980
Westen	18,2	23,3	31,3	53,7	68,6	77,4	81,6	84,2	78,6	74,6	65,4	61,2	57,8
China	32,8	33,3	29,8	19,7	12,5	6,2	3,6	3,4	3,1	2,3	3,5	3,9	5,0
Japan	3,8	3,5	2,8	2,6	2,4	2,4	2,7	3,3	5,2	2,9	5,1	8,8	9,1
Indien/ Pakistan	24,5	19,7	17,6	8,6	2,8	1,7	1,4	1,9	2,4	1,7	1,8	2,1	2,3
Rußland/ UdSSR*	5,0	5,6	5,6	7,0	7,6	8,8	8,2	5,3	9,0	16,0	20,9	20,1	21,1
Brasilien/ Mexiko	–	–	–	0,8	0,6	0,7	0,8	0,8	0,8	0,9	1,2	1,6	2,2
Andere	15,7	14,6	13,1	7,6	5,3	2,8	1,7	1,1	0,9	1,6	2,1	2,3	2,5

*Unter Einschluß der Länder des Warschauer Paktes in den Jahren des Kalten Krieges.

Quelle: Paul Bairoch: >International Industrialization Levels from 1750 to 1980<, *Journal of European Economic History* 11 (Herbst 1982), S. 269 – 334.

Zuverlässige Daten über das Weltbruttosozialprodukt stehen für die Zeit vor dem Zweiten Weltkrieg nicht zur Verfügung. Doch 1950 stellte der Westen rund 64 Prozent des Weltbruttosozialprodukts; bis 1980 war dieser Satz auf 49 Prozent gefallen (siehe Tabelle 4.5). 1991 gehörten nach einer Schätzung vier der sieben größten Volkswirtschaften der Welt zu nichtwestlichen Nationen: Japan (Platz 2), China (3), Rußland (6) und Indien (7). 1992 besaßen die USA die größte Volkswirtschaft der Welt, und zu den zehn führenden Volkswirtschaften gehörten fünf westliche Länder plus die führenden Staaten von fünf weiteren Kulturkreisen: China, Japan, Indien, Rußland und Brasilien. Plausible Projektionen für das Jahr 2020 zeigen, daß China die größte Volkswirtschaft der Welt haben wird, daß die fünf führenden Volkswirtschaften sich in fünf verschiedenen Kulturkreisen befinden werden und daß die zehn führenden Volkswirtschaften drei sinische Gesellschaften (China, Südkorea, Taiwan), drei westliche Gesellschaften (USA, Deutschland, Frankreich) plus Japan, Indien, Indonesien und Thailand sein werden.

Sieben der größten Volkswirtschaften der Welt werden sich in Asien befinden, davon sechs in Ostasien. 1960 stellten Ostasien 4 Prozent und Nordamerika 37 Prozent des Weltbruttosozialprodukts; 1990 stellten beide jeweils etwa 24 Prozent. Im Jahre 2013 werden nach einer Schätzung der Westen 30 Prozent und asiatische Gesellschaften 40 Prozent des globalen Sozialprodukts stellen.[8]

Bruttoangaben über das Sozialprodukt verdecken teilweise den qualitativen Vorsprung des Westens. Der Westen und Japan beherrschen die fortgeschrittenen Technologie-Industrien praktisch vollständig. Technologien werden aber weitergegeben, und wenn der Westen seine Überlegenheit wahren will, wird er alles in seinen Kräften Stehende tun, um diese Weitergabe möglichst gering zu halten. Dank der vernetzten Welt, die der Westen geschaffen hat, wird jedoch das Verzögern der Verbreitung von Technologie an andere Kulturen zunehmend schwierig werden, um so mehr, als es heute keine einheitliche, übermächtige,

Tabelle 4.5
Anteil der Zivilisationen / Kulturkreise am Weltbruttosozialprodukt 1950 – 1992
(in Prozent)

Zivilisation Jahr	westlich	afrikanisch	sinisch	hinduistisch	islamisch	japanisch	latein-amerikanisch	orthodox	andere**
1950	64,1	0,2	3,3	3,8	2,9	3,1	5,6	16,0	1,0
1970	53,4	1,7	4,8	3,0	4,6	7,8	6,2	17,4	1,1
1980	48,6	2,0	6,4	2,7	6,3	8,5	7,7	16,4	1,4
1992	48,9	2,1	10,0	3,5	11,0	8,0	8,3	6,2	2,0

*Schätzung für 1992 unter Berücksichtigung der früheren UdSSR und des früheren Jugoslawiens.
**>Andere< beinhaltet andere Zivilisationen und Rundungsfehler.

Quellen: Berechnung der Prozentzahlen für 1950, 1970 und 1980 aus konstanten Dollar-Datch von Herbert Block: *The Planetary Product in 1980: A Creative Pause?* (Washington 1981), S. 30 – 45. Berechnung der Prozentsätze für 1992 nach Schätzungen der Weltbank zu Kaufkraftparität, Tabelle 30 in *World Development Report 1994* (New York 1994).

allen bekannte Bedrohung gibt, wie sie in der Zeit des Kalten Krieges existierte und den Maßnahmen zur Technologiekontrolle wenigstens ein bescheidenes Maß an Effizienz verlieh.

Es ist wahrscheinlich, daß China über weite Strecken der Geschichte die größte Volkswirtschaft der Welt besessen hat. Die Verbreitung von Technologie und die wirtschaftliche Entwicklung von nichtwestlichen Gesellschaften in der zweiten Hälfte des 20. Jahrhundert bewirken heute eine Rückkehr zu diesem historischen Muster. Dies wird ein langsamer Vorgang sein, aber spätestens um die Mitte des 21. Jahrhunderts werden die Verteilung des Sozialprodukts und der Industrieerzeugung unter den führenden Kulturen wahrscheinlich wieder dem Stand von 1800 ähneln. Das Jahrhundert westlichen Überstrahlens in der Weltwirtschaft wird vorbei sein.

Militärisches Potential. Militärische Macht hat vier Dimensionen: eine quantitative: Truppenstärke, Waffen, Gerät und Ressourcen; eine technische: Effizienz und Entwicklungsstand von Waffen und Gerät; eine organisatorische: Zusammenhalt, Disziplin, Ausbildung und Moral der Truppen und Effizienz der Kommando- und Kontrollverhältnisse; und eine gesellschaftliche: die Fähigkeit und Bereitschaft der Gesellschaft, militärische Gewalt effizient einzusetzen. Um 1920 war der Westen dem Rest der Welt in allen diesen Dimensionen überlegen. Seither ist die militärische Macht des Westens im Verhältnis zu der anderer Zivilisationen zurückgegangen. Der Rückgang spiegelt sich in dem veränderten Gleichgewicht der militärischen Mannschaftsstärke – einem Maßstab, wiewohl natürlich nicht dem wichtigsten, für militärisches Potential. Modernisierung und wirtschaftliche Entwicklung von Staaten erzeugen die Ressourcen zum und den Wunsch nach Ausbau des militärisches Potentials, und die wenigsten Staaten versäumen dies. In den dreißiger Jahren schufen Japan und die Sowjetunion machtvolle Streitkräfte, wie sie im Zweiten Weltkrieg bewiesen. Während des Kalten Krieges besaß die Sowjetunion einen der zwei machtvollsten Militärapparate. Gegenwärtig hat der Westen das Monopol auf die Fähig-

Tabelle 4.6
Anteil der Zivilisationen / Kulturkreise an der militärischen Mannschaftsstärke
(in Prozent)

Anm.: Schätzungen anhand der im Stichjahr gültigen Staatsgrenzen.
Schätzungen des Welt-Gesamts in Tausend (aktive Pflichtstreitkräfte)

Zivilisation Jahr (Welt gesamt)	westlich	afrikanisch	sinisch	hinduistisch	islamisch	japanisch	latein-amerikanisch	orthodox	andere
1900 (10,086)	43,7	1,6	10,0	0,4	16,7	1,8	9,4	16,6	0,1
1920 (8,645)	48,5	3,8	17,4	0,4	3,6	2,9	10,2	12,8*	0,5
1970 (23,991)	26,8	2,1	24,7	6,6	10,4	0,3	4,0	25,1	2,3
1991 (25,797)	21,1	3,4	25,7	4,8	20,0	1,0	6,3	14,3	3,5

*Die Angabe für die UdSSR berüht auf Schätzungen für das Jahr 1924 von J. M. Mackintosh, in B. H. Liddell-Hart: *The Red Army: The Red Army – 1918 – 1945, The Soviet Army – 1946 to present* (New York 1956).

Quellen: U. S. Arms Control and Disarmament Agency: *World Military Expenditures and Arms Transfers* (Washington 1971 – 1994); *Statesman's Year-Book* (New York 1901 – 1927).

keit, an jeder beliebigen Stelle der Welt substantielle konventionelle Streitkräfte einzusetzen. Ob er dieses Potential weiter halten wird, ist unsicher. Ziemlich sicher scheint jedoch, daß kein nichtwestlicher Staat und keine nichtwestliche Staatengruppe in den kommenden Jahrzehnten ein vergleichbares Potential aufbauen wird.

Insgesamt kennzeichnen die Jahre nach dem Kalten Krieg fünf große Tendenzen in der Evolution der Welt der Militärpotentiale.

Erstens: Die Streitkräfte der Sowjetunion hörten auf zu existieren, kurz nachdem die Sowjetunion aufgehört hatte zu existieren. Abgesehen von Rußland erbte nur die Ukraine signifikantes militärisches Potential. Die russischen Streitkräfte wurden stark reduziert und aus Mitteleuropa und den baltischen Staaten abgezogen. Der Warschauer Pakt löste sich auf. Das Ziel, die US-amerikanische Kriegsmarine herauszufordern, wurde aufgegeben. Militärisches Gerät wurde veräußert, oder man ließ es verkommen und unbrauchbar werden. Der Verteidungungshaushalt wurde drastisch gekürzt. In den Reihen von Offizieren und Mannschaftsgraden machte sich Demoralisierung breit. Gleichzeitig begann das russische Militär, seine Aufgaben und seine Doktrin neu zu definieren und sich auf seine neue Rolle einzurichten, im nahen Ausland Russen zu schützen und regionale Konflikte zu bewältigen.

Zweitens: Die überstürzte Reduktion des russischen Militärpotentials löste einen langsameren, aber signifikanten Rückgang westlicher Militärausgaben, Streitkräfte und Potentiale aus. Nach den Plänen der Administrationen Bush und Clinton sollten die Militärausgaben der USA um 35 Prozent sinken, von 342,3 Milliarden Dollar (in Dollar 1994) im Jahre 1990 auf 222,3 Milliarden Dollar im Jahre 1998. In diesem Jahr sollte die Struktur der Streitkräfte auf die Hälfte bis zwei Drittel des Standes bei Beendigung des Kalten Krieges heruntergefahren werden. Die Gesamtmannschaftsstärke war von 2,1 Million auf 1,4 Millionen Mann zurückzuführen. Viele große Waffenprogramme wurden und werden gestrichen. Zwischen 1985 und 1995 sank der jährliche Ankauf von Großwaffen: bei Schiffen von 29 auf 6, bei Flugzeugen von 943 auf 127, bei Panzern von 720 auf 0 und bei strategischen Raketen von 48 auf 18. Seit Ende der achtziger Jahre nahmen Großbritannien, Deutschland und in geringerem Umfang Frankreich ähnliche Reduktionen ihrer Verteidigungsausgaben und militärischen Potentiale vor. Mitte der neunziger Jahre war vorgesehen, die deutschen Streitkräfte von 370.000 Mann auf 340.000, wahrscheinlich sogar 320.000 Mann zu reduzieren; die französische Armee sollte ihre Stärke von 290.000 Mann im Jahre 1990 auf 225.000 Mann im Jahre 1997 zurückführen. Die britischen Mannschaften gingen von 377.100 im Jahre 1985 auf 274.800 im Jahre 1993 zurück. NATO-Länder auf dem Kontinent verkürzten auch die Dauer und diskutierten die mögliche Abschaffung der Wehrpflicht.

Drittens: Die Tendenzen in Asien unterschieden sich erheblich von denen in Rußland und im Westen. Erhöhte Militärausgaben und Truppenverbesserungen waren die Losung des Tages; das Tempo gab China vor. Entsprechend seiner neuen militärischen Doktrin, die von der Wahrscheinlichkeit regionaler Instabilität und begrenzter Kriege ausgeht, konzentrierte es sich auf die Schaffung von Machterweiterungspotentialen. Ermutigt von ihrem wachsenden wirtschaftlichen Wohlstand und unter dem Eindruck des chinesischen Truppenausbaus, sind andere ostasiatische Nationen dabei, ihre Streitkräfte zu modernisieren und zu erweitern. Japan fährt fort, sein hochentwickeltes militärisches Potential weiter zu verbessern. Taiwan, Südkorea, Thailand, Malaysia, Singapur und Indonesien geben alle mehr für ihr Militär aus und kaufen Flugzeuge, Panzer und Schiffe von Rußland, den USA, Großbritannien, Frankreich, Deutschland und anderen Ländern. Während die Verteidigungsausgaben der NATO zwischen 1985 und 1993 um ungefähr 10 Prozent sanken, von 539,6 Milliarden Dollar auf 485,0 Milliarden Dollar (in konstanten Dollar 1993), stiegen die Ausgaben in Ostasien in demselben Zeitraum um 50 Prozent, von 89,8 Milliarden Dollar auf 134,8 Milliarden Dollar.[9]

Viertens: Militärisches Potential einschließlich Massenvernichtungswaffen nimmt weltweit zu. In dem Maße, wie Länder sich wirtschaftlich entwickeln, erzeugen sie das Potential zur Waffenproduktion. So stieg zwischen 1960 und 1980 die Anzahl von Dritte-Welt-Ländern, die Kampfflugzeuge produzierten, von einem auf acht, bei Panzern von einem auf sechs, bei Kampfhubschraubern von einem auf sechs und bei taktischen Raketen von null auf sieben. Die neunziger Jahre erleben eine starke Tendenz zur Globalisierung der Verteidigungsindustrie, was den militärischen Vorsprung des Westens weiter mindern dürfte.[10] Viele nichtwestliche Gesellschaften besitzen Kernwaffen (Rußland, China, Israel, Indien, Pakistan und sehr wahrscheinlich Nordkorea) oder unternehmen große Anstrengungen, in den Besitz von Kernwaffen zu gelangen (Iran, Irak, Libyen und möglicherweise Algerien), oder richten sich darauf ein, Kernwaffen zu besitzen, sobald sie die Notwendigkeit dafür sehen (Japan). Kernwaffen und die Systeme zu ihrem Einsatz sowie chemische und biologische Waffen sind das Mittel, wodurch Staaten, die den USA und dem Westen an konventioneller militärischer Stärke weit unterlegen sind, mit relativ geringen Kosten gleichziehen können.

Fünftens: Alle diese Entwicklungen machen Regionalisierung zur zentralen Tendenz der militärischen Strategie und der militärischen Macht in der Welt nach dem Kalten Krieg. Regionalisierung ist der Grund für die Reduktion der militärischen Kräfte in Rußland und dem Westen und für den Ausbau der militärischen Kräfte in anderen Staaten. Rußland besitzt kein globales militärisches Potential mehr, sondern konzentriert seine Strategie und seine Streitkräfte auf das nahe Ausland. China hat seine Strategie und seine Streitkräfte auf lokale Machterweiterung und die Verteidigung chinesischer Interessen in Ostasien umgestellt. Auch europäische Länder orientieren ihre Streitkräfte durch NATO und Westeuropäische Union um, im Hinblick auf die Instabilität der westeuropäischen Peripherie. Die USA haben ihre militärische Planung ausdrücklich umgestellt;

an die Stelle der globalen Abschreckung und Bekämpfung der Sowjetunion ist die Vorbereitung auf die gleichzeitige Bewältigung von verschiedenen regionalen Eventualitäten im Persischen Golf und in Nordostasien getreten. Höchstwahrscheinlich werden die USA jedoch nicht das militärische Potential haben, diese Ziele zu erreichen. Um den Irak zu besiegen, setzten die USA im Persischen Golf 75 Prozent ihrer aktiven taktischen Kampfflugzeuge, 42 Prozent ihrer modernen Kampfpanzer, 46 Prozent ihrer Flugzeugträger, 37 Prozent ihrer Heeresmannschaften und 46 Prozent ihres Marinemannschaften ein. Mit künftig signifikant reduzierten Streitkräften werden sich die USA schwer tun, auch nur eine, geschweige denn zwei Interventionen gegen starke regionale Mächte außerhalb ihrer eigenen Region in der westlichen Hemisphäre durchzustehen. Weltweite militärische Sicherheit hängt zunehmend nicht von der globalen Machtverteilung und den Handlungen von Supermächten ab, sondern von der Machtverteilung innerhalb jeder einzelnen Weltregion und den Handlungen der Kernstaaten der Kulturkreise.

Alles in allem wird der Westen wohl bis in die ersten Jahrzehnte des 21. Jahrhunderts hinein der mächtigste Kulturkreis bleiben. Danach wird er wahrscheinlich weiterhin eine führende Rolle innehaben, was wissenschaftliches Talent, Forschungs- und Entwicklungspotentiale und zivile und militärische technologische Neuerungen betrifft. Die Kontrolle über die anderen Machtressourcen wird jedoch in zunehmendem Maße auf die Kernstaaten und führenden Länder nichtwestlicher Kulturkreise übergehen. Die Kontrolle des Westens über diese Ressourcen erreichte ihren Höhepunkt 1920 und ist seither zwar nicht gleichmäßig, aber signifikant zurückgegangen. Um das Jahr 2020, hundert Jahre nach jenem Höhepunkt, wird der Westen wahrscheinlich 24 Prozent des Weltterritoriums kontrollieren (nach einem Spitzenwert von 49 Prozent), 10 Prozent der Weltbevölkerung (früher 48 Prozent) und vielleicht 15 bis 20 Prozent der sozial mobilen Bevölkerung der Welt, etwa 30 Prozent des Weltbruttosozialprodukts (früher etwa 70 Prozent), vielleicht 25 Prozent der Industrieerzeugung (früher 84 Prozent) und weniger als 10 Prozent der globalen militärischen Mannschaftsstärke (früher 45 Prozent).

1919 haben Woodrow Wilson, Lloyd George und Georges Clemenceau praktisch die ganze Welt kontrolliert. Von Paris aus entschieden sie über die Existenz und Nichtexistenz von Staaten, über die Bildung neuer Staaten, ihre Grenzen und ihre Regierungen und über die Aufteilung des Nahen Ostens und anderer Teile der Welt unter den Siegermächten. Sie entschieden auch über ein militärisches Eingreifen in Rußland und die Erpressung wirtschaftlicher Zugeständnisse von China. Hundert Jahre später wird es keine kleine Gruppe von Staatsmännern mehr geben, die in der Lage ist, vergleichbare Macht auszuüben. Insofern es eine derartige Gruppe doch geben sollte, wird sie nicht aus drei Westlern, sondern aus Führern der Kernstaaten der sieben oder acht großen Kulturen der Welt bestehen. Mit den Nachfolgern von Reagan, Margaret Thatcher und Mitterrand werden die Nachfolger von Deng Xiaoping, Nakasone, Indira Gandhi, Jelzin, Chomeini und Suharto konkurrieren. Das Zeitalter der westlichen Vormachtstellung wird vorbei sein. In der Zwischenzeit fördern das Verblassen des Westens und der Aufstieg anderer Machtzentren den globalen Vorgang der Indigenisierung und das Wiederaufleben nichtwestlicher Kulturen.

Indigenisierung: Das Wiederaufleben nichtwestlicher Kulturen

Die Verteilung von Kulturen spiegelt die Verteilung von Macht in der Welt wider. Der Handel mag der Flagge folgen oder auch nicht – Kultur folgt fast immer der Macht. In der gesamten Geschichte ist die Expansion der Macht eines Kulturkreises für gewöhnlich gleichzeitig mit der Blüte seiner Zivilisation aufgetreten, und fast immer hat der Gebrauch jener Macht die Übertragung dieser kulturellen Werte, Praktiken und Institutionen auf andere Gesellschaften bedeutet. Eine universale Kultur bedarf universaler Macht. Die Macht Roms schuf eine fast universale Kultur in den engen Grenzen der klassischen Welt. Die Macht des Westens in Gestalt des europäischen Kolonialismus im 19. Jahrhundert und die amerikanische Hegemonie im 20. Jahrhundert dehnten die westliche Kultur über weite Teile der zeitgenössischen Welt aus. Der europäische Kolonialismus ist vorbei; die amerikanische Hegemonie schrumpft. Die Erosion der westlichen Kultur folgt in dem Maße, wie einheimische, historisch verwurzelte Sitten und Gebräuche, Sprachen, Glaubensüberzeugungen und Institutionen sich wieder Geltung verschaffen. Die wachsende Macht nichtwestlicher Gesellschaften infolge ihrer Modernisierung bewirkt in aller Welt die Erneuerung nichtwestlicher Kulturen.[11]

Nach Joseph Nye gibt es einen Unterschied zwischen »harter Macht«, das heißt einer auf wirtschaftlicher und militärischer Stärke beruhenden Befehlsmacht, und »sanfter Macht«, das heißt dem Vermögen eines Staates, durch Berufung auf seine Kultur und Ideologie andere Länder dazu zu bringen, daß sie selbst »*wollen*, was er will«. Nye sieht ein breites Umsichgreifen von harter Macht in der Welt; die großen Nationen »sind weniger als in der Vergangenheit imstande, ihre traditionellen Machtressourcen zur Erreichung ihrer Ziele einzusetzen«. Sind jedoch Kultur und Ideologie eines Staates attraktiv – so Nye weiter –, »sind andere eher bereit, seiner Führung zu folgen«, und daher ist sanfte Macht »genauso wichtig wie harte Befehlsmacht«.[12] Aber was macht Kultur und Ideologie attraktiv? Sie werden attraktiv, wenn sie in den Augen der Menschen in materiellem Erfolg und Einfluß wurzeln. Sanfte Macht ist nur dann Macht, wenn sie auf einem Fundament von harter Macht ruht. Zuwächse an harter, also wirtschaftlicher und militärischer Macht stärken Selbstbewußtsein und Arroganz und die Überzeugung, die eigene Kultur oder sanfte Macht sei der anderer Völker überlegen. Das steigert erheblich die Attraktivität für andere Völker. Einbußen an wirtschaftlicher und militärischer Macht führen zu

Selbstzweifeln und Identitätskrisen und zu Bemühungen, in anderen Kulturen den Schlüssel zum wirtschaftlichen, militärischen und politischen Erfolg zu finden. In dem Maße, wie nichtwestliche Gesellschaften ihr wirtschaftliches, militärisches und politisches Potential ausbauen, pochen sie zunehmend auf die Vorzüge ihrer eigenen Kultur, Werte und Institutionen.

Die kommunistische Ideologie sprach Menschen in aller Welt in den fünfziger und sechziger Jahren an, als mit ihr der wirtschaftliche Erfolg und die militärische Stärke der Sowjetunion verbunden wurden. Diese Anziehungskraft ließ nach, als die sowjetische Wirtschaft stagnierte und nicht imstande war, die militärische Stärke der Sowjetunion aufrechtzuerhalten. Westliche Werte und Institutionen haben Menschen anderer Kulturen angesprochen, weil sie als Quelle westlicher Macht und westlichen Wohlstandes angesehen wurden. Dieser Prozeß ist seit Jahrhunderten im Gange. Zwischen 1000 und 1300 n. Chr. wurden, wie William McNeill bemerkt, Christentum, römisches Recht und andere Elemente der westlichen Kultur von Ungarn, Polen und Litauern übernommen; hinter dieser Akzeptanz der westlichen Zivilisation »stand die mit Furcht untermischte Bewunderung für die militärischen Fähigkeiten der westlichen Fürsten«.[13] In dem Maße, wie die Macht des Westens schwindet, schwindet auch das Vermögen des Westens, anderen Zivilisationen westliche Vorstellungen von Menschenrechten, Liberalismus und Demokratie aufzuzwingen, und schwindet auch die Attraktivität dieser Werte für andere Zivilisationen.

Die ist schon geschwunden. Mehrere Jahrhunderte lang haben nichtwestliche Völker die westlichen Gesellschaften um ihre wirtschaftliche Prosperität, technologische Entwicklung, militärische Macht und politische Geschlossenheit beneidet. Sie suchten das Geheimnis dieses Erfolges in westlichen Werten und Institutionen, und als sie ausgemacht hatten, was sie für den Schlüssel hielten, versuchten sie, ihn in ihren eigenen Gesellschaften auszuprobieren. Um reich und mächtig zu werden wie der Westen, würden sie werden müssen wie der Westen. Heute ist freilich diese kemalistische Einstellung in Ostasien verschwunden. Die Menschen Ostasiens schreiben ihre dramatische wirtschaftliche Entwicklung nicht ihrem Import der westlichen Kultur zu, sondern vielmehr ihrem Festhalten an der eigenen. Sie sind, so behaupten sie, auf Erfolgskurs, weil sie anders sind als der Westen. Ähnlich verhielt es sich mit nichtwestlichen Gesellschaften, die sich im Verhältnis zum Westen schwach fühlten: Sie beschworen westliche Werte wie Selbstbestimmung, Liberalismus, Demokratie und Unabhängigkeit, um ihren Widerstand gegen die westliche Vormachtstellung zu rechtfertigen. Nun, da sie nicht mehr schwach, sondern zunehmend mächtig sind, attackieren sie ohne zu zögern eben jene Werte, die sie früher instrumentalisierten, um ihre Interessen zu fördern. Der Aufstand gegen den Westen wurde ursprünglich mit der behaupteten Universalität westlicher Werte legitimiert; heute wird er mit der behaupteten Überlegenheit nichtwestlicher Werte legitimiert.

Diese neue Einstellung ist Ausdruck dessen, was Ronald Dore das »Indigenisierungsphänomen der zweiten Generation« nennt. Sowohl in früheren westlichen Kolonien als auch in unabhängigen Ländern wie China und Japan »hat die erste Generation der Modernisierer, die erste Generation nach der Unabhängigkeit ihre Ausbildung oft an ausländischen (westlichen) Universitäten in einer westlich-kosmopolitischen Sprache erhalten. Weil sie als beeindruckbare junge Menschen ins Ausland kamen, eigneten sie sich westliche Werte und Lebensstile mitunter recht gründlich an …« Die meisten Vertreter der viel größeren zweiten Generation empfangen dagegen ihre Bildung in der Heimat und an Universitäten, die von der ersten Generation gegründet wurden, und im Unterricht wird zunehmend die lokale Sprache anstelle der Kolonialsprache benutzt. Diese Universitäten »vermitteln einen ziemlich verwässerten Kontakt mit der Weltkultur der einstigen Kolonialmacht … das Wissen wird durch Übersetzungen indigenisiert, die für gewöhnlich inhaltlich begrenzt und qualitativ schlecht sind«. Die Absolventen solcher Universitäten hegen

Ressentiments gegen die dominierende, westlich geschulte erste Generation und »erliegen häufig den Lockrufen nativistischer Oppositionsbewegungen«.[14] Da der Einfluß des Westens zurückgeht, können junge, ehrgeizige Führungspersönlichkeiten nicht auf den Westen zählen, um zu Macht und Wohlstand zu gelangen. Sie müssen die Mittel zum Erfolg in ihrer eigenen Gesellschaft finden, und daher müssen sie sich den Werten und der Kultur dieser Gesellschaft unterwerfen.

Der Vorgang der Indigenisierung findet nicht erst in zweiter Generation statt. Tüchtige, einsichtige und anpassungsfähige Führer der ersten Generation indigenisieren sich selbst. Drei namhafte Fälle sind Mohammad Ali Jinnah, Harry Lee und Solomon Bandaranaike. Die drei waren brillante Absolventen von Oxford, Cambridge bzw. Lincoln's Inn und gründlich verwestlichte Mitglieder der Elite ihrer Heimatländer. Jinnah war überzeugter Laizist. Lee war mit den Worten eines britischen Ministers »der verdammt beste Engländer östlich von Suez«. Bandaranaike wurde als Christ erzogen. Aber um ihre Nationen in die Unabhängigkeit und weiter führen zu können, mußten sie sich indigenisieren. Sie kehrten zur Kultur ihrer Ahnen zurück und veränderten dabei nach und nach Identität, Namen, Kleidung und Gesinnung. Aus dem englischen Juristen M. A. Jinnah wurde Pakistans Quaid-i-Azam, aus Harry Lee wurde Lee Kuan Yew. Der Laizist Jinnah wandelte sich zum glühenden Apostel des Islam als Fundament des pakistanischen Staates. Der anglisierte Lee lernte Mandarin und wurde ein entschiedener Verfechter des Konfuzianismus. Der Christ Bandaranaike bekehrte sich zum Buddhismus und appellierte an den singhalesischen Nationalismus.

Indigenisierung war und ist in den achtziger und neunziger Jahren in der gesamten nichtwestlichen Welt die Losung des Tages. Das Wiederaufleben des Islam und die »Re-Islamisierung« sind die zentralen Themen in muslimischen Gesellschaften. In Indien überwiegt die Tendenz zur Ablehnung westlicher Formen und Werte und zur »Hindisierung« von Politik und Gesellschaft. In Ostasien fördern Regierungen den Konfuzianismus, und intellektuelle Führer sprechen von einer »Asiatisierung« ihrer Länder. Mitte der achtziger Jahre wurde in Japan »*Nihonjinron*, die Theorie Japans und des Japanischen«, zur Obsession. In der Folge vertrat ein führender japanischer Intellektueller den Standpunkt, Japan habe in seiner Geschichte diverse »Zyklen des Imports fremder Kulturen« und der »Indigenisierung dieser Kulturen durch Kopieren und Veredeln« durchgemacht; »aus der Nutzbarmachung des importierten, kreativen Impulses und letztlich der neuen Öffnung für die Außenwelt resultierte zwangsläufig Unruhe …« Gegenwärtig befinde sich Japan »in der zweiten Phase dieses Zyklus«.[15] Rußland wurde nach dem Ende des Kalten Krieges wieder ein »zerrissenes« Land mit dem Wiederaufflammen des Kampfes zwischen Westlern und Slawophilen. Zehn Jahre lang ging dann der Trend mehr und mehr von jenen zu diesen: Der verwestlichte Gorbatschow wich Boris Jelzin, dem Stil nach russisch, den bekundeten Überzeugungen nach westlich und seinerseits bedrängt von Schirinowski und anderen Nationalisten, die eine russisch-orthodoxe Indigenisierung verkörpern.

Indigenisierung wird durch ein demokratisches Paradoxon begünstigt: Die Übernahme westlich-demokratischer Institutionen durch nichtwestliche Gesellschaften ermutigt nativistische und antiwestliche politische Bewegungen und verschafft ihnen Zugang zur Macht. In den sechziger und siebziger Jahren wurden verwestlichte und prowestliche Regierungen in Entwicklungsländern von Staatsstreichen und Revolutionen bedroht; in den achtziger und neunziger Jahren laufen sie zunehmend Gefahr, abgewählt zu werden. Demokratisierung gerät in Konflikt mit Verwestlichung, und Demokratie ist inhärent ein provinzialisierender, kein kosmopolitisierender Vorgang. Politiker in nichtwestlichen Gesellschaften gewinnen Wahlen nicht, indem sie unterstreichen, wie westlich sie sind. Der Wahlkampf verlangt vielmehr die Artikulation dessen, was sie für die volkstümlichsten Appelle halten, und die sind für gewöhnlich ethnischen, nationalistischen und religiösen Charakters.

Das Ergebnis ist die Mobilisierung der Massen gegen westlich ausgebildete und westlich orientierte Eliten. Islamische Fundamentalistengruppierungen haben bei den wenigen Wahlen, die es in muslimischen Ländern gegeben hat, gut abgeschnitten und hätten in Algerien die nationale Macht übernommen, wenn nicht das Militär die Wahlen von 1992 kassiert hätte. In Indien hat der Kampf um Wählerstimmen nachweislich volkstümliche Appelle und kommunale Gewalt gefördert.[16] Die Demokratie in Sri Lanka ermöglichte es der Sri Lanka Freedom Party, 1956 die westlich orientierte, elitäre United National Party zu stürzen, und hat in den achtziger Jahren die Möglichkeit zum Aufstieg der singhalesischen Nationalistenbewegung Pathika Chintanaya geschaffen. Vor 1949 betrachteten südafrikanische wie westliche Eliten Südafrika als westliches Land. Nachdem das Apartheid-Regime Gestalt annahm, schrieben westliche Eliten Südafrika allmählich als Mitglied des westlichen Lagers ab, während weiße Südafrikaner sich selbst weiter als Westler sahen. Um jedoch ihren Platz in der internationalen Ordnung des Westens zurückzugewinnen, mußten die Eliten westlich-demokratische Institutionen einführen, was im Aufstieg einer stark verwestlichten schwarzen Elite zur Macht resultierte. Falls jedoch der Indigenisierungsfaktor der zweiten Generation greift, werden ihre Nachfolger in ihrem Selbstverständnis eher Xhosa, Zulu und Afrikaner sein, und Südafrika wird sich zunehmend als afrikanischen Staat definieren.

Vor dem 19. Jahrhundert empfanden sich, jeweils in ihrer Zeit, Byzantiner, Araber, Chinesen, Osmanen, Moguln und Russen hinsichtlich ihrer Stärke und ihrer Errungenschaften als dem Westen überlegen. In diesen Zeiten sahen sie auch auf die kulturelle Minderwertigkeit, institutionelle Rückständigkeit, Korruption und Dekadenz des Westens verächtlich herab. In dem Maße, wie der relative Erfolg des Westens schwindet, kehren solche Haltungen wieder. Zunehmende Macht beschert zunehmendes kulturelles Selbstbewußtsein. Die Menschen haben das Gefühl: »Wir müssen uns nichts mehr gefallen lassen.« Der Iran ist ein Extremfall, doch weist ein Beobachter darauf hin, »daß westliche Werte auf unterschiedliche Weise, aber nicht minder heftig auch in Malaysia, Indonesien, Singapur, China und Japan abgelehnt werden«.[17] Wir erleben »das Ende der fortschrittlichen Ära«, die von westlichen Ideologien beherrscht war, und treten in eine Ära ein, in der eine Vielzahl unterschiedlicher Kulturen miteinander interagieren, konkurrieren, koexistieren und sich arrangieren.[18] Dieser weltweite Prozeß der Indigenisierung zeigt sich generell am Wiedererstarken der Religionen, das in so vielen Teilen der Welt zu beobachten ist, und besonders an der kulturellen Renaissance asiatischer und islamischer Länder, das zum Teil ihrer wirtschaftlichen und demographischen Dynamik zu verdanken ist.

La Revanche de Dieu

In der ersten Hälfte des 20. Jahrhunderts nahmen die geistigen Eliten an, daß wirtschaftliche und soziale Modernisierung zum Verkümmern der Religion als einem wichtigen Element menschlicher Existenz führen werde. Diese Annahme vertraten sowohl jene, die diese Tendenz begrüßten, als auch jene, die sie beklagten. Modernisierende Säkularisten priesen den Umfang, in welchem Naturwissenschaft, Rationalismus und Pragmatismus mit dem Aberglauben, den Mythen, Irrationalitäten und Ritualen aufräumten, die den Kern der existierenden Religionen bildeten. Die so entstehende Gesellschaft würde tolerant, rational, pragmatisch, fortschrittlich, humanistisch und laizistisch sein. Besorgte Konservative warnten demgegenüber vor den trüben Konsequenzen, die das Verschwinden religiöser Überzeugungen und Institutionen und der moralischen Orientierung des individuellen wie des kollektiven menschlichen Verhaltens durch die Religion haben werde. Das Endergebnis würden Anarchie, Verderbtheit, die Unterminierung zivilisierten Lebens sein. »Wenn ihr Gott nicht haben wollt (und Er ist ein eifernder Gott)«, heißt es bei T. S. Eliot, »solltet ihr Hitler oder Stalin eure Reverenz erweisen.«[19]

Die zweite Hälfte des 20. Jahrhunderts zeigte, daß diese Hoffnungen und diese Ängste unbegründet waren. Die wirtschaftliche und soziale Modernisierung umfaßte die ganze Welt, und gleichzeitig fand eine weltweite Renaissance der Religion statt. Diese Renaissance, *la revanche de Dieu* [die Rache Gottes], wie Gilles Kepel sie nennt, hat jeden Kontinent, jede Zivilisation und praktisch jedes Land erfaßt. Wie Kepel bemerkt, kehrte sich Mitte der siebziger Jahre die Tendenz zur Säkularisierung und zur Anpassung der Religion an den Laizismus um: »Ein neuer religiöser Ansatz nahm Gestalt an, der nicht mehr auf die Anpassung an säkulare Werte, sondern auf die Wiedergewinnung eines sakralen Fundaments für eine Gesellschaftsordnung abzielte – notfalls durch Veränderung der Gesellschaft. Dieser Ansatz, der auf vielfältige Weise Ausdruck fand, trat für die Überwindung eines Modernismus ein, der versagt hatte und dessen Rückschläge und Sackgassen der Abkehr von Gott zuzuschreiben waren. Die Parole hieß nicht mehr ›aggiornamento‹, sondern ›zweite Christianisierung Europas‹; das Ziel war nicht mehr die Modernisierung des Islam, sondern ›die Islamisierung der Moderne‹.«[20]

Diese religiöse Erneuerung bedeutete zum Teil die Ausbreitung einiger Religionen, die neue Anhänger in Gesellschaften rekrutieren konnten, in denen sie vorher keine gehabt hatten. In weit größerem Umfange jedoch bedeutete das Aufblühen der Religionen, daß Menschen die traditionelle Religion ihrer Gemeinschaft wieder entdeckten und sie mit neuem Leben und mit neuer Bedeutung erfüllten. Christentum, Islam, Judentum, Hinduismus, Buddhismus, Orthodoxie erlebten alle einen neuen Aufschwung des Engagements von, der Einflusses auf und des Praktizierens bei einst gleichgültigen Gläubigen. In all diesen Religionen entstanden auch fundamentalistische Bewegungen, die sich der militanten Säuberung der Dogmen und Institutionen sowie der Umformung des Verhaltens von Individuum, Gesellschaft und Öffentlichkeit in Übereinstimmung mit den Dogmen verschrieben. Die fundamentalistischen Bewegungen sind eine dramatische Erscheinung und könnten starke politische Bedeutung bekommen. Sie sind jedoch nur die Spitze jener viel weiter und tiefer reichenden Flutwelle, die dem menschlichen Leben am Ende des 20. Jahrhunderts einen anderen Zuschnitt gibt. Die weltweite Erneuerung der Religion reicht weit über die Aktivitäten fundamentalistischer Extremisten hinaus. In einer Gesellschaft nach der anderen bekundet sie sich im alltäglichen Leben und Arbeiten der Menschen und in den Interessen und Projekten der Regierung. Die kulturelle Renaissance, die in der säkularen konfuzianischen Kultur die Form einer Bekräftigung asiatischer Werte annimmt, manifestiert sich in der übrigen Welt als Bekräftigung religiöser Werte. Die »Entsäkularisierung der Welt«, bemerkt George Weigel, »gehört zu den dominierenden gesellschaftlichen Tatsachen am Ende des 20. Jahrhunderts.«[21]

Dramatisch sichtbar ist die Allgegenwart und Relevanz der Religion in früheren kommunistischen Staaten geworden. Eine religiöse Renaissance, die das von der zusammengebrochenen Ideologie hinterlassene Vakuum füllt, hat diese Länder von Albanien bis Vietnam erfaßt. In Rußland ist die Orthodoxie enorm erstarkt. 1994 gaben 30 Prozent der Russen unter 25 Jahren an, sie seien vom Atheismus zum Glauben an Gott umgeschwenkt. Die Anzahl der aktiv benutzten Kirchen im Großraum Moskau stieg von 50 im Jahre 1988 auf 250 im Jahre 1993. Politische Leitfiguren bekundeten einmütig Respekt vor der Religion und vor der Regierung, die die Religion unterstützte. Aus russischen Städten meldete eine scharfsichtige Beobachterin 1993: »Der Klang von Kirchenglocken hängt wieder in der Luft. Frisch vergoldete Kuppeln glänzen in der Sonne. Kirchen, die noch vor kurzem in Trümmern lagen, erbeben wieder von majestätischem Chorgesang. Kirchen sind der umtriebigste Ort in der Stadt.«[22] Zeitgleich mit der Erneuerung der Orthodoxie in den slawischen Republiken erfaßte die Erneuerung des Islam ganz Zentralasien. 1989 gab es in Zentralasien 160 funktionierende Moscheen und eine einzige Medrese [islamische Hochschule]; Anfang 1993 gab es etwa 10.000 Moscheen und zehn Hochschulen. Diese Erneuerung brachte zwar einige politisch-fundamentalistische Bewegungen und wurde von außen, durch Saudi-Arabien, den Iran und Pakistan ermutigt, aber grundsätzlich war sie eine Bewegung der kulturellen Hauptströmung auf extrem breiter Basis.[23]

Wie ist dieser weltweite Aufschwung der Religion zu erklären? Offenkundig waren in den einzelnen Ländern und Kulturen jeweils besondere Gründe ausschlaggebend. Trotzdem kann man nicht davon ausgehen, daß eine große Zahl von unterschiedlichen Gründen zeitgleiche und vergleichbare Entwicklungen in den meisten Teilen der Welt ausgelöst hätten. Ein globales Phänomen verlangt eine globale Erklärung. Mögen auch noch so viele Ereignisse in bestimmten Ländern von einmaligen Faktoren beeinflußt worden sein, einige generelle Ursachen müssen doch mitgewirkt haben. Welche waren dies?

Der naheliegendste, entscheidendste und stärkste Grund für den weltweiten Aufschwung der Religion ist genau derjenige, der eigentlich den Tod der Religion bewirken sollte: es ist die soziale, wirtschaftliche und kulturelle Modernisierung, die in der zweiten Hälfte des 20. Jahrhunderts die ganze Welt erfaßt hat. Althergebrachte Identitätsquellen und Herrschaftssysteme sind geborsten. Die Menschen ziehen vom Land in die Stadt, verlieren den Kontakt zu ihren Wurzeln und ergreifen neue Berufe oder haben keinen mehr. Sie interagieren mit sehr vielen Fremden und sind neuartigen Beziehungssystemen ausgesetzt. Sie brauchen neue Quellen der Identität, neue Formen einer stabilen Gemeinschaft und neue moralische Anhaltspunkte, die ihnen ein Gefühl von Sinn und Zweck vermitteln. Die Religion – die der Hauptströmung wie die fundamentalistische – befriedigt diese Bedürfnisse. Lee Kuan Yew erläutert dies am Beispiel Ostasiens:

> »Wir sind Agrargesellschaften, die innerhalb von einer oder zwei Generationen industrialisiert worden sind. Was im Westen zweihundert Jahre und mehr beansprucht hat, vollzieht sich hier in rund fünfzig Jahren und weniger. Alles ist in einen

> engen zeitlichen Rahmen gezwängt, so daß es zwangsläufig zu Verzerrungen und Funktionsstörungen kommen muß. Wenn Sie sich die rasch wachsenden Länder ansehen – Korea, Thailand, Hongkong und Singapur –, so gibt es dort ein bemerkenswertes Phänomen: den Aufstieg der Religion ... Die alten Bräuche und Religionen – Ahnenverehrung, Schamanismus – werden nicht mehr als völlig befriedigend empfunden. Es gibt eine Suche nach irgendwelchen höheren Erklärungen über den Zweck des Menschen, über die Frage, wozu wir hier sind. Das gehört zu Perioden großer Belastung in der Gesellschaft.«[24]

Die Menschen leben nicht von der Vernunft allein. Sie können erst dann ihr Eigeninteresse klären und rational verfolgen, wenn sie sich selbst definiert haben. Interessenpolitik setzt Identität voraus. In Zeiten eines rapiden gesellschaftlichen Wandels lösen sich angestammte Identitäten auf, das Ich muß neu definiert, neue Identitäten müssen geschaffen werden. Fragen der Identität gewinnen Vorrang vor Fragen des Interesses. Die Menschen müssen sich fragen: Wer bin ich? Wohin gehöre ich? Die Religion bietet auf diese Fragen überzeugende Antworten, und religiöse Gruppen bieten kleine soziale Gemeinschaften, die die durch Urbanisierung verlorenen ersetzen. Alle Religionen, meint Hassan al-Turabi, bieten den Menschen »ein Gefühl der Identität und eine Orientierung im Leben ...« In diesem Prozeß entdecken oder erschaffen sie neue historische Identitäten. Alle Religionen, was immer ihre universalistischen Ziele sein mögen, postulieren eine grundlegende Unterscheidung zwischen Gläubigen und Ungläubigen, zwischen einer überlegenen In-Gruppe und einer anderen, minderwertigen Out-Gruppe. Gesellschaftliches Engagement und politischer Konflikt werden nicht nur Mittel zur Interessendurchsetzung, sondern dienen auch dem viel fundamentaleren Zweck, Identität zu definieren.[25]

In der muslimischen Welt hat es nach Bernard Lewis »in Krisenzeiten immer die Tendenz gegeben, die fundamentale muslimische Identität und Loyalität in der religiösen Gemeinschaft zu suchen – das heißt, in einem größeren Ganzen, das durch den Islam und nicht durch ethnische oder territoriale Kriterien definiert ist.« Auch Gilles Kepel hebt die zentrale Bedeutung der Suche nach Identität hervor: »Re-Islamisierung ›von unten‹ bietet zuerst und vor allem die Möglichkeit einer neuen Identitätsstiftung in einer Welt, die ihren Sinn verloren hat und amorph und fremd geworden ist.«[26] In Indien ist als Reaktion auf modernisierungsbedingte Spannungen und Entfremdung »eine neue hinduistische Identität im Aufbau begriffen«.[27] In Rußland ist das Aufblühen der Religion die Folge »einer leidenschaftlichen Sehnsucht nach Identität, den allein die orthodoxe Kirche, das einzige intakte Bindeglied zur tausendjährigen russischen Vergangenheit, befriedigen kann«, während in den islamischen Republiken dieses Aufblühen »dem sehnlichsten Verlangen der Zentralasiaten entspringt: die Identität zu behaupten, die Moskau jahrzehntelang unterdrückt hat.«[28] Fundamentalistische Bewegungen sind insbesondere »eine Möglichkeit, die durch rapide Einführung moderner sozialer und politischer Muster, Säkularismus, wissenschaftlicher Maßstäbe und wirtschaftlicher Entwicklung erzeugte Erfahrung von Chaos und Verlust von Identität, Sinn und sicheren gesellschaftlichen Strukturen zu bewältigen.« Die fundamentalistischen »Bewegungen, die wirklich zählen«, sind auch für William H. McNeill »diejenigen, die sich aus der Gesellschaft als ganzer rekrutieren und Zulauf finden, weil sie eine Antwort auf neu bewußt gewordene menschliche Bedürfnisse haben oder zu haben scheinen … Es ist kein Zufall, daß alle diese Bewegungen ihre Basis in Ländern haben, in denen der Populationsdruck auf Grund und Boden die Fortsetzung des alten dörflichen Lebens für eine Mehrheit der Bevölkerung unmöglich macht und in denen die urbanen Medien in die Dörfer eindringen und den uralten Rahmen bäuerlichen Lebens zu sprengen beginnen.«[29]

In einem umfassenderen Sinne ist das Wiederaufblühen der Religion weltweit eine Reaktion auf Säkularismus, moralischen

Relativismus und Hemmungslosigkeit, eine Bekräftigung von Werten wie Ordnung, Disziplin, Arbeit, Hilfsbereitschaft und Solidarität. Religiöse Gruppen befriedigen soziale Bedürfnisse, die Staatsbürokratien vernachlässigt haben. Dazu gehören Bereitstellung von ärztlichen und Krankenhausleistungen, Kindergärten und Schulen, Altenpflege, prompte Rettungseinsätze bei Erdbeben und anderen Katastrophen, soziale Fürsorge und Hilfe in Zeiten wirtschaftlicher Not. Der Zusammenbruch der Ordnung und der zivilen Gesellschaft schafft Leerräume, die manchmal von religiösen, oft fundamentalistischen Gruppen besetzt werden.[30]

Wenn die traditionell vorherrschenden Religionsgemeinschaften die emotionalen und sozialen Bedürfnisse der Entwurzelten nicht mehr befriedigen, springen andere religiöse Gruppen ein und vergrößern dabei ihre Mitgliederzahlen und die eminente Bedeutung der Religion im sozialen und politischen Leben. Südkorea war traditionell ein ganz überwiegend buddhistisches Land, in dem 1950 die Anzahl der Christen bei einem bis drei Prozent der Bevölkerung lag. Als Südkorea zu einer rapiden wirtschaftlichen Entwicklung mit massiver Urbanisierung und differenzierter Beschäftigungsstruktur ansetzte, wurde der Buddhismus für unzulänglich befunden. »Für die Millionen von Menschen, die in die Großstädte strömten, und für viele, die auf dem veränderten Lande zurückblieben, verlor der quietistische Buddhismus aus dem koreanischen Agrarzeitalter seine Anziehungskraft. Das Christentum mit seiner Botschaft der persönlichen Erlösung und der Bestimmung des einzelnen bot in einer Zeit der Verwirrung und Veränderung sichereren Trost.«[31] In den achtziger Jahren machten Christen, vornehmlich Presbyterianer und Katholiken, mindestens 30 Prozent der südkoreanischen Bevölkerung aus.

Eine ähnliche, parallele Verschiebung vollzog sich in Lateinamerika. Die Zahl der Protestanten in Lateinamerika stieg von rund 7 Millionen im Jahre 1960 auf etwa 50 Millionen im Jahre 1990. Die Gründe für diesen Erfolg erkannten die lateinamerikanischen Bischöfe 1989 in der »zu langsamen Umstellung der katholischen Kirche auf die Probleme des urbanen Lebens« und in der »Struktur der Kirche, die sie gelegentlich daran hindert, auf die psychologischen Bedürfnisse der Menschen von heute einzugehen«. Im Gegensatz zur katholischen Kirche, so die Beobachtung eines brasilianischen Priesters, befriedigten die protestantischen Kirchen »die personalen Grundbedürfnisse – menschliche Wärme, Trost, tiefes spirituelles Erleben.« Die Ausbreitung des Protestantismus unter den Armen Lateinamerikas ist nicht primär die Ablösung einer Religion durch eine andere; vielmehr bedeutet sie einen wesentlichen Nettozuwachs an religiösem Engagement und religiöser Teilhabe in dem Maße, wie aus passiven Katholiken aktive und ergebene Protestanten werden. So bezeichneten sich in Brasilien Anfang der neunziger Jahre 20 Prozent der Bevölkerung als Protestanten und 73 Prozent als Katholiken; aber an Sonntagen gingen etwa 20 Millionen Menschen in protestantische Kirchen und nur 12 Millionen in katholische.[32] Wie die anderen Weltreligionen erlebt auch das Christentum einen modernisierungsbedingten Aufschwung, und in Lateinamerika hat er eben nicht eine katholische, sondern eine protestantische Form angenommen.

Diese Veränderungen in Südkorea und Lateinamerika spiegeln die Unfähigkeit des Buddhismus und des etablierten Katholizismus wider, die psychologischen, emotionalen und sozialen Bedürfnisse von Menschen zu befriedigen, die in den Traumata der Modernisierung gefangen sind. Ob es anderswo zu weiteren signifikanten Verschiebungen der religiösen Zugehörigkeit kommen wird oder nicht, hängt davon ab, inwieweit die vorherrschende Religion jene Bedürfnisse befriedigen kann. Besonders verwundbar könnte angesichts seiner Nüchternheit der Konfuzianismus sein. In konfuzianischen Ländern könnten Protestantismus und Katholizismus eine ähnliche Anziehungskraft entfalten wie der missionarische Protestantismus in Lateinamerika, das Christentum in Südkorea und der Fundamentalismus in muslimischen und hinduistischen Ländern. Auch in China breitete sich Ende der achtziger Jahre, als das Wirtschaftswachstum in voller Blüte stand, das Christentum aus, und zwar »besonders unter jungen Leuten«. Etwa 50 Millionen Chinesen sind Christen. Die Regierung hat versucht, einee weitere Zunahme zu verhindern: durch Inhaftierung von Geistlichen, Missionaren und Predigern, durch Verbot und Unterdrückung von religiösen Zeremonien und Aktivitäten. 1994 wurde ein Gesetz verabschiedet, das Ausländern das Missionieren und das Errichten von religiösen Schulen untersagt und religiösen Gruppen verbietet, sich an unabhängigen oder aus dem Ausland finanzierten Aktivitäten zu beteiligen. In Singapur sind wie in China etwa 5 Prozent der Bevölkerung Christen. Regierungsmitglieder warnten Ende der achtziger und Anfang der neunziger Jahre Prediger vor der Störung des »heiklen religiösen Gleichgewichts« im Land, nahmen kirchliche Helfer, unter ihnen Vertreter katholischer Organisationen, in Haft und drangsalierten auf unterschiedliche Weise christliche Gruppierungen und Einzelpersonen.[33] Mit dem Ende des Kalten Krieges und den sich ergebenden politischen Möglichkeiten kamen westliche Kirchen auch in die orthodoxen früheren Sowjetrepubliken, wo sie mit den wieder aktiven orthodoxen Kirchen konkurrierten. Wie in China wurde der Versuch gemacht, ihre Missionsarbeit zu beschneiden. 1993 verabschiedete das russische Parlament auf Drängen der orthodoxen Kirche ein Gesetz, das von ausländischen religiösen Gruppierungen die staatliche Akkreditierung oder die strukturelle Einbindung in eine russische religiöse Organisation verlangte, wenn sie in der Missions- oder Bildungsarbeit tätig werden wollten. Präsident Jelzin lehnte es jedoch ab, das Gesetz zu unterzeichnen.[34] Alles in allem lassen die Ereignisse darauf schließen, daß im Konfliktfall die »Rache Gottes« über die Indigenisierung siegt: Wenn die modernisierungsbedingten religiösen Bedürfnisse nicht von ihrem traditionellen Glauben befriedigt werden können, wenden sich die Menschen emotional befriedigenderen religiösen Importen zu.

Andere Triebkräfte der religiösen Erneuerung neben den psychologischen, emotionalen und sozialen Traumata der Modernisierung sind der Rückzug des Westens und das Ende des Kalten Krieges. Seit dem 19. Jahrhundert reagierten nichtwestliche Zivilisationen auf den Westen in der Regel gemäß Ideologien, die aus dem Westen importiert worden waren. Im 19. Jahrhundert machten sich nichtwestliche Eliten westlich-liberale Werte zu eigen, und ihre ersten Bekundungen von Opposition gegen den Westen nahmen die Form eines liberalen Nationalismus an. Im 20. Jahrhundert wurden Sozialismus und Marxismus importiert, lokalen Gegebenheiten und Zielsetzungen angepaßt und im Widerstand gegen den westlichen Imperialismus mit Nationalismus angereichert. In Rußland, China und Vietnam wurde der Marxismus-Leninismus entwickelt, übernommen und eingesetzt, um den Westen herauszufordern. Der Zusammenbruch des Kommunismus in der Sowjetunion, seine gravierende Modifizierung in China sowie das Unvermögen sozialistischer Volkswirtschaften, für eine konsequente Entwicklung zu sorgen, haben heute ein ideologisches Vakuum geschaffen. Westliche Regierungen, Gruppen und internationale Einrichtungen wie IWF und Weltbank haben den Versuch unternommen, dieses Vakuum mit den Lehren der neo-orthodoxen Nationalökonomie und der demokratischen Politik zu füllen. In welchem Umfange diese Lehren einen bleibenden Einfluß auf nichtwestliche Kulturen haben werden, ist ungewiß. Unterdessen sehen jedoch die Menschen im Kommunismus nur den letzten säkularen Gott, der sie verraten hat, und in Ermangelung überzeugender neuer säkularer Gottheiten wenden sie sich mit Erleichterung und Leidenschaft dem Original zu. Religion löst Ideologie ab, und religiöser Nationalismus ersetzt säkularen Nationalismus.[35]

Die Bewegungen der religiösen Erneuerung sind antisäkular, antiuniversal und, außer in ihren christlichen Erscheinungsformen, antiwestlich. Sie wenden sich auch gegen Relativismus, Egoismus und Konsumdenken als Begleiterscheinungen dessen, was Bruce B. Lawrence »Modernismus« im Unterschied zur »Moderne« genannt hat. Im großen und ganzen haben sie nichts gegen Urbanisierung, Modernisierung, Entwicklung, Kapitalismus, Naturwissenschaft und Technologie sowie alles, was diese Kräfte für die Organisation der Gesellschaft implizieren. In diesem Sinne sind sie nicht antimodern. Sie akzeptieren, wie Lee Kuan Yew bemerkt, die Modernisierung und auch »die Unvermeidlichkeit von Wissenschaft und Technik und den durch sie bewirkten Wandel des Lebensstils«; aber sie »lehnen den Gedanken ab, sie seien verwestlicht«. Weder Nationalismus noch Sozialismus, so Al-Turabi, bewirkten Entwicklung in der islamischen Welt: »Motor der Entwicklung ist vielmehr die Religion.« Ein gereinigter Islam werde in der zeitgenössischen Ära eine Rolle spielen, die jener der protestantischen Ethik in der Geschichte des Westens vergleichbar sei. Auch sei Religion nicht unvereinbar mit der Entwicklung eines modernen Staates.[36] Stark sind die islamisch-fundamentalistischen Bewegungen besonders in den fortschrittlicheren und scheinbar säkulareren muslimischen Gesellschaften wie Algerien, Iran, Ägypten, Libanon und Tunesien.[37] Religiöse Bewegungen, auch zutiefst fundamentalistische, sind äußerst gewandt im Einsatz moderner Massenkommunikationsmittel und Organisationstechniken zur Verbreitung ihrer Botschaft, was am dramatischsten der Erfolg der protestantischen Fernseh-Missionierung in Mittelamerika beweist.

Die Träger der religiösen Renaissance kommen aus allen Lebensbereichen, überwiegend aber aus zwei Gruppen, die beide urbanisiert und beide mobil sind. Die jüngsten Migranten in die Großstädte bedürfen in der Regel jener emotionalen, sozialen und materiellen Unterstützung und Führung, die religiöse Gruppen mehr als alle anderen Gruppen bieten können. Religion ist für sie, wie Régis Debray es ausdrückt, »nicht Opium für das Volk, sondern Vitamine für die Schwachen«.[38] Die andere Hauptgruppe ist die neue Mittelschicht, die Dores »Phänomen der Indigenisierung in zweiter Generation« verkörpern. Kepel unterstreicht, daß die Aktivisten in den islamisch-fundamentalistischen Gruppen keine »betagten Konservativen oder bäuerliche Analphabeten« sind. Sie sind zum allergrößten Teil jung und gebildet, oft die erste Generation in ihrer Familie, die eine Universität oder Technische Hochschule besucht hat, und arbeiten als Ärzte, Anwälte, Ingenieure, Technologen, Naturwissenschaftler, Lehrer, Beamte, Offiziere.[39] Bei Muslimen sind die Jungen religiös, ihre Eltern säkular. Ganz ähnlich liegt der Fall im Hinduismus, wo die Führer religiöser Erneuerungsbewegungen ebenfalls aus der indigenisierten zweiten Generation stammen und oft »erfolgreiche Geschäftsleute und Beamte« sind; die indische Presse nennt sie gern »Scuppies« – »saffron clad yuppies«. Ihre Anhänger waren Anfang der neunziger Jahre zunehmend »solide Hindus der indischen Mittelschicht – Kaufleute und Buchhalter, Rechtsanwälte und Ingenieure«, aber auch »hohe Beamte, Intellektuelle und Journalisten«.[40] In Südkorea füllte in den sechziger und siebziger Jahren eine ähnliche Schicht zunehmend die Kirchen von Katholiken und Presbyterianern.

Religion, ob einheimisch oder importiert, gibt den aufstrebenden Eliten sich modernisierender Gesellschaften Sinn und Orientierung. »Die Aufwertung einer traditionellen Religion«, meint Ronald Dore, »gilt als Mittel zum Gleichziehen mit ›dominierenden anderen‹ Nationen und häufig zugleich mit der lokalen Schicht, die deren Werte und Lebensstile übernommen hat.« »Mehr als alles andere«, bemerkt William McNeill, »bedeutet Bekräftigung des Islam, bei aller sektiererischen Besonderheit, die Zurückweisung des europäischen und amerikanischen Einflusses auf die lokale Gesellschaft, Politik und Moral.«[41] In diesem Sinne ist die Renaissance nichtwestlicher Religionen die machtvollste Manifestation der Ablehnung der westlichen Gesellschaften durch die Nicht-Westler. Diese Renaissance bedeutet keine Ablehnung der Moderne.Sie bedeutet eine Ablehnung des Westens und der laizistischen, relativistischen, degenerierten Kultur, die mit dem Westen assoziiert wird. Sie bedeutet die Ablehnung dessen, was man die »Westtoxifikation« nichtwestlicher Gesellschaften genannt hat. Sie bedeutet die Erklärung der kulturellen Unabhängigkeit vom Westen, die stolze Feststellung: »Wir werden modern sein, aber wir werden nicht wie ihr sein.«

Kapitel 5

Wirtschaft, Demographie und die Herausforderer-Kulturen

Indigenisierung und Wiedererstarken der Religion sind weltweite Phänomene. Am evidentesten werden sie aber im kulturellen Selbstbewußtsein und den kulturellen Herausforderungen an den Westen, die aus Asien und vom Islam kommen. Diese beiden Kulturkreise sind im letzten Viertel des 20. Jahrhunderts die dynamischen Zivilisationen gewesen. Die islamische Herausforderung kommt in der allgegenwärtigen kulturellen, sozialen und politischen Resurgenz des Islam in der muslimischen Welt und der damit einhergehenden Ablehnung westlicher Werte und Institutionen zum Ausdruck. Die asiatische Herausforderung kommt in sämtlichen ostasiatischen Kulturkreisen – dem sinischen, japanischen, buddhistischen und muslimischen – zum Ausdruck und betont die kulturellen Unterschiede zum Westen und manchmal die eigenen Gemeinsamkeiten, die oft mit dem Konfuzianismus gleichgesetzt werden. Sowohl Asiaten als auch Muslime betonen die Überlegenheit ihrer Kultur gegenüber der westlichen Kultur. Demgegenüber mögen die Menschen in anderen nichtwestlichen Kulturen – der hinduistischen, orthodoxen, lateinamerikanischen, afrikanischen – wohl die Eigenart ihrer eigenen Kultur bekräftigen, haben sich aber bis Mitte der neunziger Jahre mit Erklärungen zur Überlegenheit ihrer Kultur gegenüber der westlichen Kultur zurückgehalten. Was die Herausforderungen an den Westen betrifft, stehen Asien und der Islam allein, manchmal jedoch auch Seite an Seite.

Diesen Herausforderungen liegen verwandte, wiewohl unterschiedliche Ursachen zugrunde. Das asiatische Selbstbewußtsein gründet im wirtschaftlichen Wachstum; das muslimische Selbstbewußtsein stammt in erheblichem Umfang aus sozialer Mobilisierung und Bevölkerungswachstum. Jede dieser beiden Herausforderungen hat jetzt und bis ins 21. Jahrhundert weltweit einen stark destabilisierenden Einfluß auf die Politik. Die Natur dieses Einflusses variiert jedoch entscheidend. Die wirtschaftliche Entwicklung Chinas und anderer asiatischer Gesellschaften liefert den jeweiligen Gesellschaften die Anreize und die Ressourcen, im Umgang mit anderen Ländern fordernder aufzutreten. Das Bevölkerungswachstum in muslimischen Ländern und besonders die Expansion der Alterskohorte der 15- bis 25jährigen schaffen das Rekrutierungspotential für Fundamentalismus, Terrorismus, Aufstände und Migration. Das Wirtschaftswachstum stärkt asiatische Regierungen; das demographische Wachstum gefährdet muslimische Regierungen und nichtmuslimische Gesellschaften.

Die asiatische Affirmation

Die wirtschaftliche Entwicklung Ostasiens gehört weltweit zu den bedeutendsten Entwicklungen in der zweiten Hälfte des 20. Jahrhunderts. Dieser Prozeß begann in den fünfziger Jahren in Japan, und eine Zeitlang galt Japan als die große Ausnahme: ein nichtwestliches Land, das sich erfolgreich modernisiert und wirtschaftlich entwickelt hatte. Der Prozeß der wirtschaftlichen Entwicklung sprang jedoch auf die vier Tiger (Hongkong, Taiwan, Südkorea, Singapur) und dann auf China, Malaysia, Thailand und Indonesien über und erfaßt derzeit die Philippinen, Indien und Vietnam. Diese Länder haben über zehn und mehr Jahre hinweg durchschnittliche jährliche Wachstumsraten von acht bis zehn Prozent und mehr verzeichnet. Eine ebenso dramatische Expansion des Handels hat zunächst zwischen Asien und der übrigen Welt und dann innerhalb von Asien selbst stattgefunden. Das asiatische Wirtschaftswachstum steht in scharfem

Kontrast zu den bescheidenen Daten der Europäer und Amerikaner und zu den stagnierenden Zahlen des Restes der Welt.

Die Ausnahme ist also nicht mehr Japan, die Ausnahme ist zunehmend ganz Asien. Die Gleichsetzung von Wohlstand mit dem Westen und Unterentwicklung mit dem Nichtwesten wird das 20. Jahrhundert nicht überdauern. Das Tempo dieses Wandels ist atemberaubend gewesen. Wie Kishore Mahbubani bemerkt hat, brauchten England und die USA 58 bzw. 47 Jahre, um ihren Pro-Kopf-Output zu verdoppeln, Japan hingegen schaffte es in 33 Jahren, Indonesien in 17, Südkorea in 11 und China in 10. Wie bereits erwähnt, sind gegenwärtig die zweit- und die drittstärkste Volkswirtschaft der Welt in Asien angesiedelt. Die chinesische Wirtschaft wuchs in den achtziger Jahren und der ersten Hälfte der neunziger Jahre jährlich um durchschnittlich 8 Prozent, und die Tiger folgten auf dem Fuß (siehe Abb. 5.1). Der »Chinesische Wirtschaftsraum« war nach Einschätzung der Weltbank 1993 der »vierte Wachstumspol« der Welt neben den USA, Japan und Deutschland. Asien, mit der zweitgrößten und drittgrößten Volkswirtschaft der Welt in den neunziger Jahren, wird bis zum Jahr 2020 wahrscheinlich vier der fünf größten und sieben der zehn größten Volkswirtschaften der Welt aufweisen. Die meisten der konkurrierenden Volkswirtschaften werden ebenfalls asiatische sein.[1] Selbst wenn das Wirtschaftswachstum in Asien früher und abrupter abflacht als erwartet, sind die Folgen dieses Wachstums für Asien und die Welt schon jetzt enorm.

Die wirtschaftliche Entwicklung in Ostasien ist im Begriff, das Machtgleichgewicht zwischen Asien und dem Westen, speziell den USA, zu verschieben. Eine erfolgreiche wirtschaftliche Entwicklung erzeugt Selbstvertrauen und Selbstbewußtsein bei jenen, die diese Entwicklung herbeiführen und von ihr profitieren. Wohlstand gilt, wie Macht, als Beweis von Tugend, als Demonstration moralischer und kultureller Überlegenheit. Je mehr sie wirtschaftlich erfolgreich waren, desto weniger haben Ostasiaten gezögert, die Besonderheit ihrer Kultur zu betonen und die Überlegenheit ihrer Werte und ihrer Lebensweise gegenüber denen des Westens und anderer Gesellschaften herauszustreichen. Asiatische Gesellschaften sind immer weniger empfänglich für US-amerikanische Forderungen und Interessen und immer mehr imstande, Druck von seiten der USA oder anderer westlicher Länder auszuhalten.

Eine »kulturelle Renaissance«, so Botschafter Tommy Koh 1993, »fegt« durch Asien. Sie bringt »wachsendes Selbstvertrauen«, was bedeutet, daß Asiaten »nicht mehr alles, was aus dem Westen oder aus Amerika kommt, unbedingt für das Beste halten.«[2] Diese Renaissance, verstärkt durch den wirtschaftlichen Erfolg Asiens, äußert sich in der zunehmenden Betonung sowohl der besonderen kulturellen Identität einzelner asiatischer Länder als auch der Gemeinsamkeiten, die asiatische Kulturen von der westlichen Kultur unterscheiden. Die Bedeutung dieser kulturellen Erneuerung drückt sich in der veränderten Interaktion der zwei großen ostasiatischen Gesellschaften mit der westlichen Kultur aus.

Als Mitte des 19. Jahrhunderts der Westen sich China und Japan aufdrängte, befürworteten in beiden Ländern kleine intellektuelle Minderheiten die totale Verwerfung ihrer traditionellen Kultur nebst gründlicher Verwestlichung. Dieser Kurs war jedoch weder zu rechtfertigen noch zu realisieren. Infolgedessen optierten in beiden Ländern die herrschenden Eliten für eine reformistische Strategie. Mit der Meiji-Restauration kam in Japan eine dynamische Gruppe von Reformern an die Macht, studierte und entlehnte westliche Techniken, Praktiken und Institutionen und setzte den Prozeß der japanischen Modernisierung in Gang. Sie taten das jedoch auf eine Weise, die die wesentlichen Gehalte der traditionellen japanischen Kultur nicht antastete, was in vieler Hinsicht zur Modernisierung beitrug und was es Japan ermöglichte, seinen Imperialismus der dreißiger und vierziger Jahre unter Berufung auf die Elemente jener Kultur zu legitimieren. In China hingegen war die im Verfall begriffene Ching-Dynastie nicht imstande, sich dem Ansturm des Westens erfolgreich anzupassen. China wurde von Japan und den eu-

Abbildung 5.1: Die ökonomische Herausforderung: Asien und der Westen

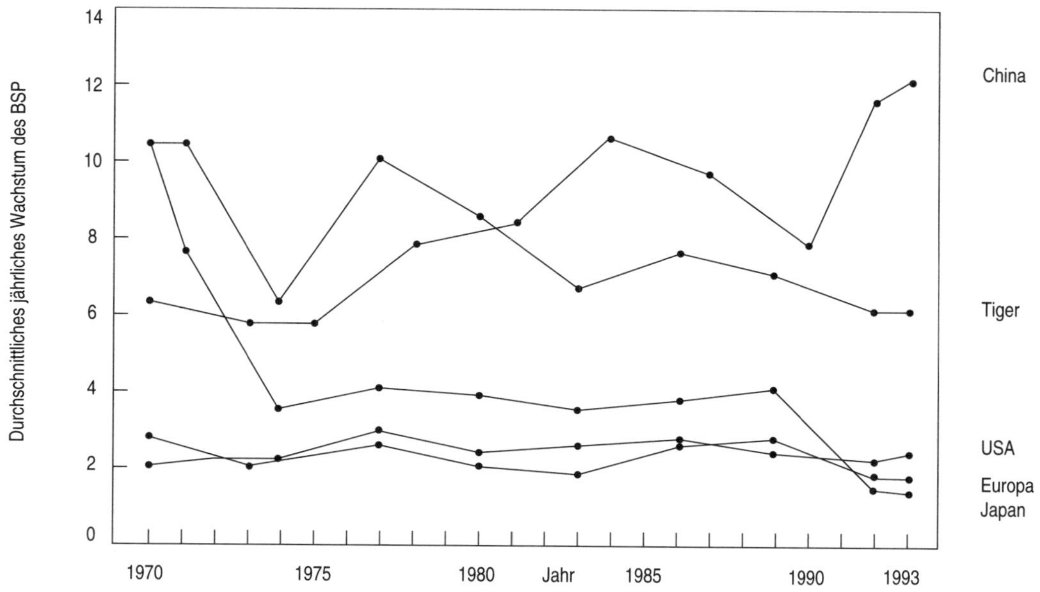

Quellen: Weltbank: *World Tables 1995, 1991* (Baltimore 1995, 1991); Generaldirektorat Haushalt der Republik China: *Statistical Abstract of National Income, Taiwan Area, Republic of China, 1991 – 1995* (1995).
Anmerkung: Datenangaben beruhen auf gewichteten Dreijahresdurchschnitten.

ropäischen Mächten besiegt, ausgebeutet und gedemütigt. Auf den Zusammenbruch der Dynastie im Jahre 1910 folgten innere Spaltung, Bürgerkrieg und die Beschwörung konkurrierender westlicher Konzepte durch konkurrierende intellektuelle und politische Führer Chinas: Sun Yat-sens drei Prinzipien »Nationalismus, Demokratie und Volkswohlstand«, Liang Ch'i-ch'aos Liberalismus und Mao Tse-tungs marxistischer Leninismus. Ende der vierziger Jahre siegte der Import aus der Sowjetunion über die Importe aus dem Westen – Nationalismus, Liberalismus, Demokratie, Christentum –, und China wurde als sozialistische Gesellschaft definiert.

In Japan hatte die totale Niederlage im Zweiten Weltkrieg eine totale kulturelle Verwirrung zur Folge. »Wir können uns heute«, schrieb ein mit den japanischen Verhältnissen bestens vertrauter westlicher Beobachter 1994, »nur sehr schwer vorstellen, in welchem Umfang damals alles – Religion, Kultur, jeder einzelne Aspekt der geistigen Existenz dieses Landes – in den Dienst des Krieges gestellt worden war. Der Verlust des Krieges war ein absoluter Schock für das System. In den Köpfen der Menschen war es ganz und gar wertlos geworden und wurde beseitigt.«[3] Statt dessen betrachtete man nun alles, was mit dem Westen und insbesondere den siegreichen USA zusammenhing, als gut und wünschenswert. Japan unternahm also den Versuch, die USA nachzuahmen, so wie China die Sowjetunion nachahmte.

Ende der siebziger Jahre bewogen das Unvermögen des Kommunismus, eine wirtschaftliche Entwicklung zu erzeugen, und der Erfolg des Kapitalismus in Japan und zunehmend auch in anderen asiatischen Ländern die neue chinesische Führung, sich von dem sowjetischen Modell abzuwenden. Der Zusammenbruch der Sowjetunion zehn Jahre später unterstrich zusätzlich die Fehler dieses Imports. Die Chinesen standen also vor der Frage, ob sie sich nach Westen oder nach innen orientieren sollten. Viele Intellektuelle (und auch andere) traten für vollständige Verwestlichung ein, eine Tendenz, die ihren kulturellen und volksnahen Höhepunkt in der Fernsehserie *Fluß-Elegie* und der Göttin der Demokratie auf dem Platz des Himmlischen Friedens fand. Diese Orientierung nach Westen hatte jedoch die Unterstützung weder der paar hundert Leute, die in Peking zählten, noch der 800 Millionen Bauern, die auf dem Lande lebten. Totale Verwestlichung war Ende des 20. Jahrhunderts nicht weniger unrealistisch, als sie es Ende des 19. gewesen war. Die Führung entschloß sich statt dessen zu einer neuen Version des *Ti-Yong*: Kapitalismus und Beteiligung an der Weltwirtschaft einerseits, verbunden mit politischem Autoritarismus und neuem Engagement für die traditionelle chinesische Kultur andererseits. An die Stelle der revolutionären Legitimierung durch den Marxismus-Leninismus setzte das Regime auf Legitimitierung durch Leistung aufgrund des Aufschwungs der wirtschaftlichen Entwicklung, und nationalistische Legitimierung, indem auf die besonderen Merkmale der chinesischen Kultur gepocht wurde. »Nach der Demokratiebewegung von 1989«, meint ein Kommentator, »hat das Regime sich auf den chinesischen Nationalismus als neue Quelle der Legitimität gestürzt« und bewußt Antiamerikanismus geschürt, um seine Macht und sein Verhalten zu rechtfertigen.[4] Ein chinesischer Kulturnationalismus ist im Entstehen begriffen; eine Hongkonger Stimme brachte es 1994 auf den Punkt: »Wir Chinesen empfinden nationalistisch, was noch nie zuvor der Fall war. Wir sind Chinesen und stolz darauf.« In China selbst entstand Anfang der neunziger Jahre »der verbreitete Wunsch, zu allem echt Chinesischen zurückzukehren, und das heißt oft: zum Patriarchalischen, Nativistischen und Autoritären. Bei dieser historischen Rückbesinnung wird die Demokratie als ein weiteres Diktat des Auslandes diskreditiert, genau wie der Leninismus.«[5]

Anfang des 20. Jahrhunderts erkannten chinesische Intellektuelle – analog zu Max Weber, aber unabhängig von ihm – im Konfuzianismus die Quelle der chinesischen Rückständigkeit. Ende des 20. Jahrhunderts feiern politische Führer Chinas – analog zu westlichen Sozialwissenschaftlern – im Konfuzianismus die Quelle des chinesischen Fortschritts. In den achtziger Jahren begann die chinesische Regierung, das Interesse am Konfuzianismus zu fördern, und Parteiführer erklärten ihn zur »Hauptströmung« der chinesischen Kultur.[6] Der Konfuzianismus wurde natürlich auch das Steckenpferd Lee Kuan Yews, der in ihm eine Quelle für den Erfolg Singapurs sah und der restlichen Welt konfuzianische Werte predigte. In den neunziger Jahren erklärte sich die Regierung Taiwans zum »Erben des konfuzianischen Denkens«, und Präsident Lee Tung-hui bezeichnete als die Wurzeln der Demokratisierung Taiwans sein chinesisches »kulturelles Erbe«, das bis auf Kao Yao (21. Jahrhundert v. Chr.), Konfuzius (5. Jahrhundert v. Chr.) und Meng Zi (Mencius, 3. Jahrhundert v. Chr.) zurückgehe.[7] Ob sie Autoritarismus oder Demokratie rechtfertigen wollen, chinesische Führer holen sich die Legitimation dazu in ihrer gemeinsamen chinesischen Kultur, nicht in importierten westlichen Konzepten.

Der vom Regime geförderte Nationalismus ist ein Han-Nationalismus, was dazu beiträgt, die sprachlichen, regionalen und wirtschaftlichen Unterschiede von etwa neunzig Prozent der chinesischen Bevölkerung zu unterdrücken. Gleichzeitig betont er die Unterschiede zu den nichtchinesischen ethnischen Minderheiten, die weniger als zehn Prozent der chinesischen Population ausmachen, aber sechzig Prozent seines Territoriums bewohnen, und nicht zuletzt dem Regime einen Ansatzpunkt für seine Opposition gegen Christentum, christliche Organisationen und christliche Missionsarbeit bietet, die vielleicht fünf Prozent der Bevölkerung ansprechen und eine westliche Glaubensalternative zum Ausfüllen jenes Vakuums offerieren, das der Zusammenbruch des maoistischen Leninismus hinterlassen hat.

Die erfolgreiche Wirtschaftsentwicklung Japans in den achtziger Jahren sowie die perzipierten Fehler und der »Niedergang« der amerikanischen Wirtschaft und des amerikanischen Gesellschaftssystems entfremdeten die Japaner ihren westlichen Vorbildern und überzeugten sie davon, daß die Quellen ihres Erfolges in ihrer eigenen Kultur liegen müßten. Die japanische

Kultur hatte 1945 zu einer militärischen Katastrophe geführt und mußte daher verworfen werden. Sie hatte jedoch um 1985 den wirtschaftlichen Triumph bewirkt und konnte daher akzeptiert werden. Die wachsende Vertrautheit der Japaner mit der westlichen Gesellschaft führte sie zu der Einsicht, »daß etwas nicht schon deshalb herrlich und wunderbar ist, weil es westlich ist. Das schminken sie sich ab.« Auf dem Höhepunkt des japanischen Wirtschaftserfolges Ende der achtziger Jahre wurden japanische Tugenden im Vergleich zu amerikanischen Untugenden gefeiert. Die Politik der Japaner zur Zeit der Meiji-Restauration hieß: »Loslösung von Asien und Anschluß an Europa«. Die Politik der Japaner zur Zeit ihrer kulturellen Renaissance Ende des 20. Jahrhunderts hieß: »Distanzierung von Amerika, Hinwendung zu Asien.«[8] Diese Tendenz implizierte – erstens – eine neue Identifikation mit den kulturellen Traditionen Japans und eine erneuerte Bekräftigung der Werte dieser Traditionen und – zweitens und problematischer – den Versuch, Japan zu »asiatisieren« und es trotz seiner besonderen Kultur mit einer generell asiatischen Kultur zu identifizieren. Wenn man bedenkt, wie sehr sich Japan nach dem Zweiten Weltkrieg im Gegensatz zu China mit dem Westen identifizierte und wie wenig der Westen, bei allen vermeintlichen Fehlern, so total zusammenbrach wie die Sowjetunion, waren die Anreize für Japan, den Westen total abzulehnen, nirgends auch nur annähernd so groß wie die Anreize für China, sich von dem sowjetischen wie dem westlichen Modell zu distanzieren. Auf der anderen Seite bedeuten die Einzigartigkeit der japanischen Kultur, die Erinnerungen anderer Länder an den japanischen Imperialismus und die wirtschaftliche Bedeutung der Chinesen in den meisten anderen asiatischen Ländern auch, daß es für Japan viel leichter sein wird, sich vom Westen zu distanzieren als sich in Asien zu integrieren.[9] Mit der Behauptung seiner eigenen kulturellen Identität unterstreicht Japan seine Einzigartigkeit und seine Unterschiede sowohl von der westlichen als auch von anderen asiatischen Kulturen.

Während Chinesen und Japaner einen neuen Wert in ihrer

jeweils eigenen Kultur entdeckten, teilten beide auch die breitere Bekräftigung des Wertes asiatischer Kultur, verglichen mit der Kultur des Westens. Industrialisierung und das mit ihr einhergehende Wachstum bewirkten in den achtziger und neunziger Jahren in Ostasien die Artikulation dessen, was man mit Fug und Recht »die asiatische Affirmation« nennen könnte. Diese Einstellung hat vier Hauptkomponenten.

Erstens: Asiaten glauben, daß Ostasien in einer rapiden wirtschaftlichen Entwicklung begriffen ist, den Westen hinsichtlich der Produktivität bald übertroffen haben wird und daher, verglichen mit dem Westen, weltpolitisch zunehmend ein Machtfaktor sein wird. Das Wirtschaftswachstum bewirkt bei asiatischen Gesellschaften ein Gefühl der Macht und das Pochen auf ihre Fähigkeit, es mit dem Westen aufzunehmen. »Die Tage, wo Amerika nieste und Asien eine Erkältung bekam, sind vorbei«, erklärte ein führender japanischer Journalist 1993, und eine offizielle malaysische Stimme spann die medizinische Metapher weiter: »Selbst wenn Amerika hohes Fieber hat, bekommt Asien keine Erkältung.« Für Asiaten, so ein anderer asiatischer Politiker, »ist das Zeitalter der Ehrfurcht vorbei, und es beginnt das Zeitalter der Widerrede« in den Beziehungen zu den USA. »Asiens wachsende Prosperität«, bekräftigte der stellvertretende Ministerpräsident von Malaysia, »bedeutet, daß Asien heute in der Lage ist, ernsthafte Alternativen zu den weltweit herrschenden politischen, sozialen und wirtschaftlichen Gegebenheiten anzubieten.«[10] Es bedeutet nach Meinung von Ostasiaten auch, daß der Westen rapide die Fähigkeit einbüßt, asiatische Gesellschaften zum Einhalten westlicher Standards in Fragen der Menschenrechte und anderer Werte zu bewegen.

Zweitens: Asiaten sind überzeugt, daß dieser wirtschaftliche Erfolg im großen und ganzen ein Produkt asiatischer Kultur ist, die der des kulturell und sozial dekadenten Westens überlegen ist. In jenen rauschhaften Tagen in den achtziger Jahren, als in Japan Wirtschaft, Exporte, Handelsbilanz und Außenhandelsreserven boomten, prahlten die Japaner – wie vor ihnen die Saudis – mit ihrer neuen wirtschaftlichen Macht, sprachen verächtlich vom Niedergang des Westens und schrieben ihren Erfolg und die Fehlschläge des Westens der Überlegenheit ihrer Kultur und der Dekadenz der westlichen Kultur zu. Anfang der neunziger Jahre fand der asiatische Triumphalismus neuerlich Ausdruck in dem, was man nur die »Singapurer Kulturoffensive« nennen kann. Von Lee Kuan Yew abwärts verkündeten führende Persönlichkeiten Singapurs den Aufstieg Asiens in Beziehung zum Westen und rühmten die Vorzüge der asiatischen, grundsätzlich konfuzianischen Kultur, denen dieser Erfolg zu verdanken war – Ordnung, Disziplin, Familienzusammenhalt, harte Arbeit, Kollektivismus, Enthaltsamkeit –, gegenüber Hemmungslosigkeit, Faulheit, Individualismus, Kriminalität, minderwertiger Bildung, Mißachtung der Autorität und »geistiger Verknöcherung«, die für den Niedergang des Westens verantwortlich waren. Um mit dem Osten konkurrieren zu können, so hieß es, müßten die USA »die Grundvoraussetzungen ihrer sozialen und politischen Arrangements überdenken und bei dieser Gelegenheit das eine oder andere von ostasiatischen Gesellschaften lernen«.[11]

Für Ostasiaten resultiert der ostasiatische Erfolg insbesondere aus der Priorität des Kollektiven gegenüber dem Individuellen in der ostasiatischen Kultur. »Die mehr gemeinschaftsorientierten Werte und Praktiken der Ostasiaten – der Japaner, Koreaner, Taiwanesen, Hongkonger und der Singapurer – haben sich als klare Trümpfe im Aufholprozeß erwiesen«, meint Lee Kuan Yew. »Die Werte, die die ostasiatische Kultur hochhält, wie zum Beispiel der Primat von Gruppeninteressen vor Einzelinteressen, unterstützen die totale Gruppenanstrengung, die für eine rapide Entwicklung notwendig ist.« Und Malaysias Ministerpräsident pflichtet bei: »Die Arbeitsethik der Japaner und Koreaner, die aus Disziplin, Loyalität und Fleiß besteht, hat als treibende Kraft für die wirtschaftliche und soziale Entwicklung in den betreffenden Ländern gewirkt. Diese Arbeitsethik ist Ausfluß der Philosophie, daß die Gemeinschaft und das Land wichtiger sind als das Individuum.«[12]

Drittens: Ostasiaten erkennen zwar die Unterschiede unter asiatischen Gesellschaften und Kulturen an, vertreten aber den Standpunkt, daß es auch signifikante Gemeinsamkeiten gibt. Zentral unter diesen ist nach Auskunft eines chinesischen Dissidenten »das Wertsystem des Konfuzianismus – von der Geschichte gewürdigt und von den meisten Ländern in der Region geteilt«, besonders seine Betonung von Sparsamkeit, Familie, Arbeit und Disziplin. Gleichermaßen wichtig sind die gemeinsame Ablehnung des Individualismus und das Vorherrschen eines »sanften« Autoritarismus oder sehr begrenzter Formen von Demokratie. Asiatische Gesellschaften haben gegenüber dem Westen ein gemeinsames Interesse an der Verteidigung dieser besonderen Werte und der Förderung ihrer eigenen wirtschaftlichen Interessen. Asiaten betonen, daß dies die Entwicklung von neuen Formen einer intraasiatischen Kooperation erheischt, etwa die Erweiterung des Verbandes Südostasiatischer Staaten (ASEAN) und die Gründung des EAEC (East Asian Eoconomic Caucus). Während das unmittelbare wirtschaftliche Interesse ostasiatischer Gesellschaften auf die Aufrechterhaltung des Zugangs zu westlichen Märkten gerichtet bleibt, dürfte sich längerfristig ein wirtschaftlicher Regionalismus durchsetzen, weshalb Ostasien zunehmend intraasiatische Handels- und Investitionstätigkeit fördern muß.[13] Insbesondere für Japan als Führer in der asiatischen Entwicklung ist es notwendig, von seiner historischen »Politik der Ent-Asiatisierung und Verwestlichung« abzugehen und einen »Weg der Re-Asiatisierung« zu verfolgen oder, genereller gesagt, die »Asiatisierung Asiens« zu fördern, einen Weg, den das offizielle Singapur unterstützt.[14]

Viertens: Ostasiaten behaupten, daß die asiatische Entwicklung und asiatische Werte Modelle sind, welche andere nichtwestliche Gesellschaften nachahmen sollten, die mit dem Westen gleichzuziehen suchen, und welche der Westen übernehmen sollte, um sich zu erneuern. »Das angelsächsische Entwicklungsmodell, das in den letzten vierzig Jahren so hoch gelobt wurde als das beste Mittel, um die Wirtschaft sich entwickelnder Nationen zu modernisieren und ein taugliches politisches System zu errichten – dieses Modell funktioniert nicht«, unterstellen Ostasiaten. Das ostasiatische Modell verdrängt es in dem Maße, wie heute Länder von Mexiko und Chile bis zum Iran, der Türkei und den früheren Sowjetrepubliken den Versuch unternehmen, aus seinem Erfolg zu lernen, so wie frühere Generationen den Versuch unternahmen, vom Erfolg des Westens zu lernen. Asien muß »dem Rest der Welt jene asiatischen Werte vermitteln, die von universellem Wert sind ... die Vermittlung dieses Ideals bedeutet den Export des asiatischen, speziell des ostasiatischen Gesellschaftssystems.« Für Japan und andere asiatische Länder ist es notwendig, den »pazifischen Globalismus« zu fördern, »Asien zu globalisieren« und damit »den Charakter den neuen Weltordnung entscheidend zu prägen«.[15]

Mächtige Gesellschaften sind universalistisch; schwache Gesellschaften sind partikularistisch. Das wachsende Selbstvertrauen Ostasiens hat einen aufkeimenden asiatischen Universalismus entstehen lassen, vergleichbar dem, der für den Westen charakteristisch gewesen ist. »Asiatische Werte sind universale Werte. Europäische Werte sind europäische Werte«, erklärte Ministerpräsident Mahathir 1996 vor den europäischen Regierungschefs.[16] Hiermit geht auch ein asiatischer »Okzidentalismus« einher, der den Westen ähnlich einförmig und negativ darstellt, wie einst die westliche Orientalistik vorgeblich den Osten darstellte. Für die Ostasiaten ist wirtschaftliche Prosperität ein Beweis moralischer Überlegenheit. Wenn Indien irgendwann einmal Ostasien als die am schnellsten wachsende Wirtschaftsregion der Welt verdrängt, sollte die Welt sich gefaßt machen auf ausführliche Darlegungen über die Überlegenheit der hinduistischen Kultur, die Beiträge des Kastensystems zur wirtschaftlichen Entwicklung und darüber, wie Indien durch Rückkehr zu seinen Wurzeln und Überwindung des vom britischen Imperialismus hinterlassenen, erstickenden westlichen Erbes schließlich den ihm gebührenden Rang in der vordersten Reihe der Kulturen erreicht hat. Kulturelles Selbstbewußtsein folgt dem materiellen Erfolg; harte Macht erzeugt sanfte Macht.

Die Resurgenz des Islam

Während Asiaten aufgrund ihrer wirtschaftlichen Entwicklung zunehmend auftrumpften, wandten sich gleichzeitig Muslime in enormen Zahlen dem Islam zu, als Quelle von Identität, Sinn, Stabilität, Legitimität, Entwicklung, Macht und Hoffnung, was in der Parole gipfelt: »Der Islam ist die Lösung.« Diese Islamische Resurgenz[17] ist nach Umfang und Tiefe die jüngste Phase in der Anpassung der islamischen Zivilisation an den Westen, ein Versuch, die »Lösung« nicht in westlichen Ideologien, sondern im Islam zu finden. Sie steht für Akzeptanz der Moderne, Ablehnung der westlichen Kultur und neue Bindung an den Islam als kulturelle, religiöse, soziale und politische Richtschnur für das Leben in der modernen Welt. Wie ein führender Saudi 1994 erklärte: »›Ausländische Importe‹ sind hübsch, wenn es funkelnde Geräte oder High-Tech-Sachen sind. Aber immaterielle soziale und politische Institutionen, die von anderswoher importiert werden, können tödlich sein – fragen Sie den Schah von Persien ... Der Islam ist für uns nicht bloß eine Religion, sondern eine Lebensform. Wir Saudis wollen uns modernisieren, aber wir wollen uns nicht unbedingt verwestlichen.«[18]

Die Islamische Resurgenz stellt das Bemühen der Muslime dar, dieses Ziel zu erreichen. Sie ist eine breite intellektuelle, kulturelle, soziale und politische Bewegung, die in der gesamten islamischen Welt vorherrscht. Der islamische »Fundamentalismus«, gemeinhin als politischer Islam aufgefaßt, ist nur *eine* Komponente in der sehr viel umfassenderen Erneuerung islamischer Ideen, Praktiken und Rhetorik und der neuen Hinwendung muslimischer Populationen zum Islam. Die Islamische Resurgenz ist Hauptströmung, nicht Extremismus, sie ist eine umfassende, keine isolierte Erscheinung.

Die Islamische Resurgenz hat Muslime in jedem einzelnen Land sowie die meisten Aspekte von Gesellschaft und Politik der meisten muslimischen Länder tangiert. »Für eine islamische Erweckung im persönlichen Leben gibt es zahlreiche Anzeichen«, schreibt John L. Esposito: »verstärkte Beachtung religiöser Observanzen (Moscheebesuch, Gebet, Fasten), das Umsichgreifen religiöser Programme und Publikationen, stärkere Betonung islamischer Kleidung und islamischer Werte, die Wiederbelebung des Sufismus (Mystik). Diese auf breiter Basis stattfindende Erneuerung geht auch mit der Bekräftigung islamischen Selbstbewußtseins im öffentlichen Leben einher, einer Zunahme islamisch orientierter Regierungen, Organisationen, Gesetze, Banken, Fürsorgeeinrichtungen und Bildungsinstitutionen. Regierungen wie Oppositionsbewegungen haben sich dem Islam zugewandt, um ihre Autorität zu stärken und die Unterstützung der Massen zu gewinnen ... Die meisten Herrscher und Regierungen, auch eher säkulare Staaten wie die Türkei und Tunesien, die sich der potentiellen Stärke des Islam bewußt geworden sind, legen zunehmende Sensibilität und Besorgnis in bezug auf islamische Fragen an den Tag.«

Ähnliche Anzeichen für die Islamische Resurgenz sieht auch der hervorragende Islamkenner Ali E. Hillal Dessouki: Bemühungen, westliches Recht durch islamisches Recht zu ersetzen, zunehmender Gebrauch religiöser Sprache und Symbolik, Ausweitung der islamischen Bildung (Vervielfachung islamischer Schulen, Islamisierung regulärer staatlicher Schulen), zunehmendes Befolgen islamischer Codes des Sozialverhaltens (zum Beispiel weibliche Verschleierung, Alkoholabstinenz) und zunehmende Beteiligung an religiösen Observanzen, Dominanz islamischer Gruppen in den Oppositionsbewegungen gegen säkulare Regierungen in muslimischen Gesellschaften und sich ausweitende Bemühungen um Entwicklung internationaler Solidarität unter islamischen Staaten und Gesellschaften.[19] Die Rache Gottes ist ein weltweites Phänomen; aber am eindringlichsten und fühlbarsten hat Gott oder vielmehr Allah diese Rache in der *ummah*, der Gemeinschaft des Islam, offenbart.

In ihren politischen Manifestationen hat die Islamische Resurgenz eine gewisse Ähnlichkeit mit dem Marxismus, mit ihren heiligen Schriften, einer Vision von der vollkommenen Gesellschaft, dem Eintreten für fundamentalen Wandel, der Ablehnung der herrschenden Mächte und des Nationalstaates und einer Vielfalt der Lehrmeinungen, die von gemäßigt reformistisch bis gewalttätig revolutionär reicht. Noch nützlicher ist freilich die Analogie zur Protestantischen Reformation. Beide sind Reaktionen auf die Stagnation und Korruption existierender Institutionen, befürworten die Rückkehr zu einer reineren und anspruchsvolleren Form ihrer Religion, predigen Arbeit, Ordnung und Disziplin und sprechen eine entstehende dynamische Mittelschicht an. Beide sind auch komplexe Bewegungen mit diversen Strängen, aber zwei Hauptsträngen, Lutheranismus und Calvinismus, schiitischem und sunnitischem Fundamentalismus, und sogar Parallelen zwischen Johannes Calvin und dem Ayatollah Khomeini und der mönchischen Disziplin, die beide ihrer Gesellschaft aufzuzwingen suchten. Zentral für die Protestantische Reformation wie für die Islamische Resurgenz ist der Geist fundamentaler Reform. »Die Reformation muß allumfassend sein«, erklärte ein puritanischer Geistlicher, »reformiert alle Orte, alle Personen und Berufe; reformiert die Richterämter, die kleinsten Friedensgerichte ... Reformiert die Universitäten, reformiert die Städte, reformiert die Länder, reformiert die geringsten Bildungsstätten, reformiert den Sabbat, reformiert die Sakramente, reformiert den Gottesdienst ...« Mit ähnlichen Wendungen bekräftigt Al-Turabi: »Dieses Erwachen ist umfassend – es geht nicht nur um die Frömmigkeit des einzelnen; es ist nicht nur geistig und kulturell, auch nicht nur politisch. Es ist alles dies, eine umfassende Rekonstruktion der Gesellschaft an Haupt und Gliedern.«[20] Den Einfluß der Islamischen Resurgenz auf die Politik der östlichen Hemisphäre im ausgehenden 20. Jahrhundert zu ignorieren, ist gleichbedeutend mit dem Ignorieren des Einflusses der Protestantischen Reformation auf die europäische Politik im ausgehenden 16. Jahrhundert.

Die Islamische Resurgenz unterscheidet sich in einem wesentlichen Aspekt von der Reformation. Der Einfluß der letzteren war im großen und ganzen auf Nordeuropa beschränkt; in Spanien, Italien, Osteuropa und generell den Habsburger Ländern richtete sie wenig aus. Dagegen hat die Islamische Resurgenz fast jede muslimische Gesellschaft erfaßt. Seit den siebziger Jahren gewannen islamische Symbole, Überzeugungen, Praktiken, Institutionen, Politiken und Organisationen zunehmend das Engagement und die Unterstützung von einer Milliarde Muslimen in aller Welt, von Marokko bis Indonesien und von Nigeria bis Kasachstan. Die Islamisierung erfolgte zunächst eher auf kulturellem Gebiet und griff dann auf die soziale und politische Sphäre über. Intellektuelle und politische Führer konnten die Islamisierung, ob sie sie befürworteten oder nicht, weder ignorieren noch ein gewisses Eingehen auf sie vermeiden. Verallgemeinerungen sind immer gefährlich und oft falsch. Eine jedoch scheint gerechtfertigt: 1995 war mit Ausnahme des Iran jedes Land der Welt mit überwiegend muslimischer Bevölkerung in kultureller, sozialer und politischer Hinsicht islamischer und islamistischer geworden, als es fünfzehn Jahre zuvor gewesen war.[21]

In den meisten Ländern war ein zentrales Element der Islamisierung die Entwicklung von islamischen sozialen Organisationen und die Übernahme bereits existierender Organisationen durch islamische Gruppen. Besondere Beachtung schenkten Islamisten der Errichtung islamischer Schulen und der Ausweitung des islamischen Einflusses auf staatliche Schulen. Im Endeffekt stellten islamische Gruppen eine islamische »zivile Gesellschaft« auf die Beine, die mit ihren umfassenen Aktivitäten die häufig gebrechlichen Institutionen der säkularen zivilen Gesellschaft begleitete, übertraf und an Reichweite und Aktivität oftmals ersetzte. In Ägypten hatten islamische Organisationen bis Anfang der neunziger Jahre ein ausgedehntes Netzwerk von

Organisationen geschaffen, die ein von der Regierung hinterlassenes Vakuum füllten und einer sehr großen Zahl von Armen medizinische, Wohlfahrts-, Bildungs- und andere Dienstleistungen anboten. Nach dem Erdbeben in Kairo 1992 waren diese Organisationen »in Stundenfrist auf den Straßen, um Lebensmittel und Decken zu verteilen, während die Rettungsbemühungen der Regierung auf sich warten ließen.« In Jordanien verfolgte die Muslim-Bruderschaft bewußt das Ziel, die soziale und kulturelle »Infrastruktur einer islamischen Republik« zu entwickeln, und Anfang der neunziger Jahre unterhielt sie in diesem kleinen 4-Millionen-Land ein großes Krankenhaus, zwanzig Kliniken, vierzig islamische Schulen und 120 Zentren für das Koranstudium. Nebenan, im Westjordanland und in Gasa, gründeten und unterhielten islamische Organisationen »Studentengewerkschaften, Jugendorganisationen und religiöse, soziale und Bildungsvereine«, darunter Schulen vom Kindergarten bis zu einer islamischen Universität, Kliniken, Waisenhäuser, ein Altersheim und ein System islamischer Richter und Schlichter. In ganz Indonesien breiteten sich in den siebziger und achtziger Jahren islamische Organisationen aus. Die größte von ihnen, die *Muhhammadijah*, hatte Anfang der achtziger Jahre 6 Millionen Mitglieder, bildete einen »religiösen Wohlfahrtsstaat im säkularen Staat« und bot im ganzen Land Dienstleistungen »von der Wiege bis zur Bahre« durch ein ausgeklügeltes Netz von Schulen, Kliniken, Krankenhäusern und Einrichtungen mit Hochschulniveau an. In dieser und anderen muslimischen Gesellschaften boten islamistische Organisationen, obgleich von der politischen Betätigung ausgeschlossen, dennoch soziale Dienstleistungen an, die mit jenen der politischen Institutionen in den USA zu Beginn des 20. Jahrhunderts vergleichbar waren.[22]

Die politischen Manifestationen der Islamischen Resurgenz waren weniger weitreichend als ihre sozialen und kulturellen Manifestationen. Trotzdem sind sie die wichtigste politische Einzelentwicklung in muslimischen Gesellschaften im letzten Viertel des 20. Jahrhunderts. Umfang und Zusammensetzung der politischen Unterstützung für islamistische Bewegungen sind von Land zu Land verschieden. Trotzdem gibt es gewisse allgemeine Tendenzen. Im großen und ganzen erhalten diese Bewegungen keine große Unterstützung von ländlichen Eliten, Bauern und den Alten. Ihre Anhänger sind ganz überwiegend Träger und Ergebnis der Modernisierungsprozesse. Es sind mobile und modern orientierte jüngere Menschen, die sich im wesentlichen aus drei Gruppen rekrutieren.

Das Kernelement sind, wie bei den meisten revolutionären Prozessen, Studenten und Intellektuelle. In den meisten Ländern war die fundamentalistische Eroberung der Kontrolle über Studentengewerkschaften und ähnliche Organisationen die erste Phase im Prozeß der politischen Islamisierung, wobei der islamistische »Durchbruch« an den Universitäten in den siebziger Jahren in Ägypten, Pakistan und Afghanistan einsetzte und dann auf andere muslimische Länder übergriff. Die Anziehungskraft des Islamismus auf Studenten war besonders stark an technischen Instituten, Ingenieursfakultäten und naturwissenschaftlichen Fachbereichen. In den neunziger Jahren manifestierte sich in Saudi-Arabien, Algerien und anderswo die »Indigenisierung der zweiten Generation« durch den steigenden Prozentsatz von Hochschülern, die in ihrer Heimatsprache unterrichtet wurden und damit zunehmend islamistischem Einfluß ausgesetzt waren.[23] Islamisten übten oft auch besondere Anziehungskraft auf Frauen aus, und die Türkei erlebte einen deutlichen Kampf zwischen der älteren Generation von laizistischen Frauen und ihren islamistisch orientierten Töchtern und Enkelinnen.[24] Eine Studie über die militanten Führer islamistischer Gruppen in Ägypten fand heraus, daß sie fünf Hauptmerkmale hatten, die auch für Islamisten in anderen Ländern typisch sein dürften: 1. Sie waren jung, überwiegend zwischen zwanzig und vierzig. 2. 80 Prozent von ihnen waren Hochschüler oder Absolventen von Hochschulen. 3. Mehr als die Hälfte von ihnen kam von Elite-Colleges oder aus den intellektuell anspruchsvollsten Bereichen technischer Spezialisierung wie Medizin oder Ingenieurwissenschaften. 4. Über 70 Prozent kamen aus der unteren Mittelschicht, aus »bescheidenen, aber nicht ärmlichen Verhältnissen«, und waren in ihrer Familie die erste Generation mit höherer Bildung. 5. Sie hatten ihre Kindheit in Kleinstädten oder ländlichen Gebieten verlebt, wohnten aber jetzt in Großstädten.[25]

Bildeten Studenten und Intellektuelle die militanten Kader und Stoßtrupps islamistischer Bewegungen, so rekrutierte sich die Masse der aktiven Mitglieder aus der urbanisierten Mittelschicht. In einem gewissem Umfang kamen sie aus Gruppen, die man oft der »traditionellen« Mittelschicht zurechnet: Kaufleute, Händler, kleine Ladeninhaber, Bazarbesitzer. Diese Leute spielten eine entscheidende Rolle bei der iranischen Revolution und gewährten fundamentalistischen Bewegungen in Algerien, der Türkei und Indonesien erhebliche Unterstützung. In noch größerem Umfang jedoch gehörten Fundamentalisten den eher »modernen« Teilen der Mittelschicht an. Unter islamistischen Aktivisten »finden sich wahrscheinlich überdurchschnittlich viele der gebildetsten und intelligentesten jungen Leute in der jeweiligen Population«, darunter Ärzte, Juristen, Ingenieure, Wissenschaftler, Lehrer und Beamte.[26]

Das dritte Schlüsselelement im islamistischen Rekrutierungspotential waren jüngste Migranten in die Städte. In der gesamten islamischen Welt erlebten in den siebziger und achtziger Jahren urbane Populationen dramatische Zuwachsraten. Die hilfsbedürftigen Migranten in den Großstädten, zusammengepfercht in verfallenden und oft primitiven Slumvierteln, profitierten von den sozialen Dienstleistungen, die von islamistischen Organisationen angeboten wurden. Darüber hinaus bot der Islam, worauf Ernest Gellner hinweist, diesen »neu entwurzelten Massen« eine »Identität in Würde«. In Istanbul und Ankara, Kairo und Asjut, Algier und Fez sowie auf dem Gasastreifen wurden die »Geknechteten und Enteigneten« von islamistischen Parteien erfolgreich angesprochen und organisiert. »Die Massen des revolutionären Islam«, schreibt Oliver Roy, »sind ein Produkt der modernen Gesellschaft ... die neuen urbanen Zuzügler, die

Millionen von Bauern, die die Populationen der großen muslimischen Metropolen verdreifacht haben ...«[27]

Bis Mitte der neunziger Jahre waren explizit islamistische Regierungen nur im Iran und im Sudan an die Macht gekommen. Eine kleine Zahl muslimischer Länder, so die Türkei und Pakistan, hatten Regime, die einen gewissen Anspruch auf demokratische Legitimität erheben konnten. Die zwei Dutzend übrigen muslimischen Länder hatten überwiegend nichtdemokratische Regierungen: Monarchien, Einparteiensysteme, Militärregime, persönliche Diktaturen oder eine Kombination hieraus, für gewöhnlich auf einer begrenzten Familien-, Sippen- oder Stammesbasis ruhend und in einigen Fällen stark von ausländischer Unterstützung abhängig. Zwei Regime, in Marokko und in Saudi-Arabien, unternahmen den Versuch, sich eine Art von islamischer Legitimität zu verschaffen. Die meisten dieser Regierungen jedoch entbehrten jeder Grundlage für eine Rechtfertigung ihrer Herrschaft im Sinne islamischer, demokratischer oder nationalistischer Werte. Es waren »Bunkerregime«, um Clement Henry Moores Ausdruck zu benutzen: repressiv, korrupt und von den Bedürfnissen und Bestrebungen ihrer Gesellschaften isoliert. Derartige Regime vermögen sich sehr lange zu halten; sie sind nicht unbedingt zum Scheitern verurteilt. In der modernen Welt jedoch ist die Wahrscheinlichkeit groß, daß sie sich verändern oder zusammenbrechen. Mitte der neunziger Jahre betraf infolgedessen eine zentrale Frage die möglichen Alternativen: Wer oder was würde Nachfolger dieser Regime sein? In fast jedem dieser Länder war Mitte der neunziger Jahre das wahrscheinlichste Nachfolgerregime ein islamistisches.

In den siebziger und achtziger Jahren ging eine Demokratisierungswelle um die ganze Welt und erfaßte mehrere Dutzend Länder. Diese Welle hatten eine gewisse Auswirkung auf muslimische Gesellschaften, aber er war begrenzt. Während demokratische Bewegungen in Südeuropa, Lateinamerika, der ostasiatischen Peripherie und Mitteleuropa an Stärke gewannen und an die Macht kamen, gewannen gleichzeitig in muslimischen Ländern islamistische Bewegungen an Stärke. Islamismus war das funktionale Substitut für die demokratische Opposition gegen den Autoritarismus in christlichen Gesellschaften, und er war zu einem großen Teil das Produkt derselben Ursachen: soziale Mobilisierung, Verlust der Leistungslegitimität autoritärer Regime und eine veränderte internationale Umwelt, darunter Ölpreissteigerungen, was in der muslimischen Welt islamistische anstelle demokratischer Tendenzen begünstigte. Priester, Geistliche und religiöse Laiengruppierungen spielten eine wesentliche Rolle in der Opposition gegen autoritäre Regime in christlichen Gesellschaften, und die Ulema, moscheezentrierte Gruppen und Islamisten spielten eine vergleichbare Oppositionsrolle in muslimischen Ländern. Der Papst war zentral für die Beendigung des kommunistischen Regimes in Polen, der Ayatollah für den Sturz des Schahregimes im Iran.

In den achtziger und neunziger Jahren beeinflußten islamistische Bewegungen die Politik nicht durch die Kontrolle von Regierungen, sondern durch Beherrschung und oft Monopolisierung der regierungsfeindlichen Opposition. Die Stärke islamistischer Bewegungen war zum Teil eine Funktion der Schwäche verschiedenster Oppositionsgruppen. Linksgerichtete und kommunistische Bewegungen waren diskreditiert und dann durch den Zusammenbruch der Sowjetunion und des internationalen Kommunismus ernstlich unterminiert worden. Liberale, demokratische Oppositionsgruppen hatte es in den meisten muslimischen Gesellschaften zwar gegeben, sie waren für gewöhnlich aber beschränkt auf eine begrenzte Zahl von Intellektuellen und anderen Leuten mit westlichen Wurzeln oder Verbindungen. Von ein paar Ausnahmen abgesehen, gelang es liberalen Demokraten nicht, sich in muslimischen Gesellschaften eine anhaltende Unterstützung durch das Volk zu sichern, und selbst ein islamischer Liberalismus vermochte keine Wurzeln zu schlagen. »In einer muslimischen Gesellschaft nach der anderen schreibt, wer von Liberalismus und einer nationalen bürgerlichen Tradition schreibt, den Nachruf auf Männer, die ein überwältigend hohes Risiko eingingen und dann verloren«, bemerkt Fouad Ajami.[28] Das generelle Unvermögen liberaler Demokratie, in muslimischen Gesellschaften Fuß zu fassen, ist bereits ein ganzes Jahrhundert lang, seit Ende des 19. Jahrhunderts, ein kontinuierliches, immer wiederkehrendes Phänomen. Dieses Unvermögen hat seine Quelle zumindest teilweise in der für westliche liberale Konzepte unwirtlichen Natur der islamischen Kultur und Gesellschaft.

Zum Erfolg islamistischer Bewegungen bei der Vereinnahmung der Opposition und der Selbstinszenierung als einzige gangbare Alternative zu den an der Macht befindlichen Regimen hat die Politik dieser Regime wesentlich beigetragen. Während des Kalten Krieges haben viele Regierungen, darunter diejenige Algeriens, der Türkei, Jordaniens, Ägyptens und Israels, zur Abwehr kommunistischer oder feindlicher nationalistischer Bewegungen Islamisten ermutigt und unterstützt. Zumindest bis zum Golfkrieg ließen Saudi-Arabien und andere Golfstaaten der Muslim-Bruderschaft und islamistischen Gruppen in den verschiedensten Ländern massive finanzielle Unterstützung angedeihen. Die Fähigkeit islamistischer Gruppen zur Vereinnahmung der Opposition wurde zusätzlich durch Unterdrückung säkularer Oppositionen von seiten der Regierung gefördert. Die Stärke des Fundamentalismus variierte in der Regel umgekehrt proportional zur Stärke säkularer demokratischer oder nationalistischer Parteien und war in Ländern wie Marokko und der Türkei, die einen gewissen Parteienwettbewerb zuließen, schwächer als in Ländern, die jede Opposition unterdrückten.[29] Säkulare Opposition ist jedoch anfälliger gegen Repression als religiöse Opposition. Letztere kann in und hinter einem Netzwerk von Moscheen, Wohlfahrtsorganisationen, Stiftungen und anderen muslimischen Institutionen operieren, die zu unterdrücken die Regierung sich nicht getraut. Liberale Demokraten verfügen nicht über eine solche Tarnung, und daher sind sie von der Regierung leichter zu kontrollieren und zu eliminieren.

In dem Bemühen, islamistischen Tendenzen zuvorzukommen, erweiterten Regierungen den Religionsunterricht in staatlich kontrollierten Schulen, die oft von islamistischen Lehrern und Ideen dominiert waren, ebenso wie die Unterstützung der Religion und religiöser Bildungseinrichtungen für Graduierte.[30] Diese Maßnahmen zeugten zum Teil vom Engagement der Regierung für den Islam und dehnten durch Finanzierung die Kontrolle der Regierung über islamische Institutionen und islamische Erziehung aus. Sie führten jedoch auch dazu, daß riesige Zahlen von Studenten und anderen Leuten in islamischen Werten unterwiesen wurden, was sie aufgeschlossener für islamistische Appelle machte. So gingen von den Bildungseinrichtungen militante Graduierte ab, die in der Folge für islamistische Ziele kämpften.

Die Stärke der Islamischen Resurgenz und die Anziehungskraft islamistischer Bewegungen bewogen Regierungen dazu, islamische Institutionen und Praktiken zu fördern und islamische Symbole und Praktiken in ihr Regime zu integrieren. Auf der allgemeinsten Ebene bedeutete dies die Bekräftigung oder Wiederbekräftigung des islamischen Charakters ihres Staates und ihrer Gesellschaft. In den siebziger und achtziger Jahren überschlugen sich politische Führer förmlich, was die Identifikation ihres Regimes und ihrer Person mit dem Islam betraf. König Hussein von Jordanien, überzeugt, daß säkulare Regierungen in der arabischen Welt wenig Zukunftschancen hätten, sprach von der Notwendigkeit, eine »islamische Demokratie« und einen »sich modernisierenden Islam« zu schaffen. König Hassan von Marokko betonte seine Abstammung vom Propheten und seine Rolle als »Gebieter der Gläubigen«. Der Sultan von Brunei, bisher nicht durch islamische Praktiken aufgefallen, wurde »zunehmend fromm« und definierte sein Regime als »malaiisches muslimisches Königreich«. Ben Ali in Tunesien begann, in seinen Reden regelmäßig Allah anzurufen, und »hüllte sich in den Mantel des Islam«, um der zunehmenden Anziehungskraft islamischer Gruppen entgegenzuwirken. Anfang der neunziger

Jahre verfolgte Suharto explizit eine Politik des »Muslimischerwerdens«. In Bangladesh wurde Mitte der siebziger Jahre der Grundsatz des Laizismus aus der Verfassung gestrichen, und die laizistisch-kemalistische Identität der Türkei wurde Anfang der neunziger Jahre erstmals ernsthaft in Frage gestellt.[31] Um ihr islamisches Engagement zu unterstreichen, beeilten sich Regierungschefs – Özal, Suharto, Karimov –, ihre *hajh* zu unternehmen.

Regierungen muslimischer Länder betrieben auch die Islamisierung des Rechts. In Indonesien sind islamische Rechtsbegriffe und Rechtspraktiken in das säkulare Rechtssystem übernommen worden. Malaysia hingegen näherte sich mit Rücksicht auf seinen bedeutenden nichtmuslimischen Bevölkerungsteil der Ausbildung zweier getrennter Rechtssysteme, eines islamischen und eines säkularen.[32] In Pakistan wurden unter dem Regime des Generals Zia ul-Haq umfangreiche Anstrengungen zur Islamisierung des Rechts und der Wirtschaft unternommen. Es wurden islamische Strafen eingeführt, ein System der Scharia-Gerichtsbarkeit etabliert und die Scharia zum höchsten Recht des Landes erklärt.

Die Islamische Resurgenz ist sowohl ein Produkt als auch ein Versuch der Bewältigung der Modernisierung. Ihre tieferen Ursachen sind dieselben, die generell für Indigenisierungstendenzen in nichtwestlichen Gesellschaften verantwortlich sind: Urbanisierung, soziale Mobilisierung, höhere Alphabetisierungs- und Bildungsniveaus, verstärkter Kommunikations- und Medienkonsum sowie erweiterte Interaktion mit der westlichen und anderen Kulturen. Diese Entwicklungen untergraben traditionelle Bindungen an Dorf und Clan und erzeugen Entfremdung und eine Identitätskrise. Islamistische Symbole, Engagements und Überzeugungen kommen den psychologischen Bedürfnissen, islamistische Wohlfahrtsorganisationen den sozialen, kulturellen und wirtschaftlichen Bedürfnissen von Muslimen entgegen, die in die Räder des Modernisierungsprozesses geraten sind. Die Islamische Resurgenz ist auch eine Reaktion auf den Einfluß des

Westens. Von westlichen Lösungen enttäuscht, hatten Muslime das Bedürfnis, zu ihren Wurzeln zurückzukehren und sich auf islamische Ideen, Praktiken und Institutionen als Kompaß und Motor der Modernisierung zu verlassen. Diese Abwendung vom Westen wurde zusätzlich gefördert durch die sich verstärkende Interaktion mit dem Westen, die die Unterschiede zwischen den beiden Kulturen in ihren Werten und Institutionen nur um so realer erscheinen ließ. Die Islamische Resurgenz ist eine Reaktion gegen Verwestlichung, nicht gegen Modernisierung.[33]

Die islamische Renaissance war auch, so wird argumentiert, »ein Produkt des westlichen Verlusts an Macht und Prestige ... In dem Maße, wie der Westen seine totale Vormachtstellung aufgab, büßten seine Ideale und Institutionen an Glanz ein.« Des näheren wurde die Islamische Resurgenz stimuliert und angeheizt durch den Ölboom der siebziger Jahre, der Wohlstand und Macht vieler muslimischer Nationen stark vermehrte und sie befähigte, das bisherige Verhältnis von Dominanz und Unterordnung in der Beziehung zum Westen umzukehren. Wie John B. Kelly damals bemerkt hat: »Für die Saudis ist aus der Verhängung demütigender Strafen über Westler zweifellos doppelte Befriedigung zu ziehen; denn diese Strafen sind nicht nur Ausdruck der Macht und Unabhängigkeit Saudi-Arabiens, sondern sie demonstrieren auch, und sollen demonstrieren, Verachtung für das Christentum und die Überlegenheit des Islam.« Die Maßnahmen der ölreichen muslimischen Staaten »laufen, wenn man sie in ihrem historischen, religiösen, rassischen und kulturellen Rahmen sieht, auf nichts Geringeres hinaus als den dreisten Versuch, den christlichen Westen dem muslimischen Osten tributpflichtig zu machen.«[34] Die saudische, die libysche und andere Regierungen nutzten ihren Erdölreichtum dazu, die muslimische Renaissance zu stimulieren und zu finanzieren, und muslimischer Wohlstand bewog Muslime, von dem Fasziniertsein von westlicher Kultur umzuschwenken auf das Engagement für die eigene Kultur und die Bereitschaft, den Platz und die Bedeutung des Islam in nichtislamischen Gesellschaften zu bekräftigen. So wie früher der Reichtum des Westens als Beweis für die Überlegenheit der westlichen Kultur betrachtet worden war, wurde nun Reichtum aufgrund des Erdöls als Beweis für die Überlegenheit des Islam betrachtet.

Der durch den Höhenflug der Ölpreise gewonnene Schwung verlor sich in den achtziger Jahren, aber das Bevölkerungswachstum blieb eine kontinuierliche treibende Kraft. Während der Aufstieg Ostasiens durch spektakuläre Raten des Wirtschaftswachstums angeheizt worden ist, ist die Resurgenz des Islam durch nicht minder spektakuläre Raten des Bevölkerungswachstums angeheizt worden. Die Bevölkerungsexpansion ist in islamischen Ländern, namentlich auf dem Balkan, in Nordafrika und in Zentralasien, signifikant größer gewesen als in den Nachbarländern und in der Welt generell. Zwischen 1965 und 1990 stieg die Gesamtzahl der Menschen auf der Erde von 3,3 auf 5,3 Milliarden, was einer jährlichen Wachstumsrate von 1,85 Prozent entspricht. Die Wachstumsraten in muslimischen Gesellschaften lagen fast immer bei über 2,0 Prozent, überstiegen oft 2,5 Prozent und betrugen manchmal über 3,0 Prozent. So wuchs zum Beispiel die Bevölkerung des Maghreb zwischen 1965 und 1990 jährlich um 2,65 Prozent, von 29,8 auf 58 Millionen, wobei die Algerier sich jährlich um 3,0 Prozent vermehrten. In demselben Zeitraum stieg die Zahl der Ägypter um jährlich 2,3 Prozent von 29,4 auf 52,4 Millionen. In Zentralasien wuchs zwischen 1970 und 1993 die Bevölkerung in Tadschikistan jährlich um 2,9 Prozent, in Usbekistan um 2,6 Prozent, in Turkmenistan um 2,5 Prozent, in Kirgisistan um 1,9 Prozent, jedoch in Kasachstan mit seiner zur Hälfte russischen Bevölkerung nur um 1,1 Prozent. Die Bevölkerung Pakistans und Bangladeschs hatte Wachstumsraten von über 2,5 Prozent jährlich, die Bevölkerung Indonesiens von 2,0 Prozent jährlich. Insgesamt stellten Muslime, wie erwähnt, im Jahre 1980 vielleicht 18 Prozent der Weltbevölkerung; im Jahre 2000 dürften es 23 Prozent, im Jahre 2025 31 Prozent sein.[35]

Die Raten des Bevölkerungswachstums im Maghreb und anderswo haben ihren Höhepunkt überschritten und beginnen zurückzugehen, aber das Wachstum in absoluten Zahlen wird weiter sehr hoch sein, und der Einfluß dieses Wachstums wird sich in der ganzen ersten Hälfte des 21. Jahrhunderts bemerkbar machen. Auf Jahre hinaus werden muslimische Populationen unverhältnismäßig junge Populationen sein, wobei die Altersgruppe der Fünfzehn- bis Vierundzwanzigjährigen demographisch besonders auffällig ist (siehe Abb. 5.2). Die Menschen dieser Alterskohorte werden darüber hinaus überwiegend urbanisiert sein und überwiegend zumindest Hochschulreife haben. Diese Kombination von zahlenmäßiger Größe und sozialer Mobilisierung hat drei signifikante politische Folgen.

Erstens: Junge Menschen sind die Protagonisten von Protest, Instabilität, Reform und Revolution. In der Geschichte ist die Existenz großer Massen von jungen Leuten immer wieder mit solchen Bewegungen zusammengefallen. »Die protestantische Reformation«, hat man behauptet, »ist das Beispiel einer herausragenden Jugendbewegung in der Geschichte.« Wie Jack Goldstone überzeugend dargelegt hat, war demographisches Wachstum ein zentraler Faktor bei den beiden Wellen von Revolutionen, die Mitte des 17. und Ende des 18. Jahrhunderts über Eurasien hinweggingen.[36] Eine bemerkenswerte Zunahme des prozentualen Anteils von Jugendlichen in westlichen Ländern in den letzten Jahrzehnten des 18. Jahrhunderts fiel mit dem »Zeitalter der demokratischen Revolution« zusammen. Im 19. Jahrhundert wurde durch erfolgreiche Industrialisierung und durch Auswanderung der politische Einfluß jugendlicher Populationen in europäischen Gesellschaften gedämpft. Der Anteil der Jugendlichen stieg jedoch nach 1920 wieder an und lieferte faschistischen und anderen extremistischen Bewegungen ihr Rekrutierungspotential.[37] Vier Jahrzehnte später machte die Generation des Baby-Booms nach dem Zweiten Weltkrieg in den Demonstrationen und Protesten der sechziger Jahre politisch von sich reden.

Die Jugend des Islam macht in der Islamischen Resurgenz von sich reden. In dem Maße, wie diese Resurgenz in den sieb-

Abbildung 5.2: Die demographische Herausforderung: Islam, Rußland und der Westen

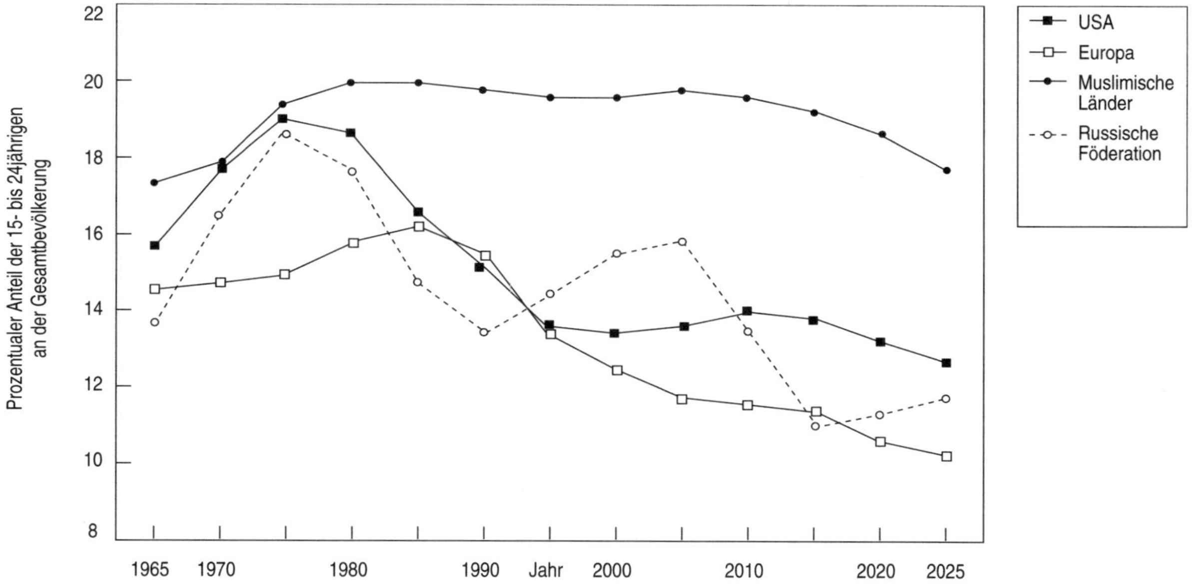

Quellen: United Nations, Population Division, Department for Economic and Social Information and Policy Analysis; *World Population Prospects, The 1994 Revision* (New York 1995); United Nations, Population Division, Department for Economic and Social Information and Policy Analysis; *Sex and Age Distribution of the World Populations, The 1994 Revision* (New York 1994).

ziger Jahren einsetzte und in den achtziger Jahren an Rasanz gewann, stieg der Anteil von Jugendlichen (das heißt der Fünfzehn- bis Vierundzwanzigjährigen) in großen muslimischen Ländern signifikant an und begann, 20 Prozent der Gesamtbevölkerung zu überschreiten. In vielen muslimischen Ländern erreichte der Jugend-Boom seinen Höhepunkt in den siebziger und achtziger Jahren; in anderen wird er seinen Höhepunkt im nächsten Jahrhundert erreichen. (Siehe Tabelle 5.1). Mit einer einzigen Ausnahme liegen in allen diesen Ländern die tatsächlichen oder prognostizierten Höchstwerte bei über 20 Prozent; für Saudi-Arabien liegt der für das erste Jahrzehnt des 21. Jahrhunderts geschätzte Wert knapp unter 20 Prozent. Aus diesen Jugendlichen rekrutieren sich islamistische Organisationen und politische Bewegungen. Es ist vielleicht kein reiner Zufall, daß der Anteil der Jugendlichen an der iranischen Bevölkerung in

Tabelle 5.1
Jugend-Boom in muslimischen Ländern (nach Dekaden)

Dekaden mit Höchstwerten oder erwarteten Höchstwerten beim prozentualen Anteil der 15- bis 24jährigen an der Gesamtpopulation (fast immer über 20 Prozent). In einigen Ländern ist der Höchstwert doppelt so hoch.

1970 ff.	1980 ff.	1990 ff.	2000 ff.	2010 ff.
Bosnien	Syrien	Algerien	Tadschikistan	Kirgisistan
Bahrain	Albanien	Irak	Turkmenistan	Malaysia
VAE	Jemen	Jordanien	Ägypten	Pakistan
Iran	Türkei	Marokko	Iran	Syrien
Ägypten	Tunesien	Bangladesch	Saudi-Arabien	Jemen
Kasachstan	Pakistan	Indonesien	Kuwait	Jordanien
	Malaysia	Sudan		Irak
	Kirgisistan			Oman
	Tadschikistan			Libyen
	Turkmenistan			Afghanistan
	Aserbaidschan			

Quelle: Siehe Abb. 5.2

den siebziger Jahren dramatisch anstieg, wobei er in der letzten Hälfte dieses Jahrzehnts 20 Prozent erreichte, und daß die iranische Revolution 1979 stattfand. Und es dürfte kein Zufall sein, daß dieser Grenzwert in Algerien Anfang der neunziger Jahre erreicht wurde, gerade als die islamistische FIS die Unterstützung der Massen zu gewinnen und Wahlsiege zu verzeichnen begann. Beim muslimischen Jugend-Boom sind auch potentiell signifikante regionale Varianten zu verzeichnen. (Siehe Abb. 5.3). Zwar müssen die Daten mit Vorsicht behandelt werden, aber die Prognosen lassen erwarten, daß um die Jahrhundertwende der Anteil der Jugend an der bosnischen und der albanischen Population rapide zurückgehen wird, was entweder einen Frieden im früheren Jugoslawien erleichtern oder aber weitere Gewalttaten von Serben und Kroaten gegen die Muslime begünstigen könnte. Auf der anderen Seite wird es in den Golfstaaten bei einem starken Jugend-Boom bleiben. 1988 sagte Kronprinz Abdullah von Saudi-Arabien, die größte Bedrohung für sein Land sei der Aufstieg des islamischen Fundamentalismus unter seiner Jugend.[38] Diesen Prognosen zufolge wird die Bedrohung bis weit ins 21. Jahrhundert hinein fortbestehen.

Die Raten des natürlichen Bevölkerungswachstums in wichtigen arabischen Ländern (Algerien, Ägypten, Marokko, Syrien, Tunesien) erreichten zwischen 1970 und 1990 den Höchststand, weshalb die Zahl der Anfang Zwanzigjährigen, die Arbeit suchen, bis etwa 2010 expandieren wird. Im Vergleich zu 1990 wird dann die Zahl der Berufsanfänger auf dem Arbeitsmarkt in Tunesien um 30 Prozent steigen, in Algerien, Ägypten und Marokko um etwa 50 Prozent und in Syrien um über 100 Prozent. Die rapide Ausbreitung der Alphabetisierung in arabischen Gesellschaften erzeugt ebenfalls eine Kluft zwischen einer alphabetisierten jüngeren Generation und einer weithin illiteraten älteren Generation und damit »eine Dissoziation von Wissen und Macht«, die geeignet ist, »politische Systeme auf eine harte Probe zu stellen«.[39]

Abbildung 5.3: Muslimischer Jugend-Boom nach Regionen

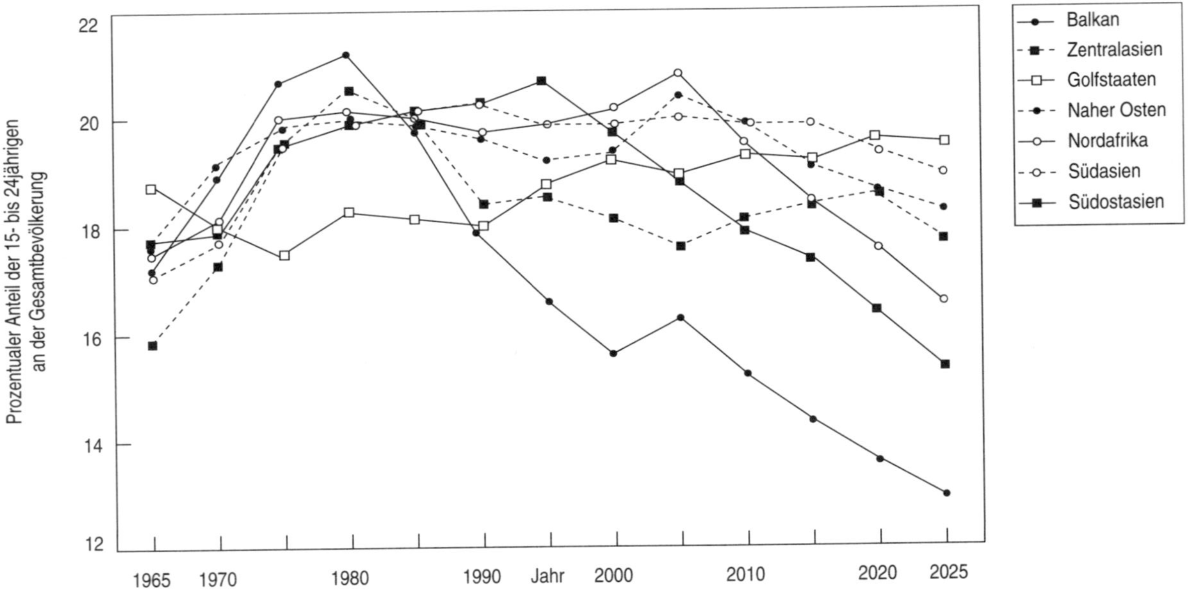

Quellen: United Nations, Population Division, Department for Economic and Social Information and Policy Analysis; *World Population Prospects, The 1994 Revision* (New York 1995); United Nations, Population Division, Department for Economic and Social Information and Policy Analysis; *Sex and Age Distribution of the World Populations, The 1994 Revision* (New York 1994).

Größere Populationen benötigen mehr Ressourcen, und daher tendieren Menschen aus Gesellschaften mit dichter und/oder rasch wachsender Bevölkerung dazu, sich auszubreiten, Territorium zu besetzen und Druck auf andere, demographisch weniger dynamische Völker auszuüben. Das islamische Bevölkerungswachstum ist daher ein wesentlicher, mit ausschlaggebender Faktor für Konflikte zwischen Muslimen und anderen Völkern entlang den Grenzen der islamischen Welt. Bevölkerungsdruck, verbunden mit wirtschaftlicher Stagnation, fördert die muslimische Migration in westliche und andere nichtmuslimische Gesellschaften, was die Einwanderungsfrage in diesen Gesellschaften zuspitzt. Das Nebeneinander eines rasch wachsenden Volkes der einen Kultur und eines langsam wachsenden oder stagnierenden Volkes einer anderen Kultur erzeugt in beiden Gesellschaften wirtschaftlichen und/oder politischen Anpassungsdruck. So ergab sich beispielsweise in den siebziger Jahren in der früheren Sowjetunion eine drastische Verschiebung des demographischen Gleichgewichts, bei dem die Zahl der Muslime um 24 Prozent zunahm, während die Zahl der Russen um 6,5 Prozent wuchs, was unter zentralasiatischen kommunistischen Führern große Besorgnis hervorrief. Auch der 26prozentige Zuwachs der Tschetschenen in den achtziger Jahren war nicht geeignet, ihre Beziehungen zu den Russen zu erleichtern.[40] Entsprechend ist die rapide Zunahme der Albaner keine Beruhigung für Serben, Griechen oder Italiener, sind die Israelis besorgt über die hohen Raten des Bevölkerungswachstums bei Palästinensern. Spanien lebt mit einem jährlichen Bevölkerungswachstum von kaum 0,2 Prozent in unruhiger Nachbarschaft zum Maghreb, mit Bevölkerungen, die mehr als zehnmal so schnell wachsen, aber ein Pro-Kopf-Bruttosozialprodukt aufweisen, das nur ein Zehntel des spanischen ausmacht.

Neue Herausforderungen

Keine Gesellschaft kann unbegrenzt ein zweistelliges Wirtschaftswachstum durchhalten, und der asiatische Wirtschaftsboom wird irgendwann Anfang des 21. Jahrhunderts abflachen. Die Raten des japanischen Wirtschaftswachstums gingen Mitte der siebziger Jahre substantiell zurück und waren danach nicht wesentlich höher als die Raten in den USA und den europäischen Ländern. Sukzessive werden andere asiatische »Wirtschaftswunder«-Staaten einen Rückgang ihrer Wachstumsraten erleben und sich dem »normalen« Niveau komplexer Gesellschaften annähern. Ebensowenig kann eine religiöse Renaissance oder kulturelle Bewegung ewig dauern, und irgendwann einmal wird die Islamische Resurgenz abklingen und in die Geschichte eingehen. Am wahrscheinlichsten wird dies geschehen, sobald der sie tragende demographische Impuls sich im zweiten und dritten Jahrzehnt des 21. Jahrhunderts abschwächt. Dann werden sich die Reihen der Militanten, Krieger und Migranten lichten, und die großen Konfliktpotentiale innerhalb des Islam und zwischen Muslimen und anderen (siehe Kapitel 10) dürften sich entschärfen. Die Beziehungen zwischen dem Islam und dem Westen werden nicht innig werden, aber sie werden weniger konfliktträchtig sein, und an die Stelle eines Quasi-Krieges (siehe Kapitel 9) dürfte ein Kalter Krieg oder vielleicht sogar ein Kalter Friede treten.

Auf jeden Fall werden asiatisches Wirtschaftswachstum und muslimischer Bevölkerungsdruck in den kommenden Jahrzehnten zutiefst destabilisierende Auswirkungen auf die etablierte, westlich dominierte internationale Ordnung haben. Den bedeutendsten Zuwachs an Machtressourcen und weltpolitischem Einfluß werden die ostasiatischen Gesellschaften mit rapidem Wirtschaftswachstum verzeichnen. Die Entwicklung in China, sofern sie noch wenigstens ein Jahrzehnt andauert, wird eine massive Machtverschiebung unter den Kulturen bewirken. Darüber hinaus könnte Indien bis dahin in ein rapides wirtschaftliches Wachstum eingetreten sein und sich als Hauptakteur der Weltpolitik entpuppen. Unterdessen wird das muslimische Bevölkerungswachstum erhebliche destabilisierende Auswirkungen auf das globale Machtgleichgewicht haben. Die riesigen Zahlen von jungen Leuten mit Hochschulreife werden der Islamischen Resurgenz weiter Auftrieb geben und verstärkt muslimische Militanz, muslimischen Militarismus und muslimische Migration fördern. Infolgedessen werden die ersten Jahre des 21. Jahrhunderts die anhaltende Resurgenz nichtwestlicher Macht und Kultur sowie den Zusammenprall der Völker nichtwestlicher Zivilisationen mit dem Westen und miteinander erleben.

III

DIE KOMMENDE ORDNUNG DER ZIVILISATIONEN

Kapitel 6

Die kulturelle Neugestaltung der globalen Politik

Anschluss suchen: Politik der Identität

Unter dem Druck der Modernisierung erlebt globale Politik heute eine Neugestaltung entlang kulturellen Kampflinien. Völker und Länder mit ähnlicher Kultur rücken zusammen. Politische Orientierungen, die durch Ideologie und das Verhältnis der Supermächte definiert waren, machen Orientierungen Platz, die durch Kultur und Zivilisation definiert werden. Politische Grenzen werden in zunehmendem Maße neu gezogen, um mit kulturellen, ethnischen, religiösen und zivilisationsbedingten Grenzen zusammenzufallen. An die Stelle von Blöcken wie in der Zeit des Kalten Krieges treten kulturelle Gemeinschaften, und die Bruchlinien zwischen Zivilisationen sind heute die zentralen Konfliktlinien globaler Politik geworden.

Während des Kalten Krieges konnte ein Land bündnisfrei sein, was viele Länder waren, oder es konnte, wie einige Länder, die Seiten des Bündnisses wechseln. Die Führer eines Landes konnten diese Entscheidungen aufgrund ihrer perzipierten Sicherheitsinteressen, ihrer Einschätzung des Gleichgewichts der Macht und ihrer ideologischen Präferenzen treffen. In der neuen Welt ist statt dessen kulturelle Identität der zentrale Faktor, der über Zusammenschlüsse und Feindbilder eines Landes entscheidet. Während ein Land im Kalten Krieg die Bündnisfestlegung vermeiden konnte, kann es nicht keine Identität haben. Die Frage »Auf welcher Seite stehst du?« ist ersetzt worden durch die viel elementarere Frage »Wer bist du?« Jeder Staat muß diese Frage beantworten. Diese Antwort, seine kulturelle Identität, definiert seinen Platz in der Weltpolitik, seine Freunde und seine Feinde.

Die neunziger Jahre unseres Jahrhunderts haben die Eruption einer globalen Identitätskrise erlebt. Fast überall, wohin man sieht, fragen die Menschen: »Wer sind wir?«, »Wohin gehören wir?« und »Wer ist nicht ›wir‹?« Diese Fragen sind zentral nicht nur für Völker, die einen neuen Nationalstaat herbeizuzwingen suchen, wie im früheren Jugoslawien, sondern auch für viele andere. Mitte der neunziger Jahre gehörten zu den Ländern, in denen Fragen der nationalen Identität aktiv diskutiert wurden, unter anderem Algerien, China, Deutschland, Großbritannien, Indien, Iran, Japan, Kanada, Marokko, Mexiko, Rußland, Südafrika, Syrien, Tunesien, die Türkei, die Ukraine und die USA. Identitätsprobleme sind natürlich besonders virulent in den zahlreichen gespaltenen Ländern, die nennenswerte Gruppen von Menschen einer anderen Zivilisation aufweisen.

Was bei der Bewältigung einer Identitätskrise für die Menschen zählt, sind Blut und Überzeugung, Glaube und Familie. Menschen gesellen sich zu anderen, die dieselbe Herkunft, Religion und Sprache, dieselben Werte und Institutionen haben, und distanzieren sich von denen, die das nicht haben. In Europa mußten die Länder Österreich, Finnland und Schweden, kulturell zum Westen gehörend, während des Kalten Krieges zwangsweise vom Westen getrennt sein und neutral bleiben; heute vermögen sie zu ihrer kulturellen Verwandtschaft in der Europäischen Union zu stoßen. Die katholischen und protestantischen Länder des früheren Warschauer Paktes: Polen, Ungarn, die Tschechische Republik und die Slowakei, steuern heute die Mitgliedschaft in der EU und der NATO an, und die baltischen Staaten folgen ihnen auf den Fersen. Die europäischen Mächte machen deutlich, daß sie einen muslimischen Staat, die Türkei, nicht in der Europäischen Union haben wollen, und sind nicht glücklich darüber, noch einen zweiten muslimischen Staat, Bosnien, auf dem europäischen Kontinent zu haben. Im Norden Europas begünstigt das Ende der Sowjetunion das Entstehen neuer (und alter) Formen des Zusammenschlusses zwischen den baltischen Staaten und zwischen diesen, Finnland und Schweden. Der schwedische Ministerpräsident erinnert Rußland pointiert daran, daß die baltischen Republiken für Schweden »nahes Ausland« sind und daß Schweden im Falle einer russischen Aggression gegen sie nicht neutral bleiben kann.

Ähnliche Neuorientierungen erfolgen auf dem Balkan. Während des Kalten Krieges waren Griechenland und die Türkei in der NATO, Bulgarien und Rumänien im Warschauer Pakt, Jugoslawien war bündnisfrei, und Albanien war ein isolierter zeitweiliger Verbündeter des kommunistischen China. Heute treten an die Stelle dieser Orientierungen aus dem Kalten Krieg zivilisationale Orientierungen, die im Islam und der Orthodoxie wurzeln. Führende Politiker auf dem Balkan sprechen davon, eine orthodoxe griechisch-serbisch-bulgarische Allianz zu schmieden. »Die Balkankriege«, behauptet der griechische Ministerpräsident, »haben die Tragfähigkeit orthodoxer Bande sichtbar gebracht … dies ist eine Bindung. Sie war eingeschlafen, aber mit den Entwicklungen auf dem Balkan gewinnt sie wirkliche Substanz. In einer sehr flüssigen Welt suchen die Menschen Identität und Sicherheit. Die Menschen sehnen sich nach Wurzeln und Beziehungen, um sich gegen das Unbekannte zu wappnen.« Diese Ansichten fanden ein Echo beim Führer der wichtigsten serbischen Oppositionspartei: »Die Lage in Südosteuropa wird bald die Gründung einer neuen Allianz orthodoxer Länder auf dem Balkan, mit Serbien, Bulgarien und Griechenland, erforderlich machen, um das Vordringen des Islam abzuwehren.« Blicken wir etwas weiter nördlich, so arbeiten die orthodoxen Länder Serbien und Rumänien eng zusammen, um ihre gemeinsamen Probleme mit dem katholischen Ungarn zu lösen. Mit dem Verschwinden der sowjetischen Bedrohung wird das »unnatürliche« Bündnis zwischen Griechenland und der Türkei in dem Maße grundsätzlich gegenstandslos, wie sich die Konflikte zwischen beiden Ländern um die Ägäis, Zypern, das militärische Gleichgewicht zwischen ihnen, ihre Rolle in der NATO und ihre Beziehungen zu Europa und den USA verschärfen. Die Türkei pocht wieder auf ihre Rolle als Beschützer aller Muslime auf dem Balkan und gewährt Bosnien Unterstützung. Im früheren Jugoslawien steht Rußland hinter dem orthodoxen Serbien, Deutschland fördert das katholische Kroatien, muslimische Länder finden sich in der Unterstützung der bosnischen Regierung, und die Serben bekämpfen sowohl Kroaten als auch bosnische Muslime und albanische Muslime. Alles in allem ist der Balkan wieder einmal balkanisiert, und zwar entlang religiöser Kampflinien. »Zwei Achsen sind im Entstehen begriffen«, bemerkt Misha Glenny, »die eine in das Kleid der östlichen Orthodoxie gehüllt, die andere im islamischen Gewand«, und es besteht die Möglichkeit »eines immer größeren Ringens um Einfluß zwischen der Achse Belgrad/Athen und dem albanisch-türkischen Bündnis.«[1]

Unterdessen tendieren in der früheren Sowjetunion die orthodoxen Länder Weißrußland, Moldau und Ukraine zu Rußland, und Armenier und Aseris bekämpfen einander, während ihre russischen bzw. türkischen Verwandten versuchen, sie zu unterstützen und gleichzeitig den Konflikt einzudämmen. Die russische Armee kämpft in Tadschikistan gegen muslimische Fundamentalisten und in Tschetschenien gegen muslimische Nationalisten. Die muslimischen unter den früheren Sowjetrepubliken sind dabei, unterschiedliche Formen des wirtschaftlichen und politischen Zusammenschlusses zu entwickeln und die Verbindungen zu ihren muslimischen Nachbarn zu erweitern, während die Türkei, der Iran und Saudi-Arabien große Mühe darauf verwenden, die Beziehungen zu diesen neuen Staaten zu kultivieren. Auf dem indischen Subkontinent liegen sich Indien und Pakistan wegen Kaschmir und in der Frage des militärischen Gleichgewichts in den Haaren, und in Indien selbst entstehen neue Konflikte zwischen muslimischen und hinduistischen Fundamentalisten.

In Ostasien, der Heimat von sechs verschiedenen Zivilisationen, nimmt die Massierung von Waffen zu, und Territorialstreitigkeiten brechen auf. Die drei kleineren Chinas und die chinesischen Auslandsgemeinschaften in Südostasien sind zunehmend auf das Festland ausgerichtet, in ihm engagiert und von ihm abhängig. Die beiden Koreas steuern zögernd, aber ernsthaft der Vereinigung entgegen. In südostasiatischen Staaten wird das Verhältnis zwischen Muslimen einerseits und Chinesen und Christen andererseits zunehmend gespannt und mitunter gewalttätig.

In Lateinamerika werden wirtschaftliche Zusammenschlüsse – Mercosur, Andenpakt, der dreiseitige Pakt Mexiko-Kolumbien-Venezuela, Zentralamerikanischer Gemeinsamer Markt – mit neuem Leben erfüllt und bestätigen damit das am anschaulichsten durch die Europäische Union demonstrierte Faktum, daß wirtschaftliche Integration schneller und gründlicher vorankommt, wenn sie auf kultureller Gemeinsamkeit basiert. Gleichzeitig unternehmen die USA und Kanada den Versuch, Mexiko in die Nordamerikanische Freihandelszone (NAFTA) zu absorbieren – ein Vorgang, dessen Erfolg im wesentlichen von der Frage abhängt, ob Mexiko die kulturelle Umdefinition von einem lateinamerikanischen in ein nordamerikanisches Land gelingt oder nicht.

Seit dem Ende der vom Kalten Krieg geschaffenen Ordnung sind also Länder auf der ganzen Welt dabei, neue Feindbilder und Zugehörigkeiten aufzubauen und alte zu bekräftigen. Sie suchen Anschluß und finden ihn bei Ländern mit ähnlicher Kultur und mit derselben Zivilisation. Politiker beschwören kulturelle »Groß«-Gemeinschaften, die nationalstaatliche Grenzen überschreiten, und Öffentlichkeiten identifizieren sich mit ihnen: »Groß-Serbien«, »Groß-China«, »Groß-Türkei«, »Groß-Ungarn«, »Groß-Kroatien«, Groß-Aserbeidschan«, »Groß-Rußland«, »Groß-Albanien«, »Groß-Iran«, »Groß-Usbekistan«.

Werden politische und wirtschaftliche Orientierungen nun stets mit kulturellen und zivilisationalen Orientierungen zusammenfallen? Selbstverständlich nicht. Erwägungen des Machtgleichgewichts werden gelegentlich zu zivilisationsübergreifenden Allianzen führen, wie zu der Zeit, als Franz I. sich mit den Osmanen gegen die Habsburger verband. Darüber hinaus werden Muster des Zusammenschlusses, die zu staatspolitischen Zwecken in einer früheren Ära entstanden waren, in eine neue Ära hinüberreichen. Doch ist zu erwarten, daß sie schwächer und gehaltloser werden und eine Anpassung erfahren, um den Zwecken der neuen Zeit dienen zu können. Griechenland und die Türkei werden zweifellos Mitglieder der NATO bleiben, aber ihre Bindungen an andere NATO-Staaten dürften loser werden. Dasselbe gilt für das Bündnis der USA mit Japan und Korea, ihr de-facto-Bündnis mit Israel und ihre Sicherheitsbeziehungen zu Pakistan. Multizivilisationale internationale Organisationen wie ASEAN könnten zunehmend Probleme mit der Aufgabe bekommen, ihren Zusammenhalt zu wahren. Länder wie Indien und Pakistan, während des Kalten Krieges Partner verschiedener Supermächte, definieren heute ihre Interessen neu und erstreben neue Zusammenschlüsse, die die kulturpolitischen Realitäten widerspiegeln. Afrikanische Länder, die auf westliche Unterstützung angewiesen waren, welche der Abwehr des sowjetischen Einflusses dienen sollte, erhoffen sich zunehmend von Südafrika Führung und Hilfe.

Wie kann es sein, daß kulturelle Gemeinsamkeit die Zusammenarbeit und den Zusammenhalt von Menschen erleichtert, während kulturelle Unterschiede Spaltungen und Konflikte fördern?

Erstens besitzt jeder Mensch mehrfache Identitäten, die miteinander in Wettstreit liegen oder einander verstärken können. Identität hat auch verschiedene Dimensionen; es gibt die identitätsstiftende Dimension der Verwandtschaft, des Berufs, der Kultur, der Institutionen, des Territoriums, der Bildung, der Parteizugehörigkeit, der Ideologie usw. Identifikationen in der einen Dimension können in Konflikt mit Identifikationen in einer anderen Dimension geraten: In einem klassischen Fall mußten sich die deutschen Arbeiter 1914 zwischen ihrer Klassen-Identifikation mit dem internationalen Proletariat und ihrer nationalen Identifikation mit dem deutschen Volk und Reich entscheiden. In der Welt von heute gewinnt die kulturelle Identifikation gegenüber anderen Dimensionen der Identität dramatisch an Bedeutung.

Innerhalb jeder einzelnen dieser Dimensionen ist Identität für gewöhnlich auf der unmittelbarsten Vis-à-vis-Ebene am wichtigsten. Enger gefaßte Identitäten stehen jedoch nicht zwangsläufig mit weiter gefaßten in Konflikt. Ein Offizier kann sich institutionell mit seiner Kompanie, seinem Regiment, seiner Division und seiner Waffengattung identifizieren. Entsprechend kann sich jemand kulturell mit seinem Clan, seiner ethnischen Gruppe, seiner Nationalität, seiner Religion, seiner Zivilisation identifizieren. Das zunehmende Abheben auf kulturelle Identität auf unteren Ebenen beeinträchtigt nicht, ja verstärkt vielleicht sogar ihre Betonung auf höheren Ebenen: Wie Edmund Burke gesagt hat: »Die Liebe zum Ganzen wird durch diese untergeordnete Parteilichkeit nicht ausgelöscht ... Sich der Untereinheit verbunden zu fühlen, den kleinen Zug zu lieben, zu dem wir in der Gesellschaft gestellt sind, ist der erste Grundsatz (gleichsam der Keim) unserer Verbundenheit mit den öffentlichen Dingen.« In einer Welt, in der Kultur zählt, sind Stämme und ethnische Gruppen die Züge, Nationen die Regimenter, Zivilisationen die Heere. Das wachsende Ausmaß, in dem Menschen auf der ganzen Welt sich entlang kulturellen Kampflinien differenzieren, bedeutet, daß Konflikte zwischen kulturellen Gruppen zunehmend wichtig sind; Zivilisationen sind die umfassendsten kulturellen Größen; daher werden Konflikte zwischen Gruppen verschiedener Zivilisationen für die globale Politik zentral.

Zweitens ist das zunehmende Abheben auf kulturelle Identität zum großen Teil – wie in den Kapitel 3 und 4 ausgeführt – das Ergebnis einer sozio-ökonomischen Modernisierung sowohl auf der individuellen Ebene, wo Entwurzelung und Entfremdung das Bedürfnis nach gehaltvollerer Identität erzeugen, als auch auf der gesellschaftlichen Ebene, wo gesteigerte Potentiale und zunehmende Macht nichtwestlicher Gesellschaften die Wiedererweckung einheimischer Identitäten und einheimischer Kultur befördern. Das gleichzeitige Entstehen von »fundamentalistischen« Bewegungen in praktisch allen großen Religionen der Welt ist nur *ein* Ausdruck dieser Entwicklung, wobei jedoch die Rache Gottes sich nicht in fundamentalistischen Gruppen erschöpft.

Drittens kann Identität auf jeder Ebene – der Ebene der Person, der Sippe, der Rasse, der Zivilisation – nur in bezug auf ein »Anderes«, eine andere Person, Sippe, Rasse oder Zivilisation, definiert werden. Die Beziehungen zwischen Staaten oder anderen Gebilden ein und derselben Zivilisation haben sich in der Geschichte stets von Beziehungen zwischen Staaten oder Gebilden verschiedener Zivilisationen unterschieden. Für das Verhalten gegenüber denen, die »wie wir« sind, galt ein anderer Code als gegenüber den »Barbaren«, die es nicht sind. Die Regeln der christlichen Nationen für den Umgang miteinander waren andere als ihre Regeln für den Umgang mit den Türken und anderen »Heiden«. Muslime agierten bei Menschen des *Dar al-Islam* anders als bei Menschen des *Dar al-harb*. Die Chinesen behandelten chinesische Fremde und nichtchinesische Fremde unterschiedlich. Das zivilisationale »Wir« und das extrazivilisationale »Sie« ist in der menschlichen Geschichte eine Konstante. Diese Unterschiede im intra- und im extrazivilisationalen Verhalten gehen zurück auf:

1. Überlegenheitsgefühle (mitunter auch Minderwertigkeitsgefühle) gegenüber Menschen, die als sehr anders perzipiert werden;
2. Furcht vor und mangelndes Vertrauen zu solchen Menschen;
3. erschwerte Kommunikation mit ihnen infolge von Unterschieden der Sprache und dessen, was als zivilisiertes Verhalten gilt;
4. mangelnde Vertrautheit mit den Annahmen, Motivationen, sozialen Beziehungen und sozialen Praktiken anderer Menschen.

Verbesserungen in Transport und Kommunikation führen heute zu häufigeren, intensiveren, symmetrischeren und inklusiveren Interaktionen der großen Zivilisationen der Welt miteinander. Infolgedessen rückt zunehmend auch ihre zivilisationale Identität in den Vordergrund. Franzosen, Deutsche, Belgier und Holländer fühlen sich zunehmend als Europäer. Muslime im Nahen Osten identifizieren sich mit Bosniern und Tschetschenen und eilen ihnen zu Hilfe. In ganz Ostasien setzen Chinesen ihre eigenen Interessen mit denen des chinesischen Festlandes gleich. Russen identifizieren sich mit Serben und anderen orthodoxen Völkern und gewähren ihnen Unterstützung. Kulturelle Identität auf dieser generelleren Ebene bedeutet ein gründlicheres Bewußtsein von kulturellen Unterschieden und von der Notwendigkeit, das zu schützen, was »uns« von »ihnen« unterscheidet.

Viertens sind die Quellen des Konflikts zwischen Staaten und Gruppen verschiedener Zivilisationen in erheblichem Umfang dieselben, die zu allen Zeiten Konflikte zwischen Menschengruppen hervorgerufen haben: Kontrolle über Menschen, Territorium, Wohlstand, Ressourcen und relative Macht, das heißt die Fähigkeit der eigenen Gruppe, ihre Werte, ihre Kultur und ihre Institutionen der anderen Gruppe aufzuzwingen, verglichen mit der Fähigkeit der anderen Gruppe, das Entsprechende zu tun. Der Konflikt zwischen kulturellen Gruppen kann sich jedoch auch an kulturellen Streitfragen entzünden. Unterschiede zwischen den säkularen Ideologien des Marxismus-Leninismus und der liberalen Demokratie kann man zumindest diskutieren, wenn auch nicht beseitigen. Unterschiedliche materielle Interessen können Gegenstand von Verhandlungen sein und oft in einer Weise durch Kompromiß geregelt werden, die bei kulturellen Streitfragen nicht möglich ist. Hindus und Moslems werden sich nicht in der Frage einigen, ob in Ayodhya ein Tempel oder eine Moschee gebaut werden soll oder beides oder keines von beiden oder ein synkretistisches Bauwerk, das Moschee und Tempel zugleich ist. Auch das, was als einfache territoriale Frage zwischen albanischen Muslimen und orthodoxen Serben um das Kosovo oder zwischen Juden und Arabern um Jerusalem erscheinen könnte, ist keineswegs leicht zu lösen, da die umstrittenen Orte für die jeweils beteiligten Völker eine tiefe historische, kulturelle und emotionale Bedeutung haben. Entsprechend würden wahrscheinlich weder die französischen Behörden noch muslimische Eltern einen Kompromiß akzeptieren, demzufolge muslimische Schulmädchen jeden zweiten Tag in muslimischer Kleidung zur Schule kommen dürften. Kulturelle Fragen wie diese implizieren ein Ja oder ein Nein, eine Nullsummen-Alternative.

Fünftens und letztens gibt es die Allgegenwärtigkeit von Konflikten. Hassen ist menschlich. Die Menschen brauchen Feinde zu ihrer Selbstdefinition und Motivation: Konkurrenten in der Wirtschaft, Gegner in der Politik. Von Natur aus mißtrauen sie und fühlen sich bedroht von jenen, die anders sind und die Fähigkeit haben, ihnen zu schaden. Die Beilegung eines Konflikts, das Verschwinden eines Feindes erzeugen persönliche, soziale und politische Kräfte, die neue Konflikte, neue Feinde entstehen lassen. »Die ›Wir-gegen-sie‹-Tendenz«, schreibt Ali Mazrui, »ist in der politischen Arena fast universell verbreitet.«[2] In der zeitgenössischen Welt handelt es sich bei den »sie« mit immer größerer Wahrscheinlichkeit um Menschen einer anderen Zivilisation. Das Ende des Kalten Krieges hat den Konflikt nicht beendet, sondern neue, kulturell verwurzelte Identitäten gestiftet und neue Muster des Konflikts zwischen Gruppen aus verschiedenen Kulturen entstehen lassen, die auf allgemeinster Ebene Zivilisationen sind. Gleichzeitig fördert eine gemeinsame Kultur auch die Zusammenarbeit zwischen Staaten und Gruppen, die diese Kultur miteinander teilen; man kann dies an den neu entstehenden regionalen Zusammenschlüssen von Ländern, vor allem auf wirtschaftlichem Gebiet, sehen.

Kultur und wirtschaftliche Zusammenarbeit

Anfang der neunziger Jahre wurde viel von Regionalismus und dem Regionalismus der Weltpolitik gesprochen. Auf der Sicherheitsagenda der Welt ersetzten regionale Konflikte den globalen Konflikt. Großmächte wie Rußland, China und die USA, aber auch sekundäre Mächte wie Schweden und die Türkei definierten ihre Sicherheitsinteressen neu, in regionalen Begriffen. Der Handel innerhalb einer Region expandierte schneller als der Handel zwischen Regionen, und viele sahen bereits das Entstehen regionaler Wirtschaftsblöcke voraus – europäischer, nordamerikanischer, ostasiatischer und vielleicht anderer.

Der Begriff »Regionalismus« beschreibt diese Vorgänge nicht genau. Die Region ist nicht eine politische oder kulturelle, sondern eine geographische Einheit. Wie der Balkan oder der Nahe Osten, kann sie von inter- und intrazivilisationalen Konflikten heimgesucht werden. Regionen sind eine Grundlage zwischenstaatlicher Kooperation nur in dem Umfang, wie Geographie und Kultur sich decken. Bei kultureller Verschiedenheit erzeugt Nähe keine Gemeinsamkeit, ja sie kann sogar das Gegenteil fördern. Militärische Bündnisse und wirtschaftliche Zusammenschlüsse bedürfen der Zusammenarbeit unter ihren Mitgliedern, Zusammenarbeit hängt von Vertrauen ab, und Vertrauen entspringt am ehesten gemeinsamen Werten und gemeinsamer Kultur. Infolgedessen ist die Gesamteffizienz regionaler Organisationen, mögen auch Alter und Zweck eine Rolle spielen, in der Regel umgekehrt proportional zu der kulturellen Verschiedenheit ihrer Mitglieder. »Monozivilisationale« Organisationen leisten und bewirken im großen und ganzen mehr als »multizivilisationale« Organisationen. Das gilt für politische und Sicherheitsorganisationen einerseits wie für wirtschaftliche Organisationen andererseits.

Der Erfolg der NATO beruht zu einem großen Teil auf dem Umstand, daß sie die zentrale Sicherheitsorganisation westlicher Länder mit gemeinsamen Werten und philosophischen Voraussetzungen ist. Die Westeuropäische Union ist das Produkt einer gemeinsamen europäischen Kultur. Die Organisation für Sicherheit und Zusammenarbeit in Europa hingegen umfaßt Länder aus mindestens drei Zivilisationen mit ganz unterschiedlichen Werten und Interessen, was der Entwicklung einer prägnanten institutionellen Identität der OSZE und eines breiten, sinnvollen Tätigkeitsspektrums wesentliche Hindernisse entgegensetzt. Die monozivilisationale Karibische Gemeinschaft (CARICOM), bestehend aus dreizehn englischsprachigen früheren britischen Kolonien, hat eine Fülle von Kooperationsvereinbarungen beschlossen, mit besonders enger Kooperation in einigen Untergruppierungen. Immer wieder gescheitert sind dagegen Bemühungen, größere karibische Organisationen zu schaffen, die die anglo-hispanische Bruchlinie in der Karibik überbrücken. Auch die Südasiatische Regionalkooperation, gegründet 1985 und sieben hinduistische, muslimische und buddhistische Staaten umfassend, ist fast völlig wirkungslos geblieben, so daß mitunter nicht einmal Konferenzen zustande kamen.[3]

Der Zusammenhang zwischen Kultur und Regionalismus wird am deutlichsten im Hinblick auf wirtschaftliche Integration. Die vier anerkannten Ebenen des wirtschaftlichen Zusammenschlusses von Ländern sind, in aufsteigender Integrationskraft:

1. Freihandelszone
2. Zollunion
3. gemeinsamer Markt
4. Wirtschaftsunion.

Die Europäische Union ist mit ihrem gemeinsamen Markt und vielen Elementen einer Wirtschaftsunion auf dem Weg zur Integration am weitesten vorangekommen. Die relativ homogenen Mercosur- und Andenpakt-Länder waren 1994 dabei, Zollunionen zu errichten. In Asien nahm der multizivilisationale Verband Südostasiatischer Staaten (ASEAN) erst 1992 die Errichtung einer Freihandelszone in Angriff. Andere multizivilisationale Wirtschaftsorganisationen hinken noch weiter hinterher. Bis 1995 hatte, mit der marginalen Ausnahme der NAFTA, keine einzige derartige Organisation eine Freihandelszone, geschweige denn irgendeine erweiterte Form der wirtschaftlichen Integration geschaffen.

In Westeuropa und Lateinamerika fördert zivilisationale Gemeinsamkeit die Kooperation und regionale Organisation. Westeuropäer und Lateinamerikaner wissen, daß sie vieles gemeinsam haben. In Ostasien existieren fünf Zivilisationen (wenn man Rußland dazuzählt, sechs). Ostasien ist daher der Testfall für den Aufbau sinnvoller Organisationen, die nicht in einer gemeinsamen Zivilisation wurzeln. Um 1990 gab es in Ostasien keine mit der NATO vergleichbare Sicherheitsorganisation oder multilaterale Militärallianz. Eine einzige multizivilisationale Regionalorganisation, der ASEAN, war 1967 mit einem sinischen, zwei muslimischen, einem buddhistischen und einem christlichen Mitgliedsstaat gegründet worden, die sich realen Herausforderungen durch kommunistische Aufstände und potentiellen aus Nordvietnam und China gegenübersahen.

Der ASEAN wird oft als Beispiel einer effizienten multikulturellen Organisation genannt. Er ist jedoch ein Beispiel für die Grenzen derartiger Organisationen. Er ist kein Militärbündnis. Seine Mitglieder kooperieren hin und wieder militärisch auf bilateraler Basis, aber sie alle erweitern dabei ihren Rüstungsetat und vergrößern ihre Truppenstärke, in schlagendem Gegensatz zu den Kürzungen, die westeuropäische und lateinamerikanische Länder heute vornehmen. An der ökonomischen Front wollte der ASEAN von Anfang an »wirtschaftliche Zusammenarbeit, nicht wirtschaftliche Integration« erreichen, und infolgedessen hat sich der Regionalismus in »bescheidenem Tempo« entwickelt, und selbst eine Freihandelszone wird erst für das 21. Jahrhundert in Betracht gezogen.[4] 1978 rief der ASEAN Ministertreffen ins Leben, bei denen die Außenminister des ASEAN mit denen ihrer »Dialogpartner« USA, Japan, Kanada, Australien, Neuseeland, Südkorea und EG zusammentreffen konnten. Diese Konferenzen sind jedoch primär ein Forum für bilaterale Gespräche geblieben und haben »signifikante Sicherheitsfragen« nicht anpacken können.[5] 1993 schuf der ASEAN eine noch größere Arena, das ASEAN-Regional-Forum, dem außer den ASEAN-Mitgliedern und den Dialogpartnern noch Rußland, China, Vietnam, Laos und Papua-Neuguinea angehörten. Diese Organisation war jedoch, wie ihr Name verriet, ein Ort des kollektiven Gesprächs, nicht des kollektiven Handelns. Die Mitglieder benutzten das erste Treffen des Forums im Juli 1994, um »ihre Ansichten über regionale Sicherheitsfragen zu ventilieren«, während sie kontroverse Themen aussparten, weil andernfalls, wie von offizieller Seite kommentiert wurde, »die betroffenen Beteiligten begonnen hätten, einander zu attackieren«.[6] Der ASEAN und seine Organe zeugen von den Beschränkungen, die multizivilisationalen Regionalorganisationen innewohnen.

Sinnvolle ostasiatische Regionalorganisationen werden nur dann entstehen, wenn sich eine hinreichende kulturelle Gemeinsamkeit Ostasiens herausbildet, die sie trägt. Ohne Frage haben ostasiatische Gesellschaften bestimmte Dinge gemeinsam, die sie vom Westen unterscheiden. Der Ministerpräsident von Malaysia, Mahathir bin Mohamad, ist der Ansicht, daß diese Gemeinsamkeiten eine Grundlage für den Zusammenschluß bilden, und hat daher die Schaffung des East Asian Economic Caucus (EAEC) befürwortet. Ihm sollten die ASEAN-Staaten, Myanmar [bis 1989 Burma], Taiwan, Hongkong, Südkorea und vor allem China und Japan angehören. Mahathir vertritt den Standpunkt, daß der EAEC in einer gemeinsamen Kultur wurzele. Er sei »nicht bloß eine geographische Gruppe, weil er sich in Ostasien befindet, sondern auch eine kulturelle Gruppe. Die Ostasiaten können Japaner oder Koreaner oder Indonesier sein, aber kulturell weisen sie gewisse Ähnlichkeiten auf ... Die Europäer tun sich zusammen, und die Amerikaner tun sich zusammen. Wir Asiaten sollten uns ebenfalls zusammentun.« Zweck des EAEC sei es, wie ein Mitarbeiter Mahathirs sagte,

»den regionalen Handel zwischen Ländern mit Gemeinsamkeiten hier in Asien« zu fördern.[7]

Es ist also die tiefere Prämisse des EAEC, daß die Wirtschaft der Kultur folgt. Australien, Neuseeland und die USA dürfen nicht mitmachen, weil sie kulturell keine Asiaten sind. Der Erfolg des EAEC hängt jedoch ganz entscheidend von der Teilnahme Japans und Chinas ab. Mahathir hat die Japaner bekniet, der EAEC beizutreten. »Japan ist asiatisch. Japan ist Ostasien«, erklärte er vor einem japanischen Publikum: »An dieser geo-kulturellen Tatsache kommen Sie nicht vorbei. Sie gehören hierher.«[8] Die japanische Regierung zögerte jedoch, dem EAEC beizutreten, zum Teil aus Sorge, die USA zu verärgern, und zum Teil, weil sie in der Frage gespalten war, ob Japan sich mit Asien identifizieren solle oder nicht. Falls Japan dem EAEC beitritt, würde es ihn dominieren, was voraussichtlich Sorge und Unsicherheit unter den Mitgliedern auslösen und China mächtig gegen Japan aufbringen würde. Einige Jahre lang war viel von einem asiatischen »Yen-Block« die Rede, den Japan als Gegengewicht gegen die EU und die NAFTA schaffen wollte. Japan ist jedoch ein einsames Land mit geringen kulturellen Verbindungen zu seinen Nachbarn, und bis 1995 hat kein Yen-Block Gestalt angenommen.

Während der ASEAN bedächtig operierte, der Yen-Block ein Traum blieb, Japan unschlüssig war und der EAEC nicht in Gang kam, erfuhr die wirtschaftliche Interaktion in Ostasien gleichwohl eine dramatische Zunahme. Diese Expansion gründete in den kulturellen Bindungen, die zwischen den chinesischen Gemeinschaften Ostasiens bestehen. Diese Bindungen bewirkten die »kontinuierliche informelle Integration« einer chinesisch gestützten internationalen Wirtschaft, die in vieler Hinsicht mit der Hanse vergleichbar ist und »vielleicht de facto zu einem chinesischen gemeinsamen Markt führt«.[9] In Ostasien wie anderswo ist kulturelle Gemeinsamkeit die Vorbedingung einer sinnvollen wirtschaftlichen Integration.

Das Ende des Kalten Krieges regte Bemühungen an, neue

regionale Wirtschaftsorganisationen zu schaffen und alte wieder aufleben zu lassen. Der Erfolg derartiger Bemühungen hing ganz überwiegend von der kulturellen Homogenität der beteiligten Staaten ab. Der 1994 von Shimon Peres ventilierte Plan eines gemeinsamen Marktes im Nahen Osten wird noch für einige Zeit eine Fata Morgana bleiben: »Die arabische Welt«, hieß es offiziell von arabischer Seite, »hat keinen Bedarf an einer Institution oder Entwicklungsbank, an der Israel beteiligt ist.«[10] Die »Association of Caribbean States«, die 1994 geschaffen wurde, um die Karibische Gemeinschaft (CARICOM) mit Haiti und den spanischsprachigen Ländern der Region zu verknüpfen, überwindet allem Anschein nach kaum die sprachlichen und kulturellen Unterschiede ihrer diversen Mitglieder sowie die Sonderstellung der früheren britischen Kolonien mit ihrer überwiegenden Ausrichtung auf die USA.[11] Erfolg zeitigten dagegen Bemühungen im Zusammenhang mit kulturell homogeneren Organisationen. Pakistan, der Iran und die Türkei, obgleich durch die subzivilisationale türkisch-persische Scheidelinie geteilt, erweckten 1985 die darniederliegende »Regionale Entwicklungs-Zusammenarbeit« (RDC), die 1977 geschaffen worden war, zu neuem Leben, wobei sie sie in »Organisation für Wirtschaftliche Zusammenarbeit« (ECO) umbenannten. In der Folge wurden Vereinbarungen über den Abbau von Zöllen und eine Vielzahl anderer Maßnahmen getroffen, und 1992 wurde die Zahl der ECO-Mitglieder um Afghanistan und die sechs muslimischen früheren Sowjetrepubliken erweitert. Unterdessen einigten sich die zentralasiatischen früheren Sowjetrepubliken 1991 grundsätzlich auf die Schaffung eines gemeinsamen Marktes, und 1994 unterzeichneten die beiden größten Staaten, Usbekistan und Kasachstan, eine Vereinbarung über die »freie Zirkulation von Waren, Dienstleistungen und Kapital« und die Koordination ihrer Finanz-, Geld- und Zollpolitik. 1991 schlossen sich Brasilien, Argentinien, Uruguay und Paraguay im Mercosur zusammen, mit dem Ziel, die normalen Stufen einer wirtschaftlichen Integration zu überspringen, und 1995 war bereits eine partielle Zollunion in Kraft. 1990 gründete der bis dahin stagnierende Zentralamerikanische Gemeinsame Markt eine Freihandelszone, und 1994 errichtete die früher ebenfalls inaktive Andengruppe eine Zollunion. Die Visegrád-Länder (Polen, Ungarn, die Tschechische Republik und die Slowakei) einigten sich 1992 auf die Errichtung einer Mitteleuropäischen Freihandelszone und beschleunigten 1994 den Zeitplan zu deren Verwirklichung.[12]

Auf wirtschaftliche Integration folgt Expansion des Handels, und in den achtziger und frühen neunziger Jahren gewann der intraregionale Handel gegenüber dem interregionalen Handel zunehmend an Bedeutung. Der Handel innerhalb der Europäischen Gemeinschaft machte 1980 50,6 Prozent des Gesamthandels der Gemeinschaft aus und stieg bis 1989 auf 58,9 Prozent. Ähnliche Verschiebungen zugunsten des regionalen Handels gab es in Nordamerika und Ostasien. In Lateinamerika bewirkten die Gründung von Mercosur und die Wiederbelebung des Andenpaktes einen Aufschwung des intra-lateinamerikanischen Handels Anfang der neunziger Jahre, wobei zwischen 1990 und 1993 der Handel zwischen Brasilien und Argentinien sich verdreifachte und der Handel zwischen Kolumbien und Venezuela sich vervierfachte. 1994 löste Brasilien die USA als wichtigster Handelspartner Argentiniens ab. Mit der Schaffung der Nordamerikanischen Freihandelszone (NAFTA) ging ein ähnlicher dramatischer Anstieg des Handels zwischen den USA und Mexiko einher. Der Handel innerhalb Ostasiens expandierte ebenfalls schneller als der extraregionale Handel; allerdings wurde die Expansion durch die Tendenz Japans behindert, seine Märkte geschlossen zu halten. Der Handel unter den Ländern der chinesischen Kulturzone (ASEAN, Taiwan, Hongkong, Südkorea und China) stieg dagegen von unter 20 Prozent des Gesamthandels dieser Länder im Jahre 1970 auf fast 30 Prozent ihres Gesamthandels im Jahre 1992, während der Anteil Japans an diesem Handel von 23 Prozent auf 13 Prozent zurückging. 1992 übertrafen die Exporte der chinesischen Zone in andere Länder

der Zone sowohl ihre Exporte in die USA als auch ihre kombinierten Exporte nach Japan und in die Europäische Gemeinschaft.[13]

Japan als eine Gesellschaft und Zivilisation für sich hat Schwierigkeiten, seine wirtschaftlichen Beziehungen zu Ostasien auszubauen und seine wirtschaftlichen Differenzen mit den USA und Europa beizulegen. Wie stark die Handels- und Investitionsbeziehungen sein mögen, die Japan zu anderen ostasiatischen Ländern unterhält, seine kulturelle Verschiedenheit von diesen Ländern, insbesondere von deren größtenteils chinesischen Wirtschaftseliten, hindert Japan an der Errichtung einer regionalen Wirtschaftsgruppierung unter seiner Führung, die mit der NAFTA oder der Europäischen Union vergleichbar wäre. Gleichzeitig verschärft seine kulturelle Verschiedenheit vom Westen Mißverständnisse und Antagonismen in seinen Wirtschaftsbeziehungen zu den USA und Europa. Falls, wie es der Fall zu sein scheint, wirtschaftliche Integration von kultureller Gemeinsamkeit abhängt, könnte Japan als kulturell einsames Land ökonomisch eine einsame Zukunft vor sich haben.

Im der Vergangenheit waren die Muster des Handels unter Nationen den Bündnismustern unter Nationen analog und sind ihnen gefolgt.[14] In der Welt, die heute entsteht, werden Handelsmuster entscheidend von Kulturmustern geprägt werden. Geschäftsleute machen Geschäfte mit Menschen, die sie verstehen und denen sie trauen; Staaten delegieren Souveränitätsrechte an internationale Zusammenschlüsse von gleichgesinnten Staaten, die sie verstehen und denen sie trauen. Die Wurzeln der wirtschaftlichen Zusammenarbeit liegen in der kulturellen Gemeinsamkeit.

Die Struktur von Zivilisationen

Im Kalten Krieg war ein Land im Verhältnis zu den zwei Supermächten verbündet, Satellit, Klient, neutral oder bündnisfrei. In der Welt nach dem Kalten Krieg ist ein Land im Verhältnis zu einer Zivilisation, einem Kulturkreis, Mitgliedsstaat, Kernstaat, einsames Land, gespaltenes Land oder zerrissenes Land. Wie Stämme und Nationen haben auch Zivilisationen eine politische Struktur. Ein *Mitgliedsstaat* ist ein Land, das sich kulturell vollständig mit einer einzigen Zivilisation identifiziert, wie Ägypten mit der arabisch-islamischen Zivilisation und Italien mit der europäisch-westlichen Zivilisation. Zu einer Zivilisation können auch Menschen gehören, die sie zwar teilen und sich mit ihr identifizieren, aber in Staaten leben, welche von Mitgliedern einer anderen Zivilisation dominiert werden. Zivilisationen haben gewöhnlich einen oder mehrere Orte, in denen ihre Mitglieder die Hauptquelle oder die Hauptquellen der Kultur dieser Zivilisation erblicken. Diese Quellen befinden sich oft im *Kernstaat* oder den Kernstaaten der Zivilisation, das heißt in dem mächtigsten und kulturell zentralen Staat bzw. den mächtigsten und kulturell zentralen Staaten.

Anzahl und Rolle von Kernstaaten sind von Zivilisation zu Zivilisation verschieden und können sich im Laufe der Zeit verändern. Die japanische Zivilisation ist praktisch identisch mit dem einen japanischen Kernstaat. Die sinische, orthodoxe und hinduistische Zivilisation haben jeweils einen entscheidend dominierenden Kernstaat, andere Mitgliedsstaaten und mit dieser Zivilisation verbundene Menschen in Staaten, die von Menschen einer anderen Zivilisation dominiert werden (Auslandschinesen, Russen im »nahen Ausland«, Sri-Lanka-Tamilen). Der Westen hat in seiner Geschichte für gewöhnlich mehrere Kernstaaten gehabt. Gegenwärtig besitzt der Westen zwei Kernstaaten: die Vereinigten Staaten in Nordamerika und einen französisch-deutschen Kern in Europa, mit England als dazwischen treibendem weiterem Machtzentrum. Der Islam, Lateinamerika und Afrika besitzen keinen Kernstaat. Das haben sie zum Teil dem Imperialismus der westlichen Mächte zu verdanken, die Afrika, den Nahen Osten und – in früheren Jahrhunderten und weniger gründlich – Lateinamerika untereinander aufteilten.

Das Fehlen eines islamischen Kernstaates stellt muslimische

wie nichtmuslimische Gesellschaften vor große Probleme, die in Kapitel 7 erörtert werden. Was Lateinamerika angeht, so wäre es denkbar gewesen, daß Spanien zum Kernstaat einer spanischsprachigen oder sogar iberischen Zivilisation hätte aufrücken können, doch entschlossen sich die Führer Spaniens bewußt dazu, das Land zu einem Mitgliedsstaat in der europäischen Zivilisation zu machen und gleichzeitig die kulturellen Verbindungen zu seinen früheren Kolonien zu halten. Größe, Ressourcen, Bevölkerung, militärisches und wirtschaftliches Potential qualifizieren Brasilien zum Führungsstaat Lateinamerikas, und es ist denkbar, daß es das wird. Brasilien ist jedoch für Lateinamerika, was der Iran für den Islam: Eigentlich gut qualifiziert für die Rolle des Kernstaats, leidet das Land an subzivilisationalen Differenzen (religiösen im Iran, sprachlichen in Brasilien), die ihm die Übernahme dieser Rolle erschweren. So hat Lateinamerika mehrere Staaten – Brasilien, Mexiko, Venezuela, Argentinien –, die in der Führungsrolle kooperieren und um sie konkurrieren. Kompliziert wird die Lage in Lateinamerika außerdem durch den Umstand, daß Mexiko derzeit den Versuch unternimmt, seine Identität von einer lateinamerikanischen in eine nordamerikanische umzudefinieren, und daß Chile und weitere Staaten diesem Vorbild vielleicht folgen werden. Auf lange Sicht gesehen könnte es sein, daß die lateinamerikanische Zivilisation zu einer Untervariante einer dreigliedrigen westlichen Zivilisation verschmilzt.

Die Möglichkeiten eines potentiellen Kernstaates zur Übernahme der Führung in Afrika sind durch die Teilung des Kontinents in französischsprachige und englischsprachige Länder begrenzt. Eine Zeitlang war Côte d'Ivoire Kernstaat des französischsprachigen Afrika. In erheblichem Umfang ist der Kernstaat des französischen Afrika jedoch Frankreich gewesen, das nach der Unabhängigkeit enge wirtschaftliche, militärische und politische Verbindungen zu seinen früheren Kolonien unterhielt. Die beiden afrikanischen Länder, die am meisten für die Rolle des Kernstaates qualifiziert sind, sind englischsprachig. Größe, Ressourcen und geographische Lage machen Nigeria zu einem potentiellen Kernstaat, doch haben intrazivilisationaler Zwist, massive Korruption, politische Instabilität, das repressive Herrschaftssystem und wirtschaftliche Probleme die Fähigkeit des Landes zur Wahrnehmung dieser Rolle ernsthaft eingeschränkt, auch wenn es sie gelegentlich übernommen hat. Südafrikas friedliche und ausgehandelte Abwendung von der Apartheid, seine industrielle Stärke, das im Vergleich zu anderen afrikanischen Ländern höhere Niveau seiner wirtschaftlichen Entwicklung, sein militärisches Potential, seine Bodenschätze und seine erfahrene schwarze und weiße politische Führung prädestinieren das Land für die Führungsrolle in Südafrika, wahrscheinlich sogar für die Führungsrolle im englischen Afrika und möglicherweise für die Führungsrolle im ganzen subsaharischen Afrika.

Ein *einsames Land* entbehrt der kulturellen Gemeinsamkeit mit anderen Gesellschaften. So ist beispielsweise Äthiopien kulturell isoliert durch die herrschende Sprache, das Amharische, das in äthiopischer Schrift geschrieben wird, die koptische Orthodoxie als vorherrschende Religion, seine imperiale Vergangenheit und seine religiöse Verschiedenheit von den großenteils muslimischen Nachbarvölkern. Während die Elite Haitis seit jeher ihre kulturellen Beziehungen zu Frankreich pflegt, machen kreolische Sprache, Wodu-Religion, der revolutionäre Ursprung aus Sklavenaufständen und seine brutale Geschichte Haiti zu einem einsamen Land. »Jede Nation ist einzigartig«, bemerkt dazu Sidney Mintz, »aber Haiti ist eine Kategorie für sich ...« So kam es, daß während der Haitikrise 1994 die lateinamerikanischen Länder Haiti nicht als lateinamerikanisches Problem betrachteten und nicht bereit waren, haitianische Flüchtlinge aufzunehmen, während sie kubanische hereinließen. »In Lateinamerika«, so der gewählte Präsident Panamas, »gilt Haiti nicht als lateinamerikanisches Land. Die Haitianer sprechen eine andere Sprache. Sie haben andere ethnische Wurzeln, eine andere Kultur. Sie sind überhaupt sehr anders.« Ebenso getrennt ist Haiti von den englischsprachigen schwarzen Ländern der Karibik. Haitianer, so ein Kommentator, »sind für Leute aus Grenada oder Jamaica genauso fremd, wie sie es für Leute aus Iowa oder Montana wären.« Haiti, »der Nachbar, den keiner will«, ist wahrhaftig ein Land ohne Verwandte.[15]

Das wichtigste einsame Land ist Japan, zugleich Kernstaat und einziger Staat der japanischen Zivilisation. Kein anderes Land teilt mit Japan seine Kultur, und japanische Migranten in anderen Ländern sind entweder zahlenmäßig unbeträchtlich oder haben sich an die Kultur dieser Länder assimiliert (zum Beispiel japanische Amerikaner). Die Einsamkeit Japans wird durch den Umstand verstärkt, daß seine Kultur besonders partikularistisch ist und weder eine potentielle Weltreligion (Christentum, Islam) noch eine Ideologie (Liberalismus, Kommunismus) beinhaltet, die in andere Gesellschaften hätte exportiert werden und eine kulturelle Verbindung zu Menschen in diesen Gesellschaften hätte herstellen können.

Fast alle Länder sind heterogen insofern, als sie zwei oder mehr ethnische, rassische und religiöse Gruppen umfassen. Viele Länder sind dadurch gespalten, daß die Unterschiede und Konflikte zwischen diesen Gruppen eine wichtige Rolle in der Politik des Landes spielen. Die Tiefe dieser Spaltung variiert für gewöhnlich im Laufe der Zeit. Tiefe Spaltungen in einem Land können zu massiver Gewalttätigkeit führen oder die Existenz des Landes gefährden. Diese Gefahr sowie Autonomie- oder Sezessionsbestrebungen treten am ehesten dann auf, wenn kulturelle Unterschiede sich mit Unterschieden der geographischen Lage decken. Falls Kultur und Geographie sich nicht decken, können sie durch Genozid oder gewaltsame Vertreibung zur Deckung gebracht werden.

Länder mit verschiedenen kulturellen Gruppierungen, die derselben Zivilisation angehören, können eine tiefe Spaltung erleben, wenn eine Sezession entweder stattfindet (Tschechoslowakei) oder sich als Möglichkeit abzeichnet (Kanada). Viel wahrscheinlicher ist das Entstehen tiefer Spaltungen jedoch in einem *gespaltenen Land*, in dem es große Gruppen gibt, die verschiedenen Zivilisationen angehören. Derartige Spaltungen und die mit ihnen einhergehenden Spannungen entwickeln sich oft, wenn eine Mehrheitsgruppe, die einer bestimmten Zivilisation angehört, den Versuch unternimmt, den Staat zu ihrem politischen Instrument umzudefinieren und Sprache, Religion und Symbole dieser Gruppe zu denen des Staates zu machen, wie das Hindus, Singhalesen und Muslims in Indien, Sri Lanka und Malaysia versuchen.

Gespaltene Länder, deren Territorium die Bruchlinie zwischen zwei Zivilisationen überdeckt, haben besondere Probleme, ihre Einheit aufrechtzuerhalten. Im Sudan dauert der Bürgerkrieg zwischen dem muslimischen Norden und dem größtenteils christlichen Süden seit Jahrzehnten an. Dieselbe zivilisationale Teilung erschwert seit ähnlich langer Zeit die Politik Nigerias und hat einen großen Sezessionskrieg sowie Staatsstreiche, Unruhen und sonstiges Blutvergießen hervorgerufen. In Tansania haben sich das christliche und animistische Festland und das arabisch-muslimische Sansibar einander entfremdet und sind in vieler Hinsicht zwei getrennte Länder geworden, wobei Sansibar 1992 heimlich der Organisation der Islamischen Konferenz beitrat, nur um im Jahr darauf von Tansania veranlaßt zu werden, diesen Schritt rückgängig zu machen.[16] Dieselbe christlich-muslimische Spaltung verursacht in Kenia Spannungen und Konflikte. Am Horn von Afrika kam es 1993 zur Trennung des überwiegend muslimischen Eritrea vom größtenteils christlichen Äthiopien. Diesem verblieb jedoch eine erhebliche muslimische Minderheit im Volk der Oromo. Andere Länder, die durch eine zivilisationale Bruchlinie geteilt werden, sind: Indien (Muslime und Hindus), Sri Lanka (singhalesische Buddhisten und tamilische Hindus), Malaysia und Singapore (Chinesen und malaiische Muslime), China (Han-Chinesen, tibetanische Buddhisten, türkische Muslime), die Philippinen (Christen und Muslime) und Indonesien (Muslime und timorasische Christen).

Der polarisierende Effekt von zivilisationalen Bruchlinien ist in jenen gespaltenen Ländern am spürbarsten, die während des

Kalten Krieges durch ein autoritär-kommunistisches Regime im Zeichen der marxistisch-leninistischen Ideologie zusammengehalten wurden. Mit dem Zusammenbruch des Kommunismus wurde statt der Ideologie die Kultur zum Magneten der Anziehung und Abstoßung. Jugoslawien und die Sowjetunion fielen auseinander und teilten sich entlang zivilisationaler Bruchlinien in neue Einheiten: baltische (protestantische und katholische), orthodoxe und muslimische Republiken in der früheren Sowjetunion, das katholische Slowenien und Kroatien, das teilweise muslimische Bosnien-Herzegowina und das orthodoxe Serbien-Montenegro und Mazedonien im früheren Jugoslawien. Wo diese Nachfolger-Einheiten ihrerseits multizivilisationale Gruppen umfaßten, kam es zu sekundären Spaltungen. Bosnien-Herzegowina wurde durch den Krieg in einen serbischen, einen muslimischen und einen kroatischen Teil geteilt, Kroatien spaltete sich in Serben und Kroaten. Die lange Zeit friedliche Lage des albanisch-muslimischen Kosovo im slawisch-orthodoxen Serbien wurde sehr unsicher, und es entstanden Spannungen zwischen der albanisch-muslimischen Minderheit und der slawisch-orthodoxen Mehrheit in Mazedonien. Zivilisationale Bruchlinien verlaufen auch durch viele frühere Sowjetrepubliken. Zum Teil rührt dies davon her, daß die sowjetische Regierung Grenzverläufe schuf, die geteilte Republiken hinterließen, so daß die russische Krim an die Ukraine, das armenische Berg-Karabach an Aserbeidschan fielen. Rußland hat verschiedene, relativ kleine muslimische Minderheiten, namentlich im nördlichen Kaukasus und in der Wolga-Region. Estland, Lettland und Kasachstan haben erhebliche russische Minderheiten, die zum wesentlichen Teil ein Ergebnis russischer Politik sind. Die Ukraine ist tief gespalten in den unierten, nationalistischen ukrainischsprachigen Westen und den orthodoxen russischsprachigen Osten.

Ein gespaltenes Land umfaßt große Gruppen aus zwei oder mehr Zivilisationen, die praktisch sagen: »Wir sind verschiedene Völker und gehören zu verschiedenen Orten.« Die Kräfte der

Abstoßung sprengen sie auseinander, und sie gravitieren zu zivilisationalen Magneten in anderen Gesellschaften. Ein *zerrissenes Land* hat demgegenüber eine einzige, herrschende Kultur, durch die es in eine bestimmte Zivilisation gehört, während die Führer des Landes den Wunsch haben, es einer anderen Zivilisation zuzuordnen. Sie sagen praktisch: »Wir sind ein Volk und gehören gemeinsam an einen Ort, aber wir wollen diesen Ort ändern.« Anders als die Menschen in einem gespaltenen Land sind die Menschen eines zerrissenen Landes sich darüber einig, wer sie sind, aber sie sind sich uneinig darüber, welche Zivilisation eigentlich ihre Zivilisation ist. In der Regel wird ein beträchtlicher Teil der Führung des Landes eine kemalistische Strategie verfolgen und zu dem Schluß kommen, daß ihre nichtwestliche Gesellschaft nichtwestliche Kultur und Institutionen ablegen, sich dem Westen anschließen und sich modernisieren und verwestlichen müsse. Rußland ist seit Peter dem Großen ein zerrissenes Land, das in der Frage gespalten ist, ob es Teil der westlichen Zivilisation oder der Kern einer eigenen, eurasisch-orthodoxen Zivilisation ist. Das Land Mustafa Kemals ist natürlich das klassische zerrissene Land, das sich seit den zwanziger Jahren unseres Jahrhunderts bemüht, sich zu modernisieren, zu verwestlichen und Teil des Westens zu werden. Nachdem Mexiko sich fast zweihundert Jahre lang als lateinamerikanisches Land im Gegensatz zu den USA definiert hatte, machten seine Führer das Land nach 1980 zu einem zerrissenen Land, indem sie den Versuch unternahmen, es zu einer nordamerikanischen Gesellschaft umzudefinieren. Die Führung Australiens wiederum versuchte nach 1990, ihr Land vom Westen abzukoppeln und zu einem Teil Asiens zu machen, womit sie ein umgekehrt zerrissenes Land schufen. Zerrissene Länder sind an zwei Phänomenen zu erkennen. Ihre Führer bezeichnen sie als »Brücke« zwischen zwei Kulturen, während Beobachtern ihr Janusgesicht auffällt. »Rußland blickt nach Westen – und nach Osten«, »Türkei: Osten, Westen – was ist am besten?«, »Australischer Nationalismus: geteilte Loyalitäten« lauten typische Zeitungsüberschriften, die ein Schlaglicht auf die Identitätsprobleme zerrissener Länder werfen.[17]

Zerrissene Länder: Das Scheitern einer Zivilisation

Soll ein zerrissenes Land seine zivilisationale Identität erfolgreich neu definieren, müssen drei Voraussetzungen erfüllt sein. Erstens muß die politische und wirtschaftliche Elite des Landes diesen Schritt grundsätzlich unterstützen und aufrichtig begrüßen. Zweitens muß die Öffentlichkeit bereit sein, diese Neudefinition ihrer Identität zumindest stillschweigend hinzunehmen. Und drittens müssen die dominierenden Elemente der Wirtszivilisation, in den meisten Fällen also des Westens, bereit sein, den Konvertiten zu akzeptieren.

Der Prozeß der Neudefinition einer Identität ist ein langwieriger, oft unterbrochener und in politischer, gesellschaftlicher, institutioneller und kultureller Hinsicht ein unvermeidlich schmerzhafter. Und er ist bis heute nirgends gelungen.

Rußland. In den neunziger Jahren war Mexiko seit einigen Jahren, die Türkei seit einigen Jahrzehnten ein zerrissenes Land. Rußland hingegen ist seit mehreren Jahrhunderten ein zerrissenes Land, und im Unterschied zu Mexiko oder der republikanischen Türkei ist es auch der Kernstaat einer großen Zivilisation. Würden die Türkei oder Mexiko sich erfolgreich zu Mitgliedern der westlichen Zivilisation umdefinieren, wäre die Auswirkung auf die islamische bzw. die lateinamerikanische Zivilisation geringfügig oder maßvoll. Würde Rußland westlich werden, hörte die orthodoxe Zivilisation auf zu bestehen. Der Zusammenbruch der Sowjetunion erzeugte zwei zentrale Fragen: Wie sollte Rußland sich im Verhältnis zum Westen definieren? Welches Verhältnis sollte Rußland zu seinen orthodoxen Verwandten und zu den neuen Ländern haben, die Teil des Sowjetimperiums gewesen waren?

Rußlands Beziehungen zur westlichen Zivilisation haben vier

Phasen durchgemacht. In der ersten Phase, die bis zur Regierungszeit Peters des Großen (1689-1725) währte, existierten die Kiewer Rus und das Moskauer Reich separat vom Westen und hatten wenig Kontakt zu westeuropäischen Gesellschaften. Eine russische Zivilisation entwickelte sich als Ableger der byzantinischen Zivilisation, danach stand Rußland zweihundert Jahre lang, von der Mitte des 13. bis zur Mitte des 15. Jahrhunderts, unter mongolischer Suzeränität. Rußland kam wenig oder gar nicht in Berührung mit den definierenden historischen Phänomenen der westlichen Zivilisation: dem römischen Katholizismus, dem Feudalismus, der Renaissance, der Reformation, der überseeischen Expansion und Kolonisierung, der Aufklärung und dem Aufkommen des Nationalstaates. Sieben von acht typischen Wesensmerkmalen der westlichen Zivilisation – Religion, Sprachen, Trennung von Kirche und Staat, Rechtsstaatlichkeit *(rule of law)*, sozialer Pluralismus, Repräsentativkörperschaften, Individualismus – waren der russischen Erfahrung fast völlig fremd. Die einzige mögliche Ausnahme ist das klassische Erbe, das jedoch auf dem Weg über Byzanz nach Rußland kam und sich daher stark von dem unterschied, was der Westen direkt aus Rom empfing. Die russische Zivilisation war ein Produkt ihrer einheimischen Verwurzelung in der Kiewer Rus und dem Moskauer Reich, des nachhaltigen byzantinischen Impakts und der langen Mongolenherrschaft. Diese Einflüsse prägten eine Gesellschaft und eine Kultur, die wenig Ähnlichkeit mit jenen hatte, die sich in Westeuropa unter dem Einfluß ganz anderer Kräfte entwickelten.

Ende des 17. Jahrhunderts war Rußland nicht nur von Europa verschieden, es war auch im Vergleich zu Europa rückständig, wie Peter der Große bei seiner Reise durch Europa 1697/98 feststellen mußte. Er kehrte nach Rußland mit dem Entschluß zurück, sein Land zu modernisieren und zu verwestlichen. Um sein Volk europäisch aussehen zu lassen, nahm Peter, in Moskau angekommen, als erstes seinen Adligen die Bärte ab und verbot ihnen ihre langen Gewänder und Spitzhüte. Atatürk ersetzte das arabische durch das römische Alphabet; Peter schaffte das kyrillische Alphabet nicht ab, aber er reformierte und vereinfachte es und führte westliche Wörter und Ausdrücke ein. Oberste Priorität hatte für ihn jedoch die Entwicklung und Modernisierung der russischen Militärmacht: Peter baute eine Kriegsmarine auf, führte die Wehrpflicht ein, errichtete Verteidigungsindustrien, gründete technische Schulen, entsandte Untertanen zum Studium in den Westen und importierte den neuesten westlichen Kenntnisstand in bezug auf Waffen, Schiffe und Schiffsbau, Navigation, bürokratische Verwaltung und andere für die militärische Effizienz wesentliche Dinge. Im Interesse dieser Neuerungen reformierte und erweiterte er das Steuersystem drastisch und reorganisierte gegen Ende seiner Regierungszeit auch die Struktur des Herrschaftsapparates. Entschlossen, Rußland nicht nur zu einer europäischen Macht, sondern zu einer Macht in Europa zu machen, gab er Moskau auf, gründete eine neue Hauptstadt in St. Petersburg und führte den Großen Nordischen Krieg gegen Schweden, um Rußland als beherrschende Macht an der Ostsee zu etablieren und eine Präsenz in Europa zu schaffen.

Bei dem Versuch, sein Land modern und westlich zu machen, verstärkte Peter jedoch auch die asiatischen Charakteristika Rußlands: Er perfektionierte den Despotismus und beseitigte jede potentielle Quelle eines sozialen oder politischen Pluralismus. Der russische Adel war niemals mächtig gewesen. Peter stutzte ihn noch weiter, indem er den Dienstadel einführte und ein Klassement schuf, das auf Verdienst, nicht auf Geburt oder sozialer Stellung basierte. Adlige wie Bauern wurden in den Dienst des Staates gepreßt, wodurch jene »kriechende Aristokratie« entstand, die später Custine so erzürnte.[18] Die Autonomie der Leibeigenen wurde weiter eingeschränkt, indem man sie noch fester an ihr Land und ihren Herren band. Die orthodoxe Kirche, die stets unter der umfassenden Kontrolle des Staates gestanden hatte, wurde reorganisiert und einem vom Zaren persönlich bestimmten Synod unterstellt. Der Zar erhielt auch die Vollmacht, ohne Rücksicht auf die bisher herrschenden Erbfolgepraktiken seinen Nachfolger zu bestimmen. Mit diesen Veränderungen stiftete und veranschaulichte Peter den engen Zusammenhang in Rußland zwischen Modernisierung und Verwestlichung einerseits und Despotie andererseits. Im Anschluß an dieses petrinische Modell versuchten auch Lenin, Stalin und in geringerem Maße Katharina II. und Alexander II., auf unterschiedliche Weise Rußland zu modernisieren und zu verwestlichen und die autokratische Macht zu stärken. Mindestens bis um 1980 waren die Demokratisierer in Rußland für gewöhnlich Westler, aber die Westler waren keine Demokratisierer. Die Lehre aus der russischen Geschichte lautet, daß Zentralisierung der Macht die unabdingbare Voraussetzung für soziale und wirtschaftliche Reformen ist. Ende der achtziger Jahre bedauerten Weggefährten Gorbatschows, diese Tatsache nicht ausreichend gewürdigt zu haben, als sie über die Hindernisse klagten, die Glasnost der wirtschaftlichen Liberalisierung in den Weg legte.

Es gelang Peter besser, Rußland zu einem Teil Europas, als Europa zu einem Teil Rußlands zu machen. Im Gegensatz zum Osmanischen Reich wurde das Russische Reich schließlich als wichtiger und legitimer Teilnehmer am europäischen internationalen System akzeptiert. Zu Hause bewirkte Peter mit seinen Reformen einige Veränderungen, aber seine Gesellschaft blieb ein Zwitter: Außer bei einer kleinen Elite überwogen asiatische und byzantinische Methoden, Institutionen und Überzeugungen in der russischen Gesellschaft und wurden sowohl von Europäern als auch von Russen in dieser Weise perzipiert. »Kratze einen Russen, und du lädierst einen Tataren«, bemerkte de Maistre. Peter schuf ein zerrissenes Land, und im 19. Jahrhundert beklagten Slawophile wie Westler gemeinsam diesen unglücklichen Zustand und stritten heftig darüber, ob man ihn durch gründliche Europäisierung oder aber durch Ausschaltung europäischer Einflüsse und Rückkehr zur wahren Seele Rußlands beseitigen solle. Ein Westler wie Tschaadajew vertrat den Standpunkt: »Die Sonne ist die Sonne des Westens« und Rußland müsse dieses Licht dazu nutzen, seine ererbten Institutionen durch Aufklärung zu erleuchten und zu verändern. Ein Slawophile wie Danilewskij verurteilte die Europäisierungsbemühungen mit Worten, die man auch um 1990 hören konnte: »Sie verrenken das Leben des Volkes und ersetzen seine Formen durch fremde, ausländische Formen«, »sie entlehnen ausländische Einrichtungen und verpflanzen sie in russischen Boden«, »sie betrachten die innen- wie die außenpolitischen Beziehungen und Fragen von einem ausländischen, europäischen Standpunkt aus und sehen sie gleichsam durch eine Brille, die für einen europäischen Brechungswinkel gemacht ist.«[19] In der weiteren russischen Geschichte wurde Peter der Heros der Westler und der Satan ihrer Gegner, deren Extremposition um 1920 die Eurasier vertraten. Diese brandmarkten Peter als Verräter und jubelten den Bolschewisten zu, die die Verwestlichung ablehnten, Europa herausforderten und die Hauptstadt wieder nach Moskau verlegten.

Die bolschewistische Revolution leitete im Verhältnis Rußlands zum Westen die dritte Phase ein, die sich von der zweihundertjährigen ambivalenten Phase zuvor stark unterschied. Sie schuf ein politisch-wirtschaftliches System, das im Westen nicht existieren konnte, im Namen einer Ideologie, die aus dem Westen stammte. Slawophile und Westler hatten darüber gestritten, ob Rußland anders als der Westen sein könne, ohne im Vergleich zum Westen rückständig zu sein. Der Kommunismus entschied den Streit auf brillante Weise: Rußland war anders als der Westen und dem Westen fundamental entgegengesetzt, weil es fortgeschrittener war als der Westen. Es war dabei, sich an die Spitze der proletarischen Revolution zu stellen, die eines Tages über die ganze Welt hinwegfegen würde. Rußland verkörperte nicht eine rückständige asiatische Vergangenheit, sondern eine fortschrittliche sowjetische Zukunft. Im Endeffekt wurde Rußland durch die Revolution befähigt, den Westen zu überholen; es hieß nicht mehr, wie die Slawophilen behauptet hatten: »Ihr seid anders, und wir wollen nicht werden wie ihr«, sondern: »Wir sind anders, und eines Tages werdet ihr wie wir« – die Botschaft der kommunistischen Internationale.

Doch während der Kommunismus es den sowjetischen Führern erlaubte, sich vom Westen zu unterscheiden, schuf er auch machtvolle Bande zum Westen. Marx und Engels waren Deutsche; die meisten Hauptvertreter ihrer Anschauungen Ende des 19. und Anfang des 20. Jahrhunderts waren Westeuropäer; um 1910 bekannten sich viele Gewerkschaften und sozialdemokratische oder Arbeiterparteien westlicher Gesellschaften zu ihrer Ideologie und wurden zunehmend einflußreiche Akteure auf der Bühne der europäischen Politik. Nach der bolschewistischen Revolution spalteten sich Linksparteien in kommunistische und sozialistische Parteien auf, und beide waren in europäischen Ländern oft machtvolle Kräfte. In weiten Teilen des Westens setzte sich die marxistische Perspektive durch: Kommunismus und Sozialismus wurden als Welle der Zukunft betrachtet und weithin in der einen oder anderen Weise von politischen und intellektuellen Eliten angenommen. So wurde die russische Debatte zwischen Slawophilen und Westlern abgelöst durch eine europäische Debatte zwischen Linken und Rechten über die Zukunft Europas und die Frage, ob die Sowjetunion Inbegriff dieser Zukunft sei oder nicht. Nach dem Zweiten Weltkrieg verstärkte die Macht der Sowjetunion die Anziehungskraft des Kommunismus sowohl im Westen als auch vor allem in jenen nichtwestlichen Zivilisationen, die jetzt auf den Westen reagierten. Eliten in westlich beherrschten nichtwestlichen Ländern, die dem Westen schmeicheln wollten, sprachen von Selbstbestimmung und Demokratie; Eliten, die die Konfrontation mit dem Westen suchten, beschworen Revolution und nationale Befreiung.

Durch die Übernahme einer westlichen Ideologie und deren Instrumentalisierung zur Herausforderung des Westens kamen die Russen in gewisser Weise dem Westen näher und waren enger mit ihm verbunden als zu irgendeiner früheren Zeit ihrer Geschichte. Obgleich sich die Ideologie der liberalen Demokratie und die des Kommunismus stark voneinander unterschieden, sprachen doch beide Seiten in gewisser Weise dieselbe Sprache. Der Zusammenbruch des Kommunismus und der Sowjetunion beendete diese politisch-ideologische Interaktion zwischen dem Westen und Rußland. Der Westen hoffte und glaubte, das Ergebnis werde der Sieg der liberalen Demokratie im ganzen früheren Sowjetimperium sein. Das war jedoch keineswegs ausgemacht. Aus heutiger Sicht (1995) ist die Zukunft der Demokratie in Rußland und den anderen orthodoxen Republiken ungewiß. Hinzu kam, daß in dem Maße, wie die Russen aufhörten, sich wie Marxisten zu verhalten, und begannen, sich wie Russen zu verhalten, die Kluft zwischen Rußland und dem Westen größer wurde. Der Konflikt zwischen liberaler Demokratie und Marxismus-Leninismus war ein Konflikt zwischen Ideologien, die trotz ihrer großen Unterschiede beide modern und säkular waren und beide angeblich das Endziel von Freiheit, Gleichheit und materiellem Wohlstand verfolgten. Ein westlicher Demokrat konnte ein intellektuelles Streitgespräch mit einem sowjetischen Marxisten führen. Mit einem russisch-orthodoxen Nationalisten wäre ihm das unmöglich.

Während der Sowjetjahre war der Kampf zwischen Slawophilen und Westlern suspendiert, da sowohl Solschenizyn als auch Sacharow die kommunistische Synthese in Frage stellten. Nach dem Zusammenbruch dieser Synthese entbrannte der Streit um Rußlands wahre Identität in voller Heftigkeit. Sollte Rußland westliche Werte, Institutionen und Praktiken übernehmen und versuchen, ein Teil des Westens zu werden? Oder verkörperte Rußland eine eigene, vom Westen verschiedene, orthodox-eurasische Zivilisation mit der einzigartigen Bestimmung, ein Bindeglied zwischen Europa und Asien zu sein? Intellektuelle und politische Eliten sowie die allgemeine Öffentlichkeit waren in diesen Fragen zutiefst gespalten. Auf der einen Seite gab es die Westler, die »Kosmopoliten« oder »Atlantiker«, auf der anderen Seite die Nachfolger der Slawophilen, abwechselnd als »Nationalisten«, »Eurasier« oder »derschawniki« (Anhänger eines starken Staates) bezeichnet.[20]

Die hauptsächlichen Unterschiede zwischen diesen Gruppen betrafen die Außenpolitik und weniger die Wirtschaftsreform und Staatsstruktur. Die Meinungen waren über ein Kontinuum verteilt und reichten von einem Extrem bis zum anderen. An dem einen Ende des Spektrums gruppierten sich die Befürworter des »neuen Denkens«, für das Gorbatschow eintrat und dessen Inbegriff das Ziel des »gemeinsamen europäischen Hauses« war, sowie viele Spitzenberater Jelzins, nach dessen Wünschen Rußland ein »normales Land« werden und als achtes Mitglied in den Club der führenden industrialisierten Demokratien der Welt (G-7-Länder) aufgenommen werden sollte. Die gemäßigteren Nationalisten wie Sergei Stankevich vertraten den Standpunkt, Rußland solle den »atlantischen« Kurs aufgeben und solle dem Schutz der Russen in anderen Ländern Priorität einräumen, seine türkischen und muslimischen Verbindungen stärken und »eine deutliche Umverteilung unserer Ressourcen, unserer Optionen, unserer Bindungen und unserer Interessen zugunsten Asiens oder in östlicher Richtung« vornehmen.[21] Menschen dieser Denkart kritisierten Jelzin wegen seiner Unterordnung russischer Interessen unter westliche Interessen, seiner Reduktion der russischen Militärmacht, seiner mangelnden Unterstützung traditioneller Freunde wie der Serben und seiner Forcierung der wirtschaftlichen und politischen Reform auf eine für die russischen Menschen schädliche Weise. Bezeichnend für diese Tendenz war die neue Popularität der Ideen von Peter Savitsky, der in den zwanziger Jahren die These vertreten hatte, daß Rußland eine einzigartige, eurasische Zivilisation sei.

Die extremeren Nationalisten zerfielen in russische Nationalisten wie Solschenizyn, die für ein Rußland aller Russen und der ihnen nahestehenden slawisch-orthodoxen Weißrussen und Ukrainer, aber nur dieser, eintraten, und die imperialen Nationalisten wie Wladimir Schirinowsky, die das alte Sowjetimperium und die alte russische Militärmacht wiederherstellen wollten. Die Vertreter dieser Gruppe waren manchmal nicht nur Anti-Westler, sondern auch Antisemiten und wollten die russische Außenpolitik neu nach Osten und Süden orientieren, um dabei entweder den muslimischen Süden zu dominieren (wie

Schirinowsky forderte) oder aber mit muslimischen Staaten und China gegen den Westen zu kooperieren. Die Nationalisten waren auch für eine stärkere Unterstützung der Serben in ihrem Krieg gegen die Muslime. Die Unterschiede zwischen Kosmopoliten und Nationalisten fanden ihren institutionellen Niederschlag in den unterschiedlichen Perspektiven des Außenministeriums und des Militärs. Sie spiegelten sich auch in den diversen Richtungswechseln, die Jelzin in seiner Außen- und seiner Sicherheitspolitik vornahm.

Ebenso gespalten wie die russischen Eliten war die russische Öffentlichkeit. 1992 ergab eine Stichprobenerhebung unter 2069 europäischen Russen, daß 40 Prozent »für den Westen aufgeschlossen«, 36 Prozent »gegen den Westen verschlossen« und 24 Prozent »unentschieden« waren. Bei den Parlamentswahlen im Dezember 1993 erhielten Reformparteien 34,2 Prozent der Stimmen, reformfeindliche und nationalistische Parteien 43,3 Prozent und Parteien der Mitte 13,7 Prozent.[22] Auch bei den Präsidentenwahlen im Juni 1996 war die russische Bevölkerung gespalten: 35 Prozent unterstützten den Kandidaten des Westens, Jelzin, während knapp 32 Prozent für den kommunistischen Kandidaten Sjuganow und 15 Prozent für den nationalistischen General Lebed stimmten. In der zentralen Frage seiner Identität blieb Rußland in den neunziger Jahren ganz klar ein zerrissenes Land, wobei die Dualität zwischen Westlern und Slawophilen »ein unveräußerlicher Zug des *Nationalcharakters*« war.[23]

Türkei. Mit einer sorgfältig kalkulierten Serie von Reformen unternahm Atatürk in den zwanziger und dreißiger Jahren den Versuch, das türkische Volk von seiner osmanischen und muslimischen Vergangenheit zu entfernen. Die Grundprinzipien oder »sechs Pfeile« des Kemalismus waren: Populismus, Republikanismus, Nationalismus, Säkularismus, Etatismus und Reformismus. Kemal verwarf die Idee eines Vielvölkerreiches und erstrebte die Errichtung eines homogenen Nationalstaates, unter anderem durch die Vertreibung und Tötung von Armeniern und

Griechen. Dann setzte er den Sultan ab und errichtete ein republikanisches System politischer Herrschaft nach westlichem Muster. Er hob das Kalifat, die zentrale Quelle religiöser Autorität, auf, beseitigte das traditionelle Bildungs- und das Religionsministerium, schaffte die selbständigen religiösen Schulen und Hochschulen ab, errichtete ein einheitliches, säkulares System der öffentlichen Bildung und ersetzte die religiösen Gerichtshöfe, die islamisches Recht anwandten, durch ein neues Rechtssystem nach dem Muster des schweizerischen Zivilrechts. Nach dem Vorbild Peters des Großen verbot er auch das Tragen des Fez, weil dieser ein Symbol des religiösen Traditionalismus war, und ermutigte die Männer zum Tragen von Hüten, ersetzte den traditionellen Kalender durch den gregorianischen Kalender, nahm dem Islam formell den Status der Staatsreligion und ordnete an, das Türkische künftig in lateinischer statt in arabischer Schrift zu schreiben. Diese letztere Reform war von grundlegender Bedeutung. »Sie machte den jüngeren, mit der lateinischen Schrift aufgewachsenen Generationen den Zugang zu dem enormen Korpus der überlieferten Literatur praktisch unmöglich; sie begünstigte das Erlernen europäischer Sprachen; und sie erleichterte erheblich das Problem einer konsequenten Alphabetisierung.«[24] Nachdem Kemal auf diese Weise die nationale, politische, religiöse und kulturelle Identität des türkischen Volkes neu definiert hatte, unternahm er in den dreißiger Jahren energische Versuche, die wirtschaftliche Entwicklung der Türkei voranzutreiben. Die Verwestlichung ging Hand in Hand mit der Modernisierung, deren Instrument sie sein sollte.

Im Bürgerkrieg des Westens zwischen 1939 und 1945 blieb die Türkei neutral. Nach dem Krieg war sie jedoch bald dabei, sich noch stärker mit dem Westen zu identifizieren. Unter bewußter Nachahmung westlicher Vorbilder ging sie vom Einparteiensystem zum System konkurrierender Parteien über. Sie betrieb und erlangte schließlich 1952 die Mitgliedschaft in der NATO und bekräftigte damit die Zugehörigkeit zur Freien Welt. Sie empfing Milliarden von Dollar westlicher Wirtschafts- und

Sicherheitshilfe; die türkischen Streitkräfte wurden vom Westen ausgebildet und ausgerüstet und in die NATO-Kommandostruktur integriert; es entstanden amerikanische Militärstützpunkte. Schließlich wurde die Türkei vom Westen als sein östliches Bollwerk der Eindämmung betrachtet, das die Expansion der Sowjetunion zum Mittelmeer, in den Nahen Osten und an den Persischen Golf verhinderte. Diese Verbindung mit dem Westen und die Selbstidentifikation der Türkei mit ihm führten dazu, daß das Land 1955 auf der Bandung-Konferenz verurteilt und in der Folge von islamischen Ländern als gotteslästerlich attackiert wurde.[25]

Nach dem Kalten Krieg hat der überwiegende Teil der türkischen Elite am westlichen und europäischen Charakter der Türkei festgehalten. Die weitere Zugehörigkeit zur NATO steht für sie nicht zur Debatte, weil sie eine enge organisatorische Verknüpfung mit dem Westen bietet und als Gegengewicht gegen Griechenland notwendig ist. Das westliche Engagement der Türkei, wie es die Mitgliedschaft in der NATO verkörpert, war jedoch ein Produkt des Kalten Krieges. Das Ende des Kalten Krieges beseitigt den Hauptgrund für dieses Engagement und führt zu einer Schwächung und Neudefinition dieser Verbindung. Als Bollwerk gegen die große Bedrohung aus dem Norden ist die Türkei für den Westen nicht mehr nützlich, wohl aber, wie etwa im Golfkrieg, als möglicher Partner gegen kleinere Bedrohungen aus dem Süden. In diesem Krieg leistete die Türkei der Koalition gegen Saddam Hussein entscheidende Hilfe. Sie unterbrach die durch ihr Territorium führende Pipeline, die irakisches Erdöl zum Mittelmeer transportiert, und erlaubte den USA, von Stützpunkten in der Türkei aus Angriffe gegen den Irak zu fliegen. Diese Entscheidungen von Präsident Turgut Özal stießen jedoch in der Türkei auf massive Kritik und führten zum Rücktritt des Außenministers, des Verteidigungsministers und des Generalstabschefs sowie zu massiven öffentlichen Protestdemonstrationen gegen die enge Kooperation Özals mit den USA. Daraufhin drangen sowohl Präsident Demirel als auch Ministerpräsidentin Ciller auf eine baldige Beendigung der UNO-Sanktionen gegen den Irak, die der Türkei auch eine erhebliche wirtschaftliche Last auferlegten.[26] Die Bereitschaft der Türkei, mit dem Westen bei der Bewältigung islamischer Bedrohungen aus dem Süden zusammenzuarbeiten, ist also viel unsicherer, als es ihre Bereitschaft war, Partei für den Westen gegen die sowjetische Bedrohung zu ergreifen. Während des Golfkrieges vertrat Deutschland, traditionell der Freund der Türkei, die Auffassung, ein irakischer Raketenangriff gegen die Türkei sei nicht als Angriff gegen die NATO zu werten, was der Türkei auch bewies, daß sie gegen Angriffe aus dem Süden nicht auf die Unterstützung des Westens rechnen konnte. Konfrontationen mit der Sowjetunion im Kalten Krieg warfen nicht die Frage nach der zivilisationalen Identität der Türkei auf; die Beziehungen zu den arabischen Ländern nach dem Kalten Krieg werfen sie sehr wohl auf.

Seit den achtziger Jahren ist ein primäres – oder vielleicht das primäre – außenpolitische Ziel der westlich orientierten türkischen Elite die Aufnahme des Landes in die Europäische Union. Das offizielle Beitrittsgesuch stellte die Türkei im April 1987. Im Dezember 1993 wurde der Türkei mitgeteilt, über ihr Gesuch könne frühestens 1993 beraten werden. 1994 stimmte das Europäische Parlament den Beitrittsverträgen mit Österreich, Finnland, Schweden und Norwegen zu, und allgemein wurde für die kommenden Jahre die wohlwollende Prüfung der Beitrittsgesuche Polens, Ungarns und der Tschechischen Republik, später vielleicht auch der baltischen Republiken erwartet. Besonders enttäuscht waren die Türken darüber, daß wiederum Deutschland, das einflußreichste Mitglied der Europäischen Gemeinschaft, ihre Mitgliedschaft nicht aktiv unterstützte und statt dessen vorrangig die Einbeziehung der mitteleuropäischen Staaten in die Gemeinschaft betrieb.[27] Auf Druck der USA verhandelte die Union zwar mit der Türkei über eine Zollunion, doch die volle Mitgliedschaft bleibt eine ferne und zweifelhafte Möglichkeit.

Warum wurde die Türkei übergangen, und warum scheint sie immer am Schwanz der Warteschlange zu stehen? In der Öffentlichkeit verwiesen europäische Sprecher auf den niedrigen Stand der wirtschaftlichen Entwicklung in der Türkei und auf ihre nicht eben skandinavische Achtung der Menschenrechte. Privatim waren Europäer und Türken übereinstimmend der Ansicht, daß die wahren Gründe im heftigen Widerstand der Griechen und vor allem in der Tatsache zu suchen seien, daß die Türkei ein muslimisches Land ist. Europäische Länder wollten sich nicht mit der Möglichkeit konfrontiert sehen, ihre Grenzen für die Einwanderung aus einem Land mit 60 Millionen Muslimen und hoher Arbeitslosigkeit zu öffnen. Noch wichtiger war ihr Eindruck, daß die Türken kulturell nicht zu Europa gehörten. Die Menschenrechtslage in der Türkei ist, wie Präsident Özal 1992 sagte, »ein vorgeschobener Grund, um der Türkei die Mitgliedschaft in der EU zu verweigern. Der wahre Grund ist, daß wir Muslime und sie Christen sind; aber«, setzte er hinzu, »das sagen sie nicht.« Offizielle europäische Stimmen wiederum waren sich einig, daß die Union ein »europäischer Club« ist, die Türkei dagegen »zu arm, zu volkreich, zu muslimisch, zu kraß, kulturell zu anders, überhaupt zu alles.« Der »heimliche Alptraum« der Europäer, so ein Kommentator, ist die historische Erinnerung an »Sarazenenhorden in Westeuropa und an die Türken vor Wien«. Diese Einstellungen erzeugten ihrerseits bei den Türken den verbreiteten Eindruck: »Für eine muslimische Türkei sieht der Westen keinen Platz in Europa.«[28]

Mekka verschmähend und von Brüssel verschmäht, ergriff die Türkei die durch die Auflösung der Sowjetunion entstandene Gelegenheit, sich nach Taschkent zu wenden. Präsident Özal und andere türkische Führer verkündeten die Vision einer Gemeinschaft aller Turkvölker und unternahmen große Anstrengungen, Kontakte zu den »externen Türken« im »nahen Ausland« der Türkei herzustellen, das sich »von der Adria bis an die Grenzen Chinas« erstreckt. Besondere Aufmerksamkeit schenkte man dabei Aserbeidschan und den vier turksprachigen zentralasiatischen Republiken Usbekistan, Turkmenistan, Kasachstan und Kirgisistan. 1991 und 1992 entwickelte die Türkei eine Vielzahl von Aktivitäten, die ihre Beziehungen zu diesen neuen Republiken festigen und ihren Einfluß dort vertiefen sollten. Dazu gehörten langfristige, zinsgünstige Darlehen in Höhe von 1,5 Millarden Dollar, 79 Millionen Dollar Soforthilfe, Satellitenfernsehen (als Ersatz für einen russischsprachigen Kanal), Telephonnetze, Luftfahrtlinien, Tausende von Stipendien für ein Studium in der Türkei sowie die Ausbildung von zentralasiatischen und aserischen Bankiers, Geschäftsleuten, Diplomaten und Hunderten von Militärs in der Türkei. Man entsandte Türkischlehrer in die neuen Republiken und startete rund 2000 Joint-Ventures. Die kulturelle Gemeinsamkeit erleichterte diese Wirtschaftsbeziehungen. Ein türkischer Geschäftsmann meinte: »Um in Aserbeidschan oder Turkmenistan Erfolg zu haben, muß man vor allem den richtigen Partner finden. Wir Türken tun uns da leichter. Wir haben dieselbe Kultur, mehr oder weniger dieselbe Sprache und auch dieselbe Küche.«[29]

Hinter der Umorientierung der Türkei auf den Kaukasus und Zentralasien stand nicht nur der Traum von einer Gemeinschaft der Turknationen unter türkischer Führung, sondern auch der Wunsch, den Iran und Saudi-Arabien an der Expansion ihres Einflusses und der Förderung des islamischen Fundamentalismus in dieser Region zu hindern. Die Türken verstanden dagegen das von ihnen angebotene »türkische Modell« oder die »Idee der Türkei« – ein säkularer, demokratischer Staat mit einer Marktwirtschaft – als Alternative. Darüber hinaus hoffte die Türkei, den wieder aufkommenden russischen Einfluß einzudämmen. Durch das Angebot einer Alternative zu Rußland und dem Islam würde die Türkei auch ihren Anspruch auf Unterstützung durch und Eintritt in die Europäische Gemeinschaft bekräftigen.

Die erste Welle türkischer Aktivitäten in den Turkrepubliken verebbte 1993, weil die türkischen Ressourcen begrenzt waren, Süleyman Demirel dem verstorbenen Özal im Amt des Präsidenten nachfolgte und Rußland auf seinen Einfluß in dem von ihm so genannten »nahen Ausland« pochte. Als die früheren sowjetischen Turkrepubliken unabhängig geworden waren, stürzten ihre Führer nach Ankara, um die Türkei zu hofieren. Als daraufhin Rußland drohte und lockte, vollzogen sie eine Kehrtwendung und betonten generell die Notwendigkeit »ausgewogener« Beziehungen zu ihrem kulturellen Vetter wie zu ihrem früheren imperialen Zwingherrn. Die Türken unternehmen jedoch weiterhin den Versuch, die kulturelle Verwandtschaft zum Ausbau ihrer wirtschaftlichen und politischen Verbindungen zu nutzen. Der wichtigste Coup war, daß sie sich die Einwilligung der betreffenden Regierungen und Erdölgesellschaften zum Bau einer Pipeline holten, die Erdöl aus Zentralasien und Aserbeidschan durch die Türkei ans Mittelmeer bringen soll.[30]

Während die Türkei beschäftigt war, ihre Verbindungen zu den früheren sowjetischen Turkrepubliken auszubauen, wurde zu Hause an ihrer eigenen kemalistisch-säkularen Identität gerüttelt.

Erstens warf das Ende des Kalten Krieges, verbunden mit den durch die soziale und wirtschaftliche Entwicklung verursachten Erschütterungen, für die Türkei – wie für so viele andere Länder – grundsätzliche Fragen der »nationalen Identität und ethnischen Identifikation«[31] auf, und die Religion bot sich als Antwort an. Das säkulare Erbe Atatürks und der türkischen Elite aus den letzten sechzig bis siebzig Jahren geriet zunehmend unter Beschuß. Die Erfahrungen, die Türken im Ausland machten, waren geeignet, in der Heimat islamische Gefühle zu wecken. So reagierten Türken, die aus Deutschland kamen, »auf die Ausländerfeindlichkeit dort durch Rückzug auf das, was sie kannten. Das war der Islam.« Herrschende Meinung und Praxis in der Türkei wurden mehr und mehr islamistisch. So wurde 1993 gemeldet, »daß Bärte in islamischer Fasson und verschleierte Frauen in der Türkei immer häufiger werden, daß immer größere Menschenmengen in die Moscheen drängen und daß es in manchen Buchläden von Büchern, Zeitschriften, Kassetten, CDs und Videos wimmelt, die Geschichte, Gesetze und

Lebensweise des Islam verherrlichen und die Rolle des Osmanischen Reichs bei der Konservierung der Werte des Propheten Muhammad feiern.« Angeblich waren »nicht weniger als 290 Verlage und Druckereien, 300 Publikationen, darunter vier Tageszeitungen, mehrere hundert nicht lizenzierte Rundfunkstationen und etwa 30 ebenfalls nicht lizenzierte Fernsehkanäle mit der Propaganda für die islamische Ideologie befaßt«.[32]

Mit einer zunehmend islamistischen Stimmungslage konfrontiert, unternahmen die weltlichen Herrscher der Türkei den Versuch, fundamentalistische Praktiken zu übernehmen und fundamentalistische Unterstützung zu kooptieren. In den achtziger und neunziger Jahren unterhielt die angeblich säkulare türkische Regierung ein Amt für Religionsangelegenheiten, dessen Etat den mancher Ministerien überstieg, finanzierte den Bau von Moscheen, verlangte Religionsunterricht in allen staatlichen Schulen und bewilligte Mittel für islamische Schulen, deren Zahl sich in den achtziger Jahren verfünffachte, in denen sie von etwa 15 Prozent der höheren Schüler besucht wurden, und die islamistische Lehren predigten und Tausende von Absolventen entließen, von denen viele in den Staatsdienst traten. In symbolischem, aber dramatischem Gegensatz zu Frankreich erlaubte die Regierung in der Praxis Schülerinnen das Tragen des traditionellen muslimischen Kopftuches – siebzig Jahre nach Atatürks Verbot des Fez.[33] Diese Schritte der Regierung entsprangen im wesentlichen dem Wunsch, den Islamisten den Wind aus den Segeln zu nehmen; sie zeugen aber von der Stärke dieses Windes in den achtziger und frühen neunziger Jahren.

Zweitens veränderte die Resurgenz des Islam den Charakter der türkischen Politik. Politische Führer, allen voran Turgut Özal, identifizierten sich ganz unverhohlen mit muslimischen Symbolen und Konzepten. In der Türkei verstärkte, wie anderswo auch, die Demokratie die Tendenz zur Indigenisierung und zur Rückkehr zur Religion. »Begierig darauf, sich bei der Öffentlichkeit einzuschmeicheln und Stimmen zu gewinnen, mußten Politiker – und sogar das Militär, Bollwerk und Hüter des Laizismus – die religiösen Hoffnungen der Bevölkerung ins Kalkül ziehen: Nicht wenige der Konzessionen, die sie machten, schmeckten nach Demagogie.« Populäre Bewegungen hatten eine religiöse Tendenz. Während die Elite und bürokratische Gruppen, besonders das Militär, säkular orientiert waren, zeigten sich islamistische Gesinnungen sogar bei den Streitkräften, wo 1987 mehrere hundert Kadetten wegen vermuteter islamistischer Gesinnung die Militärakademie verlassen mußten. Die großen politischen Parteien sahen zunehmend die Notwendigkeit, sich bei Wahlen der Unterstützung durch die reaktivierten muslimischen *tarikas* (ausgewählte Gesellschaften) zu versichern, die Atatürk verboten hatte.[34] Bei den landesweiten Kommunalwahlen im März 1994 konnte die fundamentalistische Wohlfahrtspartei als einzige unter den fünf großen Parteien ihren Stimmenanteil erhöhen: Sie erhielt knapp 19 Prozent der Stimmen, während 21 Prozent auf die Partei des Rechten Weges von Ministerpräsidentin Ciller und 20 Prozent auf die Mutterlandspartei des verstorbenen Özal entfielen. Die Wohlfahrtspartei eroberte die beiden wichtigsten Städte der Türkei, Istanbul und Ankara, und war besonders im Südosten des Landes überaus stark vertreten. Bei den Wahlen im Dezember 1995 erhielt die Wohlfahrtspartei mehr Stimmen und mehr Sitze im Parlament als jede andere Partei, und die beiden großen säkularen Parteien, die sich eigentlich in den Haaren lagen, mußten eine Koalition eingehen, um eine Regierungsübernahme der Islamisten zu verhindern. Wie in anderen Ländern auch, kam die Unterstützung für die Fundamentalisten von den jungen, heimgekehrten Migranten, den »Geknechteten und Enterbten«, und von »neuen urbanen Migranten, den ›Sansculottes‹ der großen Städte«.[35]

Drittens berührte die Resurgenz des Islam die türkische Außenpolitik. Unter Präsident Özals Führung stand die Türkei im Golfkrieg entschlossen auf der Seite des Westens, in der Erwartung, diese Haltung werde ihre Aufnahme in die Europäische Gemeinschaft beschleunigen. Dieses Resultat stellte sich jedoch nicht ein, und in der Türkei regte sich heftiger Widerstand gegen die Beteiligung am Golfkrieg. Nachdem mit dem Zusammenbruch der Sowjetunion eine wesentliche Voraussetzung für die Bindung der Türkei an den Westen entfallen war, bedeutete das Zögern der NATO in der Frage, wie sie im Golfkrieg auf einen irakischen Angriff gegen die Türkei zu antworten gedachte, für die Türken keine Beruhigung in der Frage, wie die NATO grundsätzlich auf eine nichtrussische Bedrohung ihres Landes reagieren würde.[36] In den achtziger Jahren dehnte die Türkei zunehmend ihre Beziehungen zu arabischen und anderen muslimischen Ländern aus, und in den neunziger Jahren förderte sie aktiv islamische Interessen, indem sie den bosnischen Muslimen sowie Aserbaidschan massive Unterstützung gewährte. Ob auf dem Balkan, in Zentralasien oder im Nahen Osten, es war eine zunehmende Islamisierung der türkischen Außenpolitik festzustellen.

Viele Jahre lang erfüllte die Türkei zwei der drei Minimalanforderungen, die ein zerrissenes Land erfüllen muß, das seine zivilisationale Identität verändern will: Die Eliten der Türkei unterstützten ganz überwiegend diesen Schritt, und die Öffentlichkeit fügte sich stillschweigend. Aber die Eliten der westlichen rezipierenden Zivilisation waren unempfänglich. Während die Frage noch in der Balance war, begann die Resurgenz des Islam in der Türkei, die laizistische, prowestliche Orientierung der türkischen Eliten zu untergraben. Die Hindernisse, die einer umfassenden Europäisierung der Türkei entgegenstanden, ihr begrenztes Vermögen, eine dominierende Rolle im Hinblick auf die früheren sowjetischen Turkrepubliken zu spielen, und das Aufkommen von islamischen Tendenzen, die das Erbe Atatürks unterhöhlten: dies alles waren Faktoren, die zu verbürgen schienen, daß die Türkei ein zerrissenes Land bleiben würde.

Im Hinblick auf diese auseinanderstrebenden Kräfte bezeichneten türkische Führer ihr Land gern als »Brücke« zwischen den Kulturen. Die Türkei, so behauptete Ministerpräsidentin Tansu Ciller 1993, ist sowohl eine »westliche Demokratie« als auch »Teil des Nahen Ostens« und »überbrückt physisch und philosophisch zwei Zivilisationen«. Es spiegelte diese Ambivalenz, daß Ciller in der Öffentlichkeit ihres eigenen Landes häufig als Muslimin auftrat; an die Adresse der NATO gerichtet, sprach sie hingegen von dem »geographischen und politischen Faktum, daß die Türkei ein europäisches Land ist«. In ähnlicher Weise nannte Präsident Demirel die Türkei »eine sehr wichtige Brücke in einer Region, die vom Westen nach dem Osten reicht, das heißt von Europa nach China.«[37] Eine Brücke ist jedoch ein künstliches Gebilde, das zwei Orte miteinander verbindet, selbst aber zu keinem von beiden gehört. Wenn die Führer der Türkei ihr Land eine Brücke nennen, bestätigen sie mit diesem Euphemismus, daß die Türkei ein zerrissenes Land ist.

Mexiko. Die Türkei wurde in den zwanziger Jahren zu einem zerrissenen Land, Mexiko erst in den achtziger Jahren. Gleichwohl weisen die historischen Beziehungen beider Länder zum Westen gewisse Ähnlichkeiten auf. Wie die Türkei, so hatte auch Mexiko ursprünglich eine ausgesprochen nichtwestliche Kultur. Selbst im 20. Jahrhundert ist, wie Octavio Paz gesagt hat, »der Kern Mexikos indianisch, nichteuropäisch.«[38] Im 19. Jahrhundert wurde Mexiko ebenso wie das Osmanische Reich von westlicher Hand zerstückelt. Im zweiten und dritten Jahrzehnt des 20. Jahrhunderts erlebte Mexiko ebenso wie die Türkei eine Revolution, die die nationale Identität auf eine neue Grundlage stellte und ein neues Einparteiensystem einführte. In der Türkei bedeutete diese Revolution jedoch die Ablehnung der traditionellen islamischen und osmanischen Kultur und das Bemühen, westliche Kultur zu importieren und sich dem Westen anzuschließen. In Mexiko bedeutete die Revolution, ebenso wie in Rußland, die Integration und Adaption gewisser Elemente der westlichen Kultur, was einen neuen Nationalismus hervorbrachte, der westlichen Kapitalismus und westliche Demokratie ablehnte. So versuchte die Türkei sechzig Jahre lang, sich als europäisch zu definieren, während Mexiko versuchte, sich über den Gegensatz zu den USA zu definieren. Seit den dreißiger Jahren bis in die achtziger Jahre verfolgten Mexikos Führer wirtschafts- und außenpolitische Ziele, die amerikanischen Interessen zuwiderliefen.

In den achtziger Jahren änderte sich das. Präsident Miguel de la Madrid leitete eine neue Politik ein, die sein Nachfolger Carlos Salinas zu einer umfassenden Neudefinition mexikanischer Ziele und Praktiken und der mexikanischen Identität ausbaute. Es waren die radikalsten Veränderungen in Mexiko seit der Revolution von 1910. Salinas wurde praktisch der Mustafa Kemal Mexikos. Atatürk betrieb Säkularismus und Nationalismus, zu seiner Zeit beherrschende Themen im Westen; Salinas betrieb Wirtschaftsliberalismus, zu seiner Zeit eines der beiden beherrschenden Themen im Westen (für das andere, die politische Demokratie, konnte er sich nicht erwärmen). Wie bei Atatürk, wurden diese Anschauungen von den meisten Vertretern der politischen und der Wirtschaftselite geteilt, die zu einem guten Teil, wie Salinas und de la Madrid selbst, in den USA ausgebildet worden waren. Salinas senkte die Inflation dramatisch, privatisierte zahlreiche staatliche Unternehmen, förderte ausländische Investitionen, baute Zölle und Subventionen ab, ordnete die Auslandsverschuldung neu, beschnitt die Macht der Gewerkschaften, steigerte die Produktivität und führte Mexiko neben den USA und Kanada in die Nordamerikanische Freihandelszone (NAFTA). So wie Atatürks Reformen darauf abzielten, die Türkei aus einem muslimisch-nahöstlichen Land in ein säkulares europäisches Land zu verwandeln, zielten Salinas' Reformen darauf ab, aus dem lateinamerikanischen Land Mexiko ein nordamerikanisches Land zu machen.

Dies war nicht die einzige Alternative, die Mexiko hatte. Denkbar wäre auch gewesen, daß mexikanische Eliten den USA-feindlichen, nationalistisch-protektionistischen Dritte-Welt-Kurs weiterverfolgten, den ihre Vorgänger fast das ganze Jahrhundert hindurch gesteuert hatten. Sie hätten auch, was einige Mexikaner forderten, den Versuch unternehmen können, zusammen mit Spanien, Portugal und südamerikanischen Ländern einen Zusammenschluß iberischer Nationen zu bilden.

Wird Mexiko mit der Suche nach seiner nordamerikanischen Identität Erfolg haben? Die überwältigende Mehrheit der politischen, wirtschaftlichen und intellektuellen Elite begrüßt diesen Kurs. Und anders als im Falle der Türkei begrüßt auch die überwältigende Mehrheit der politischen, wirtschaftlichen und intellektuellen Elite der rezipierenden Zivilisation die kulturelle Neuorientierung Mexikos. Die entscheidende interzivilisationale Frage der Einwanderung wirft ein Schlaglicht auf diesen Unterschied. Aus Sorge vor einer türkischen Masseneinwanderung waren europäische Eliten wie europäische Öffentlichkeiten dagegen, die Türkei nach Europa zu holen. Demgegenüber war die Tatsache einer massiven – legalen wie illegalen – Einwanderung von Mexikanern in die USA für amerikanische Eliten und amerikanische Öffentlichkeit ein ausschlaggebender Faktor, um der Argumentation Salinas' für die NAFTA beizupflichten: »Entweder ihr akzeptiert unsere Waren, oder ihr akzeptiert unsere Menschen.« Außerdem ist der kulturelle Abstand zwischen Mexiko und den USA viel kleiner als jener zwischen der Türkei und Europa. Mexiko ist teilweise westlich: seine Religion ist der Katholizismus, seine Sprache das Spanische, seine geistigen Traditionen und Anknüpfungspunkte lagen in früheren Zeiten in Europa (wo die Elite ihre Kinder erziehen ließ) und neuerdings in den USA (wohin sie sie heute schickt). Die Annäherung zwischen dem anglo-amerikanischen Nordamerika und dem spanisch-indianischen Mexiko sollte erheblich leichter vonstatten gehen als jene zwischen dem christlichen Europa und der islamischen Türkei. Trotz dieser Gemeinsamkeiten regte sich nach der Ratifizierung der NAFTA Widerstand in den USA gegen jedes engere Engagement in Mexiko; es gab die Forderung nach Einwanderungsbeschränkungen, Klagen über die Verlegung von Fabriken nach Mexiko und Zweifel an der Fähigkeit Mexikos, nordamerikanischen Vorstellungen von Freiheit und Rechtstaatlichkeit zu genügen.[39]

Die dritte Voraussetzung für den erfolgreichen Identitätswechsel eines zerrissenen Landes ist das generelle Stillhalten der Öffentlichkeit, wenngleich nicht unbedingt ihre Unterstützung. Die Bedeutung dieses Faktors hängt nicht zuletzt von dem Gewicht ab, das den Ansichten der Öffentlichkeit in den Entscheidungsprozessen des Landes beigelegt wird. Mexikos prowestliche Position ist bis jetzt (1995) nicht dem Test der Demokratisierung ausgesetzt worden. Der Aufstand von ein paar tausend gut organisierten und von außen unterstützten Guerillas am Neujahrstag 1994 im Hochland von Chiapas ist an sich noch kein Indiz für einen grundsätzlichen Widerstand gegen eine Nordamerikanisierung Mexikos. Die sympathisierende Reaktion auf den Aufstand von seiten mexikanischer Intellektueller, Journalisten und anderer Gestalter der öffentlichen Meinung ließ jedoch vermuten, daß die Nordamerikanisierung im allgemeinen und die NAFTA im besonderen auf den zunehmenden Widerstand der mexikanischen Eliten und der Öffentlichkeit treffen könnten. Für Präsident Salinas hatten Wirtschaftsreform und Verwestlichung ganz bewußt Vorrang vor politischer Reform und Demokratisierung. Doch sowohl die wirtschaftliche Entwicklung als auch das zunehmende Engagement der USA in Mexiko werden jene Kräfte stärken, die eine echte Demokratisierung des politischen Systems Mexikos vorantreiben. Die Schlüsselfrage für die Zukunft Mexikos lautet: Inwieweit werden Modernisierung und Demokratisierung eine Entwestlichung fördern, deren Ausdruck der Rückzug aus der NAFTA oder deren drastische Schwächung sowie damit einhergehende Veränderungen jener Politik sein könnten, welche die westlich orientierten Eliten Mexikos ihrem Land in den achtziger und neunziger Jahren aufnötigten? Ist die Nordamerikanisierung Mexikos mit seiner Demokratisierung vereinbar?

Australien. Im Gegensatz zu Rußland, der Türkei und Mexiko ist Australien von seinen Ursprüngen her eine westliche Gesellschaft; im 20. Jahrhundert war es der enge Verbündete zunächst Großbritanniens und dann der USA; im Kalten Krieg war es nicht nur ein Mitglied des Westens, sondern gehörte auch zum militärischen und nachrichtendienstlichen Kern des Westens, bestehend aus Amerika, Großbritannien, Kanada und Australien. Anfang der neunziger Jahre kamen jedoch die politischen Führer Australiens praktisch zu dem Entschluß, Australien solle dem Westen abtrünnig werden, sich als asiatische Gesellschaft neu definieren und enge Verbindungen zu seinen geographischen Nachbarn kultivieren. Australien, so Premierminister Keating, dürfe nicht länger eine »Zweigstelle des Empire« sein, sondern müsse eine Republik werden und nach »Einmischung« in Asien trachten. Dies sei notwendig, um die Identität Australiens als eines unabhängigen Landes zu begründen. »Australien kann sich nicht der Welt als multikulturelle Gesellschaft präsentieren, in Asien engagieren, diesen Kontakt pflegen, und zwar überzeugend pflegen, und gleichzeitig doch irgendwie, zumindest verfassungsmäßig, eine abgeleitete Gesellschaft sein.« Australien, erklärte Keating weiter, habe ungezählte Jahre »Anglophilie und Erstarrung« hinter sich, und ein weiterer Zusammenschluß mit Großbritannien werde sich »lähmend auf unsere nationale Kultur, unsere wirtschaftliche Zukunft und unser Schicksal in Asien und dem pazifischen Raum« auswirken. Ähnlichen Gefühlen gab Außenminister Gareth Evans Ausdruck.[40]

Das Eintreten für das Umdefinieren Australiens in ein asiatisches Land ging von der Voraussetzung aus, daß das Schicksal von Nationen in erster Linie von der Wirtschaft und erst dann von der Kultur geprägt wird. Treibende Kraft hinter den Bemühungen um eine Neuverortung Australiens war das dynamische Wachstum ostasiatischer Volkswirtschaften, das seinerseits eine rapide Expansion des australischen Handels mit Asien bewirkte. 1971 waren Ost- und Südostasien Abnehmer von 39 Prozent der australischen Exporte und stellten 21 Prozent der australischen Importe. 1994 nahmen Ost- und Südostasien 62 Prozent der australischen Exporte ab und stellten 41 Prozent der australischen Importe. Demgegenüber gingen 1991 11,8 Prozent der australischen Exporte in die Europäische Gemeinschaft und 10,1 Prozent in die USA. In dieser Vertiefung der Wirtschaftsbeziehungen zu Asien sah man sich in Australien durch den Glauben bestärkt, daß die heutige Welt dabei sei, in drei große Wirtschaftsblöcke zu zerfallen, und daß Australien seinen Platz im ostasiatischen Block habe.

Australiens asiatischer Schachzug wird eigentlich keiner der Voraussetzungen für den erfolgreichen zivilisationalen Identitätswechsel eines zerrissenen Landes gerecht.

Erstens waren Mitte der neunziger Jahre die australischen Eliten von diesem Kurs keineswegs überschwenglich begeistert. In gewissem Umfang handelte es sich hier um ein innerparteiliches Thema der australischen Labor Party, dem die Führer der Liberal Party im wesentlichen unentschieden oder ablehnend gegenüberstanden. Grundsätzliche Kritik an der Labor-Regierung kam auch von den verschiedensten Intellektuellen und Journalisten. Es gab für die asiatische Option keinen klaren Konsens der Eliten.

Zweitens war die öffentliche Meinung gespalten. Von 1987 bis 1993 stieg in der australischen Öffentlichkeit der Anteil jener, die für das Ende der Monarchie waren, von 21 auf 46 Prozent. An diesem Punkt geriet die Tendenz ins Stocken und kippte um. In der Öffentlichkeit ging der Anteil derjenigen, die für die Tilgung des Union Jack aus der australischen Flagge waren, von 42 Prozent im Mai 1992 auf 35 Prozent im August 1993 zurück. Ein offizieller Sprecher bemerkte dazu 1992: »Die Öffentlichkeit hat Probleme, das zu verdauen. Ich kann Ihnen gar nicht sagen, wieviele wütende Briefe ich bekomme, wenn ich von Zeit zu Zeit sage, Australien soll ein Teil Asiens werden.«[41]

Drittens und vor allem haben die Eliten der asiatischen Länder auf die australischen Avancen noch unempfänglicher reagiert als die europäischen Eliten auf jene der Türkei. Sie haben deutlich gemacht, daß Australien, wenn es ein Teil Asiens werden will, auch wirklich asiatisch werden muß, was sie für unwahrscheinlich, wo nicht gar für unmöglich halten. »Das Gelingen der australischen Integration in Asien«, so eine offizielle indonesische Stimme, »hängt allein davon ab, inwieweit die asiatischen

Staaten das Vorhaben Australiens begrüßen. Die Akzeptanz Australiens in Asien hängt davon ab, wie gut die australische Regierung und das australische Volk die asiatische Kultur und Gesellschaft verstehen.« Asiaten sehen die Diskrepanz zwischen Australiens asiatischer Rhetorik und seiner verqueren westlichen Realität. Die Thais haben, einem australischen Diplomaten zufolge, für das Insistieren Australiens auf seiner asiatischen Identität nur ein »nachsichtiges Lächeln« übrig.[42] »Kulturell ist Australien nach wie vor europäisch«, erklärte der malaysische Premierminister Mahathir im Oktober 1994, »wir finden, daß es europäisch ist«, und daher dürfe Australien nicht Mitglied des »East Asian Economic Caucus« (EAEC) sein. Der EAEC »ist nicht bloß eine geographische Gruppe, weil er eben in Ostasien liegt, sondern auch eine kulturelle Gruppe. ... Die Ostasiaten, mögen sie Japaner oder Koreaner oder Indonesier sein, weisen kulturell gewisse Ähnlichkeiten auf. ... Wir neigen weniger dazu, explizite Kritik an anderen Ländern zu üben oder Urteile über sie zu fällen. Aber Australien, das kulturell zu Europa gehört, glaubt sich berechtigt, anderen zu sagen, was sie zu tun oder zu lassen haben, was richtig und was falsch ist. Außerdem ist es natürlich mit der EAEC-Gruppe nicht kompatibel. Das ist für mich der Grund [, die Mitgliedschaft Australiens im EAEC abzulehnen]. Es ist nicht die Hautfarbe, sondern die Kultur.«[43] Kurzum, die Asiaten sind entschlossen, Australien mit denselben Gründen aus ihrem Club herauszuhalten, mit denen die Europäer die Türkei fernhalten: sie sind anders als wir. Premierminister Keating pflegte mit einer Kricketmetapher zu sagen, er wolle Australien »von einem Ausgeschlagenen zum Schlagmann« machen. Aber das ist ein Oxymoron; denn ein ausgeschlagener Spieler kann nicht Schlagmann werden.

Wie Mahathir feststellte, sind Kultur und Werte die Haupthindernisse, die der Zugehörigkeit Australiens zu Asien entgegenstehen. Regelmäßig kommt es zu Konflikten über Australiens Eintreten für Demokratie, Menschenrechte, eine freie Presse und seine Proteste gegen die Verletzung dieser Rechte durch die

Regierungen praktisch aller seiner Nachbarn. »Das wirkliche Problem für Australien in dieser Region«, meinte ein hoher australischer Diplomat, »ist nicht unsere Flagge, es sind die in unserer Gesellschaft verwurzelten Werte. Ich vermute, daß man keinen einzigen Australier finden wird, der bereit ist, auch nur einen einzigen dieser Werte preiszugeben, um in der Region akzeptiert zu werden.«[44] Die Unterschiede in Charakter, Stil und Verhalten sind ebenfalls ausgeprägt. Wie Mahathir unter anderem andeutete, gehen Asiaten bei der Verfolgung ihrer Ziele gegenüber anderen Menschen in der Regel subtil, indirekt, scheibchenweise, auf Umwegen vor und vermeiden Urteile, moralische Appelle und Konfrontation. Dagegen sind die Australier die direktesten, freimütigsten, schonungslosesten, manche würden sagen: die unsensibelsten Leute in der englischsprachigen Welt. Diesen Konflikt von Kulturen demonstriert am dramatischsten Paul Keating selbst durch seinen Umgang mit Asiaten. Paul Keating, der als ein »Haudrauf der Politik« mit »unverbesserlich provokantem und streitlustigem Stil« beschrieben worden ist, scheut nicht davor zurück, seine politischen Gegner als »Mülltüten«, »parfümierte Gigolos« und »hirnamputierte Gangster« zu diffamieren.[45] Während er einerseits behauptete, Australien müsse asiatisch werden, hat Keating andererseits mit seiner brutalen Offenheit Asiaten regelmäßig befremdet, schockiert und vor den Kopf gestoßen. Die Kluft zwischen den Kulturen war so groß, daß sie den Verfechter der kulturellen Konvergenz blind machte für das Ausmaß, in dem sein eigenes Verhalten diejenigen abstieß, die er für seine kulturellen Brüder ausgibt.

Die Keating-Evans-Option könnte man als das kurzsichtige Resultat einer Überbewertung wirtschaftlicher Faktoren ansehen, die die Kultur des Landes nicht erneuert, sondern ignoriert – als taktisch-politischen Schachzug, der von den wirtschaftlichen Problemen Australiens ablenken soll. Sie könnte aber auch eine weitsichtige Initiative sein, die darauf abzielt, Australien mit den aufstrebenden Zentren der wirtschaftlichen, politischen und schließlich auch militärischen Macht in Ostasien zu verbinden und zu identifizieren. In dieser Hinsicht könnte Australien das erste von möglicherweise vielen westlichen Ländern sein, die vom Westen abfallen und auf aufstrebende nichtwestliche Zivilisationen setzen. Anfang des 22. Jahrhunderts könnten Historiker in der Keatings-Evans-Option einen bedeutsamen Schritt auf dem Weg in den »Untergang des Abendlandes« erblicken. Wird jedoch diese Option gewählt, so wird sie das westliche Erbe Australiens nicht beseitigen, und »das Land im Glück« wird ein auf Dauer zerrissenes Land sein. Es wird nicht nur die »Zweigstelle des Empire« bleiben, die Paul Keating beklagte, sondern auch »der neue weiße Abschaum Asiens« werden, wie Lee Kuan Yew es verächtlich genannt hat.[46]

Dies war und ist für Australien kein unabwendbares Schicksal. Wenn sie schon mit Großbritannien brechen wollten, hätten die Führer Australiens, anstatt ihr Land als asiatische Macht zu definieren, es als ein pazifisches Land definieren können, wie dies Keatings Amtsvorgänger Robert Hawke denn auch getan hat. Wenn Australien eine eigene, von der britischen Krone getrennte Republik sein will, könnte es sich mit dem ersten Land der Erde verbünden, das eben dies getan hat, einem Land, das wie Australien britischen Ursprungs ist, ein Einwanderungsland ist, von der Größe eines Kontinents ist, englisch spricht, in drei Kriegen der Bündnispartner Australiens war und eine überwiegend europäische, allerdings auch – wie Australien selbst – eine wachsende asiatische Bevölkerung hat. Kulturell stehen die Werte der Unabhängigkeitserklärung vom 4. Juli 1776 weit mehr mit australischen Werten im Einklang als jede vergleichbare Erklärung irgendeines asiatischen Landes. In wirtschaftlicher Hinsicht könnten die australischen Führer, anstatt mit Gewalt in eine Gruppe von Gesellschaften zu drängen, denen Australien kulturell fremd ist und von denen es aus diesem Grunde auch abgelehnt wird, die Erweiterung der NAFTA zu einem Nordamerikanisch-Südpazifischen (NASP) Abkommen anregen, dem die die USA, Kanada, Australien und Neuseeland angehören würden. Eine solche Gruppierung würde Kultur und Wirtschaft versöhnen und eine solide, dauerhafte australische Identität stiften, die nicht aus fehlgeleiteten Bemühungen um ein asiatisches Australien entspringt.

Der westliche Virus und die kulturelle Schizophrenie. Während Australiens Führer sich auf die Suche nach Asien machten, unternahmen die Führer anderer zerrissener Länder – der Türkei, Mexikos, Rußlands – den Versuch, den Westen in ihre Gesellschaft zu integrieren und ihre Gesellschaften in den Westen zu integrieren. Bis heute (1995) war keine dieser Bemühungen um eine kulturelle Neudefinition von Erfolg gekrönt. Die Geschichte demonstriert mit Nachdruck die Festigkeit, Elastizität und Geschmeidigkeit indigener Kulturen und ihre Fähigkeit, sich aus sich selbst zu erneuern und Importe aus dem Westen abzustoßen, einzudämmen und zu absorbieren. Führer, die von der Hybris besessen sind zu glauben, sie könnten ihre Gesellschaft neu machen, dürften zum Scheitern verurteilt sein. Sie können wohl Elemente der westlichen Kultur einführen, aber die Kernelemente der indigenen Kultur vermögen sie nicht dauerhaft zu unterdrücken oder zu eliminieren. Umgekehrt ist der Virus der westlichen Denkart, wenn er einmal eine andere Gesellschaft befallen hat, schwer wieder auszurotten. Der Virus setzt sich fest, ist aber nicht tödlich; der Patient überlebt, ohne doch jemals heil und ganz zu werden. Politische Führer können Geschichte machen, aber sie können der Geschichte nicht entrinnen. Sie erzeugen zerrissene Länder; sie schaffen keine westlichen Länder. Sie infizieren ihr Land mit einer kulturellen Schizophrenie, die zu seinem bleibenden und definierenden Merkmal wird.

Kapitel 7

Kernstaaten, konzentrische Kreise, kulturelle Ordnung

Kulturkreise und Ordnungsfunktion

In der heute entstehenden globalen Politik werden die Supermächte des Kalten Krieges abgelöst von den Kernstaaten der großen Kulturkreise, die für andere Länder zum Hauptpol von Anziehung und Abstoßung werden. Am deutlichsten sichtbar ist dieser Vorgang in dem westlichen, dem orthodoxen und dem sinischen Kulturkreis. Hier sind kulturelle Gruppierungen im Werden, die sich zusammensetzen aus Kernstaaten, Mitgliedsstaaten, kulturell ähnlichen Minderheitspopulationen in angrenzenden Staaten und – umstrittener – aus kulturell andersartigen Nachbarvölkern, welche die Kernstaaten aus Sicherheitsgründen zu dominieren wünschen. Die Staaten dieser kulturellen Blöcke legen sich gerne wie ein konzentrischer Kreis um den Kernstaat oder die Kernstaaten, was dem Grad ihrer Identifikation mit und Integration in diesem Block entspricht. Der islamische Kulturkreis, dem ein anerkannter Kernstaat fehlt, weist zwar zunehmend ein gemeinsames Bewußtsein auf, hat aber bisher nur ansatzweise eine gemeinsame politische Struktur entwickelt.

Länder neigen dazu, Anschluß an Länder mit ähnlicher Kultur zu suchen und Abstand zu Ländern zu halten, mit denen sie kulturell nichts gemeinsam haben. Dies gilt besonders im Hinblick auf die Kernstaaten. Ihre Macht zieht Länder an, die kulturell ähnlich sind, und stößt jene ab, die kulturell anders sind. Aus Sicherheitsgründen können Kernstaaten den Versuch unternehmen, einige Völker anderer Zivilisationen zu schlucken oder zu dominieren; diese Völker versuchen ihrerseits, sich der Kontrolle zu widersetzen oder ihr zu entgehen (China gegen Tibetaner und Uiguren; Rußland gegen Tataren, Tschetschenen, zentralasiatische Muslime). Auch historische Beziehungen und Rücksichten auf das Machtgleichgewicht veranlassen manche Länder, sich dem Einfluß ihres Kernstaates zu widersetzen. Sowohl Georgien als auch Rußland sind orthodoxe Länder, aber die Georgier haben sich in der Geschichte immer russischer Dominanz und engem Anschluß an Rußland widersetzt. Sowohl Vietnam als auch China sind konfuzianische Länder, aber auch zwischen ihnen gibt es ein ähnliches Muster historischer Feindschaft. Es ist jedoch denkbar, daß kulturelle Gemeinsamkeit und die Herausbildung eines umfassenderen und stärkeren kulturellen Bewußtseins diese Länder mit der Zeit zusammenrücken läßt, so wie die Länder Westeuropas zusammengerückt sind.

Die Ordnung, die während des Kalten Krieges bestand, war das Ergebnis der Dominanz der beiden Supermächte in ihrem jeweiligen Block und des Einflusses der Supermächte in der Dritten Welt. Heute ist weltweite Macht obsolet, die Weltgemeinschaft ein ferner Traum. Kein einziges Land hat signifikante globale Sicherheitsinteressen, auch nicht die USA. Die Ordnungskomponenten in der komplexer und heterogener gewordenen Welt von heute finden sich in den und zwischen den Kulturen. Die Welt wird auf der Grundlage von Kulturkreisen geordnet werden, oder sie wird gar nicht geordnet werden. In dieser Welt treten die Kernstaaten von Kulturkreisen an die Stelle der Supermächte. Sie sind die Quelle der Ordnung innerhalb von Kulturkreisen und, durch Verhandlungen mit anderen Kernstaaten, zwischen den Kulturen. Wenn es überhaupt eine Ordnung in Bosnien geben wird, dann wird sie aus der Kooperation der USA, der europäischen Mächte und Rußlands resultieren.

Eine Welt, in der Kernstaaten eine führende oder dominierende Rolle spielen, ist eine Welt der Einflußsphären. Es ist aber auch eine Welt, in der die Ausübung von Einfluß durch einen

Kernstaat gedämpft und gemäßigt wird von der gemeinsamen Kultur, die er mit den Mitgliedsstaaten seines Kreises teilt. Die kulturelle Gemeinsamkeit legitimiert die Führung und die ordnungsstiftende Rolle des Kernstaates sowohl für Mitgliedsstaaten als auch für die äußeren Mächte und Institutionen. 1994 erließ jedoch UNO-Generalsekretär Boutros Boutros-Ghali eine Bestimmung über die »Wahrung von Einflußsphären«, wonach die dominierende Regionalmacht nicht mehr als ein Drittel einer friedenserhaltenden UNO-Truppe stellen darf. Diese Bedingung widerspricht der geopolitischen Realität, daß nämlich in jeder Region, in der es einen dominierenden Staat gibt, der Friede nur durch die Führung dieses Staates zu erreichen und zu erhalten ist. Die Vereinten Nationen sind keine Alternative zu regionaler Macht, und regionale Macht kann dann verantwortungsbewußt und legitim sein, wenn sie von Kernstaaten über andere Mitglieder ihres Kulturkreises ausgeübt wird.

Die Fähigkeit eines Kernstaates, seine Ordnungsfunktion wahrzunehmen, hängt also davon ab, daß andere Staaten ihn als kulturell verwandt anerkennen. Ein Kulturkreis ist eine erweiterte Familie, und wie ältere Familienmitglieder sorgen Kernstaaten für die Unterstützung und für die Disziplin ihrer Verwandten. Ist diese Verwandtschaft nicht gegeben, schwindet die Fähigkeit des mächtigeren Staates, in seiner Region Konflikte zu lösen und Ordnung zu stiften. Weder Pakistan noch Bangladesch und nicht einmal Sri Lanka werden Indien als Ordnungsstifter in Südasien akzeptieren, und kein anderer ostasiatischer Staat wird Japan in dieser Rolle in Ostasien akzeptieren.

Wenn ein Kulturkreis keinen Kernstaat hat, wird das Problem, eine intrakulturelle Ordnung zu stiften bzw. eine interkulturelle Ordnung auszuhandeln, viel schwieriger. Das Fehlen eines islamischen Kernstaates, der eine ähnlich legitime und autoritative Beziehung zu den Bosniern unterhalten hätte wie Rußland zu den Serben und Deutschland zu den Kroaten, nötigte die USA, sich in dieser Rolle zu versuchen. Die Unwirksamkeit dieses Versuches lag am mangelnden strategischen

Interesse der USA an der Frage, wo die zwischenstaatlichen Grenzen im früheren Jugoslawien gezogen wurden, am Fehlen jeglicher kultureller Verbindung zwischen den USA und Bosnien und am Widerstand der Europäer gegen die Errichtung eines muslimischen Staates in Europa. Ähnlich blieb den USA wegen des Fehlens eines lateinamerikanischen Kernstaates wenig anderes übrig, als die Hauptrolle in der Befassung mit Haiti zu spielen, wo ihre Aktivitäten wiederum von lateinamerikanischen Ländern als die eines kulturfremden Eindringlings kritisiert wurden. Das Fehlen von Kernstaaten sowohl in Afrika als auch in der arabischen Welt erschwert beträchtlich die Bemühungen um die Beilegung des fortwährenden Bürgerkrieges im Sudan. Wo hingegen Kernstaaten existieren, sind sie zentrales Element der neuen, auf Kulturen gegründeten internationalen Ordnung.

Abgrenzung des Westens

Während des Kalten Krieges waren die USA der Mittelpunkt einer großen, multikulturellen Gruppierung verschiedenartiger Länder, deren gemeinsames Ziel die Verhinderung einer weiteren Expansion der Sowjetunion war. Zu dieser Gruppierung, die unter Bezeichnungen wie »Freie Welt«, »der Westen« oder »die Alliierten« bekannt war, gehörten viele, aber nicht alle Länder des Westens, die Türkei, Griechenland, Japan, Korea, die Philippinen, Israel sowie, etwas loser, andere Länder wie Taiwan, Thailand und Pakistan. Ihr gegenüber stand eine kaum weniger heterogene Gruppierung von Ländern, zu der alle orthodoxen Länder außer Griechenland, verschiedene historisch westliche Länder, Vietnam, Kuba, in geringerem Maße Indien sowie von Zeit zu Zeit ein oder mehrere afrikanische Länder gehörten. Mit dem Ende des Kalten Krieges zerbrachen diese multikulturellen, kulturübergreifenden Gruppierungen. Die Auflösung des Sowjetsystems, besonders des Warschauer Paktes, war dramatisch. Langsamer, aber auf ähnliche Weise ist heute der aus der Zeit des Kalten Krieges bekannte multikulturelle »Westen« in der

Umgestaltung zu einer neuen Gruppierung begriffen, die mehr oder weniger deckungsgleich mit dem westlichen Kulturkreis ist. Ein Abgrenzungsprozeß ist im Gange, bei dem es um die Mitgliedschaft in den internationalen Organisationen des Westens geht.

Die Kernstaaten der Europäischen Union sind Frankreich und Deutschland; um sie gibt es zunächst eine innere Gruppierung aus Belgien, den Niederlanden und Luxemburg, die sämtlich übereingekommen sind, untereinander alle Schranken im Verkehr von Waren und Menschen abzubauen; sodann andere Mitgliedsländer wie Italien, Spanien, Portugal, Dänemark, England, Irland und Griechenland; Staaten, die 1995 Mitglied wurden (Österreich, Finnland, Schweden); und jene Länder, die zu diesem Zeitpunkt assoziierte Mitglieder waren (Polen, Ungarn, Tschechische Republik, Slowakei, Bulgarien und Rumänien). Es war Ausdruck dieser Realität, daß im Herbst 1994 sowohl die Regierungspartei in Deutschland als auch französische Spitzenpolitiker Vorschläge zu einer Differenzierung der Union machten. Der deutsche Plan sah vor, daß der »harte Kern« der Union aus den ursprünglichen Mitgliedern minus Italien bestehen solle und daß »Deutschland und Frankreich den Kern des harten Kerns bilden« sollten. Die Länder des harten Kerns sollten den Versuch unternehmen, so schnell wie möglich eine Währungsunion einzugehen und ihre Außen- und Verteidigungspolitik zu integrieren. Fast gleichzeitig schlug der französische Ministerpräsident Edouard Balladur eine dreiteilige Union vor: Die fünf pro-integrationistischen Staaten sollten den Kern bilden, die anderen derzeitigen Mitgliedsstaaten einen zweiten Ring um diesen Kern und die neuen, beitrittswilligen Staaten einen äußeren Kreis. In der Folge erläuterte der französische Außenminister Alain Juppé dieses Konzept und proponierte »einen äußeren Kreis von ›Partner‹-Staaten, einschließlich Ost- und Mitteleuropa; einen mittleren Kreis von Mitgliedsstaaten, die auf bestimmten Gebieten (einheitlicher Markt, Zollunion usw.) gemeinsame Regelungen akzeptieren müßten; und mehrere innere Kreise einer ›verstärkten Solidarität‹, bestehend aus Ländern, die willens und imstande wären, auf Gebieten wie Verteidigung, Währungsintegration, Außenpolitik und so fort ein schnelleres Tempo als die anderen einzuschlagen.«[1] Andere politische Führer schlugen andere Arten von Arrangements vor; sie alle konzipierten jedoch eine innere Gruppierung von enger assoziierten Staaten und daneben äußere Gruppierungen von Staaten, die mit dem Kernstaat immer weniger stark integriert wären, bis zu der Grenze, die Mitglieder von Nichtmitgliedern trennen würde.

Die Festlegung dieser Grenze in Europa ist eine der größten Herausforderungen geworden, vor denen der Westen nach dem Kalten Kriege steht. Während des Kalten Krieges hat Europa als ein Ganzes gar nicht existiert. Mit dem Zusammenbruch des Kommunismus erwies es sich jedoch als notwendig, die Frage zu stellen und nach deren Antwort zu suchen: Was ist Europa? Europas Grenzen im Norden, Westen und Süden werden durch große Gewässer gezogen, von denen das südliche klar unterscheidbare Kulturen trennt. Aber wo endet Europa im Osten? Wer soll als Europäer und damit als potentielles Mitglied der Europäischen Union, der NATO und vergleichbarer Organisationen gelten?

Die zwingendste und gründlichste Antwort auf diese Fragen liefert die große historische Scheidelinie, die seit Jahrhunderten westlich-christliche Völker von muslimischen und orthodoxen Völkern trennt. Diese Linie geht auf die Teilung des Römischen Reiches im 4. Jahrhundert und auf die Errichtung des Heiligen Römischen Reiches im 10. Jahrhundert zurück. Ihren gegenwärtigen Verlauf nimmt sie seit mindestens fünfhundert Jahren. Im Norden verläuft sie entlang der heutigen Grenze zwischen Finnland und Rußland und den baltischen Staaten (Estland, Lettland, Litauen) und Rußland, durch das westliche Weißrußland, durch die Ukraine, wo sie den unierten Westen vom orthodoxen Osten trennt, durch Rumänien zwischen Transsylvanien mit seiner katholisch-ungarischen Bevölkerung und dem Rest des Landes, und durch das frühere Jugoslawien entlang der Grenze, die Slowenien und Kroatien von den anderen Republiken trennt. Auf dem Balkan fällt die Linie natürlich mit der historischen Grenze zwischen dem österreichisch-ungarischen und dem osmanischen Reich zusammen. Diese Linie ist die kulturelle Grenze Europas, und in der Welt nach dem Kalten Krieg ist sie auch die politische und wirtschaftliche Grenze Europas und des Westens.

Ein kultureller Ansatz liefert eine klare und eindeutige Antwort auf die Frage, die Westeuropäer bewegt: Wo hört Europa auf? Es hört dort auf, wo das westliche Christentum aufhört und Orthodoxie und Islam beginnen. Das ist die Antwort, die Westeuropäer hören wollen, die sie mehrheitlich, wenngleich *sotto voce* bestätigen und die von verschiedenen führenden Intellektuellen und Politikern ausdrücklich bekräftigt wird. Wie Michael Howard ausführt, ist es unerläßlich, die in den Sowjetjahren verwischte Unterscheidung zwischen Mitteleuropa und dem eigentlichen Osteuropa zu berücksichtigen. Mitteleuropa umfaßt »die Länder, die einst Teil des christlichen Abendlandes waren; die alten Länder des Habsburgerreiches, Österreich, Ungarn und die Tschechoslowakei, dazu Polen und die östlichen Grenzmarken Deutschlands. Die Bezeichnung ›Osteuropa‹ sollte jenen Regionen vorbehalten bleiben, die sich unter der Ägide der orthodoxen Kirche entwickelten: die Schwarzmeer-Gemeinschaften Bulgarien und Rumänien, die erst im 19. Jahrhundert aus osmanischer Herrschaft entlassen wurden, und die ›europäischen‹ Teile der Sowjetunion.« Die erste Aufgabe Westeuropas muß es nach Howard sein, »die Völker Mitteleuropas wieder in unsere kulturelle und wirtschaftliche Gemeinschaft zu integrieren, in die sie von Rechts wegen gehören: die Bande zwischen London, Paris, Rom und München und Leipzig, Warschau, Prag und Budapest neu zu knüpfen.« Eine »neue Bruchlinie« sieht zwei Jahre später Pierre Bahar entstehen, »eine im wesentlichen kulturelle Scheidelinie zwischen einem Europa, das vom westlichen Christentum (römisch-katholisch oder protestantisch) geprägt ist, auf der einen Seite, und einem Europa, das vom Ostchri-

Karte 7.1
Die Ostgrenze der westlichen Zivilisation

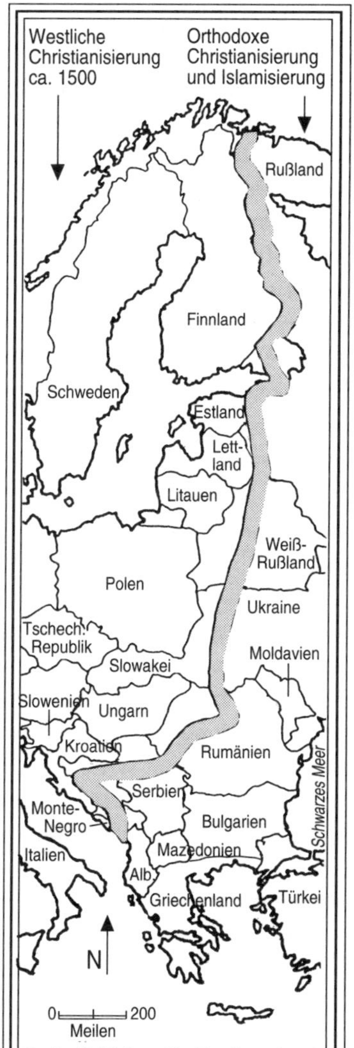

Quelle: W. Wallace, *The Transformation of Western Europe*. London: Pinter, 1990.
Karte von Ib Ohlsson: *Foreign Affairs*.

stentum und islamischen Traditionen geprägt ist, auf der anderen Seite.« Ähnlich erblickt ein prominenter Finne die entscheidende Teilung in Europa, die den Eisernen Vorhang ersetzt, in der »alten kulturellen Bruchlinie zwischen Osten und Westen«, die »die Länder des einstigen österreichisch-ungarischen Reiches sowie Polen und die baltischen Staaten« in das Europa des Westens einbezieht und die anderen osteuropäischen und Balkan-Länder ausschließt. Dies sei, pflichtet ein prominenter Engländer bei, »die große religiöse Scheidelinie ... zwischen der Ost- und der Westkirche: grob gesagt, zwischen den Völkern, die ihr Christentum direkt von Rom oder durch keltische oder germanische Mittler empfingen, und den Völkern im Osten und Südosten, zu denen es über Konstantinopel (Byzanz) kam.«[2]

Die Menschen in Mitteleuropa betonen ebenfalls die Wichtigkeit dieser Trennungslinie. Was die Länder, die in der Abwendung vom kommunistischen Erbe und der Hinwendung zu demokratischer Politik und Marktwirtschaft wesentliche Fortschritte gemacht haben, von jenen trennt, in denen das nicht der Fall ist, ist die »Grenze zwischen Katholizismus bzw. Protestantismus auf der einen Seite und Orthodoxie auf der anderen Seite«. Schon vor Jahrhunderten, behauptet der litauische Präsident, hätten die Litauer zwischen »zwei Kulturen« wählen müssen: »Sie optierten für die lateinische Welt, bekehrten sich zum römischen Katholizismus und entschieden sich für eine auf dem Recht basierende Form staatlicher Organisation.« In ähnlichem Sinne sagen auch Polen, daß sie Teil des Westens sind, seit sie sich im 10. Jahrhundert für das lateinische Christentum und gegen Byzanz entschieden haben.[3] In den osteuropäischen orthodoxen Ländern hingegen betrachten die Menschen das neue Argumentieren mit dieser kulturellen Bruchlinie mit sehr gemischten Gefühlen. Einerseits erkennen Bulgaren und Rumänen die großen Vorteile, die es mit sich bringt, Teil des Westens zu sein und in seine Institutionen einbezogen zu werden. Andererseits identifizieren sie sich mit ihrer eigenen, orthodoxen Tradition und, im Falle Bulgariens, mit ihrer traditionell engen Beziehung zu Rußland.

Die Identifikation Europas mit der westlichen Christenheit liefert ein klares Kriterium für die Zulassung neuer Mitglieder zu westlichen Organisationen. Die primäre Institution des Westens in Europa ist die Europäische Union, und die Erweiterung ihrer Mitgliederschaft ging 1994 mit der Aufnahme der der westlichen Kultur zuzurechnenden Länder Österreich, Finnland und Schweden weiter. Im Frühjahr 1994 beschloß die Europäische Union, von der Mitgliedschaft alle früheren Sowjetrepubliken mit Ausnahme der baltischen Staaten provisorisch auszuschließen. Sie unterzeichnete ferner zwei »Assoziierungsabkommen« mit vier mitteleuropäischen Staaten (Polen, Ungarn, Tschechische Republik, Slowakei) und mit zwei osteuropäischen Staaten (Rumänien, Bulgarien). Von diesen Staaten wird jedoch wohl keiner noch im 20. Jahrhundert die Vollmitgliedschaft erlangen, und Rumänien und Bulgarien werden zweifellos diesen Status, wenn überhaupt, so erst nach den mitteleuropäischen Staaten erlangen. Aussichtsreich steht es um die endgültige Mitgliedschaft der baltischen Staaten und Sloweniens, während über die Beitrittsgesuche der muslimischen Türkei, die 1987 Aufnahme begehrte, sowie des zu kleinen Malta und des orthodoxen Zypern bis heute (1995) noch nicht entschieden ist. Bei der Erweiterung der EU-Mitgliederschaft werden eindeutig jene Staaten vorgezogen, die kulturell westlich und wirtschaftlich besser entwickelt sind. Bei Anwendung dieses Kriteriums würden die Visegrád-Staaten (Polen, Tschechische Republik, Slowakei, Ungarn), die baltischen Republiken, Slowenien, Kroatien und Malta letzten Endes EU-Mitglieder werden, und die Europäische Union würde sich mit dem westlichen Kulturkreis decken, wie er historisch in Europa existiert hat.

Ein ähnliches Ergebnis gebietet die Logik der Kulturkreise im Hinblick auf die Erweiterung der NATO. Der Kalte Krieg begann damit, daß die Sowjetunion ihre politische und militärische Kontrolle nach Mitteleuropa ausdehnte. Die USA und westeuropäische Länder bildeten die NATO zur Abwehr und nötigenfalls zur Vereitelung einer weiteren sowjetischen Aggression. In der Welt nach dem Kalten Krieg ist die NATO die Sicherheitsorganisation des westlichen Kulturkreises. Nachdem der Kalte Krieg vorüber ist, hat die NATO ein einziges zentrales und zwingendes Ziel: dafür zu sorgen, daß sie überflüssig wird, indem sie Rußland daran hindert, Mitteleuropa erneut unter seine politische und militärische Kontrolle zu bringen. Als Sicherheitsorganisation des Westens steht die NATO dementsprechend allen westlichen Ländern offen, die ihr anzugehören wünschen und gewisse Grundvoraussetzungen in bezug auf militärische Kompetenz, politische Demokratie und zivile Kontrolle des Militärs erfüllen.

Die amerikanische Politik gegenüber der europäischen Sicherheitsarchitektur nach dem Kalten Krieg verfolgte ursprünglich einen mehr universalistischen Ansatz, wie ihn die Partnerschaft für den Frieden verkörperte, die generell allen europäischen und sogar eurasischen Ländern offenstehen sollte. Dieser Ansatz betonte besonders auch die Rolle der Organisation für Sicherheit und Zusammenarbeit in Europa. Er spiegelt sich in den Bemerkungen wider, die Präsident Clinton im Rahmen seines Europa-Besuchs 1994 machte: »Die [geographischen] Grenzen der Freiheit müssen heute durch neues Verhalten, nicht durch überholte Geschichte definiert werden. Ich sage allen, ... die eine neue Linie durch Europa ziehen wollen: Schließen wir nicht die Möglichkeit der besten Zukunft für Europa aus – Demokratie überall, Marktwirtschaften überall, Länder, die im Interesse ihrer gemeinsamen Sicherheit zusammenarbeiten, überall. Wehren wir uns gegen ein geringeres Ergebnis.« Ein Jahr später aber hatte die amerikanische Administration endlich doch die Wichtigkeit von Grenzen anerkannt, die durch »überholte Geschichte« definiert werden, und ein »geringeres Ergebnis« akzeptiert, das die Realitäten zivilisationaler Unterschiede widerspiegelte. Die Administration erarbeitete nun mit der NATO aktiv die Kriterien und den Zeitplan für die Erweiterung der NATO zunächst um Polen, Ungarn, die Tschechische Republik und die Slowakei, dann um Slowenien und später wahrscheinlich um die baltischen Republiken.

Rußland sträubte sich heftig gegen jede Erweiterung der NATO, wobei eher liberale und pro-westliche Russen den Standpunkt vertraten, eine Erweiterung werde nationalistischen und antiwestlichen politischen Kräften in Rußland mächtigen Auftrieb geben. Aber eine NATO-Erweiterung, die auf Länder beschränkt ist, welche historisch Teil der westlichen Christenheit sind, garantiert Rußland auch, daß der NATO nicht Serbien, Bulgarien, Rumänien, Moldau, Weißrußland angehören, auch nicht die Ukraine, solange die Ukraine geeint bleibt. Eine auf westliche Staaten beschränkte Expansion der NATO würde auch die Rolle unterstreichen, die Rußland als Kernstaat eines eigenen, orthodoxen Kulturkreises zu spielen hat, als ein Land also, das für die Ordnung innerhalb und entlang der Grenzen der Orthodoxie verantwortlich wäre und das mit der NATO und den westlichen Kernstaaten auf der Basis der Gleichberechtigung verkehren kann und soll.

Die Nützlichkeit einer Unterscheidung von Ländern nach Maßgabe ihres Kulturkreises ist am Beispiel der baltischen Republiken evident. Sie sind die einzigen früheren Sowjetrepubliken, die in bezug auf ihre Geschichte, Kultur und Religion eindeutig westlich sind, und ihr Schicksal ist immer schon ein Hauptanliegen des Westens gewesen. Die USA haben deren Einverleibung in die Sowjetunion niemals anerkannt, beim Zusammenbruch der Sowjetunion ihren Weg in die Unabhängigkeit unterstützt und darauf gedrungen, daß die Russen den ausgehandelten Zeitplan für den Abzug ihrer Truppen aus den drei Republiken einhielten. Die Botschaft an die Russen lautete, sie müßten einsehen, daß das Baltikum außerhalb jeglicher Einflußsphäre liegt, die sie mit Blick auf andere frühere Sowjetrepubliken vielleicht zu errichten wünschten. Diese Leistung der Administration Clinton war nach den Worten des schwedischen Ministerpräsidenten »einer ihrer wichtigsten Beiträge zur Sicherheit und Stabilität in Europa« und half den russischen Demokraten durch die Klarstellung, daß alle revanchistischen Ambitionen extremer russischer Nationalisten angesichts des expliziten westlichen Engagements für die baltischen Republiken aussichtslos sind.[4]

Während die Erweiterung der Europäischen Union und der NATO viel Aufmerksamkeit auf sich gezogen hat, wirft die kulturelle Umgestaltung dieser Organisationen auch die Frage nach ihrer möglichen Verkleinerung auf. Ein nichtwestliches Land, Griechenland, gehört beiden Institutionen an, und ein anderes nichtwestliches Land, die Türkei, gehört der NATO an und bewirbt sich um Aufnahme in die Europäische Union. Diese Beziehungen waren eine Frucht des Kalten Krieges. Haben sie nach dem Kalten Krieg in der Welt der Kulturkreise überhaupt noch einen Platz?

Die Türkei ist ein zerrissenes Land, ihre Vollmitgliedschaft in der Europäischen Union ist problematisch, ihre Mitgliedschaft in der NATO wird von der Wohlfahrtspartei bekämpft. Die Türkei wird jedoch wahrscheinlich in der NATO bleiben, sofern nicht die islamistische Wohlfahrtspartei einen triumphalen Wahlsieg erringt oder das Land auf andere Weise das Erbe Atatürks verwirft und sich als Führer des Islam definiert. Das ist denkbar und mag für die Türkei sogar wünschenswert sein, ist aber in naher Zukunft unwahrscheinlich. Wie immer ihre Rolle in der NATO sich gestalten wird, die Türkei wird in zunehmendem Maße ihre Sonderinteressen auf dem Balkan, in der arabischen Welt und in Zentralasien verfolgen.

Griechenland ist nicht Teil des westlichen Kulturkreises, aber es war die Wiege der klassischen Kultur, die wiederum eine wichtige Quelle der westlichen Kultur war. In ihrem Widerstand gegen die Türken haben die Griechen sich in der Geschichte immer wieder als Vorhut des Christentums verstanden. Im Unterschied zu Serben, Rumänen oder Bulgaren ist ihre Geschichte eng mit der Geschichte des Westens verflochten. Trotzdem ist Griechenland zugleich eine Anomalie, der orthodoxe Außenseiter in westlichen Organisationen. Es ist nie ein bequemes Mitglied der EU oder der NATO gewesen und hat Schwierigkeiten gehabt, sich auf die Grundsätze und Gepflogenheiten in beiden

Organisationen einzustellen. Von Mitte der sechziger bis Mitte der siebziger Jahre wurde es von einer Militärjunta beherrscht und konnte der Europäischen Gemeinschaft erst nach seinem Übergang zur Demokratie beitreten. Griechische Spitzenpolitiker scheinen es oft bewußt darauf anzulegen, von westlichen Normen abzuweichen oder westliche Regierungen gegen sich aufzubringen. Das Land war ärmer als andere Mitglieder der EG und der NATO und verfolgte oft eine Wirtschaftspolitik, die den in Brüssel herrschenden Standards Hohn zu sprechen schien. Der Ratsvorsitz Griechenlands in der Union 1994 war für andere Mitglieder eine große Strapaze, und Stimmen in Westeuropa bezeichnen privat die Mitgliedschaft Griechenlands in der EU als Fehler.

In der Welt nach dem Kalten Krieg ist die Politik Griechenlands zunehmend von der des Westens abgewichen. Seine Blockade Makedoniens wurde von westlichen Regierungen energisch abgelehnt und führte dazu, daß die Europäische Kommission vor dem Europäischen Gerichtshof die Verurteilung Griechenlands betrieb. Bei den Konflikten im früheren Jugoslawien verfolgte Griechenland eine andere Politik als die wichtigsten westlichen Mächte, unterstützte aktiv die Serben und verstieß eklatant gegen die von der UNO verhängten Sanktionen gegen Serbien. Mit dem Ende der Sowjetunion und der kommunistischen Bedrohung sieht Griechenland gemeinsame Interessen mit Rußland in der Opposition gegen den gemeinsamen Feind, die Türkei. Es hat Rußland eine bedeutende Präsenz im griechischen Teil Zyperns eingeräumt, wo Russen wie Serben mit Rücksicht auf die »gemeinsame östlich-orthodoxe Religion« willkommen sind.[5] 1995 gab es auf Zypern etwa 2000 Unternehmen in russischem Besitz, es erschienen russische und serbokroatische Zeitungen, und die griechisch-zypriotische Regierung war dabei, große Mengen an Waffen von Rußland zu kaufen. Auch erkundete Griechenland zusammen mit Rußland die Möglichkeit, Erdöl aus dem Kaukasus über eine bulgarisch-griechische Pipeline unter Umgehung der Türkei und anderer muslimischer Staaten ans Mittelmeer zu transportieren. Insgesamt hat die griechische Außenpolitik eine stark orthodoxe Ausrichtung gewonnen. Griechenland wird ohne Frage weiterhin formelles Mitglied der NATO und der Europäischen Union bleiben, aber genauso zweifellos wird in dem Maße, wie sich jener Prozeß der kulturellen Umgestaltung intensiviert, diese Mitgliedschaft matter, bedeutungsloser und für alle Beteiligten schwieriger werden. Während des Kalten Krieges Gegner der Sowjetunion, entwickelt sich Griechenland nach dem Kalten Krieg zum Partner Rußlands.

Russland und sein nahes Ausland

Rußland ist ein zerrissenes Land, aber es ist zugleich der Kernstaat eines großen Kulturkreises. Das Nachfolgersystem des zaristischen und kommunistischen Imperiums ist ein kultureller Block, der in vielerlei Hinsicht Parallelen zu Westeuropa aufweist. Rußland (etwa so groß wie Frankreich und Deutschland) steht in enger Verbindung mit zwei überwiegend slawisch-orthodoxen Republiken (Weißrußland und Moldau), Kasachstan (mit seinem russischen Bevölkerungsanteil von 40 Prozent) sowie Armenien als einem traditionell engen Verbündeten Rußlands. Mitte der neunziger Jahre hatten alle diese Länder prorussische Regierungen, die in der Regel durch Wahlen an die Macht gekommen waren. Enge, aber gespanntere Beziehungen existieren zwischen Rußland und Georgien und der Ukraine. Diese Länder sind ganz überwiegend orthodox (Georgien) bzw. zu einem großen Teil orthodox (Ukraine), sind sich aber ihrer nationalen Identität und früheren Unabhängigkeit sehr stark bewußt. Auf dem orthodoxen Balkan unterhält Rußland enge Beziehungen zu Bulgarien, Griechenland, Serbien und Zypern, etwas weniger enge zu Rumänien. Die muslimischen Republiken der Sowjetunion haben untereinander einige Kooperationsmechanismen entwickelt und sind von der Türkei und anderen muslimischen Staaten umworben worden. Sie bleiben jedoch wirtschaftlich und in Sicherheitsfragen stark von Rußland abhängig. Die baltischen Republiken hingegen haben sich dank der Anziehungskraft Europas gründlich aus der russischen Einflußsphäre gelöst.

Alles in allem errichtet Rußland einen Block mit einem orthodoxen Kernland unter seiner Führung und einem ihn umgebenden Puffer von relativ schwachen islamischen Staaten. Diese wird es in unterschiedlicher Weise dominieren und vom Einfluß anderer Mächte freizuhalten suchen. Rußland erwartet auch, daß die Welt dieses System akzeptiert und billigt. Ausländische Regierungen und internationale Organisationen müßten, wie Boris Jelzin im Februar 1993 sagte, »Rußland besondere Vollmachten als Garant für Friede und Stabilität in den früheren Regionen der UdSSR zugestehen«. Während die Sowjetunion eine Supermacht mit globalen Interessen war, ist Rußland eine Großmacht mit regionalen und kulturellen Interessen.

Die orthodoxen Länder der früheren Sowjetunion sind für die Entwicklung eines zusammenhängenden russischen Blockes in den Angelegenheiten Eurasiens und der Welt von grundlegender Bedeutung. Beim Zusammenbruch der Sowjetunion bewegten sich diese fünf Länder zunächst in eine stark nationalistische Richtung und betonten ihre neue Unabhängigkeit von und Distanz zu Moskau. In der Folge brachte die Einsicht in die wirtschaftlichen, geopolitischen und kulturellen Realitäten die Wähler in vier dieser Länder dazu, für prorussische Regierungen zu stimmen und prorussische Politik zu unterstützen. Die Menschen in diesen Ländern erhoffen sich von Rußland Hilfe und Schutz. In dem fünften Land, Georgien, zwang das Eingreifen des russischen Militärs die Regierung zu einer ähnlichen Veränderung ihres Standpunkts.

Armenien hat im Laufe der Geschichte seine Interessen mit denen Rußlands gleichgesetzt, und Rußland konnte sich rühmen, der Verteidiger Armeniens gegen seine muslimischen Nachbarn zu sein. Dieses Verhältnis hat sich in den postsowjetischen Jahren vertieft. Die Armenier sind von russischer Wirtschafts- und Militärhilfe abhängig und haben Rußland in Streitfragen um die Beziehungen der früheren Sowjetrepubliken untereinander unterstützt. Die beiden Länder haben ähnliche strategische Interessen.

Anders als Armenien hat Weißrußland kein ausgeprägtes Nationalbewußtsein. Es ist auch noch mehr von russischer Unterstützung abhängig. Viele seiner Bewohner scheinen sich ebensosehr mit Rußland wie mit ihrem eigenen Land zu identifizieren. Im Januar 1994 ersetzte das Parlament das gemäßigt nationalistische, zur politischen Mitte zählende Staatsoberhaupt durch einen prorussischen Konservativen. Im Juli 1994 wählten 80 Prozent der Stimmberechtigten einen extrem prorussischen Verbündeten Wladimir Schirinowskis zum Präsidenten. Weißrußland trat früh der Gemeinschaft Unabhängiger Staaten bei, war Gründungsmitglied der 1993 gegründeten Wirtschaftsunion mit Rußland und der Ukraine, willigte in die Währungsunion mit Rußland ein, lieferte seine Kernwaffen an Rußland aus und stimmte der Stationierung russischer Truppen auf weißrussischem Boden bis zum Ende des Jahrhunderts zu. Weißrußland ist im Endeffekt bis auf seinen Namen ein Teil Rußlands.

Nachdem die Republik Moldau nach dem Zusammenbruch der Sowjetunion unabhängig geworden war, erwarteten viele ihre Wiedereingliederung nach Rumänien. Die Sorge, daß dies geschehen könne, ließ wiederum im russifizierten Osten des Landes eine Sezessionsbewegung entstehen, die sich der stillschweigenden Unterstützung Moskaus und der aktiven Unterstützung der russischen 14. Armee erfreute und zur Gründung der Dnjestr-Republik führte. Die Stimmung für eine Vereinigung mit Rumänien schwand in Moldau jedoch aufgrund der wirtschaftlichen Probleme beider Länder und des wirtschaftlichen Druckes Rußlands. Moldau trat der GUS bei, und der Handel mit Rußland expandierte. Bei Parlamentswahlen im Februar 1994 errangen prorussische Parteien überwältigende Erfolge.

In diesen drei Staaten brachte eine öffentliche Meinung, die auf eine Kombination aus strategischen und wirtschaftlichen

Interessen reagierte, Regierungen an die Macht, die eine enge Allianz mit Rußland befürworten. Ein ziemlich ähnliches Bild ergab sich schließlich in der Ukraine. In Georgien war der Gang der Dinge ein anderer. Georgien war bis 1801 ein unabhängiges Land gewesen, als sein Herrscher, König Georg XIII., Rußland um Schutz gegen die Türken bat. Nach der Russischen Revolution war Georgien drei Jahre lang unabhängig, von 1918 bis 1921, doch die Bolschewiken gliederten es gewaltsam der Sowjetunion ein. Nach dem Ende der Sowjetunion erklärte Georgien erneut seine Unabhängigkeit. Eine nationalistische Koalition gewann die Wahlen, aber ihr Führer betrieb eine selbstzerstörerische Repression und wurde gewaltsam gestürzt. Eduard Schewardnadse, der frühere Außenminister der Sowjetunion, kehrte nach Georgien zurück, um das Land zu führen, und wurde bei den Präsidentschaftswahlen 1992 und 1995 bestätigt. Er wurde jedoch mit einer Separatistenbewegung in Abchasien konfrontiert, die in den Genuß massiver russischer Unterstützung kam, und mußte auch eine Erhebung unter Führung des gestürzten Gamsachurdia bekämpfen. Wie weiland König Georg kam Schewardnadse zu dem Schluß: »Wir haben keine große Wahl«, und wandte sich an Moskau um Hilfe. Russische Truppen griffen ein, um ihn zu unterstützen; der Preis war der Beitritt Georgiens zur GUS. 1994 erklärten sich die Georgier bereit, den Russen auf unbefristete Zeit drei Militärstützpunkte in Georgien zu überlassen. Das Eingreifen von russischem Militär, zuerst zur Schwächung der georgischen Regierung und dann zu deren Stützung, holte das nach Unabhängigkeit strebende Georgien ins russische Lager.

Die größte und wichtigste frühere Sowjetrepublik neben Rußland ist die Ukraine. Die Ukraine ist im Verlauf ihrer Geschichte mehrmals unabhängig gewesen. Während der Nazizeit war sie hingegen meistens Bestandteil eines politischen Gebildes, das von Moskau regiert wurde. Das entscheidende Ereignis fand 1654 statt, als Bogdan Chmelnizki, Kosakenführer einer Erhebung gegen die polnische Herrschaft, bereit war, als Gegenleistung für Hilfe gegen Polen dem Zaren Bündnistreue zu schwören. Von da an bis 1991 wurde die heutige Ukraine politisch von Moskau kontrolliert, mit Ausnahme der kurzen Zeit einer unabhängigen Republik Ukraine zwischen 1917 und 1920. Die Ukraine ist jedoch ein gespaltenes Land mit zwei unterschiedlichen Kulturen. Die kulturelle Bruchlinie zwischen dem Westen und der Orthodoxie verläuft seit Jahrhunderten durch das Herz des Landes. In der Vergangenheit war die westliche Ukraine abwechselnd ein Teil Polens, Litauens bzw. des österreichisch-ungarischen Kaiserreichs. Ein sehr großer Teil ihrer Bevölkerung bekennt sich zur Unierten Kirche, welche zwar orthodoxe Riten praktiziert, aber die Autorität des Papstes anerkennt. Seit jeher haben die Westukrainer Ukrainisch gesprochen und sind stark nationalistisch eingestellt gewesen. Das Volk der Ostukraine war dagegen stets ganz überwiegend orthodox und sprach immer schon zu einem großen Teil Russisch. Russen machen 25 Prozent, russische Muttersprachler 31 Prozent der ukrainischen Gesamtbevölkerung aus. Die Mehrheit der Volksschüler und höheren Schüler wird auf russisch unterrichtet.[6] Die Krim ist überwiegend russisch und war Teil der Russischen Föderation bis 1954, als Chruschtschow sie an die Ukraine transferierte – angeblich aus Erkenntlichkeit für Chmelnizkis Entscheidung dreihundert Jahre zuvor.

Die Unterschiede zwischen der Ost- und der Westukraine manifestieren sich in der Einstellung ihrer Menschen. So gaben zum Beispiel Ende 1992 ein Drittel der Russen in der Westukraine, aber nur zehn Prozent in Kiew an, sie hätten unter antirussischen Animositäten zu leiden.[7] Die Ost-West-Spaltung der Ukraine zeigte sich besonders dramatisch bei den Präsidentschaftswahlen von 1994. Der Amtsinhaber Leonid Krawtschuk, der sich trotz enger Zusammenarbeit mit Rußlands Führern als Nationalisten bezeichnet, lag in 13 Gebieten der Westukraine mit Mehrheiten bis zu über 90 Prozent an der Spitze. Der Gegenkandidat Leonid Kutschma, der noch während des Wahlkampfs Ukrainisch-Unterricht nahm, gewann mit vergleichbaren Mehr-

Karte 7.2: Die Ukraine: Ein zerrissenes Land

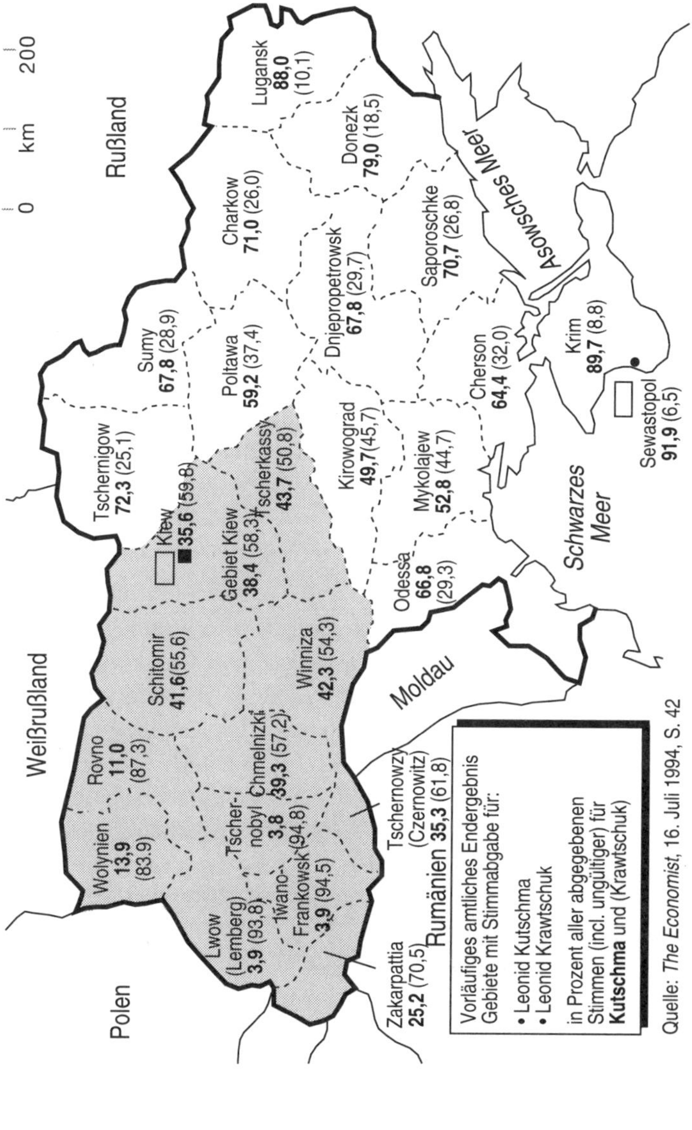

Quelle: *The Economist*, 16. Juli 1994, S. 42

heiten in den 13 östlichen Gebieten. Kutschma erhielt 52 Prozent der Stimmen. Im Endeffekt hat 1994 eine knappe Mehrheit der ukrainischen Bevölkerung die Entscheidung Chmelnizkis von 1654 bestätigt. Ein amerikanischer Experte sagte über die Wahl, sie spiegele geradezu exemplarisch »die Spaltung zwischen europäisierten Slawen in der Westukraine und der russisch-slawischen Vision von dem, was die Ukraine sein sollte. Das ist keine ethnische Polarisierung, das sind unterschiedliche Kulturen.«[8]

Als Ergebnis dieser Spaltung gibt es drei Möglichkeiten, wie sich die Beziehungen zwischen der Ukraine und Rußland entwickeln könnten. Anfang der neunziger Jahre bestanden zwischen beiden Ländern gravierende Unstimmigkeiten in der Frage der Kernwaffen, der Krim, der Rechte der Russen in der Ukraine, der Schwarzmeer-Flotte und der wirtschaftlichen Beziehungen. Viele Menschen hielten einen bewaffneten Konflikt für wahrscheinlich, was einige westliche Analytiker zu der Ansicht bewog, der Westen solle zur Abschreckung russischer Aggression den ukrainischen Besitz eines Kernwaffenarsenals unterstützen.[9] Sofern es jedoch Kultur ist, was zählt, ist Gewalt zwischen Ukrainern und Russen unwahrscheinlich. Es handelt sich hier um zwei slawische, primär orthodoxe Völker, die seit Jahrhunderte enge Beziehungen zueinander unterhalten und zwischen denen Mischehen häufig sind. Trotz heftig umstrittener Fragen und des Drucks extremer Nationalisten auf beiden Seiten haben die Führer beider Länder hart und im wesentlichen erfolgreich darauf hingearbeitet, diese Zwistigkeiten zu dämpfen. Die Wahl eines deutlich nach Rußland orientierten Präsidenten der Ukraine Mitte 1994 hat die Wahrscheinlichkeit eines verschärften Konflikts zwischen beiden Ländern weiter verringert. Während es an anderen Orten der früheren Sowjetunion schwere Kämpfe zwischen Muslimen und Christen und einige Kämpfe zwischen Russen und den baltischen Völkern gab, ist es zwischen Russen und Ukrainern bislang praktisch zu keinerlei Gewalttätigkeit gekommen.

Eine andere und etwas wahrscheinlichere Möglichkeit ist, daß die Ukraine entlang ihrer Bruchlinie in zwei Teile zerfällt, deren östlicher mit Rußland verschmelzen würde. Das Thema Abspaltung kam erstmals im Zusammenhang mit der Krim aufs Tapet. Die zu 70 Prozent russische Öffentlichkeit der Krim unterstützte bei einem Referendum im Dezember 1991 mit erheblicher Mehrheit die Unabhängigkeit der Ukraine von der Sowjetunion. Im Mai 1992 votierte das Parlament der Krim zugleich für die Unabhängigkeit der Krim von der Ukraine, um danach auf Druck der Ukraine diesen Beschluß zu widerrufen. Das russische Parlament votierte jedoch dafür, die 1954 verfügte Abtretung der Krim an die Ukraine zu kassieren. Im Januar 1994 wählte die Bevölkerung der Krim einen Präsidenten, der seinen Wahlkampf mit der Parole »Einheit mit Rußland« geführt hatte. Das bewog einige Leute, die Frage aufzuwerfen: »Ist die Krim das nächste Berg-Karabach oder Abchasien?«[10] Die Antwort war ein donnerndes »Nein«, da der neue Präsident der Krim von seinem Vorhaben absah, ein Referendum über die Unabhängigkeit abzuhalten, und statt dessen mit der Regierung in Kiew verhandelte. Im Mai 1994 erhitzte sich die Lage wieder, als das Parlament der Krim für die Wiederherstellung der Verfassung von 1992 votierte, die die Krim praktisch unabhängig von der Ukraine machte. Auch diesmal verhinderte aber die Zurückhaltung russischer und ukrainischer Führer das Ausarten des Zwists in Gewalttätigkeiten, und die zwei Monate später erfolgende Wahl des prorussischen Kutschma zum ukrainischen Präsidenten unterminierte den Sezessionsdrang der Krim.

Diese Wahl warf jedoch die Möglichkeit einer Abspaltung des westlichen Landesteils von einer Ukraine auf, die immer dichter an Rußland heranrückte. Manche Russen könnten das begrüßen. Ein russischer General meinte: »Die Ukraine, oder vielmehr die Ostukraine wird in fünf oder zehn oder fünfzehn Jahren wieder zurückkommen. Die Westukraine kann der Teufel holen!«[11] Eine solche Rumpfukraine, uniert und westlich orientiert, wäre jedoch nur lebensfähig, wenn sie die starke und effiziente Unterstützung des Westens hätte. Eine solche Unterstützung wiederum dürfte es nur dann geben, wenn die Beziehungen zwischen dem Westen und Rußland sich drastisch verschlechterten und Ähnlichkeit mit denen während des Kalten Krieges bekämen.

Das dritte und wahrscheinlichste Szenario ist, daß die Ukraine geeint und zweigeteilt bleibt, unabhängig und doch generell eng mit Rußland zusammenarbeitend. Sobald einmal die Übergangsfragen bezüglich der Kernwaffen und der Streitkräfte geklärt sind, werden die gravierendsten längerfristigen Probleme die wirtschaftlichen sein, und ihre Lösung wird durch eine teilweise gemeinsame Kultur und durch enge persönliche Bande erleichtert werden. Wie John Morrison hervorgehoben hat, ist die russisch-ukrainische Beziehung für Osteuropa, was die deutsch-französische Beziehung für Westeuropa ist.[12] Und so wie diese den Kern der Europäischen Union bildet, ist jene der unabdingbare Kern für den Zusammenhalt der orthodoxen Welt.

Gross-China und seine Sphäre des gemeinsamen Wohlstandes

Geschichtlich umfaßte China nach eigenem Verständnis eine »Sinische Zone«, zu der Korea, Vietnam, die Riukiu-Inseln und manchmal Japan gehörten, eine »Innerasiatische Zone« mit nichtchinesischen Mandschus, Mongolen, Uiguren, Turkvölkern und Tibetern, die aus Sicherheitsgründen kontrolliert werden mußten, und endlich eine »Äußere Zone« von Barbaren, von denen gleichwohl »Tributleistungen und die Anerkennung von Chinas Überlegenheit« erwartet wurden.[13] Der zeitgenössische sinische Kulturkreis weist zunehmend eine ähnliche Struktur auf: Han-China als zentraler Kern, äußere Provinzen, die zwar ein Teil Chinas sind, aber beträchtliche Autonomie besitzen; Provinzen, die rechtmäßig zu China gehören, aber stark mit nichtchinesischen Menschen anderer Kulturen bevölkert sind (Tibet, Xinxiang); chinesische Gesellschaften, die unter definierten Bedingungen Teil eines Beijing-zentrierten China werden

(Hongkong, Taiwan), ein zunehmend nach Beijing orientierter, überwiegend chinesischer Staat (Singapur), sehr einflußreiche chinesische Populationen in Thailand, Vietnam, Malaysia, Indonesien und auf den Philippinen sowie nichtchinesische Gesellschaften (Nord- und Südkorea, Vietnam), die gleichwohl vieles mit der konfuzianischen Kultur Chinas gemein haben.

Während der fünfziger Jahre definierte sich China als Verbündeten der Sowjetunion. Dann, nach dem chinesisch-sowjetischen Bruch, sah es sich als Führer der Dritten Welt gegen beide Supermächte. Dies produzierte enorme Kosten und wenig Vorteile, und nach dem Umschwenken der US-amerikanischen Politik unter der Administration Nixon bemühte sich China, in das Spiel um das Gleichgewicht der Macht mit den zwei Supermächten einzugreifen, indem es sich in den siebziger Jahren mit den USA verbündete, als diese schwach zu sein schienen, und dann in den achtziger Jahren auf größere Distanz schaltete, als die militärische Macht der USA zunahm und die Sowjetunion wirtschaftlich verfiel und sich in Afghanistan verstrickte. Mit dem Ende des Wettlaufs der Supermächte verlor jedoch die »chinesische Trumpfkarte« jeden Wert, und China war erneut gezwungen, seine Rolle im Weltgeschehen neu zu definieren. Es setzte sich zwei Ziele: (erstens) Vorkämpfer der chinesischen Kultur zu werden, der Kernstaat, der kulturelle Magnet, an dem sich alle anderen chinesischen Gemeinschaften orientieren würden, und (zweitens) seine historische, im 19. Jahrhundert verlorene Stellung als Hegemonialmacht Ostasiens zurückzugewinnen.

Die neue Rolle Chinas als Kernstaat und Magnet des sinischen Kulturkreises zeigt sich (erstens) in der Art und Weise, wie China seine Stellung im Weltgeschehen beschreibt, (zweitens) in dem Umfang, in dem Auslandschinesen wirtschaftlich mit China verflochten sind, und (drittens) in den zunehmenden wirtschaftlichen, politischen und diplomatischen Verbindungen der drei anderen wichtigen chinesischen Gemeinwesen Hongkong, Taiwan und Singapur mit China sowie die stärkere Orientierung nach China in jenen südostasiatischen Ländern, in denen Chinesen signifikanten politischen Einfluß haben (Thailand, Malaysia).

Die chinesische Regierung sieht Festlandchina als Kernstaat einer chinesischen Kultur, an der sich alle chinesischen Gemeinschaften orientieren sollten. Die Regierung hat längst ihre Bemühungen aufgegeben, ihre Interessen im Ausland durch lokale kommunistische Parteien zu fördern, und sucht sich jetzt »als weltweiten Repräsentanten des Chinesentums zu etablieren«.[14] Für die chinesische Regierung sind Menschen chinesischer Abstammung, selbst wenn sie Bürger eines anderen Landes sind, Mitglied der chinesischen Gemeinschaft und unterstehen daher in einem gewissen Maße der Autorität der chinesischen Regierung. Chinesische Identität wird also rassisch definiert. Chinesen sind alle, die, wie es ein Wissenschaftler der Volksrepublik China ausdrückte, »Rasse, Blut und Kultur« Chinas gemeinsam haben. Mitte der neunziger Jahre war dieses Thema aus regierungsamtlichen wie aus privaten chinesischen Quellen zunehmend zu hören. Für Chinesen und für Menschen chinesischer Abstammung, die in nichtchinesischen Gesellschaften leben, wird somit der »Spiegeltest« zur Probe darauf, wer sie sind: »Sieh in den Spiegel«, lautet die Mahnung Beijing-orientierter Chinesen an Menschen chinesischer Abstammung, die sich an fremde Gesellschaften zu assimilieren versuchen. Diasporachinesen, das heißt *huaren*, Menschen chinesischer Herkunft, im Unterschied zu *zhongguoren*, Menschen des chinesischen Staates, artikulieren zunehmend das Konzept eines »kulturellen China« als Manifestation ihres *gonshi*, ihres gemeinsamen Bewußtseins. Chinesische Identität, im 20. Jahrhundert so vielen Anstürmen aus dem Westen ausgesetzt, wird heute im Sinne der kontinuierlichen Elemente der chinesischen Kultur neu definiert.[15]

Diese Identität ist immer schon auch mit unterschiedlichen Beziehungen zu den zentralen Autoritäten des chinesischen Staates vereinbar gewesen. Dieses Gefühl der kulturellen Identität erleichtert und wird verstärkt durch die Ausweitung der wirtschaftlichen Beziehungen der verschiedenen Chinas untereinander. Diese waren ihrerseits ein wesentliches Element bei der Förderung des rapiden Wirtschaftswachstums in Festlandchina und anderswo, was wiederum den materiellen und psychologischen Anstoß zur Stärkung einer chinesischen Identität gegeben hat.

»Groß-China« ist also nicht einfach ein abstraktes Konzept. Es ist eine rapide wachsende kulturelle und wirtschaftliche Realität und beginnt auch politisch Realität zu werden. Chinesen waren verantwortlich für die in den achtziger und neunziger Jahren zu beobachtende dramatische wirtschaftliche Entwicklung auf dem Festland, bei den Tigern (von deren vieren drei chinesisch sind) und in den südostasiatischen Ländern, deren Volkswirtschaft von Chinesen dominiert wird. Die Wirtschaft Ostasiens ist zunehmend chinazentriert und chinesisch dominiert. Chinesen aus Hongkong, Taiwan und Singapur haben viel von dem Kapital beigesteuert, das für das Wachstum auf dem Festland in den neunziger Jahren verantwortlich war. Anderswo in Südostasien dominierten Auslandschinesen die Volkswirtschaft ihrer jeweiligen Länder. Anfang der neunziger Jahre machten Chinesen 1 Prozent der Bevölkerung der Philippinen aus, waren aber für 35 Prozent der Umsätze der einheimischen Firmen verantwortlich. In Indonesien stellten Mitte der achtziger Jahre Chinesen 2 bis 3 Prozent der Bevölkerung, besaßen aber knapp 70 Prozent des privaten einheimischen Kapitals. 17 der 25 größten Unternehmen wurden von Chinesen kontrolliert, und ein einziger chinesischer Konzern war angeblich für 5 Prozent des indonesischen BIP verantwortlich. Anfang der neunziger Jahre machten Chinesen 10 Prozent der Bevölkerung Thailands aus, besaßen aber neun der zehn größten Unternehmensgruppen und waren für 50 Prozent des BIP verantwortlich. Chinesen stellen etwa ein Drittel der Bevölkerung Malaysias, dominieren aber fast vollständig die Wirtschaft.[16] Außerhalb Japans und Koreas ist die ostasiatische Wirtschaft grundsätzlich eine chinesische Wirtschaft.

Das Entstehen einer großchinesischen Sphäre des gemeinsamen Wohlstandes wurde erheblich erleichtert durch ein »Bambusgeflecht« familiärer und persönlicher Beziehungen und eine gemeinsame Kultur. Auslandschinesen sind viel besser als Westler oder Japaner gerüstet, in China Geschäfte zu tätigen. In China hängen Vertrauen und Engagement von persönlichen Beziehungen ab, nicht von Verträgen, Gesetzen oder anderen juristischen Dokumenten. Westliche Geschäftsleute finden es einfacher, in Indien Geschäfte zu machen als in China, wo die Unantastbarkeit einer Abmachung von der persönlichen Beziehung zwischen den Parteien abhängt. China, so bemerkte 1993 ein führender Japaner neidvoll, profitiere »von einem grenzenlosen Netzwerk chinesischer Kaufleute in Hongkong, Taiwan und Südostasien«.[17] Ein amerikanischer Geschäftsmann pflichtet bei: »Die Auslandschinesen besitzen das unternehmerische Geschick, sie beherrschen die Sprache, und sie nützen das Bambusgeflecht ihrer familiären Beziehungen für Kontakte. Das ist ein enormer Vorsprung gegenüber jemanden, der immer erst Rücksprache mit der Firmenleitung in Akron oder Philadelphaia halten muß.« Die Vorteile von Nicht-Festlandschinesen im Umgang mit dem Festland bringt auch Lee Kuan Yew zum Ausdruck: »Wir sind ethnische Chinesen. Wir teilen gewisse Merkmale aufgrund gemeinsamer Herkunft und Kultur. Menschen empfinden eine natürliche Verbundenheit mit jenen, die ihre physischen Eigenschaften teilen. Dieses Gefühl der Nähe verstärkt sich, wenn sie auch eine gemeinsame kulturelle und sprachliche Basis haben. Das bedeutet leichtere Kontaktaufnahme und Vertrauen, was die Grundlage jeder Geschäftsbeziehung ist.«[18] Ende der achtziger und in den neunziger Jahren vermochten ethnische Auslandschinesen »einer skeptischen Welt zu beweisen, daß *quanxi*-Verbindungen durch dieselbe Sprache und Kultur mangelnde Rechtsstaatlichkeit und Transparenz von Gesetzen und Regeln wettmachen können«. Die Verwurzelung einer wirtschaftlichen Entwicklung in einer gemeinsamen Kultur rückte bei der Zweiten Weltkonferenz chinesischer Unternehmer im November 1993 in Hongkong ins Rampenlicht; die Veranstaltung wurde als »Feier des chinesischen Triumphalismus in Anwesenheit ethnisch chinesischer Geschäftsleute aus der ganzen Welt« beschrieben.[19] In der sinischen Welt fördert, wie anderswo auch, kulturelle Gemeinsamkeit das wirtschaftliche Engagement.

Der Rückgang des westlichen Wirtschaftseinsatzes in China nach den Ereignissen auf dem Platz des Himmlischen Friedens und im Anschluß an ein Jahrzehnt rapiden chinesischen Wirtschaftswachstums bot Auslandschinesen Gelegenheit und Anreiz, aus ihrer gemeinsamen Kultur und persönlichen Kontakten Kapital zu schlagen und in China stark zu investieren. Das Ergebnis war eine dramatische Ausweitung der wirtschaftlichen Gesamtverflechtung zwischen den einzelnen chinesischen Gemeinschaften. 1992 kamen 80 Prozent der ausländischen Direktinvestitionen in China (11,3 Milliarden $) von Auslandschinesen, vor allem aus Hongkong (68,3 Prozent), aber auch aus Taiwan (9,3 Prozent), Singapur, Macao und anderswo. Dagegen betrug der Anteil Japans 6,6 Prozent und der der USA 4,6 Prozent. Von den akkumulierten ausländischen Gesamtinvestitionen in Höhe von 50 Milliarden $ stammten 67 Prozent aus chinesischen Quellen. Genauso eindrucksvoll war das Handelswachstum. Taiwans Exporte stiegen von fast Null 1986 auf 8 Prozent von Taiwans Gesamtexporten 1992, was einer jährlichen Expansionsrate von 35 Prozent entsprach. Singapurs Exporte nach China stiegen 1992 um 22 Prozent, verglichen mit dem Gesamtwachstum seiner Exporte um kaum 2 Prozent. Murray Weidenbaum bemerkte 1993: »Trotz der gegenwärtigen Dominanz der Japaner in der Region ist die chinesisch gestützte Wirtschaft Asiens dabei, sich rapide als neues Epizentrum der Industrie, des Handels und des Geldwesens zu entwickeln. Dieses strategische Gebiet verfügt über erhebliche Mengen von Technologie und Gewerbepotential (Taiwan), hervorragendes unternehmerisches, Marketing- und Service-Know-how (Hongkong), ein gutes Kommunikationsnetz (Singapur), einen riesigen Pool an Finanzkapital (alle drei) und sehr große Reserven an Land, Ressourcen und Arbeitskraft (Festlandchina).«[20] Darüber hinaus war Festlandchina natürlich der potentiell größte aller expandierenden Märkte, und Mitte der neunziger Jahre waren Investitionen in China zunehmend auf Verkäufe auf diesem Markt sowie Exporte aus ihm orientiert.

Die Chinesen in südostasiatischen Ländern assimilieren sich in unterschiedlichem Ausmaß an die lokale Bevölkerung, wobei diese oft antichinesische Gefühle hegt, die sich gelegentlich, wie bei den Unruhen im indonesischen Medan im April 1994, in Gewalttätigkeiten entladen. Manche Malaysier und Indonesier kritisierten den Fluß von chinesischen Investitionen auf das Festland als »Kapitalflucht«, und politische Führer, allen voran Präsident Suharto, mußten ihren Landsleuten ausdrücklich versichern, daß dieser Vorgang ihren Volkswirtschaften nicht schade. Die Chinesen Südostasiens wiederum beharrten darauf, daß ihre Loyalität uneingeschränkt dem Land ihrer Geburt und nicht dem Land ihrer Vorfahren gelte. Anfang der neunziger Jahre wurde der Abfluß chinesischen Kapitals aus Südostasien nach China durch einen starken Zustrom taiwanesischer Investitionen auf die Philippinen, nach Malaysia und Vietnam ausgeglichen.

Die Kombination aus wachsender wirtschaftlicher Macht und gemeinsamer chinesischer Kultur führte Hongkong, Taiwan und Singapur zunehmend dazu, sich in der chinesischen Heimat zu engagieren. Im Hinblick auf den bevorstehenden Machttransfer begannen Hongkong-Chinesen, eher auf Weisungen aus Beijing als aus London zu hören. Geschäftsleute und andere Führungspersönlichkeiten unterließen es zunehmend, China zu kritisieren oder Dinge zu tun, die China verärgern konnten. Wenn sie die chinesische Regierung doch kränkten, zögerte diese nicht mit Vergeltungsmaßnahmen. 1994 kooperierten bereits Hunderte von Geschäftsleuten mit Beijing und fungierten als »Berater in Hongkong«; sie bildeten praktisch eine Schattenregierung. Anfang der neunziger Jahre expandierte auch der wirtschaftliche Einfluß Chinas in Hongkong dramatisch, mit Investitionen vom

Festland, die 1993 angeblich höher waren als die aus Japan und den USA zusammen.[21] Mitte der neunziger Jahre war die wirtschaftliche Integration zwischen Hongkong und China praktisch vollzogen, wobei die politische Integration 1997 stattfinden sollte.

Die Expansion der taiwanesischen Verbindungen zum Festland hinkte hinter derjenigen Hongkongs her. Gleichwohl begannen in den achtziger Jahren bemerkenswerte Veränderungen. Nach 1949 weigerten sich die beiden chinesischen Republiken drei Jahrzehnte lang, ihre gegenseitige Existenz oder Legitimität anzuerkennen, unterhielten keinerlei Kontakte zueinander und befanden sich sozusagen im Kriegszustand, was sich von Zeit zu Zeit im Austausch von Geschützfeuer auf den vorgelagerten Inseln manifestierte. Nachdem jedoch Deng Xiaoping seine Macht konsolidiert und den Prozeß der wirtschaftlichen Reform eingeleitet hatte, leitete die Festlandsregierung eine Reihe versöhnlicher Gesten gegen Taiwan ein. 1981 reagierte die Regierung in Taiwan und begann, von ihrer bisherigen Politik des »dreifachen Nein« (kein Kontakt, keine Verhandlung, kein Kompromiß) abzurücken. Im Mai 1986 kam es zu ersten Verhandlungen zwischen Vertretern beider Seiten um die Rückgabe eines auf das Festland entführten Flugzeugs, und im folgenden Jahr hob die Regierung der Republik China das Verbot von Reisen auf das Festland auf.[22]

Die folgende rasche Expansion der wirtschaftlichen Beziehungen zwischen Taiwan und dem Festland wurde erheblich erleichtert durch ihr »gemeinsames Chinesentum« und das daraus resultierende gegenseitige Vertrauen. Die Menschen Taiwans und Chinas, bemerkte Taiwans Chefunterhändler, haben das Gefühl »Blut ist dicker als Wasser« und sind stolz auf die Leistungen der jeweils anderen Seite. Bis Ende 1993 hatte es mehr als 4,2 Millionen Besuche von Taiwanesen auf dem Festland und 40.000 Besuche von Festländern auf Taiwan gegeben; täglich gingen 40.000 Briefe und 13.000 Telefonanrufe hin und her. Der Handel zwischen beiden Chinas erreichte 1993 angeblich 14,4 Milliarden $, und 20.000 taiwanesische Unternehmen hatten zwischen 15 und 30 Milliarden $ auf dem Festland investiert. Taiwans Aufmerksamkeit konzentrierte sich zunehmend auf das Festland, von dem sein Erfolg zunehmend abhing. »Vor 1980 war Amerika der wichtigste Markt für Taiwan«, äußerte eine offizielle Stimme in Taiwan 1993, »aber für die neunziger Jahre wissen wir, daß der kritischste Faktor für den Erfolg von Taiwans Wirtschaft das Festland ist.« Die billigen Arbeitskräfte auf dem Festland waren eine Hauptattraktion für taiwanesische Investoren, die mit dem Arbeitskräftemangel in ihrer Heimat zu kämpfen hatten. 1994 kam ein umgekehrter Prozeß der Berichtigung des Ungleichgewichts von Kapital und Arbeit zwischen den beiden Chinas in Gang, als taiwanesische Fischereigesellschaften 10.000 Festländer für ihre Fischfangflotten anheuerten.[23]

Die Entwicklung der wirtschaftlichen Verbindungen führte zu Verhandlungen zwischen den beiden Regierungen. Im Interesse der beiderseitigen Kommunikation gründeten 1991 Taiwan die »Stiftung für den Austausch über die Straße von Taiwan« (Straits Exchange Foundation, SEF) und das Festland die »Vereinigung für Beziehungen über die Straße von Taiwan« (Association for Relations Across the Taiwan Strait, ARATS). Das erste Treffen wurde im April 1993 in Singapur abgehalten, weitere Treffen auf dem Festland und in Taiwan folgten. Im August 1994 wurde eine als »Durchbruch« empfundene Abmachung über eine Reihe von strittigen Fragen getroffen, und man begann, über ein Gipfeltreffen von führenden Vertretern beider Regierungen zu spekulieren.

Mitte der neunziger Jahre gab es zwischen Taipei und Beijing weiterhin gravierende Streitpunkte wie die Frage der Souveränität, die Mitgliedschaft Taiwans in internationalen Organisationen und die Möglichkeit, daß Taiwan sich erneut als unabhängiger Staat definieren könne. Die Wahrscheinlichkeit, daß letzteres geschehen könne, wurde jedoch zunehmend geringer, als die Demokratisch-Progressive Partei (DDP) als Hauptbefürworterin der Unabhängigkeit feststellen mußte, daß die taiwanesischen Wähler die bestehenden Kontakte zum Festland nicht aufs Spiel setzen wollten und daß eine Forcierung dieses Themas die Wahlchancen der DDP beeinträchtigen würde. DDP-Führer betonten daraufhin, daß für sie, sofern sie an die Macht kämen, das Thema Unabhängigkeit nicht als erstes auf der Tagesordnung stehen werde. Die beiden Regierungen haben auch ein gemeinsames Interesse daran, die chinesische Souveränität über die Spratly- und andere Inseln im Südchinesischen Meer zu betonen und dem Festland die amerikanische Meistbegünstigungsklausel zu erhalten. Mitte der neunziger Jahre rückten die beiden Chinas langsam, aber wahrnehmbar und unvermeidlich zusammen und entwickelten gemeinsame Interessen aufgrund ihrer expandierenden wirtschaftlichen Beziehungen und gemeinsamen kulturellen Identität.

Diese Bewegung in Richtung Verständigung wurde 1995 abrupt unterbrochen, als die taiwanesische Regierung lautstark die diplomatische Anerkennung Taiwans und seine Zulassung zu internationalen Organisationen betrieb, Präsident Lee Teng-hui den USA einen »privaten« Besuch abstattete und Taiwan im Dezember 1995 Parlamentswahlen und anschließend im März 1996 Präsidentenwahlen abhielt. Im Gegenzug testete die chinesische Regierung in Gewässern vor den großen taiwanesischen Häfen ihre Raketen und nahm unweit taiwanesisch kontrollierter Inseln vor dem Festland Manöver vor. Diese Entwicklungen warfen zwei Schlüsselfragen auf. Kann Taiwan gegenwärtig demokratisch bleiben, ohne formell unabhängig zu sein? Könnte Taiwan auch in Zukunft demokratisch sein, ohne unabhängig zu bleiben?

Die Beziehungen Taiwans zum Festland haben im Grunde zwei Phasen durchgemacht und könnten in eine dritte eintreten. Jahrzehntelang erhob die nationalistische Regierung den Anspruch, die Regierung von ganz China zu sein; dieser Anspruch bedeutete offenkundig den Konflikt mit jener Regierung, die faktisch die Regierung von ganz China mit Ausnahme Taiwans war. In den achtziger Jahren ließ die taiwanesische Regierung diesen Anspruch fallen und definierte sich als die Regierung

Taiwans, was die Basis für eine Verständigung nach dem Motto des Festlandes »ein Land, zwei Systeme« bot. Verschiedene Personen und Gruppierungen betonten jedoch zunehmend die kulturelle Identität Taiwans, seine relativ kurze Zeit unter chinesischer Herrschaft und seine eigene Sprache, die für Mandarinsprechende unverständlich sei. Im Grunde unternahmen sie den Versuch, die taiwanesische Gesellschaft als eine nichtchinesische und daher legitimerweise von China unabhängige zu definieren. Und in dem Maße, wie die Regierung von Taiwan auf internationaler Ebene aktiver wurde, schien auch sie anzudeuten, daß Taiwan ein eigenes Land, nicht ein Teil Chinas sei. Ihrem Selbstverständnis zufolge entwickelte sich die taiwanesische Regierung offenbar von der Regierung von ganz China über die Regierung eines Teils von China zur Regierung von keinem Teil Chinas. Letztere Position, welche die de-facto-Unabhängigkeit Taiwans formalisieren würde, ist völlig unannehmbar für die Regierung in Beijing, die zur Verhinderung dieser Variante wiederholt ihre Bereitschaft zur Gewaltanwendung hat durchblicken lassen. Chinesische Regierungsmitglieder haben auch dargelegt, daß sie im Anschluß in die Integration Hongkongs in die Volksrepublik 1997 und diejenige Macaos 1999 die Wiederangliederung Taiwans an das Festland betreiben werden. Wie dies geschieht, hängt vermutlich davon ab, in welchem Umfang die Unterstützung für eine formale Unabhängigkeit in Taiwan wächst, wie in Beijing die Frage der Nachfolge entschieden wird, welche die politische und militärische Spitze zu heftigem Nationalismus animiert, und wie sich das militärische Potential Chinas entwickelt, das eine Blockade oder Invasion der Insel ermöglichen würde. Es ist anzunehmen, daß Anfang des 21. Jahrhunderts Taiwan durch Zwang, Verständigung oder am wahrscheinlichsten durch eine Mischung von beidem enger in das Festlandchina eingebunden wird.

Bis Ende der siebziger Jahre waren die Beziehungen zwischen dem strikt antikommunistischen Singapur und der Volksrepublik China frostig, und Lee Kuan Yew und andere Spitzen

Singapurs hatten für die Rückständigkeit Chinas nur Verachtung übrig. Als jedoch Anfang der achtziger Jahre die wirtschaftliche Entwicklung Chinas ihren Aufschwung nahm, begann Singapur, sich nach klassischer Trittbrettfahrermanier auf das Festland umzuorientieren. Bis 1992 hatte Singapur 1,9 Milliarden $ in China investiert, und im Jahr darauf wurde der Plan bekanntgegeben, außerhalb Shanghais eine Industriesiedlung »Singapur II« zu errichten, die mit Milliarden Dollar an Investitionen verbunden sein soll. Lee wurde zum begeisterten Werber für die wirtschaftlichen Aussichten Chinas und zum Bewunderer chinesischer Macht. »*China is where the action is*«, sagte er 1993.[24] Die Auslandsinvestitionen Singapurs, bis dahin stark auf Malaysia und Indonesien konzentriert, wurden nach China verlagert. Die Hälfte der Auslandsprojekte, die 1993 von der Regierung Singapurs gefördert wurden, lagen in China. Bei seinem ersten Besuch in Beijing 1976 hatte Lee Kuan Yew angeblich darauf bestanden, mit der chinesischen Führung nicht Mandarin, sondern Englisch zu sprechen. Es ist unwahrscheinlich, daß er das zwei Jahrzehnte später wieder getan hätte.

Islam: Islamisches Bewusstsein ohne islamischen Zusammenhalt

Die Struktur der politischen Loyalität unter Arabern und generell unter Muslimen ist das Gegenteil dessen gewesen, was im modernen Westen üblich war. Für diesen ist der Nationalstaat höchstes Objekt politischer Loyalität gewesen. Engere Loyalitäten sind dieser untergeordnet und gehen in der Loyalität zum Nationalstaat auf. Gruppierungen, die die Grenzen des Nationalstaats überschreiten, wie zum Beispiel Sprach- oder Religionsgemeinschaften oder Kulturen, haben weniger unbedingte Loyalität oder Bindung gefordert. Auf einem Kontinuum von engeren zu umfassenderen Einheiten haben daher im Westen die Loyalitäten ihren Höchstwert tendenziell in der Mitte, wobei die Loyalitätsintensitätskurve annähernd ein umgekehrtes U bildet.

In der islamischen Welt ist die Struktur der Loyalität fast genau umgekehrt gewesen. Der Islam hat in seiner Hierarchie der Loyalitäten eine hohle Mitte. Die »zwei fundamentalen, ursprünglichen und dauerhaften Strukturen« sind, wie Ira Lapidus angemerkt hat, auf der einen Seite die Familie, die Sippe, der Stamm gewesen und auf der anderen Seite »in aufsteigendem Maßstab die Einheiten Kultur, Religion und Reich«.[25] Ein libyscher Gelehrter äußerte sich ähnlich: »Tribalismus und Religion (Islam) spielten und spielen noch immer eine bedeutende und bestimmende Rolle in der sozialen, wirtschaftlichen, kulturellen und politischen Entwicklung arabischer Gesellschaften und politischer Systeme, ja sie sind dergestalt miteinander verwoben, daß sie als die wichtigsten Faktoren und Variablen angesehen werden, die die arabische politische Kultur und die arabische politische Mentalität prägen und bestimmen.« Stämme sind zentral für die Politik arabischer Staaten gewesen, deren viele ganz einfach, wie Tahsin Bashir es ausdrückt, »Stämme mit einer Flagge« sind. Der Gründer Saudi-Arabiens hatte weithin Erfolg dank seiner Fähigkeit, durch Heirat und andere Mittel eine Stammeskoalition zu bilden, und saudische Politik ist fortan zu einem wesentlichen Teil Stammespolitik gewesen, die Sudaris gegen Shammars und andere Stämme ausspielte. In der Entwicklung Libyens haben mindestens achtzehn große Stämme eine wichtige Rolle gespielt, und im Sudan sollen rund 500 Stämme leben, dessen größter 12 Prozent der Bevölkerung des Landes umfaßt.[26]

In Zentralasien waren historisch gesehen nationale Identitäten nicht existent. »Die Loyalität galt dem Stamm, der Sippe und der erweiterten Familie, nicht dem Staat.« Am entgegengesetzten Extrem hatten die Menschen »Sprache, Religion, Kultur und Lebensstil« gemeinsam: »Die stärkste einigende Kraft unter den Menschen, stärker als die Macht des Emir, war der Islam.« Unter den Tschetschenen und verwandten nordkaukasischen Völkern hat es rund 100 »Berg«-Clans und 70 »Tal«-Clans gegeben, die die Politik und die Wirtschaft in einem solchen Umfang kontrollierten, daß man den Tschetschenen, im

Gegensatz zur sowjetischen Planwirtschaft, eine »Clanwirtschaft« zuschrieb.[27]

Im Islam sind die kleine Gruppe und der große Glaube, der Stamm und die *ummah*, Grundlage von Loyalität und Bindung gewesen, während dem Nationalstaat viel weniger Bedeutung zukommt. In der arabischen Welt haben existierende Staaten Legitimitätsprobleme, weil sie zum größten Teil das zufällige, um nicht zu sagen willkürliche Produkt des europäischen Imperialismus sind und ihre Grenzen sich oft nicht mit denen von Ethnien wie Berbern oder Kurden decken. Diese Staaten spalteten die arabische Welt, aber andererseits hat es nie einen panarabischen Staat gegeben. Darüber hinaus ist der Gedanke eines souveränen Nationalstaats unvereinbar mit dem Glauben an die Souveränität Allahs und den Primat der *ummah*. Als revolutionäre Bewegung verwirft der islamistische Fundamentalismus den Nationalstaat zugunsten der Einheit des Islam, so wie der Marxismus ihn zugunsten der Einheit des internationalen Proletariats verwarf. Die Schwäche des Nationalstaats im Islam spiegelt sich auch in der Tatsache, daß es in den Jahren nach dem Zweiten Weltkrieg zwar zu zahlreichen Konflikten zwischen muslimischen *Gruppierungen* kam, daß aber direkt zwischen muslimischen *Staaten* nur zwei größere Kriege stattfanden. An diesen war jeweils der Irak beteiligt, der in einem Nachbarland einmarschierte.

In den siebziger und achtziger Jahren bewirkten dieselben Faktoren, die zum Aufschwung des Islam in den einzelnen Ländern führten, auch eine verstärkte Identifikation mit dem islamischen Kulturkreis. Mitte der achtziger Jahre bemerkte ein Gelehrter:

> »Zu gründlicher Befassung mit muslimischer Identität und Einheit haben ferner Dekolonialisierung, demographisches Wachstum, Industrialisierung, Urbanisierung und eine veränderte internationale Wirtschaftsordnung in Verbindung mit, unter anderem, dem Ölreichtum der muslimischen Länder

angeregt ... Moderne Kommunikationsmittel haben die Bindung muslimischer Menschen aneinander gestärkt und verbessert. Es hat eine starke Zunahme der Zahl jener gegeben, die nach Mekka pilgern, was unter Muslimen aus so weit entfernten Ländern wie China und Senegal, Jemen und Bangladesch ein kräftiges Gefühl gemeinsamer Identität erzeugt. Eine wachsende Anzahl von Studenten aus Indonesien und Malaysia, von den südlichen Philippinen und aus Afrika studiert heute an nahöstlichen Universitäten, wobei über nationale Grenzen hinweg Ideen verbreitet und persönlich Kontakte geknüpft werden. Es finden regelmäßig und immer öfter Konferenzen und Konsultationen muslimischer Intellektueller und *ulama* (Islam-Gelehrten) in Zentren wie Teheran, Mekka und Kuala Lumpur statt ... Kassetten (Audio- und neuerdings auch Videokassetten) verbreiten Moscheepredigten über internationale Grenzen hinweg, so daß einflußreiche Prediger heute ein Publikum erreichen, das weit über ihre lokale Gemeinde hinausgeht.«[28]

Das Gefühl muslimischer Einheit hat auch in den Maßnahmen staatlicher und internationaler Organisationen Niederschlag und Ermutigung gefunden. 1969 organisierten die Führer Saudi-Arabiens, in Zusammenarbeit mit ihren Kollegen aus Pakistan, Marokko, Iran, Tunesien und der Türkei, den ersten islamischen Gipfel in Rabat. Hieraus entstand die Organisation der Islamischen Konferenz (OIC), die mit Sitz in Dschidda 1972 formell gegründet wurde. Praktisch alle Staaten mit großem muslimischen Bevölkerungsanteil gehören heute der Konferenz an, die die einzige zwischenstaatliche Organisation ihrer Art ist. Christliche, orthodoxe, buddhistische, hinduistische Regierungen haben keine zwischenstaatlichen Organisationen mit einer auf Religion basierenden Mitgliedschaft; muslimische Regierungen haben sie. Darüber hinaus haben Saudi-Arabien, Pakistan, Iran und Libyen nicht-staatliche Organisationen finanziert und unterstützt, zum Beispiel den Muslimischen Weltkongreß (WMC, eine pakistanische Gründung), die Islamische Weltliga (MWL, eine saudische Gründung) und »zahlreiche oft sehr entfernte Regimes, Parteien, Bewegungen und Anliegen, die ihre ideologischen Orientierungen zu teilen scheinen« und die »den Fluß von Informationen und Ressourcen unter Muslimen bereichern«.[29]

Die Umsetzung islamischen Bewußtseins in islamischen Zusammenhalt birgt jedoch zwei Paradoxa. Erstens zerfällt der Islam in mehrere konkurrierende Machtzentren, deren jedes den Versuch unternimmt, aus der muslimischen Identifikation mit der *ummah* Kapital zu schlagen, um den Zusammenhalt des Islam unter seiner Führung zu fördern. Diese Konkurrenz findet zwischen den etablierten Regimen und ihren Organisationen einerseits und islamistischen Regimen und ihren Organisationen andererseits statt. Saudi-Arabien ergriff die Initiative zur Gründung der OIC nicht zuletzt deshalb, um ein Gegengewicht gegen die Arabische Liga zu haben, die damals von Nasser dominiert wurde. 1991, nach dem Golfkrieg, gründete der sudanesische Scheich Hassan al-Turabi die Arabisch-Islamische Volkskonferenz (PAIC) als Gegengewicht gegen die saudisch dominierte OIC. Die dritte Konferenz der PAIC in Khartum Anfang 1995 wurde von mehreren hundert Delegierten islamistischer Organisationen und Bewegungen aus 80 Ländern besucht.[30] Über diese formellen Organisationen hinaus entstand durch den Krieg in Afghanistan ein ausgedehntes Netz von informellen und Untergrund-Gruppen von Veteranen, die in Algerien, Tschetschenien, Ägypten, Tunesien, Bosnien, Palästina, den Philippinen und anderswo als Kämpfer für die muslimische oder islamistische Sache in Erscheinung getreten sind. Nach dem Krieg wurden ihre Reihen durch Kämpfer aufgefüllt, die ihre Ausbildung an der Universität Dawa Dschihad bei Peshawar sowie in Lagern der diversen afghanischen Faktionen und ihrer ausländischen Unterstützer erhalten hatten. Die gemeinsamen Interessen radikaler Regimes und Bewegungen konnten sich gelegentlich über traditionellere Gegensätze hinwegsetzen, und mit iranischer Hilfe wurden Verbindungen zwischen sunnitischen und schiitischen Fundamentalistengruppen angebahnt. Eine enge militärische Zusammenarbeit besteht zwischen dem Sudan und dem Iran; die iranische Luftwaffe und Marine benutzte zeitweise sudanesische Einrichtungen, und die beiden Regierungen unterstützten gemeinsam fundamentalistische Gruppen in Algerien und anderswo. Hassan al-Turabi und Saddam Hussein sollen 1994 enge Bande geknüpft haben, und der Iran und der Irak näherten sich der Aussöhnung.[31]

Zweitens: Die Idee der *ummah* setzt die Illegitimität des Nationalstaates voraus, und doch ist die *ummah* nur durch das Handeln eines oder mehrerer starker Kernstaaten zu einigen. Doch diese gibt es heute nicht. Das Konzept des Islam als einer einheitlichen religiös-politischen Gemeinschaft hat in der Vergangenheit Kernstaaten nur in Erscheinung treten lassen, wenn religiöse und politische Führung, Kalifat und Sultanat, in einer einzigen Herrschaftseinrichtung verbunden waren. Die rapide arabische Eroberung Nordafrikas und des Nahen Ostens im 7. Jahrhundert gipfelte im Omaijaden-Kalifat mit seiner Hauptstadt Damaskus. Ihm folgten im 8. Jahrhundert das in Bagdad ansässige, persisch beeinflußte Abbasiden-Kalifat mit sekundären Kalifaten in Kairo und Córdoba im 10. Jahrhundert. Vierhundert Jahre später fegten die osmanischen Türken über den Nahen Osten hinweg, nahmen 1453 Konstantinopel ein und errichteten 1517 ein neues Kalifat. Etwa zu derselben Zeit fielen andere Turkvölker in Indien ein und gründeten das Mogulreich. Der Aufstieg des Westens unterminierte sowohl das Osmanische als auch das Mogulreich, und das Ende des Osmanischen Reichs ließ den Islam ohne Kernstaat zurück. Seine Gebiete wurden weitgehend unter westlichen Mächten aufgeteilt, die nach ihrem Rückzug fragile Staaten hinterließen, geformt nach einem westlichen Vorbild, das den Traditionen des Islam fremd war. Daher hat im 20. Jahrhundert meistens kein muslimisches Land genügend Macht und genügend kulturelle und religiöse Legitimität besessen, um diese Rolle zu übernehmen und von anderen islamischen Staaten und nichtislamischen Ländern als führende Macht des Islam anerkannt zu werden.

Das Fehlen eines islamischen Kernstaats ist ein ausschlaggebender Faktor in den durchgängigen inneren und äußeren Konflikten, die den Islam kenzeichnen. Islamisches Bewußtsein ohne islamischen Zusammenhalt ist eine Quelle der Schwäche für den Islam und eine Quelle der Bedrohung für andere Kulturen. Wird dieser Zustand andauern?

Ein islamischer Kernstaat muß die wirtschaftlichen Ressourcen, die militärische Macht, das organisatorische Potential, islamische Identität und religiöses Engagement besitzen, um der *ummah* politische *und* religiöse Führung bieten zu können. Sechs Staaten sind immer wieder als mögliche Führungsmächte des Islam im Gespräch; gegenwärtig erfüllt jedoch keiner von ihnen die für einen effizienten Kernstaat notwendigen Voraussetzungen. Indonesien ist das größte muslimische Land und erlebt ein rapides wirtschaftliches Wachstum. Es liegt jedoch an der Peripherie des Islam, weit ab von dessen arabischem Zentrum; sein Islam ist ein gelassener, südostasiatischer Islam; seine Menschen und seine Kultur sind eine Mischung aus einheimischen, muslimischen, hinduistischen, chinesischen und christlichen Einflüssen. Ägypten ist ein arabisches Land mit einer großen Bevölkerung, einer zentralen, strategisch wichtigen Lage im Nahen Osten und der führenden Institution islamischer Gelehrsamkeit, der Al-Azhar-Universität. Es ist jedoch auch ein armes Land, wirtschaftlich abhängig von den USA, von westlich kontrollierten internationalen Organisationen und den erdölreichen arabischen Staaten.

Iran, Pakistan und Saudi-Arabien haben sich alle ausdrücklich als muslimische Länder definiert und massive Versuche unternommen, Einfluß auf die *ummah* auszuüben und in ihr die Führung zu übernehmen. Hierbei rivalisierten sie miteinander in der Förderung von Organisationen, der Finanzierung von islamischen Gruppen, der Unterstützung der Kämpfer in Afghanistan und dem Umwerben der muslimischen Völker Zentralasiens. Iran wäre, was seine Größe, zentrale Lage, Bevölkerung, historischen Traditionen, Ölressourcen und wirtschaftliche Entwicklung auf mittlerem Niveau betrifft, für einen islamischen Kernstaat qualifiziert. Jedoch sind neunzig Prozent der Muslime Sunniten, während der Iran schiitisch ist; Persisch liegt weit hinter dem Arabischen als Sprache des Islam; und die Beziehungen zwischen Persern und Arabern waren in der Geschichte stets von Gegensätzen geprägt.

Pakistan hat die notwendige Größe, Bevölkerung und militärische Fähigkeit, und seine Führer haben ziemlich konsequent versucht, eine Rolle als Wegbereiter der Kooperation unter den islamischen Staaten und als Sprecher des Islam in der übrigen Welt zu beanspruchen. Pakistan ist jedoch relativ arm und krankt an schweren inneren ethnischen und regionalen Zwistigkeiten, an seiner notorischen politischen Instabilität und an der Fixierung auf sein Sicherheitsproblem gegenüber Indien. Dies erklärt zu einem wesentlichen Teil sein Interesse an der Entwicklung enger Beziehungen zu anderen islamischen Ländern sowie zu nichtmuslimischen Mächten wie China und den USA.

Saudi-Arabien war die ursprüngliche Heimat des Islam; dort liegen die größten Heiligtümer des Islam; seine Sprache ist die Sprache des Islam; es hat die größten Ölreserven der Welt und den entsprechenden finanziellen Einfluß; und seine Regierung hat die saudische Gesellschaft streng im Sinne des Islam geformt. Während der siebziger und achtziger Jahre war Saudi-Arabien der einflußreichste Einzelfaktor in der muslimischen Welt. Das Land gab Milliarden von Dollar für die Unterstützung muslimischer Anliegen in der ganzen Welt aus, von Moscheen und Lehrbüchern bis zu Parteien, islamistischen Organisationen und terroristischen Bewegungen. Auf der anderen Seite machen die relativ kleine Bevölkerung und seine geographische Verwundbarkeit das Land in Sicherheitsfragen vom Westen abhängig.

Schließlich hat die Türkei die notwendige Geschichte, Bevölkerung, mittlere Wirtschaftsentwicklung, nationale Geschlossenheit und militärische Tradition und Kompetenz, um als Kernstaat des Islam zu gelten. Doch Atatürk, der die Türkei ausdrücklich als laizistische Gesellschaft definierte, hinderte die Türkische Republik daran, in dieser Rolle dem Osmanischen Reich nachzufolgen. Die Türkei konnte aufgrund ihres in der Verfassung verankerten Laizismus nicht einmal Gründungsmitglied der Organisation der Islamischen Konferenz werden. Solange die Türkei sich weiterhin als säkularer Staat definiert, bleibt ihr die Führung des Islam versagt.

Wie aber, wenn die Türkei sich neu definierte? An einem bestimmten Punkt könnte die Türkei es leid sein, die frustrierende und demütigende Rolle des Bittstellers zu spielen, der um Aufnahme in den Westen bettelt, und sich auf ihre viel eindrucksvollere und herausragende historische Rolle als wichtigster islamischer Gesprächspartner und Antagonist des Westens besinnen. Der Fundamentalismus ist in der Türkei auf dem Vormarsch; unter Özal unternahm die Türkei umfangreiche Bemühungen, sich mit der arabischen Welt zu identifizieren; sie hat aus ethnischen und sprachlichen Bindungen Kapital geschlagen, um eine bescheidene Rolle in Zentralasien zu spielen. Sie hat den bosnischen Muslimen Ermutigung und Unterstützung zuteil werden lassen. Von allen anderen muslimischen Ländern unterscheidet sich die Türkei durch ihre tiefgreifenden historischen Beziehungen zu Muslimen auf dem Balkan, im Nahen Osten, in Nordafrika und Zentralasien. So könnte die Türkei denkbarerweise »Südafrika spielen«: den Laizismus als ebenso wesensfremd verwerfen, wie Südafrika die Apartheid verwarf, und sich damit vom Pariastaat ihres Kulturkreises zum führenden Staat dieses Kulturkreises mausern. Nachdem es in Form von Christentum und Apartheid das Beste und das Schlechteste des Westens kennengelernt hat, ist Südafrika besonders qualifiziert, in Afrika eine führende Rolle zu übernehmen. Nachdem sie in Laizismus und Demokratie das Schlechteste und das Beste des Westens kennengelernt hat, mag die

Türkei ebenso qualifiziert sein, den Islam zu führen. Dazu müßte sie aber das Erbe Atatürks noch gründlicher verwerfen, als Rußland das Erbe Lenins verworfen hat. Auch bedürfte es eines Führers vom Kaliber Atatürks, eines Führers, der religiöse und politische Legitimität in sich vereinigte, um aus dem zerrissenen Land Türkei einen Kernstaat des Islam zu machen.

IV

KONFLIKTE ZWISCHEN KULTURKREISEN

KAPITEL 8

Der Westen und der Rest: Interkulturelle Streitfragen

WESTLICHER UNIVERSALISMUS

So wie es aussieht, werden die Beziehungen zwischen Staaten und Gruppen aus unterschiedlichen Kulturkreisen nicht besonders eng und häufig sogar feindselig sein. Doch sind einige interkulturelle Beziehungen konfliktträchtiger als andere. Auf der Mikroebene verlaufen die umkämpftesten Bruchlinien zwischen dem Islam und seinen orthodoxen, hinduistischen, afrikanischen bzw. westlich-christlichen Nachbarn. Auf der Makroebene ist die ausschlaggebende Teilung die zwischen »dem Westen« und »dem Rest«, wobei der heftigste Zusammenprall zwischen muslimischen und asiatischen Gesellschaften einerseits und dem Westen andererseits statfindet. Die gefährlichen Konflikte der Zukunft ergeben sich wahrscheinlich aus dem Zusammenwirken von westlicher Arroganz, islamischer Unduldsamkeit und sinischem Auftrumpfen.

Als einzige aller Kulturen hat der Westen einen wesentlichen und manchmal verheerenden Einfluß auf jede andere Kultur gehabt. Das durchgängige Charakteristikum der Welt der Kulturkreise ist infolgedessen das Verhältnis zwischen der Macht und Kultur des Westens und der Macht und Kultur anderer Kreise. In dem Maße, wie die relative Macht anderer Kreise zunimmt, schwindet die Anziehungskraft der westlichen Kultur, und nichtwestliche Völker wenden sich mit zunehmender Zuversicht und Engagiertheit ihrer eigenen, angestammten Kultur zu. Das zentrale Problem in den Beziehungen zwischen dem Westen und dem Rest ist folglich die Diskrepanz zwischen den Bemühungen des Westens, speziell Amerikas, um Beförderung einer universalen westlichen Kultur und seiner schwindenden Fähigkeit hierzu.

Der Zusammenbruch des Kommunismus verschärfte diese Diskrepanz, weil er den Westen in der Auffassung bestärkte, seine Ideologie des demokratischen Liberalismus habe weltweit gesiegt und sei daher weltweit gültig. Der Westen und besonders die USA, die immer eine Nation mit Sendungsbewußtsein gewesen sind, sind überzeugt, daß die nichtwestlichen Völker sich für die westlichen Werte – Demokratie, freie Märkte, kontrollierte Regierung, Menschenrechte, Individualismus, Rechtsstaatlichkeit – entscheiden und diese Werte in ihren Institutionen zum Ausdruck bringen sollten. Minderheiten in anderen Kulturen haben diese Werte übernommen und fördern sie, aber die dominierenden Einstellungen ihnen gegenüber in nichtwestlichen Kulturen reichen von verbreiteter Skepsis bis zu heftigem Widerstand. Was für den Westen Universalismus ist, ist für den Rest der Welt Imperialismus.

Der Westen versucht und wird weiter versuchen, seine Vormachtstellung zu behaupten und seine Interessen dadurch zu verteidigen, daß er diese Interessen als Interessen der »Weltgemeinschaft« definiert. Dieses Wort ist das euphemistische Kollektivum (Ersatz für »die Freie Welt«), um Handlungen, die die Interessen der USA und anderer westlicher Mächte vertreten, weltweit zu rechtfertigen. Der Westen unternimmt heute zum Beispiel den Versuch, die Volkswirtschaften nichtwestlicher Gesellschaften in ein weltweites Wirtschaftssystem zu integrieren, das er dominiert. Durch den IWF und andere internationale Wirtschaftsinstitutionen fördert der Westen seine wirtschaftlichen Interessen und zwingt anderen Nationen die Wirtschaftspolitik auf, die er für richtig hält. Dabei würde der IWF in jeder Meinungsumfrage unter nichtwestlichen Völkern zwar die Unterstützung von Finanzministern und ein paar anderen Leuten finden, aber eine überwältigend ungünstige Beurteilung durch praktisch alle anderen Menschen erfahren, die Georgi Arbatovs Beschreibung der IWF-Bürokraten zustimmen würden: »Neobolschewisten, die es lieben, anderer Leute Geld zu expropriieren, undemokratische und fremde Regeln des wirtschaftlichen und politischen Verhaltens aufstellen und die wirtschaftliche Freiheit ersticken.« [1]

Nichtwestler zögern nicht, auf die Unterschiede zwischen westlichen Prinzipien und westlicher Praxis zu verweisen. Heuchelei, Doppelmoral und ein allfälliges »aber nicht« sind der Preis universalistischer Anmaßungen. Die Demokratie wird gelobt, aber nicht, wenn sie Fundamentalisten an die Macht bringt; die Nichtweitergabe von Kernwaffen wird für den Iran und den Irak gepredigt, aber nicht für Israel; freier Handel ist das Lebenselixier des Wirtschaftswachstums, aber nicht in der Landwirtschaft; die Frage nach den Menschenrechten wird China gestellt, aber nicht Saudi-Arabien; Aggressionen gegen erdölbesitzende Kuwaitis werden massiv abgewehrt, aber nicht gegen nicht-ölbesitzende Bosnier. Doppelmoral in der Praxis ist der unvermeidliche Preis für universalistische Prinzipien. Nachdem sie ihre politische Unabhängigkeit erreicht haben, wollen nichtwestliche Gesellschaften sich auch der wirtschaftlichen, militärischen und kulturellen Vormachtstellung des Westens entziehen. Ostasiatische Gesellschaften sind dabei, wirtschaftlich mit dem Westen gleichzuziehen. Asiatische und islamische Länder suchen nach Rezepten, um dem Westen militärisch Paroli zu bieten. Die universalen Bestrebungen der westlichen Zivilisation, die schwindende relative Macht des Westens und das zunehmende kulturelle Selbstbewußtsein anderer Kulturkreise garantieren generell schwierige Beziehungen zwischen dem Westen und dem Rest. Die Art dieser Beziehungen und der Grad ihrer potentiellen Feindseligkeit variieren jedoch beträchtlich und zerfallen in drei Kategorien. Die Beziehungen des Westens zu den Herausforderer-Kreisen Islam und China werden überwiegend gespannt und oft überaus feindselig sein. Seine Beziehungen zu Lateinamerika und Afrika – schwächeren Kulturkreisen, die in gewissem Umfang vom Westen abhängig sind – werden ein weit geringeres Konfliktniveau haben, vor allem jene zu Lateinamerika. Die Beziehungen des Westens zu Rußland, Japan und Indien werden wahrscheinlich irgendwo in der Mitte liegen und sowohl Elemente der Kooperation wie Elemente des Konflikts enthalten, je nachdem, ob diese drei Kernstaaten gerade die Herausforderer-Kreise unterstützen oder die Partei des Westens ergreifen. Sie sind die »Pendler«-Kulturen zwischen dem Westen auf der einen Seite und dem islamischen bzw. sinischen Kulturkreis auf der anderen.

Der Islam und China verkörpern große kulturelle Traditionen, die von denen des Westens sehr verschieden und ihnen in den Augen jener Kulturkreise unendlich überlegen sind. Macht und Selbstbewußtsein dieser beiden Kreise im Vergleich zum Westen nehmen zu, und die Wert- und Interessenkonflikte zwischen ihnen und dem Westen werden zahlreicher und heftiger. Da der Islam keinen Kernstaat hat, variieren seine Beziehungen zum Westen von Land zu Land erheblich. Seit den siebziger Jahren existiert jedoch eine recht konsequente antiwestliche Tendenz, die abzulesen ist am Aufstieg des Fundamentalismus, an Machtverschiebungen in muslimischen Ländern von eher prowestlichen zu eher antiwestlichen Regierungen, am Ausbrechen einer Art Krieg zwischen manchen islamischen Gruppen und dem Westen und am Brüchigwerden der aus dem Kalten Krieg stammenden Sicherheitsabsprachen zwischen den USA und manchen muslimischen Staaten. Spezifische Konflikte verweisen auf die grundsätzliche Frage, welche Rolle diese Kulturen im Vergleich zum Westen in Zukunft bei der Gestaltung der Welt spielen werden. Werden die internationalen Institutionen, die Verteilung der Macht sowie Politik und Wirtschaft der Nationen im 21. Jahrhundert in erster Linie von westlichen Werten und Interessen geprägt sein oder vielmehr von den Werten und Interessen des Islam und Chinas?

Die realistische Theorie der internationalen Beziehungen lautet, die Kernstaaten nichtwestlicher Zivilisationen sollten koalieren, um der beherrschenden Macht des Westens Paroli zu bieten. In einigen Gegenden ist dies auch geschehen. Eine allgemeine antiwestliche Koalition jedoch dürfte in unmittelbarer Zukunft unwahrscheinlich sein. Die islamische und die sinische Kultur unterscheiden sich grundlegend voneinander, was Religion, Kultur, Gesellschaftsstruktur, Traditionen, Politik und Auffassungen über ihre Lebensweise betrifft. Wahrscheinlich hat jede dieser beiden Kulturen an sich weniger mit der anderen gemein, als sie mit der westlichen gemein hat. Doch erzeugt in der Politik ein gemeinsamer Feind gemeinsame Interessen. Islamische und sinische Gesellschaften, die im Westen ihren Gegenspieler sehen, haben Grund, miteinander gegen den Westen zu kooperieren, wie es sogar die Alliierten und Stalin gegen Hitler taten. Diese Kooperation zeigt sich bei einer Vielzahl von Fragen; zu ihnen gehören Menschenrechte, Wirtschaft und vor allem die Anstrengungen von Gesellschaften beider Zivilisationen, ihr militärisches Potential auszubauen, besonders Massenvernichtungswaffen und deren Trägersysteme, um so der militärischen Überlegenheit des Westens bei konventionellen Waffen zu begegnen. Anfang der neunziger Jahre bestand eine – unterschiedlich intensive – konfuzianisch-islamische Schiene zwischen China und Nordkorea auf der einen Seite und Pakistan, Iran, Irak, Syrien, Libyen und Algerien auf der anderen, um in diesen Fragen dem Westen entgegentreten zu können.

Die Streitfragen, die den Westen und diese anderen Gesellschaften spalten, werden international zunehmend wichtiger werden. Drei von ihnen betreffen die Bemühungen des Westens, (1.) durch eine Politik der Nichtweitergabe bzw. der Verhinderung der Weitergabe von nuklearen, biologischen und chemischen Waffen (»ABC-Waffen«) und ihren Trägersystemen seine militärische Überlegenheit zu behaupten, (2.) durch das Dringen auf Achtung der westlich verstandenen Menschenrechte und Übernahme einer westlich geprägten Demokratie in anderen Gesellschaften westliche politische Werte und Institutionen zu fördern und (3.) durch eine Beschränkung der Anzahl von Nichtwestlern, die als Einwanderer oder Flüchtlinge zugelassen werden, die kulturelle, soziale und ethnische Integrität westlicher Gesellschaften zu schützen. Auf allen drei Gebieten hatte der Westen und hat er weiterhin Schwierigkeiten, seine Interessen gegen die Interessen nichtwestlicher Gesellschaften zu verteidigen.

Waffen

Die Erweiterung militärischen Potentials ist die Folge der weltweiten wirtschaftlichen und gesellschaftlichen Entwicklung. In dem Maße, wie sie wirtschaftlich erfolgreich sind, werden Japan, China und andere asiatische Länder militärisch mächtiger werden, wie später auch islamische Gesellschaften und Rußland, falls es seine Wirtschaft erfolgreich reformiert. In den letzten Jahrzehnten des 20. Jahrhunderts sind viele nichtwestliche Nationen durch Waffentransfers aus westlichen Ländern, Rußland, Israel und China in den Besitz hochentwickelter Waffen gelangt und haben daneben einheimische Rüstungsindustrien zur Herstellung hochentwickelter Waffen aufgebaut. Diese Vorgänge werden weitergehen und sich in den ersten Jahren des 21. Jahrhunderts wahrscheinlich noch beschleunigen. Gleichwohl wird bis weit ins 21. Jahrhundert hinein allein der Westen, das heißt in erster Linie Amerika mit etwas Unterstützung aus Großbritannien und Frankreich, in der Lage sein, an fast jedem Punkt der Erde militärisch zu intervenieren. Und nur die USA werden eine Luftwaffe besitzen, die imstande ist, praktisch jeden Fleck der Erde zu bombardieren. Dies sind die zentralen Elemente der militärischen Position der USA als Weltmacht und des Westens als der die Welt dominierenden Kultur. In unmittelbarer Zukunft wird, was die konventionelle Militärmacht betrifft, der Westen dem Rest haushoch überlegen sein.

Der Aufbau eines erstklassigen konventionellen militärischen Potentials erfordert Zeit, Anstrengungen und Kosten, was für nichtwestliche Staaten mächtige Anreize liefert, nach anderen

Wegen zu einem Gegengewicht gegen die konventionelle militärische Macht des Westens zu suchen. Der beliebte Ausweg ist der Erwerb von ABC-Waffen und ihren Trägersystemen. Ein besonderer Anreiz zum Erwerb solcher Massenvernichtungswaffen besteht für Kernstaaten von Kulturkreisen sowie für Länder, die regional dominierende Mächte sind oder sein wollen. Erstens befähigen jene Waffen diese Staaten dazu, in ihrem Kulturkreis und ihrer Region eine beherrschende Stellung aufzubauen, und zweitens liefern sie ihnen ein Mittel der Abschreckung gegen eine potentielle Intervention der USA oder anderer äußerer Mächte in ihrem Kulturkreis oder ihrer Region. Hätte Saddam Hussein seine Invasion Kuwaits um zwei oder drei Jahre verschoben, bis der Irak über Kernwaffen verfügte, wäre er heute sehr wahrscheinlich im Besitz Kuwaits und möglicherweise auch der saudischen Ölfelder. Nichtwestliche Staaten ziehen aus dem Golfkrieg eine naheliegende Lehre. Für das nordkoreanische Militär lautete sie: »Laßt die Amerikaner nicht ihre Truppen in Stellung bringen; laßt sie nicht ihre Luftüberlegenheit ausspielen; laßt sie nicht die Initiative ergreifen; laßt sie nicht einen Krieg mit geringen amerikanischen Verlusten führen.« Für einen hohen indischen Offizier war die Lehre noch eindeutiger: »Führe nicht Krieg mit den USA, wenn du keine Kernwaffen hast.«[2] Führende Politiker und Militärs in der ganzen nichtwestlichen Welt haben sich diese Lehre zu Herzen genommen und folgern aus ihr: »Wenn du Kernwaffen hast, werden die USA keinen Krieg gegen dich führen.«

Lawrence Freedman konstatiert: »Anstatt die gewohnte Machtpolitik zu unterstützen, verstärken Kernwaffen in Wirklichkeit die Tendenz zu einer Fragmentierung des internationalen Systems, bei der die einstigen Großmächte eine reduzierte Rolle spielen.« Die Rolle von Kernwaffen für den Westen ist daher in der Welt nach dem Kalten Krieg eine völlig entgegengesetzte als während des Kalten Krieges. Damals waren Kernwaffen, wie Verteidigungsminister Les Aspin darlegt, die Kompensation des Westens für seine konventionelle Unterlegenheit gegenüber der Sowjetunion. Sie fungierten als »Egalisierer«. In der Welt nach dem Kalten Kriege jedoch besitzen die USA »unerreichte konventionelle militärische Macht, während es unsere potentiellen Gegner sind, die in den Besitz von Kernwaffen gelangen können. Am Ende könnten wir die Egalisierten sein.«[3]

Es ist daher nicht verwunderlich, daß Rußland die Rolle von Kernwaffen in seiner Verteidigungsplanung betont und 1995 mit der Ukraine den Ankauf weiterer Interkontinentalraketen und Bomber vereinbart hat. »Wir bekommen heute das zu hören, was wir in den fünfziger Jahren über die Russen gesagt haben«, kommentiert ein US-amerikanischer Waffenexperte: »Heute sind es die Russen, die sagen: ›Wir brauchen Kernwaffen als Gegengewicht gegen die konventionelle Überlegenheit der Amerikaner.‹« Hiermit hängt eine weitere Umkehrung der Situation zusammen: Während des Kalten Krieges waren es die USA, die aus Gründen der Abschreckung auf den Ersteinsatz von Kernwaffen nicht ausdrücklich verzichten wollten. Entsprechend der neuen Abschreckungsfunktion von Kernwaffen in der Welt nach dem Kalten Krieg hat 1993 Rußland die frühere sowjetische Verpflichtung zum Nicht-Ersteinsatz praktisch widerrufen. Gleichzeitig begann auch China, seine 1964 abgegebene Verpflichtung zum Nicht-Ersteinsatz in Frage zu stellen und abzuschwächen, was mit seiner nach Beendigung des Kalten Krieges konzipierten Nuklearstrategie der begrenzten Abschreckung zusammenhing.[4] Andere Kernstaaten und Regionalmächte, die in den Besitz von Kern- und andere Massenvernichtungswaffen gelangen, werden den genannten Beispielen folgen, um eine maximale Abschreckung ihrer Waffen gegen konventionelle Militäraktionen des Westens zu erzielen.

Kernwaffen können dem Westen auch unmittelbar gefährlich werden. China und Rußland haben ballistische Raketen, die, mit Atomsprengköpfen bestückt, Europa und Nordamerika erreichen können. Nordkorea, Pakistan und Indien sind dabei, die Reichweite ihrer Raketen zu erweitern, und werden wohl irgendwann ebenfalls imstande sein, Ziele im Westen zu erreichen. Darüber hinaus können Kernwaffen auch auf andere Weise eingesetzt werden. Militäranalytiker definieren ein Spektrum der Gewalt, das von Kriegshandlungen von sehr geringer Intensität wie Terrorismus und sporadischem Guerillakrieg über begrenzte Kriege mit Einsatz massiver konventioneller Kräfte bis zum Atomkrieg reicht. Terrorismus war immer schon die Waffe der Schwachen, das heißt jener, die keine konventionelle militärische Macht besitzen. Seit dem Zweiten Weltkrieg sind Kernwaffen auch die Waffen, mit der die Schwachen ihre konventionelle Unterlegenheit kompensieren. In der Vergangenheit konnten Terroristen nur begrenzte Gewalt anwenden, indem sie hier ein paar Menschen töteten, dort eine Einrichtung zerstörten. Für massive Gewaltanwendung braucht man massive militärische Kräfte. Irgendwann jedoch werden einige wenige Terroristen imstande sein, massive Gewalt und massive Zerstörung zu produzieren. Beide für sich sind Terrorismus und Kernwaffen die Waffen der nichtwestlichen Schwachen. Sofern und sobald sie kombiniert werden, werden die nichtwestlichen Schwachen stark sein.

In der Welt nach dem Kalten Krieg haben sich die Anstrengungen auf die Entwicklung von Massenvernichtungswaffen und ihren Trägersystemen auf islamische und konfuzianische Staaten konzentriert. Pakistan und wahrscheinlich Nordkorea besitzen eine kleine Anzahl von Kernwaffen oder sind zumindest imstande, sie in kürzester Zeit zu montieren; ferner entwickeln oder erwerben sie Trägerraketen mit größerer Reichweite. Der Irak besaß ein erhebliches Potential zur chemischen Kriegführung und unternahm große Anstrengungen, in den Besitz von biologischen und Kernwaffen zu gelangen. Der Iran führt ein umfangreiches Programm zur Entwicklung von Kernwaffen durch und hat sein Potential an Trägersystemen ausgebaut. 1988 erklärte Präsident Rafsandschani: »Wir [die Iraner] müssen für den offensiven wie den defensiven Einsatz von chemischen, bakteriologischen und radiologischen Waffen umfassend gerüstet sein«; drei Jahre später sagte sein Vizepräsident auf einer islamischen Konferenz: »Da Israel weiterhin im Besitz von Kernwaffen ist, müssen wir Muslime ohne Rücksicht auf Versuche der UNO, eine Weitergabe zu verhindern, bei der Produktion der Atombombe kooperieren.« 1992 und 1993 sagten hohe Beamte US-amerikanischer Nachrichtendienste, der Iran strebe den Besitz von Kernwaffen an, und 1995 stellte Außenminister Warren Christopher unverblümt fest: »Heute bemüht sich der Iran um die Entwicklung von Kernwaffen im Hauruckverfahren.« Andere muslimische Staaten, die an der Entwicklung von Kernwaffen interessiert sein sollen, sind Libyen, Algerien und Saudi-Arabien. »Der Halbmond«, wie Ali Mazrui so blumig sagt, »steht über dem Atompilz« und kann außer dem Westen auch andere bedrohen. Der Islam könnte zuletzt sogar »nukleares Russisches Roulette mit zwei anderen Kulturen spielen – mit dem Hinduismus in Südasien und mit dem Zionismus und politisierten Judentum im Nahen Osten.«[5]

Auf dem Gebiet der Waffenweiterverbreitung ist die konfuzianisch-islamische Verbindung gestützt und gefestigt, wobei China die zentrale Rolle beim Transfer von konventionellen wie nichtkonventionellen Waffen an viele muslimische Staaten spielt. Zu diesen Transfers gehören: der Bau eines geheimen, stark gesicherten Kernreaktors in der algerischen Wüste, der angeblich Forschungszwecken dient, nach Überzeugung vieler westlicher Experten jedoch zur Herstellung von Plutonium geeignet ist; die Lieferung von Mittelstreckenraketen vom Typ CSS-2 an Saudi-Arabien; die Lieferung von Nukleartechnologie oder -material an den Irak, Libyen, Syrien und Nordkorea; und der Transfer von konventionellen Waffen in großer Zahl an den Irak. Ergänzend zu den Transfers aus China lieferte in den neunziger Jahren Nordkorea an Syrien auf dem Weg über den Iran Scud-C-Raketen sowie die zu ihrem Einsatz erforderlichen mobilen Lafetten.[6]

Das zentrale Bindeglied der konfuzianisch-islamischen Rüstungsschiene ist die Beziehung zwischen China und – in geringerem Umfang – Nordkorea auf der einen Seite und Pakistan und dem Iran auf der anderen Seite. Zwischen 1980 und 1991 waren die zwei Hauptabnehmer chinesischer Waffen Iran und Pakistan, dicht gefolgt vom Irak. Seit Anfang der siebziger Jahre arbeiten China und Pakistan militärisch außerordentlich eng zusammen. 1989 unterzeichneten beide Länder ein für zehn Jahre geltendes Memorandum in bezug auf ihre militärische »Zusammenarbeit auf dem Gebiet des Waffenerwerbs, der gemeinsamen Forschung und Entwicklung, der gemeinsamen Produktion, des Technologietransfers sowie des Exports in Drittländer im beiderseitigen Einverständnis.« Eine ergänzende Abmachung über chinesische Kredite für pakistanische Waffenkäufe wurde 1993 unterzeichnet. China wurde »Pakistans verläßlichster und größter Lieferant von militärischer Hardware, der militärrelevante Exporte buchstäblich jeder Art und für jeden Zweig des pakistanischen Militärs durchführte«. China hat Pakistan auch bei der Errichtung von Produktionsstätten für Düsenflugzeuge, Panzer, Artillerie und Raketen geholfen. Viel bedeutsamer ist jedoch, daß China Pakistan bei der Entwicklung seines Kernwaffenpotentials wesentliche Hilfe gewährt hat. Angeblich hat es Pakistan Uran zur Anreicherung geliefert, bei der Konstruktion der Bombe beratend mitgewirkt und Pakistan möglicherweise einen Kernwaffentest auf einem chinesischen Testgelände erlaubt. China belieferte Pakistan ferner mit ballistischen Raketen vom Typ M 11 und 300 Kilometer Reichweite, die auch Kernwaffen transportieren können, womit es eine gegenüber den USA eingegangene Verpflichtung verletzte. Als Gegenleistung hat sich China die pakistanische Technologie des Betankens in der Luft sowie Stinger-Raketen gesichert.[7]

In den neunziger Jahren wurde auch das Waffengeschäft zwischen China und Iran intensiver. Während des iranisch-irakischen Krieges der achtziger Jahre lieferte China dem Iran 22 Prozent seiner Waffen und wurde 1989 sein größter einzelner Waffenlieferant. China wirkte auch aktiv an den unverhohlen erklärten Anstrengungen des Irans mit, in den Besitz von Kernwaffen zu gelangen. Nach der Unterzeichnung einer »vorberei-

Tabelle 8.1:
Ausgewählte chinesische Waffentransfers, 1980 bis 1991

	Iran	Pakistan	Irak
Schwere Kampfpanzer	540	1110	1300
Schützenpanzer	300	-	650
Panzerabwehrlenkwaffen	7500		
Artilleriegeschütze/ Lafetten	1200*	50	720
Kampfflugzeuge		140	212
Schiffsabwehrraketen	332	32	
Boden-Luft-Raketen	788*	222*	

Quelle:
Karl W. Eikenberry: Explaining and Influencing Chinese Arms Transfers (National Defense University, Institute for National Strategic Studies, McNair-Paper Nr. 36) (Washington 1995), S. 12.

* Nicht alle Lieferungen bestätigt

tenden chinesisch-iranischen Kooperationsvereinbarung« einigten sich die beiden Länder im Januar 1990 auf eine zehnjährige Abmachung zur wissenschaftlichen Zusammenarbeit und zu militärischen Technologietransfers. Im September 1992 besuchte Präsident Rafsandschani in Begleitung iranischer Nuklearexperten Pakistan und fuhr von dort weiter nach China, wo er eine weitere Vereinbarung zur nuklearen Zusammenarbeit unterzeichnete, und im Februar 1993 erklärte sich China bereit, im Iran zwei 300-Megawatt-Kernreaktoren zu bauen. Gemäß diesen Vereinbarungen transferierte China Nukleartechnologie und Nuklearinformationen in den Iran, bildete iranische Wissenschaftler und Ingenieure aus und lieferte dem Iran eine Calutron-Anlage zur Isotopentrennung. 1995 erklärte sich China auf hartnäckigen Druck der USA bereit, den Verkauf der beiden 300-Megawatt-Reaktoren »zu stornieren« (so die USA) bzw. »zu sistieren« (so China). China war auch ein Hauptlieferant von Raketen und Raketentechnologie an den Iran; darunter waren Ende der achtziger Jahre Silkworm-Raketen, die auf dem Umweg über Nordkorea geliefert wurden, sowie 1994/95 »Dutzende, vielleicht sogar Hunderte von Raketenlenksystemen und computerisierten Werkzeugmaschinen«. China genehmigte auch die Produktion chinesischer Boden-Boden-Raketen im Iran. Nordkorea ergänzte diese Hilfestellung, indem es Scud-Raketen in den Iran lieferte, dem Iran bei der Entwicklung seiner eigenen Produktionsanlagen half und 1993 einwilligte, dem Iran seine Nodong-I-Rakete mit 900 Kilometer Reichweite zu liefern. Auf der dritten Seite dieses Dreiecks entwickelten auch Iran und Pakistan eine umfassende Zusammenarbeit auf dem nuklearen Sektor, wobei Pakistan iranische Wissenschaftler ausbildete und Pakistan, Iran und China im November 1992 die gemeinsame Arbeit an Nuklearprojekten vereinbarten.[8]

Als Ergebnis dieser Entwicklungen und der Gefahren, die sie für das Interesse des Westens darstellen, ist die Weitergabe von Massenvernichtungswaffen an die Spitze der westlichen Sicherheitsagenda gerückt. So glaubten 1990 59 Prozent der amerikanischen Öffentlichkeit, daß die Verhinderung der Ausbreitung von Kernwaffen ein wichtiges außenpolitisches Ziel sei. 1994 bezeichneten es 82 Prozent der Öffentlichkeit und 90 Prozent der außenpolitischen Führung als solches. Präsident Clinton unterstrich im September 1993 die Priorität der Nichtweitergabe und erklärte im Herbst 1994 den »nationalen Notstand« angesichts der »ungewöhnlichen und außerordentlichen Gefahr für die nationale Sicherheit, Außenpolitik und Wirtschaft der USA«, die »von der Weitergabe von nuklearen, biologischen und chemischen Waffen und ihren Trägersystemen« ausgehe. 1991 richtete der CIA ein hundertköpfiges Nichtweitergabe-Zentrum ein, und im Dezember 1993 kündigte Verteidigungsminister Aspin eine neue verteidigungspolitische Initiative gegen die Weitergabe (Defence Counterproliferation Initiative) und die Schaffung des neuen Postens einen Staatssekretärs für nukleare Sicherheit und Nichtweitergabe.[9]

Während des Kalten Krieges befanden sich die USA und die Sowjetunion in einem klassischen Rüstungswettlauf, bei dem sie immer mehr technologisch hochkomplizierte Kernwaffen und

Trägersysteme entwickelten. Es war ein typischer Fall von Aufrüstung gegen Aufrüstung. In der Welt nach dem Kalten Krieg ist die zentrale Rüstungsrivalität von anderer Art. Die Gegenspieler des Westens unternehmen den Versuch, in den Besitz von Massenvernichtungswaffen zu gelangen, und der Westen unternimmt den Versuch, sie daran zu hindern. Es ist ein Fall nicht von Aufrüstung gegen Aufrüstung, sondern von Aufrüstung gegen Rüstungsverhinderung. Größe und Potential des westlichen Kernwaffenarsenals sind dabei – abgesehen von rhetorischen Beteuerungen – nicht Bestandteil der Rivalität. Der Ausgang eines sich aufschaukelnden Wettrüstens hängt von den Ressourcen, dem Einsatz und der technologischen Kompetenz der beiden Seiten ab. Er ist nicht vorherbestimmt. Der Ausgang eines Wettlaufs zwischen Aufrüstung und Rüstungsverhinderung ist absehbarer. Die rüstungsverhindernden Anstrengungen des Westens mögen die Aufrüstung anderer Gesellschaften verlangsamen, aber sie werden sie nicht aufhalten. Die wirtschaftliche und soziale Entwicklung nichtwestlicher Gesellschaften, die kommerziellen Anreize für alle Gesellschaften, westliche wie nichtwestliche, am Verkauf von Waffen, Technologie und Fachwissen Geld zu verdienen, und die politischen Motive von Kernstaaten und Regionalmächten für die Verteidigung ihrer lokalen Hegemonie konterkarieren die westlichen Anstrengungen zur Rüstungsverhinderung.

Der Westen tritt für Nichtweitergabe ein, weil diese in seinen Augen dem Interesse aller Nationen an internationaler Ordnung und Stabilität entspricht. In den Augen anderer Nationen jedoch dient Nichtweitergabe dem Interesse des Westens an seiner eigenen Hegemonie. Daß dem in der Tat so ist, zeigen die Differenzen über Waffenweitergabe zwischen dem Westen und speziell den USA auf der einen Seite und regionalen Mächten, deren Sicherheit durch Waffenweitergabe tangiert wird, auf der anderen Seite. Das war im Falle Koreas zu beobachten. 1993 und 1994 steigerten sich die USA wegen potentieller nordkoreanischer Kernwaffen in eine Krisenstimmung hinein. Im November

1993 erklärte Präsident Clinton unumwunden: »Wir dürfen Nordkorea nicht erlauben, eine Atombombe zu entwickeln. In diesem Punkt müssen wir sehr fest sein.« Senatoren, Kongreßabgeordnete, frühere Beamte der Administration Bush diskutierten darüber, ob möglicherweise ein Präventivschlag gegen nordkoreanische Nukleareinrichtungen notwendig sei. Die Besorgnis der USA über das nordkoreanische Programm entsprang zu einem beträchtlichen Teil ihrer Besorgnis über globale Waffenweitergabe; nicht nur würde ein nordkoreanisches Kernwaffenpotential mögliche Aktionen der USA in Ostasien einschränken und erschweren, sondern ein etwaiger Verkauf nordkoreanischer Technologie und/oder Waffen könnte vergleichbare Folgen für die USA in Südasien und dem Nahen Osten haben.

Südkorea hingegen betrachtete die Bombe im Zusammenhang mit seinen eigenen regionalen Interessen. Für viele Südkoreaner war eine nordkoreanische Bombe eine *koreanische* Bombe – eine Bombe, die niemals gegen andere Koreaner eingesetzt werden würde, die aber zur Verteidigung der koreanischen Unabhängigkeit und koreanischer Interessen gegen Japan und andere potentielle Bedrohungen eingesetzt werden konnte. Südkoreanische Zivilbeamte und Militärs sahen explizit einem vereinigten Korea entgegen, das dieses Potential besitzen würde. Die Interessen Südkoreas wurden bestens bedient: Nordkorea hätte die Kosten und die internationale Schmach für die Entwicklung der Bombe zu tragen; Südkorea würde die Bombe eines Tages erben; die Kombination der Kernwaffen des Nordens mit der industriellen Tüchtigkeit des Südens würde ein geeintes Korea befähigen, die ihm zukommende Rolle als ein Hauptakteur auf der ostasiatischen Bühne zu spielen. Infolgedessen gab es markante Unterschiede in der Art und Weise, wie Washington 1994 eine ganz große Krise auf der koreanischen Halbinsel sah, und dem Fehlen jeder signifikanten Krisenstimmung in Seoul; es entstand ein »Paniklücke« zwischen den zwei Hauptstädten. Es gehöre zu den »Merkwürdigkeiten des nordkoreanischen Nuklearauftritts seit dessen Beginn vor einigen Jahren«, meinte ein Journalist auf dem Höhepunkt der »Krise« im Juni 1994, »daß die Krisenstimmung desto mehr zunimmt, je weiter man von Korea entfernt ist.« Eine ähnliche Lücke zwischen den Sicherheitsinteressen der USA und denen von Regionalmächten tat sich in Südasien auf, wo die USA über die Weitergabe von Kernwaffen besorgter waren als die Bewohner der Region selbst. Indien und Pakistan fiel es leichter, die nukleare Bedrohung durch den jeweiligen Nachbarn zu akzeptieren, als auf Vorschläge der USA einzugehen, beide Bedrohungspotentiale einzufrieren, zu reduzieren oder zu beseitigen.[10]

Den Anstrengungen der USA und anderer westlicher Länder, die Weitergabe von »egalisierenden« Massenvernichtungswaffen zu verhindern, war bisher nur ein beschränkter Erfolg beschieden, woran sich auch in Zukunft nichts ändern dürfte. Einen Monat, nachdem Präsident Clinton gesagt hatte, man dürfe Nordkorea den Besitz einer Atombombe nicht erlauben, wurde er von US-amerikanischen Nachrichtendiensten darüber aufgeklärt, daß das Land wahrscheinlich bereits ein oder zwei Bomben besitze.[11] Infolgedessen ging die US-amerikanische Politik dazu über, Nordkorea mit süßen Versprechungen zum Einfrieren seines Nuklearpotentials zu bewegen. Auch die Entwicklung von Kernwaffen in Indien und in Pakistan vermochten die USA weder umzukehren noch zu stoppen; ebensowenig vermögen sie den nukleartechnischen Fortschritt des Irans aufzuhalten.

Auf der Überprüfungskonferenz über den Vertrag zur Nichtverbreitung nuklearer Waffen im April 1995 ging es entscheidend um die Frage der Erneuerung des Vertrages auf unbestimmte Zeit oder auf 25 Jahre. Führend beim Bemühen um unbefristete Verlängerung waren die USA. Eine Vielzahl von Ländern lehnte jedoch eine solche Verlängerung ab, sofern sie nicht mit einem drastischeren Abbau von Kernwaffen in den fünf anerkannten Kernwaffenstaaten einherging. Darüber hinaus lehnte Ägypten eine Verlängerung ab, solange nicht auch Israel den Vertrag unterzeichnete und mit Kontrollinspektionen einverstanden war.

Am Ende setzten die USA einen überwältigenden Konsens über die unbefristete Verlängerung des Vertrages durch – dank einer überaus erfolgreichen Zuckerbrot-und-Peitsche-Strategie. So konnten weder Ägypten noch Mexiko, die beide gegen die unbefristete Verlängerung gewesen waren, angesichts ihrer wirtschaftlichen Abhängigkeit von den USA ihre Position halten. Der Vertrag wurde zwar auf dem Konsenswege verlängert, aber bei der abschließenden Debatte gaben die Vertreter von sieben muslimischen Nationen (Syrien, Jordanien, Iran, Irak, Libyen, Ägypten, Malaysia) und einer afrikanischen Nation (Nigeria) ihre abweichende Ansicht zu Protokoll.[12]

1993 verschoben sich die primären Ziele des Westens, wie sie durch die amerikanische Politik definiert wurden, von der Nichtweitergabe zur »ausgleichenden« Weitergabe von Waffen. Diese Veränderung entsprach der realistischen Einsicht, daß die Verbreitung von Kernwaffen in einem gewissen Umfang nicht zu vermeiden ist. Im Laufe der Zeit wird die Politik der USA übergehen von der Verhinderung der Weitergabe zur angepaßten Weitergabe und – sofern die Regierung die Geisteshaltung des Kalten Krieges überwinden kann – zur potentiellen Nutzbarmachung der Weitergabe für die Interessen der USA und des Westens. Bis heute (1995) bleiben jedoch die USA und der Westen einer Politik der Rüstungsverhinderung verhaftet, die zum Scheitern verurteilt ist. Die Weitergabe von Kern- und anderen Massenvernichtungswaffen ist ein zentraler Aspekt der langsamen, aber unausweichlichen Verteilung der Macht in einer multikulturellen Welt.

Menschenrechte und Demokratie

Während der siebziger und achtziger Jahre vollzogen über dreißig Länder den Übergang von einem autoritären zu einem demokratischen politischen System. Dieser vielfache Wandel hatte verschiedene Gründe. Der ausschlaggebende Faktor, der diese politischen Veränderungen bewirkte, war fraglos die wirtschaftliche Entwicklung. Darüber hinaus trugen jedoch die Politik und das Handeln der USA und der wichtigsten westeuropäischen Mächte und internationalen Institutionen dazu bei, die Demokratie nach Spanien und Portugal, in viele lateinamerikanische Länder, auf die Philippinen, nach Südkorea und Osteuropa zu bringen. Neue demokratische Regime schienen sich am ehesten in jenen süd- und mitteleuropäischen Ländern zu stabilisieren, die überwiegend katholisch oder protestantisch waren, sowie – nicht ganz so eindeutig – in lateinamerikanischen Ländern. Was Ostasien betraf, so kehrten die katholischen und stark amerikanisch beeinflußten Philippinen in den achtziger Jahren zur Demokratie zurück, während christliche Politiker in Südkorea und Taiwan die Demokratiebewegung förderten. Auf dem Gebiet der früheren Sowjetunion scheinen, wie weiter oben ausgeführt, die baltischen Republiken ihre Demokratie erfolgreich zu festigen; Ausmaß und Stabilität der Demokratie in den orthodoxen Republiken variieren beträchtlich und sind unsicher; die Aussichten der Demokratie in den muslimischen Republiken sind düster. Um 1990 hatten den Übergang zur Demokratie mit Ausnahme Kubas die meisten Länder außerhalb Afrikas vollzogen, deren Völker dem westlichen Christentum anhingen oder in denen es wesentliche christliche Einflüsse gab.

Diese Übergänge und der Zusammenbruch der Sowjetunion weckten im Westen und namentlich in den USA die Überzeugung, daß weltweit eine demokratische Revolution im Gange sei und daß in kurzer Zeit überall in der Welt westliche Vorstellungen von Menschenrechten und westliche Formen von politischer Demokratie herrschen würden. Die Förderung dieser Ausbreitung der Demokratie ist seither ein Ziel mit hoher Priorität für den Westen. Es wurde von der Administration Bush unterstützt; Außenminister James Baker erklärte im April 1990: »Hinter der Politik des *containment* liegt die Demokratie«; in der Welt nach dem Kalten Krieg »hat Präsident Bush als unsere neue Aufgabe die Förderung und Konsolidierung der Demokratie definiert«. In seinem Wahlkampf 1992 hat Bill Clinton wiederholt gesagt, die Förderung der Demokratie werde für eine Administration Clinton oberste Priorität haben; Demokratisierung war das einzige außenpolitische Thema, dem er eine wichtige ganze Wahlkampfrede widmete. Nachdem er im Amt war, empfahl er eine Aufstockung der Mittel für das »National Endowment for Democracy« um zwei Drittel; sein nationaler Sicherheitsberater definierte als zentrales Thema von Clintons Außenpolitik »die Vergrößerung von Demokratie«; und sein Verteidigungsminister bezeichnete die Förderung der Demokratie als eines von vier Hauptzielen und unternahm den Versuch, zu diesem Zweck einen hohen Posten in seinem Ministerium zu schaffen. Eine gewichtige Rolle, wiewohl in geringerem Umfang und weniger sichtbar, spielte die Förderung von Menschenrechten und Demokratie auch in der Außenpolitik von europäischen Staaten und bei den Kriterien westlich kontrollierter internationaler Wirtschaftsinstitutionen für die Vergabe von Krediten und Subventionen an sich entwickelnde Länder.

Bis 1995 war europäischen und amerikanischen Bemühungen um das Erreichen dieser Ziele nur ein begrenzter Erfolg beschieden. Fast alle nichtwestlichen Zivilisationen waren gegen diesen Druck des Westens resistent. Dies galt für hinduistische, orthodoxe, afrikanische und sogar, wenngleich in geringerem Maße, für lateinamerikanische Länder. Den größten Widerstand gegen westliche Demokratisierungsbemühungen leisteten jedoch der Islam und Asien. Dieser Widerstand gründete in den umfassenderen Bewegungen eines kulturellen Selbstbewußtseins, wie es die Islamische Resurgenz und die asiatische Affirmation verkörpern.

Das Scheitern der USA im Hinblick auf Asien rührte hauptsächlich vom zunehmenden wirtschaftlichen Wohlstand und vom gewachsenen Selbstvertrauen asiatischer Regierungen her. Asiatische Publizisten erinnerten den Westen wiederholt daran, daß die alte Zeit der Abhängigkeit und Subordination vorüber sei und daß jener Westen, welcher in den vierziger Jahren die Hälfte des Weltsozialprodukts erwirtschaftete, die Vereinten Nationen dominierte und die Allgemeine Erklärung der Menschenrechte verfaßte, der Geschichte angehöre. »Bemühungen um Förderung der Menschenrechte in Asien«, äußerte eine offizielle Stimme in Singapur, »müssen auch mit der veränderten Machtverteilung in der Welt nach dem Kalten Krieg rechnen … Die westlichen Druckmittel gegen Ost- und Südostasien haben sich mittlerweile stark reduziert.«[13]

So ist es. Während man die Vereinbarung zwischen den USA und Nordkorea in Sachen Kernwaffen noch zutreffend als »ausgehandelte Kapitulation« bezeichnen konnte, war das Einlenken der USA gegenüber China und anderen asiatischen Mächten in bezug auf Menschenrechtsfragen eine bedingungslose Kapitulation. Nachdem sie China mit dem Entzug der Meistbegünstigungsklausel für den Fall gedroht hatte, daß das Land sich in der Menschenrechtsfrage nicht zugänglicher zeige, erlebte die Administration Clinton zunächst die Demütigung ihres Außenministers in Beijing, wobei nicht einmal der Versuch einer gesichtswahrenden Geste gemacht wurde, und reagierte dann auf dieses Verhalten mit der Aufgabe ihrer bisherigen Politik und der Abkoppelung des Meistbegünstigten-Status von Menschenrechtsbelangen. China seinerseits reagierte auf diese Demonstration der Schwäche mit der Fortsetzung und Intensivierung jenes Verhaltens, das die Administration Clinton beanstandet hatte. Ähnliche Rückzüge mußte die Administration bei Verhandlungen mit Singapur über die Verhängung der Prügelstrafe über einen US-Bürger und mit Indonesien über dessen massive Gewalteinsätze in Ost-Timor antreten.

Die Möglichkeit asiatischer Regime, dem Druck des Westens in Menschenrechtsfragen zu trotzen, wurde durch verschiedene Faktoren verstärkt. Die amerikanische und die europäische Wirtschaft waren verzweifelt darauf aus, ihre Handels- und Investitionstätigkeit in diesen rapide wachsenden Ländern auszuweiten, und setzten ihre Regierungen enorm unter Druck, die Wirtschaftsbeziehungen mit diesen Ländern nicht zu stören. Darüber hinaus betrachteten asiatische Länder diese Pressionen als Anschlag auf ihre Souveränität und kamen einander jedesmal zu Hilfe, sobald diese Fragen auftauchten. Geschäftsleute in Taiwan, Japan und Hongkong, die in China investierten, hatten großes Interesse daran, daß China seine Privilegien aus der Meistbegünstigungsklausel mit den USA behielt. Die japanische Regierung distanzierte sich generell von der US-amerikanischen Menschenrechtspolitik: Wir werden unsere Beziehungen zu China nicht durch »abstrakte Menschenrechtsvorstellungen« trüben lassen, erklärte der japanische Ministerpräsident Kiichi Miyawaza nicht lange nach der Demonstration am Platz des Himmlischen Friedens. Die Länder der ASEAN waren nicht bereit, Druck auf Myanmar auszuüben, und begrüßten die Militärjunta sogar bei ihrer Konferenz, während die Europäische Union nach den Worten eines Sprechers einräumen mußte, daß ihre Politik »nicht sehr erfolgreich gewesen« und sie gezwungen war, auf die Haltung der ASEAN gegenüber Myanmar einzuschwenken. Außerdem erlaubte es ihre wachsende wirtschaftliche Macht Staaten wie Malaysia und Indonesien, den Spieß gegenüber Ländern und Firmen umzudrehen, die sie kritisierten oder sich auf andere ihnen nicht genehme Weise verhielten.[14]

Alles in allem macht ihre wachsende wirtschaftliche Stärke die asiatischen Länder zunehmend immun gegen westlichen Druck in Sachen Menschenrechte und Demokratie. Richard Nixon schrieb 1994: »Heute sind angesichts der wirtschaftlichen Macht Chinas US-amerikanische Belehrungen über Menschenrechte unklug. In zehn Jahren werden sie irrelevant sein. In zwanzig Jahren werden sie lachhaft sein.«[15] Jedoch könnte zu jenem Zeitpunkt die wirtschaftliche Entwicklung Chinas westliche Belehrungen unnötig gemacht haben. Heute stärkt das Wirtschaftswachstum asiatische Regierungen gegenüber westlichen Regierungen. Mittelfristig wird es auch asiatische Gesellschaften gegenüber asiatischen Regierungen stärken. Falls die Demokratie sich in asiatischen Ländern ausbreitet, dann deshalb, weil das erstarkende asiatische Bürgertum und die Mittelschichten wollen, daß sie es tut.

Im Gegensatz zu der Vereinbarung über die unbefristete Verlängerung des Atomwaffensperrvertrages haben westliche Bemühungen um die Förderung von Menschenrechten und Demokratie in UN-Organisationen generell nichts gebracht. Mit wenigen Ausnahmen wie etwa der Verurteilung des Irak wurden Menschenrechtsresolutionen in Abstimmungen der UNO fast immer abgelehnt. Abgesehen von einigen lateinamerikanischen Ländern zögerten andere Regierungen, sich Bemühungen um die Förderung von etwas anzuschließen, was vielen als »Menschenrechts-Imperialismus« erscheint. So brachte 1990 Schweden im Namen von 20 westlichen Nationen eine Resolution zur Verurteilung des Militärregimes in Myanmar ein, aber der Widerstand asiatischer und anderer Länder brachte sie zu Fall. Resolutionen zur Verurteilung des Irans wegen Menschenrechtsverletzungen wurden ebenfalls niedergestimmt, und in den neunziger Jahre gelang es China fünf Jahre hintereinander, mit asiatischer Unterstützung westlich initiierte Resolutionen zu kippen, die Besorgnis über chinesische Menschenrechtsverletzungen zum Ausdruck brachten. 1994 brachte Pakistan in der UN-Menschenrechtskommission eine Resolution zur Verurteilung indischer Menschenrechtsverletzungen in Kaschmir ein. Gegen die Resolution verbündeten sich Länder, die mit Indien befreundet waren, aber auch zwei der engsten Freunde Pakistans – China und Iran –, die in der Vergangenheit Zielscheibe ähnlicher Maßnahmen gewesen waren und die Pakistan überredeten, den Antrag zurückzuziehen. Da sie es versäumt habe, die indische Brutalität in Kaschmir zu verurteilen, so *The Economist*, habe die UNO-Menschenrechtskommission »sie sanktioniert. Auch andere Länder, die morden, kommen ungeschoren davon: die Türkei, Kolumbien und Algerien konnten sich der Kritik entziehen. Die Kommission leistet damit Regierungen Vorschub, die morden und foltern. Das ist genau das Gegenteil von dem, was ihre Gründer im Sinn hatten.«[16]

Die Unterschiede zwischen dem Westen und anderen Kulturen in der Frage der Menschenrechte und das begrenzte Vermögen des Westens, seine diesbezüglichen Ziele zu erreichen, wurden bei der 2. Weltkonferenz für Menschenrechte in Wien im Juni 1993 ganz deutlich. Auf der einen Seite standen die europäischen und nordamerikanischen Länder; auf der anderen Seite gab es einen Block von etwa fünfzig nichtwestlichen Staaten. Zu deren fünfzehn aktivsten Mitgliedern gehörten die Regierungen eines lateinamerikanischen Landes (Kuba), eines buddhistischen Landes (Myanmar), vier konfuzianischer Länder mit äußerst unterschiedlicher politischer Ideologie, ebensolchen Wirtschaftssystemen und Entwicklungsniveaus (Singapur, Vietnam, Nordkorea und China) und neun muslimischer Länder (Malaysia, Indonesien, Pakistan, Iran, Irak, Syrien, Jemen, Sudan und Libyen). Die Führung dieser asiatisch-islamischen Gruppierung kam aus China, Syrien und dem Iran. Zwischen diesen beiden Gruppierungen standen die lateinamerikanischen Länder – außer Kuba –, die oft den Westen unterstützten, sowie afrikanische und orthodoxe Länder, die westliche Positionen manchmal unterstützten, häufiger aber ablehnten.

Folgende Streitfragen trennten diese Länder entlang kulturellen Fronten: Universalität oder kultureller Relativismus in bezug auf Menschenrechte; relativer Vorrang von wirtschaftlichen und sozialen Rechten einschließlich des Rechts auf Entwicklung oder von politischen und Bürgerrechten; die Verknüpfung von Wirtschaftshilfe mit politischen Bedingungen; die Ernennung eines UN-Hochkommissars für Menschenrechte; der Umfang, in dem die nichtstaatlichen Menschenrechtsorganisationen (NGOs), die gleichzeitig in Wien tagten, an der internationalen Konferenz teilnehmen durften; die besonderen Rechte, die von der Konferenz bekräftigt werden sollten, sowie die speziellere Frage, ob man dem Dalai Lama eine Rede vor der Konferenz erlauben und Menschenrechtsverletzungen in Bosnien explizit verurteilen solle.

In diesen Streitfragen gingen die Ansichten zwischen den westlichen Ländern und dem asiatisch-islamischen Block weit auseinander. Zwei Monate vor der Wiener Konferenz trafen die asiatischen Länder in Bangkok zusammen und verabschiedeten eine Erklärung, in der betont wurde, daß Menschenrechte »im Kontext ... nationaler und regionaler Besonderheiten und unterschiedlicher historischer, religiöser und kultureller Hintergründe« gesehen werden müßten, daß die Überwachung von Menschenrechten die staatliche Souveränität verletze und daß eine an Menschenrechte geknüpfte Wirtschaftshilfe dem Recht auf Entwicklung widerspreche. Die Differenzen über diese und andere Streitfragen waren so groß, daß bei dem die Wiener Konferenz vorbereitenden Treffen in Genf Anfang Mai fast der ganze Text des Abschlußdokuments eingeklammert war, was den Dissens mindestens eines Landes andeutete.

Die westlichen Nationen waren schlecht auf Wien vorbereitet, sie waren auf der Konferenz in der Minderheit, und sie machten im Laufe der Verhandlungen mehr Zugeständnisse als die Gegenseite. Infolgedessen war, abgesehen von einer starken Betonung der Rechte der Frauen, die von der Konferenz verabschiedete Erklärung ein Minimalergebnis. Sie war, wie ein Menschenrechtler bemerkte, ein »lückenhaftes und widersprüchliches« Dokument und stellte einen Sieg für die asiatisch-islamische Koalition und eine Niederlage für den Westen dar.[17] Die Wiener Erklärung enthielt keine ausdrückliche Bekräftigung der Rede-, Presse-, Versammlungs- und Religionsfreiheit und war damit in vieler Hinsicht schwächer als die Allgemeine Erklärung der Menschenrechte, die die UNO 1948 beschlossen hatte. Diese Verschiebung spiegelte den Niedergang der westlichen Macht. »Das internationale Menschenrechtsregime von 1945«, bemerkte ein amerikanischer Menschenrechtler, »existiert nicht mehr. Die amerikanische Hegemonie ist untergraben. Europa ist selbst nach den Ereignissen von 1992 kaum mehr als eine Halbinsel. Die Welt ist heute ebenso sehr arabisch, asiatisch und afrikanisch, wie sie westlich ist. Die Allgemeine Erklärung der Menschenrechte und die Internationalen Pakte sind für unseren Planeten heute weniger relevant als in der unmittelbaren Nachkriegszeit.« Ein asiatischer Kritiker des Westens sah es ähnlich: »Zum erstenmal seit der Entschließung über die Allgemeine Erklärung 1948 stehen Länder in vorderster Front, die nicht von jüdisch-christlichen und Naturrechtstraditionen geprägt sind. Diese beispiellose Situation wird die neue internationale Politik der Menschenrechte definieren. Sie wird auch die Konfliktmöglichkeiten vervielfachen.«[18]

»Der große Gewinner« in Wien war nach Ansicht eines anderen Beobachters »ganz klar China, zumindest wenn Erfolg daran gemessen wird, daß man andere Leute beiseite schieben kann. Beijing setzte sich auf der Konferenz ständig durch, indem es einfach massiv sein Gewicht in die Waagschale warf ...«[19] In Wien überstimmt und ausmanövriert, vermochte der Westen jedoch wenige Monate später einen nicht unbedeutenden Sieg gegen China zu landen. Die Vergabe der Olympischen Spiele des Jahres 2000 an Beijing war ein wesentliches Ziel der chinesischen Regierung, die in die Erreichung dieses Ziels enorme Ressourcen investierte. In China wurde ein ungeheurer Medienrummel um die Olympiabewerbung veranstaltet, und die Erwartungen der Öffentlichkeit waren hoch; die Regierung drängte andere Regierungen, ihre nationalen Verbände entsprechend zu beeinflussen; Taiwan und Hongkong beteiligten sich an der Kampagne. Auf der anderen Seite plädierten der US-amerikanische Kongreß, das Europäische Parlament und Menschenrechtsorganisationen energisch gegen die Wahl Beijings. Zwar ist die Abstimmung im Internationalen Olympischen Komitee geheim, aber sie verlief klar entlang kulturellen Fronten. Im ersten Wahlgang lag Beijing, angeblich mit breiter afrikanischer Unterstützung, an erster Stelle und Sydney an zweiter. In den folgenden Wahlgängen stimmte nach dem Ausscheiden Istanbuls die konfuzianisch-islamische Schiene überwiegend für Beijing; als Berlin und Manchester ausschieden, kamen deren Stimmen überwiegend Sydney zugute, das im vierten Wahlgang den Sieg davontrug und damit China eine demütigende Niederlage bescherte, die das Land unverhohlen den USA anlastete. Das Abstimmungsverhalten in den vier Wahlgängen stellt sich folgendermaßen dar:

	Erster	Zweiter	Dritter	Vierter Wahlgang
Beijing	32	37	40	43
Sydney	30	30	37	45
Manchester	11	13	11	
Berlin	9	9		
Istanbul	7			
Enthaltungen			1	1
Gesamt	89	89	89	89

Lee Kuan Yew kommentierte: »Es ist Amerika und England gelungen, China auf seinen Platz zu verweisen. ... Der scheinbare Grund waren die ›Menschenrechte‹. Der wahre Grund war ein politischer: die politische Durchsetzungsfähigkeit des Westens zu demonstrieren.«[20] Zweifellos interessieren sich viel mehr Menschen in der Welt für Sport als für Menschenrechte, aber angesichts der Niederlagen des Westens in Menschenrechtsfragen in Wien und anderswo erinnerte diese isolierte Demonstration westlicher »Durchsetzungsfähigkeit« gleichzeitig auch an die westliche Schwäche.

Einwanderung

Wenn Demographie Schicksal ist, sind Bevölkerungsbewegungen der Motor der Geschichte. In vergangenen Jahrhunderten haben unterschiedliche Wachstumsraten, wirtschaftliche Bedingungen und politische Gegebenheiten massive Wanderungen von Griechen, Juden, germanischen Stämmen, Normannen, Türken, Russen, Chinesen und anderen bewirkt. In manchen Fällen verliefen diese Bewegungen relativ friedlich, in anderen sehr blutig. Die Meister der demographischen Invasion waren jedoch die Europäer des 19. Jahrhunderts. Zwischen 1821 und 1924 wanderten annähernd 55 Millionen Europäer nach Übersee aus, davon 34 Millionen in die USA. Westler eroberten andere

Völker und löschten sie zuweilen aus, erkundeten und besiedelten weniger dicht bevölkerte Landstriche. Der Export von Menschen war vielleicht die wichtigste Dimension beim Aufstieg des Westens zwischen dem 16. und dem 20. Jahrhundert.

Das ausgehende 20. Jahrhundert erlebt einen anderen, noch größeren Aufschwung der Migration. 1990 betrug die Zahl der legalen internationalen Migranten etwa 100 Millionen, die der Flüchtlinge etwa 19 Millionen und die der illegalen Migranten vermutlich mindestens weitere 10 Millionen. Diese neue Migrationswelle war zum Teil das Produkt der Entkolonialisierung, der Errichtung neuer Staaten und staatlicher Politiken, die Menschen zur Migration ermutigten oder zwangen. Sie war jedoch auch das Resultat von Modernisierung und technologischer Entwicklung. Verbesserungen des Transports machten Migration leichter, schneller und billiger; Verbesserungen der Kommunikation erhöhten den Anreiz zur Wahrnehmung wirtschaftlicher Chancen und förderten die Beziehungen zwischen Migranten und ihren Familien in der Heimat. Und wie im 19. Jahrhundert die Auswanderung durch das Wirtschaftswachstum des Westens gefördert wurde, so wurde im 20. Jahrhundert die Auswanderung durch die wirtschaftliche Entwicklung in nichtwestlichen Gesellschaften gefördert. Migration hält sich selbst am Laufen. »Wenn es in der Migration eine ›Gesetzesmäßigkeit‹ gibt«, meint Myron Weiner, »dann die, daß ein Migrationsstrom, einmal in Gang gekommen, sich selbst in Gang hält. Migranten ermöglichen ihren Freunden und Verwandten in der Heimat die Migration, indem sie ihnen Informationen über den Modus der Migration liefern, ihnen Ressourcen zur Ermöglichung des Umzugs erschließen und ihnen helfen, Arbeit und Wohnung zu finden.« Das Resultat ist nach seinen Worten »eine globale Migrationskrise«.[21]

Die Westler haben konsequent und überwältigend einmütig die Weitergabe von Kernwaffen bekämpft und Demokratie und Menschenrechte unterstützt. Dagegen ist ihre Meinung in der Einwanderungsfrage ambivalent gewesen und hat sich unter dem Strich in den letzten zwanzig Jahren des 20. Jahrhunderts signifikant verändert. Bis in die siebziger Jahre wurde Einwanderung in den europäischen Ländern generell gern gesehen und in einigen Fällen, namentlich in Deutschland und der Schweiz, ausdrücklich ermutigt, um dem Arbeitskräftemangel abzuhelfen. Die USA schafften 1965 die aus den zwanziger Jahren stammenden europa-orientierten Quoten ab und nahmen eine drastische Revision der einschlägigen Gesetze vor, was in den siebziger und achtziger Jahren enorme Zuwächse und neue Populationen von Einwanderern ermöglichte. Ende der achtziger Jahre führten jedoch anhaltend hohe Arbeitslosigkeit, die zunehmenden Mengen von Einwanderern sowie deren überwiegend »nichteuropäischer« Charakter zu massiven Veränderungen in den Einstellungen und der Einwanderungspolitik der Europäer. Wenige Jahre später kam es in den USA aus ähnlichen Bedenken zu einem analogen Wandel.

Die Mehrheit der Migranten und Flüchtlinge Ende des 20. Jahrhunderts sind aus einer nichtwestlichen Gesellschaft in eine andere nichtwestliche Gesellschaft gegangen. Gleichwohl hat der Zustrom von Migranten, die in westliche Gesellschaften kommen, mittlerweile – in absoluten Zahlen gemessen – fast das Ausmaß der europäischen Auswanderung im 19. Jahrhundert erreicht. 1990 waren schätzungsweise 20 Millionen Einwanderer in den USA, 15,5 Millionen in Europa und 8 Millionen in Australien und Kanada. Der Anteil von Einwanderern an der Gesamtbevölkerung erreichte in großen europäischen Ländern 7 bis 8 Prozent. In den USA machten Einwanderer 1994 8,7 Prozent der Bevölkerung aus, doppelt so viel wie 1970, und stellten 25 Prozent der Menschen in Kalifornien und 16 Prozent der Menschen in New York. In den zehn Jahren zwischen 1981 und 1990 kamen etwa 8,3 Millionen Menschen in die USA, allein in den vier Jahren zwischen 1991 und 1994 waren es 4,5 Millionen.

Die neuen Einwanderer kamen ganz überwiegend aus nichtwestlichen Gesellschaften. 1990 waren von den in Deutschland lebenden Ausländern 1,675 Millionen Türken; die nächstgrößten

Kontingente stellten Jugoslawien, Italien und Griechenland. In Italien waren die Hauptursprungsländer der Einwanderer Marokko, die USA (vermutlich größtenteils zurückkehrende Italo-Amerikaner), Tunesien und die Philippinen. Mitte der neunziger Jahre lebten annähernd 4 Millionen Muslime in Frankreich und bis zu 13 Millionen in Westeuropa insgesamt. In den fünfziger Jahren kamen zwei Drittel der Einwanderer in den USA aus Europa und Kanada; in den achtziger Jahren kamen von den sehr viel zahlreicher gewordenen Einwanderern 35 Prozent aus Asien, 45 Prozent aus Lateinamerika und kaum 15 Prozent aus Europa und Kanada. Das natürliche Bevölkerungswachstum ist in den USA niedrig und in Europa praktisch Null. Migranten weisen hohe Fruchtbarkeitsraten auf und tragen daher am meisten zum künftigen Bevölkerungswachstum in westlichen Gesellschaften bei. Infolgedessen hegen Westler zunehmend die Befürchtung, »daß sie heute nicht von Armeen und Panzern überrollt werden, sondern von Migranten, die andere Sprachen sprechen, andere Götter verehren, zu anderen Kulturen gehören und in Zukunft, so fürchten sie, ihnen ihre Arbeitsplätze rauben, ihr Land wegnehmen, ihr Sozialsystem aufzehren und ihre Lebensweise bedrohen werden.«[22] Diese Phobien, deren Wurzel der relative demographische Rückgang ist, basieren nach Stanley Hoffmann »auf echten kulturellen Konflikten und Sorgen über die nationale Identität«.[23]

Anfang der neunziger Jahre waren zwei Drittel der Migranten in Europa Muslime, und Sorge über die Einwanderung ist in Europa vor allem Sorge über muslimische Einwanderung. Die Herausforderung ist eine demographische – auf das Konto von Migranten gehen 10 Prozent der Geburten in Europa, auf das von Arabern 50 Prozent der Geburten in Brüssel – und eine kulturelle. Muslimische Gemeinden, seien es türkische in Deutschland oder algerische in Frankreich, sind in die Gastkulturen bisher nicht integriert und lassen zur Betroffenheit der Europäer auch weiterhin wenig Interesse hierzu erkennen. »In ganz Europa«, sagte Jean Marie Domenach 1991, »wächst die Angst vor einer muslimischen Gemeinschaft quer über alle europäischen Grenzen, quasi vor einer dreizehnten Nation der Europäischen Gemeinschaft.« Die Feindseligkeit der Europäer gegen Einwanderer ist, wie ein amerikanischer Journalist bemerkte,

> »merkwürdig selektiv. Nur die wenigsten Menschen in Frankreich fürchten einen Ansturm aus dem Osten – Polen sind schließlich Europäer und Katholiken. Und nichtarabische afrikanische Einwanderer werden zum größten Teil weder gefürchtet noch verachtet. Die Feindschaft richtet sich meistens gegen Muslime. Das Wort ›immigré‹ ist praktisch gleichbedeutend mit dem Islam, heute zweitgrößte Religion in Frankreich, und spiegelt einen kulturellen und ethnischen Rassismus, der tiefe Wurzeln in der französischen Geschichte hat.«[24]

Die Haltung der Franzosen hat jedoch eher eine kulturelle Komponente als eine im strengen Sinne rassistische. Sie haben Schwarzafrikaner, die perfekt Französisch sprechen, im Parlament akzeptiert, aber sie akzeptieren nicht, daß muslimische Mädchen in der Schule ein Kopftuch tragen. 1990 gab es einer Meinungsumfrage zufolge für 76 Prozent der französischen Öffentlichkeit zu viele Araber in Frankreich, für 46 Prozent zu viele Schwarze, für 40 Prozent zu viele Asiaten und für 24 Prozent zu viele Juden. 1994 sagten 47 Prozent der Deutschen, sie würden nicht gerne mit Arabern Tür an Tür leben, 39 Prozent wollten keine Polen, 36 Prozent keine Türken und 22 Prozent keine Juden.[25] In Westeuropa ist der gegen Juden gerichtete Antisemitismus weithin von einem gegen Araber gerichteten Antisemitismus abgelöst worden.

Die öffentliche Ablehnung der Einwanderung und Feindseligkeiten gegen Einwanderer bekundeten sich in extremen Gewalttaten gegen einzelne Einwanderer und Einwanderergemeinden, was besonders in Deutschland Anfang der neunziger Jahre zum Problem wurde. Bedeutender waren jedoch die zunehmenden Wahlerfolge von rechten, nationalistischen Anti-

Einwanderungs-Parteien. Diese Erfolge waren aber in absoluten Zahlen selten sehr groß. Die Republikaner in Deutschland bekamen bei den Europawahlen 1989 7 Prozent der Stimmen, bei den Bundestagswahlen 1990 aber nur 2,1 Prozent. In Frankreich stieg der Stimmenanteil der Nationalen Front, der vor 1981 minimal gewesen war, 1988 auf 9,6 Prozent und stabilisierte sich dann bei Kommunal- und Parlamentswahlen bei 12 bis 15 Prozent. 1995 errang die Nationale Front in verschiedenen Städten, darunter Toulon und Nizza, den Bürgermeisterposten. Ähnlich stiegen in Italien die Stimmen für Movimento Soziale (MSI)/Alleanza Nazionale von etwa 5 Prozent in den achtziger Jahren auf 10 bis 15 Prozent Anfang der neunziger Jahre. In Belgien steigerten sich bei Lokalwahlen 1994 Flämischer Block und Nationale Front auf 9 Prozent, wobei der Flämische Block 28 Prozent der Stimmen in Antwerpen erhielt. In Österreich steigerten sich die Freiheitlichen bei Nationalratswahlen von kaum 10 Prozent 1986 auf über 15 Prozent 1990 und fast 23 Prozent 1994.[26]

Diese europäischen Parteien gegen muslimische Einwanderung waren großenteils das Spiegelbild islamistischer Parteien in muslimischen Ländern. Beides waren Außenseiter, die ein korruptes Establishment und seine Parteien brandmarkten, sich wirtschaftliche Mißstände, insbesondere die hohe Arbeitslosigkeit, zunutze machten, ethnische und religiöse Appelle an die Wähler richteten und ausländische Einflüsse in ihrer Gesellschaft geißelten. In beiden Fällen beging ein extremistischer Rand terroristische und gewalttätige Handlungen. In den meisten Fällen schnitten sowohl islamistische als auch europäische nationalistische Parteien in der Regel bei Kommunalwahlen besser ab als bei landesweiten Wahlen. Das muslimische wie das europäische politische Establishment reagierte auf diese Entwicklungen auf analoge Weise. In muslimischen Ländern wurden, wie wir sahen, die Regierungen allgemein islamischer in ihren Ausrichtungen, Symbolen, Politiken und Praktiken. In Europa übernahmen etablierte Parteien die Rhetorik und die Maßstäbe der rechten Anti-Einwanderungs-Parteien. Wo demokratische Parteien effizient funktionierten und es zu der islamistischen bzw. nationalistischen Partei zwei oder mehr alternative Parteien gab, erreichte ihr Stimmenanteil bis zu 20 Prozent. Die Protestparteien vermochten diese Marge nur zu erreichen, wenn es keine effiziente Alternative zu der an der Macht befindlichen Partei oder Koalition gab, wie dies in Algerien, Österreich und in beträchtlichem Umfang in Italien der Fall war.

Anfang der neunziger Jahre überboten Europas führende Politiker einander mit Reaktionen auf die einwanderungsfeindliche Stimmung. In Frankreich erklärte Jacques Chirac 1990: »Die Immigration muß total gestoppt werden«, Innenminister Charles Pasqua trat 1993 für »Null-Immigration« ein, und François Mitterrand, Edith Cresson, Valéry Giscard d'Estaing und andere Politiker der Mitte vertraten einwanderungsfeindliche Standpunkte. Bei den Parlamentswahlen 1993 war die Einwanderungsfrage ein zentrales Wahlkampfthema und scheint zum Sieg der konservativen Parteien beigetragen zu haben. In den frühen neunziger Jahren änderte die französische Regierung ihre Politik, um Kindern von Ausländern die Einbürgerung, Familien von Ausländern die Einwanderung, Ausländern den Antrag auf Asylgewährung und Algeriern die Erlangung eines Visums für Frankreich zu erschweren. Illegale Einwanderer wurden abgeschoben, die Befugnisse der Polizei und anderer mit Einwanderung befaßter amtlicher Stellen erweitert.

In Deutschland drückten Bundeskanzler Kohl und andere führende Politiker ebenfalls ihre Besorgnis über die Einwanderung aus, und die Regierung änderte in einem sehr entscheidenden Schritt Artikel 16 des Grundgesetzes, der aus politischen Gründen Verfolgten Asyl zusagt, und kürzte Leistungen für Asylbewerber. 1992 begehrten 438.000 Menschen in Deutschland Asyl; 1994 waren es nur 127.000. Großbritannien hatte 1980 die Einwanderung drastisch auf 50.000 Menschen pro Jahr begrenzt, und daher rührte diese Streitfrage weniger heftige Emotionen und weniger Widerstand auf als auf dem Kontinent. Allerdings senkte Großbritannien zwischen 1992 und 1994 die Anzahl der

Asylbewerber, die im Land bleiben dürfen, drastisch von über 20.000 auf unter 10.000. Als die Freizügigkeit innerhalb der Europäischen Union in Kraft trat, konzentrierte sich die Besorgnis Großbritanniens ganz wesentlich auf die Gefahren einer nichteuropäischen Migration vom Festland aus. Alles in allem tendierten die westeuropäischen Länder Mitte der neunziger Jahre unerbittlich dazu, die Einwanderung aus nichteuropäischen Herkunftsländern wo nicht ganz zu unterbinden, so doch auf ein Minimum zu reduzieren.

In den USA kam die Einwanderungsfrage etwas später aufs Tapet als in Europa und erreichte nicht ganz dieselbe emotionale Intensität. Die USA sind immer schon ein Einwanderungsland gewesen, haben sich als solches verstanden und haben historisch überaus erfolgreiche Prozesse der Assimiliation von Neuankömmlingen entwickelt. Darüber hinaus war die Arbeitslosigkeit in den USA in den achtziger und neunziger Jahren beträchtlich niedriger als in Europa, und die Sorge um den Arbeitsplatz war kein entscheidender Faktor für die Einstellung zur Einwanderungsfrage. Die Herkunftsländer der Einwanderer in den USA waren auch unterschiedlicher als der in Europa, und damit war die Angst, von einer einzelnen Ausländergruppe überschwemmt zu werden, landesweit niedriger, wenngleich in bestimmten Gebieten sehr real. Ferner war der kulturelle Abstand der beiden größten Migrantengruppen zur Wirtskultur in den USA geringer als in Europa: Mexikaner sind katholisch und spanischsprachig, Philippiner katholisch und englischsprachig.

Ungeachtet dieser Faktoren hat sich seit der Verabschiedung des Gesetzes von 1965 über die Liberalisierung der Einwanderung aus Asien und Lateinamerika die öffentliche Meinung in den USA entscheidend verändert. 1965 wünschten nur 33 Prozent der Öffentlichkeit weniger Einwanderung. 1977 waren es 42 Prozent, 1986 waren es 49 Prozent, und 1990 und 1993 waren es 62 Prozent. Umfragen aus den neunziger Jahren zeigen übereinstimmend, daß 60 Prozent und mehr der Bevölkerung für eine Verringerung der Einwanderung sind.[27] Zwar beeinflussen wirtschaftliche Belange und wirtschaftliche Gegebenheiten die Einstellungen zur Einwanderung, aber der stetig steigende Widerstand in guten wie in schlechten Zeiten läßt darauf schließen, daß Kultur, Kriminalität und Lebensweise bei diesem Meinungsumschwung wichtiger waren. »Viele, vielleicht sogar die meisten Amerikaner«, bemerkte ein Beobachter 1994, »sehen in ihrer Nation noch immer ein von Europäern besiedeltes Land, dessen Gesetze englisches Erbe sind, dessen Sprache das Englische ist (und bleiben soll), dessen Institutionen und öffentliche Gebäude sich an den klassischen Normen des Westens orientieren, dessen Religion jüdisch-christliche Wurzeln hat und dessen Größe ursprünglich aus seiner protestantischen Arbeitsethik hervorging.« Als Ausdruck dieser Besorgnisse gaben bei einer Stichprobe 55 Prozent der Befragten an, daß sie die Einwanderung für eine Bedrohung der amerikanischen Kultur hielten. Während Europäer die Einwanderungsbedrohung als eine muslimische oder arabische empfinden, empfinden Amerikaner sie als eine lateinamerikanische und asiatische, primär jedoch als eine mexikanische. Auf die Frage, aus welchen Ländern die USA zu viele Einwanderer hereinließen, nannten US-Amerikaner bei einer Stichprobe 1990 Mexiko doppelt so oft wie jedes andere Land, gefolgt von – in dieser Reihenfolge – Kuba, dem »Orient« (pauschal), Süd- und Lateinamerika (pauschal), Japan, Vietnam und Korea.[28]

Der wachsende öffentliche Widerstand gegen die Einwanderung löste Anfang der neunziger Jahre eine politische Reaktion vergleichbar jener aus, die in Europa einsetzte. Angesichts der Eigenart des politischen Systems der USA gab es keine Stimmengewinne für rechte und Anti-Einwanderungs-Parteien, aber einwanderungsfeindliche Publizisten und Interessengruppen mehrten sich, wurden aktiver und lautstärker. Der Unmut galt vor allem den 3,5 bis 4 Millionen illegalen Einwanderern, und Politiker griffen das Thema auf. Wie in Europa erfolgte die stärkste Reaktion auf bundesstaatlicher und lokaler Ebene, wo die meisten Kosten für die Einwanderer anfielen. Infolgedessen verklagte der Bundesstaat Florida, dem sich später sechs weitere Bundesstaaten anschlossen, die amerikanische Bundesregierung auf Zahlung von 884 Millionen Dollar jährlich, um Unterricht, Sozialhilfe, Strafverfolgung und andere durch illegale Einwanderer verursachte Kosten zu decken. In Kalifornien, dem Bundesstaat mit der absolut und prozentual höchsten Zahl von Einwanderern, erhielt Gouverneur Pete Wilson die Unterstützung der Öffentlichkeit, als er forderte, Kindern von illegalen Einwanderern den staatlichen Schulunterricht zu versagen, den in den USA geborenen Kindern von illegalen Einwanderern die Einbürgerung zu verweigern und illegalen Einwanderern die staatlichen Beihilfen zur medizinischen Notversorgung zu streichen. Im November 1994 billigten die Kalifornier mit überwältigender Mehrheit Proposition 187, wodurch illegalen Ausländern und ihren Kindern medizinische, Bildungs- und Sozialleistungen versagt wurden.

Ebenfalls 1994 ging die Administration Clinton von ihrem früheren Standpunkt ab und verschärfte die Einwanderungskontrollen, straffte die Gesetze zur Gewährung von politischem Asyl, erweiterte den »Immigration and Naturalization Service«, verstärkte die Grenzpolizei (Border Patrol) und errichtete an der Grenze zu Mexiko massive Barrieren. 1995 empfahl ein vom Kongreß eingesetzter Ausschuß zur Einwanderungsreform die Reduzierung der jährlichen legalen Einwanderung von über 800.000 auf 550.000 Personen, unter Bevorzugung der minderjährigen Kinder und des Ehegatten, nicht aber anderer Familienangehöriger der derzeitigen Staatsbürger und in USA Wohnhaften, eine Maßgabe, »die asiatisch-amerikanische und hispanische Familien empörte«.[29] Um die Jahreswende 1995/96 lagen dem Kongreß Gesetze vor, in die viele Empfehlungen der Kommission und andere Maßnahmen zur Einwanderungsbeschränkung eingegangen waren. Mitte der neunziger Jahre war also die Einwanderung eine große politische Streitfrage in den USA geworden, und 1996 machte Patrick Buchanan den Widerstand gegen die Einwanderung zu einem zentralen Punkt seines

Präsidentschaftswahlkampfes. Die Vereinigten Staten tun es Europa gleich, was die massive Beschränkung des Zugangs von Nichtwestlern zu ihrer Gesellschaft betrifft.

Kann Europa, können die USA sich der Migrantenflut entgegenstemmen? Frankreich hat eine signifikante Strähne von demographischem Pessimismus erlebt, die sich von dem quälenden Roman Jean Raspails in den siebziger Jahren bis zu der wissenschaftlichen Analyse Jean-Claude Chesnais' in den neunziger Jahren erstreckt und 1991 von Pierre Lellouche wie folgt zusammengefaßt wurde: »Geschichte, geographische Nähe und Armut garantieren, daß es Frankreich und Europa bestimmt ist, von Menschen aus den gescheiterten Gesellschaften des Südens überschwemmt zu werden. Die Vergangenheit Europas war weiß und jüdisch-christlich. Die Zukunft wird es nicht sein.«[30] Die Zukunft ist jedoch nicht unwiderruflich festgelegt; und keine einzelne Zukunft ist für immer. Die Frage ist nicht, ob Europa islamisiert wird oder ob die USA hispanisiert werden. Die Frage ist, ob Europa und Amerika zu gespaltenen Gesellschaften mit zwei unterschiedlichen und weithin voneinander isolierten Gemeinschaften aus zwei verschiedenen Zivilisationen werden, was seinerseits von der Anzahl der Einwanderer und davon abhängt, inwieweit diese an die in Europa und Amerika herrschenden westlichen Kulturen assimiliert werden.

Europäische Gesellschaften haben in der Regel nicht den Wunsch, Einwanderer zu assimilieren, oder tun sich sehr schwer damit, und inwieweit muslimische Einwanderer und ihre Kinder assimiliert werden wollen, ist unklar. Eine anhaltende substantielle Einwanderung ist daher geeignet, Länder in eine christliche und eine muslimische Gemeinschaft zerfallen zu lassen. Dieses Resultat läßt sich in dem Maße vermeiden, wie europäische Regierungen und Völker bereit sind, die Kosten für eine Restriktion dieser Einwanderung zu tragen, das heißt die direkten fiskalischen Kosten von Anti-Einwanderungs-Gesetzen, die sozialen Kosten einer weiteren Entfremdung der existierenden Einwanderergemeinschaften und die potentiellen langfristigen Kosten von Arbeitskräftemangel und niedrigeren Wachstumsraten.

Das Problem der demographischen Invasion der Muslime wird sich jedoch wahrscheinlich in dem Maße mildern, wie das Bevölkerungswachstum in nordafrikanischen und nahöstlichen Gesellschaften seinen Höhepunkt erreicht, was in einigen Ländern bereits der Fall ist, und zurückzugehen beginnt.[31] Insofern demographischer Druck die Ursache der Einwanderung ist, könnte die muslimische Einwanderung im Jahre 2025 bedeutend geringer sein als heute. Das gilt nicht für das subsaharische Afrika. Wenn eine wirtschaftliche Entwicklung eintritt und die soziale Mobilisierung in West- und Zentralafrika fördert, werden die Anreize und Potentiale zur Migration zunehmen, und der drohenden »Islamisierung« Europas wird seine drohende »Afrikanisierung« folgen. Inwieweit diese Gefahr reale Gestalt annimmt, wird auch signifikant davon abhängen, inwieweit afrikanische Populationen durch Aids und andere Seuchen dezimiert werden und inwieweit Südafrika Einwanderer aus anderen Teilen Afrikas anlockt.

Während Muslime das unmittelbare Problem für Europa sind, sind Mexikaner das Problem für die USA. Wenn die derzeitigen Tendenzen und Politiken anhalten, wird sich, wie Tabelle 8.2 zeigt, die amerikanische Bevölkerung in der ersten Hälfte des 21. Jahrhunderts dramatisch verändern und zu rund 50 Prozent aus Weißen, zu fast 25 Prozent aus Hispanics bestehen. Wie in Europa, könnten Veränderungen in der Einwanderungspolitik und die effiziente Durchsetzung von Maßnahmen zur Verhinderung der Einwanderung diese Hochrechnungen modifizieren. Auch so wird das zentrale Thema die Frage bleiben, inwieweit Hispanics in die amerikanische Gesellschaft so assimiliert werden, wie es bei früheren Einwanderergruppen geschehen ist. Hispanics der zweiten und dritten Generation sehen sich diesbezüglich mit vielfältigen Anreizen und Pressionen konfrontiert. Andererseits unterscheidet sich die mexikanische Einwanderung massiv von anderen Einwanderungen. Erstens haben Einwanderer aus Europa oder Asien Weltmeere zu überqueren; Mexikaner spazieren über eine Grenze oder durchwaten einen Fluß. Dies sowie die zunehmende Erleichterung von Transport und Kommunikation erlauben es ihnen, engen Kontakt zu und die Identifikation mit ihren Heimatgemeinden zu halten. Zweitens konzentrieren sich mexikanische Einwanderer im Südwesten der USA und sind Teil einer kontinuierlichen mexikanischen Gesellschaft, die sich von Yucatán bis Colorado erstreckt. Drittens spricht einiges dafür, daß der Widerstand gegen eine Assimilation unter mexikanischen Migranten stärker ist, als er es bei anderen Einwanderergruppen war, und daß Mexikaner dazu tendieren, ihre mexikanische Identität zu behalten, wie es 1994 in Kalifornien bei dem Kampf um Proposition 187 offenkundig wurde. Viertens wurde das von mexikanischen Migranten besiedelte Gebiet seinerseits von den USA annektiert, nachdem sie Mitte des 19. Jahrhunderts Mexiko besiegt hatten. Die wirtschaftliche Entwicklung Mexikos wird mit ziemlicher Sicherheit mexikanische Revanchegelüste entstehen lassen. Irgendwann könnten also die Resultate der militärischen Expansion Amerikas im 19. Jahrhundert von der demographischen Expansion Mexikos im 21. Jahrhundert bedroht und möglicherweise umgedreht werden. (siehe Karte 8.1)

Tabelle 8.2
Bevölkerung der USA nach Rasse und Ethnizität

	1995	2020*	2050*
Nichthispanische Weiße	74%	64%	53%
Hispanics	10	16	25
Schwarze	12	13	14
Asiaten,Pazifikinsulaner	3	6	8
Indianer, Ureinwohn. Alaskas	<1	<1	1
Gesamt (Millionen)	263	323	394

* = Schätzung

Quelle:
U.S. Bureau of Census: Population Projections of the United States by Age, Sex, Race, and Hispanic Origin: 1995 to 2050 (Washington 1996), S. 12 f.

Karte 8.1
Die USA im Jahre 2020: ein gespaltenes Land?

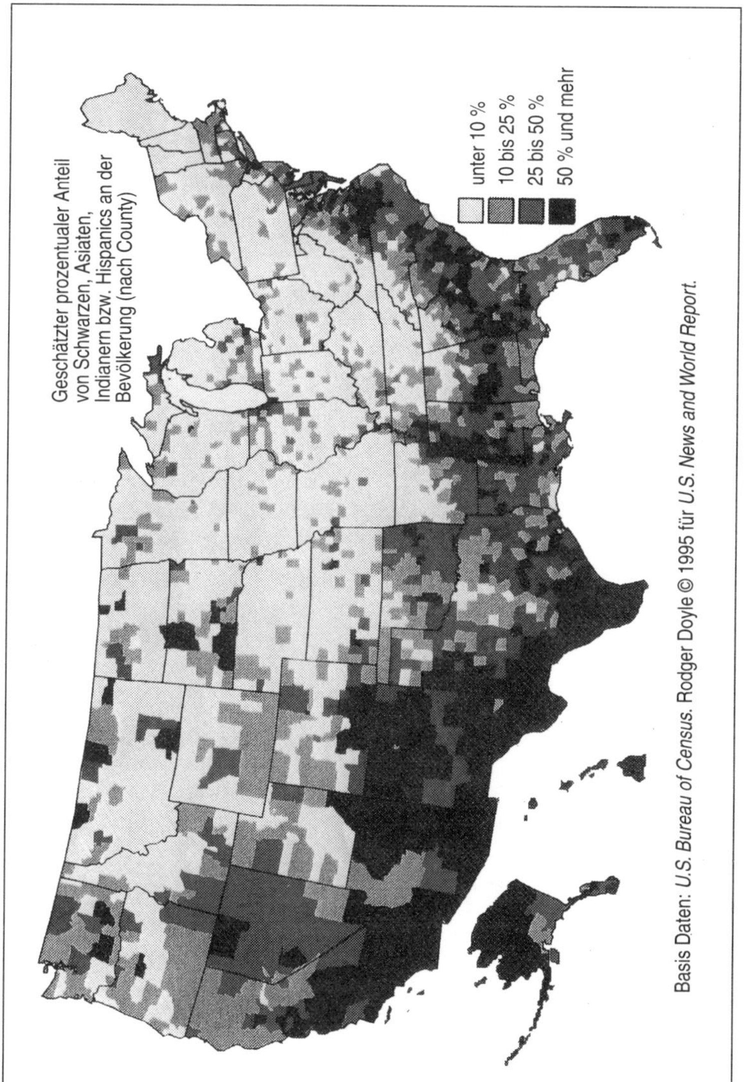

Basis Daten: *U.S. Bureau of Census.* Rodger Doyle © 1995 für *U.S. News and World Report.*

Die sich verändernde Machtbalance zwischen Kulturkreisen stellt den Westen vor wachsende Schwierigkeiten, seine Ziele etwa zur Nichtweitergabe von Waffen, zu Menschenrechten und Einwanderung zu verwirklichen. Um seine Verluste in dieser Situation möglichst gering zu halten, muß der Westen seine wirtschaftlichen Ressourcen im Umgang mit anderen Gesellschaften geschickt als Zuckerbrot und Peitsche einsetzen, um seine Einheit zu stärken. Der Westen muß seine politischen Strategien koordinieren, damit es für andere Gesellschaften schwieriger wird, einen westlichen Staat gegen den anderen auszuspielen, und er muß Differenzen zwischen nichtwestlichen Staaten fördern und ausnutzen. Die Fähigkeit des Westens, diese Strategien zu verfolgen, wird zum einen abhängig sein von der Art und Intensität der Konflikte mit den Herausforderer-Kreisen, zum anderen davon, wie weit er gemeinsame Interessen mit den »Pendler«-Kulturen finden und fördern kann.

KAPITEL 9

Weltpolitik und Kulturkreise

KERNSTAATENKONFLIKTE UND BRUCHLINIENKONFLIKTE

Kulturen sind die ultimativen menschlichen Stämme, und der Kampf der Kulturen ist ein Stammeskonflikt im Weltmaßstab. In der sich formierenden Welt können Staaten und Gruppen aus zwei verschiedenen Kulturkreisen miteinander begrenzte, taktische ad-hoc-Verbindungen und -Koalitionen eingehen, entweder, um ihre Interessen gegen Einheiten eines dritten Kulturkreises wahrzunehmen, oder zu anderen gemeinsamen Zwecken. Die Beziehungen zwischen Gruppen aus verschiedenen Kulturkreisen werden jedoch fast niemals eng, sondern für gewöhnlich kühl und häufig feindselig sein. Aus der Vergangenheit herrührende Verbindungen zwischen Staaten verschiedener Kulturkreise, zum Beispiel Militärbündnisse aus der Zeit des Kalten Krieges, werden voraussichtlich schwächer werden oder sich auflösen. Die Hoffnung auf interkulturelle »Partnerschaften«, wie sie für Rußland und Amerika einst von deren Führungsspitzen zum Ausdruck gebracht wurde, wird sich nicht erfüllen. Die entstehenden interkulturellen Beziehungen werden normalerweise zwischen Distanziertheit und Gewalt schwanken; die meisten werden sich irgendwo dazwischen bewegen. In vielen Fällen werden sie sich voraussichtlich jenem »Kalten Frieden« annähern, der nach der Warnung Boris Jelzins die künftigen Beziehungen zwischen Rußland und dem Westen kennzeichnen könnte. Andere interkulturelle Beziehungen könnten sich dem Zustand des »kalten Krieges« annähern. Der Begriff *guerra fría* wurde im 13. Jahrhundert von spanischen Autoren geprägt, um deren »heikle Koexistenz« mit den Muslimen im Mittelmeerraum zu beschreiben, und viele sahen in den neunziger Jahren einen neuen »kulturellen kalten Krieg« zwischen dem Islam und dem Westen ausbrechen.[1] In einer Welt von Kulturkreisen wird der Begriff nicht nur diese Beziehung zutreffend beschreiben. Kalter Friede, kalter Krieg, Quasi-Krieg, heikler Friede, gestörte Beziehungen, intensive Rivalität, rivalisierende Koexistenz, Wettrüsten: diese Wendungen sind die wahrscheinlichsten Bezeichnungen für Beziehungen zwischen Ländern aus unterschiedlichen Kulturkreisen. Vertrauen und Freundschaft werden selten sein.

Dieser Konflikt nimmt zwei Formen an. Auf der lokalen oder Mikro-Ebene ergeben sich *Bruchlinienkonflikte* zwischen benachbarten Staaten aus unterschiedlichen Kulturen, zwischen Gruppen aus unterschiedlichen Kulturen innerhalb ein und desselben Staates und zwischen Gruppen, die, wie in der früheren Sowjetunion und im früheren Jugoslawien, den Versuch unternehmen, neue Staaten auf den Trümmern der alten zu errichten. Bruchlinienkonflikte sind besonders häufig zwischen Muslimen und Nichtmuslimen anzutreffen. Die Gründe für diese Konflikte sowie ihre Eigenart und Dynamik werden in den Kapiteln 10 und 11 untersucht. Auf der globalen oder Makro-Ebene ergeben sich Kernstaatenkonflikte zwischen den großen Staaten unterschiedlicher Kulturkreise. Gegenstand dieser Konflikte sind die klassischen Streitfragen der internationalen Politik, nämlich:

1. relativer Einfluß bei der Gestaltung globaler Entwicklungen und die Aktionen internationaler Organisationen wie UNO, IWF und Weltbank;
2. relative militärische Macht; manifestiert sich in Kontroversen über Nichtweiterverbreitung von Waffen und Rüstungskontrolle und das Wettrüsten;
3. wirtschaftliche Macht und Wohlstand; manifestiert sich in Streitigkeiten über Handel, Investitionen und andere verwandte Fragen;
4. Menschen; manifestiert sich in Bemühungen eines Staates

der einen Kultur um Schutz seiner Angehörigen in einer anderen Kultur; um Diskriminierung von Menschen einer anderen Kultur oder um Ausschluß von Menschen einer anderen Kultur von seinem Staatsgebiet;

5. Wertvorstellungen und Kultur; hierüber kommt es zu Konflikten, wenn ein Staat den Versuch unternimmt, seine Wertvorstellungen zu propagieren oder dem Volk einer anderen Kultur aufzuzwingen;
6. gelegentliche Gebietsstreitigkeiten; bei solchen Disputen werden Kernstaaten zu Frontkämpfern in Bruchlinienkonflikten.

Diese Streitfragen sind natürlich in der Geschichte der Menschheit immer Konfliktquellen gewesen. Sobald jedoch Staaten aus verschiedenen Kulturkreisen involviert sind, wird der Konflikt durch kulturelle Unterschiede verschärft.

Im Zuge ihrer Konkurrenz miteinander versuchen Kernstaaten, ihre Kulturangehörigen um sich zu sammeln, sich die Unterstützung durch Staaten dritter Kulturkreise zu sichern, Zwistigkeiten und Spaltung in die Reihen des gegnerischen Kulturkreises zu tragen und die geeignete Mixtur aus diplomatischen, politischen, wirtschaftlichen und verdeckten Maßnahmen sowie propagandistische Versprechungen und Zwänge einzusetzen, um ihre Ziele zu erreichen. Kernstaaten werden jedoch militärische Gewalt nicht direkt gegeneinander einsetzen. Ausnahmen sind Situationen, wie sie im Nahen Osten und auf dem indischen Subkontinent entstanden, wo sie einander an einer kulturellen Bruchlinie gegenüberstehen. Ansonsten werden Kernstaatenkriege wohl nur unter zwei Umständen entstehen. Sie könnten sich erstens aus der Eskalation von Bruchlinienkonflikten zwischen lokalen Gruppen entwickeln, wenn verwandte Gruppen, einschließlich Kernstaaten, den lokalen Kombattanten zu Hilfe kommen. Gerade diese Möglichkeit schafft jedoch für die Kernstaaten in den entgegengesetzten Kulturkreisen einen wesentlichen Anreiz, den Bruchlinienkonflikt einzudämmen oder zu lösen.

Zweitens könnte ein Kernstaatenkrieg aus Veränderungen des weltweiten Machtgleichgewichts zwischen den Kulturkreisen resultieren. In der griechischen Kultur führte die wachsende Macht Athens, wie Thukydides meinte, zum Peloponnesischen Krieg, und die Geschichte der westlichen Kultur ist die Geschichte von »Hegemonialkriegen« zwischen aufsteigenden und absteigenden Staaten. Inwieweit ähnliche Faktoren einen Konflikt zwischen den aufsteigenden und absteigenden Kernstaaten unterschiedlicher Kulturen begünstigen, hängt teilweise davon ab, ob in diesen Kulturen die Politik des Sich-Anhängens oder die Politik des Gegengewichts die bevorzugte Methode eines Staates ist, auf den Aufstieg einer neuen Macht zu reagieren. In asiatischen Kulturen scheint man zwar die Politik des Mitlaufens, des Aufspringens auf den Zug zu bevorzugen, aber bei Staaten anderer Kulturkreise wie den USA, Indien und Rußland könnte der Aufstieg der chinesischen Macht das Bemühen um Gegensteuern und Gegengewicht hervorrufen. Der fehlende Hegemonialkrieg der westlichen Geschichte ist der zwischen Großbritannien und den USA, und der friedliche Übergang von der Pax Britannica zur Pax Americana war vermutlich ganz wesentlich der engen kulturellen Verwandtschaft der beiden Gesellschaften zu verdanken. Das Fehlen einer solchen Verwandtschaft im Zusammenhang mit dem sich verschiebenden Machtgleichgewicht zwischen dem Westen und China macht einen bewaffneten Konflikt zwar nicht zur Gewißheit, aber es macht ihn wahrscheinlicher. Die Dynamik des Islam ist also die fortdauernde Quelle vieler relativ kleiner Bruchlinienkriege; der Aufstieg Chinas ist die potentielle Quelle eines großen interkulturellen Krieges zwischen Kernstaaten.

Islam und der Westen

Manche Westler, unter ihnen auch Präsident Bill Clinton, haben den Standpunkt vertreten, daß der Westen Probleme nicht mit dem Islam, sondern mit gewalttätigen islamistischen Fundamentalisten habe. Die Geschichte der letzten 1400 Jahre lehrt etwas anderes. Die Beziehungen zwischen dem Islam und dem Christentum – dem orthodoxen wie dem westlichen – sind häufig stürmisch gewesen. Sie betrachten sich gegenseitig als den Anderen. Der Konflikt zwischen liberaler Demokratie und Marxismus-Leninismus im 20. Jahrhundert war ein flüchtiges und vordergründiges Phänomen, verglichen mit dem kontinuierlichen und konfliktreichen historischen Verhältnis zwischen Islam und Christentum. Manchmal stand friedliche Koexistenz im Vordergrund; häufiger war das Verhältnis eine heftige Rivalität oder ein heißer Krieg unterschiedlicher Intensität. Ihre »historische Dynamik«, bemerkt John Esposito, »sieht die beiden Gemeinschaften oft in einem Wettstreit, manchmal in einem verbissenen tödlichen Ringen um Macht, Land und Seelen.«[2] Jahrhundertelang war das Schicksal der beiden Religionen ein stetes Auf und Ab von mächtigen Vorstößen, Pausen und Gegenstößen.

Der erste arabisch-islamische Sturmlauf vom frühen 7. Jahrhundert bis um die Mitte des 8. Jahrhunderts begründete die muslimische Herrschaft in Nordafrika, auf der Iberischen Halbinsel, im Nahen Osten und in Nordindien. Etwa zweihundert Jahre lang stabilisierten sich die Grenzlinien zwischen Islam und Christentum. Dann errangen die Christen im späten 11. Jahrhundert wieder die Kontrolle über das westliche Mittelmeer, eroberten Sizilien und nahmen Toledo ein. 1095 begann die Christenheit die Kreuzzüge, und anderthalb Jahrhunderte lang versuchten christliche Potentaten mit immer geringerem Erfolg, die christliche Herrschaft im Heiligen Land und den angrenzenden Gebieten zu befestigen, wobei sie 1291 Akko, ihren letzten Stützpunkt dort, verloren. Unterdessen waren die osmanischen Türken auf der Bildfläche erschienen. Sie schwächten zunächst Byzanz und eroberten dann weite Teile des Balkans sowie Nordafrika, nahmen 1453 Konstantinopel ein und belagerten 1529 Wien. Wie Bernard Lewis zeigt, war Europa fast tausend Jahre lang, von der ersten Landung der Mauren in Spanien bis zur zweiten Belagerung Wiens durch die Türken, ständig der

Bedrohung des Islam ausgesetzt.[3] Der Islam ist die einzige Kultur, die das Überleben des Westens hat fraglich erscheinen lassen, und zwar gleich zweimal.

Im 15. Jahrhundert hatte das Blatt sich zu wenden begonnen. Die Christen eroberten nach und nach die Iberische Halbinsel zurück – eine Aufgabe, die sie 1492 in Granada zum Abschluß brachten. Unterdessen befähigten europäische Innovationen auf dem Gebiet der Hochseenavigation die Portugiesen und andere Völker, das muslimische Kernland zu umfahren und bis zum Indischen Ozean und noch weiter vorzudringen. Gleichzeitig machten die Russen der 200jährigen Tatarenherrschaft ein Ende. Die Osmanen unternahmen daraufhin einen letzten Vorstoß, indem sie 1683 zum zweiten Male Wien belagerten. Ihr Scheitern dort war der Beginn eines langen Rückzugs, der begleitet wurde von dem Kampf der orthodoxen Völker des Balkan um Befreiung von der Osmanenherrschaft, von der Expansion des Habsburgerreiches und von dem dramatischen Vormarsch der Russen bis zum Schwarzen Meer und zum Kaukasus. Im Verlauf von etwa einem Jahrhundert wurde aus der »Geißel der Christenheit« der »kranke Mann am Bosporus«.[4] Bei Beendigung des Ersten Weltkriegs gaben ihm England, Frankreich und Italien den Gnadenstoß und etablierten in den noch verbliebenen osmanischen Ländern mit Ausnahme der türkischen Republik ihre direkte oder indirekte Herrschaft. 1920 gab es nur noch vier muslimische Länder – die Türkei, Saudi-Arabien, den Iran und Afghanistan –, die von irgendeiner Form nichtmuslimischer Herrschaft verschont blieben.

Der Rückzug des westlichen Kolonialismus wiederum begann langsam in den zwanziger und dreißiger Jahren und erfuhr eine dramatische Beschleunigung nach dem Zweiten Weltkrieg. Der Zusammenbruch der Sowjetunion bescherte weiteren muslimischen Ländern die Unabhängigkeit. Nach einer Zählung wurden zwischen 1757 und 1919 92 muslimische Gebiete von nichtmuslimischen Regierungen erworben. 1995 befanden sich 69 dieser Territorien wieder unter muslimischer Herrschaft, und etwa 45

Staaten hatten eine ganz überwiegend muslimische Bevölkerung. Für die gewaltsame Natur dieser wechselnden Beziehungen spricht die Tatsache, daß 50 Prozent der Kriege zwischen Paaren von Staaten unterschiedlicher Religion zwischen 1820 und 1929 Kriege zwischen Muslimen und Christen waren.[5]

Die Ursachen für dieses Konfliktmuster liegen nicht in Übergangserscheinungen wie dem christlichen Eifer des 12. Jahrhunderts oder dem muslimischen Fundamentalismus des 20. Jahrhunderts. Sie entspringen vielmehr der Natur dieser beiden Religionen und der auf ihnen basierenden Kulturen. Auf der einen Seite war der Konflikt ein Produkt des Unterschiedes zwischen beiden Religionen, besonders des Unterschiedes zwischen dem muslimischen Konzept vom Islam als einer Lebensform, die Religion und Politik transzendiert und vereinigt, und dem westlich-christlichen Konzept von den beiden getrennten Reichen Gottes und des Kaisers. Der Konflikt wurzelte jedoch auch in den Ähnlichkeiten beider Religionen. Beides sind monotheistische Religionen, die im Gegensatz zu polytheistischen Religionen nicht ohne weiteres neue Gottheiten assimilieren können und die Welt dualistisch in ein »wir« und ein »sie« teilen. Beide sind universalistisch und erheben den Anspruch, der eine wahre Glaube zu sein, dem alle Menschen anhängen sollen. Beides sind missionarische Religionen, die glauben, daß ihre Anhänger die Verpflichtung haben, Nichtgläubige zu dem einen wahren Glauben zu bekehren. Von Anfang an breitete sich der Islam durch Eroberung aus, und ebenso das Christentum, wenn sich eine Gelegenheit bot. Die analogen Konzepte »dschihad« und »Kreuzzug« ähneln einander nicht nur, sie unterscheiden diese beiden Glaubenssysteme auch von anderen großen Weltreligionen. Islam und Christentum haben, wie auch das Judentum, eine teleologische Auffassung von der Geschichte, im Gegensatz zu der in anderen Kulturen herrschenden zyklischen oder statischen Auffassung.

Die Heftigkeit des blutigen Konflikts zwischen Islam und Christentum wurde über die Zeiten beeinflußt von demographischem Wachstum und Rückgang, wirtschaftlichen Entwicklungen, technologischem Wandel und der Intensität des religiösen Engagements. Die Ausbreitung des Islam im 7. Jahrhundert ging mit einer massiven, nach Umfang und Geschwindigkeit beispiellosen Migration arabischer Völker in die Länder des byzantinischen und des Sassaniden-Reiches einher. Die Kreuzzüge einige Jahrhunderte später waren im großen und ganzen das Ergebnis von Wirtschaftswachstum, Bevölkerungsexpansion und cluniazensischer Reform im Europa des 11. Jahrhunderts, die es ermöglichten, riesige Scharen von Rittern und Bauern für den Zug ins Heilige Land aufzubieten. Als der Erste Kreuzzug Konstantinopel erreichte, schrieb eine byzantinische Beobachterin, es habe den Anschein, als sei »das ganze Abendland, mit allen Stämme der Barbaren, die hinter dem Adriatischen Meere und bis zu den Säulen des Herkules hausen, aufgebrochen zu einer Völkerwanderung und befinde sich mit all seiner Habe auf dem Weg, in gewaltiger Masse in Asien einzubrechen.«[6] Im 19. Jahrhundert führte ein spektakuläres Bevölkerungswachstum wiederum zu einem europäischen Aufbruch und bewirkte die größte Migration in der Menschheitsgeschichte, die sich in muslimische wie in andere Länder ergoß.

Eine vergleichbare Kombination von Faktoren hat Ende des 20. Jahrhunderts den Konflikt zwischen dem Islam und dem Westen zugespitzt. Erstens hat das muslimische Bevölkerungswachstum riesige Scharen arbeitsloser und entfremdeter junger Menschen produziert, die sich für die islamistische Sache einspannen lassen, Druck auf benachbarte Gesellschaften ausüben und in den Westen auswandern. Zweitens hat das islamische Wiedererstarken den Muslimen neues Vertrauen in die Eigenart und die Vorzüglichkeit ihrer Kultur und ihrer Werte gegenüber jenen des Westens geschenkt. Drittens erzeugen die gleichzeitigen Bemühungen des Westens um Universalisierung seiner Werte und Institutionen, Aufrechterhaltung seiner militärischen und wirtschaftlichen Überlegenheit und Einflußnahme auf Konflikte in der muslimischen Welt enorme Erbitterung unter den Muslimen. Viertens beseitigte der Zusammenbruch des Kommunismus einen gemeinsamen Feind des Westens und des Islam und ließ beide als die deutliche Hauptbedrohung des jeweils anderen zurück. Fünftens stimulieren der wachsende Kontakt zwischen Muslimen und Westlern und deren zunehmende Vermischung in beiden ein neues Gefühl für die eigene Identität und für den Unterschied dieser Identitäten voneinander. Interaktion und Vermischung verschärfen auch Differenzen über die Rechte der Mitglieder der einen Kultur in einem Land, das von Mitgliedern der anderen Zivilisation dominiert wird. Sowohl in muslimischen als auch in christlichen Gesellschaften ging in den achtziger und neunziger Jahren die Toleranz für den anderen drastisch zurück.

Die Ursachen für den erneuten Konflikt zwischen dem Islam und dem Westen sind also in grundlegenden Fragen der Macht und Kultur zu suchen. *Kto? Kovo?* Wer [beherrscht] wen? Diese zentrale Frage jeder Politik, wie sie Lenin definiert hat, ist die Wurzel des Ringens zwischen dem Islam und dem Westen. Es gibt jedoch einen zusätzlichen Konflikt, den Lenin für bedeutungslos gehalten hätte: den Konflikt zwischen zwei verschiedenen Auffassungen dessen, was richtig und was falsch ist, und infolgedessen, wer recht hat und wer nicht recht hat. Solange der Islam der Islam bleibt (und er wird es bleiben) und der Westen der Westen bleibt (was fraglicher ist), wird dieser fundamentale Konflikt zwischen zwei großen Kulturkreisen und Lebensformen ihre Beziehungen zueinander weiterhin und auch in Zukunft definieren, so wie er sie 1400 Jahre lang definiert hat.

Diese Beziehungen werden zusätzlich durch eine Reihe von Streitfragen belastet, die auf unterschiedlichen und gegensätzlichen Standpunkten basieren. Historisch war die Kontrolle von Territorium eine bedeutende Streitfrage, die aber heute relativ unerheblich ist. 19 von 28 Bruchlinienkonflikten zwischen Muslimen und Nichtmuslimen Mitte der neunziger Jahre waren solche zwischen Muslimen und Christen. Elf davon waren Konflikte mit orthodoxen Christen, sieben solche mit Anhängern des westlichen Christentums in Afrika und Südostasien. Nur einer dieser gewalttätigen oder potentiell gewalttätigen Konflikte, der zwischen Kroaten und Bosniern, spielte sich direkt an der Bruchlinie zwischen dem Westen und dem Islam ab. Das faktische Ende des territorialen Imperialismus des Westens und das (bisherige) Ausbleiben einer erneuten territorialen Expansion des Islam haben eine geographische Trennung herbeigeführt, so daß nur an wenigen Stellen auf dem Balkan westliche und muslimische Gemeinschaften wirklich unmittelbar aneinander grenzen. Konflikte zwischen dem Westen und dem Islam drehen sich daher weniger um Gebietsfragen als um weitere interkulturelle Streitfragen wie Waffenweiterverbreitung, Menschenrechte und Demokratie, Kontrolle der Ölquellen, Migration, islamistischer Terrorismus und westliche Intervention.

Nach dem Kalten Krieg wurde die zunehmende Heftigkeit dieses historischen Antagonismus von Mitgliedern beider Gemeinschaften weithin registriert. So sah Barry Buzan 1991 viele Gründe für einen beginnenden gesellschaftlichen kalten Krieg »zwischen dem Westen und dem Islam, in dem Europa an vorderster Front stehen würde«:

> »Diese Entwicklung hat zum Teil mit säkularen contra religiösen Werten zu tun, zum Teil mit der historischen Rivalität zwischen Christenheit und Islam, zum Teil mit der Eifersucht der westlichen Macht, zum Teil mit Ressentiments gegenüber der Dominanz des Westens bei der postkolonialen politischen Strukturierung des Nahen Ostens und zum Teil mit der Verbitterung und Demütigung durch den unerfreulichen Vergleich der Leistungen der islamischen mit denen der westlichen Zivilisation in den letzten zweihundert Jahren.«

Weiter bemerkt Buzan: »Ein gesellschaftlicher Kalter Krieg mit dem Islam würde der Stärkung der europäischen Identität insgesamt zu einem für den Prozeß der europäischen Einigung überaus wichtigen Zeitpunkt dienen.« Daher »mag eine substantielle Gemeinschaft im Westen bereit sein, einen gesellschaftlichen Kalten Krieg mit dem Islam nicht nur zu unterstützen, sondern auch durch geeignete Strategien herbeizuführen.« 1990 untersuchte Bernard Lewis, ein führender westlicher Islamwissenschaftler, die »Wurzeln der muslimischen Wut« und kam zu dem Schluß:

> »Es sollte nun deutlich geworden sein, daß wir es mit einer Stimmung und mit einer Bewegung zu tun haben, die die Ebene der Streitfragen und Politiken und der sie verfolgenden Regierungen weit hinter sich lassen. Es handelt sich um nichts weniger als einen ›Kampf der Kulturen‹ – jene vielleicht irrationale, aber gewiß historische Reaktion eines alten Rivalen auf unser jüdisch-christliches Erbe, unsere laizistische Gegenwart und die weltweite Expansion von beidem. Es ist von alles entscheidender Bedeutung, daß wir unsererseits uns nicht zu einer gleichermaßen historischen, aber gleichermaßen irrationalen Reaktion auf diesen Rivalen provozieren lassen.«[7]

Ähnliche Beobachtungen kamen aus der islamischen Gemeinschaft. »Es gibt untrügliche Anzeichen für eine zunehmende Konfrontation zwischen der jüdisch-christlichen Ethik des Westens und der islamischen Erweckungsbewegung, die sich heute vom Atlantik im Westen bis nach China im Osten erstreckt«, behauptete 1994 der führende ägyptische Journalist Mohammed Sid-Ahmed. Ein prominenter indischer Muslim sagte 1992 voraus, die nächste Herausforderung des Westens werde »definitiv aus der muslimischen Welt kommen. Im Bereich der islamischen Nationen zwischen dem Maghreb und Pakistan wird der Kampf um eine neue Weltordnung beginnen.« Für einen führenden tunesischen Juristen ist dieser Kampf bereits im Gange: »Der Kolonialismus suchte alle kulturellen Traditionen des Islam zu deformieren. Ich bin kein Islamist. Ich glaube nicht, daß wir einen Konflikt zwischen Religionen haben. Wir haben einen Konflikt zwischen Zivilisationen.«[8]

In den achtziger und neunziger Jahren war die generelle Tendenz im Islam gegen den Westen gerichtet. Zum Teil ist das die natürliche Folge des Wiedererstarkens des Islam und die Reaktion auf die festgestellte »West-Infizierung« (*gharbzadegi*, »Westoxification«) muslimischer Gesellschaften. »Das neue Selbstbewußtsein des Islam, so sektiererisch es sich auch geben mag, bedeutet die Zurückweisung des europäischen und amerikanischen Einflusses auf lokale Gesellschaft, Politik und Moral.«[9] In der Vergangenheit haben muslimische Führer gelegentlich in der Tat ihren Anhängern gesagt: »Wir müssen uns verwestlichen.« Doch ein muslimischer Führer, der dies im letzten Viertel des 20. Jahrhunderts proklamieren würde, stünde allein. Es fällt denn auch schwer, Äußerungen von beliebigen Muslimen – Politikern, Beamten, Wissenschaftlern, Geschäftsleuten oder Journalisten – zu finden, die ein Lob westlicher Werte und Institutionen beinhalten. Vielmehr betonen sie die Unterschiede zwischen ihrem Kulturkreis und dem westlichen Kulturkreis, die Überlegenheit ihrer Kultur sowie die Notwendigkeit, die Integrität dieser Kultur gegen den Ansturm des Westens zu erhalten. Muslime fürchten und ärgern sich über die Macht des Westens und die Bedrohung, die sie für ihre Gesellschaft und ihre Überzeugungen darstellt. Sie halten die westliche Kultur für materialistisch, korrupt, dekadent und unmoralisch. Sie halten sie aber auch für verführerisch und betonen daher nur um so mehr die Notwendigkeit, ihrem Einfluß auf die muslimische Lebensform zu widerstehen. Zunehmend greifen Muslime den Westen nicht darum an, weil er sich zu einer unvollkommenen, irrigen Religion bekennen würde, die doch gleichwohl auf einer »heiligen Schrift« beruht, sondern darum, weil er sich zu überhaupt keiner Religion bekennt. In muslimischen Augen sind Laizismus, Irreligiosität und daher Unmoral des Westens schlimmere Übel als das westliche Christentum, das sie hervorgebracht hat. Im Kalten Krieg war für den Westen sein Widersacher »der gottlose Kommunismus«; im Kampf der Kulturen nach dem Kalten Krieg ist für Muslime ihr Widersacher »der gottlose Westen«.

Dieses Bild vom arroganten, materialistischen, repressiven, brutalen und dekadenten Westen haben nicht nur fundamentalistische Imams, sondern auch Menschen, in denen viele Westler ihre natürlichen Verbündeten und Anhänger erblicken würden. Wenige Bücher muslimischer Autoren, die in den neunziger Jahren im Westen erschienen sind, haben so viel Lob geerntet wie Fatima Mernissis *Islam and Democracy*,[10] das im Westen allgemein als die mutige Aussage einer modernen, liberalen Muslimin gefeiert wurde. Dabei ist die Darstellung des Westens in diesem Werk alles andere als schmeichelhaft. Der Westen ist »militaristisch« und »imperialistisch« und hat durch »kolonialen Terror« andere Nationen »traumatisiert«. Der Individualismus, Inbegriff der westlichen Kultur, ist »die Quelle allen Übels«. Die Macht des Westens ist beängstigend. Der Westen »allein entscheidet darüber, ob Satelliten dazu benutzt werden, um Araber zu bilden oder um sie zu bombardieren ... Er erdrückt unsere Potentiale und dringt in unser Leben ein mit seinen importierten Produkten und Fernsehfilmen, die die Sender überschwemmen ... [Er] ist eine Macht, die uns erdrückt, unsere Märkte belagert und unsere letzten Ressourcen, Initiativen und Potentiale kontrolliert. So nahmen wir unsere Lage wahr, und der Golfkrieg hat diese Wahrnehmung zur Gewißheit gemacht.« Der Westen »schafft sich seine Macht durch militärische Forschung« und verkauft dann die Produkte dieser Forschung an unterentwickelte Länder, die seine »passiven Konsumenten« sind. Um aus dieser Untertänigkeit herauszukommen, muß der Islam seine eigenen Ingenieure und Wissenschaftler ausbilden, seine eigenen Waffen bauen (ob nukleare oder konventionelle, sagt die Autorin nicht) und »sich aus der militärischen Abhängigkeit vom Westen befreien«. Wohlgemerkt: dies sind nicht die Ansichten eines bärtigen, turbantragenden Ayatollah.

Ungeachtet ihrer persönlichen politischen oder religiösen Meinung sind sich Muslime darin einig, daß es fundamentale Unterschiede zwischen ihrer Kultur und der westlichen Kultur gibt. »Grundlegend ist«, meint Scheich Ghanoushi, »daß unsere Gesellschaften auf anderen Werten basieren als den westlichen.« Die Amerikaner, sagt ein ägyptischer Regierungsbeamter, »kommen her und wollen, daß wir so sind wie sie. Sie verstehen nichts von unseren Werten und unserer Kultur.« »Wir sind anders«, pflichtet ein ägyptischer Journalist bei. »Wir haben einen anderen Hintergrund, eine andere Geschichte. Und dementsprechend haben wir auch das Recht auf eine andere Zukunft.« Volkstümliche wie geistig anspruchsvolle muslimische Publikationen beschreiben immer wieder angebliche westliche Pläne und Intrigen zur Unterwerfung, Demütigung und Unterminierung islamischer Institutionen und islamischer Kultur.[11]

Die Reaktion gegen den Westen erkennt man nicht nur in der zentralen geistigen Stoßrichtung des wiedererstarkten Islam, sondern auch in den gewandelten Einstellungen muslimischer Regierungen gegenüber dem Westen. Die ersten postkolonialen Regierungen waren in der Regel westlich orientiert, was ihre politischen und wirtschaftlichen Ideologien und Strategien betraf, und prowestlich, was ihre Außenpolitik betraf, mit gewissen Ausnahmen wie Algerien und Indonesien, wo die Unabhängigkeit das Ergebnis einer nationalistischen Revolution war. Doch Zug um Zug wurden in Irak, Libyen, Jemen, Syrien, Iran, Sudan, Libanon und Afghanistan prowestliche Regierungen durch solche ersetzt, die sich weniger mit dem Westen identifizierten oder deutlich antiwestlich waren. Weniger dramatische Veränderungen in derselben Richtung gab es in der Orientierung und Bündnishaltung von anderen Staaten wie Tunesien, Indonesien und Malaysia. Die beiden verläßlichsten muslimischen militärischen Verbündeten der USA aus der Zeit des Kalten Krieges, die Türkei und Pakistan, stehen intern unter politischem Druck der Islamisten, und ihre Bindungen an den Westen sind zunehmenden Belastungen ausgesetzt.

1995 war Kuwait der einzige Staat, der eindeutig prowestlicher war als zehn Jahre zuvor. Die engen Freunde des Westens in der muslimischen Welt sind heute entweder wie Kuwait, Saudi-Arabien oder die Golf-Scheichtümer vom Westen militärisch oder wie Ägypten und Algerien vom Westen wirtschaftlich abhängig. Ende der achtziger Jahre brachen die kommunistischen Regime in Osteuropa zusammen, als klar wurde, daß die Sowjetunion ihnen keine wirtschaftliche und militärische Unterstützung mehr gewähren konnte oder wollte. Falls erkennbar würde, daß der Westen seine muslimischen Satellitenregimes nicht länger hielte, würden sie wahrscheinlich ein vergleichbares Schicksal erleiden.

Das zunehmende muslimische Antiwestlertum hat seine Entsprechung in der wachsenden westlichen Besorgnis über die »islamische Bedrohung«, die insbesondere vom muslimischen Extremismus ausgeht. Der Islam gilt als Heimat der Kernwaffenweiterverbreitung, des Terrorismus und – in Europa – von unerwünschten Migranten. Diese Sorgen werden sowohl von der breiten Masse als auch von den Führungsspitzen geteilt. Im November 1994 antworteten auf die Frage, ob die »islamische Erneuerung« eine Gefahr für US-amerikanische Interessen im Nahen Osten bedeute, 61 Prozent einer Stichprobe von 35.000 außenpolitisch interessierten Amerikanern mit Ja und nur 28 Prozent mit Nein. Ein Jahr zuvor nannte auf die Frage, welches Land die größte Gefahr für die USA darstelle, eine Zufallsauswahl der Befragten Iran, China und Irak an den ersten drei Stellen. In ähnlicher Weise nannten 1994 auf die Frage nach »kritischen Bedrohungen« der USA 72 Prozent eines repräsentativen Querschnitts der Bevölkerung, und 61 Prozent der außenpolitischen Spitzenpolitiker die Kernwaffenweiterverbreitung und 69 Prozent der befragten Bürger und 33 Prozent der führenden Politiker den internationalen Terrorismus – zwei Probleme, die weithin mit dem Islam in Zusammenhang gebracht werden. Darüber hinaus sahen 33 Prozent der Öffentlichkeit und 39 Prozent der Spitzenfunktionäre eine Gefahr in der möglichen Expansion des islamischen Fundamentalismus. Ähnliche Einstellungen haben die Europäer. So sagten zum Beispiel im Frühjahr

1994 51 Prozent der französischen Öffentlichkeit, daß die Hauptbedrohung Frankreichs aus dem Süden komme, während nur 8 Prozent sagten, sie komme aus dem Osten. Die vier Länder, die die Franzosen am meisten fürchteten, waren alle muslimisch: 52 Prozent nannten den Irak, 35 Prozent den Iran, 26 Prozent Libyen und 22 Prozent Algerien.[12] Hohe Politiker des Westens, darunter der deutsche Bundeskanzler und der französische Ministerpräsident, äußerten ähnliche Bedenken, wobei der NATO-Generalsekretär 1995 erklärte, der islamische Fundamentalismus sei »mindestens ebenso gefährlich wie der Kommunismus« für den Westen gewesen sei, und »ein sehr hochrangiges Mitglied« der Administration Clinton den Islam weltweit als Rivalen des Westens bezeichnete.[13]

Die militärische Bedrohung aus dem Osten ist praktisch verschwunden, und nun richtet sich die Planung der NATO zunehmend auf potentielle Bedrohung aus dem Süden. Ein Analytiker der U.S. Army bemerkte 1992, die »Südliche Reihe« ersetze heute die Mittlere Front und werde »sehr rasch zur neuen Frontlinie der NATO«. Zur Abwehr dieser Bedrohung aus dem Süden begannen die südlichen Mitglieder der NATO – Italien, Frankreich, Spanien und Portugal – gemeinsame militärische Planungen und Operationen und traten gleichzeitig mit den Regierungen des Maghreb in Konsultationen über Möglichkeiten zur Bekämpfung islamistischer Extremisten ein. Diese Bedrohungen sind auch die Grundlage für das Verbleiben einer gewichtigen militärischen Präsenz der USA in Europa. »US-Streitkräfte sind zwar kein Allheilmittel für die Probleme, die der fundamentalistische Islam aufwirft«, bemerkte ein früherer hoher US-Beamter, »aber sie werfen doch einen machtvollen Schatten auf die militärische Planung in dem Gebiet. Erinnern Sie sich an die erfolgreiche Entsendung amerikanischer, französischer und britischer Streitkräfte aus Europa im Golfkrieg 1990/91? Die Menschen in der Region erinnern sich sehr genau.«[14] Und – hätte er hinzusetzen können – sie erinnern sich mit Angst, Bitterkeit und Haß.

Angesichts der Meinung, die Muslime und Westler derzeit voneinander haben, und angesichts des Aufstiegs des islamistischen Extremismus ist es kaum verwunderlich, daß im Anschluß an die iranische Revolution 1979 ein interkultureller Quasi-Krieg zwischen dem Islam und dem Westen ausbrach. Es ist ein Quasi-Krieg aus drei Gründen. Erstens hat nicht der gesamte Islam gegen den gesamten Westen gekämpft. Zwei fundamentalistische Staaten (Iran, Sudan), drei nichtfundamentalistische Staaten (Irak, Libyen, Syrien) sowie ein breites Spektrum islamistischer Organisationen haben, finanziell unterstützt von muslimischen Ländern wie Saudi-Arabien, gegen die USA und gelegentlich gegen Großbritannien, Frankreich und andere westliche Staaten und Gruppen sowie gegen Israel und die Juden generell gekämpft. Zweitens ist es ein Quasi-Krieg, weil er, abgesehen vom Golfkrieg 1990/91, mit begrenzten Mitteln ausgetragen wird: Terrorismus auf der einen Seite und Luftwaffeneinsätze, verdeckte Aktionen und Wirtschaftssanktionen auf der anderen. Drittens ist es ein Quasi-Krieg, weil die Gewalttätigkeit zwar andauert, aber nicht kontinuierlich ist. Es gibt sporadische Aktionen der einen Seite, die Reaktionen der anderen Seite provozieren. Trotzdem ist ein Quasi-Krieg ein Krieg. Selbst wenn man die Zehntausende von irakischen Soldaten und Zivilisten nicht mitzählt, die durch westliche Bombenangriffe im Januar/Februar 1991 umkamen, gehen die übrigen Toten und Verletzten in die Tausende, und es gab sie buchstäblich in jedem Jahr seit 1979. In diesem Quasi-Krieg sind weit mehr Westler getötet worden als in dem »richtigen« Krieg am Golf.

Außerdem haben beide Seiten eingeräumt, daß dieser Konflikt ein Krieg ist. Schon früh erklärte Ayatollah Khomeini sehr zutreffend: »Der Iran befindet sich praktisch im Kriegszustand mit Amerika.«[15] Gaddafi proklamiert regelmäßig den Heiligen Krieg gegen den Westen. Muslimische Führer anderer extremistischer Gruppen und Staaten haben sich in ähnlicher Weise geäußert. Auf westlicher Seite haben die USA sieben Länder als »terroristische Staaten« eingestuft, von denen fünf muslimisch sind (Iran, Irak, Syrien, Libyen, Sudan; die übrigen zwei sind Kuba und Nordkorea). Diese Klassifizierung deklariert sie im Endeffekt zu Feinden, weil sie die USA und ihre Freunde mit der effizientesten ihnen zu Gebote stehenden Waffe angreifen, und erkennt damit die Existenz eines Kriegszustandes mit ihnen an. Von offizieller US-amerikanischer Seite werden diese Staaten auch immer wieder als »geächtete« und »Verbrecher«-Staaten bezeichnet, wodurch sie außerhalb der internationalen Ordnung der zivilisierten Welt gestellt und zum legitimen Ziel multi- oder unilateraler Gegenmaßnahmen gemacht werden. Die Regierung der USA beschuldigte die Bombenleger im World Trade Center, sie wollten »einen Krieg des urbanen Terrorismus gegen die Vereinigten Staaten« anzetteln, und vertraten den Standpunkt, die Verschwörer, denen die Planung weiterer Bombenanschläge in Manhattan zur Last gelegt wurde, seien Soldaten in einem Kampf gegen die USA, »der einen Krieg impliziert«. Wenn Muslime unterstellen, daß der Westen den Islam bekriegt, und wenn Westler unterstellen, daß islamische Gruppen den Westen bekriegen, erscheint die Schlußfolgerung plausibel, daß etwas einem Krieg sehr Ähnliches im Gange ist.

In diesem Quasi-Krieg hat jede Seite Kapital aus den Stärken der eigenen und den Schwächen der anderen Seite geschlagen. Militärisch ist es im wesentlichen ein Krieg zwischen Terrorismus und Luftwaffe gewesen. Militante islamische Fanatiker machen sich die offenen Gesellschaften des Westens zunutze und plazieren Autobomben an ausgewählten Zielen. Westliche Berufsmilitärs machen sich den offenen Himmel des Islam zunutze und werfen »smart bombs« auf ausgewählte Ziele. Die islamischen Kriegsparteien schmieden Komplotte zur Ermordung prominenter Westler; die USA schmieden Komplotte zum Sturz extremistischer islamischer Regime. In den fünfzehn Jahren zwischen 1980 und 1995 waren laut US-amerikanischem Verteidigungsministerium die USA in siebzehn militärische Operationen im Nahen Osten verwickelt, die sich alle gegen Muslime richteten. Gegen die Völker anderer Kulturkreise gab es keine vergleichbaren Militäraktionen der USA. Bis heute haben beide Seiten, abgesehen vom Golfkrieg, Gewalteinsätze auf ziemlich niedrigem Niveau gehalten und davon abgesehen, gewalttätige Akte als kriegerische Handlungen zu bezeichnen, die einen umfassende Gegenschlag verlangen. »Wenn Libyen einem seiner U-Boote den Befehl erteilen würde, ein amerikanisches Passagierschiff zu versenken«, meinte *The Economist*, »würden die USA dies als kriegerischen Akt einer Regierung betrachten und nicht die Auslieferung des U-Boot-Kommandanten verlangen. Der Bombenanschlag des libyschen Geheimdienstes auf eine Linienmaschine ist im Prinzip nichts anderes.«[16] Die Beteiligten setzen in diesem Krieg jedoch viel mehr gewalttätige Taktik gegeneinander ein, als die USA und die Sowjetunion im Kalten Krieg gegeneinander anwendeten. Von wenigen Ausnahmen abgesehen, tötete keine der beiden Supermächte absichtlich Zivilisten oder sogar Soldaten der anderen Seite. Genau das geschieht jedoch immer wieder in diesem Quasi-Krieg.

Amerikanische Politiker unterstellen, daß die in diesem Quasi-Krieg engagierten Muslime eine kleine Minderheit darstellen, deren Gewaltbereitschaft von der großen Mehrheit der gemäßigten Muslime abgelehnt wird. Das mag richtig sein, doch fehlt es dafür an Beweisen. Proteste gegen antiwestliche Gewalt sind in muslimischen Ländern völlig ausgeblieben. Muslimische Regierungen, sogar die mit dem Westen befreundeten und von ihm abhängigen Bunkerregierungen, haben sich auffallend zurückgehalten, wenn es darum ging, terroristische Akte gegen den Westen zu verurteilen. Auf der anderen Seite haben europäische Regierungen und die Öffentlichkeit Aktionen der USA gegen ihre muslimischen Gegner weithin unterstützt und selten kritisiert, in auffallendem Gegensatz zu dem unermüdlichen Widerstand, den sie während des Kalten Krieges amerikanischen Aktionen gegen die Sowjetunion und den Kommunismus häufig entgegensetzten. In Konflikten zwischen Kulturkreisen steht, anders als in ideologischen, Sippe zu Sippe.

Das tiefere Problem für den Westen ist nicht der islamische

Fundamentalismus. Das tiefere Problem ist der Islam, eine andere Kultur, deren Menschen von der Überlegenheit ihrer Kultur überzeugt und von der Unterlegenheit ihrer Macht besessen sind. Das Problem für den Islam sind nicht die CIA oder das US-amerikanische Verteidigungsministerium. Das Problem ist der Westen, ein anderer Kulturkreis, dessen Menschen von der Universalität ihrer Kultur überzeugt sind und glauben, daß ihre überlegene, wenngleich schwindende Macht ihnen die Verpflichtung auferlegt, diese Kultur über die ganze Erde zu verbreiten. Das sind die wesentlichen Ingredienzien, die den Konflikt zwischen dem Islam und dem Westen anheizen.

Asien, China und Amerika – Mischtrommel der Kulturen

Die wirtschaftlichen Veränderungen in Asien, besonders in Ostasien, gehören zu den bedeutendsten Entwicklungen in der Welt in der zweiten Hälfte des 20. Jahrhunderts. In den neunziger Jahren hatte diese wirtschaftliche Entwicklung eine wirtschaftliche Euphorie unter vielen Beobachtern ausgelöst, die Ostasien und das ganze Pazifikbecken in einem stetig expandierenden Handelsnetz verknüpft sahen, das Friede und Harmonie unter den Nationen garantieren würde. Dieser Optimismus gründete sich auf die sehr fragwürdige Annahme, daß Handelsverkehr unfehlbar ein friedenschaffender Faktor ist. Dies ist jedoch nicht der Fall. Wirtschaftliches Wachstum erzeugt politische Instabilität innerhalb eines Landes und zwischen Ländern, weil es das Gleichgewicht der Macht zwischen Ländern und Regionen verändert. Wirtschaftsverkehr bringt die Menschen in Kontakt miteinander; er bringt sie nicht in Übereinstimmung. Historisch hat er oft ein tieferes Bewußtsein für die Unterschiede zwischen Völkern geschaffen und auf beiden Seiten Ängste erzeugt. Der Handel zwischen Ländern erzeugt Profit, aber auch Konflikt. Sofern frühere Erfahrungen zutreffen, wird das Asien des wirtschaftlichen Sonnenscheins ein Asien der politischen Schatten, ein Asien der Instabilität und des Konflikts hervorbringen.

Die wirtschaftliche Entwicklung Asiens und das zunehmende Selbstvertrauen asiatischer Gesellschaften stören heute die internationale Politik auf mindestens dreierlei Weise. Erstens befähigt ihre wirtschaftliche Entwicklung asiatische Staaten zur Expansion ihres militärischen Potentials, fördert die Ungewißheit über die zukünftigen Beziehungen zwischen diesen Ländern und bringt Streitfragen und Rivalitäten aufs Tapet, die während des Kalten Krieges unterdrückt worden waren. Dadurch steigt die Wahrscheinlichkeit von Konflikten und Instabilität in dieser Region. Zweitens steigert wirtschaftliche Entwicklung die Intensität von Konflikten zwischen asiatischen Gesellschaften und dem Westen, in erster Linie den USA, und gibt asiatischen Gesellschaften zunehmend die Stärke, in diesen Kämpfen die Oberhand zu behalten. Drittens vermehrt das wirtschaftliche Wachstum der größten Macht Asiens deren Einfluß in der Region und somit die Wahrscheinlichkeit, daß China auf seine traditionelle Hegemonie in Ostasien pocht. Das würde andere Nationen zwingen, entweder »mitzuhalten« und sich mit dieser Entwicklung abzufinden oder »gegenzuhalten« und den chinesischen Einfluß nach Möglichkeit einzudämmen.

In den mehreren Jahrhunderten westlicher Vorherrschaft waren die internationalen Beziehungen, die zählten, ein Spiel des Westens, das die großen westlichen Mächte untereinander austrugen, wobei im 18. Jahrhundert in gewissem Umfange Rußland und im 20. Jahrhundert Japan hinzukamen. In Europa spielten sich Großmachtkonflikte und -kooperation ab, und sogar während des Kalten Krieges verlief die Hauptlinie der Supermachtkonfrontation durch das Herz Europas. Soweit die internationalen Beziehungen, die in der Welt nach dem Kalten Krieg zählen, einen Hauptschauplatz haben, heißt dieser Schauplatz Asien, besonders Ostasien. Asien ist der Schmelztiegel der Kulturen. Allein Ostasien enthält Gesellschaften aus sechs Kulturkreisen – dem japanischen, sinischen, orthodoxen, buddhistischen, muslimischen und westlichen –, und Südasien fügt noch den Hinduismus hinzu. Die Kernstaaten von vier Kulturkreisen, Japan, China, Rußland, USA, sind Hauptakteure in Ostasien; Südasien bringt Indien ein; und Indonesien ist eine aufstrebende muslimische Macht. Außerdem liegen in Ostasien mehrere Mittelmächte mit zunehmendem wirtschaftlichen Gewicht wie Südkorea, Taiwan und Malaysia sowie ein potentiell starkes Vietnam. Das Ergebnis ist ein hochkomplexes Muster internationaler Beziehungen, in vieler Hinsicht jenem vergleichbar, das im 18. und 19. Jahrhundert in Europa existierte, und befrachtet mit der ganzen Beweglichkeit und Ungewißheit, die für multipolare Situationen kennzeichnend ist.

Seine vielen Kulturkreise und Mächte unterscheiden Ostasien von Westeuropa, und wirtschaftliche und politische Differenzen verstärken diesen Gegensatz. Alle Länder Westeuropas sind stabile Demokratien, haben Marktwirtschaften und weisen ein hohes Niveau wirtschaftlicher Entwicklung auf. Ostasien enthält Mitte der neunziger Jahre eine stabile Demokratie, mehrere neue und instabile Demokratien, vier der fünf weltweit noch verbliebenen kommunistischen Diktaturen, ferner Militärregierungen, persönliche Diktaturen und autoritäre Einparteiensysteme. Der Grad der wirtschaftlichen Entwicklung variierte zwischen jenem in Japan und Singapur und jenem in Vietnam und Nordkorea. Es gab eine allgemeine Tendenz zur Einführung der Marktwirtschaft und wirtschaftlichen Öffnung, aber die Palette der wirtschaftlichen Systeme reicht noch von der Kommandowirtschaft Nordkoreas über verschiedene Kombinationen aus staatlicher Kontrolle und privatem Unternehmertum bis zur Laissez-faire-Wirtschaft Hongkongs.

Abgesehen davon, inwieweit die chinesische Hegemonie gelegentlich Ordnung in die Region gebracht haben mag, hat eine internationale Gesellschaft (im britischen Sinne des Wortes) in Ostasien nicht so existiert, wie sie in Westeuropa existiert.[17] Ende des 20. Jahrhunderts hat ein außergewöhnlich dichter Komplex von internationalen Organisationen Europa verknüpft: Europäische Union, NATO, Westeuropäische Union, Europarat, Organisation für Sicherheit und Zusammenarbeit in Europa (OSZE) und andere. Ostasien hat nichts Vergleichbares außer der ASEAN, der keine einzige Großmacht angehört, ist generell Sicherheitsfragen aus dem Wege gegangen und beginnt erst jetzt, sich den primitivsten Formen einer wirtschaftlicher Integration zu nähern. In den neunziger Jahren entstand zwar die viel größere Organisation APEC (Asiatisch-Pazifische Wirtschaftliche Zusammenarbeit), die die meisten Länder des Pazifikbeckens umfaßt, aber sie war eine noch lahmere Schwatzbude als sogar die ASEAN. Es gibt keine andere große internationale Institution, die die asiatischen Hauptmächte zusammenbrächte.

Wiederum im Gegensatz zu Westeuropa sind Gründe für zwischenstaatlichen Konflikt in Ostasien reich gesät. Zwei Gefahrenherde hat man weithin in den beiden Koreas und den beiden Chinas erkannt. Sie sind jedoch Überbleibsel des Kalten Krieges. Ideologische Unterschiede sind heute von schwindender Bedeutung, und bis 1995 hatten die Beziehungen zwischen den beiden Chinas zugenommen und zwischen den beiden Koreas sich zu entwickeln begonnen. Die Wahrscheinlichkeit, daß Koreaner gegen Koreaner kämpfen, existiert, ist jedoch gering; die Chancen, daß Chinesen gegen Chinesen kämpfen, sind höher, aber dennoch begrenzt, es sei denn, die Taiwanesen entsagen ihrer chinesischen Identität und konstituieren formell eine unabhängige Republik China. Ein chinesisches Militärdokument zitierte zustimmend einen General mit den Worten: »Es muß Grenzen für Kämpfe zwischen Familienmitgliedern geben.«[18] Die Möglichkeit von Gewalt zwischen den beiden Koreas oder den beiden Chinas bleibt zwar bestehen, doch ist zu erwarten, daß kulturelle Gemeinsamkeiten diese Möglichkeit mit der Zeit gegenstandslos machen werden.

Heute werden in Ostasien die aus der Zeit des Kalten Krieges überkommenen Konflikte ergänzt und ersetzt durch andere mögliche Konflikte, in denen sich alte Rivalitäten und neue wirtschaftliche Beziehungen spiegeln. Analytiker der ostasiatischen Sicherheitslage bezeichneten Anfang der neunziger Jahre Ostasien regelmäßig als »eine gefährliche Nachbarschaft«, »bereit zur Rivalität«, als eine Region von »mehreren kalten Kriegen«, auf dem Weg »zurück in die Zukunft«, in der Krieg und Instabilität die Oberhand haben würden.[19] Im Gegensatz zu Westeuropa hat Ostasien in den neunziger Jahren ungelöste Territorialstreitigkeiten, vornehmlich zwischen Rußland und China um die nördlichen Inseln und zwischen China, Vietnam, den Philippinen und potentiell anderen südostasiatischen Staaten um das Südchinesische Meer. Die Meinungsverschiedenheiten um die Grenzen zwischen China auf der einen Seite und Rußland und Indien auf der anderen ebbten Mitte der neunziger Jahre ab, könnten aber wieder auftauchen, ebenso chinesische Ansprüche auf die Mongolei. Aufstände oder separatistische Bewegungen, in den meisten Fällen vom Ausland unterstützt, gab es in Mindanao, Ost-Timor, Tibet, dem südlichen Thailand und dem östlichen Myanmar. Und während Mitte der neunziger Jahre zwischenstaatlicher Friede in Ostasien herrschte, gab es während der fünfzig Jahre davor große Kriege in Korea und Vietnam. China, die zentrale Macht Asiens, kämpfte gegen Amerikaner sowie gegen fast alle seine Nachbarn, darunter Koreaner, Vietnamesen, Nationalchinesen, Inder, Tibeter und Russen. 1993 benannte eine Analyse des chinesischen Militärs acht regionale Gefahrenpunkte, die Chinas militärische Sicherheit bedrohten, und die Zentrale Militärkommission Chinas kam zu dem Schluß, die Sicherheitsperspektive in Ostasien sei generell »sehr düster«. Westeuropa ist nach Jahrhunderten des Ringens befriedet, und ein Krieg ist undenkbar. In Ostasien ist er es nicht, und wie Aaron Friedberg vermutet, könnte Europas Vergangenheit Asiens Zukunft sein.[20]

Wirtschaftliche Dynamik, Gebietsstreitigkeiten, neue Rivalitäten und politische Ungewißheiten sorgten in den achtziger und neunziger Jahren für bedeutende Steigerungen ostasiatischer Militärhaushalte und Militärpotentiale. Unter Ausnutzung ihres neuen Reichtums und in vielen Fällen ihrer gebildeten Bevölkerung sind ostasiatische Regierungen dazu übergegangen, riesige, schlecht ausgerüstete »Bauern«-Heere durch kleinere, professionellere, technologisch ausgefeilte Streitkräfte zu ersetzen. Mit wachsenden Zweifeln am Ausmaß eines amerikanischen Engagements in Ostasien trachten Länder danach, militärisch autark zu sein. Ostasiatische Staaten importierten zwar weiterhin erhebliche Mengen von Waffen aus Europa, den USA und der früheren Sowjetunion, bevorzugten aber den Import von Technologie, die sie befähigte, im eigenen Land hochentwickelte Flugzeuge, Raketen und elektronisches Gerät zu produzieren. Japan und die sinischen Staaten – China, Taiwan, Singapur, Südkorea – besitzen zunehmend leistungsfähige Rüstungsindustrien. Angesichts der Küstengeographie Ostasiens haben sie den Nachdruck auf Einflußerweiterung und auf Luft- und Marinepotentiale gelegt. Infolgedessen sind Nationen, die früher militärisch nicht imstande waren, einander zu bekämpfen, zunehmend sehr wohl dazu in der Lage. Diese militärische Aufrüstung ist von wenig Transparenz begleitet gewesen und hat daher um so mehr Argwohn und Ungewißheit erregt.[21] In einer Situation veränderter Machtbeziehungen fragt sich jede Regierung zwangsläufig und mit Recht: »Wer wird in zehn Jahren mein Feind sein und wer wird, wenn überhaupt, mein Freund sein?«

Asiatisch-amerikanische kalte Kriege

Ende der achtziger und Anfang der neunziger Jahre wurden die Beziehungen zwischen den USA und asiatischen Ländern – mit Ausnahme Vietnams – zunehmend antagonistisch, und die Fähigkeit der USA, in diesen Kontroversen die Oberhand zu behalten, schwand. Diese Tendenzen waren besonders in bezug auf die ostasiatischen Großmächte ausgeprägt, und die amerikanischen Beziehungen zu China und zu Japan entwickelten sich in parallelen Bahnen. Auf der einen Seite sprachen Amerikaner, auf der anderen Chinesen und Japaner von einem kalten Krieg, der sich zwischen ihren Ländern entwickele.[22] Diese Tendenzen begannen während der Administration Bush und beschleunigten sich während der Administration Clinton. Mitte der neunziger Jahre konnte man die amerikanischen Beziehungen zu den beiden großen asiatischen Mächten bestenfalls als »gespannt« bezeichnen, und es schien wenig Aussicht auf Entspannung zu bestehen.

Anfang der neunziger Jahre wurden die japanisch-amerikanischen Beziehungen zunehmend gereizt. Die Kontroversen bezogen sich auf die verschiedensten Fragen: die Rolle Japans im Golfkrieg, die amerikanische Militärpräsenz in Japan, die Einstellung Japans zur amerikanischen Menschenrechtspolitik gegenüber China und anderen Ländern, die Beteiligung Japans an friedenserhaltenden Missionen und vor allem die Wirtschaftsbeziehungen, besonders den Handel. Verweise auf Handelskriege wurden gang und gäbe.[23] Amerikanische Offizielle, zumal in der Administration Clinton, forderten immer mehr Zugeständnisse von Japan; japanische Offizielle widersetzten sich diesen Forderungen immer energischer. Jede neue japanisch-amerikanische Handelskontroverse war verbitterter und schwieriger zu lösen als die vorherige. So unterzeichnete Präsident Clinton im März 1994 eine Anordnung, die ihm die Vollmacht gab, strengere Handelssanktionen gegen Japan zu verhängen. Das trug ihm Proteste nicht nur von den Japanern, sondern auch von der Führung der Welthandelsorganisation GATT ein. Kurze Zeit später reagierte Japan mit einem »vernichtenden Angriff« auf die amerikanische Politik, woraufhin die USA »Japan offiziell beschuldigten«, amerikanische Firmen bei der Vergabe von Regierungsaufträgen zu benachteiligen. Im Frühjahr 1995 drohte die Administration Clinton mit einem 100prozentigen Zollaufschlag auf japanische Luxuswagen, wobei erst unmittelbar vor Inkrafttreten der Sanktionen eine Vereinbarung erreicht wurde, die dies abwendete. Offenkundig war zwischen beiden Ländern etwas einem Handelskrieg sehr Ähnliches im Gange. Mitte der neunziger Jahre hatten die Beziehungen einen Punkt erreicht, an dem führende japanische Politiker die militärische Präsenz der USA in Japan in Frage zu stellen begannen.

Während dieser Jahre wuchs in der Öffentlichkeit beider Länder die Abneigung gegen das andere Land. 1985 sagten 87 Prozent der amerikanischen Öffentlichkeit, sie hätten eine generell freundschaftliche Einstellung zu Japan. 1990 war dieser Prozentsatz auf 67 zurückgegangen, und 1993 waren nur noch bloße 50 Prozent der Amerikaner positiv zu Japan eingestellt, und fast zwei Drittel sagten, sie versuchten, den Kauf japanischer Produkte zu vermeiden. 1985 bezeichneten 73 Prozent der Japaner die Beziehungen zwischen den USA und Japan als freundschaftlich; 1993 sagten 64 Prozent, sie seien nicht freundschaftlich. Die entscheidende Abwendung der öffentlichen Meinung von der vom Kalten Krieg vorgegebenen Prägung markierte das Jahr 1991. In diesem Jahr trat jedes der beiden Länder in der Perzeption des anderen an die Stelle der Sowjetunion. Zum erstenmal rangierte für die Amerikaner Japan vor der Sowjetunion als Gefahr für die Sicherheit der USA, und zum erstenmal rangierten für die Japaner die USA vor der Sowjetunion als Gefahr für die japanische Sicherheit.[24]

Den Veränderungen in der Einstellung der Öffentlichkeit entsprachen veränderte Perzeptionen der Eliten. In den USA entstand unter Wissenschaftlern, Intellektuellen und Politikern eine signifikante Gruppe von Revisionisten, die die kulturellen und strukturellen Unterschiede zwischen den beiden Ländern und die Notwendigkeit eines viel härteren Vorgehens der USA gegen Japan in wirtschaftlichen Streitfragen betonte. Die Medien, Sachbücher und populäre Romane zeichneten ein zunehmend abfälliges Bild von Japan. Analog trat in Japan eine neue Generation von politischen Leitfiguren auf, die die Macht der USA im Zweiten Weltkrieg und ihre Wohltätigkeit danach nicht mehr erlebt hatten, sehr stolz auf die wirtschaftlichen Erfolge Japans waren und durchaus nicht zögerten, amerikanische Forderungen auf eine Weise abzuschmettern, wie es dic Älteren nicht getan hatten. Diese japanischen »Widerständler« waren das Gegenstück zu den amerikanischen »Revisionisten«, und in beiden Ländern stellten Parteikandidaten fest, daß das Vertreten einer harten Linie in Fragen, die die Beziehungen zwischen Japan und den USA betrafen, bei den Wählern gut ankam.

Auch die Beziehungen der USA zu China bewegten sich während der späten achtziger und frühen neunziger Jahre zunehmend auf Kollisionskurs. Die Konflikte zwischen beiden Ländern, sagte Deng Xiaoping im September 1991, seien ein »neuer kalter Krieg« – eine Formulierung, die von der chinesischen Presse regelmäßig wiederholt wurde. Im August 1995 erklärte die Presseagentur der chinesischen Regierung: »Die chinesisch-amerikanischen Beziehungen befinden sich auf ihrem tiefsten Punkt seit Aufnahme der diplomatischen Beziehungen zwischen beiden Ländern« im Jahre 1979. Chinesische Offizielle verurteilten regelmäßig jede angebliche Einmischung in chinesische Angelegenheiten. »Wir sollten deutlich machen«, hieß es 1992 in einem internen Dokument der chinesischen Regierung, »daß die USA, seit sie einzige Supermacht geworden sind, sich wild in einen neuen machtpolitischen Hegemonismus gestürzt haben, aber auch, daß ihre relative Stärke zurückgeht und daß es Grenzen dessen gibt, was sie sich erlauben können.« – »Feindliche Kräfte des Westens«, sagte Präsident Jiang Zemin im August 1995, »haben nicht einen Augenblick lang ihren Plan aufgegeben, unser Land zu verwestlichen und zu ›spalten‹.« 1995 soll unter chinesischen Führern und Wissenschaftlern ein breiter Konsens bestanden haben, daß die USA versuchten, »China territorial zu spalten, politisch zu unterwandern, strategisch einzudämmen und wirtschaftlich zu frustrieren.«[25]

Für alle diese Vorwürfe gab es Beweise. Die USA erlaubten dem taiwanesischen Präsidenten Lee, in die USA zu kommen, verkauften 150 F-16 an Taiwan, erklärten Tibet zum »besetzten souveränen Territorium«, verurteilten China wegen seiner Menschenrechtsverletzungen, verweigerten Beijing die Olympischen

Spiele des Jahres 2000, normalisierten die Beziehungen zu Vietnam, beschuldigten China, Komponenten für chemische Waffen in den Iran zu exportieren, verhängten Handelssanktionen gegen China, weil es Raketenausrüstung an Pakistan geliefert hatte, und und drohten China in wirtschaftlichen Streitfragen mit weiteren Sanktionen, während sie gleichzeitig Chinas Aufnahme in die Welthandelsorganisation (WTO) verhinderten. Jede Seite unterstellte der anderen böse Absichten: China verletzte den Amerikanern zufolge Vereinbarungen über Raketenexporte, das Recht am geistigen Eigentum und Gefängnisarbeit; die USA verletzten den Chinesen zufolge Abmachungen, indem sie Präsident Lee in die USA kommen ließen und hochentwickelte Kampfflugzeuge an Taiwan verkauften.

Die wichtigste Gruppe in China mit einer antagonistischen Einstellung zu den USA war das Militär, das anscheinend regelmäßig die Regierung unter Druck setzte, um einen härteren Kurs gegen die USA zu erreichen. Im Juni 1993 schrieben angeblich 100 chinesische Generäle einen Brief an Deng; darin beklagten sie die »passive« Politik der Regierung gegenüber den USA und das Versäumnis der Regierung, amerikanische »Erpressungsversuche« gegen China abzuwehren. Im Herbst desselben Jahres umriß ein vertrauliches Dokument der chinesischen Regierung die Gründe des Militärs für den Konflikt mit den USA: »Da es zwischen China und den USA alte Konflikte aufgrund ihrer unterschiedlichen Ideologie, Gesellschaftsordnung und Außenpolitik gibt, wird es sich als unmöglich erweisen, die chinesisch-amerikanischen Beziehungen grundlegend zu verbessern.« Da die Amerikaner überzeugt seien, daß Ostasien »das Herz der Weltwirtschaft« werde, »können die USA keinen mächtigen Gegner in Ostasien tolerieren.«[26] Mitte der neunziger Jahre wurden die USA von chinesischen Offiziellen und Behörden routinemäßig als feindliche Macht hingestellt.

Der zunehmende Antagonismus zwischen China und den USA wurde teilweise von der Innenpolitik beider Länder angeheizt. Wie im Falle Japans war die informierte Öffentlichkeit der

USA gespalten. Viele Persönlichkeiten des Establishments plädierten für eine konstruktive Befassung mit China durch Ausweitung der Wirtschaftsbeziehungen und die Einbindung Chinas in die sogenannte »Völkergemeinschaft«. Andere betonten die potentielle Bedrohung amerikanischer Interessen durch China, verwiesen darauf, daß versöhnliche Schritte gegenüber China negative Resultate gezeitigt hätten, und drangen auf eine Politik der entschlossenen Eindämmung. 1993 rangierte China für die Amerikaner nur hinter dem Iran als das Land, das die größte Gefahr für die USA darstelle. Die amerikanische Politik verfuhr oft so, daß sie symbolische Gesten wie den Besuch Lees in Cornell und Clintons Begegnung mit dem Dalai Lama zuließ, die die Chinesen empörten, während sie gleichzeitig die Administration bewog, ihre Menschenrechtsbedenken wirtschaftlichen Interessen zu opfern wie bei der Verlängerung der Meistbegünstigungsklausel für China. Auf chinesischer Seite brauchte die Regierung einen neuen Feind, um ihre Attraktivität für den chinesischen Nationalismus zu erhöhen und ihre Macht zu legitimieren. In dem Maße, wie der Kampf um die Nachfolge sich in die Länge zog, nahm der Einfluß des Militärs zu, und Präsident Jiang und andere Aspiranten auf die Macht nach Deng konnten es sich nicht leisten, bei der Vertretung chinesischer Interessen nachlässig zu sein.

So »verschlechterten« sich im Laufe eines Jahrzehnts die Beziehungen der USA sowohl zu Japan als auch zu China. Dieser Umschwung in den asiatisch-amerikanischen Beziehungen war so groß und umfaßte so viele verschiedene Problemfelder, daß seine Ursachen sehr wahrscheinlich nicht in einzelnen Interessenkonflikten bei Autoersatzteilen, Kameraverkäufen oder Militärstützpunkten einerseits oder der Inhaftierung von Dissidenten, Waffentransfers oder geistigem Diebstahl andererseits zu finden sein dürften. Außerdem widersprach es offenkundig dem nationalen Interesse Amerikas, die Beziehungen zu beiden asiatischen Großmächten gleichzeitig konfliktreicher werden zu lassen. Die elementaren Regeln der Diplomatie und der Machtpolitik gebieten, daß die USA versuchen müssen, die eine gegen die andere Macht auszuspielen oder zumindest die Beziehungen zu der einen zu verbessern, wenn sie mit der anderen konfliktreicher werden. Doch dies geschah nicht. Übergeordnete Faktoren waren am Werk, die den Konflikt in den asiatisch-amerikanischen Beziehungen schürten und es schwieriger machten, die einzelnen in diesen Beziehungen auftauchenden Streitfragen zu lösen. Dieses weitreichende Phänomen hatte weitreichende Ursachen.

Erstens: Die gesteigerte Interaktion zwischen asiatischen Gesellschaften und den USA durch die Erweiterung der Kommunikation, des Handels, der Investitionstätigkeit und des Wissens voneinander vervielfachte die Streitfragen und Themen, bei denen Interessen aufeinanderprallen konnten und wirklich aufeinanderprallten. Diese gesteigerte Interaktion ließ jeder Gesellschaft Praktiken und Überzeugungen der anderen, die aus der Ferne harmlos exotisch gewirkt hatten, als bedrohlich erscheinen. Zweitens: Die sowjetische Bedrohung in den fünfziger Jahren führte zum Sicherheitsvertrag zwischen den USA und Japan. Das Wachsen der Sowjetmacht in den siebziger Jahren führte 1979 zur Aufnahme diplomatischer Beziehungen zwischen den USA und China und einer Ad-hoc-Kooperation zwischen beiden Ländern zur Förderung ihres gemeinsamen Interesses an der Neutralisierung dieser Bedrohung. Das Ende des Kalten Krieges beseitigte dieses überragende gemeinsame Interesse der USA und der asiatischen Mächte und ließ nichts an seiner Stelle zurück. Infolgedessen kamen andere Streitfragen aufs Tapet, bei denen signifikante Interessenkonflikte existierten. Drittens: Die wirtschaftliche Entwicklung der ostasiatischen Länder verschob das Gesamtgleichgewicht der Macht zwischen ihnen und den USA. Asiaten bekräftigten, wie wir sahen, zunehmend die Gültigkeit ihrer Werte und Institutionen und die Überlegenheit ihrer Kultur gegenüber der westlichen Kultur. Auf der anderen Seite tendierten die Amerikaner vor allem nach ihrem Sieg im

Kalten Krieg zu der Annahme, daß ihre Werte und und Institutionen allgemein verbindlich seien und daß sie noch immer die Macht besäßen, Außen- und Innenpolitik asiatischer Gesellschaften zu gestalten.

Diese veränderte internationale Umwelt brachte die fundamentalen kulturellen Unterschiede zwischen asiatischen Kulturkreisen und der amerikanischen Kultur aufs Tapet. Auf der allgemeinsten Ebene betont das konfuzianische Ethos, das in vielen asiatischen Gesellschaften herrscht, Werte wie Autorität und Hierarchie, die Unterordnung der Rechte und Interessen des einzelnen, die Wichtigkeit des Konsenses, das Vermeiden von Konfrontation, das »Wahren des Gesichts« und generell den Supremat des Staates und der Gesellschaft vor dem Individuum. Außerdem neigen Asiaten dazu, die Evolution ihrer Gesellschaften in Zeiträumen von Jahrhunderten und Jahrtausenden zu bedenken und der Maximierung langfristiger Gewinne oberste Priorität einzuräumen. Diese Einstellungen standen im Gegensatz zu den Überzeugungen der Amerikaner vom Primat von Freiheit, Gleichheit, Demokratie und Individualismus und zu der amerikanischen Neigung, der Regierung zu mißtrauen, der Autorität zu opponieren, das System der *checks and balances* zu fördern, Wettbewerb zu ermutigen, die Menschenrechte heilig zu halten und die Vergangenheit zu vergessen, die Zukunft zu ignorieren und sich auf die Maximierung unmittelbarer Gewinne zu konzentrieren. Die Quellen des Konflikts liegen in fundamentalen Unterschieden in Gesellschaft und Kultur.

Diese Unterschiede hatten besondere Konsequenzen für die Beziehungen zwischen den USA und den großen asiatischen Gesellschaften. Diplomaten unternahmen heftige Anstrengungen, amerikanische Konflikte mit Japan um wirtschaftliche Streitfragen zu lösen, besonders die um den japanischen Handelsüberschuß und den Widerstand Japans gegen amerikanische Produkte und Investitionen. Japanisch-amerikanische Handelsgespräche nahmen viele Merkmale der sowjetisch-amerikanischen Verhandlungen über Rüstungskontrolle während des Kalten Krieges an. Bis 1995 hatten erstere noch weniger Resultate gezeitigt als letztere, weil diese Konflikte den fundamentalen Unterschieden der beiden Volkswirtschaften und besonders der im Vergleich zu den Volkswirtschaften der großen Industrieländer einzigartigen Natur der japanischen entsprangen. Japans Importe von Fertigerzeugnissen haben sich auf 3,1 Prozent des BSP belaufen, gegenüber durchschnittlich 7,4 Prozent bei den anderen Industriemächten. Ausländische Direktinvestitionen in Japan haben verschwindend geringe 0,7 Prozent des BIP ausgemacht, gegenüber 28,6 Prozent in den USA und 38,5 Prozent in Europa. Als einziges unter den großen Industrieländern wies Japan Anfang der neunziger Jahre Haushaltsüberschüsse auf.[27]

Alles in allem hat die japanische Wirtschaft nicht so gearbeitet, wie es die vermeintlich universalen Gesetze der westlichen Wirtschaftswissenschaften vorschreiben. Die Annahme westlicher Wirtschaftswissenschaftler in den achtziger Jahren, eine Abwertung des Dollar werde selbstverständlich den japanischen Handelsbilanzüberschuß reduzieren, erwies sich als falsch. Während die Plaza-Übereinkunft von 1985 das amerikanische Handelsbilanzdefizit mit Europa korrigierte, hatte es auf das Defizit mit Japan wenig Auswirkungen. Da der Kurs der japanischen Währung auf weniger als hundert Yen pro Dollar stieg, blieb der japanische Handelsbilanzüberschuß hoch und nahm sogar zu. Die Japaner vermochten also sowohl eine starke Währung als auch einen Handelsbilanzüberschuß zu behaupten. Die westliche Volkswirtschaftslehre postuliert einen negativen Zusammenhang zwischen Arbeitslosigkeit und Inflation, wobei bereits eine Arbeitslosigkeit von deutlich unter 5 Prozent inflationären Druck auslösen soll. Aber Japan hatte jahrelang eine Arbeitslosigkeit von durchschnittlich weniger als 3 Prozent und eine Inflation von durchschnittlich 1,5 Prozent. In den neunziger Jahren gelang es amerikanischen und japanischen Ökonomen endlich, die Hauptunterschiede dieser beiden Wirtschaftssysteme zu erkennen und in Begriffe zu fassen. Eine sorgfältige

Untersuchung kam zu dem Ergebnis, daß Japans einzigartig niedrige Importe von Fertigprodukten »nicht mit ökonomischen Standardfaktoren zu erklären sind«. »Was immer westliche Propheten sagen mögen, die japanische Wirtschaft folgt nicht westlicher Logik«, behauptete ein anderer Analytiker, »aus dem einfachen Grund, weil Japan keine westliche freie Marktwirtschaft ist. Die Japaner haben … eine Art von Volkswirtschaft erfunden, an deren Funktionsweise die prognostischen Fähigkeiten westlicher Beobachter scheitern.«[28]

Was erklärt den besonderen Charakter der japanischen Wirtschaft? Unter den großen Industrieländern steht die japanische Wirtschaft einzigartig da, weil die japanische Gesellschaft auf einzigartige Weise nichtwestlich ist. Japanische Gesellschaft und japanische Kultur unterscheiden sich von der westlichen, vor allem der amerikanischen Gesellschaft und Kultur. Jede ernsthafte vergleichende Studie über Japan und die USA hat ein Schlaglicht auf diese Unterschiede geworfen.[29] Eine Lösung der wirtschaftlichen Streitfragen zwischen Japan und den USA hängt von fundamentalen Veränderungen der Eigenart einer oder beider Volkswirtschaften ab, die ihrerseits von grundlegenden Veränderungen der Gesellschaft und Kultur eines oder beider Länder abhängen. Derartige Veränderungen sind nicht unmöglich. Gesellschaften und Kulturen verändern sich in der Tat. Das kann zum Beispiel die Folge eines großen traumatischen Ereignisses sein: Die totale Niederlage im Zweiten Weltkrieg machte aus zweien der militaristischsten Länder der Erde zwei der pazifistischsten. Es ist jedoch unwahrscheinlich, daß die USA beziehungsweise Japan dem jeweils anderen Land ein wirtschaftliches Hiroshima bereiten werden. Auch seine wirtschaftliche Entwicklung kann die Gesellschaftsstruktur und Kultur eines Landes tiefgreifend verändern, wie es in Spanien zwischen den frühen fünfziger Jahren und den späten siebziger Jahren geschah, und vielleicht wird sein wirtschaftlicher Wohlstand aus Japan eine den USA ähnlichere, konsumorientierte Gesellschaft machen. Ende der achtziger Jahre gab es Menschen in Japan wie in den USA, die den Standpunkt vertraten, ihr eigenes Land solle dem anderen Land ähnlicher werden. Auf ihre begrenzte Weise diente die japanisch-amerikanische Vereinbarung zur Überwindung struktureller Handelshemmnisse (Structural Impediment Initiatives) der Förderung dieser Konvergenz. Das Scheitern dieser und ähnlicher Bemühungen zeugt davon, wie tief wirtschaftliche Unterschiede in den Kulturen der beiden Gesellschaften verwurzelt sind.

Hatten die Konflikte zwischen den USA und Asien ihre Quelle in kulturellen Unterschieden, so spiegelte der Ausgang dieser Konflikte die veränderten Machtverhältnisse zwischen den USA und Asien. Die USA verzeichneten einige Siege bei diesen Zwistigkeiten, aber die Tendenz ging in Richtung Asien, und die Machtverschiebung verschärfte die Konflikte zusätzlich. Die USA erwarteten, daß die asiatischen Regierungen sie als Führer der »internationalen Gemeinschaft« akzeptierten und und sich mit der Anwendung westlicher Werte und Prinzipien auf ihre, die asiatischen, Gesellschaften abfanden. Die Asiaten wiederum waren sich nach den Worten des stellvertretenden Außenministers Winston Lord »zunehmend ihrer Leistungen bewußt und stolz auf sie«, sie erwarteten, von gleich zu gleich behandelt zu werden, und neigten dazu, die USA als »die Gouvernante, ja sogar das Großmaul« der internationalen Gemeinschaft zu betrachten. Tiefsitzende Imperative der amerikanischen Kultur zwingen jedoch die USA, in internationalen Angelegenheiten zumindest die Gouvernante, wo nicht das Großmaul abzugeben, und infolgedessen entsprachen die amerikanischen Erwartungen immer weniger den asiatischen. In einem breiten Spektrum von Streitfragen lernten japanische und andere asiatische Führer, gegenüber ihren amerikanischen Kollegen nein zu sagen – ein Nein, das zuweilen die höfliche asiatische Variante des Götz-Zitates war. Der symbolische Wendepunkt in den asiatisch-amerikanischen Beziehungen war vielleicht das, was ein hochrangiger japanischer Offizieller »das erste große Zugunglück« in den japanisch-amerikanischen Beziehungen nannte und sich im Februar 1994 zutrug, als Ministerpräsident Morihiro Hosokawa rundheraus die Forderung Präsident Clintons ablehnte, konkrete Zahlenangaben für japanische Importe von amerikanischen Fertigprodukten zu machen. »Noch vor einem Jahr hätten wir uns dergleichen nicht vorstellen können«, kommentierte ein anderer japanischer Offizieller. Ein Jahr später unterstrich der japanische Außenminister diesen Wandel mit der Feststellung, daß in einer Ära des wirtschaftlichen Wettbewerbs unter den Völkern und Regionen das nationale Interesse Japans Vorrang vor seiner »bloßen Identität« als Mitglied des Westens habe.[30]

Die amerikanische Asienpolitik der neunziger Jahre zeigte eine allmähliche Anpassung der USA an das veränderte Machtgleichgewicht. Zunächst konzedierten die USA praktisch ihren mangelnden Willen und/oder ihre mangelnde Fähigkeit, asiatische Gesellschaften unter Druck zu setzen, und trennten Fragenkomplexe, in denen sie über Druckmittel verfügen mochten, von Fragenkomplexen, in denen sie Konflikte hatten. Obwohl Clinton für die amerikanische Außenpolitik gegenüber China die oberste Priorität der Menschenrechte erklärt hatte, reagierte er 1994 auf Pressionen amerikanischer Unternehmen, Taiwans und anderer Quellen, koppelte Menschenrechts- von wirtschaftlichen Streitfragen ab und gab das Bemühen auf, die Gewährung des Meistbegünstigten-Status als Mittel zur Beeinflussung Chinas in seinem Verhalten gegenüber politischen Dissidenten einzusetzen. In einem analogen Schritt trennte die Administration ausdrücklich die Sicherheitspolitik gegenüber Japan, in der sie vermutlich Druckmittel zur Hand hatte, von Handels- und anderen wirtschaftlichen Streitfragen, in denen die Beziehungen der USA zu Japan am konfliktreichsten waren. Die USA legte also Waffen nieder, die sie zur Förderung der Menschenrechte in China und zur Erlangung von Handelskonzessionen von Japan hätte einsetzen können.

Zweitens verfolgten die USA gegenüber asiatischen Nationen wiederholt einen Kurs der vorweggenommenen Gegenleistung, indem sie Zugeständnisse machten in der Erwartung, dadurch die Asiaten zu vergleichbaren Zugeständnissen veranlassen zu können. Dieser Kurs wurde oft mit dem Hinweis auf die Notwendigkeit begründet, ein »konstruktives Engagement« oder einen »Dialog« mit dem asiatischen Land aufrechtzuerhalten. In der Mehrzahl der Fälle deutete das asiatische Land das Zugeständnis jedoch als Zeichen der amerikanischen Schwäche und daher als Signal, daß es mit der Ablehnung amerikanischer Forderungen noch weiter gehen könne. Dieses Muster war besonders deutlich im Verhältnis zu China, das auf die amerikanische Abkoppelung der Meistbegünstigungsklausel mit einer neuen und intensiven Runde von Menschenrechtsverletzungen reagierte. Aufgrund der amerikanischen Neigung, »gute« Beziehungen mit »freundschaftlichen« Beziehungen gleichzusetzen, befinden sich die USA in einem beträchtlichen Nachteil in der Konkurrenz mit asiatischen Gesellschaften, welche »gute« Beziehungen mit solchen gleichsetzen, die ihnen Siege bescheren. Für die Asiaten sind amerikanische Zugeständnisse nicht mit Gegenleistungen zu honorieren; sie sind auszunutzen.

Drittens bildete sich in den wiederkehrenden amerikanisch-japanischen Konflikten um Handelsfragen das Muster heraus, daß die USA Forderungen an Japan stellten und Sanktionen androhten, falls sie nicht erfüllt würden. Daraufhin folgten für gewöhnlich langwierige Verhandlungen, und dann, im allerletzten Augenblick, kurz vor dem Inkrafttreten der Sanktionen, wurde eine Vereinbarung getroffen. Diese Vereinbarungen waren in der Regel so mehrdeutig formuliert, daß die USA im Prinzip für sich einen Sieg reklamieren konnten, während die Japaner sich je nach Bedarf an die Vereinbarung halten konnten oder nicht, und alles ging so weiter wie zuvor. Auf ähnliche Weise pflegten die Chinesen prinzipiellen Aussagen über Menschenrechte, geistiges Eigentum oder Waffenproliferation zögernd zuzustimmen, nur um sie völlig anders als die USA zu interpretieren und mit ihrer bisherigen Politik fortzufahren.

Diese Unterschiede in der Kultur sowie das veränderte

Machtgleichgewicht zwischen Asien und Amerika ermutigte asiatische Gesellschaften, einander in ihren Konflikten mit den USA zu unterstützen. So stellten sich praktisch sämtliche asiatischen Länder »von Australien über Malaysia bis Südkorea« hinter Japan, als es sich 1994 weigerte, der amerikanischen Forderung nach Festlegung auf konkrete Importzahlen nachzukommen. Einen ähnlichen Schulterschluß gab es zur gleichen Zeit zugunsten der Meistbegünstigung Chinas, wobei Japans Ministerpräsident Hosokawa die Führung übernahm und erklärte, daß westliche Menschenrechtskonzepte auf Asien »nicht blindlings« anzuwenden seien. Singapurs Lee Kuan Yew warnte die USA davor, China unter Druck zu setzen, da sie sich andernfalls »ganz allein im Pazifik wiederfinden« würden.[31] In einer weiteren Demonstration der Solidarität unterstützten asiatische, afrikanische und andere Länder Japan bei der Wiederwahl des amtierenden japanischen Chefs der Weltgesundheitsorganisation gegen den Widerstand des Westens; Japan protegierte dafür einen Südkoreaner als Chef der Welthandelsorganisation gegen den amerikanischen Kandidaten und früheren Präsidenten von Mexiko, Carlos Salinas. Es zeigt sich, daß in den neunziger Jahren bei transpazifischen Streitfragen jedes einzelne Land Ostasiens den Eindruck hatte, mit anderen ostasiatischen Ländern mehr gemein zu haben, als es mit den USA gemein hatte.

Das Ende des Kalten Krieges, die gewachsene Interaktion zwischen Asien und Amerika und der relative Machtverlust der USA brachten also den »Kampf der Kulturen« zwischen den USA und Japan und anderen asiatischen Gesellschaften zum Vorschein und befähigten letztere, amerikanischem Druck zu widerstehen. Der Aufstieg Chinas stellte eine grundsätzlichere Herausforderung für die USA dar. Die Konflikte der USA mit China betrafen ein viel breiteres Spektrum von Streitfragen als die Konflikte mit Japan, nämlich wirtschaftliche Fragen, Menschenrechte, Tibet, Taiwan, das Südchinesische Meer und Waffenweiterverbreitung. Es gab fast keine größere politische Frage, in der die USA und China gemeinsame Ziele verfolgt hätten.

Die Unterschiede gehen querbeet. Wie bei Japan wurzelten diese Konflikte großenteils in den unterschiedlichen Kulturen der beiden Gesellschaften. Die Konflikte zwischen den USA und China beinhalten jedoch auch grundlegende Machtfragen. China ist nicht bereit, eine Führungsrolle oder Hegemonie der USA in der Welt zu akzeptieren; die USA sind nicht bereit, eine Führungsrolle oder Hegemonie Chinas in Asien zu akzeptieren. Mehr als zwei Jahrhunderte lang haben die USA den Versuch unternommen, das Entstehen einer dominierenden Macht in Europa zu verhindern. Fast hundert Jahre lang, seit der Politik der »offenen Tür« gegenüber China, haben sie das gleiche in Asien versucht. Zur Erreichung dieser Ziele haben die USA zwei Weltkriege und einen kalten Krieg gegen das kaiserliche Deutschland, Nazi-Deutschland, das kaiserliche Japan, die Sowjetunion und das kommunistische China geführt. Dieses amerikanische Interesse besteht fort und wurde von den Präsidenten Reagan und Bush bekräftigt. Die Entwicklung Chinas zur dominierenden Regionalmacht in Ostasien stellt, wenn sie andauert, dieses zentrale amerikanische Interesse in Frage. Die eigentliche Ursache des Konflikts zwischen Amerika und China ist die grundlegende Meinungsverschiedenheit darüber, wie das künftige Machtgleichgewicht in Ostasien aussehen soll.

Chinesische Hegemonie: Anpassung oder Widerstand?

Mit seinen sechs Kulturkreisen, achtzehn Ländern, rapide wachsenden Volkswirtschaften und den großen politischen, wirtschaftlichen und gesellschaftlichen Unterschieden zwischen seinen Gesellschaften könnte Ostasien im frühen 21. Jahrhundert seine internationalen Beziehungen auf jede beliebige von mehreren ganz verschiedenen Weisen gestalten. Vorstellbar wäre zum Beispiel die Entstehung eines extrem komplizierten Geflechts von Kooperations- und Konfliktbeziehungen zwischen den meisten der Groß- und Mittelmächte der Region. Oder es könnte ein multipolares internationales Großmachtsystem

Gestalt annehmen, in welchem China, Japan, die USA, Rußland und möglicherweise Indien einander die Waage halten und miteinander konkurrieren. Als Alternative hierzu könnte die ostasiatische Politik auch von einer anhaltenden bipolaren Rivalität zwischen China und Japan oder zwischen China und den USA beherrscht werden, wobei andere Länder sich mit einer Seite verbünden oder für Bündnisfreiheit optieren. Vorstellbar wäre ferner die Rückkehr der ostasiatischen Politik zu ihrem traditionellen unipolaren Muster mit einer Machthierarchie, deren Zentrum Beijing wäre. Sofern China das hohe Niveau seines Wirtschaftswachstums im 21. Jahrhundert halten kann, in der Ära nach Deng seine Einheit wahrt und nicht durch Nachfolgerkriege lahmgelegt wird, wird es wahrscheinlich versuchen, das letztgenannte Ergebnis zu realisieren. Ob es damit Erfolg hat, hängt von den Reaktionen der anderen Spieler im ostasiatischen Machtpoker ab.

Seine Geschichte und Kultur, seine Traditionen, seine Größe und wirtschaftliche Dynamik und sein Selbstverständnis treiben China dazu, eine Hegemonialstellung in Ostasien anzustreben.

Dieses Ziel ist das natürliche Resultat seines rapiden Wirtschaftswachstums. Alle Großmächte – Großbritannien und Frankreich, Deutschland und Japan, die USA und die Sowjetunion – haben gleichzeitig mit oder unmittelbar nach ihrer rapiden Industrialisierung und ihrem wirtschaftlichen Aufschwung Expansion nach außen, Selbstbewußtsein und Imperialismus demonstriert. Es gibt keinen Grund für die Annahme, der Erwerb wirtschaftlicher und militärischer Macht werde in China keine vergleichbaren Folgen haben. Zweitausend Jahre lang war China die herausragende Macht in Ostasien. Heute bekräftigen die Chinesen zunehmend ihre Absicht, diese historische Rolle wieder zu übernehmen und das überlange Jahrhundert der Demütigung und Unterordnung unter den Westen und Japan zu beenden, das mit dem ihm von Großbritannien aufgezwungenen Vertrag von Nanking 1842 begann.

Ende der achtziger Jahre begann China, seine wachsenden

wirtschaftlichen Ressourcen in militärische Macht und politischen Einfluß umzumünzen. Sofern seine wirtschaftliche Entwicklung anhält, wird dieser Prozeß große Ausmaße annehmen. Nach offiziellen Zahlenangaben gingen die Rüstungsausgaben Chinas in den achtziger Jahren meistens zurück. Doch zwischen 1988 und 1993 verdoppelten sich die Rüstungsausgaben nominell und stiegen real um 50 Prozent. Für 1995 war eine 21prozentige Erhöhung geplant. Schätzungen der chinesischen Rüstungsausgaben 1993 schwanken zwischen rund 22 Milliarden Dollar und 37 Milliarden Dollar bei Zugrundelegung des offiziellen Wechselkurses und bis zu 90 Milliarden Dollar bei Zugrundelegung der Kaufkraftparität. Ende der achtziger Jahre reorientierte China seine Militärstrategie und ging von von der Abwehr einer Invasion im Rahmen eines großen Krieges mit der Sowjetunion zu einer regionalen Strategie der Machtausweitung über. Im Einklang mit dieser strategischen Umorientierung begann China, seine Marinekapazitäten auszubauen, modernisierte Langstrecken-Kampfflugzeuge zu erwerben und die technischen Möglichkeiten des Auftankens in der Luft zu entwickeln und entschied sich für den Erwerb eines Flugzeugträgers. China trat auch in einen für beide Seiten profitablen Waffenhandel mit Rußland ein.

China ist auf dem Weg, die dominierende Macht in Ostasien zu werden. Die wirtschaftliche Entwicklung Ostasiens ist mehr und mehr chinaorientiert und ist beflügelt vom rapiden Wachstum von Festlandchina und den drei anderen Chinas sowie der zentralen Rolle ethnischer Chinesen bei der Entwicklung der Volkswirtschaften Thailands, Malaysias, Indonesiens und der Philippinen. Bedrohlich ist, daß China zunehmend energisch seinen Anspruch auf das Südchinesische Meer geltend macht: Es entwickelt seinen Stützpunkt auf den Paracel-Inseln, bekriegte 1988 Vietnam wegen einer Handvoll Inseln, errichtete eine Militärpräsenz auf dem Mischief-Riff vor den Philippinen und beanspruchte die Erdgasfelder vor der indonesischen Insel Natuna. China beendete auch seine nicht sehr nachdrückliche

Unterstützung einer fortdauernden militärischen Präsenz der USA in Ostasien und begann, diese aktiv zu bekämpfen. Und obwohl China während des Kalten Krieges Japan heimlich gedrängt hatte, seine militärische Macht zu stärken, äußerte es in den Jahren nach dem Kalten Krieg zunehmend Besorgnis über die japanische Aufrüstung. In der klassischen Manier des regionalen Hegemon unternimmt China den Versuch, alle Hindernisse zu minimieren, die seiner regionalen militärischen Überlegenheit entgegenstehen.

Mit seltenen Ausnahmen wie möglicherweise dem Südchinesischen Meer ist nicht zu erwarten, daß die Hegemoniebestrebungen Chinas eine Ausweitung seiner territorialen Kontrolle durch direkten Einsatz militärischer Gewalt bedeuten. Sie werden eher bedeuten, daß China von anderen ostasiatischen Ländern in unterschiedlichem Umfang die Erfüllung eines oder aller der folgenden Punkte erwarten wird:

- Unterstützung der territorialen Integrität Chinas, der chinesischen Kontrolle über Tibet und Sinkiang und der Einverleibung Hongkongs und Taiwans;
- stillschweigende Anerkennung der chinesischen Souveränität über das Südchinesische Meer und möglicherweise über die Mongolei;
- generelle Unterstützung Chinas bei Konflikten mit dem Westen in Wirtschafts-, Menschenrechts-, Waffenweiterverbreitungs- und anderen Streitfragen;
- Akzeptanz der militärischen Vorherrschaft Chinas in der Region und Verzicht auf den Erwerb von Kernwaffen oder konventionellen Streitkräften, die diese Vorherrschaft gefährden könnten;
- Einhaltung von Handels- und Investitionsstrategien, die mit chinesischen Interessen vereinbar und der wirtschaftlichen Entwicklung Chinas förderlich sind;
- Unterordnung unter chinesische Führung bei der Lösung regionaler Probleme;

- generelle Offenheit für Einwanderung aus China;
- Verbot oder Unterdrückung von chinafeindlichen oder chinesenfeindlichen Bewegungen in ihren Gesellschaften;
- Achtung der Rechte der Chinesen in ihren Gesellschaften, einschließlich des Rechts, enge Verbindung zu ihren Verwandten und Herkunftsprovinzen in China aufrechtzuerhalten;
- Enthaltung von militärischen Bündnissen oder chinafeindlichen Koalitionen mit anderen Mächten;
- Förderung des Gebrauchs des Mandarin zur Ergänzung und langfristig zur Ablösung des Englischen als Verkehrssprache (»Language of Wider Communication«, LCW) in Ostasien.

Analytiker vergleichen das Auftreten Chinas mit dem Aufstieg des wilhelminischen Deutschland zur dominierenden Macht in Europa Ende des 19. Jahrhunderts. Das Entstehen neuer großer Mächte wirkt immer destabilisierend, und Chinas Entwicklung zur Großmacht wird, wenn sie eintritt, jedes vergleichbare Phänomen der letzten 500 Jahre in den Schatten stellen. »Der Umfang, in dem China die Welt aus dem Gleichgewicht bringt«, bemerkte Lee Kuan Yew 1994, »ist so gewaltig, daß die Welt binnen 30 bis 40 Jahren eine neue Balance finden muß. Man kann nicht so tun, als sei China einfach nur ein weiterer großer Mitspieler. Es ist der größte Mitspieler in der Geschichte der Menschheit.«[32] Falls die wirtschaftliche Entwicklung Chinas ein weiteres Jahrzehnt anhält, was möglich scheint, und falls China während der Nachfolgeperiode seine Einheit wahren kann, was wahrscheinlich ist, werden die Länder Ostasiens und die ganze Welt auf den zunehmend selbstbewußten »größten Mitspieler der Menschheitsgeschichte« reagieren müssen.

Allgemein gesprochen, gibt es zwei Möglichkeiten, wie Staaten auf den Aufstieg einer neuen Macht reagieren können. Sie können, allein oder in Koalition mit anderen Staaten, ihre Sicherheit zu schützen suchen, indem sie ein Gegengewicht gegen den aufstrebenden Staat bilden, ihn eindämmen und notfalls gegen ihn Krieg führen, um ihn zu besiegen. Umgekehrt können Staaten versuchen, mit der aufstrebenden Macht mitzuhalten, sich ihr anzupassen und im Verhältnis zu ihr eine sekundäre oder untergeordnete Stellung zu erlangen, in der Erwartung, daß so ihre zentralen Interessen geschützt werden. Denkbar ist auch, daß Staaten eine Mischung dieser Politik der Anpassung und der des Gegengewichts versuchen, was freilich das Risiko in sich birgt, die aufstrebende Macht zu verprellen und gleichwohl keinen Schutz vor ihr zu haben. Nach der westlichen Theorie der internationalen Beziehungen ist die Politik des Gegengewichts für gewöhnlich die erwünschtere Option und ist in der Tat häufiger gewählt worden als die Politik der Anpassung. Wie Stephen Walt erklärt:

> »Generell sollte das Abwägen von Absichten Staaten zu einer Politik des Gegengewichts ermutigen. Sich-Anpassen ist riskant, weil es Vertrauen voraussetzt; man hilft einer dominierenden Macht in der Hoffnung, daß sie wohlwollend bleiben wird. Sicherer ist es, ein Gegengewicht zu bilden, für den Fall, daß die dominierende Macht sich als aggressiv erweist. Ferner begünstigt das Bündnis mit der schwächeren Seite den eigenen Einfluß in der resultierenden Koalition, weil die schwächere Seite mehr auf Hilfe angewiesen ist.«[33]

Walts Analyse der Bündnisbildung in Südwestasien zeigte, daß Staaten fast immer den Versuch unternahmen, ein Gegengewicht gegen äußere Bedrohungen zu finden. Es wird auch generell angenommen, daß in der modernen europäischen Geschichte meistens die Politik des Gegengewichts die Norm war, wobei die verschiedenen Mächte ihre Bündnisse veränderten, um die Bedrohungen auszugleichen und einzudämmen, die sie von Philipp II., Ludwig XIV., Friedrich dem Großen, Kaiser Wilhelm II. bzw. Hitler ausgehen sahen. Walt räumt aber ein, daß Staaten »unter gewissen Bedingungen« sich auch für eine Politik der Anpassung entscheiden können, und wie Randall Schweller ausführt, ist besonders von revisionistischen Staaten zu erwarten, daß sie sich an eine aufsteigende Macht anhängen, weil sie mit dem Status quo unzufrieden sind und von dessen Veränderungen zu profitieren hoffen.[34] Außerdem erfordert die Politik der Anpassung, wie Walt ausführt, ein gewisses Maß an Vertrauen in die Absichten des mächtigeren Staates.

Als Gegengewicht gegen Macht können Staaten eine primäre oder eine sekundäre Rolle spielen. Erstens kann Staat A als Gegengewicht gegen die Macht des Staates B, in dem er einen tatsächlichen oder potentiellen Gegner erblickt, Bündnisse mit den Staaten C und D eingehen, seine eigene militärische und sonstige Macht ausbauen (was voraussichtlich zu einem Wettrüsten führt) oder diese Vorgehensweisen miteinander kombinieren. In dieser Situation bilden die Staaten A und B *primäre* Gegengewichte. Zweitens mag zwar Staat A keinen anderen Staat als unmittelbaren Gegner betrachten, wohl aber ein Interesse daran haben, ein Machtgleichgewicht zwischen den Staaten B und C herbeizuführen, deren jeder, wenn er zu mächtig würde, eine Bedrohung für Staat A darstellen könnte. In dieser Situation bilden Staat A und die Staaten B und C *sekundäre* Gegengewichte, während B und C primäre Gegengewichte bilden können.

Wie werden Staaten auf China reagieren, wenn es als Hegemonialmacht in Ostasien aufzutreten beginnt? Die Reaktionen werden zweifellos vielfältiger Art sein. Da China die USA als seinen Hauptfeind definiert hat, wird Amerika dazu tendieren, als primäres Gegengewicht aufzutreten und die Eindämmung Chinas zu verfolgen. Eine solche Rolle zu spielen, entspräche dem traditionellen Interesse der USA, in Europa oder Asien die Vorherrschaft einer einzigen Macht zu verhindern. Dieses Ziel ist zwar in Europa nicht mehr von Bedeutung, könnte es aber für Asien werden. Eine lose Allianz in Westeuropa, die mit den USA kulturell, politisch und wirtschaftlich eng verbunden ist, stellt keine Bedrohung amerikanischer Sicherheitsinteressen dar. Anders dagegen ein geeinigtes, machtvolles und selbstbewußtes

China. Es liegt im amerikanischen Interesse, auf die Möglichkeit eines Krieges vorbereitet zu sein, um eine chinesische Vorherrschaft in Ostasien zu verhindern. Wenn die wirtschaftliche Entwicklung Chinas anhält, könnte dies das bedeutendste Sicherheitsproblem sein, mit dem sich die amerikanische Politik am Anfang des 21. Jahrhundert auseinandersetzen muß. Wollen die USA die Dominanz Chinas in Ostasien verhindern, müssen sie ihre Beziehungen zu Japan entsprechend verändern, enge militärische Verbindungen mit anderen asiatischen Staaten eingehen und ihre Militärpräsenz sowie die damit einhergehende militärische Einflußnahme in Asien erhöhen. Sind die USA nicht bereit, die Hegemonie Chinas zu bekämpfen, werden sie ihren universalistischen Anspruch aufgeben, sich mit dieser Hegemonie arrangieren und damit abfinden müssen, daß ihre Möglichkeiten, Ereignisse auf der anderen Seite des Pazifiks mitzugestalten, deutlich beeinträchtigt sind. Bei beiden Wegen sind enorme Kosten und Risiken zu erwarten. Die größte Gefahr liegt darin, daß die USA keine klare Entscheidung treffen und in einen Krieg mit China hineinstolpern, ohne vorher sorgfältig abzuwägen, ob dies in ihrem nationalen Interesse liegt und ohne die notwendigen Vorbereitungen getroffen zu haben, um einen solchen Krieg auch wirksam führen zu können.

Theoretisch könnten die USA auch den Versuch unternehmen, China dadurch einzudämmen, daß sie die Rolle des sekundären Gegengewichts spielen, sofern irgendeine andere Großmacht als primäres Gegengewicht gegen China auftritt. Der einzige denkbare Kandidat hierfür ist Japan, und dies würde wesentliche Veränderungen der japanischen Politik erfordern: verstärkte japanische Wiederbewaffnung, Erwerb von Kernwaffen und aktives Konkurrieren mit China um die Unterstützung durch andere asiatische Mächte. Zwar könnte Japan theoretisch bereit sein, einer Koalition gegen China unter Führung der USA beizutreten, auch wenn das unsicher ist (s. S. 383f.); aber daß Japan das primäre Gegengewicht gegen China wird, ist unwahrscheinlich. Außerdem haben die USA in ihrer Geschichte nicht viel Interesse oder Fähigkeit bewiesen, die Rolle eines sekundären Gegengewichts zu spielen. Als neues, kleines Land haben sie diesen Versuch während der napoleonischen Ära unternommen, mit dem Erfolg, daß sie zuletzt Krieg gegen England und gegen Frankreich führten. Während der ersten Hälfte des 20. Jahrhunderts unternahmen die USA kaum Anstrengungen, das Gleichgewicht zwischen europäischen und asiatischen Ländern zu fördern, und wurden daraufhin in Weltkriege zur Wiederherstellung der gestörten Gleichgewichte verwickelt. Während des Kalten Krieges hatten die USA keine andere Wahl, als das primäre Gegengewicht gegen die Sowjetunion abzugeben. Die USA als Großmacht sind also nie ein sekundäres Gegengewicht gewesen. Es zu werden, bedeutet, eine subtile, flexible, mehrdeutige und sogar zweifelhafte Rolle zu spielen. Es könnte bedeuten, einer Seite die Unterstützung zu entziehen und sie einer anderen zu gewähren, einem Staat entgegenzutreten oder die Unterstützung zu verweigern, der im Sinne der amerikanischen Werte moralisch im Recht ist, und dafür einen Staat zu unterstützen, der moralisch im Unrecht ist. Selbst wenn Japan als primäres Gegengewicht gegen China in Asien aufträte, stünde hinter der Fähigkeit der USA, dieses Gleichgewicht zu unterstützen, ein Fragezeichen. Die USA sind weit eher imstande, direkt gegen eine einzige, existentielle Bedrohung mobil zu machen, als für zwei potentielle Bedrohungen das Gegengewicht abzugeben. Schließlich ist bei asiatischen Mächten tendenziell eine Bereitschaft zum Sich-Anhängen anzunehmen. Dies würde alle Versuche der USA, ein sekundäres Gegengewicht zu bilden, unmöglich machen.

Soweit die Politik des Sich-Anpassens auf Vertrauen beruht, ergeben sich drei Folgerungen. Erstens wird die Anpassung wahrscheinlich eher zwischen Staaten vorkommen, die derselben Kultur angehören oder sonst kulturelle Gemeinsamkeiten teilen, als zwischen Staaten, die jeder kulturellen Gemeinsamkeit ermangeln. Zweitens wird der Grad des Vertrauens sich wahrscheinlich je nach Kontext verändern. Ein kleinerer Junge wird zu seinem älteren Bruder halten, wenn es Streit mit anderen Jungen gibt; er wird weniger leicht geneigt sein, seinem Bruder zu vertrauen, wenn sie allein zu Hause sind. Daher werden häufigere Interaktionen zwischen Staaten unterschiedlicher Kulturkreise die Politik der Anpassung innerhalb eines Kulturkreises zusätzlich ermutigen. Drittens kann die Neigung zu einer Politik der Anpassung bzw. des Gegengewichts zwischen Kulturkreisen verschieden sein, weil der Grad des Vertrauens unter deren Angehörigen verschieden ist. So mag zum Beispiel das Überwiegen einer Politik des Gegengewichts im Nahen Osten dem sprichwörtlich geringen Grad des Vertrauens in arabischen und anderen nahöstlichen Kulturen entsprechen.

Zusätzlich zu diesen Einflüssen wird die Neigung zu einer Politik der Anpassung bzw. des Gegengewichts von den Erwartungen und Präferenzen bezüglich der Verteilung der Macht geprägt sein. Europäische Gesellschaften haben in ihrer Geschichte zwar eine Phase des Absolutismus durchgemacht, vermieden aber die langen bürokratischen Kaiserreiche oder »orientalischen Despotien«, die für große Teile der Geschichte Asiens kennzeichnend sind. Der Feudalismus schuf die Grundlage für den Pluralismus und für die Annahme, daß eine gewisse Verteilung der Macht natürlich und wünschenswert sei. So galt auch auf internationaler Ebene ein Gleichgewicht der Macht als natürlich und wünschenswert, und es oblag der Verantwortung der Staatsmänner, dieses Gleichgewicht zu schützen und zu erhalten. Wenn das Gleichgewicht bedroht war, war daher eine Politik des Gegengewichts geboten, um es wieder herzustellen. Mit einem Wort: Das europäische Modell der internationalen Gesellschaft spiegelte das europäische Modell der nationalen Gesellschaft.

Die bürokratischen Kaiserreiche Asiens ließen demgegenüber einem sozialen oder politischen Pluralismus und der Teilung der Macht wenig Raum. In China scheint die Politik des Sich-Anhängens im Vergleich zu der des Gegengewichts viel wichtiger gewesen zu sein, als dies in Europa der Fall war. Lucian Pye bemerkt, daß während der zwanziger Jahre »die Warlords zunächst austesteten, wieviel sie durch Identifikation mit dem Starken zu gewinnen hatten, bevor sie den Nutzen eines Bündnisses mit dem Schwachen erkundeten ... für die chinesischen Warlords war Autonomie nicht das eigentliche Ziel, wie es bei den traditionellen europäischen Kalkülen des Machtgleichgewichts der Fall war; vielmehr gründeten sie ihre Entscheidungen auf den Kontakt mit der Macht.« Ähnlich weist auch Avery Goldstein darauf hin, daß eine Politik der Anpassung für das kommunistische China bezeichnend war, als zwischen 1949 und 1966 die Autoritätsstruktur relativ klar war. Als dann die Kulturrevolution eine Beinahe-Anarchie und Ungewißheit über die Herrschaft schuf und das Überleben der politischen Akteure gefährdete, begann die Politik des Gegengewichts die Oberhand zu gewinnen.[35] Vermutlich hat die Wiederherstellung einer klarer definierten Herrschaftsstruktur nach 1978 auch die Politik der Anpassung als vorherschendes Muster des politischen Verhaltens wiederhergestellt.

Historisch haben die Chinesen niemals eine klare Trennungslinie zwischen inneren und äußeren Angelegenheiten gezogen. »Nach ihrer Vorstellung war die Weltordnung nicht mehr als ein Anhängsel der inneren Ordnung Chinas und damit eine erweiterte Projektion der kulturellen Identität Chinas«, von welcher man annahm, »daß sie sich als konzentrisch erweiterbarer größerer Kreis in der korrekten kosmischen Ordnung reproduzierte«. Oder wie Roderick MacFarquhar es ausdrückt: »Die traditionelle chinesische Weltsicht war eine Widerspiegelung der konfuzianischen Vision von einer sorgfältig gegliederten hierarchischen Gesellschaft. Ausländische Herrscher und Staaten waren dieser Vorstellung zufolge dem Reich der Mitte tributpflichtig: ›Es gibt nicht zwei Sonnen am Himmel, es kann nicht zwei Kaiser auf Erden geben.‹« Infolgedessen hegten die Chinesen nie Sympathien für »multipolare oder auch nur multilaterale Sicherheitskonzepte«. Asiaten sind generell bereit, in internationen Beziehungen »Hierarchie zu akzeptieren«, und Hegemonialkriege europäischer Art fehlen in der Geschichte Ostasiens. Ein funktionierendes System des Machtgleichgewichts, wie es historisch für Europa kennzeichnend gewesen ist, war Asien fremd. Bis zum Erscheinen der westlichen Mächte Mitte des 19. Jahrhunderts waren die internationalen Beziehungen Ostasiens sinozentrisch, wobei andere Gesellschaften zu Beijing unterschiedliche Verhältnisse der Subordination, Kooperation oder Autonomie unterhielten.[36] Die ideale Weltordnung des Konfuzianismus ist natürlich in der Praxis niemals umfassend realisiert worden. Gleichwohl unterscheidet sich das asiatische Modell der Machthierarchie in der internationalen Politik dramatisch vom europäischen Modell des Machtgleichgewichts.

Als Folge dieses Bildes von der Weltordnung gibt es die innenpolitische Neigung Chinas zur Anpassung auch in internationalen Beziehungen. Inwieweit sie die Außenpolitik einzelner Staaten prägt, hängt tendenziell davon ab, inwieweit diese miteinander die konfuzianische Kultur teilen und wie ihre Beziehungen zu China früher beschaffen waren. Korea hat kulturell vieles mit China gemeinsam und hat historisch zu China tendiert. Für Singapur war das kommunistische China während des Kalten Krieges ein Feind. In den achtziger Jahren begann Singapur jedoch, seine Position zu verändern. Die Führungsriege Singapurs vertrat den Standpunkt, daß es für die USA und andere Länder notwendig sei, sich mit den Realitäten der chinesischen Macht abzufinden. Mit seiner großen chinesischen Bevölkerung und den antiwestlichen Neigungen seiner Führungsschicht tendierte auch Malaysia stark in Richtung China. Thailand behauptete im 19. und 20. Jahrhundert seine Unabhängigkeit, indem es sich an den europäischen bzw. japanischen Imperialismus anpaßte, und alle Anzeichen deuten darauf hin, daß es dasselbe mit China zu tun gedenkt, eine Absicht, in der es durch die aus Vietnam befürchtete potentielle Bedrohung seiner Sicherheit noch bestärkt wird.

Indonesien und Vietnam sind die beiden Länder Südostasiens, die am meisten geneigt sind, ein Gegengewicht gegen China zu bilden und es einzudämmen. Indonesien ist sehr groß, muslimisch und weit von China entfernt, kann aber ohne die Hilfe anderer den Anspruch Chinas auf Kontrolle des Südchinesischen Meeres nicht abwehren. Im Herbst 1995 schlossen Indonesien und Australien ein Sicherheitsabkommen, das sie verpflichtete, im Falle »feindseliger Herausforderungen« ihrer Sicherheit einander zu konsultieren. Beide Seiten bestritten zwar, daß dies eine gegen China gerichtete Abmachung sei, bezeichneten aber China als die wahrscheinlichste Quelle feindseliger Herausforderungen.[37] Vietnam hat eine großenteils konfuzianische Kultur, hat aber sehr angespannte Beziehungen zu China und 1979 einen kurzen Krieg gegen China geführt. Sowohl Vietnam als auch China haben die Souveränität über alle Spratly-Inseln beansprucht, und die Kriegsschiffe beider Länder haben einander in den siebziger und achtziger Jahren verschiedentlich angegriffen. In den frühen neunziger Jahren ging das militärische Potential Vietnams im Vergleich zu dem Chinas zurück. Mehr als jeder andere ostasiatische Staat hat folglich Vietnam Veranlassung, Partner zu suchen, um ein Gegengewicht gegen China zu bilden. Die Aufnahme Vietnams in den ASEAN und die Normalisierung seiner Beziehungen zu den USA 1995 waren zwei Schritte in diese Richtung. Die Spaltungen innerhalb des ASEAN und dessen Widerstreben, China zu provozieren, machen es jedoch höchst unwahrscheinlich, daß der ASEAN zu einer Allianz gegen China werden oder daß er Vietnam bei einer Konfrontation mit China viel Unterstützung angedeihen lassen würde. Die USA wären eher bereit, China einzudämmen, aber Mitte der neunziger Jahre war unklar, wie weit sie einem Anspruch Chinas auf Kontrolle über das Südchinesische Meer entgegentreten würden. Letzten Endes könnte für Vietnam die »am wenigsten schlechte Alternative« die Anpassung an China und die Hinnahme der Finnlandisierung sein, die »zwar den Stolz Vietnams verletzen würde, ... aber das Überleben garantieren könnte«.[38]

In den neunziger Jahren äußerten praktisch alle ostasiatischen Nationen außer China und Nordkorea Zustimmung zu einer Fortdauer der militärischen Präsenz der USA in der Region. In der Praxis tendierten jedoch alle bis auf Vietnam zur Anpassung an China. Die Philippinen schlossen die großen amerikanischen Luftwaffen- und Marinestützpunkte in ihrem Land; in Okinawa wuchs der Widerstand gegen die auf der Insel stationierten massiven US-Streitkräfte. 1994 lehnten Thailand, Malaysia und Indonesien das Ersuchen der USA ab, in ihren Hoheitsgewässern sechs Versorgungssschiffe zu stationieren, die als schwimmende Basis amerikanische Militärinterventionen in Südost- oder Südwestasien erleichtern sollten. In einer weiteren Ergebenheitsbekundung fügte sich das Regionalforum des ASEAN den Forderungen Chinas, die Streitfragen um die Spratly-Inseln von der Tagesordnung abzusetzen. Auch die Besetzung des den Philippinen vorgelagerten Mischief-Riffs durch China im Jahre 1995 rief keine Proteste anderer ASEAN-Länder hervor. Als China 1995/96 Taiwan verbal und militärisch bedrohte, reagierten asiatische Regierungen wiederum mit ohrenbetäubendem Schweigen. Die Neigung dieser Länder zu einer Politik der Anpassung bringt Michael Oksenberg trefflich auf den Punkt: »Asiatische Führer fürchten sehr eine Verschiebung des Machtgleichgewichts zugunsten Chinas, aber in ängstlicher Vorwegnahme der Zukunft wollen sie Beijing heute nicht die Stirn bieten«, und »einem Kreuzzug der USA gegen China werden sie sich nicht anschließen.«[39]

Der Aufstieg Chinas wird für Japan eine große Herausforderung darstellen, und die Japaner werden tief gespalten in der Frage sein, welche Strategie Japan verfolgen soll. Soll es den Versuch unternehmen, sich mit China zu verständigen, vielleicht durch einen Kompromiß dergestalt, daß Japan die politisch-militärische Dominanz Chinas anerkennt, wenn China dafür den Primat Japans in wirtschaftlichen Dingen anerkennt? Soll es den Versuch unternehmen, das amerikanisch-japanische Bündnis mit neuer Bedeutung und Kraft zu erfüllen, weil es den Kern einer

Gegengewichts-Koalition zur Eindämmung Chinas darstellt? Soll es den Versuch unternehmen, seine eigene militärische Macht auszubauen, um seine Interessen gegen etwaige Übergriffe Chinas zu verteidigen? Wahrscheinlich wird Japan es so lange wie nur irgend möglich vermeiden, eindeutige Antworten auf diese Fragen zu geben.

Der Kern jedes sinnvollen Versuchs, ein Gegengewicht gegen China zu bilden und es einzudämmen, wird das japanisch-amerikanische Militärbündnis sein müssen. Es ist denkbar, daß Japan sich allmählich stillschweigend mit einer diesbezüglichen Reorientierung des Bündnisses abfindet. Das würde voraussetzen, daß Japan Vertrauen hat (1.) in die generelle Fähigkeit der Amerikaner, sich als einzige Supermacht der Welt zu behaupten und ihre aktive Führungsrolle im Weltgeschehen weiter auszuüben; (2.) in die amerikanische Verpflichtung, seine Präsenz in Asien zu behaupten und die Versuche Chinas zur Erweiterung seines Einflusses aktiv zu bekämpfen; und (3.) in die Fähigkeit der USA und Japans, China ohne großen Aufwand an Ressourcen und ohne ein hohes Kriegsrisiko einzudämmen.

In Ermangelung eines klaren (ohnehin unwahrscheinlichen) Beweises amerikanischer Entschlossenheit wird Japan sich voraussichtlich an China anpassen. Außer in den dreißiger und vierziger Jahren, als es mit katastrophalen Folgen eine einseitige Eroberungspolitik in Ostasien betrieb, hat Japan historisch seine Sicherheit in einem Bündnis mit der jeweiligen als relevant und dominierend begriffenen Macht gesucht. Selbst als es sich in den dreißiger Jahren den Achsenmächten anschloß, verbündete Japan sich mit den damals dynamischsten militärisch-ideologischen Kräften der Weltpolitik. Zuvor war es ganz bewußt das englisch-japanische Bündnis eingegangen, weil Großbritannien die führende Macht in den Weltangelegenheiten gewesen war. Wie Chinesen betrachten auch Japaner die internationale Politik als hierarchisch, weil ihre Innenpolitik hierarchisch ist. Ein führender Japanologe bemerkt dazu:

> »Wenn Japaner sich ihre Nation in der internationalen Gesellschaft vorstellen, dienen ihnen als Analogie oft innenpolitische Modelle. Die Japaner neigen dazu, eine internationale Ordnung als den äußeren Ausdruck von kulturellen Mustern aufzufassen, die sie im Inneren der japanischen Gesellschaft antreffen. Dort sind vertikal geordnete Strukturen von charakteristischer Relevanz. Ein solches Bild von der internationalen Ordnung ist von Japans langer Erfahrung aus den vormodernen chinesisch-japanischen Beziehungen (die ein Tributsystem waren) beeinflußt.«

Daher ist japanisches Bündnisverhalten »grundsätzlich eine Politik des Sich-Anpassens, nicht des Gegengewichts«; es ist »ein Sich-Verbünden mit der dominierenden Macht«.[40] Ein Westler, der schon lange im Land wohnt, sagt von den Japanern, sie seien »rascher als die meisten bereit, sich einer *force majeure* zu beugen und mit jenen zu kooperieren, die sie als moralisch überlegen empfinden, ... und verübeln am raschesten den Mißbrauch durch einen moralisch zweideutigen, ausweichenden Hegemon.« In dem Maße, wie die Rolle der USA in Asien zu Ende geht und die Rolle Chinas immer mehr in den Vordergrund rückt, wird die japanische Politik sich entsprechend anpassen. Sie hat sogar schon begonnen, sich anzupassen. Die Schlüsselfrage in den chinesisch-japanischen Beziehungen lautet, wie Kishore Mahbubani bemerkt: »Wer ist die Nummer Eins?« Und die Antwort wird immer klarer. »Es wird keine expliziten Erklärungen oder Vereinbarungen geben, aber es war bezeichnend, daß der japanische Kaiser sich entschloß, China 1992 zu besuchen, zu einer Zeit, als Beijing international noch immer relativ isoliert war.«[41]

Den japanischen Führern und dem japanischen Volk wäre es zweifellos lieber, man könnte das Muster der vergangenen Jahrzehnte beibehalten und unter dem schützenden Mantel der dominierenden USA verharren. In dem Maße jedoch, wie das Engagement der USA in Asien zurückgeht, werden jene Kräfte in

Japan, die auf eine »Re-Asiatisierung« Japans dringen, an Stärke gewinnen, und die Japaner werden die erneute Dominanz Chinas auf der ostasiatischen Bühne letzten Endes als unvermeidlich akzeptieren. Auf die Frage, welche Nation im 21. Jahrhundert den größten Einfluß in Asien haben werde, nannten 1994 44 Prozent der Japaner China, 30 Prozent die USA und nur 16 Prozent Japan.[42] Wie ein hoher japanischer Offizieller 1995 voraussagte, wird Japan die »Disziplin« besitzen, sich dem Aufstieg Chinas anzupassen. Dann stellte er die Frage, ob die USA dies ebenfalls tun würden. Seine erste Aussage ist plausibel; die Antwort auf seine zweite Frage ist ungewiß.

Die chinesische Hegemonie wird Instabilität und Konflikt in Ostasien reduzieren. Sie wird auch den Einfluß der USA und des Westens dort mindern und die USA zwingen, genau das zu akzeptieren, was sie historisch immer zu verhindern suchten: die Beherrschung einer Schlüsselregion der Welt durch eine andere Macht. Das Ausmaß freilich, in dem diese Hegemonie die Interessen anderer asiatischer Länder oder der USA bedroht, hängt zum Teil davon ab, was in China geschieht. Wirtschaftliches Wachstum erzeugt militärische Macht und politischen Einfluß, kann aber auch die politische Entwicklung und die Bewegung zu einer offeneren, pluralistischeren und möglicherweise demokratischeren Form der Politik fördern. In Südkorea und Taiwan hat es diese Wirkung wohl bereits gehabt. Allerdings waren in beiden Ländern die politischen Leitfiguren, die am aktivsten auf eine Demokratie hinarbeiteten, Christen.

Chinas konfuzianisches Erbe mit seiner Betonung von Autorität, Ordnung, Hierarchie und dem Supremat des Kollektiven vor dem Individuellen legt der Demokratisierung Hindernisse in den Weg. Trotzdem erzeugt das wirtschaftliche Wachstum in Südchina immer hohen Wohlstand, ein dynamisches Bürgertum, Anhäufungen wirtschaftlicher Macht, die der Kontrolle der Regierung entzogen sind, und eine rapide expandierende Mittelschicht. Außerdem haben chinesische Menschen durch Handel und Investitionen engen Kontakt zur Welt außerhalb Chinas.

Dies alles schafft die gesellschaftliche Grundlage für eine Bewegung hin zum politischen Pluralismus.

Vorbedingung einer politischen Öffnung ist für gewöhnlich, daß innerhalb des autoritären Systems reformerische Elemente an die Macht kommen. Wird dies in China geschehen? Vielleicht nicht unter der ersten Deng-Nachfolge, aber möglicherweise unter der zweiten. Das neue Jahrhundert könnte in Südchina das Entstehen von Gruppen mit politischen Vorstellungen erleben, die faktisch, wenn auch nicht nominell Vorformen von politischen Parteien sein werden, wahrscheinlich mit engen Verbindungen zu und materieller Unterstützung von Chinesen in Taiwan, Hongkong und Singapur. Sofern solche Bewegungen in Südchina entstehen und sofern eine Reformfraktion die Macht in Beijing übernimmt, könnte es zu irgendeiner Form des politischen Übergangs kommen. Eine Demokratisierung könnte Politiker ermutigen, nationalistische Positionen zu vertreten und so das Kriegsrisiko zu steigern. Auf lange Sicht dürfte jedoch ein stabiles pluralistisches System in China eine geringere Bedrohung für andere Nationen darstellen.

Vielleicht ist, wie Friedberg vermutet, die Vergangenheit Europas die Zukunft Asiens. Wahrscheinlicher wird aber eher die Vergangenheit Asiens die Zukunft Asiens sein. Asien hat die Wahl zwischen Machtgleichgewicht um den Preis des Konflikts oder gesichertem Frieden um den Preis der Hegemonie. Westliche Gesellschaften mögen sich für Konflikt und Gleichgewicht entschieden haben. Geschichte, Kultur und die Realitäten der Macht lassen erwarten, daß Asien für Friede und Hegemonie optieren wird. Die Ära, die mit dem Eindringen von Westlern um 1840 begann, geht zu Ende. China nimmt wieder seinen Platz als regionaler Hegemon ein, und der Osten findet zu sich selbst.

Kulturkreise und Kernstaaten: neue Bündnisbildungen

Die multipolare, multikulturelle Welt nach dem Kalten Krieg kennt keine alles dominierende Spaltung, wie sie im Kalten

Krieg existierte. Solange jedoch der demographische Aufschwung der Muslime und der wirtschaftliche Aufschwung Asiens fortdauern, werden die Konflikte zwischen dem Westen und dessen Herausforderern zentraler für die globale Politik sein als andere Trennungslinien. Die Regierungen muslimischer Länder werden wahrscheinlich weiterhin immer weniger freundschaftlich gegenüber dem Westen handeln, und zwischen islamischen Gruppen und westlichen Gesellschaften wird es sporadisch zu kleineren und manchmal vielleicht auch zu größeren Ausbrüchen von Gewalt kommen. Die Beziehungen zwischen den USA auf der einen Seite und China, Japan und anderen asiatischen Ländern werden sehr konfliktreich sein, und es könnte zu einem großen Krieg kommen, falls die USA den Aufstieg Chinas zur Hegemonialmacht in Asien in Frage stellen sollten.

Unter diesen Bedingungen wird die konfuzianisch-islamische Schiene fortbestehen und vielleicht sogar fester und breiter werden. Für diese Verbindung ist die Kooperation von muslimischen und sinischen Gesellschaften beim Widerstand gegen den Westen in Sachen Waffenweiterverbreitung, Menschenrechten und anderen Streitfragen von zentraler Bedeutung gewesen. Im Mittelpunkt haben die engen Beziehungen zwischen Pakistan, dem Iran und China gestanden, die sich Anfang der neunziger Jahre herauskristallisierten: Präsident Yang Shangkun besuchte den Iran und Pakistan, Präsident Rafsandschani Pakistan und China, was »auf erste Ansätze einer entstehenden Allianz zwischen Pakistan, Iran und China hindeutete«. Auf dem Weg nach China erklärte Rafsandschani in Islamabad, daß eine »strategische Allianz« zwischen dem Iran und Pakistan existiere und daß ein Angriff auf Pakistan als Angriff auf den Iran angesehen werde. Benazir Bhutto bekräftigte dieses Bild durch Besuche im Iran und in China unmittelbar vor ihrer Ernennung zur Ministerpräsidentin im Oktober 1993. Die Kooperation der drei Länder beinhaltete den regelmäßigen Austausch auf politischer, militärischer und Verwaltungsebene und gemeinsame Anstrengungen auf einer Vielzahl von zivilen und militärischen

Gebieten einschließlich der Rüstungsproduktion, neben den Waffentransfers aus China in andere Staaten. Die Entwicklung dieser Beziehungen wurde durch jene Kreise in Pakistan stark unterstützt, die in Fragen der Außenpolitik der »Unabhängigkeits-« oder »muslimischen« Denkschule angehören und einer »Achse Teheran-Islamabad-Beijing« entgegensehen, während man in Teheran den Standpunkt vertrat, daß die »besondere Eigenart der zeitgenössischen Welt« eine »enge und konsequente Zusammenarbeit« zwischen dem Iran, China, Pakistan und Kasachstan erfordere. Bis Mitte der neunziger Jahre war zwischen den drei Ländern etwas wie eine de-facto-Allianz entstanden, die ihre Wurzeln im Widerstand gegen den Westen, in Sicherheitsbedenken gegen Indien und in dem Wunsch hatte, dem Einfluß der Türkei und Rußlands in Zentralasien zu begegnen.[43]

Werden diese drei Staaten voraussichtlich der Kern einer größeren Gruppierung werden, die weitere muslimische und asiatische Länder umfaßt? Es könnte sich nach Ansicht Graham Fullers eine informelle »konfuzianisch-islamistische Allianz« herausbilden, »nicht weil Muhammad und Konfuzius antiwestlich sind, sondern weil diese Kulturen ein Vehikel bieten, um Übelstände zu formulieren, die zum Teil dem Westen angelastet werden – einem Westen, dessen politische, militärische, wirtschaftliche und kulturelle Dominanz zunehmend Anstoß erregt in einer Welt, in der Staaten den Eindruck haben, ›sie müssen sich nichts mehr gefallen lassen‹.« Der leidenschaftlichste Aufruf zu einer solchen Zusammenarbeit kam von Muammar Gaddafi, der im März 1994 erklärte:

> »Die neue Weltordnung bedeutet, daß Juden und Christen die Muslime kontrollieren, und wenn sie können, werden sie anschließend den Konfuzianismus und andere Religionen in Indien, China und Japan kontrollieren …
>
> Was die Christen und Juden heute sagen, [ist]: Wir waren entschlossen, den Kommunismus zu zerschlagen, und jetzt

muß der Westen den Islam und den Konfuzianismus zerschlagen.

Heute erleben wir hoffentlich eine Konfrontation zwischen China, das das konfuzianische Lager anführt, und Amerika, das das Lager der christlichen Kreuzfahrer anführt. Wir haben keinerlei Grund, nicht gegen die Kreuzfahrer eingestellt zu sein. Wir stehen auf der Seite des Konfuzianismus, und indem wir uns mit ihm verbünden und in einer einzigen internationalen Front an seiner Seite kämpfen, werden wir unseren gemeinsamen Gegner vernichten.

Darum unterstützen wir als Muslime China in seinem Kampf gegen unseren gemeinsamen Feind.

Wir wünschen China den Sieg…«[44]

Die Begeisterung für ein enges antiwestliches Bündnis konfuzianischer und islamischer Staaten hielt sich allerdings auf chinesischer Seite sehr in Grenzen. So erklärte Präsident Jiang Zemin 1995, China werde mit keinem anderen Land ein Bündnis eingehen. Diese Position entspricht vermutlich dem klassischen chinesischen Standpunkt, daß China als das Reich der Mitte, als die zentrale Macht keiner formellen Verbündeten bedarf und daß andere Länder es in ihrem Interesse liegend finden werden, mit China zu kooperieren. Auf der anderen Seite bedeuten Chinas Konflikte mit dem Westen, daß es die Partnerschaft mit anderen antiwestlichen Mächten schätzen wird, von denen der Islam die größte und einflußreichste Anzahl stellt. Darüber hinaus wird sein steigender Erdölbedarf China wahrscheinlich nötigen, die Beziehungen zum Iran, zum Irak und zu Saudi-Arabien ebenso wie zu Kasachstan und Aserbaidschan auszubauen. Eine solche Waffen-für-Öl-Achse, meinte ein Energieexperte 1994, »wird keine Befehle mehr aus London, Paris oder Washington entgegennehmen müssen«.[45]

Die Beziehungen anderer Kulturen und ihrer Kernstaaten zum Westen und zu seinen Herausforderern werden sehr unterschiedlich sein. Die Zivilisationen der südlichen Halbkugel –

Lateinamerika und Afrika – haben keine Kernstaaten, sind vom Westen abhängig und sind militärisch und wirtschaftlich relativ schwach (was sich allerdings in Lateinamerika rapide ändert). Ihre Beziehungen zum Westen werden sich wahrscheinlich in entgegengesetzte Richtungen entwickeln. Lateinamerika steht kulturell dem Westen nahe. Während der achtziger und neunziger Jahre glichen sich seine politischen und seine Wirtschaftssysteme mehr und mehr denen des Westens an. Die beiden lateinamerikanischen Staaten, die den Besitz von Kernwaffen anstrebten [Brasilien und Argentinien – A. d. Ü.], gaben diese Bemühungen auf. Mit dem von allen Zivilisationen niedrigsten Niveau der militärischen Gesamtanstrengung mögen Lateinamerikaner die militärische Dominanz der USA bedauern, sie lassen aber nicht die Absicht erkennen, an ihr zu rütteln. Der rapide Aufstieg des Protestantismus in vielen lateinamerikanischen Gesellschaften macht diese den katholisch-protestantisch gemischten Gesellschaften des Westens ähnlicher und weitet zugleich die religiöse Bindung zwischen Lateinamerika und dem Westen über jene hinaus, die über Rom laufen. Umgekehrt fördern der Zustrom von Menschen aus Mexiko, Mittelamerika und der Karibik in die USA und der daraus resultierende hispanische Einfluß auf die amerikanische Gesellschaft die kulturelle Konvergenz. Die wichtigsten konfliktträchtigen Streitfragen zwischen Lateinamerika und dem Westen, in der Praxis also den USA, betreffen Einwanderung, Drogen und drogenbezogenen Terrorismus sowie die wirtschaftliche Integration (das heißt Aufnahme lateinamerikanischer Staaten in die NAFTA contra Erweiterung lateinamerikanischer Gruppierungen wie Mercosur und Andenpakt). Wie die Probleme zeigen, die sich im Hinblick auf Mexikos Beitritt zur NAFTA ergaben, wird die Ehe zwischen dem lateinamerikanischen und dem westlichen Kulturkreis nicht leicht sein, sie wird wahrscheinlich erst langsam im Verlauf eines Großteils des 21. Jahrhunderts Gestalt annehmen, und sie wird vielleicht niemals vollzogen werden. Trotzdem bleiben die Unterschiede zwischen dem Westen und Lateinamerika gering, verglichen mit denen zwischen dem Westen und anderen Kulturkreisen.

Die Beziehungen des Westens zu Afrika sollten ein nur geringfügig höheres Konfliktpotential enthalten – primär deshalb, weil Afrika so schwach ist. Trotzdem gibt es bedeutsame Streitfragen. Südafrika hat nicht wie Argentinien und Brasilien ein laufendes Programm zur Entwicklung von Kernwaffen aufgegeben, es hat bereits vorhandene Kernwaffen vernichtet. Diese Waffen waren von einer weißen Regierung hergestellt worden, die das Ausland von Angriffen auf die Apartheid abschrecken wollte, und diese Regierung mochte die Kernwaffen nicht einer schwarzen Regierung hinterlassen, die sie für andere Zwecke einsetzen konnte. Die Fähigkeit zum Bau von Kernwaffen kann jedoch nicht vernichtet werden, so daß eine Nach-Apartheid-Regierung ein neues Kernwaffenarsenal aufbauen könnte, um seine Rolle als Kernstaat Afrikas zu sichern und den Westen von einer Intervention in Afrika abzuschrecken. Menschenrechte, Einwanderung, wirtschaftliche Streitfragen und Terrorismus stehen zwischen Afrika und dem Westen ebenfalls auf der Tagesordnung. Ungeachtet der Bemühungen Frankreichs um Aufrechterhaltung enger Verbindungen zu seinen früheren Kolonien scheint in Afrika ein langfristiger Prozeß der Entwestlichung im Gange zu sein: Interesse und Einfluß westlicher Mächte schwinden, die einheimische Kultur macht sich geltend, und Südafrika ordnet mit der Zeit die afrikaansen und englischen Elemente seiner Kultur den afrikanischen nach. Während Lateinamerika immer mehr westlich wird, wird Afrika immer weniger westlich. Beide bleiben jedoch auf unterschiedliche Weise vom Westen abhängig und – abgesehen von UNO-Abstimmungen – unfähig, das Gleichgewicht zwischen dem Westen und seinen Herausforderern entscheidend zu beeinflussen.

Das gilt offenkundig nicht für die drei »Pendler«-Zivilisationen. Ihre Kernstaaten sind Hauptakteure im Weltgeschehen, und sie werden wahrscheinlich gemischte, ambivalente und fluktuierende Beziehungen zum Westen und den Herausforderern unterhalten. Sie werden auch unterschiedliche Beziehungen zueinander unterhalten. Japan wird sich unserer These zufolge im Laufe der Zeit mit großen Seelenqualen und viel Selbsterforschung von den USA wegbewegen und in Richtung China umschwenken. Wie andere kulturenübergreifende Bündnisse aus der Zeit des Kalten Krieges werden die Sicherheitsbeziehungen Japans zu den USA schwächer werden, auch wenn sie wahrscheinlich niemals formell eingestellt werden. Japans Beziehungen zu Rußland werden schwierig bleiben, solange Rußland einen Kompromiß hinsichtlich der Kurilen verweigert, die es seit 1945 besetzt hält. Der kurze Augenblick am Ende des Kalten Krieges, als diese Frage hätte gelöst werden können, ging mit dem Aufstieg des russischen Nationalismus rasch vorbei, und die USA haben in Zukunft ebensowenig Grund wie in der Vergangenheit, den diesbezüglichen Anspruch Japans zu unterstützen.

In den letzten Jahrzehnten des Kalten Krieges spielte China mit Erfolg die »chinesische Karte« gegen die Sowjetunion und die USA aus. In der Welt nach dem Kalten Krieg hat Rußland eine »russische Karte« in der Hand. Rußland und China zusammen würden das eurasische Gleichgewicht entscheidend zuungunsten des Westens verändern und alle jene Befürchtungen reaktivieren, die in den fünfziger Jahren in bezug auf die chinesisch-sowjetische Beziehung bestanden. Ein eng mit dem Westen zusammenarbeitendes Rußland würde in globalen Streitfragen ein zusätzliches Gegengewicht gegen die konfuzianisch-islamische Schiene schaffen und in China die aus dem Kalten Krieg bekannten Ängste bezüglich einer Invasion aus dem Norden neu beleben. Jedoch hat auch Rußland Probleme mit seinen beiden Nachbarkulturen. In bezug auf den Westen sind diese Probleme eher kurzfristiger Art – eine Folge der Beendigung des Kalten Krieges und der Notwendigkeit einer Neubestimmung des Gleichgewichts zwischen Rußland und dem Westen und einer Einigung beider Seiten auf ihre grundsätzliche Gleichheit und ihre jeweiligen Interessensphären. In der Praxis würde dies bedeuten:

1. Rußland akzeptiert die Erweiterung der Europäischen Union und der NATO um die westlich-christlichen Staaten Mittel- und Osteuropas, und der Westen verpflichtet sich, die NATO nicht darüber hinaus zu erweitern, es sei denn, die Ukraine zerbricht in zwei Länder;
2. ein Partnerschaftsvertrag zwischen Rußland und der NATO verbürgt Nichtangriff, regelmäßige Konsultationen über Sicherheitsfragen, Kooperationsbemühungen zur Vermeidung eines Wettrüstens und Verhandlungen über Rüstungskontrollvereinbarungen entsprechend den beiderseitigen Sicherheitsbedürfnissen nach dem Kalten Krieg;
3. der Westen erkennt die primäre Verantwortung Rußlands für die Erhaltung der Sicherheit unter orthodoxen Ländern und in überwiegend orthodoxen Gegenden an;
4. der Westen erkennt die aktuellen und potentiellen Sicherheitsprobleme an, die Rußland mit den muslimischen Völkern in seinem Süden hat, und ist bereit, den Vertrag über konventionelle Streitkräfte in Europa (CFE) zu revidieren und andere Schritte Rußlands zu tolerieren, die zur Abwehr derartiger Bedrohungen notwendig sein mögen;
5. Rußland und der Westen vereinbaren, bei der Behandlung von Streitfragen wie zum Beispiel Bosnien, die westliche und orthodoxe Interessen berühren, gleichberechtigt zu kooperieren.

Falls es zu einem Arrangement in diesem oder einem ähnlichen Sinne kommt, werden wahrscheinlich weder Rußland noch der Westen ein längerfristiges Sicherheitsrisiko füreinander darstellen. Europa und Rußland sind demographisch reife Gesellschaften mit niedriger Geburtenrate und überalterter Bevölkerung; solche Gesellschaften besitzen nicht die jugendliche Kraft, expansionistisch und offensiv eingestellt zu sein.

Die russisch-chinesischen Beziehungen wurden in der Zeit unmittelbar nach dem Kalten Krieg deutlich kooperativer. Grenzstreitigkeiten wurden beigelegt; die Streitkräfte wurden auf beiden Seiten der Grenze reduziert; der Handel expandierte; beide Seiten hörten auf, ihre Atomraketen gegeneinander zu richten; und ihre Außenminister erkundeten die gemeinsamen Interessen im Kampf gegen den fundamentalistischen Islam. Am wichtigsten war, daß Rußland in China einen eifrigen Großkunden für militärische Ausrüstung und Militärtechnologie wie beispielsweise Panzer, Kampfflugzeuge, Langstreckenbomber und Boden-Luft-Raketen fand.[46] Vom russischen Standpunkt aus unterstrich diese Erwärmung der Beziehungen sowohl den bewußten Entschluß zur Zusammenarbeit mit China als dem asiatischen »Partner« angesichts der weiterhin kühlen Beziehungen zu Japan als auch die Reaktion auf die Konflikte mit dem Westen im Zusammenhang mit NATO-Osterweiterung, Wirtschaftsreform, Rüstungskontrolle, Wirtschaftshilfe und Mitgliedschaft in internationalen Organisationen des Westens. China seinerseits vermochte dem Westen zu demonstrieren, daß es in der Welt nicht allein stand und daß es das militärische Potential erwerben konnte, das zur Durchsetzung seiner regionalen Strategie der Machterweiterung notwendig war. Für beide Länder ist eine russisch-chinesische Schiene, wie die konfuzianisch-islamische Schiene, ein Instrument, um Macht und Universalismus des Westens zu konterkarieren.

Ob diese Schiene längerfristig Bestand hat, wird zu einem großen Teil davon abhängen, (erstens) inwieweit sich die Beziehungen Rußlands zum Westen auf einer für beide Seiten befriedigenden Basis stabilisieren und (zweitens) inwieweit Chinas Aufstieg zur Hegemonialmacht in Ostasien russische Interessen in wirtschaftlicher, demographischer und militärischer Hinsicht bedroht. Chinas wirtschaftliche Dynamik hat bereits Sibirien erfaßt, und neben koreanischen und japanischen erkunden und nutzen chinesische Unternehmer die dort sich bietenden Chancen. Die Russen in Sibirien sehen ihre wirtschaftliche Zukunft zunehmend eher mit Ostasien als mit dem europäischen Rußland verknüpft. Bedrohlicher für Rußland ist die Einwanderung von Chinesen nach Sibirien; die Zahl der illegalen chinesischen

Migranten dorthin soll 1995 3 bis 5 Millionen betragen haben, bei einer russischen Population Ostsibiriens von rund 7 Millionen. Der [frühere – A. d. Ü.] russische Verteidigungsminister Pavel Gratschow warnte denn auch: »Die Chinesen sind in einer friedlichen Eroberung des russischen Fernen Ostens begriffen.« Der Chef der russischen Einwanderungsbehörde stieß in dasselbe Horn, als er sagte: »Wir müssen dem chinesischen Expansionismus entgegentreten.«[47] Darüber hinaus könnten die sich entwickelnden wirtschaftlichen Beziehungen Chinas zu den früheren Sowjetrepubliken in Zentralasien die Beziehungen zu Rußland belasten. China könnte sogar eine militärische Expansion wagen, falls es sich zu dem Versuch entschließen sollte, die Mongolei für sich zu reklamieren, die die Russen nach dem Ersten Weltkrieg von China trennten und die jahrzehntelang ein sowjetischer Satellit war. Die »gelben Horden«, die die Phantasie der Russen seit den Mongoleneinfällen heimsuchen, könnten neuerlich Realität werden.

Rußlands Beziehungen zum Islam sind geprägt von dem historischen Erbe einer jahrhundertelangen Expansion durch Kriege gegen Türken, nordkaukasische Völker und zentralasiatische Emirate. Rußland kollaboriert heute mit seinen orthodoxen Verbündeten Serbien und Griechenland in der Abwehr des türkischen Einflusses auf dem Balkan und mit seinem orthodoxen Verbündeten Armenien in der Beschränkung dieses Einflusses im Transkaukasus. Es hat aktiv den Versuch unternommen, seinen politischen, wirtschaftlichen und militärischen Einfluß in den zentralasiatischen Republiken zu behaupten, hat diese in die Gemeinschaft Unabhängiger Staaten aufgenommen und hat in jeder von ihnen Streitkräfte stehen. Mittelpunkt des russischen Interesses sind die Erdöl- und Erdgasvorkommen am Kaspischen Meer und die Wege, auf denen diese Ressourcen in den Westen und nach Ostasien gelangen. Rußland führt auch einen Krieg im Nordkaukasus gegen das muslimische Volk der Tschetschenen und einen zweiten Krieg in Tadschikistan zur Unterstützung der Regierung gegen eine Erhebung, an der auch islamische Fundamentalisten beteiligt sind. Diese Sicherheitsbelange bieten einen weiteren Anreiz zur Kooperation mit China bei der Eindämmung der »islamischen Bedrohung« in Zentralasien und sind auch ein Hauptmotiv für die Annäherung Rußlands an den Iran. Rußland hat dem Iran U-Boote, hochentwickelte Kampfflugzeuge, Kampfbomber, Boden-Luft-Raketen sowie Aufklärungs- und elektronisches Kriegsgerät verkauft. Außerdem hat sich Rußland bereit erklärt, im Iran Leichtwasserreaktoren zu bauen und dem Iran das Instrumentarium zur Urananreicherung zu liefern. Dafür erwartet Rußland vom Iran recht explizit, daß er die Ausbreitung des Fundamentalismus in Zentralasien einschränkt, und implizit, daß er bei der Abwehr des türkischen Einflusses dort und im Kaukasus mitwirkt. In den kommenden Jahrzehnten werden die Beziehungen Rußlands zum Islam entscheidend von den Bedrohungen geprägt sein, die nach Ansicht der Russen von den rapide wachsenden muslimischen Populationen entlang der südlichen Peripherie des Landes ausgehen.

Indien, der dritte »Pendler«-Kernstaat, war während des Kalten Krieges ein Verbündeter der Sowjetunion und führte einen Krieg gegen China sowie mehrere Kriege gegen Pakistan. Indiens Beziehungen zum Westen, besonders zu den USA, waren distanziert, um nicht zu sagen frostig. In der Welt nach dem Kalten Krieg werden die Beziehungen Indiens zu Pakistan wahrscheinlich im Hinblick auf Kaschmir, Kernwaffen und das allgemeine militärische Gleichgewicht auf dem Subkontinent sehr konfliktträchtig bleiben. In dem Maße, in dem es Pakistan gelingt, die Unterstützung anderer muslimischer Länder zu gewinnen, werden die Beziehungen Indiens zum Islam generell schwierig sein. Um dem zu begegnen, wird Indien wahrscheinlich – wie schon in der Vergangenheit – besondere Anstrengungen unternehmen, um einzelne muslimische Länder zur Distanzierung von Pakistan zu veranlassen. Nach dem Ende des Kalten Krieges erstreckten sich die Bemühungen Chinas um freundschaftlichere Beziehungen zu seinen Nachbarn auch auf Indien, und die Spannungen zwischen beiden Ländern ließen nach. Diese Tendenz dürfte jedoch nicht lange andauern. China hat sich aktiv in die südasiatische Politik eingeschaltet und wird dies vermutlich auch künftig tun: Es wird eine enge Beziehung zu Pakistan unterhalten, Pakistans Kernwaffen- und konventionelles Waffenpotential stärken und Myanmar mit Wirtschaftshilfe, Investitionen und militärischem Beistand umwerben und möglicherweise beim Aufbau einer Kriegsmarine mitwirken. Im Augenblick expandiert die Macht Chinas; zu Beginn des 21. Jahrhunderts könnte die Macht Indiens erheblich wachsen. Ein Konflikt erscheint als überaus wahrscheinlich. »Die grundsätzliche Machtrivalität zwischen den beiden asiatischen Giganten und ihr Selbstverständnis als natürliche Großmacht und Mittelpunkt eines Kulturkreises und einer Zivilisation«, meint ein Kenner, »wird sie auch in Zukunft veranlassen, unterschiedliche Länder und Dinge zu unterstützen. Indien wird bestrebt sein, nicht nur ein unabhängiges Machtzentrum in der multipolaren Welt zu werden, sondern sich zu einem Gegengewicht zur Macht und den Einfluß Chinas zu entwickeln.«[48]

Gegenüber einer chinesisch-pakistanischen Allianz oder gar einer breiteren konfuzianisch-islamischen Schiene wird es offenkundig im Interesse Indiens liegen, seine enge Beziehung zu Rußland zu pflegen und ein Hauptabnehmer russischen Kriegsgeräts zu bleiben. Mitte der neunziger Jahre erwarb Indien von Rußland praktisch alle größeren Waffenarten bis hin zu einem Flugzeugträger und kryogener Raketentechnologie, was Sanktionen der USA nach sich zog. Andere Streitfragen zwischen Indien und den USA waren – neben der Waffenweiterverbreitung – Menschenrechte, Kaschmir und wirtschaftliche Liberalisierung. Mit der Zeit werden jedoch die Abkühlung der amerikanisch-pakistanischen Beziehungen und das gemeinsame Interesse an der Eindämmung Chinas Indien und die USA wahrscheinlich etwas zusammenführen. Die Expansion der indischen Macht in Südasien kann den Interessen der USA nicht schaden und könnte ihnen sogar dienlich sein.

Abbildung 9.1
Weltpolitik und Kulturkreise: Potentielle Bündnisbildungen

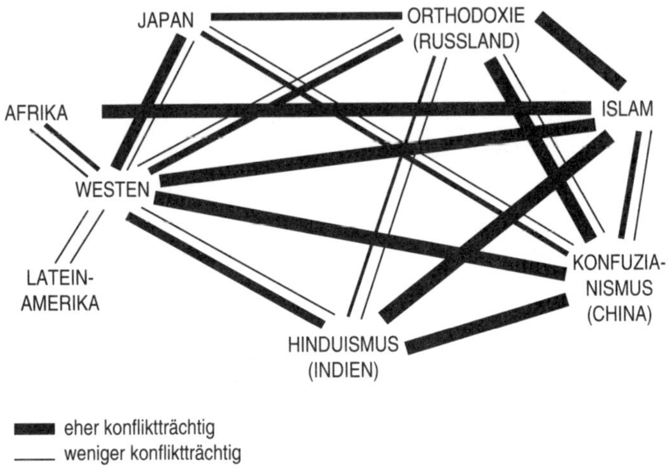

Die Beziehungen zwischen Kulturkreisen und ihren Kernstaaten sind kompliziert und häufig ambivalent, und sie verändern sich. Die meisten Länder eines bestimmten Kulturkreises werden in der Regel dem Beispiel des Kernstaates folgen, was die Gestaltung ihrer Beziehungen zu Ländern eines anderen Kreises betrifft. Aber das wird nicht immer der Fall sein, und offensichtlich haben nicht sämtliche Länder des einen Kulturkreises identische Beziehungen zu sämtlichen Ländern eines zweiten. Gemeinsame Interessen – für gewöhnlich ein gemeinsamer Feind aus einer dritten Kultur – können zur Kooperation zwischen Ländern verschiedener Kulturkreise führen.

Konflikte fallen offensichtlich auch innerhalb eines Kulturkreises vor, besonders im Islam. Darüber hinaus können sich die Beziehungen zwischen Gruppen entlang Bruchlinien signifikant von den Beziehungen zwischen den Kernstaaten desselben Kulturkreises unterscheiden. Gleichwohl sind allgemeine Tendenzen erkennbar, und es können plausible Verallgemeinerungen über die zu erwartenden künftigen Bündnisse und Antagonismen zwischen Kulturkreisen und Kernstaaten gewagt werden. Sie sind in Abbildung 9.1 zusammengefaßt. Die relativ simple Bipolarität des Kalten Krieges weicht heute den viel komplexeren Beziehungen in einer multipolaren, multikulturellen Welt.

Kapitel 10

Von Transitionskriegen zu Bruchlinienkriegen

Transitionskriege: Der Krieg in Afghanistan und der Golfkrieg

La première guerre civilisationelle, »der erste Krieg zwischen Kulturen«: so nannte der bedeutende marokkanische Gelehrte Mahdi Elmandjra seinerzeit den Golfkrieg.[1] In Wahrheit war es der zweite. Der erste war der sowjetisch-afghanische Krieg 1979-1989. Beide Kriege begannen als Invasion eines Landes durch ein anderes Land, die jedoch in einen Krieg zwischen zwei Kulturen ausartete und weithin zu einem solchen umdefiniert wurde. Es waren letztendlich Transitionskriege, kennzeichnend für die »Transition«, das heißt den Übergang zu einer Ära der ethnischen Konflikte und Bruchlinienkriege zwischen Gruppen aus unterschiedlichen Kulturen.

Der Krieg in Afghanistan begann als Versuch der Sowjetunion, ein Satellitenregime am Leben zu erhalten. Er wurde zu einem typischen Krieg des Kalten Krieges, als die USA energisch reagierten und die afghanischen Widerstandskämpfer, die sich gegen die sowjetischen Truppen auflehnten, finanzierten, organisierten und ausrüsteten. Für die Amerikaner war die sowjetische Niederlage eine Bestätigung der Reagan-Doktrin, wonach die USA den bewaffneten Widerstand gegen kommunistische Regime fördern sollten, und eine beruhigende Demütigung der Sowjets, vergleichbar mit der Demütigung der USA in Vietnam. Es war auch eine Niederlage, deren Weiterungen die ganze sowjetische Gesellschaft erfaßten und erheblich zum Zerfall des

Sowjetimperiums beitrugen. Für Amerikaner und generell für Westler war Afghanistan der letzte, entscheidende Sieg, das Waterloo des Kalten Krieges.

Für diejenigen, die gegen die Sowjets kämpften, war der Krieg in Afghanistan etwas anderes. Es war, wie ein westlicher Wissenschaftler bemerkte, »der erste erfolgreiche Widerstandskampf gegen eine fremde Macht, welcher nicht auf nationalistischen oder sozialistischen Prinzipien beruhte«,[2] sondern auf islamischen Prinzipien, welcher als *dschihad* geführt wurde und welcher dem islamischen Selbstvertrauen und der Macht des Islam enormen Auftrieb gab. Seine Auswirkung auf die islamische Welt war denn auch vergleichbar mit der Auswirkung, welche der japanische Sieg über Rußland 1905 für die orientalische Welt hatte. Was der Westen als Sieg der Freien Welt betrachtet, betrachten Muslime als Sieg des Islam.

Amerikanische Dollars und Raketen waren für die Niederlage der Sowjets ausschlaggebend. Auschlaggebend war jedoch auch die kollektive Anstrengung der islamischen Welt, in der eine Vielzahl von Regierungen und Gruppen in einem gemeinsamen Wettstreit versuchten, die Sowjets niederzuringen und einen Sieg herbeizuführen, der ihren Interessen dienlich wäre. Von muslimischer Seite kam die finanzielle Unterstützung des Afghanistankrieges in erster Linie aus Saudi-Arabien. Zwischen 1984 und 1986 investierten die Saudis 525 Millionen US-Dollar in den Widerstandskampf; 1989 erklärten sie sich bereit, 61 Prozent von insgesamt 715 Millionen US-Dollar, das heißt 436 Millionen US-Dollar zu übernehmen, während der Rest von den USA kam. 1993 stellten sie der afghanischen Regierung 193 Millionen US-Dollar zur Verfügung. Die Gesamtsumme, die sie im Laufe des Krieges beisteuerten, war mindestens ebenso groß wie die 3 bis 3,3 Milliarden US-Dollar, die die USA für den Krieg ausgaben, und wahrscheinlich sogar größer. Am Krieg in Afghanistan nahmen etwa 25.000 Kriegsfreiwillige aus anderen islamischen, in erster Linie arabischen Ländern teil. Vor allem in Jordanien rekrutiert, wurden die Freiwilligen vom pakistanischen Geheimdienst (Inter-Service Intelligence Agency) ausgebildet. Pakistan stellte auch die unentbehrlichen externen Stützpunkte des Widerstandskampfes sowie logistische und sonstige Unterstützung zur Verfügung. Das Land fungierte außerdem als Anlauf- und Umschlagstelle für die Auszahlung der amerikanischen Gelder und verteilte 75 Prozent dieser Mittel gezielt an die eher fundamentalistisch-islamistischen Gruppen; 50 Prozent der Gesamtmittel gingen an die extremste sunnitisch-fundamentalistische Faktion um Gulbuddin Hekmatyar. Obwohl sie gegen die Sowjets kämpften, waren die arabischen Kriegsteilnehmer überwiegend antiwestlich eingestellt und verurteilten die humanitäre Hilfe des Westens als unmoralisch und subversiv gegen den Islam. Letzten Endes wurden die Sowjets von drei Faktoren besiegt, denen sie nichts Gleichwertiges entgegenzusetzen hatten: der Technologie der Amerikaner, dem Geld der Saudis und der Demographie und dem Glaubenseifer der Muslime.[3]

Der Krieg hinterließ eine unsichere Allianz von islamistischen Organisationen, die entschlossen waren, den Islam gegen alle nichtmuslimischen Kräfte zu fördern. Seine Hinterlassenschaft waren ferner fachkundige und erfahrene Kämpfer, Ausbildungslager und logistische Einrichtungen, hochentwickelte transislamische Netzwerke persönlicher und organisatorischer Art, eine erhebliche Menge militärischen Geräts, darunter 300 bis 500 Sting-Raketen, deren Verbleib ungeklärt blieb, vor allem aber ein berauschendes Gefühl der Macht und des Selbstvertrauens. Nach dem Erreichten verspürte man den brennenden Wunsch, zu weiteren Siegen zu eilen. Ein US-Offizieller sagte 1994 von den Freiwilligen des Afghanistankrieges: »Ihre religiösen und politischen Zeugnisse sind unter *dschihad*-Gesichtspunkten makellos. Sie haben eine der beiden Supermächte der Welt geschlagen, und jetzt knöpfen sie sich die andere vor.«[4]

Der Afghanistankrieg wurde zu einem Krieg zwischen Kulturen, weil die Muslime ihn allenthalben als solchen ansahen und sich gegen die Sowjetunion versammelten. Der Golfkrieg wurde zu einem Krieg zwischen Kulturen, weil der Westen in einem innermuslimischen Konflikt intervenierte, Westler diese Intervention überwiegend unterstützten und Muslime auf der ganzen Welt in dieser Intervention zuletzt einen Krieg gegen sie erblickten und sich gegen diesen – wie sie es sahen – weiteren Fall von westlichem Imperialismus versammelten.

Arabische und muslimische Regierungen waren in der Frage dieses Krieges anfangs geteilter Meinung. Saddam Hussein verstieß gegen die Unantastbarkeit von Grenzen, und im August 1990 wurde sein Vorgehen von der Arabischen Liga mehrheitlich verurteilt (vierzehn Ja-, zwei Neinstimmen, fünf Enthaltungen bzw. Stimmverweigerungen). Ägypten und Syrien beteiligten sich mit bedeutenden Kontingenten, Pakistan, Marokko und Bangladesch mit kleineren Kontingenten an einer von den USA organisierten Koalition gegen den Irak. Die Türkei sperrte die durch ihr Territorium führende Erdöl-Pipeline vom Irak zum Mittelmeer und gestattete der Koalition die Benutzung ihrer Luftwaffenstützpunkte. Im Gegenzug unterstrich die Türkei ihren Anspruch auf Zugehörigkeit zu Europa, bekräftigten Pakistan und Marokko ihre engen Beziehungen zu Saudi-Arabien, erhielt Ägypten einen Schuldenerlaß und bekam Syrien den Libanon. Die Regierungen Irans, Jordaniens, Libyens, Mauretaniens, Jemens, Sudans und Tunesiens und Organisationen wie die PLO, die Hamas und die FIS unterstützten dagegen den Irak, trotz der finanziellen Hilfe, die viele von ihnen von Saudi-Arabien erhalten hatten, und verurteilten die Intervention des Westens. Andere muslimische Regierungen wie die Indonesiens bezogen einen Kompromißstandpunkt oder suchten eine Stellungnahme überhaupt zu vermeiden.

Waren sich die muslimischen Regierungen zunächst uneins, so war die arabische und muslimische öffentliche Meinung von Anfang an überwiegend antiwestlich. Ein arabischer Beobachter, der drei Wochen nach der Invasion von Kuweit den Jemen, Syrien, Ägypten, Jordanien und Saudi-Arabien besuchte, berichtete über die »arabische Welt«: »Sie kocht vor Wut auf die USA und kann sich kaum fassen vor Freude über die Aussicht auf einen arabischen Führer, der mutig genug ist, der größten Macht der Erde die Stirn zu bieten.«[5] Millionen Muslime von Marokko bis China stellten sich hinter Saddam und »bejubelten ihn als muslimischen Helden«.[6] Das »große Paradoxon dieses Konflikts« war das Paradoxon der Demokratie (siehe S. 141): »Am begeistertsten und verbreitetsten« war die Unterstützung für Saddam Hussein gerade in jenen arabischen Ländern, wo die Politik offener und die Meinungsfreiheit weniger eingeschränkt war.[7] In Marokko, Pakistan, Jordanien, Indonesien und anderen Ländern wurden in massiven Demonstrationen der Westen sowie politische Führer wie König Hassan, Benazir Bhutto und Suharto als Lakaien des Westens beschimpft. Widerstand gegen die Koalition regte sich sogar in Syrien, wo »ein breites Spektrum der Bürger die Präsenz ausländischer Mächte am Golf ablehnte«. 75 Prozent der 100 Millionen Muslime Indiens gaben den USA die Schuld an dem Krieg, und die 171 Millionen Muslime Indonesiens waren »fast einhellig« gegen die Militäraktion der USA am Golf. Arabische Intellektuelle bezogen in ähnlicher Weise Stellung und formulierten komplizierte Gründe dafür, warum man über die Brutalität Saddams hinwegsehen und die Intervention des Westens anprangern mußte.[8]

Araber und andere Muslime waren sich generell einig, daß Saddam Hussein ein blutiger Tyrann sein mochte, aber, analog zur Denkweise Franklin D. Roosevelts: »Es ist *unser* blutiger Tyrann.« Nach ihrer Auffassung war seine Invasion eine Familienangelegenheit, die innerhalb der Familie beizulegen war, und jene Mächte, die im Namen irgendeiner großartigen Theorie der internationalen Gerechtigkeit intervenierten, taten das, um ihre eigenen, selbstsüchtigen Interessen zu wahren und die Subordination der arabischen Welt unter den Westen zu erhalten. Arabische Intellektuelle, so eine Studie, »verachten das irakische Regime und beklagen seine Brutalität und seinen autoritären Charakter, sehen aber in ihm das Zentrum des Widerstandes gegen den großen Feind der arabischen Welt, den Westen.« Sie »definieren die arabische Welt über ihren Gegensatz zum

Westen.« – »Was Saddam Hussein getan hat, war falsch«, meinte ein palästinensischer Professor, »aber wir können es dem Irak nicht verdenken, daß er sich gegen die militärische Intervention des Westens zur Wehr setzt.« Muslime im Westen und anderswo verurteilten die Präsenz nichtmuslimischer Truppen in Saudi-Arabien und die daraus resultierende »Entweihung« der heiligen Stätten des Islam.[9] Die vorherrschende Meinung war, kurz gesagt: Es war falsch von Saddam, in Kuwait einzufallen, aber es war noch falscher vom Westen, in Kuwait zu intervenieren; daher hat Saddam recht, wenn er gegen den Westen kämpft, und wir haben recht, wenn wir ihn unterstützen.

Wie die Hauptakteure anderer Bruchlinienkriege identifizierte Saddam Hussein sein bis dahin säkulares Regime mit jener Sache, die die breiteste Anziehungskraft haben würde: dem Islam. Angesichts der U-förmigen Verteilung von Identitäten in der muslimischen Welt hatte Saddam kaum eine andere Wahl. Daß er sich für den Islam entschied und nicht für den arabischen Nationalismus oder ein vages Dritte-Welt-Antiwestlertum, zeugt nach Ansicht einer ägyptischen Kommentatorin »vom Wert des Islam als politischer Ideologie zur Mobilisierung von Unterstützung«.[10] Obwohl Saudi-Arabien in seinen Praktiken und Institutionen strenger muslimisch ist als jeder andere muslimische Staat, vielleicht mit Ausnahme Irans und Sudans, und obwohl es islamistische Gruppen in aller Welt finanziert hatte, unterstützte keine islamistische Bewegung irgendeines Landes die westliche Koalition gegen den Irak, und praktisch alle stellten sich gegen die Intervention des Westens.

Für Muslime wurde der Krieg somit rasch zu einem Krieg zwischen Kulturen, in welchem die Unverletzlichkeit des Islam auf dem Spiel stand. Islamistisch-fundamentalistische Gruppen aus Ägypten, Syrien, Jordanien, Pakistan, Malaysia, Afghanistan, Sudan und anderen Ländern brandmarkten ihn als Krieg »gegen den Islam und seine Kultur« durch eine Allianz von »Kreuzfahrern und Zionisten« und erklärten ihre Unterstützung des Irak angesichts der »militärischen und ökonomischen Aggression gegen das irakische Volk«. Im Herbst 1990 erklärte der Dekan der Islamischen Hochschule zu Mekka, Safar al-Hawali, auf einem in Saudi-Arabien massenhaft verbreiteten Tonband, der Krieg am Golf sei nicht »der Krieg der ganzen Welt gegen den Irak. Es ist der Krieg des Westens gegen den Islam.« Ähnlich behauptete König Hussein von Jordanien, der Krieg sei »ein Krieg gegen alle Araber und alle Muslime und nicht gegen den Irak allein.« Fatima Mernissi weist auch darauf hin, daß die häufigen rhetorischen Anrufungen Gottes, die Präsident Bush im Namen der USA verlauten ließ, die Araber in ihrer Wahrnehmung bestärkten, daß es sich um einen »Religionskrieg« handele; die Bemerkungen Bushs klängen »nach den berechnenden Söldnerangriffen vorislamischer Horden im 7. Jahrhundert und den späteren christlichen Kreuzzügen.« Mit Argumenten, wonach der Krieg ein Kreuzzug sei, hinter dem eine westlich-zionistische Verschwörung stecke, wurde die Mobilisierung eines *dschihad* als Antwort auf diese Verschwörung begründet, ja gefordert.[11]

Die muslimische Definition des Krieges als eines Kampfes zwischen dem Westen und dem Islam erleichterte die Minderung oder Aussetzung von Antagonismen innerhalb der muslimischen Welt. Alte innermuslimische Differenzen verloren an Bedeutung, verglichen mit dem überragenden Konflikt zwischen dem Islam und dem Westen. Im Laufe des Krieges gingen muslimische Regierungen konsequent auf Distanz zum Westen. Wie sein Vorgängerkrieg in Afghanistan, führte der Golfkrieg Muslime zusammen, die einander früher oft an die Gurgel gesprungen waren: arabische Säkularisten, Nationalisten und Fundamentalisten; jordanische Regierung und Palästinenser; PLO und Hamas; Iran und Irak; Oppositionsparteien und Regierungen. Safar al-Hawali formulierte es so: »Die Ba'ath-Leute in Irak sind unsere Feinde für wenige Stunden; Rom ist unser Feind bis zum Jüngsten Tag.«[12] Der Krieg setzte auch den Prozeß der Aussöhnung zwischen dem Irak und dem Iran in Gang. Im Iran verurteilten schiitische Religionsführer die Intervention des Westens und riefen zu einem *dschihad* gegen den Westen auf. Die iranische Regierung distanzierte sich von Maßnahmen, die sich gegen ihren früheren Feind richteten, und nach dem Krieg kam es zu einer allmählichen Verbesserung der Beziehungen zwischen den beiden Regimen.

Ein äußerer Feind mindert auch die Konflikte innerhalb eines Landes. Über Pakistan ging Berichten zufolge »eine Welle antiwestlicher Polemik« hinweg, die das Land zumindest kurzfristig zusammenführte. »Pakistan war noch nie so geeint. In der südlichen Provinz Sind, wo einheimische Sindhis und Einwanderer aus Indien sich seit fünf Jahren gegenseitig umbringen, demonstrieren beide Seiten Arm in Arm gegen die Amerikaner. In den ultrakonservativen Stammesgebieten an der Nordwestgrenze gehen sogar die Frauen auf die Straße und protestieren, oft an Plätzen, wo sich die Menschen sonst nie zu einem anderen Zweck als dem Freitagsgebet versammeln.«[13]

In dem Maße, wie die öffentliche Meinung den Krieg immer lautstarker ablehnte, machten die Regierungen, die sich der Allianz zunächst angeschlossen hatten, einen Rückzieher oder wurden geteilter Meinung oder entwickelten ausgefeilte Rechtfertigungen für ihr Handeln. Politische Führer wie Hafiz al-Assad, die Truppen gestellt hatten, beteuerten nun, diese seien notwendig, um ein Gegengewicht gegen die westlichen Streitkräfte in Saudi-Arabien zu schaffen und sie später einmal abzulösen; außerdem würden sie nur zu reinen Verteidigungszwecken und zum Schutz der heiligen Stätten eingesetzt. In der Türkei und in Pakistan prangerten führende Militärs öffentlich das Bündnis ihrer Regierung mit der Allianz an. Die ägyptische und die syrische Regierung, die die größten Kontingente stellten, hatten ihre Bevölkerung hinreichend unter Kontrolle, um antiwestlichen Druck ignorieren und unterbinden zu können. Die Regierungen in etwas offeneren muslimischen Ländern sahen sich veranlaßt, vom Westen abzurücken und zunehmend antiwestliche Positionen zu vertreten. Im Maghreb war »die explosionsartige Unterstützung des Irak eine der größten Überraschungen des Krieges«. Die öffentliche Meinung Tunesiens war ausgesprochen antiwestlich, und Präsident Ben Ali beeilte sich, die Intervention des Westens zu verurteilen. Die Regierung Marokkos steuerte zunächst 1500 Mann zur Allianz bei; als dann jedoch antiwestliche Gruppen mobilisierten, unterstützte sie auch einen Generalstreik zugunsten des Irak. In Algerien bewog eine Massendemonstration von 400.000 Menschen Präsident Bendjedid, der ursprünglich zum Westen geneigt hatte, seine Position zu überdenken, den Westen anzuprangern und zu erklären: »Algerien wird an der Seite seines irakischen Bruders stehen.«[14] Im August 1990 hatten die drei Maghreb-Regierungen in der Arabischen Liga für die Verurteilung Iraks gestimmt. Im Herbst stimmten sie mit Rücksicht auf die heftigen Gefühle ihrer Bevölkerungen für einen Antrag, der eine Verurteilung der amerikanischen Intervention zum Ziel hatte.

Die militärische Anstrengung des Westens fand auch wenig Unterstützung bei den Menschen nichtwestlicher, nichtmuslimischer Kulturkreise. Im Januar 1991 lehnten bei einer Meinungsumfrage 53 Prozent der Japaner den Krieg ab, während 25 Prozent ihn unterstützten. Von den Hindus gab die eine Hälfte Saddam Hussein, die andere Hälfte George Bush die Schuld an einem Krieg, welcher nach Einschätzung der *Times of India* »zu einer viel umfassenderen Konfrontation zwischen einer starken und arroganten jüdisch-christlichen Welt und einer von religiösem Glaubenseifer getragenen, aber schwachen muslimischen Welt« führen könne. Der Golfkrieg begann also als Krieg zwischen dem Irak und Kuwait, wurde dann zu einem Krieg zwischen dem Irak und dem Westen, dann zu einem zwischen dem Islam und dem Westen, um endlich von vielen Nichtwestlern als Krieg zwischen Ost und West angesehen zu werden, als »ein Krieg des weißen Mannes, ein neuer Ausbruch des altbekannten Imperialismus.«[15]

Abgesehen von den Kuwaitis war kein islamisches Volk von dem Krieg begeistert, und die meisten waren überwiegend gegen die Intervention des Westens. Als der Krieg zu Ende war, fanden die Siegesparaden in New York und London anderswo keine Nachahmer. »Der Abschluß des Krieges«, bemerkte Sohail H. Hashmi, »bot keinen Grund zur Freude« unter den Arabern. Statt dessen war die Atmosphäre überwiegend geprägt von schwerer Enttäuschung, Sorge, Demütigung und Wut. Wieder einmal hatte der Westen gewonnen. Wieder einmal war der neueste Saladin, die Hoffnung der Araber, geschlagen worden und untergegangen vor einer massiven westlichen Macht, die gewaltsam in die Gemeinschaft des Islam eingedrungen war. »Was konnte den Arabern Schlimmeres geschehen als das, was dieser Krieg brachte«, fragte Fatima Mernissi, »daß nämlich der gesamte Westen mit seiner ganzen Technologie seine Bomben auf uns warf? Es war das blanke Entsetzen.«[16]

Nach dem Krieg beurteilte die arabische öffentliche Meinung außerhalb Kuwaits eine US-amerikanische Militärpräsenz am Golf zunehmend kritisch. Die Befreiung Kuwaits entzog dem Widerstand gegen Saddam Hussein jede Grundlage und ließ einer weiteren amerikanischen Militärpräsenz am Golf kaum eine Grundlage. Daher wurde auch in Ländern wie Ägypten die öffentliche Meinung immer irakfreundlicher. Arabische Regierungen, die der Allianz beigetreten waren, änderten ihren Standpunkt.[17] Neben anderen Ländern lehnten auch Ägypten und Syrien im August 1992 eine Flugverbotszone im südlichen Irak ab. Arabische Regierungen und die Türkei wandten sich im Januar 1993 auch gegen die Luftangriffe gegen den Irak. Wenn der Westen seine Luftwaffe einsetzen konnte, um die Angriffe sunnitischer Muslime gegen muslimische Schiiten und Kurden zu beantworten, warum konnte er sie nicht auch einsetzen, um die Angriffe orthodoxer Serben gegen bosnische Muslime zu beantworten? Als Präsident Clinton im Juni 1993 die Bombardierung Bagdads als Vergeltung für das versuchte irakische Attentat gegen den früheren Präsidenten Bush anordnete, folgte die internationale Reaktion sehr genau kulturellen Fronten. Israel und westeuropäische Regierungen unterstützten den Luftangriff mit Nachdruck; Rußland akzeptierte ihn als »berechtigte« Selbstverteidigung; China äußerte »tiefe Besorgnis«; Saudi-Arabien und die Emirate am Persischen Golf schwiegen; andere muslimische Regierungen, darunter auch die ägyptische, verurteilten den Angriff als ein weiteres Beispiel für die westliche Doppelmoral, wobei der Iran von »flagranter Aggression« sprach, hinter der sich »amerikanischer Neo-Expansionismus und Egoismus« verberge.[18] Immer wieder wurde die Frage aufgeworfen: Warum reagieren die USA und die »internationale Staatengemeinschaft« (das heißt: der Westen) nicht in ähnlicher Weise auf das empörende Verhalten Israels und dessen Verstöße gegen UN-Resolutionen?

Der Golfkrieg war der erste um Ressourcen geführte Krieg zwischen Kulturen nach dem Kalten Krieg. Es ging darum, ob der Großteil der größten Erdölreserven der Welt kontrolliert würde von der saudi-arabischen und von Emiratsregierungen, deren Sicherheit von der westlichen Militärmacht abhing, oder von unabhängigen antiwestlichen Regimen, die imstande und wohl auch gewillt wären, die Ölwaffe gegen den Westen einzusetzen. Es gelang dem Westen nicht, Saddam Hussein aus dem Sattel zu stoßen, aber er verbuchte doch eine Art Sieg, indem er den Golfstaaten ihre Sicherheitsabhängigkeit vom Westen drastisch vor Augen führte und eine erweiterte Militärpräsenz am Golf in Friedenszeiten erreichte. Vor dem Krieg gab es zwischen Iran, Irak, dem Golf-Kooperationsrat und den USA Gerangel um den Einfluß am Golf. Nach dem Krieg war der Persische Golf zu einem amerikanischen Teich geworden.

Merkmale von Bruchlinienkriegen

Kriege zwischen Sippen, Stämmen, ethnischen Gruppen, religiösen Gemeinschaften und Nationen hat es zu allen Zeiten und in jeder Kultur gegeben, weil sie in der Identität des Menschen verwurzelt sind. Diese Konflikte neigen dazu, partikularistisch zu sein insofern, da es in ihnen nicht um übergreifende ideologische oder politische Streitfragen geht, die für Nichtbeteiligte von direktem Interesse wären. Sie können aber bei außenstehenden Gruppen humanitäre Besorgnisse auslösen. Sie neigen auch dazu, brutal und blutig zu sein, weil fundamentale Fragen der Identität auf dem Spiel stehen. Auch neigen sie dazu, langwierig zu sein; sie mögen durch Feuerpausen oder Abmachungen unterbrochen werden, aber diese pflegen nicht eingehalten zu werden, und der Konflikt flammt wieder auf. Der entscheidende militärische Sieg einer Seite in einem derartigen um Identität geführten Bürgerkrieg erhöht dagegen die Wahrscheinlichkeit eines Völkermordes.[19]

Bruchlinienkonflikte sind Konflikte zwischen Gemeinschaften, die Staaten oder Gruppen aus unterschiedlichen Kulturen angehören. Bruchlinienkriege sind Konflikte, die gewaltsam geworden sind. Solche Kriege können zwischen Staaten, zwischen nichtstaatlichen Gruppierungen und zwischen Staaten und nichtstaatlichen Gruppierungen ausbrechen. Bruchlinienkonflikte innerhalb eines Staates können Gruppen betreffen, die überwiegend in geographisch verschiedenen Gebieten lokalisiert sind; in diesem Falle kämpft diejenige Gruppe, die nicht die Regierung kontrolliert, normalerweise für ihre Unabhängigkeit und kann bereit oder nicht bereit sein, sich mit weniger zufriedenzugeben. Innerstaatliche Bruchlinienkonflikte können auch Gruppen betreffen, die geographisch vermengt sind; in diesem Falle können kontinuierlich gespannte Beziehungen sich von Zeit zu Zeit in Gewalttätigkeiten entladen, wie zum Beispiel bei Hindus und Muslimen in Indien und bei Muslimen und Chinesen in Malaysia; oder es kann zu ausgewachsenen Kampfhandlungen kommen – zumal dann, wenn neue Staaten und ihre Grenzen festgelegt werden –, die den häufig brutalen Versuch bewirken können, Völker gewaltsam zu trennen.

Bruchlinienkonflikte sind manchmal Kämpfe um Kontrolle über Menschen. Häufiger geht der Streit um die Kontrolle von Gebieten. Das Ziel zumindest eines der Beteiligten ist die Eroberung von Land und dessen Befreiung von dem anderen Volk durch Vertreibung, Tötung oder beides, das heißt durch »ethnische Säuberung«. Diese Konflikte neigen dazu, gewaltsam und abstoßend zu sein, da beide Seiten zu Massakern, Terrorismus, Vergewaltigung und Folter greifen. Das Gebiet, um das es geht, ist häufig für eine oder für beide Seiten ein stark befrachtetes Symbol ihrer Geschichte und Identität, ein heiliges Land, auf das sie ein unantastbares Recht haben: das Westjordanland, Kaschmir, Berg-Karabach, das Tal der Drina, der Kosovo.

Bruchlinienkriege haben mit anderen Kriegen zwischen Gemeinschaften generell einige, aber nicht alle Merkmale gemeinsam. Wenn sie innerhalb eines Staates weitergehen, dauern sie im Durchschnitt sechsmal so lange wie zwischenstaatliche Kriege. Da sie um fundamentale Fragen der Gruppenidentität und Gruppenmacht geführt werden, ist es schwer, sie durch Verhandlungen und Kompromisse beizulegen. Wenn Abmachungen erzielt werden, werden diese oft nicht von allen Parteien auf beiden Seiten mitgetragen und halten für gewöhnlich nicht lange. Bruchlinienkriege sind kriegerische Wechselbäder; ein Ausbruch massiver Gewalttätigkeit kann zu einer Kriegsführung auf Sparflamme oder zu mürrischer Feindseligkeit verflackern, nur um danach erneut wieder aufzuflammen. Das Feuer gemeinsamer Identität und gemeinsamen Hasses wird selten anders ganz zum Verlöschen gebracht als durch Völkermord. Aufgrund ihrer Länge verursachen Bruchlinienkriege, wie andere Kriege zwischen Gemeinschaften auch, tendenziell zahlreiche Tote und Flüchtlinge. Schätzungen sind in beiden Fällen mit Vorsicht zu betrachten, doch sind die folgenden Zahlenangaben über die Todesopfer von Bruchlinienkriegen, die Anfang der neunziger Jahre im Gange waren, allgemein anerkannt: 50.000 auf den Philippinen, 50 bis 100.000 auf Sri Lanka, 20.000 in Kaschmir, 500.000 bis 1 Million im Sudan, 100.000 in Tadschikistan, 50.000 in Kroatien, 50 bis 200.000 in Bosnien, 30 bis 50.000 in Tschetschenien, 100.000 in Tibet, 200.000 in Ost-Timor.[20] Praktisch alle diese Konflikte verursachten noch viel höhere Flüchtlingszahlen.

Viele dieser zeitgenössischen Kriege sind einfach die neueste Runde in einer langen Geschichte blutiger Konflikte, wobei die Gewalt auch Ende des 20. Jahrhunderts allen Versuchen widerstanden hat, sie für immer zu beenden. So brachen die Kämpfe im Sudan 1956 aus, gingen bis 1972 weiter, als ein Abkommen getroffen wurde, das dem südlichen Sudan eine gewisse Autonomie einräumte, flammten aber 1983 wieder auf. Die Rebellion der Tamilen auf Sri Lanka begann 1983; Friedensverhandlungen zu ihrer Beendigung scheiterten 1991 und wurden 1994 wieder aufgenommen, wobei im Januar 1995 ein Waffenstillstand vereinbart wurde. Vier Monate später brachen jedoch die aufständischen Tiger die Feuerpause und zogen sich aus den Friedensgesprächen zurück, und der Krieg ging mit vermehrter Gewalt weiter. Die Moro-Rebellion auf den Philippinen begann Anfang der siebziger Jahre und schlief 1976 wieder ein, nachdem ein Abkommen getroffen worden war, das einigen Gebieten Mindanaos die Autonomie gewährte. 1993 brach jedoch die Gewalt erneut und in verstärktem Maße aus, da dissidente Gruppen von Aufständischen die Friedensbemühungen zurückwiesen. Russische und tschetschenische Führer erreichten im Juli 1995 ein Entmilitarisierungsabkommen zur Beendigung der Feindseligkeiten, die im Dezember zuvor ausgebrochen waren. Der Krieg ebbte eine Weile ab, wurde jedoch wieder aufgenommen, als es zu tschetschenischen Angriffen auf einzelne russische oder prorussische Führer kam, worauf russische Vergeltungsschläge, der Übergriff der Tschetschenen auf Dagestan im Januar 1996 und die massive russische Offensive Anfang 1996 folgten.

Bruchlinienkriege teilen mit anderen Kriegen zwischen Gemeinschaften die lange Dauer, das hohe Maß an Gewalt und die ideologische Ambivalenz, unterscheiden sich von ihnen jedoch in zwei Dingen. Erstens können Kriege zwischen Gemeinschaften ethnische, religiöse, rassische oder sprachliche Gruppen betreffen. Bruchlinienkriege finden dagegen fast immer zwischen Menschen unterschiedlicher Religion statt, da die Religion das Hauptunterscheidungsmerkmal von Kulturen ist. Manche Analytiker spielen die Bedeutsamkeit dieses Faktors herunter. Sie verweisen zum Beispiel auf die gemeinsame Ethnizität und Sprache, das frühere friedliche Zusammenleben und die häufigen Mischehen zwischen Serben und Muslimen in Bosnien und tun den religiösen Faktor unter Hinweis auf Freuds »Narzißmus der kleinen Unterschiede« ab.[21] Dieses Urteil beruht jedoch auf laizistischer Verblendung. Die Menschheitsgeschichte zeigt seit Jahrtausenden, daß Religion kein »kleiner Unterschied« ist, sondern vielmehr der wahrscheinlich tiefgreifendste Unterschied, den es zwischen Menschen geben kann. Häufigkeit, Heftigkeit und Gewalttätigkeit von Bruchlinienkriegen werden durch den Glauben an verschiedene Gottheiten stark gesteigert.

Zweitens: Andere Kriege zwischen Gemeinschaften sind tendenziell partikularistisch, weshalb es relativ unwahrscheinlich ist, daß sie sich ausbreiten und Außenstehende hineingezogen werden. Bruchlinienkriege sind dagegen per definitionem Kriege zwischen Gruppen, die Teil größerer kultureller Einheiten sind. Im üblichen Konflikt zwischen Gemeinschaften kämpft Gruppe A gegen Gruppe B, während die Gruppen C, D und E keinen Grund haben, einzugreifen, es sei denn, A oder B verletzten unmittelbare Interessen von C, D oder E. In einem Bruchlinienkrieg dagegen kämpft Gruppe A1 gegen Gruppe B1, und beide Gruppen werden versuchen, den Krieg auszuweiten und sich Unterstützung von den kulturell verwandten sogenannten Kin-Gruppen A2, A3, A4 beziehungsweise B2, B3, B4 zu sichern; diese Gruppen werden sich ihrerseits mit der kämpfenden Kin-Gruppe identifizieren. Die Erweiterung der Transport- und Kommunikationsmittel in der modernen Welt hat die Herstellung derartiger Verbindungen und damit die »Internationalisierung« von Bruchlinienkonflikten erleichtert. Die modernen Migrationsbewegungen haben Diasporen in Drittkulturen geschaffen. Die Kommunikationsmittel erleichtern es den kämpfenden Parteien, Hilfe anzufordern, und den Kin-Gruppen, sich ohne Zeitverlust über das Schicksal jener Parteien zu informieren. Das Schrumpfen der Welt ermöglicht es Kin-Gruppen, den streitenden Parteien moralische, diplomatische, finanzielle und materielle Hilfe zukommen zu lassen – und erschwert es ihnen, solches nicht zu tun. Es entstehen internationale Netzwerke, um jene Unterstützung zu beschaffen, und die Unterstützung gibt den Konfliktparteien Kraft und verlängert den Konflikt. Dieses »Kin-Länder-Syndrom«, wie H. D. S. Greenway es nennt, ist ein zentraler Aspekt von Bruchlinienkriegen im ausgehenden 20. Jahrhundert.[22] Allgemein hat auch ein geringes Maß an Gewalt zwischen Menschen unterschiedlicher Kulturen Weiterungen und Konsequenzen, die innerkulturelle Gewalt nicht hat. Als bewaffnete Sunniten im Februar 1995 in einer Moschee in Karachi achtzehn schiitische Gläubige erschossen, störten sie den ohnehin angeschlagenen Frieden in der Stadt und stellten Pakistan vor ein Problem. Als genau ein Jahr zuvor ein jüdischer Siedler 29 Muslime erschoß, die am Grab Abrahams in Hebron beteten, störte er den Friedensprozeß im Nahen Osten und stellte die ganze Welt vor ein Problem.

Fallbeispiel: Die blutigen Grenzen des Islam

Konflikte zwischen Gemeinschaften und Bruchlinienkriege sind der Stoff, aus dem Geschichte gemacht wird. Nach einer Zählung gab es während des Kalten Krieges 32 ethnische Konflikte, darunter Bruchlinienkriege zwischen Arabern und Israelis, Indern und Pakistanis, Muslimen und Christen im Sudan, Buddhisten und Tamilen auf Sri Lanka, Schiiten und Maroniten im Libanon. Etwa die Hälfte aller Bürgerkriege der vierziger und fünfziger Jahre, aber etwa drei Viertel aller Bürgerkriege der folgenden Jahrzehnte waren »Identitätskriege«, das heißt Kriege, die um die kulturelle Identität geführt wurden. Die Intensität von Rebellionen, an denen ethnische Gruppen beteiligt waren, verdreifachte sich zwischen etwa 1950 und 1990. Angesichts der vorherrschenden Rivalität der Supermächte jedoch erregten diese Konflikte, abgesehen von einigen bemerkenswerten Ausnahmen, relativ wenig Aufmerksamkeit und wurden oft durch die Brille des Kalten Krieges gesehen. In dem Maße, wie der Kalte Krieg zu Ende ging, wurden Konflikte zwischen Gemeinschaften besser sichtbar und wohl auch beherrschender als früher. Es gab in der Tat so etwas wie einen »Aufschwung« ethnischer Konflikte.[23]

Diese ethnischen Konflikte und Bruchlinienkriege sind nicht gleichmäßig auf die Kulturkreise der Welt verteilt. Schwerste Bruchlinienkämpfe hat es zwischen Serben und Kroaten im früheren Jugoslawien und zwischen Buddhisten und Hindus auf Sri Lanka gegeben: minder gewaltsame Konflikte gab es zwischen nichtmuslimischen Gruppen an einigen anderen Orten. Die überwiegende Mehrheit der Bruchlinienkonflikte hat sich jedoch an der durch Eurasien und Afrika verlaufenden Grenze zwischen muslimischer und nichtmuslimischer Welt ereignet. Während auf der Makroebene der Weltpolitik der zentrale Kampf der Kulturen derjenige zwischen dem Westen und dem Rest ist, ist es auf der Mikroebene der lokalen Politik der Kampf zwischen dem Islam und den anderen.

Starke Antagonismen und gewaltsame Konflikte sind zwischen lokalen muslimischen und nichtmuslimischen Bevölkerungen gang und gäbe. In Bosnien haben Muslime einen blutigen und verhängnisvollen Krieg mit orthodoxen Serben geführt und auch gegen katholische Kroaten Gewalt ausgeübt. Im Kosovo leiden albanische Muslime schwer unter der serbischen Herrschaft und unterhalten im Untergrund ihre eigene Schattenregierung, wobei beide Seiten den Ausbruch von Gewalt für sehr wahrscheinlich halten. Die albanische und die griechische Regierung streiten sich um die Rechte ihrer Minderheiten in dem jeweils anderen Land. Türken und Griechen liegen seit jeher im Clinch miteinander. Auf Zypern unterhalten muslimische Türken und orthodoxe Griechen zwei verfeindete, benachbarte Staaten. Im Kaukasus sind seit jeher die Türkei und Armenien Feinde, und Aserbaidschaner und Armenier haben um die Herrschaft über Berg-Karabach Krieg geführt. Im Kaukasus haben Tschetschenen, Inguschen und andere muslimische Völker seit zweihundert Jahren immer wieder um ihre Unabhängigkeit von Rußland gekämpft, ein Ringen, das Rußland und Tschetschenien 1994 auf blutige Weise wieder aufgenommen haben. Kämpfe hat es auch zwischen Inguschen und orthodoxen Osseten gegeben. Im Wolgabecken haben muslimische Tataren in der Vergangenheit gegen Russen gekämpft und heute einen problematischen Kompromiß mit Rußland über ihre begrenzte Souveränität geschlossen.

Rußland hat im ganzen 19. Jahrhundert die Herrschaft über die muslimischen Völker Zentralasiens nach und nach gewaltsam ausgeweitet. Während der achtziger Jahre führten Afghanen und Russen einen großen Krieg gegeneinander, und nach dem Rückzug der Russen geht der Anschlußkrieg in Tadschikistan weiter, wo sich regierungstreue russische Truppen und überwiegend islamistische Aufständische gegenüberstehen. In Sinkiang (Xinjiang) kämpfen Uighuren und andere muslimische Gruppen gegen die Sinisierung und bauen Beziehungen zu ihren Kin-Gruppen in den früheren sowjetischen Republiken auf. Auf dem indischen Subkontinent haben Pakistan und Indien dreimal Krieg gegeneinander geführt, muslimische Aufständische stellen die Herrschaft Indiens in Kaschmir in Frage, muslimische Einwanderer kämpfen gegen Stammesangehörige in Assam, während Muslime und Hindus in ganz Indien regelmäßig in Unruhen und Gewalttätigkeiten verwickelt sind. Diese Ausbrüche werden noch angeheizt durch den Aufstieg fundamentalistischer Strömungen in beiden religiösen Gemeinschaften. In Bangladesch protestieren Buddhisten gegen die Diskrimierung durch die muslimische Mehrheit, während in Myanmar Muslime die Diskriminierung durch die buddhistische Mehrheit beklagen. In Malaysia und Indonesien kommt es regelmäßig zu muslimischen Protestkrawallen gegen Chinesen, die die Wirtschaft dominieren. In Südthailand waren muslimische Gruppen an sporadischen Erhebungen gegen eine buddhistische Regierung beteiligt, während auf den südlichen Philippinen muslimische Aufständische für die Unabhängigkeit von einem katholischen Land und einer katholischen Regierung kämpfen. In Indonesien wiederum kämpft das katholische Ost-Timor gegen eine repressive muslimische Regierung.

Im Nahen Osten reicht der Konflikt zwischen Arabern und Juden in Palästina bis zur Besiedlung der jüdischen Heimstatt zurück, Israel und arabische Staaten haben viermal Krieg gegeneinander geführt, und die Palästinenser haben zur Intifada gegen die israelische Herrschaft aufgerufen. Im Libanon haben maronitische Christen einen aussichtslosen Kampf gegen Schiiten und andere Muslime geführt. In Äthiopien haben die orthodoxen Amharen in vergangenen Zeiten muslimische Ethnien unterdrückt und sahen sich gerade mit einem Aufstand der muslimischen Oromos konfrontiert. In der Mitte Afrikas hat es eine Fülle von Konflikten zwischen den arabisch-muslimischen Völkern des Nordens und animistischen oder christlichen schwarzen Völkern des Südens gegeben. Der blutigste muslimisch-christliche Krieg ist der im Sudan, der seit Jahrzehnten andauert und Hunderttausende von Opfern gefordert hat. Die Politik Nigerias wird beherrscht von dem Konflikt zwischen den muslimischen Fulani-Haussa im Norden und christlichen Stämmen im Süden, wobei es häufig Unruhen und Staatsstreiche sowie einen großen Krieg gegeben hat. Vergleichbare Kämpfe zwischen muslimischen und christlichen Gruppen sind auch im Tschad, in Kenia und Tansania vorgefallen.

An allen diesen Orten waren die Beziehungen zwischen Muslimen und Menschen anderer Kulturen – Katholiken, Protestanten, Orthodoxen, Hinduisten, Chinesen, Buddhisten, Juden – in der Regel feindselig; die meisten waren zu dem einen oder anderen Zeitpunkt in der Vergangenheit gewalttätig; viele sind in den neunziger Jahren gewalttätig gewesen. Wohin man im Umkreis des Islam blickt: Muslime haben Probleme, mit ihren Nachbarn friedlich zusammenzuleben. Natürlich stellt sich die Frage, ob dieses Konfliktmuster zwischen muslimischen und nichtmuslimischen Gruppen, wie wir es Ende des 20. Jahrhunderts vorfinden, auch für die Beziehungen zwischen Gruppen aus anderen Kulturen gilt. Das ist nicht der Fall. Muslime stellen ein Fünftel der Weltbevölkerung, waren aber in den neunziger Jahren weit mehr als die Menschen jeder anderen Kultur an gewalttätigen Konflikten zwischen Gruppen beteiligt. Die Beweise hierfür sind erdrückend.

Tabelle 10.1
Ethnopolitische Konflikte 1993/94

	intrakulturell	interkulturell	Gesamt
Islam	11	15	26
andere	19*	5	24
Gesamt	30	20	50

* Hiervon 10 Stammeskonflikte in Afrika.

Quelle: Ted Robert Gurr: »Peoples Against States: Ethnopolitical Conflict and the Changing World System«, International Studies Quarterly Bd. 38 (September 1994), S. 347-378. Ich habe Gurrs Klassifikation von Konflikten übernommen, außer daß ich den chinesisch-tibetischen Konflikt, den er als nichtkulturell klassifiziert, der Kategorie »interkulturell« zugeordnet habe, da es sich offensichtlich um einen Kampf zwischen konfuzianischen Han-Chinesen und lamaistisch-buddhistischen Tibetern handelt.

1. Muslime waren 1993/94 an 26 von 50 ethnopolitischen Konflikten beteiligt, die Ted Robert Gurr eingehend analysiert hat (siehe Tabelle 10.1). 20 dieser Konflikte spielten sich zwischen Gruppen aus unterschiedlichen Kulturen ab, davon 15 zwischen Muslimen und Nichtmuslimen. Es gab dreimal so viele interkulturelle Konflikte, an denen Muslime beteiligt waren, als Konflikte zwischen sämtlichen nichtmuslimischen Kulturen. Auch die intrakulturellen Konflikte waren im Islam zahlreicher als in jeder anderen Kultur einschließlich afrikanischer Stammeskonflikte. Im Gegensatz zum Islam war der Westen nur in zwei intrakulturelle und zwei interkulturelle Konflikte verwickelt. Konflikte mit Beteiligung von Muslimen waren auch tendenziell besonders verlustreich. Von sechs Kriegen, in denen nach Gurrs Schätzungen 200.000 Menschen oder mehr getötet wurden, waren drei (Sudan, Bosnien, Ost-Timor) Kriege zwischen Muslimen und Nichtmuslimen. Zwei Kriege (Somalia, irakische Kurden) waren solche zwischen Muslimen. Nur ein einziger (Angola) betraf nur Nichtmuslime.

2. Die *New York Times* listete für das Jahr 1993 48 Schauplätze von 59 ethnischen Konflikten auf. An jedem zweiten dieser Plätze kämpften Muslime gegen andere Muslime oder gegen Nichtmuslime. 31 der 59 Konflikte waren solche zwischen Gruppen aus unterschiedlichen Kulturen, und in Übereinstimmung mit den von Gurr ermittelten Daten waren zwei Drittel (21) dieser interkulturellen Konflikte solche zwischen Muslimen und anderen (siehe Tabelle 10.2).

Tabelle 10.2
Ethnische Konflikte 1993

	intrakulturell	interkulturell	Gesamt
Islam	7	21	28
andere	21*	10	31
Gesamt	28	31	59

* Hiervon 10 Stammeskonflikte in Afrika.

Quelle: New York Times, 7. Februar 1993, S. 1, 14.

3. In einer weiteren Untersuchung befaßte sich Ruth Leger Sivard mit 29 Kriegen (definiert als Konflikte mit mindestens 1000 Toten pro Jahr), die 1992 im Gange waren. Neun von zwölf interkulturellen Konflikten waren solche zwischen Muslimen und Nichtmuslimen; auch dieser Untersuchung zufolge trugen Muslime mehr Kriege aus als Menschen jeder anderen Kultur.[24]

Drei verschiedene Kompilationen von Daten kommen also zu demselben Ergebnis: Anfang der neunziger Jahre waren mehr Muslime als Nichtmuslime an Gewalt zwischen Gruppierungen beteiligt, und zwei Drittel bis drei Viertel aller interkulturellen Kriege waren solche zwischen Muslimen und Nichtmuslimen. Die Grenzen des Islam sind in der Tat blutig, und das Innere ist es ebenfalls.

(Keine Aussage in meinem Essay für *Foreign Affairs* ist so

häufig kritisiert worden wie der Satz: »Der Islam hat blutige Grenzen.« Ich fällte dieses Urteil nach einem unsystematischen Überblick über interkulturelle Konflikte. Quantitative Belege aus jeder neutralen Quelle belegen schlüssig die Gültigkeit meiner Aussage.)

Die muslimische Neigung zum gewaltträchtigen Konflikt geht auch aus dem Grad der Militarisierung von muslimischen Gesellschaften hervor. In den achtziger Jahren hatten muslimische Länder Militärquoten (Anzahl von Militärpersonen pro 1000 Kopf der Bevölkerung) und Rüstungsindizes (Militärquote in Relation zum Wohlstand eines Landes), die signifikant höher lagen als in anderen Ländern. Im Durchschnitt waren Militärquoten und Rüstungsindex doppelt so hoch wie in christlichen Ländern (siehe Tabelle 10.3). James Payne kommt zu dem Schluß: »Ganz offenkundig besteht ein Zusammenhang zwischen Islam und Militarismus.«[25]

Tabelle 10.3
Militarismus in muslimischen und christlichen Ländern

	Militärquote (Ø)	Rüstungsindex (Ø)
muslimische Länder (n = 25)	11,8	17,7
andere Länder (n = 112)	7,1	12,3
christliche Länder (n = 80)	5,8	8,2
andere Länder (n = 80)	9,5	16,9

Quelle: James L. Payne: Why Nations Arm (Oxford 1989), S. 125, 138 f. Als muslimisch beziehungsweise christlich gelten Länder, in denen mindestens 80 Prozent der Bevölkerung der eponymen Religion anhängen.

Muslimische Staaten haben auch eine besondere Neigung zur gewaltsamen Lösung von internationalen Krisen gezeigt; bei der Lösung von 76 Krisen von insgesamt 142, an denen sie zwischen 1928 und 1979 beteiligt waren, wandten sie Gewalt an. In 25 Fällen war Gewalt das primäre Mittel der Krisenbewältigung; in 51 Krisen setzten muslimische Staaten neben anderen Mitteln auch Gewalt ein. Wenn sie Gewalt einsetzten, setzten muslimische

Staaten sie äußerst intensiv ein; in 41 Prozent der Fälle, in denen Gewalt angewendet wurde, griffen sie zum Mittel des Krieges, in weiteren 38 Prozent der Fälle gab es umfangreiche Kämpfe. Während muslimische Staaten in 53,5 Prozent ihrer Krisen zur Gewalt griffen, wurde Gewalt vom Vereinigten Königreich nur in 11,5 Prozent, den USA in 17,9 Prozent und der Sowjetunion in 28,5 Prozent der sie betreffenden Krisen eingesetzt. Von den Großmächten übertraf nur die Gewaltbereitschaft Chinas die der muslimischen Staaten: Es setzte in 76,9 Prozent seiner Krisen Gewalt ein.[26] Muslimische Kriegslust und Gewaltbereitschaft sind Ende des 20. Jahrhunderts eine Tatsache, die weder Muslime noch Nichtmuslime leugnen können.

Ursachen: Geschichte, Demographie, Politik

Was war der Grund dafür, daß Ende des 20. Jahrhunderts Bruchlinienkriege um sich griffen und Muslime in diesen Konflikten eine entscheidende Rolle spielten? Erstens hatten diese Kriege ihre Wurzeln in der Geschichte. Sporadische Bruchlinienkonflikte zwischen Gruppen unterschiedlicher kultureller Zugehörigkeit hatte es in der Vergangenheit gegeben, und sie lebten als Erinnerung in der Gegenwart fort, was wiederum Ängste und Unsicherheit auf beiden Seiten schürte. Muslime und Hindus auf dem Subkontinent; Russen und Kaukasier im nördlichen Kaukasus; Armenier und Türken im Transkaukasus; Araber und Juden in Palästina; Katholiken, Muslime und Orthodoxe auf dem Balkan; Russen und Türken vom Balkan bis nach Zentralasien; Singhalesen und Tamilen auf Sri Lanka; Araber und Schwarze in Afrika: dies alles sind Beziehungen, die im Laufe der Jahrhunderte zwischen mißtrauischer Koexistenz und brutaler Gewalt geschwankt haben. Es ist ein historisches Konflikterbe vorhanden, das von allen beschworen und instrumentalisiert werden kann, die dazu Veranlassung sehen. In diesen Beziehungen ist Geschichte lebendig, aber auf erschreckende Weise.

Nun erklärt eine Geschichte des sporadischen Gemetzels an sich noch nicht, warum Gewalt ausgerechnet im ausgehenden 20. Jahrhundert wieder virulent wurde. Schließlich haben, worauf viele verweisen, Serben, Kroaten und Muslime in Jugoslawien jahrzehntelang sehr friedlich zusammengelebt. Dasselbe gilt für Muslime und Hindus in Indien. Die vielen ethnischen und religiösen Gruppen in der Sowjetunion lebten mit einigen bemerkenswerten Ausnahmen, für welche die Sowjetregierung verantwortlich war, in friedlicher Koexistenz miteinander. Auch Tamilen und Singhalesen lebten ruhig miteinander auf der Insel, die man oft ein tropisches Paradies genannt hat. Die Geschichte hat nicht verhindert, daß über lange Zeiten diese relativ friedlichen Beziehungen bestanden; die Geschichte allein vermag daher den Zusammenbruch des Friedens nicht zu erklären. Es müssen in den letzten Jahrzehnten des 20. Jahrhunderts andere Faktoren ins Spiel gekommen sein. Ein solcher Faktor waren Veränderungen des demographischen Gleichgewichts. Die zahlenmäßige Ausbreitung der einen Gruppe erzeugt politischen, wirtschaftlichen und sozialen Druck auf andere Gruppen und ruft Gegendruck hervor. Noch wichtiger ist, daß sie militärischen Druck auf demographisch weniger dynamische Gruppen bewirkt. Der Zusammenbruch der seit dreißig Jahren bestehenden verfassungsmäßigen Ordnung im Libanon Anfang der siebziger Jahre war großenteils die Folge der dramatischen Zunahme der schiitischen Bevölkerung im Verhältnis zu den maronitischen Christen. Auf Sri Lanka fielen, wie Gary Fuller gezeigt hat, der Höhepunkt der nationalistischen singhalesischen Erhebung 1970 und der der tamilischen Erhebung Ende der achtziger Jahre exakt mit den Jahren zusammen, in denen der »Jugend-Boom« der 15- bis 24jährigen in diesen Gruppen 20 Prozent der Gesamtpopulation der jeweiligen Gruppe überschritt.[27] (Siehe Abbildung 10.1). Nach Auskunft eines US-Diplomaten waren praktisch alle singhalesischen Aufständischen jünger als 24. Die Tamilen-Tiger hatten Berichten zufolge »ein einzigartiges Ver-

Abbildung 10.1
Singhalesischer und tamilischer Jugend-Boom auf Sri Lanka:

Prozentualer Anteil der 15- bis 24jährigen an der Gesamtpopulation

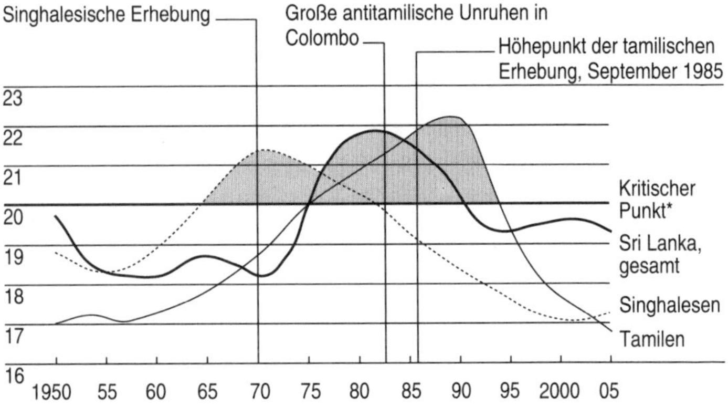

* Der kritische Punkt ist erreicht, wenn Jugendliche mindestens 20 Prozent der Gesamtpopulation ausmachen

Quelle: Gary Fuller, "The Demographic Backdrop to Ethnic Conflict: A Geographic Overview," Central Intelligence Agency: *The Challenge of Ethnic Conflict to National and International Order in the 1990s: Geographic Perspectives* (Washington, October 1995).

trauen in eine Kinderarmee«; sie rekrutierten »bereits elfjährige Jungen und Mädchen«, und die im Kampf Getöteten »waren kaum Teenager, als sie starben, die wenigsten waren älter als 18«. Die Tamilen-Tiger, so der *Economist*, führten einen »Krieg der Minderjährigen«.[28] So wurden auch die Bruchlinienkriege zwischen Russen und den muslimischen Völkern in ihrem Süden von großen Unterschieden des Bevölkerungswachstums angeheizt. Anfang der neunziger Jahre betrug die Fruchtbarkeitsziffer von Frauen in der Russischen Föderation 1,5. In den primär muslimischen früheren Sowjetrepubliken Zentralasiens betrug die Fruchtbarkeitsziffer 4,4, und das Nettobevölkerungswachstum (Gesamtgeburten minus Totgeburten) war Ende der achtziger Jahre fünf- bis sechsmal so hoch wie in Rußland. Tschetschenien war eine der dichtest bevölkerten Gegenden Rußlands, seine hohen Geburtenraten setzten Migranten und Kämpfer in die Welt. Die Tschetschenen vermehrten sich in den achtziger Jahren um 26 Prozent.[29] In ähnlicher Weise sorgten hohe muslimische Geburtenziffern und die pakistanische Migration nach Kaschmir für das Wiederaufleben des Widerstandes gegen die indische Herrschaft.

Die komplizierten Prozesse, die zu interkulturellen Kriegen im früheren Jugoslawien führten, hatten viele Ursachen und Ausgangspunkte. Der wichtigste Einzelfaktor hinter diesen Konflikten war wahrscheinlich die demographische Verschiebung, die im Kosovo vor sich ging. Der Kosovo war eine autonome Provinz in der Republik Serbien mit den de-facto-Vollmachten der sechs jugoslawischen Teilrepubliken mit Ausnahme des Rechts auf Austritt aus der Föderation. 1961 bestand seine Bevölkerung zu 67 Prozent aus albanischen Muslimen und zu 24 Prozent aus orthodoxen Serben. Die albanische Geburtenziffer war jedoch die höchste in ganz Europa, und der Kosovo wurde das dichtest bevölkerte Gebiet Jugoslawiens. In den achtziger Jahren waren knapp 50 Prozent der Albaner unter 20 Jahre alt. Angesichts dieser Bevölkerungszahlen emigrierten Serben aus dem Kosovo, um ihr wirtschaftliches Glück in Belgrad und anderswo zu versuchen. Infolge dieser Entwicklungen war der Kosovo 1991 zu 90 Prozent muslimisch und zu 10 Prozent serbisch.[30] Gleichwohl sahen Serben im Kosovo ihr »heiliges Land«, ihr »Jerusalem«, den Ort der großen Schlacht auf dem Amselfeld, wo sie am 28. Juni 1389 von den osmanischen Türken besiegt worden waren und daraufhin fast fünfhundert Jahre lang unter osmanischer Herrschaft zu leiden hatten.

Ende der achtziger Jahre forderten die Albaner unter Hinweis auf das veränderte demographische Gleichgewicht, den Kosovo in den Rang einer jugoslawischen Teilrepublik zu erheben. Die serbische und die jugoslawische Regierung lehnten dies ab, weil sie befürchteten, daß der Kosovo, sobald er das Recht zum Austritt aus der Föderation erhielte, dieses Recht auch wahrnehmen und sich möglicherweise mit Albanien vereinigen würde. Im März 1981 protestierten die Kosovo-Albaner und verliehen ihrer Forderung nach dem Republikstatus durch Unruhen Nachdruck.

Daraufhin wurden nach serbischer Darstellung Serben verstärkt diskriminiert, verfolgt und tätlich angegriffen. Ein kroatischer Protestant berichtete: »Im Kosovo ereigneten sich seit Ende der siebziger Jahre zahlreiche gewaltsame Zwischenfälle. Es kam zu Sachbeschädigungen, Kündigungen, Drangsalierungen, Vergewaltigungen, Schlägereien und Morden.« Daraufhin »behaupteten die Serben, daß die gegen sie gerichtete Bedrohung Völkermorddimensionen angenommen habe und von ihnen nicht mehr toleriert werden könne«. Das Schicksal der Kosovo-Serben weckte in ganz Serbien Anteilnahme. 1986 unterzeichneten 200 führende serbische Politiker, Kirchenmänner, Offiziere und Intellektuelle, darunter auch Redakteure der liberalen Oppositionszeitschrift *Praxis*, eine Erklärung, in der sie von der Regierung energische Maßnahmen zur Beendigung des Völkermords an den Kosovo-Serben forderten. Nach jeder vernünftigen Definition von Völkermord war dieser Vorwurf stark übertrieben, auch wenn ein ausländischer Beobachter, der mit den Kosovo-Albanern sympathisierte, einräumte: »In den achtziger Jahren waren albanische Nationalisten für eine Reihe gewaltsamer Anschläge auf Serben und die Zerstörung einigen serbischen Eigentums verantwortlich.«[31]

Dies alles schürte den serbischen Nationalismus, und Slobodan Milosevic witterte seine Chance. 1987 appellierte er in einer großen Rede im Kosovo an die Serben, ihr Land und ihre Geschichte für sich zu reklamieren. »Sofort scharten sich zahlreiche Serben um Milosevic – Kommunisten, Nichtkommunisten und sogar Antikommunisten –, die nicht nur entschlossen waren, die serbische Minderheit im Kosovo zu schützen, sondern auch die Albaner unterdrücken und zu Bürgern zweiter Klasse machen wollten. Milosevic wurde bald als nationaler Führer anerkannt.«[32] Zwei Jahre später, am 28. Juni 1989, kam Milosevic zusammen mit ein bis zwei Millionen Serben wieder in den Kosovo, um den 600. Jahrestag jener großen Schlacht auf dem Amselfeld zu begehen, die den fortdauernden Krieg der Serben mit den Muslimen symbolisiert.

Serbische Ängste und serbischer Nationalismus waren durch die steigende Zahl und wachsende Macht der Kosovo-Albaner ausgelöst worden, wurden aber noch verstärkt durch die demographischen Veränderungen in Bosnien. 1961 stellten die Serben 43 Prozent, die Muslime 26 Prozent der Bevölkerung Bosnien-Herzegowinas. Bis 1991 hatten sich die Relationen ziemlich genau umgekehrt: die Serben waren auf 31 Prozent gefallen, die Muslime auf 44 Prozent gestiegen. Der Anteil der Kroaten ging im Verlauf dieser dreißig Jahre von 22 auf 17 Prozent zurück. Die Expansion der einen ethnische Gruppe führte zur ethnischen Säuberung durch die andere. »Warum wir kleine Kinder töten?« fragte ein serbischer Kämpfer 1992 und gab selbst die Antwort: »Weil wir sie dann nicht zu töten brauchen, wenn sie irgendwann Erwachsene sind.« Weniger brutal suchten bosnisch-kroatische Behörden eine »demographische Besetzung« ihrer Gebiete durch die Muslime zu verhindern.[33]

Veränderungen des demographischen Gleichgewichts und Jugend-Booms von 20 Prozent und mehr können viele interkulturelle Konflikte am Ende des 20. Jahrhunderts erklären. Sie können jedoch nicht alle erklären. So sind die Kämpfe zwischen Serben und Kroaten nicht demographisch und übrigens nur teilweise historisch begründet, da beide Völker relativ friedlich miteinander lebten, bevor kroatische Ustaschi im Zweiten Weltkrieg Serben niedermetzelten. Hier wie auch anderswo war auch die Politik ein Grund für den Streit. Der Zusammenbruch des österreichisch-ungarischen, des osmanischen und des russischen Reiches nach dem Ersten Weltkrieg ließ unter den Nachfolgevölkern und -staaten ethnische und kulturelle Konflikte ausbrechen. Das Ende des britischen, des französischen und des holländischen Weltreichs zeitigte ähnliche Ergebnisse nach dem Zweiten Weltkrieg. Der Sturz des kommunistischen Regimes in der Sowjetunion und in Jugoslawien bewirkte dasselbe nach dem Ende des Kalten Krieges. Die Menschen konnten sich nicht mehr als Kommunisten, Sowjetbürger oder Jugoslawen verstehen, mußten händeringend eine neue Identität suchen und fanden sie in den alten Ersatzkategorien der Ethnizität und Religion. Die repressive, aber friedliche Ordnung von Staaten, die der Lehre von der Nichtexistenz Gottes verpflichtet waren, wurde durch die Gewaltbereitschaft von Menschen ersetzt, die unterschiedlichen Gottheiten verpflichtet waren.

Dieser Prozeß spitzte sich durch die Notwendigkeit der entstehenden politischen Gebilde zu, die Regeln der Demokratie zu übernehmen. Als die Sowjetunion und Jugoslawien zu zerfallen begannen, veranstalteten die an der Macht befindlichen Eliten keine gesamtstaatlichen Wahlen. Hätten sie es getan, so hätten politische Führer um die Macht im Zentrum konkurriert und möglicherweise versucht, durch multiethnische und multikulturelle Appelle an die Wähler ähnliche Mehrheitskoalitionen im Parlament zustande zu bringen. Statt dessen wurden Wahlen in der Sowjetunion und in Jugoslawien zuerst auf der Basis der Teilrepubliken durchgeführt, was für politische Führer den unwiderstehlichen Anreiz bot, ihren Wahlkampf gegen das Zentrum zu führen, an den ethnischen Nationalismus zu appellieren und für die Unabhängigkeit ihrer Teilrepubliken zu werben. Sogar in Bosnien wählte die Bevölkerung bei den Wahlen von 1990 unter streng ethnischen Gesichtspunkten. Die multiethnische Reformpartei und die frühere kommunistische Partei erhielten jeweils unter zehn Prozent der Stimmen. Die Stimmen für die muslimische Partei der Demokratischen Aktion (34 Prozent), die Serbische Demokratische Partei (30 Prozent) und die Kroatische Demokratische Union (18 Prozent) entsprachen in etwa dem Anteil von Muslimen, Serben und Kroaten an der bosnischen Gesamtbevölkerung. In fast jeder ehemaligen Teilrepublik der früheren Sowjetunion beziehungsweise des früheren Jugoslawien wurden die ersten fair ausgetragenen Wahlen von Politikern gewonnen, die an nationalistische Gefühle appellierten und energisches Handeln zur Verteidigung ihrer Nationalität gegen andere ethnische Gruppen versprachen. Wahlkämpfe ermutigen Appelle an den Nationalismus und fördern damit die Zuspitzung von Bruchlinienkonflikten zu Bruchlinienkriegen. Wenn, wie

Bogdan Denitch es formuliert,[34] »der *ethnos* zum *demos* wird«, die einzelne Gruppe zum Staatsvolk, heißt das erste Ergebnis *polemos* oder Krieg.

Es bleibt die Frage, wieso Muslime Ende des 20. Jahrhunderts weit mehr in Gewalt zwischen Gruppen verwickelt waren als Menschen anderer Kulturkreise. War dies schon immer der Fall? Christen haben in der Vergangenheit andere Christen und Nichtchristen in ungeheurer Zahl getötet. Um die Gewaltbereitschaft von Kulturen durch die Geschichte zu verfolgen und zu bewerten, bedürfte es ausgiebiger Forschungen, die an dieser Stelle nicht geleistet werden können. Dafür können wir hier mögliche Gründe für die gegenwärtige muslimische Bereitschaft zur Gewalt zwischen Gruppen – innerhalb wie außerhalb des Islam – benennen und eine Unterscheidung treffen zwischen Gründen, die historisch eine größere Neigung zu Konflikten zwischen Gruppierungen erklären – sofern eine solche existiert –, und Gründen, die nur Ende des 20. Jahrhunderts Gewaltbereitschaft zwischen Gruppierungen erklären. Sechs mögliche Gründe bieten sich an. Drei erklären nur Gewalt zwischen Muslimen und Nichtmuslimen, drei erklären sowohl diese als auch innerislamische Gewalt. Drei erklären auch nur die zeitgenössische Gewaltbereitschaft von Muslimen, während drei andere sowohl diese als auch eine historische Gewaltbereitschaft von Muslimen erklären – sofern eine solche existiert. Falls diese historische Gewaltbereitschaft jedoch nicht existiert, können die vermuteten Gründe für diese historische Gewaltbereitschaft auch nicht für die nachgewiesene zeitgenössische Gewaltbereitschaft von Muslimen herangezogen werden. Diese ist dann nur mit den im 20. Jahrhundert gegebenen Gründen zu erklären, die in früheren Jahrhunderten nicht existiert haben. (Siehe Tabelle 10.4).

Erstens hat man das Argument gebracht, daß der Islam seit seinen Anfängen eine Religion des Schwertes gewesen ist und daß er kriegerische Tugenden verherrlicht. Der Islam entstand bei »kriegsgewohnten nomadischen Beduinenstämmen«, und

Tabelle 10.4
Mögliche Gründe muslimischer Konfliktneigung

	außermuslimisch-muslimischer Konflikt	inner- und außermuslimischer Konflikt
Historischer und zeitgenössischer Konflikt	Nähe »Unverträglichkeit«	Militarismus
Zeitgenössischer Konflikt	Opferstatus	Demographischer Boom Fehlen eines Kernstaates

»dieser gewalttätige Ursprung ist in den Grundstein des Islam eingemeißelt. Muhammad selbst lebt in der Erinnerung der Gläubigen als unermüdlicher Kämpfer und geschickter Feldherr weiter.«[35] (Niemand würde das von Christus oder Buddha sagen.) Die Lehren des Islam, so heißt es, gebieten den Krieg gegen Ungläubige, und als die erste Expansion des Islam langsam zu Ende ging, begannen muslimische Gruppen ganz entgegen der Lehre, untereinander zu kämpfen. Das Verhältnis von inneren Konflikten (*fitna*) zum *Dschihad* verschob sich drastisch zugunsten ersterer. Der Koran und andere Formulierungen muslimischer Glaubenssätze enthalten nur wenige Gewaltverbote, und die Vorstellung der Gewaltfreiheit ist muslimischer Lehre und Praxis fremd.

Zweitens breitete sich der Islam nach seiner Entstehung in Arabien schon früh über Nordafrika und weite Teile des Nahen Ostens aus und gelangte später bis nach Zentralasien, auf den indischen Subkontinent und den Balkan. Diese Expansion brachte den Islam mit vielen verschiedenen Völkern in Kontakt, die unterworfen und zum Islam bekehrt wurden, und das Vermächtnis dieses Vorgangs überdauert bis heute. Als Folge der osmanischen Eroberungen auf dem Balkan bekehrten sich urbanisierte Südslawen häufig zum Islam, während ländliche Bauern dies nicht taten, und so entstand der Unterschied zwischen muslimischen Bosniern und orthodoxen Serben. Umgekehrt brachte die Expansion des russischen Reiches bis ans Schwarze Meer, zum Kaukasus und nach Zentralasien es jahrhundertelang in dauernden Kontakt mit einer Vielzahl muslimischer Völker. Daß der Westen auf dem Höhepunkt seiner Machtstellung gegenüber dem Islam die Errichtung einer jüdischen Heimstatt im Nahen Osten förderte, legte die Grundlage für die bis heute fortdauernde Feindseligkeit zwischen Arabern und Israelis. Die Expansion von Muslimen und Nichtmuslimen auf dem Festland hatte also zur Folge, daß Muslime und Nichtmuslime in ganz Eurasien in großer physischer Nähe zueinander lebten. Im Gegensatz hierzu expandierte der Westen über die Weltmeere. So gerieten westliche Völker für gewöhnlich nicht in territoriale Nähe zu nichtwestlichen Völkern: Diese wurden entweder seiner Herrschaft von Europa aus unterworfen, oder sie wurden – außer in Südafrika – von westlichen Siedlern praktisch ausgerottet.

Eine dritte mögliche Quelle für den Konflikt zwischen Muslimen und Nichtmuslimen betrifft das, was ein Staatsmann mit Blick auf sein eigenes Land die »Unverträglichkeit« von Muslimen genannt hat. Unverträglichkeit beruht aber sozusagen auf Gegenseitigkeit: Muslimische Länder haben mit nichtmuslimischen Minderheiten vergleichbare Probleme wie nichtmuslimische Länder mit muslimischen Minderheiten. Noch mehr als das Christentum ist der Islam eine absolutistische Religion. Er verschmilzt Religion und Politik und zieht einen klaren Trennungsstrich zwischen den Menschen im *Dar al-Islam* und denen im *Dar al-harb*. Infolgedessen haben Konfuzianer, Buddhisten, Hinduisten, westliche Christen und orthodoxe Christen weniger Schwierigkeiten, sich aufeinander einzustellen und miteinander zu leben, als sie Schwierigkeiten haben, sich auf Muslime einzustellen und mit ihnen zu leben. So sind ethnische Chinesen in den meisten Ländern Südostasiens eine wirtschaftlich dominierende Minderheit. An die Gesellschaft des buddhistischen Thailand und der katholischen Philippinen haben sie sich erfolgreich assimiliert; es gibt praktisch keine nennenswerten Fälle von antichinesischer Gewalt durch die Mehrheiten in diesen Ländern. Dagegen hat es antichinesische Krawalle und/oder Gewalttätigkeiten im muslimischen Indonesien und im muslimischen Malaysia gegeben, und die Rolle der Chinesen in diesen Gesellschaften bleibt eine heikle und potentiell explosive Streitfrage, was sie in Thailand und auf den Philippinen nicht ist.

Militarismus, »Unverträglichkeit« und physische Nähe zu nichtmuslimischen Gruppen sind dauerhafte Züge des Islam und könnten eine historische Konfliktbereitschaft von Muslimen erklären, sofern eine solche existiert. Drei weitere, zeitlich begrenzte Faktoren könnten zu dieser Gewaltbereitschaft im ausgehenden 20. Jahrhundert beitragen. Eine Erklärung, die von Muslimen selbst vorgebracht wird, geht dahin, daß westlicher Imperialismus und die Unterwerfung muslimischer Gesellschaften im 19. und 20. Jahrhundert das Bild von der militärischen und wirtschaftlichen Schwäche der Muslime entstehen ließen und daher nichtislamische Gruppen ermutigen, Muslime als attraktive Zielscheibe zu betrachten. Muslime sind laut dieser Argumentation das Opfer eines verbreiteten antimuslimischen Vorurteils, vergleichbar dem Antisemitismus, der in westlichen Gesellschaften historisch belegt ist. Muslimische Gruppen wie Palästinenser, Bosnier, Kaschmiris und Tschetschenen, behauptet Akbar Ahmed, »sind wie Indianer, entmutigte Gruppen, ihrer Würde beraubt, in Reservaten gehalten, zu denen man das Land ihrer Ahnen gemacht hat«.[36] Dieses »Muslime-als-Opfer«-Argument erklärt jedoch nicht Konflikte zwischen muslimischen Mehrheiten und nichtmuslimischen Minderheiten in Ländern wie dem Sudan, Ägypten, Iran und Indonesien. Ein überzeugenderer Faktor, der vielleicht inner- wie außerislamischen Konflikt erklären kann, ist das Fehlen eines oder mehrerer Kernstaaten im Islam. Die Verteidiger des Islam behaupten oft, daß seine westlichen Kritiker glaubten, es gäbe eine zentrale, verschwörerische und lenkende Kraft im Islam, die dessen Aktionen gegen den Westen und andere Staaten mobilisiere und koordiniere. Wenn die Kritiker solches glauben, dann irren sie sich. Der Islam ist eine Quelle der Instabilität in der Welt, gerade weil er kein dominierendes Zentrum besitzt. Staaten, die die Führungsrolle im Islam anstreben, wie Saudi-Arabien, Iran, Pakistan, die Türkei und potentiell Indonesien, konkurrieren miteinander um Einfluß in der muslimischen Welt; keiner von ihnen ist in der starken Position, bei innerislamischen Konflikten zu vermitteln; und keiner von ihnen vermag wirklich im Namen des Islam zu agieren, wenn es um Konflikte zwischen muslimischen und nichtmuslimischen Gruppen geht.

Ein letzter und der wichtigste Punkt: Die Bevölkerungsexplosion in muslimischen Gesellschaften und das riesige Reservoir an oft beschäftigungslosen Männern zwischen 15 und 30 sind eine natürliche Quelle der Instabilität und der Gewalt innerhalb des Islam wie gegen Nichtmuslime. Welche anderen Gründe auch sonst noch mitspielen mögen, dieser Faktor allein erklärt zu einem großen Teil die muslimische Gewalt der achtziger und neunziger Jahre. Das natürliche Älterwerden dieser Jugend-Boom-Generation im dritten Jahrzehnt des 21. Jahrhunderts sowie der wirtschaftliche Aufschwung in muslimischen Gesellschaften, sofern und sobald diese eintreten, könnten demgemäß zu einer erheblichen Reduzierung muslimischer Gewaltbereitschaft und damit zu einem generellen Rückgang der Häufigkeit und Intensität von Bruchlinienkriegen führen.

Kapitel 11

Die Dynamik von Bruchlinienkriegen

Identität: Schärfung des Kulturbewusstseins

Bruchlinienkriege machen Phasen der Intensivierung, Ausweitung, Eindämmung, Unterbrechung und – selten – der Beilegung durch. Für gewöhnlich folgen diese Phasen aufeinander; aber oft überlagern sie sich auch, und sie können sich wiederholen. Einmal ausgebrochen, entwickeln Bruchlinienkriege wie andere Konflikte zwischen Gruppierungen ein Eigenleben und entwickeln sich nach dem Schema von Aktion und Reaktion, Druck und Gegendruck. Identitäten, die früher vielfältig und beiläufig gewesen waren, fokussieren und verfestigen sich; Konflikte zwischen Gruppierungen nennt man zutreffend »Identitätskriege«.[1] Mit zunehmender Gewalt werden die ursprünglichen Streitfragen im Sinne eines »Wir gegen sie« umdefiniert, und Zusammenhalt und Engagement der Gruppe nehmen zu. Politische Führer erweitern und vertiefen ihre Appelle an die ethnische und religiöse Loyalität. Das Kulturbewußtsein steigert sich im Verhältnis zu anderen Identitäten. Es entsteht eine »Haßdynamik«, vergleichbar dem »Sicherheitsdilemma« in internationalen Beziehungen, bei dem Ängste, Mißtrauen und Haß beider Seiten einander verstärken.[2] Jede Seite dramatisiert und vergrößert den Unterschied zwischen den Mächten des Guten und den Mächten des Bösen und versucht schließlich, aus diesem Unterschied den definitiven Unterschied zwischen den Lebendigen und den Toten zu machen.

Wenn Revolutionen ihren Fortgang nehmen, geraten Gemäßigte, Girondisten, Menschewiken ins Hintertreffen gegenüber Radikalen, Jakobinern, Bolschewiken. Ein ähnlicher Vorgang tritt oft in Bruchlinienkriegen auf. Gemäßigte mit eher begrenzten Zielen, etwa Erreichung der Autonomie anstelle der Unabhängigkeit, erreichen diese Ziele nicht durch Verhandlungen, die fast immer zunächst scheitern, und werden von Radikalen verdrängt oder verstärkt, die entschlossen sind, radikalere Ziele mit Gewalt durchzusetzen. Im Moro-Philippinen-Konflikt wich die bedeutendste Aufständischengruppe, die Moro National Liberation Front, zuerst der Moro Islamic Liberation Front, die eine extremere Position vertrat, und dann der Gruppe Abu Sayyaf, die noch extremer war und die Waffenruhen brach, die andere Gruppen mit der philippinischen Regierung ausgehandelt hatten. Die Regierung des Sudan vertrat in den achtziger Jahren zunehmend extrem islamistische Positionen, und Anfang der neunziger Jahre spaltete sich der christliche Aufstand in mehrere Gruppen, wobei eine neue Gruppe namens Southern Sudan Independence Movement für Unabhängigkeit, nicht nur für Autonomie eintrat. Während sich in dem schwelenden Konflikt zwischen Israelis und Arabern die Palästinensische Befreiungsorganisation PLO als Vertreterin der Hauptströmung für Verhandlungen mit der israelischen Regierung öffnete, machte die Muslimbruderschaft Hamas ihr die Loyalität der Palästinenser streitig. Gleichzeitig löste die Verhandlungsbereitschaft der israelischen Regierung Proteste und Gewalt von seiten extremistischer religiöser Gruppen in Israel aus. Als der Konflikt Tschetscheniens mit Rußland 1992/93 an Schärfe zunahm, gewannen in der Regierung Dudajew »die radikalsten Faktionen der tschetschenischen Nationalisten die Oberhand, die jede Verständigung mit Moskau ablehnten, während die gemäßigteren Kräfte in die Opposition abgedrängt wurden«. In Tadschikistan kam es zu einem ähnlichen Umschwung. »Als der Konflikt 1992 eskalierte, gaben nationalistisch-demokratische Gruppen Tadschikistans ihren Einfluß allmählich an die islamistischen Gruppen ab, die es besser verstanden, die ländlichen Armen und die verdrossene städtische Jugend zu mobilisieren. Die islamistische Botschaft wurde auch in dem Maße immer mehr radikalisiert, wie jüngere Führer auftraten und an der traditionellen, eher pragmatischen religiösen Hierarchie rüttelten.« – »Ich klappe mein Wörterbuch der Diplomatie zu«, bekannte ein tadschikischer Führer: »Von nun an spreche ich die Sprache des Schlachtfeldes, die einzig angemessene Sprache angesichts der Lage, in die Rußland meine Heimat gebracht hat.«[3] In Bosnien setzte sich in der muslimischen Partei der Demokratischen Aktion (SDA) die extremer nationalistische Faktion unter Alija Izetbegovic gegen die tolerantere, multikulturell orientierte Faktion um Haris Silajdzic durch.[4]

Der Sieg der Extremisten ist nicht unbedingt von Dauer. Extremistische Gewalt beendet einen Bruchlinienkrieg ebensowenig wie gemäßigte Kompromißbereitschaft. In dem Maße, wie die Kosten in Form von Tod und Zerstörung steigen, ohne daß viel erreicht wäre, treten mit hoher Wahrscheinlichkeit auf beiden Seiten wieder die Gemäßigten in Erscheinung, die wieder auf die »Sinnlosigkeit« des Ganzen verweisen und auf den neuerlichen Versuch einer Verhandlungslösung dringen.

Im Verlaufe des Bruchlinienkrieges verblassen Mehrfach-Identitäten, und es setzt sich diejenige Identität als dominierend durch, die in bezug auf den Konflikt die wesentlichste ist. Diese Identität ist fast immer religiös definiert. Psychologisch gesehen bietet die Religion die gewisseste und stabilste Rechtfertigung für den Kampf gegen »gottlose« Mächte, die als bedrohlich empfunden werden. Praktisch gesehen ist die Religions- oder Kulturgemeinschaft der in den Konflikt verwickelten lokalen Gruppe die umfassendste Gemeinschaft, an deren Hilfsbereitschaft sie appellieren kann. Wenn sich in einem lokalen Krieg zwischen zwei afrikanischen Stämmen der eine als muslimisch, der andere als christlich definieren kann, kann jener auf saudiarabisches Geld, afghanische Mudschaheddin und iranische Waffen und Militärberater hoffen, während dieser westliche Wirtschafts- und humanitäre Hilfe sowie politische und diplomatische Unterstützung durch westliche Regierungen erwarten darf. Sofern es einer Gruppe nicht wie den bosnischen Muslimen gelingt, sich überzeugend als Opfer eines Völkermordes zu präsentieren und damit die Anteilnahme des Westens zu forcieren, kann sie ausschließlich von ihrer kulturellen Kin-Gruppe signifikante Hilfe erwarten, und außer bei den bosnischen Muslimen ist das auch der Fall gewesen. Bruchlinienkriege sind per definitionem lokale Kriege zwischen lokalen Gruppen mit weiterreichenden Verbindungen und fördern damit die kulturelle Identität der an ihnen Beteiligten.

Die Stärkung der kulturellen Identität ist auch bei Bruchlinienkriegsparteien aus anderen Kulturen anzutreffen, war jedoch unter Muslimen besonders ausgeprägt. Ein Bruchlinienkrieg mag seinen Ursprung in einem Konflikt zwischen Familien, Sippen oder Stämmen haben, doch da Identifizierungen in der muslimischen Welt tendenziell U-förmig verteilt sind, trachten mit fortschreitendem Kampf die muslimischen Beteiligten nach breitester Identität und suchen daher an den gesamten Islam zu appellieren, was sogar bei einem antifundamentalistischen Laizisten wie Saddam Hussein der Fall war. Ähnlich spielte nach der Beobachtung eines Westlers die aserbaidschanische Regierung »die islamische Karte«. In Tadschikistan definierten in einem Krieg, der als Regionalkonflikt begann, die Aufständischen ihre Sache zunehmend als die Sache des Islam. In den Kriegen des 19. Jahrhunderts zwischen den nordkaukasischen Völkern und den Russen bezeichnete Shamil sich selbst als Islamisten und einte Dutzende von ethnischen und sprachlichen Gruppen »auf der Basis des Islam und des Widerstandes gegen die russische Eroberung«. In den neunziger Jahren machte sich Dudajew das Wiedererstarken des Islam, das seit den achtziger Jahren im Kaukasus stattgefunden hatte, zur Verfolgung einer ähnlichen Strategie zunutze. Er wurde von muslimischen Klerikern und islamistischen Parteien unterstützt, legte seinen Amtseid auf den Koran ab (so wie Boris Jelzin vom russisch-orthodoxen Patriarchen gesegnet wurde) und schlug 1994 vor, aus Tschetschenien einen islamischen Staat unter dem Gesetz der *Scharia* zu machen. Tschetschenische Truppen trugen grüne Halstücher, »die mit dem Wort ›*gavazat*‹ verziert waren, was auf tschetschenisch Heiliger Krieg heißt«, und riefen »Allahu Akbar«, wenn sie in die Schlacht zogen.[5] In ähnlicher Weise änderte sich die Selbstdefinition der Muslime Kaschmirs: Auf eine regionale Identität unter Einschluß von Muslimen, Hindus und Buddhisten folgte die Identifikation mit dem indischen Laizismus und zuletzt eine dritte Identität, deren Reflex »der Aufstieg des muslimischen Nationalismus in Kaschmir und die Ausbreitung transnationaler islamisch-fundamentalistischer Werte ist, wodurch die Muslime Kaschmirs sich sowohl Pakistan als auch der ganzen islamischen Welt zugehörig fühlen«. Die Erhebung gegen Indien 1989 wurde ursprünglich von einer »relativ laizistischen« Organisation angeführt, die Unterstützung durch Pakistan bekam. Danach verlagerte sich die pakistanische Hilfe auf islamisch-fundamentalistische Gruppen, die nunmehr den Ton angaben. Zu diesen Gruppen gehörte »ein harter Kern von Aufrührern«, die entschlossen schienen, »den *Dschihad* um seiner selbst willen und ohne Rücksicht auf Ziele und Resultate fortzusetzen«. Ein anderer Beobachter berichtete: »Nationalistische Gefühle sind durch die religiösen Unterschiede verstärkt worden; der weltweite Vormarsch islamischer Militanz hat den Aufrührern in Kaschmir Mut gemacht und die traditionelle Toleranz zwischen Hindus und Moslems in Kaschmir untergraben.«[6]

Eine dramatische Intensivierung kultureller Identifikationen gab es in Bosnien, besonders in dessen muslimischer Gemeinde. Historisch gesehen, waren die Gemeinschaftsidentitäten in Bosnien nicht stark ausgeprägt: Serben, Kroaten und Muslime lebten friedlich als Nachbarn zusammen; Mischehen waren an der Tagesordnung; die religiöse Identifikation war schwach ausgebildet. Muslime, so sagte man, seien Bosnier, die nicht in die Moschee gingen, Kroaten seien Bosnier, die nicht in den Dom gingen, und Serben seien Bosnier, die nicht in die orthodoxe Kirche gingen. Als jedoch die übergreifende jugoslawische Identität zusammenbrach, gewannen diese beiläufigen religiösen Identitäten neue Bedeutung, und als das Kämpfen begann, verstärkten sie sich. Die Koexistenz von vielen Bevölkerungsgruppen löste sich auf, und jede Gruppe identifizierte sich zunehmend mit ihrer jeweiligen kulturellen Gemeinschaft und definierte sich in religiösen Begriffen. Bosnische Serben wurden zu extremen serbischen Nationalisten, die sich mit Groß-Serbien, der serbisch-orthodoxen Kirche und der gesamten Orthodoxie identifizierten. Bosnische Kroaten wurden die glühendsten kroatischen Nationalisten und pochten auf ihren Katholizismus sowie, gemeinsam mit den Kroaten Kroatiens, auf ihre Identifikation mit dem katholischen Westen.

Noch markanter war der Schwenk zum kulturellen Bewußtsein bei den Muslimen. Bis zum Ausbruch des Krieges waren bosnische Muslime sehr laizistisch eingestellt, betrachteten sich als Europäer und waren die stärksten Anhänger einer multikulturellen Gesellschaft und eines multikulturellen Staates in Bosnien. Mit dem Auseinanderbrechen Jugoslawiens begann sich dies zu ändern. Wie die Kroaten und die Serben verweigerten sich die Muslime bei den Wahlen von 1990 den übergreifenden Parteien. Sie stimmten überwiegend für die muslimische Partei der Demokratischen Aktion (SDA) unter Izetbegovic. Dieser ist ein frommer Muslim, wurde wegen seiner Betätigung für den Islam von der kommunistischen Regierung verhaftet und vertritt in seinem 1970 erschienenen Buch *The Islamic Declaration* »die Unvereinbarkeit des Islam mit nichtislamischen Systemen. Es kann weder Frieden noch Koexistenz zwischen der islamischen Religion und nichtislamischen gesellschaftlichen und politischen Institutionen geben.« Sobald die islamische Bewegung stark genug ist, muß sie die Macht übernehmen und eine islamische Republik schaffen. In diesem neuen Staat ist es besonders wichtig, daß Bildungswesen und Medien »in den Händen von Menschen liegen, deren islamisch begründete moralische und geistige Autorität unanzweifelbar sind.«[7]

Als Bosnien unabhängig wurde, warb Izetbegovic für einen

multiethnischen Staat, in dem die Muslime die dominierende Gruppe wären, auch wenn sie nicht ganz die Mehrheit stellten. Er war jedoch nicht der Mann, sich der Islamisierung seines Landes zu widersetzen, die der Krieg mit sich brachte. Seine fehlende Bereitschaft, öffentlich und ausdrücklich *The Islamic Declaration* zu verurteilen, löste unter Nichtmuslimen Angst aus. Im Laufe des Krieges verließen bosnische Serben und bosnische Kroaten Gebiete, die von der bosnischen Regierung kontrolliert wurden; diejenigen, die blieben, sahen sich nach und nach von attraktiven Jobs und von der Mitwirkung in gesellschaftlichen Institutionen ausgeschlossen. »Der Islam nahm in der muslimisch-nationalen Gemeinschaft an Bedeutung zu, und ... das Pochen auf die muslimisch-nationale Identität drang in die Politik und die Religion ein.« In den Medien wurde zunehmend ein muslimischer Nationalismus, im Gegensatz zu einem bosnischen multikulturellen Nationalismus, artikuliert. Der Religionsunterricht in den Schulen wurde ausgeweitet, und neue Lehrbücher hoben die Pluspunkte der Osmanenherrschaft hervor. Die bosnische Sprache wurde als eine von der serbokratischen verschiedene propagiert, und mehr und mehr türkische und arabische Wörter wurden in sie aufgenommen. Offizielle Stimmen der Regierung griffen die Mischehe sowie Radiosendungen mit serbischer Musik an, der Musik des »Aggressors«. Die Regierung unterstützte die islamische Religion und bevorzugte Muslime bei Anstellungen oder Beförderungen. Am wichtigsten war, daß die bosnische Armee islamisiert wurde, so daß Muslime 1995 90 Prozent der Mannschaften stellten. Immer mehr Armeeeinheiten identifizierten sich mit dem Islam, achteten islamische Vorschriften und benutzten muslimische Symbole, wobei Eliteeinheiten die am gründlichsten islamisierten waren und zahlenmäßig expandierten. Diese Entwicklung führte zu einem Protest von fünf Mitgliedern des Staatspräsidiums (unter ihnen zwei Kroaten und zwei Serben) bei Izetbegovic, den dieser zurückwies, und löste 1995 den Rücktritt des multikulturell orientierten Ministerpräsidenten Haris Silajdzic aus.[8]

In politischer Hinsicht erweiterte Izetbegovics muslimische Partei, die SDA, ihre Kontrolle über den bosnischen Staat und die bosnische Gesellschaft. 1995 beherrschte sie »die Armee, die Verwaltung und die staatlichen Unternehmen«. – »Muslime, die nicht der Partei angehören«, so wurde berichtet, »geschweige denn Nichtmuslime, haben es schwer, einen anständigen Job zu finden.« Die Partei, werfen Kritiker ihr vor, sei »zum Instrument eines islamischen Autoritarismus mit allen Allüren des kommunistischen Regierungsstils geworden.«[9]

Ein anderer Beobachter berichtete:

> »Alles in allem wird der muslimische Nationalismus immer extremer. Heute nimmt er keine Rücksicht mehr auf andere nationale Empfindlichkeiten; er ist Eigentum, Privileg und politisches Werkzeug der seit kurzem herrschenden muslimischen Nation. ...
> Das wichtigste Resultat dieses neuen muslimischen Nationalismus ist die Tendenz zur nationalen Homogenisierung. ... Zunehmend gewinnt der islamische religiöse Fundamentalismus auch beherrschenden Einfluß auf die Definition muslimischer nationaler Interessen.«[10]

Die Intensivierung der religiösen Identität durch Krieg und ethnische Säuberung, die Präferenzen seiner Führer sowie Unterstützung und Druck durch andere muslimische Staaten haben Bosnien langsam, aber unübersehbar verwandelt und aus der Schweiz des Balkans den Iran des Balkans gemacht.

Bei Bruchlinienkriegen gibt es für jede Seite Gründe, nicht nur die eigene kulturelle Identität, sondern auch die der Gegenseite zu unterstreichen. Sie versteht ihren lokalen Krieg nicht bloß als Kampf gegen eine andere lokale ethnische Gruppe, sondern als Kampf gegen eine andere Kultur. Die Bedrohung wird daher durch die Ressourcen einer führenden Kultur vergrößert und untermauert, und eine Niederlage hat Konsequenzen nicht nur an sich, sondern für die ganze eigene Kultur. Daher die dringende Notwendigkeit, in dem Konflikt die eigene Kultur hinter sich zu vergattern. Der lokale Krieg wird umdefiniert zu einem Krieg der Religionen, einem Kampf der Kulturen, und befrachtet mit Konsequenzen für weiteste Teile der Menschheit. Als Anfang der neunziger Jahre die orthodoxe Religion und die orthodoxe Kirche wieder zu zentralen Elementen der nationalen Identität der Russen wurden, die »andere russische Konfessionen wegdrängten, allen voran den Islam«,[11] fanden die Russen es ihren Interessen dienlich, den Krieg zwischen Clans und Regionen in Tadschikistan sowie den Krieg mit Tschetschenien als Bestandteil einer umfassenderen, jahrhundertealten Konfrontation zwischen Orthodoxie und Islam zu definieren, nachdem ihre lokalen Gegner sich nun für islamischen Fundamentalismus und *Dschihad* engagierten und als Statthalter Islamabads, Teherans, Riads und Ankaras auftraten.

Im früheren Jugoslawien sahen die Kroaten sich selbst als unerschrockene Grenzposten des Westens gegen den Ansturm der Orthodoxie und des Islam. Die Serben definierten ihre Feinde nicht einfach als bosnische Kroaten und Muslime, sondern als »den Vatikan« und als »islamische Fundamentalisten« und »abgefeimte Türken«, die das Christentum seit Jahrhunderten bedrohen. »Karadzic«, meinte ein westlicher Diplomat über den bosnischen Serbenführer, »betrachtet dies als den antiimperialistischen Krieg in Europa. Er spricht davon, daß er die Aufgabe habe, die letzten Spuren des osmanisch-türkischen Reiches in Europa zu tilgen.«[12] Die bosnischen Muslime wiederum sahen sich als die Opfer eines vom Westen aufgrund ihrer Religionszugehörigkeit ignorierten Völkermordes, die daher die Unterstützung der muslimischen Welt verdienten. Alle Parteien und die meisten ausländischen Beobachter der jugoslawischen Kriege betrachteten diese daher als Religions- oder ethnoreligiöse Kriege. Der Konflikt, meinte Misha Glenny, »nahm zunehmend die Merkmale eines Religionskampfes an, definiert durch die drei großen europäischen Glaubensrichtungen – römischer Katholizismus, östliche Orthodoxie, Islam – als den konfessionellen Ablagerungen der Weltreiche, deren Grenzen sich in Bosnien trafen.«[13]

Die Wahrnehmung von Bruchlinienkriegen als kulturelle Konflikte ließ auch die Dominotheorie wieder zum Leben erwachen, die während des Kalten Krieges existiert hatte. Indessen waren es jetzt die großen Kulturstaaten, die in einem lokalen Konflikt die Niederlage zu verhindern suchten, weil sie eine Eskalation weiterer Verluste und schließlich die Katastrophe nach sich ziehen konnte. Die kompromißlose Haltung Indiens in der Kaschmirfrage rührte im wesentlichen von der Befürchtung her, der Verlust Kaschmirs könne Unabhängigkeitsbestrebungen anderer ethnischer und religiöser Minderheiten Auftrieb geben und damit zum Auseinanderbrechen Indiens führen. Falls Rußland der politisch motivierten Gewalt in Tadschikistan kein Ende mache, warnte Außenminister Kosyrew, werde sie auf Kirgisistan und Usbekistan übergreifen. Dies könne, so hieß es, weitere Sezessionsbestrebungen in den muslimischen Republiken der Russischen Föderation begünstigen, deren Endergebnis nach Ansicht mancher Leute die Etablierung des islamischen Fundamentalismus auf dem Roten Platz sein könne. Daher ist, wie Boris Jelzin sagte, die afghanisch-tadschikische Grenze »letzten Endes die Grenze Rußlands«. Europäer wiederum äußerten die Befürchtung, die Errichtung eines muslimischen Staates auf dem Boden des früheren Jugoslawien werde zum Sprungbrett für muslimische Einwanderer und islamischen Fundamentalismus werden und in ganz Europa die Intensivierung dessen bewirken, was Jacques Chirac »*les odeurs de l'Islam*« genannt hat.[14] Die Grenze Kroatiens ist letzten Endes die Grenze Europas.

In dem Maße, wie ein Bruchlinienkrieg an Heftigkeit zunimmt, verteufelt jede Seite ihre Gegner und stellt sie oft als Untermenschen hin, deren Tötung legitim ist. »Tolle Hunde muß man erschießen«, äußerte Jelzin und meinte tschetschenische Guerillakämpfer. »Diese Brut muß man erschießen ... und wir werden sie erschießen«, äußerte der indonesische General Try Sutrisno im Hinblick auf das Massaker in Ost-Timor 1991. Die

Teufel der Vergangenheit erleben ihre Auferstehung in der Gegenwart: Kroaten werden zu »Ustascha-Faschisten«, Muslime zu »Türken« und Serben zu »Tschetniks«. Massenmord, Folter, Vergewaltigung und die brutale Vertreibung der Zivilbevölkerung werden gerechtfertigt, sobald der Haß der einen Gemeinschaft sich am Haß der anderen mästet. Die zentralen Symbole und Schöpfungen der gegnerischen Kultur werden zu Zielscheiben der Zerstörungswut. Serben haben systematisch Moscheen und Franziskanerklöster zerstört, Kroaten orthodoxe Klöster in die Luft gesprengt. Als Schatzkammern der Kultur sind Museen und Bibliotheken besonders verwundbar. Also steckten singhalesische Sicherheitskräfte die öffentliche Bibliothek von Jaffna in Brand und zerstörten dabei »unersetzliche literarische und historische Zeugnisse« der tamilischen Kultur, und serbische Schützen bombardierten das Nationalmuseum von Sarajevo und legten es in Schutt und Asche. Die Serben säuberten die bosnische Stadt Zvornik von ihren 40.000 Muslimen und errichteten ein Kreuz an der Stelle des osmanischen Turmes, den sie zuvor gesprengt hatten und der seinerseits die von den Türken 1463 geschleifte orthodoxe Kirche ersetzt hatte.[15] In Kriegen zwischen Kulturen ist die Kultur der Verlierer.

Kultureller Schulterschluss: Verwandte Länder und Diaspora

In den vierzig Jahren des Kalten Krieges sickerte der Konflikt nach unten weiter, da die Supermächte versuchten, Verbündete und Partner zu werben und die Verbündeten und Partner der anderen Supermacht zu unterwandern, auf die eigene Seite zu ziehen oder zu neutralisieren. Am stärksten war die Konkurrenz natürlich in der Dritten Welt, wo neue und schwache Staaten von den Supermächten bedrängt wurden, in dem großen globalen Wettstreit Partei zu ergreifen. In der Welt nach dem Kalten Krieg hat eine Vielzahl von kommunalen Konflikten den einen, großen Konflikt der Supermächte abgelöst. Wenn diese kommunalen Konflikte Gruppen aus verschiedenen Kulturen betreffen, neigen sie dazu, um sich zu greifen und zu eskalieren. In dem Maße, wie der Konflikt intensiver wird, unternimmt jede Seite den Versuch, Unterstützung aus Ländern und von Gruppen zu mobilisieren, die zur eigenen Kultur gehören. Unterstützung in der einen oder anderen Form – offiziell oder inoffiziell, offen oder verdeckt, materiell, personell, diplomatisch, finanziell, symbolisch oder militärisch – ist von einem oder mehreren Kin-Ländern oder Kin-Gruppen immer zu erwarten. Je länger der Bruchlinienkonflikt dauert, desto wahrscheinlicher ist es, daß Kin-Länder unterstützend, eindämmend und vermittelnd tätig werden. Infolge dieses »Kin-Land-Syndroms« bergen Bruchlinienkonflikte ein viel höheres Eskalationspotential in sich als intrakulturelle Konflikte und bedürfen zu ihrer Eindämmung und Beendigung für gewöhnlich interkultureller Kooperation. Im Gegensatz zum Kalten Krieg sickert der Konflikt nicht von oben nach unten, er kocht von unten her hoch.

Staaten und Gruppen sind in unterschiedlich hohem Maße in Bruchlinienkriege verwickelt. Auf einer primären Ebene gibt es diejenigen Parteien, die tatsächlich kämpfen und einander töten. Das können Staaten sein, wie zum Beispiel in den Kriegen zwischen Indien und Pakistan oder zwischen Israel und seinen Nachbarn; es können aber auch lokale Gruppen sein, die keine Staaten oder bestenfalls ansatzweise Staaten sind, wie dies in Bosnien und bei den Berg-Karabach-Armeniern der Fall war. Diese Konflikte können auch Beteiligte auf einer sekundären Ebene aufweisen, für gewöhnlich Staaten, die mit den Primärparteien direkt in Verbindung stehen, wie zum Beispiel die Regierungen Serbiens und Kroatiens im früheren Jugoslawien oder diejenigen Armeniens und Aserbaidschans im Kaukasus. Mit dem Konflikt noch loser verknüpft sind Tertiärstaaten, die vom aktuellen Kampfgeschehen noch weiter entfernt sind, aber kulturelle Bindungen an die Beteiligten haben, wie etwa Deutschland, Rußland und die islamischen Staaten im Hinblick auf das frühere Jugoslawien; oder Rußland, die Türkei und der Iran im

Falle des armenisch-aserbaidschanischen Streits. Diese Beteiligten der dritten Ebene sind häufig die Kernstaaten ihrer Kultur. Wo es eine Diaspora der primär Beteiligten gibt, spielt auch sie in Bruchlinienkriegen eine Rolle. Angesichts der geringen Zahl von Menschen und Waffen, die für gewöhnlich auf der primären Ebene eingesetzt werden, kann eine vergleichsweise bescheidene äußere Hilfe in Form von Geld, Waffen oder Freiwilligen oft eine beträchtliche Auswirkung auf den Ausgang des Krieges haben.

Für die anderen Parteien steht in dem Konflikt nicht dasselbe auf dem Spiel wie für die primär Beteiligten. Die engagierteste und rückhaltloseste Unterstützung für die Primärparteien kommt normalerweise von Diasporagemeinden, die sich intensiv mit der Sache ihrer Kin-Gruppe identifizieren und »päpstlicher als der Papst« werden. Vielschichtiger sind die Interessen der sekundär und tertiär involvierten Regierungen. Auch sie lassen für gewöhnlich den Primärbeteiligten Unterstützung zukommen, und selbst wenn sie es nicht tun, werden sie von Oppositionsgruppen verdächtigt, es zu tun. Das berechtigt letztere, ihre eigene Kin-Gruppe zu unterstützen. Darüber hinaus jedoch haben Sekundär- und Tertiärregierungen ein Interesse daran, die Kämpfe einzudämmen und nicht direkt in sie hineingezogen zu werden. Während sie daher die Primärbeteiligten unterstützen, versuchen sie gleichzeitig, die Beteiligten zurückzuhalten und zur Mäßigung zu bewegen. Für gewöhnlich versuchen sie auch, mit ihren Sekundär- und Tertiärpendants auf der anderen Seite der Bruchlinie zu verhandeln und so die Eskalation eines lokalen Krieges zu einem größeren Krieg unter Beteiligung von Kernstaaten zu verhindern. Abbildung 11.1 skizziert die Beziehungen dieser potentiellen Parteien von Bruchlinienkriegen zueinander. Nicht in allen derartigen Kriegen sind diese Rollen sämtlich besetzt, aber in einigen *sind* sie besetzt, so zum Beispiel in den Kriegen im früheren Jugoslawien und im Transkaukasus, und fast jeder Bruchlinienkrieg kann sich theoretisch ausweiten und alle Beteiligungsebenen hineinziehen.

Abbildung 11.1
Die Struktur eines komplexen Bruchlinienkrieges

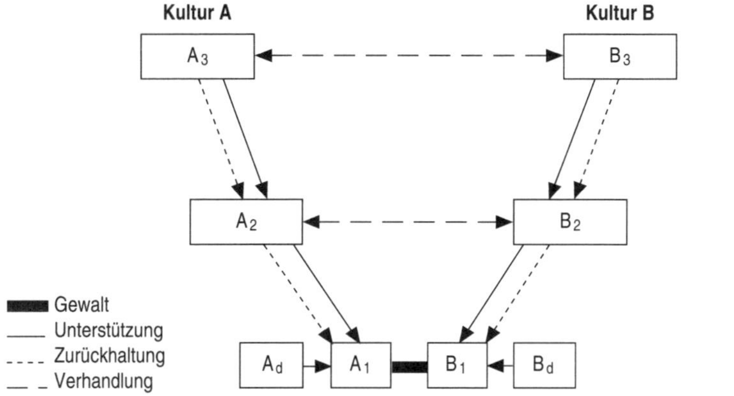

Diaspora und Kin-Länder sind auf die eine oder andere Weise in jedem Bruchlinienkrieg der neunziger Jahre involviert gewesen. Angesichts der ausgeprägten primären Rolle von muslimischen Gruppen in solchen Kriegen sind muslimische Regierungen und Organisationen die häufigsten Sekundär- und Tertiärbeteiligten. Am aktivsten sind hier die Regierungen Saudi-Arabiens, Pakistans, Irans, der Türkei und Libyens gewesen. Sie haben, manchmal zusammen mit anderen muslimischen Staaten, muslimische Kämpfe gegen Nichtmuslime in Palästina, Libanon, Bosnien, Tschetschenien und dem Transkaukasus, Tadschikistan, Kaschmir, Sudan und auf den Philippinen in unterschiedlichem Umfang unterstützt. Zu der Hilfe durch diese Regierungen kam für viele muslimische Primärgruppen die Unterstützung durch die muslimische Internationale der ehemaligen Afghanistankämpfer, die in die Konflikte eingriff, vom Krieg in Algerien bis hin zu den Konflikten in Tschetschenien oder auf den Philippinen. Ein Analytiker sagte über diese islamistische Internationale: »Auf ihr Konto gehen die Entsendung von Freiwilligen zur Festigung der islamistischen Herrschaft in Afghanistan, Kaschmir und Bosnien, konzertierte Propagandakriege gegen Regierungen, die in dem einen oder anderen Land Islamisten bekämpfen, sowie die Errichtung islamischer Zentren in der Diaspora, die gleichzeitig als politische Zentrale für alle diese Parteien dienen.«[16] Die Arabische Liga und die Organisation der Islamischen Konferenz haben ebenfalls die Bemühungen ihrer Mitgliedsländer um Stärkung muslimischer Gruppen bei interkulturellen Konflikten unterstützt und nach Möglichkeit koordiniert.

Die Sowjetunion war primär am Afghanistankrieg beteiligt; in der Welt nach dem Kalten Krieg war oder ist Rußland primär am Tschetschenienkrieg, sekundär an den Kämpfen in Tadschikistan und tertiär an der Kriegen im früheren Jugoslawien beteiligt. Indien ist primär in Kaschmir und sekundär in Sri Lanka involviert. Die wichtigsten Staaten des Westens waren tertiär am Ringen im ehemaligen Jugoslawien beteiligt. Diasporagemeinden haben eine wesentliche Rolle auf beiden Seiten der langen Kämpfe zwischen Israelis und Palästinensern gespielt und auch Armenier, Kroaten und Tschetschenen in ihren Konflikten unterstützt. Fernsehen, Telefax und E-Mail »verstärken das Engagement der Diaspora, ja polarisieren es mitunter durch ständigen Kontakt mit der ›früheren‹ Heimat; ›früher‹ ist heute nicht mehr dasselbe wie früher.«[17]

Im Kaschmirkrieg gewährte Pakistan den Aufständischen explizite diplomatische und politische Unterstützung und stellte, pakistanischen Militärquellen zufolge, große Mengen an Geld und Waffen sowie militärische Ausbildung, logistische Hilfe und Zufluchtsmöglichkeiten zur Verfügung. Pakistan war auch bei anderen muslimischen Regierungen lobbyistisch für die Aufständischen tätig. Bis 1995 wurden Berichten zufolge die Aufständischen durch mindestens 1200 Mudschaheddin-Kämpfer aus Afghanistan, Tadschikistan und dem Sudan verstärkt; sie waren mit Stinger-Raketen und anderen Waffen ausgerüstet, die ihnen die USA für ihren Krieg gegen die Sowjetunion geliefert hatten.[18] Der Moro-Aufstand auf den Philippinen profitierte eine Zeitlang von Finanzmitteln und Gerät aus Malaysia; arabische Regierungen stellten weitere Geldmittel zur Verfügung; mehrere tausend Aufständische wurden in Libyen ausgebildet, und die extremistische Aufständischengruppe Abu Sayyad wurde von pakistanischen und afghanischen Fundamentalisten organisiert.[19] In Afrika half der Sudan regelmäßig den muslimischen Rebellen in Eritrea im Kampf gegen Äthiopien, und Äthiopien revanchierte sich durch »logistische Unterstützung und Zufluchtsmöglichkeiten« für die »christlichen Rebellen«, die gegen den Sudan kämpften. Dieser erhielt auch ähnliche Hilfeleistungen von Uganda, die teilweise »die starken religiösen, rassischen und ethnischen Bindungen an die sudanesischen Rebellen« widerspiegelten. Auf der anderen Seite erhielt die sudanesische Regierung chinesische Waffen im Wert von 300 Millionen US-Dollar aus dem Iran und Unterstützung bei der Soldatenausbildung durch iranische Militärberater, was ihr 1992 eine Großoffensive gegen die Rebellen ermöglichte. Eine Vielzahl christlicher Organisationen des Westens lieferten den christlichen Rebellen Nahrungsmittel, Medikamente, Nachschub und laut sudanesischer Regierung auch Waffen.[20]

Im Krieg zwischen den hinduistisch-tamilischen Aufständischen und der buddhistisch-singhalesischen Regierung in Sri Lanka gewährte die indische Regierung ursprünglich den Aufständischen beträchtliche Unterstützung, bildete sie in Südindien aus und schenkte ihnen Waffen und Geld. Als 1987 die Streitkräfte der Regierung von Sri Lanka kurz vor dem militärischen Sieg über die Tamilen-Tiger standen, heizte man die öffentliche Meinung Indiens gegen diesen »Völkermord« auf, und die indische Regierung richtete eine Luftbrücke für Nahrungsmittellieferungen an die Tamilen ein, »um praktisch [Präsident] Jayewardene zu signalisieren, daß Indien ihn an der gewaltsamen Zerschlagung der Tiger hindern werde«.[21] Die Regierungen Indiens und Sri Lankas kamen daraufhin zu einer Vereinbarung, derzufolge Sri Lanka den tamilischen Gebieten ein erhebliches Maß an Autonomie gewähren sollte, während die Aufständischen ihre Waffen der indischen Armee übergeben würden. Indien entsandte 50.000 Mann auf die Insel, um diese Vereinbarung durchzusetzen, aber die Tiger weigerten sich, die Waffen niederzulegen, und bald sah sich das indische Militär in einen Guerillakrieg mit eben jenen Kräften verwickelt, die es zuvor unterstützt hatte. Anfang 1988 wurden die indischen Streitkräfte wieder abgezogen. 1991 wurde der indische Ministerpräsident Rajiv Gandhi ermordet, nach Ansicht von Indern von einem Anhänger der tamilischen Aufständischen, und die Haltung der indischen Regierung gegenüber den Aufständischen wurde zunehmend feindlich. Allerdings konnte die Regierung die 50 Millionen Tamilen in Südindien nicht von ihrer Sympathie und Unterstützung für die Aufständischen abhalten. Dieser Stimmung entsprechend gab die Regierung des Bundesstaates Tamil Nadu in offener Auflehnung gegen Neu Delhi den Tamilen-Tigern im Bereich der 750 Kilometer langen Küste »praktisch freie Hand« und erlaubte ihnen, den Aufständischen auf Sri Lanka über die schmale Palkstraße Nachschub und Waffen zu senden.[22]

Ab 1979 wurden die Sowjets und dann die Russen in drei große Bruchlinienkriege mit ihren muslimischen Nachbarn im Süden verwickelt: den Krieg in Afghanistan 1979 bis 1989, den anschließenden Krieg in Tadschikistan, der 1992 begann, und den Krieg in Tschetschenien, der 1994 begann. Nach dem Zusammenbruch der Sowjetunion kam in Tadschikistan eine kommunistische Nachfolgerregierung an die Macht. Diese Regierung wurde im Frühjahr 1992 von einer aus rivalisierenden regionalen und ethnischen Gruppen bestehenden Opposition in Frage gestellt, der Laizisten wie Islamisten angehörten. Diese Opposition, gestützt auf Waffen aus Afghanistan, vertrieb im September 1992 die prokommunistische Regierung aus ihrer Hauptstadt Duschanbe. Die russische und die usbekische Regierung reagierten energisch und warnten vor einer Ausbreitung des islamischen Fundamentalismus. Die russische 201. Motorisierte Schützendivision, die in Tadschikistan stationiert geblieben war, lieferte den Regierungstruppen Waffen, und Rußland entsandte weitere Truppen, um die Grenze zu Afghanistan zu sichern. Im

November 1992 einigten sich Rußland, Usbekistan, Kasachstan und Kirgisistan auf eine russisch-usbekische Militärintervention, vorgeblich zur Friedenssicherung, tatsächlich aber zur Teilnahme an dem Krieg. Mit dieser Unterstützung sowie russischen Waffen und Geldmitteln gelang es den Truppen der früheren Regierung, Duschanbe zurückzuerobern und weite Teile des Landes unter ihre Kontrolle zu bringen. Es folgte eine Welle der ethnischen Säuberung, und Flüchtlinge und Truppen der Opposition zogen sich nach Afghanistan zurück.

Muslimische Regierungen des Nahen Ostens protestierten gegen die russische Militärintervention. Iran, Pakistan und Afghanistan griffen der zunehmend islamistischen Opposition mit Geld, Waffen und militärischer Ausbildung unter die Arme. 1993 wurden Berichten zufolge mehrere tausend Kämpfer von den afghanischen Mudschaheddin ausgebildet, und im Frühjahr und Sommer 1993 unternahmen tadschikische Aufständische von Afghanistan aus mehrere Angriffe auf tadschikisches Territorium, bei denen eine Reihe russischer Grenzsoldaten getötet wurden. Rußland antwortete mit der Entsendung weiterer Truppen nach Tadschikistan und belegte Ziele in Afghanistan mit »massivem Artillerie- und Mörser-Feuer« und Luftangriffen. Arabische Regierungen stellten jedoch den Aufständischen die notwendigen Geldmittel zum Ankauf von Stinger-Raketen zur Luftabwehr zur Verfügung. Bis 1995 hatte Rußland etwa 25.000 Mann in Tadschikistan stationiert und gewährte mehr als die Hälfte der zum Unterhalt der tadschikischen Regierung notwendigen Geldmittel. Die Aufständischen ihrerseits wurden von der Regierung in Afghanistan und von anderen muslimischen Staaten aktiv unterstützt. Wie Barnett Rubin dargelegt hat, machte das Ausbleiben nennenswerter Hilfe für eine der beiden Seiten durch internationale Behörden oder den Westen Tadschikistan völlig von den Russen und Afghanistan von seinen muslimischen kulturellen Kin-Ländern abhängig. »Jeder afghanische Kommandant, der heute auf ausländische Hilfe hofft, muß sich entweder nach den Wünschen seiner arabischen und pakistanischen Geldgeber richten, die den *Dschihad* nach Zentralasien tragen wollen, oder sich am Drogenhandel beteiligen.«[23]

Der dritte antimuslimische Krieg Rußlands, gegen die Tschetschenen im nördlichen Kaukasus, hatte 1992/93 ein Vorspiel in Form der Kämpfe zwischen den orthodoxen Osseten und ihren Nachbarn, den muslimischen Inguschen. Die Inguschen waren während des Zweiten Weltkrieges zusammen mit den Tschetschenen und anderen muslimischen Völkern nach Zentralasien deportiert worden. Die Osseten blieben und übernahmen inguschisches Eigentum. 1956/57 durften die deportierten Völker zurückkehren, und es kam zu Kontroversen um das Eigentum und die territoriale Kontrolle. Im November 1992 griffen die Inguschen von ihrer Republik aus die Region Prigorodny an, die von der Sowjetregierung den Osseten zugewiesen worden war. Die Russen antworteten mit einer massiven Intervention unter Beteiligung von Kosakeneinheiten, um die orthodoxen Osseten zu unterstützen. Ein außenstehender Kommentator gab folgende Schilderung: »Im November 1992 wurden Inguschendörfer von russischen Panzern umstellt und beschossen. Alle, die das Bombardement überlebten, wurden getötet oder abtransportiert. Das Massaker wurde von Kommandos der ossetischen Sonderpolizei OMON verübt, aber russische Truppen, die zur ›Friedenssicherung‹ in die Region entsandt worden waren, gaben ihnen Feuerschutz.«[24] Wie *The Economist* berichtete, war es »kaum zu begreifen, daß eine derartige Zerstörung in kaum einer Woche stattgefunden hatte«. Es war »die erste Operation ethnischer Säuberung in der Russischen Föderation«. Rußland nahm dann den Konflikt zum Anlaß, den tschetschenischen Verbündeten der Inguschen zu drohen; »dies führte zur sofortigen Mobilisierung Tschetscheniens und der Konföderation der [überwiegend muslimischen] Kaukasusvölker (KNK). Die KNK drohte damit, 50.000 Freiwillige gegen die russischen Streitkräfte zu entsenden, falls sie sich nicht von tschetschenischem Gebiet zurückzögen. Nach einer harten Kraftprobe lenkte Moskau ein, um den nordossetisch-inguschischen Konflikt nicht zu einem Flächenbrand in der ganzen Region eskalieren zu lassen.«[25]

Um so heftiger und ausgedehnter war der Flächenbrand, der im Dezember 1994 ausbrach, als Rußland eine ausgewachsene Militäraktion gegen Tschetschenien unternahm. Die Führer der beiden orthodoxen Republiken Georgien und Armenien unterstützten den russischen Angriff, während der Präsident der Ukraine »diplomatisch nichtssagend blieb und lediglich eine friedliche Beilegung der Krise forderte«. Die russische Aktion wurde auch von der orthodoxen Regierung Nordossetiens und von 55 bis 60 Prozent der nordossetischen Bevölkerung begrüßt.[26] Dagegen ergriffen Muslime innerhalb und außerhalb der Russischen Föderation überwiegend Partei für die Tschetschenen. Diese islamistische Internationale bot unverzüglich Kämpfer aus Aserbaidschan, Afghanistan, Pakistan, Sudan und anderen Ländern auf. Muslimische Staaten sympathisierten mit der tschetschenischen Sache, und die Türkei und der Iran gewährten Berichten zufolge materielle Hilfe, was Rußland weitere Anreize lieferte, auf eine Besänftigung des Iran hinzuarbeiten. In die Russische Föderation ergoß sich ein steter Strom von Waffen für die Tschetschenen aus Aserbaidschan, was Rußland veranlaßte, seine Grenze zu diesem Land zu schließen. Dies wiederum schnitt Tschetschenien auch von medizinischen und anderen Hilfslieferungen ab.«[27]

Muslime in der Russischen Föderation stellten sich hinter die Tschetschenen. Zwar brachten Aufrufe zu einem gesamtkaukasisch-muslimischen Heiligen Krieg gegen Rußland nicht das gewünschte Ergebnis, aber die Führer der sechs Wolga-Ural-Republiken verlangten von Rußland die Beendigung seiner Militäraktion, und Vertreter der muslimischen Kaukasusrepubliken riefen zu einer Kampagne des zivilen Ungehorsams gegen die russische Herrschaft auf. Der Präsident der Republik Tschuwaschien befreite tschuwaschische Wehrpflichtige vom Kriegsdienst gegen ihre muslimischen Brüder. Die »stärksten Proteste gegen den Krieg« gab es in den zwei Nachbarrepubliken Tschetscheniens, Inguschetien und Dagestan. Die Inguschen griffen russische Truppen an, die auf dem Weg nach Tschetschenien waren, was den russischen Verteidigungsminister zu der Erklärung veranlaßte, die inguschische Regierung habe »Rußland praktisch den Krieg erklärt«, und auch in Dagestan kam es zu Angriffen auf russische Streitkräfte. Die Russen antworteten mit der Bombardierung inguschischer und dagestanischer Dörfer.[28] Die russische Einebnung des Dorfes Pervomaiskoje im Anschluß an den tschetschenischen Überfall auf die Stadt Kisljar im Januar 1996 heizte die Feindseligkeit der Dagestanis gegen die Russen zusätzlich an.

Hilfreich für die tschetschenische Sache war auch die tschetschenische Diaspora, die zu einem wesentlichen Teil durch die Aggression Rußlands gegen die Bergvölker des Kaukasus im 19. Jahrhundert entstanden war. Die Diaspora sammelte Geldmittel, besorgte Waffen und stellte Freiwillige für die tschetschenischen Streitkräfte. Besonders stark war sie in Jordanien und der Türkei, was zu einer entschiedenen Parteinahme Jordaniens gegen Rußland führte und die Türkei in ihrer Bereitschaft bestärkte, den Tschetschenen beizustehen. Als der Krieg im Januar 1996 auf die Türkei übergriff, sympathisierte die öffentliche Meinung mit der Entführung einer Fähre und russischer Geiseln durch Mitglieder der Diaspora. Mit Hilfe tschetschenischer Führer handelte die türkische Regierung eine Lösung der Krise aus, die die bereits gespannten Beziehungen zwischen der Türkei und Rußland weiter verschlechterte.

Der Einfall der Tschetschenen in Dagestan, die russische Antwort darauf und die Entführung einer Fähre Anfang 1996 warfen ein Schlaglicht auf die Möglichkeit einer Ausweitung der Auseinandersetzungen zu einem umfassenden Konflikt zwischen den Russen und den Bergvölkern entlang den Frontlinien des Kampfes, der im 19. Jahrhundert jahrzehntelang gedauert hatte. »Der Nordkaukasus ist ein Pulverfaß«, warnte Fiona Hill 1995, »wo ein Konflikt in einer Republik potentiell einen Flächenbrand in der gesamten Region auslösen kann, der über ihre Grenzen hinaus die ganze Russische Föderation erfassen kann und Georgien, Aserbaidschan, die Türkei, den Iran und deren Diasporagemeinden involvieren wird. Wie der Krieg in Tschetschenien lehrt, ist ein Konflikt in dieser Region nicht leicht einzudämmen ... und die Kämpfe haben bereits auf Nachbarrepubliken und -staaten Tschetscheniens übergegriffen.« Ein russischer Analytiker pflichtete bei und behauptete, daß »informelle Koalitionen« entlang kulturellen Grenzlinien im Entstehen begriffen seien. »Christliches Georgien, Armenien, Berg-Karabach und Nordossetien beziehen Stellung gegen muslimisches Aserbaidschan, Abchasien, Tschetschenien und Inguschetien.« Rußland, bereits in den Kampf gegen Tadschikistan verwickelt, laufe »Gefahr, in eine langwierige Konfrontation mit der muslimischen Welt hineingezogen zu werden.«[29]

In einem anderen orthodox-muslimischen Bruchlinienkrieg waren die Primärbeteiligten die Armenier der Enklave Berg-Karabach und Regierung und Volk Aserbaidschans; die Armenier kämpften um die Unabhängigkeit von Aserbaidschan. Die Regierung Armeniens war sekundär beteiligt, Rußland, die Türkei und der Iran waren tertiär involviert. Eine wesentliche Rolle spielte darüber hinaus die bedeutende armenische Diaspora in Westeuropa und Nordamerika. Die Kämpfe begannen 1988, noch vor dem Ende der Sowjetunion, nahmen 1992/93 an Heftigkeit zu und ließen nach der Aushandlung einer Feuerpause 1994 nach. Die Türken und andere Muslime hielten es mit Aserbaidschan, während Rußland die Armenier unterstützte, aber dann auch seinen Einfluß auf diese Aserbaidschan geltend machte, um dem türkischen Einfluß auf Aserbaidschan zu wehren. Dieser Krieg war die jüngste Episode sowohl in dem jahrhundertelangen Ringen zwischen dem russischen Reich und dem osmanischen Reich um die Herrschaft über die Schwarzmeerregion als auch in der heftigen Feindschaft zwischen Armeniern und Türken, die auf die blutigen Massaker Anfang des 20. Jahrhunderts zurückgeht.

In diesem Krieg unterstützte die Türkei konsequent Aserbaidschan und stellte sich gegen die Armenier. Die Anerkennung Aserbaidschans durch die Türkei war die erste Anerkennung einer nichtbaltischen früheren Sowjetrepublik durch irgendein Land überhaupt. Während des ganzen Konflikts gewährte die Türkei Aserbaidschan finanzielle und materielle Hilfe und bildete aserbaidschanische Soldaten aus. Als die Gewalt 1991/92 an Heftigkeit zunahm und Armenier auf aserbaidschanisches Gebiet vorrückten, schlug die öffentliche Meinung der Türkei Alarm, und die türkische Regierung wurde bedrängt, ihre ethnisch-religiöse Verwandtschaft zu unterstützen. Sie hatte aber auch die Befürchtung, daß dies ein Schlaglicht auf die Spaltung zwischen Christen und Muslimen werfen, eine Welle westlicher Unterstützung für Armenien auslösen und die NATO-Partner der Türkei brüskieren könne. Die Türkei war also den klassischen vielschichtigen Pressionen eines Sekundärbeteiligten in einem Bruchlinienkrieg ausgesetzt. Die türkische Regierung fand es jedoch ihren Interessen dienlich, Aserbaidschan zu unterstützen und Stellung gegen Armenien zu beziehen. »Man kann nicht gleichgültig bleiben, wenn die eigenen Verwandten umgebracht werden«, sagte ein türkischer Beamter, und ein anderer setzte hinzu: »Wir sind unter Druck. Unsere Zeitungen sind voll mit den Bildern von Greueltaten ... Vielleicht sollten wir Armenien demonstrieren, daß es eine mächtige Türkei in der Region gibt.« Präsident Turgut Özal pflichtete bei und meinte, die Türkei »sollte den Armeniern einen kleinen Schrecken einjagen«. Die Türkei und der Iran gaben den Armeniern zu verstehen, daß sie keinerlei Grenzveränderungen hinnehmen würden. Özal blockierte den Transport von Lebensmittel- und anderen Lieferungen durch die Türkei nach Armenien. Die Folge war, daß die Bevölkerung Armeniens im Winter 1992/93 am Rande einer Hungersnot stand. Eine weitere Folge war die Warnung des russischen Marschalls Jewgenij Schaposchnikow: »Wenn eine andere Seite [das heißt die Türkei] in den Krieg involviert wird, stehen wir am Rande des Dritten Weltkriegs.« Ein Jahr später war Özal noch immer kriegerisch gestimmt. »Was wollen die Armenier machen«, höhnte er, »wenn zufällig ein paar Schüsse fallen? ... In die Türkei einmarschieren?« Die Türkei »wird die Zähne zeigen«.[30]

Im Sommer und Herbst 1993 provozierte die armenische Offensive, die sich der iranischen Grenze näherte, zusätzliche Reaktionen der Türkei wie des Irans, die miteinander um den Einfluß in Aserbaidschan und den zentralasiatischen Staaten wetteiferten. Die Türkei erklärte, die Offensive bedrohe die türkische Sicherheit, verlangte den »sofortigen und bedingungslosen« Rückzug der armenischen Truppen aus aserbaidschanischem Gebiet und entsandte Verstärkungen an die türkisch-armenische Grenze. Russische und türkische Truppen lieferten sich Berichten zufolge Feuergefechte über die Grenze hinweg. Die türkische Ministerpräsidentin Tansu Ciller erkärte, sie werde eine Kriegserklärung verlangen, falls armenische Truppen in die aserbaidschanische Enklave Nachitschewan nahe der türkischen Grenze einmarschierten. Auch der Iran verlegte Truppen an die Grenze und auf aserbaidschanisches Gebiet, angeblich um Lager für die nach den armenischen Offensiven zu erwartenden Flüchtlinge zu errichten. Das iranische Vorgehen soll die Türken zu der Überzeugung geführt haben, sie könnten zusätzliche Maßnahmen einleiten, ohne russische Gegenmaßnahmen gewärtigen zu müssen. Es war für sie auch ein weiterer Anreiz, mit dem Iran um die Rolle des Beschützers Aserbaidschans zu konkurrieren. Die Krise wurde schließlich entschärft durch Verhandlungen in Moskau zwischen den Führern der Türkei, Armeniens und Aserbaidschans, durch amerikanischen Druck auf die armenische Regierung und durch Druck der armenischen Regierung auf die Armenier in Berg-Karabach.[31]

Als Bewohner eines kleinen Binnenlandes mit mageren Ressourcen, umgeben von feindseligen Turkvölkern, haben die Armenier seit jeher Schutz bei ihren orthodoxen Kin-Ländern Georgien und Rußland gesucht. Besonders Rußland wurde als großer Bruder angesehen. Als jedoch die Sowjetunion zusammenbrach und die Berg-Karabach-Armenier ihre Unabhängigkeit betrieben, lehnte das Gorbatschow-Regime ihre Forderungen ab und entsandte Truppen in die Region, welche die als loyal geltende kommunistische Regierung in Baku unterstützen sollten. Nach dem Ende der Sowjetunion wichen diese Erwägungen älteren historischen und kulturellen Rücksichten, so daß Aserbaidschan »der russischen Regierung eine Kehrtwendung um 180 Grad« und die aktive Unterstützung des christlichen Armenien vorwarf. Die russische Militärhilfe für Armenien hatte tatsächlich schon früher in der sowjetischen Armee begonnen, in der Armenier auf höhere Offiziersränge befördert und viel häufiger Kampfeinheiten zugeteilt wurden als Muslime. Nach Beginn des Krieges spielte das in Berg-Karabach stationierte 366. Motorisierte Schützenregiment eine führende Rolle bei dem armenischen Angriff auf die Stadt Chodschali, in der angeblich bis zu 1000 Aserbaidschaner niedergemetzelt wurden. In der Folge beteiligten sich auch russische *Spetsnaz*-Truppen an den Kämpfen. Als Armenien im Winter 1992/93 unter dem türkischen Embargo zu leiden hatte, »wurde es durch russische Kredite in Milliardenhöhe vor dem totalen Kollaps bewahrt«. Im Frühjahr 1993 wirkten russische Truppen mit den regulären armenischen Streitkräften zusammen, um einen Korridor zwischen Armenien und Berg-Karabach zu öffnen. Eine gepanzerte Einheit von vierzig russischen Tanks nahm dann Berichten zufolge an der Karabach-Offensive im Sommer 1993 teil.[32] Armenien wiederum, so Hill und Jewett, »hatte kaum eine andere Wahl als sich eng mit Rußland zu verbünden. Es ist auf russische Rohstoffe, Energie und Lebensmittellieferungen und auf die Verteidigung durch Rußland gegen historische Feinde an seinen Grenzen wie Aserbaidschan und die Türkei angewiesen. Armenien hat sämtliche Wirtschafts- und Militärabkommen mit der GUS unterzeichnet, die Stationierung russischer Truppen auf armenischem Boden erlaubt und auf alle Ansprüche auf frühere sowjetische Guthaben zugunsten Rußlands verzichtet.«[33]

Die russische Unterstützung der Armenier kam auch dem Einfluß Rußlands in Aserbaidschan zugute. Im Juni 1993 wurde der aserbaidschanisch-nationalistische Führer Abulfas Eltschibei handstreichartig aus dem Amt gejagt und durch den früheren Kommunisten und vermutlich prorussischen Gejdar Alijew ersetzt. Alijew erkannte die Notwendigkeit, Rußland günstig zu stimmen, um Armenien in die Schranken zu weisen. Er widerrief die Weigerung Aserbaidschans, der Gemeinschaft Unabhängiger Staaten beizutreten und russische Truppen auf aserbaidschanischem Boden stationieren zu lassen. Er machte auch den Weg zu einer Beteiligung Rußlands an einem internationalen Konsortium zur Erschließung des aserbaidschanischen Erdöls frei. Dafür begann Rußland, aserbaidschanische Truppen auszubilden, und übte Druck auf Armenien aus, seine Unterstützung der Karabach-Streitkräfte zurückzuziehen und sie zum Rückzug von aserbaidschanischem Boden zu veranlassen. Indem Rußland sein Gewicht von einer Waagschale in die andere warf, konnte es auch Ergebnisse in Aserbaidschan erzielen und dem iranischen und türkischen Einfluß dort entgegenwirken. Die russische Unterstützung Armeniens stärkte also nicht nur den engsten Verbündeten Rußlands im Kaukasus, sondern schwächte auch dessen muslimische Hauptrivalen in der Region.

Die wichtigste Quelle der Unterstützung für Armenien war neben Rußland seine große, wohlhabende und einflußreiche Diaspora in Westeuropa und Nordamerika. Sie umfaßt rund 1 Million Armenier in den USA und 450.000 in Frankreich. Diese gewährten Hilfslieferungen und Geldmittel, die Armenien das Überleben der türkischen Blockade ermöglichten, und stellten Berater für die armenische Regierung und Freiwillige für die armenischen Streitkräfte. Die Beiträge der amerikanisch-armenischen Gemeinde zur Entlastung Armeniens beliefen sich Mitte der neunziger Jahre auf 50 bis 75 Millionen Dollar jährlich. Die Diasporagemeinden übten auch erheblichen politischen Druck auf die Regierungen ihres jeweiligen Gastlandes aus. Die größten armenischen Gemeinden der USA leben in den einflußreichen Bundesstaaten Kalifornien, Massachusetts und New Jersey. Also verbot der Kongreß jede Auslandshilfe für Aserbaidschan und machte Armenien, umgerechnet auf den Pro-Kopf-Anteil der Bevölkerung, zum drittgrößten Empfänger von amerikanischer Hilfe. Diese Unterstützung aus dem Ausland war für das Überleben Armeniens ausschlaggebend und trug dem Land den treffenden Spitznamen »Israel des Kaukasus« ein.[34] So wie die Angriffe Rußlands auf die Nordkaukasier im 19. Jahrhundert die Diaspora hervorbrachten, die den Tschetschenen den Widerstand gegen Rußland ermöglichte, ließen die türkischen Massaker an Armeniern Anfang des 20. Jahrhunderts eine Diaspora entstehen, die Armenien den Widerstand gegen die Türkei und den Sieg über Aserbaidschan ermöglichte.

Schauplatz der komplexesten, verwirrendsten und umfassendsten Abfolge von Bruchlinienkriegen Anfang der neunziger Jahre war das frühere Jugoslawien. Auf der primären Ebene kämpften in Kroatien die kroatische Regierung und Kroaten gegen die kroatischen Serben und in Bosnien-Herzegowina die bosnische Regierung gegen die bosnischen Serben und bosnischen Kroaten, die sich auch gegenseitig bekämpften. Auf der sekundären Ebene trat die serbische Regierung für ein »Großserbien« ein, indem sie die bosnischen und kroatischen Serben unterstützte. Die kroatische Regierung strebte ein »Großkroatien« an und unterstützte die bosnischen Kroaten. Auf der tertiären Ebene kam es zu einer massiven kulturellen Sammlungsbewegung: Deutschland, Österreich, der Vatikan, andere katholische Länder und Gruppierungen Europas und später die USA engagierten sich zugunsten Kroatiens; Rußland, Griechenland und andere orthodoxe Länder und Gruppen stellten sich hinter die Serben; der Iran, Saudi-Arabien, die Türkei, Libyen, die islamistische Internationale und islamische Länder generell begünstigten die bosnischen Muslime. Diese erhielten Unterstützung auch von den USA – eine kulturell nicht zu erklärende Anomalie in dem ansonsten einheitlichen Bild »Kin-Gruppe stützt Kin-Gruppe«. Die kroatische Diaspora in Deutschland und die bosnische Diaspora in der Türkei kamen ihrer jeweiligen Heimat zu Hilfe. Auf allen drei Seiten wurden Kirchen und religiöse Gruppen aktiv. Zumindest die Aktionen der deutschen, türkischen, russischen und amerikanischen Regierung wurden erheblich von Pressure-groups und von der öffentlichen Meinung in ihren Ländern beeinflußt.

Die Unterstützung durch Sekundär- und Tertiärparteien war entscheidend für die Art der Kriegsführung, die von ihnen auferlegten Zwänge waren ausschlaggebend für die Beendigung des Krieges. Die kroatische und die serbische Regierung stellten ihrem Volk, das in anderen Republiken kämpfte, Waffen, Nachschub, Geldmittel, Zufluchtsmöglichkeiten und mitunter auch Streitkräfte zur Verfügung. Serben, Kroaten und Muslime empfingen substantielle Hilfe durch ihre kulturelle Verwandtschaft außerhalb des früheren Jugoslawiens in Form von Geld, Waffen, Nachschub, Freiwilligen, miltärischer Ausbildung sowie politischer und diplomatischer Unterstützung. Die primär und auf nichtstaatlicher Ebene beteiligten Serben und Kroaten waren generell die extremsten Nationalisten, die unerbittlichsten in ihren Forderungen und die militantesten bei der Verfolgung ihrer Ziele. Die sekundär beteiligten Regierungen Kroatiens und Serbiens unterstützen zunächst sehr nachdrücklich ihre primär beteiligte Kin-Gruppe, wurden aber später mit Rücksicht auf ihre eigenen, differenzierteren Interessen dazu gebracht, eine mehr mäßigende und eindämmende Rolle zu spielen. Parallel dazu drängten die tertiär beteiligten Regierungen Rußlands, Deutschlands und Amerikas die sekundären Regierungen, denen sie bis dahin den Rücken gestärkt hatten, zu Zurückhaltung und Kompromißbereitschaft.

Das Auseinanderbrechen Jugoslawiens begann 1991, als Slowenien und Kroatien ihre Unabhängigkeit erklärten und die westeuropäischen Mächte um Unterstützung baten. Die Antwort des Westens wurde durch Deutschland festgelegt; die Antwort Deutschlands wurde zum großen Teil durch die katholische Schiene festgelegt. Die deutsche Regierung wurde von der katholischen Hierarchie Deutschlands, dem bayerischen Koalitionspartner CSU sowie der *Frankfurter Allgemeinen Zeitung* und anderen Medien zum Handeln gedrängt. Besonders die bayerischen Medien spielten eine ausschlaggebende Rolle dabei, in Deutschland Stimmung für die Anerkennung der beiden Länder zu machen. Flora Lewis schrieb: »Das bayerische Fernsehen, das stark unter dem Druck der sehr konservativen bayerischen Regierung und der starken, selbstbewußten katholischen Kirche mit ihren guten Verbindungen zur Kirche Kroatiens steht, lieferte die Fernsehberichte für ganz Deutschland, als der Krieg [mit den Serben] im Ernst begann. Die Berichterstattung war sehr einseitig.« Die Regierung zögerte mit der Anerkennung, hatte aber angesichts des Drucks von seiten der deutschen Öffentlichkeit kaum eine andere Wahl. »Die Unterstützung für die Anerkennung Kroatiens wurde in Deutschland von der öffentlichen Meinung herbeigezwungen, nicht von der Regierung angeboten.« Deutschland drängte die Europäische Union zur Anerkennung Sloweniens und Kroatiens und preschte vor, als dies sichergestellt war, um beide Länder noch vor der EU im Dezember 1991 anzuerkennen. »Während des ganzen Konflikts«, bemerkte ein deutscher Wissenschaftler 1995, »betrachtete Bonn Kroatien und dessen Führer Franjo Tudjman als eine Art Protégé der deutschen Außenpolitik, dessen erratisches Verhalten ärgerlich war, der aber trotzdem immer auf die feste Unterstützung durch Deutschland zählen konnte.«[35]

Österreich und Italien schlossen sich der Anerkennung unverzüglich an, und sehr schnell folgten die übrigen westlichen Länder einschließlich der USA. Auch der Vatikan spielte eine zentrale Rolle. Der Papst erklärte Kroatien zum »Schutzwall des [westlichen] Christentums« und beeilte sich ebenfalls, die beiden Länder noch vor der Europäischen Union anzuerkennen.[36] Der Vatikan wurde damit Partei in dem Konflikt, was 1994 Konsequenzen hatte, als der Papst Besuche in allen drei Republiken plante. Der Widerstand der orthodoxen Kirche Serbiens verhinderte, daß er nach Belgrad kam, und die Nichtbereitschaft der Serben, Sicherheitsgarantien zu geben, führte zur Absage seines Besuches in Sarajevo. Er kam jedoch nach Zagreb, wo er Kardinal Alojzieje Septinac ehrte, der im Zweiten Weltkrieg mit dem faschistischen Regime Kroatiens in Verbindung stand, das Serben, Zigeuner und Juden verfolgt und umgebracht hatte.

Nachdem Kroatien sich die Anerkennung seiner Unabhängigkeit durch den Westen gesichert hatte, begann es ungeachtet des Waffenembargos, das die UNO im September 1991 über alle früheren jugoslawischen Republiken verhängt hatte, seine militärische Stärke auszubauen. Aus europäischen Ländern mit starkem katholischem Bevölkerungsanteil wie Deutschland, Polen und Ungarn, aber auch aus lateinamerikanischen Ländern wie Panama, Chile und Bolivien flossen Waffen nach Kroatien. In dem Maße, wie der Krieg 1991 eskalierte, stiegen die spanischen Waffenexporte, angeblich »großenteils von Opus Dei kontrolliert«, binnen kurzer Zeit auf das Sechsfache; die meisten Waffen gelangten vermutlich nach Ljubljana und Zagreb. 1993 erwarb Kroatien Berichten zufolge von Deutschland und Polen – mit Wissen beider Regierungen – einige MIG-21. Die kroatischen Verteidigungskräfte wurden verstärkt durch Hunderte, möglicherweise Tausende von Freiwilligen »aus Westeuropa, der kroatischen Diaspora und den katholischen Ländern Osteuropas«, die darauf brannten, »einen christlichen Kreuzzug gegen den serbischen Kommunismus wie gegen den islamischen Fundamentalismus« zu führen. Professionelle Militärs aus westlichen Ländern lieferten technisches Know-how. Zum Teil dank dieser Hilfe durch ihre kulturell verwandten Länder konnten die Kroaten ihre militärische Stärke steigern und ein Gegengewicht gegen die serbisch dominierte jugoslawische Armee schaffen.[37]

Zur westlichen Unterstützung Kroatiens gehörte auch das Hinwegsehen über dessen ethnische Säuberungen und Verletzungen von Menschenrechten und Verhaltensregeln im Krieg, für die man regelmäßig die Serben an den Pranger stellte. Der Westen schwieg, als 1995 die auf Vordermann gebrachte kroatische Armee einen Angriff auf die Serben in der Krajina unternahm, die dort seit Jahrhunderten siedelten, und Hunderttausende von ihnen ins Exil nach Bosnien und Serbien trieb.

Kroatien profitierte auch von seiner umfangreichen Diaspora. Wohlhabende Kroaten in Westeuropa und Nordamerika steuerten Mittel für Waffen und Ausrüstung bei. Kroatenverbände in den USA betätigten sich im Kongreß und beim Präsidenten als Lobby für Kroatien. Besonders wichtig und einflußreich waren die 600.000 Kroaten in Deutschland. »Kroatische Gemeinden in Kanada, den USA, Australien und Deutschland machten mobil, um die junge Unabhängigkeit ihrer Heimat zu verteidigen,«[38] und stellten Hunderte von Freiwilligen für die kroatische Armee.

1994 schlossen sich auch die USA der Unterstützung der kroatischen Aufrüstung an. Die USA ignorierten die massiven kroatischen Verstöße gegen das Waffenembargo der UNO, gewährten den Kroaten militärische Ausbildung und gestatteten hohen US-Generälen im Ruhestand, sie zu beraten. Die Regierungen der USA und Deutschlands gaben den Kroaten grünes Licht für ihre Offensive in der Krajina 1995. Amerikanische Militärberater waren an der Planung dieses Angriffs im amerikanischen Stil beteiligt, der laut Auskunft der Kroaten auch von Informationen durch amerikanische Spionagesatelliten profitierte. Kroatien sei »de facto unser strategischer Verbündeter« geworden, kommentierte ein Sprecher des amerikanischen Außenministeriums. In dieser Entwicklung spiegele sich »die langfristige Berechnung, daß es letzten Endes zwei lokale Mächte geben wird, die diesen Teil der Welt beherrschen werden – eine in Zagreb und eine in Belgrad, eine mit Washington verbunden, die andere eingefügt in einen bis nach Moskau reichenden slawischen Block.«[39]

Die jugoslawischen Kriege bewirkten auch einen praktisch einmütigen Schulterschluß der Orthodoxen mit Serbien. Russische Nationalisten, Offiziere, Parlamentarier und Führer der orthodoxen Kirche hielten mit ihrer Unterstützung Serbiens, ihrer Geringschätzung der bosnischen »Türken« und ihrer Kritik am Imperialismus des Westens und der NATO nicht hinter dem Berg. Russische und serbische Nationalisten arbeiteten Hand in Hand und schürten in beiden Ländern den Widerstand gegen die »neue Weltordnung« im Sinne des Westens. Breite Teile der russischen Bevölkerung sympathisierten mit ihnen; so lehnten zum Beispiel 60 Prozent der Einwohner Moskaus im Sommer 1995 NATO-Luftangriffe ab. In mehreren Großstädten warben russische Nationalisten erfolgreich junge Russen für »die Sache der slawischen Brüderschaft« an. Berichten zufolge meldeten sich tausend und mehr junge Russen sowie Freiwillige aus Griechenland und Rumänien zu den serbischen Streitkräften, um gegen »katholische Faschisten« und »islamische Militante« zu kämpfen. 1992 soll Berichten zufolge eine russische Einheit »in Kosakenuniform« in Bosnien operiert haben. 1995 dienten Russen in serbischen Eliteeinheiten, und einem UNO-Bericht zufolge waren russische und griechische Kämpfer am serbischen Angriff auf die UNO-Schutzzone Zepa beteiligt.[40]

Trotz des Waffenembargos versorgten seine orthodoxen Freunde Serbien mit den notwendigen Waffen und Geräten. Anfang 1993 scheinen russische Militär- und Nachrichtenorganisationen den Serben T-55-Panzer, Antiraketen-Raketen und Luftabwehrraketen im Wert von 300 Millionen Dollar verkauft zu haben. Russische Militärtechniker gingen Berichten zufolge nach Serbien, um diese Geräte zu bedienen und Serben in ihrer Bedienung zu schulen. Serbien erwarb Waffen von anderen orthodoxen Ländern, wobei Rumänien und Bulgarien die »aktivsten« Lieferanten und auch die Ukraine ein Geberland war. Russische Friedenssicherungstruppen in Ostslawonien lenkten außerdem UN-Lieferungen zu den Serben um, erleichterten den Serben militärische Bewegungen und halfen den serbischen Streitkräften beim Erwerb von Waffen.[41]

Trotz der Wirtschaftssanktionen konnte sich Serbien relativ gut versorgen dank des massiven Treibstoff- und sonstigen Schmuggels teils aus Timisoara (organisiert von rumänischen Regierungsbeamten), teils aus Albanien (organisiert von italienischen, später von griechischen Gesellschaften mit stillschweigendem Einverständnis der griechischen Regierung). Ladungen mit Lebensmitteln, Chemikalien, Computern und anderen Waren aus Griechenland gelangten über Mazedonien nach Serbien, entsprechende Mengen serbischer Exporte gelangten heraus.[42] Die Lockungen des Dollars in Verbindung mit der Sympathie für die kulturelle Verwandtschaft machten die Wirtschaftssanktionen der UNO gegen Serbien ebenso zu einem Witz wie das Waffenembargo der UNO gegen alle früheren jugoslawischen Teilrepubliken.

Während der ganzen Dauer der jugoslawischen Kriege distanzierte sich Griechenland von den Maßnahmen, die westliche Mitgliedsländer der NATO gebilligt hatten, lehnte die Militäraktion der NATO in Bosnien ab, unterstützte die Serben in der UNO und fungierte als Lobby Serbiens bei der amerikanischen Regierung, um die Aufhebung der Wirtschaftssanktionen gegen Serbien zu erreichen. 1994 unterstrich der griechische Ministerpräsident Andreas Papandreou die Bedeutung der starken Bindung der Orthodoxen zu Serbien, wobei er dem Vatikan, Deutschland und der Europäischen Union öffentlich die Hast vorhielt, womit sie Ende 1991 die diplomatische Anerkennung Sloweniens und Kroatiens forciert hätten.[43]

Boris Jelzin als Spitzenpolitiker eines Tertiärbeteiligten kam von zwei Seiten unter Druck: einerseits wünschte er, die guten Beziehungen zum Westen aufrechtzuerhalten, auszubauen und fruchtbar zu machen, andererseits wollte er den Serben helfen und seinen politischen Gegnern den Wind aus den Segeln nehmen, die ihm regelmäßig vorwarfen, vor dem Westen zu kuschen. Alles in allem setzte sich letztere Betrachtungsweise durch, und die diplomatische Unterstützung Rußlands für die Serben war kontinuierlich und konsequent. 1993 und 1995 sprach sich die russische Regierung energisch gegen die Verhängung strengerer Wirtschaftssanktionen gegen Serbien aus, und das russische Parlament stimmte fast einmütig für die Aufhebung der bestehenden Sanktionen gegen die Serben. Rußland drang auch auf eine Verschärfung des Waffenembargos gegen die Muslime und auf die Verhängung von Wirtschaftssanktionen gegen Kroatien. Im Dezember 1993 bat Rußland eindringlich, die Wirtschaftssanktionen zu lockern, um Serbien mit Erdgas für den

Winter beliefern zu können, ein Ansinnen, das von den USA und Großbritannien abgelehnt wurde. 1994 und noch einmal 1995 sprach sich Rußland kategorisch gegen NATO-Luftangriffe auf die bosnischen Serben aus. Ebenfalls 1995 verurteilte die russische Duma die Bombenangriffe fast einstimmig und verlangte den Rücktritt von Außenminister Andrej Kosyrew wegen seiner unzulänglichen Verteidigung der nationalen Interessen Rußlands auf dem Balkan. Ebenfalls 1995 beschuldigte Rußland die NATO des »Völkermords« an den Serben, und Präsident Jelzin kündigte an, weitere Bombardierungen würden die Kooperation Rußlands mit dem Westen, einschließlich der Mitarbeit in der NATO-Partnerschaft für den Frieden, drastisch beeinflussen. »Wie können wir ein Abkommen mit der NATO treffen«, fragte er, »wenn die NATO Serben bombardiert?« Der Westen messe offenkundig mit zweierlei Maß: »Wie kommt es, daß bei Angriffen der Muslime nichts gegen sie unternommen wird? Oder bei Angriffen der Kroaten?«[44] Rußland wandte sich auch konsequent gegen Bemühungen um Aufhebung des Waffenembargos gegen die früheren jugoslawischen Teilrepubliken, das hauptsächlich die bosnischen Muslime traf, und versuchte regelmäßig, das Embargo noch zu verschärfen.

Rußland nutzte seine Stellung in der UNO und anderswo auf mannigfache Weise, um serbische Interessen zu verteidigen. Im September 1994 legte es sein Veto gegen eine von den muslimischen Ländern eingebrachte Resolution des UNO-Sicherheitsrates ein, die den Transport von Treibstoff aus Serbien zu den bosnischen und kroatischen Serben untersagt hätte. Im April 1994 blockierte Rußland eine UNO-Resolution zur Verurteilung der ethnischen Säuberungen durch die Serben. Es verhinderte auch die Berufung einer Person aus einem NATO-Land als Ankläger bei den UN-Kriegsverbrecherprozessen aufgrund zu unterstellender Voreingenommenheit gegen die Serben, erhob Einspruch gegen die Anklage gegen den bosnisch-serbischen General Ratko Mladic durch das Internationale Tribunal für Verbrechen im früheren Jugoslawien und bot Mladic Asyl in Rußland an.[45]

Im September 1993 verzögerte Rußland die Erneuerung des UNO-Auftrages für die 22.000 Mann starke UN-Friedenstruppe im früheren Jugoslawien. Im Sommer 1995 lehnte Rußland – ohne allerdings sein Veto einzulegen – eine Resolution des Sicherheitsrates ab, die weitere 12.000 Mann zur Friedenssicherung abstellte, und verurteilte sowohl die kroatische Offensive gegen die Krajina als auch das Versäumnis westlicher Regierungen, Maßnahmen gegen diese Offensive zu ergreifen.

Der umfassendste und effizienteste kulturelle Schulterschluß war der der muslimischen Welt mit den bosnischen Muslimen. Die bosnische Sache war weltweit in den muslimischen Ländern populär; Hilfe für die Bosnier kam aus einer Fülle öffentlicher und privater Quellen; muslimische Regierungen, namentlich die des Iran und Saudi-Arabiens, wetteiferten miteinander in der Gewährung von Unterstützung und der Gewinnung des damit verbundenen Einflusses. Sunnitische und schiitische, fundamentalistische und laizistische, arabische und nichtarabische muslimische Gesellschaften von Marokko bis Malaysia schlossen sich an. Bekundungen muslimischer Unterstützung für die Bosnier reichten von humanitärer Hilfe (darunter allein 90 Millionen Dollar aus Saudi-Arabien im Jahre 1995) über diplomatische Unterstützung und massiven militärischen Beistand bis zu Akten der Gewalt, wie zum Beispiel 1993 in Algerien der Tötung von zwölf Kroaten durch islamistische Extremisten »zur Vergeltung des Massakers an unseren muslimischen Glaubensgenossen, denen in Bosnien die Kehle durchgeschnitten wurde«.[46] Dieser kulturelle Schulterschluß hatte wesentliche Auswirkungen auf den Gang des Krieges. Er war ausschlaggebend für das Überleben des bosnischen Staates und dessen Erfolg bei der Rückeroberung von Territorien nach den anfänglichen überragenden Siegen der Serben. Er förderte erheblich die Islamisierung der bosnischen Gesellschaft und die Identifikation der bosnischen Muslime mit der weltweiten islamischen Gemeinschaft. Und er war für die USA ein Anreiz, sich aufgeschlossen für bosnische Bedürfnisse zu zeigen.

Einzeln und kollektiv bekundeten muslimische Regierungen immer wieder ihre Solidarität mit ihren bosnischen Glaubensgenossen. Der Iran stellte sich 1992 an die Spitze der Bewegung, indem er den Krieg als religiösen Konflikt mit christlichen Serben bezeichnete, die in einem Völkermord an bosnischen Muslimen begriffen seien. Mit dieser Initiative leistete der Iran, wie Fouad Ajami bemerkte, »eine Anzahlung auf die Dankbarkeit des bosnischen Staates«, lieferte das Modell und die Anregung für andere muslimische Mächte, ihm zu folgen – so etwa die Türkei und Saudi-Arabien. Auf Irans Drängen hin griff die Organisation der Islamischen Konferenz (OIC) das Thema auf und gründete eine Lobby für die bosnische Sache, die bei der UNO tätig sein sollte. Im August 1992 prangerten islamische UNO-Vertreter in der UNO-Vollversammlung den angeblichen Völkermord an, und namens der OIC legte die Türkei eine Resolution vor, die ein militärisches Eingreifen nach Artikel 7 der UNO-Charta forderte. Die muslimischen Länder setzten dem Westen eine Frist bis Anfang 1993, Maßnahmen zum Schutz der Bosnier zu ergreifen; danach würden sie sich berechtigt fühlen, Bosnien mit Waffen zu beliefern. Im Mai 1993 verurteilte die OIC den von den westlichen Nationen und Rußland vorgelegten Plan, Schutzzonen für Muslime einzurichten und die Grenze zu Serbien zu überwachen, auf jedes militärische Eingreifen jedoch zu verzichten. Sie verlangte die Beendigung des Waffenembargos, den Einsatz von militärischer Gewalt gegen die schweren serbischen Waffen, scharfe Kontrolle der serbischen Grenze und die Hinzuziehung von Truppen aus muslimischen Ländern zu den Friedenstruppen. Im folgenden Monat veranlaßte die OIC gegen westliche und russische Einwände die UNO-Menschenrechtskonferenz, eine Resolution zu billigen, die die serbische und kroatische Aggression verurteilte und ein Ende des Waffenembargos forderte. Im Juli 1993 machte sich die OIC zur Verlegenheit des Westens erbötig, der UNO für eine Friedenstruppe 18.000 Mann zur Verfügung zu stellen; die Soldaten sollten aus dem Iran, der Türkei, Malaysia, Tunesien, Pakistan und Bangladesch kommen. Die USA legten ihr Veto gegen die Beteiligung des Iran ein, und die Serben lehnten türkische Truppen energisch ab. Diese trafen trotzdem im Sommer 1994 in Bosnien ein, und 1995 umfaßte die 25.000-köpfige UNO-Schutztruppe 7000 Mann aus der Türkei, Pakistan, Malaysia, Indonesien und Bangladesch. Im August 1993 sprach eine Lobby-Delegation der OIC unter Leitung des türkischen Außenministers bei Boutros Boutros-Ghali und Warren Christopher vor, um sofortige NATO-Luftangriffe zum Schutz der Bosnier vor serbischen Angriffen zu unterstützen. Daß der Westen diese Maßnahme nicht ergriff, soll Berichten zufolge zu ernsthaften Spannungen zwischen der Türkei und ihren NATO-Verbündeten geführt haben.[47]

Daraufhin unternahmen die Ministerpräsidentinnen der Türkei und Pakistans einen publizistisch stark beachteten Besuch in Sarajevo, um die Belange der Muslime ins rechte dramatische Licht zu rücken, und die OIC wiederholte erneut ihre Forderungen nach militärischem Beistand für die Bosnier. Im Sommer 1995 bewog das Unvermögen des Westens, die Schutzzonen vor serbischen Angriffen zu schützen, die Türkei zur Bewilligung von Militärhilfe für Bosnien und zur Ausbildung bosnischer Truppen, Malaysia zu der Verpflichtung, Bosnien trotz des UNO-Embargos Waffen zu verkaufen, und die Vereinigten Arabischen Emirate zur Bewilligung von Finanzmitteln für militärische und humanitäre Zwecke. Im August 1995 erklärten die Außenminister von neun OIC-Ländern das UN-Waffenembargo für nichtig, und im September billigten die 52 Mitglieder der OIC Waffen und Wirtschaftshilfe für die Bosnier.

Im ganzen Islam weckte kein anderes Thema so einhellige Unterstützung; ein besonders Echo rief das Los der Bosnier jedoch in der Türkei hervor. Bosnien war praktisch bis 1878 und theoretisch bis 1908 Teil des Osmanischen Reiches gewesen, und Einwanderer und Flüchtlinge aus Bosnien machen rund 5 Prozent der türkischen Bevölkerung aus. Das türkische Volk empfand Sympathie für die bosnische Sache und bekundete Empörung über das offensichtliche Unvermögen des Westens, die Bosnier zu schützen, und die oppositionelle islamistische Wohlfahrtspartei schlachtete dieses Thema gegen die Regierung aus. Regierungsvertreter wiederum betonten die besondere Verantwortung der Türkei für alle Muslime auf dem Balkan, und die Regierung drang regelmäßig auf das militärische Eingreifen der UNO zum Schutz der bosnischen Muslime.[48]

Die bei weitem wichtigste Hilfe, die die *Ummah* den bosnischen Muslimen gewährte, war militärischer Beistand: Waffen, Geld zum Ankauf von Waffen, militärische Ausbildung und Freiwillige. Unmittelbar nach Ausbruch des Krieges bat die bosnische Regierung die *Mudschaheddin* ins Land, und die Gesamtzahl der Freiwilligen belief sich Berichten zufolge auf etwa 4000 – mehr als die ausländischen Kämpfer auf seiten der Serben oder der Kroaten. Zu ihnen gehörten Einheiten der iranischen Republikanischen Garde und viele ehemalige Afghanistankämpfer. Es gab unter ihnen gebürtige Pakistanis, Türken, Iraner, Algerier, Saudis, Ägypter und Sudanesen, dazu albanische und türkische Gastarbeiter aus Deutschland, Österreich und der Schweiz. Religiöse Organisationen in Saudi-Arabien stellten viele Freiwillige; zwei Dutzend Saudis wurden 1992 bereits in den allerersten Monaten des Krieges getötet; und die Weltversammlung der Muslimischen Jugend flog verwundete Kämpfer zur medizinischen Betreuung nach Dschidda. Im Herbst 1992 trafen Guerillakämpfer der libanesischen schiitischen Hisbollah ein, um die bosnische Armee auszubilden; später wurde die Ausbildung im wesentlichen von den iranischen Republikanischen Garden übernommen. Im Frühjahr 1994 berichteten westliche Nachrichtendienste, daß eine 400 Mann starke Einheit der iranischen Republikanischen Garde mit dem Aufbau extremistischer Guerilla- und Terroristeneinheiten befaßt sei. »Die Iraner sehen hierin eine Möglichkeit, Europa an seiner empfindlichsten Stelle zu treffen«, kommentierte eine offizielle Stimme aus den USA. Nach UNO-Angaben bildeten die Mudschaheddin 3000 bis 5000 Bosnier für den Einsatz in speziellen islamistischen Brigaden aus. Die bosnische Regierung benutzte die Mudschaheddin »für terroristische, illegale und Stoßtrupp-Einsätze«, wobei diese Einheiten häufig auch die Bevölkerung drangsalierten und sonstige Probleme für die Regierung aufwarfen. Die Vereinbarungen von Dayton sahen vor, daß sämtliche ausländischen Kombattanten Bosnien zu verlassen hätten, doch verhalf die bosnische Regierung manchen Kämpfern dadurch zum Bleiben, daß sie ihnen die bosnische Staatsbürgerschaft verlieh und die iranischen Republikanischen Garden als Hilfskräfte ausgeben ließ. »Die bosnische Regierung hat diesen Gruppen und insbesondere den Iranern eine Menge zu verdanken«, gab ein amerikanischer Experte Anfang 1996 zu bedenken: »Die Regierung hat sich zur Festigkeit gegen sie außerstande gezeigt. Wir werden in zwölf Monaten draußen sein, aber die Mudschaheddin haben die Absicht, zu bleiben.«[49]

Die reichen Staaten der *Ummah*, an der Spitze Saudi-Arabien und Iran, steuerten ungeheuere Summen zum Ausbau der militärischen Stärke Bosniens bei. In den ersten Monaten des Krieges 1992 gewährten die saudische Regierung und Private den Bosniern Hilfe im Wert von 150 Millionen Dollar – vorgeblich für humanitäre Zwecke, die aber nach verbreiteter Einschätzung großenteils für militärische Zwecke verwendet wurden. Berichten zufolge erhielten die Bosnier in den ersten zwei Jahren des Krieges Waffen im Wert von 160 Millionen Dollar. Zwischen 1993 und 1995 erhielten die Bosnier zusätzlich 300 Millionen Dollar für Waffenkäufe von den Saudis sowie 500 Millionen Dollar für vorgeblich humanitäre Hilfe. Auch der Iran war eine Hauptquelle der Militärhilfe; er gab Hunderte von Millionen von Dollar pro Jahr für Waffen für die Bosnier aus. Von den Waffen im Gesamtwert von 2 Milliarden Dollar, die in den ersten Jahren der Kämpfe nach Bosnien gelangten, gingen einem anderen Bericht zufolge 80 bis 90 Prozent an die Muslime. Aufgrund dieser Finanzhilfen konnten die Bosnier Tausende von Tonnen Waffen kaufen. Eine abgefangene Lieferung enthielt 4000 Gewehre und eine Million Schuß Munition, eine andere 11.000 Gewehre, 30 Mörser und 750.000 Schuß Munition; eine dritte enthielt Boden-Boden-Raketen, Munition, Jeeps und Pistolen. Alle diese Lieferungen stammten aus dem Iran, der wichtigsten Quelle der bosnischen Rüstung; aber auch die Türkei und Malaysia waren bedeutende Waffenlieferanten. Einige Waffen wurden direkt nach Bosnien geflogen, die meisten kamen jedoch über Kroatien, entweder auf dem Luftweg über Zagreb und dann weiter auf dem Landweg oder auf dem Seeweg nach Split oder zu anderen kroatischen Häfen und dann weiter auf dem Landweg. Als Gegenleistung für diese Erlaubnis behielten die Kroaten einen Teil der Waffen, Berichten zufolge ein Drittel, für sich, untersagten jedoch mit Rücksicht darauf, daß sie in der Zukunft vielleicht auch gegen Bosnien zu kämpfen hatten, wohlweislich den Transport von Panzern und schwerer Artillerie durch ihr Territorium.[50]

Geld, Männer, Ausbildung und Waffen aus dem Iran, Saudi-Arabien, der Türkei und anderen muslimischen Ländern versetzten die Bosnier in die Lage, aus ihrer von allen bespöttelten »Arme-Leute«-Armee eine recht ordentlich ausgerüstete, kompetente militärische Streitkraft zu machen. Bis zum Winter 1994 registrierten außenstehende Beobachter in der bosnischen Armee einen dramatischen Zuwachs an organisatorischer Kohärenz und militärischer Effizienz.[51] Um ihrer neugewonnenen militärischen Stärke zur Wirkung zu verhelfen, brachen die Bosnier eine Feuerpause und unternahmen erfolgreiche Offensiven zuerst gegen kroatische Milizen und dann später im Frühjahr 1994 gegen die Serben. Im Herbst 1994 verließ das Fünfte Armee-Korps der Bosnier die UN-Schutzzone Bihac und schlug serbische Kräfte zurück, womit es den bis dahin größten bosnischen Sieg errang und bedeutende Gebiete von den Serben zurückeroberte, die wiederum durch Präsident Milosevic's Embargo behindert wurden. Im März 1995 brach die bosnische Armee erneut eine Waffenruhe und begann bei Tuzla einen großen Vormarsch, dem im Juni eine Offensive rund um Sarajevo folgte. Die Unterstützung durch ihre muslimische Verwandtschaft war ein notwendiger und entscheidender Faktor, der die bosnische

Regierung in die Lage versetzte, diese Wende im militärischen Gleichgewicht in Bosnien herbeizuführen.

Der Krieg in Bosnien war ein Krieg der Kulturen. Die drei Primärbeteiligten gehörten zu unterschiedlichen Kulturkreisen und hingen unterschiedlichen Religionen an. Mit einer partiellen Ausnahme entsprach die Beteiligung von Sekundär- und Tertiär-Akteuren genau diesem kulturellen Muster. Weltweit stellten sich muslimische Staaten und Organisationen hinter die bosnischen Muslime und gegen die Kroaten und Serben. Orthodoxe Länder und Organisationen unterstützten weltweit die Serben und stellten sich gegen die Kroaten und Muslime. Westliche Regierungen und Eliten hielten es mit den Kroaten, geißelten die Serben und waren den Muslimen gegenüber generell gleichgültig oder ängstlich. Im Laufe des Krieges vertieften sich die Haßgefühle und Gräben zwischen den Gruppen, und ihre religiöse und kulturelle Identität schärfte sich, am auffallendsten bei den Muslimen. Alles in allem sind aus dem bosnischen Krieg folgende Lehren zu ziehen: Erstens: Primärbeteiligte an Bruchlinienkriegen können darauf zählen, Hilfe – mitunter substantielle Hilfe – von ihren kulturellen Verwandten zu erhalten. Zweitens: Diese Hilfe kann den Verlauf des Krieges entscheidend beeinflussen. Drittens: Regierungen und Menschen der einen Kultur geben nicht ihr Blut und ihr Geld dafür, daß Menschen einer anderen Kultur einen Bruchlinienkrieg führen können.

Die eine partielle Ausnahme von diesem kulturellen Muster waren die USA, deren Spitze in ihrer Rhetorik die Muslime begünstigten. In der Praxis war die Unterstützung durch die USA eher gering. Die Administration Clinton billigte den Einsatz amerikanischer Flugzeuge, nicht aber amerikanischer Bodentruppen zum Schutz von UN-Sicherheitszonen und trat für eine Beendigung des Waffenembargos ein. Sie übte keinen ernsthaften Druck auf ihre Verbündeten aus, letztere Forderung zu unterstützen, duldete aber dafür stillschweigend sowohl iranische Waffenlieferungen an die Bosnier als auch saudi-arabische

Finanzhilfen für bosnische Waffenkäufe und hörte 1994 auf, das Embargo durchzusetzen.[52] Durch dieses Verhalten verärgerten die USA ihre Verbündeten und lösten eine nach allgemeiner Einschätzung gravierende Krise in der NATO aus. Nachdem die Vereinbarungen von Dayton unterzeichnet waren, willigten die USA ein, mit Saudi-Arabien und anderen muslimischen Ländern bei der Ausbildung und Ausrüstung der bosnischen Streitkräfte zusammenzuarbeiten. Die Frage ist also: Wie kommt es, daß die USA während und nach dem Krieg das einzige Land waren, das aus dem kulturellen Gleis ausscherte, um als einziges nichtmuslimisches Land die Interessen der bosnischen Muslime zu vertreten und mit muslimischen Ländern zu ihren Gunsten zusammenzuarbeiten? Wie erklärt sich diese amerikanische Anomalie?

Eine Möglichkeit ist, daß es sich in Wirklichkeit gar nicht um eine Anomalie handelte, sondern um sehr genau berechnete kulturelle Realpolitik. Mit ihrer Parteinahme für die Bosnier und ihr – erfolgloses – Eintreten für eine Beendigung des Embargos versuchten die USA, den Einfluß fundamentalistisch-muslimischer Länder wie Iran und Saudi-Arabien auf die bis dahin laizistischen und nach Europa orientierten Bosnier zu vermindern. Wenn dies freilich das Motiv war, warum duldeten die USA stillschweigend die iranische und saudi-arabische Hilfe für Bosnien, und warum drangen sie nicht energischer auf Beendigung des Embargos, wodurch westliche Hilfe legitimiert worden wäre? Warum warnten amerikanische Stimmen nicht öffentlich vor den Gefahren des islamistischen Fundamentalismus auf dem Balkan? Eine andere Erklärung für das amerikanische Verhalten wäre, daß die US-Regierung von ihren Freunden in der muslimischen Welt, namentlich der Türkei und Saudi-Arabien, unter Druck gesetzt wurde und deren Wünschen nachgab, um die guten Beziehungen zu ihnen nicht zu gefährden. Indessen wurzeln diese guten Beziehungen in der Konvergenz von Interessen, die nichts mit Bosnien zu tun haben, und wären durch die Verweigerung amerikanischer Hilfe für Bosnien kaum ernsthaft beschädigt worden. Außerdem würde diese Erklärung nicht erklären, warum die USA die Überführung riesiger Waffenmengen aus dem Iran nach Bosnien zu einem Zeitpunkt implizit billigten, zu dem die USA an anderen Fronten regelmäßig den Iran herausforderten und Saudi-Arabien mit dem Iran um den Einfluß in Bosnien wetteiferte.

Erwägungen kultureller Realpolitik mögen also für die amerikanische Einstellung eine gewisse Rolle gespielt haben, doch scheinen andere Faktoren einen größeren Einfluß gehabt zu haben. Amerika möchte in jedem auswärtigen Konflikt die Kräfte des Guten und die Kräfte des Bösen kennen und sich mit den guten verbünden. Die Greueltaten der Serben in der Frühphase des Krieges führten dazu, daß die Serben als »die Bösen« hingestellt wurden, die unschuldige Menschen umbrachten und dem Völkermord frönten, während die Bosnier es verstanden, von sich das Bild des hilflosen Opfers zu lancieren. Während des ganzen Krieges schenkte die amerikanische Presse den von Kroaten und Muslimen begangenen ethnischen Säuberungen und Kriegsverbrechen oder den Übergriffen auf UN-Sicherheitszonen und den Verletzungen von Feuerpausen durch die bosnischen Streitkräfte wenig Aufmerksamkeit. Für die Amerikaner wurden die Bosnier, wie einst Rebecca West formulierte, ihr »Lieblingsvolk auf dem Balkan, das sie in ihr Herz schlossen – leidend und unschuldig, ewig die Hingeschlachteten und nie die Schlächter.«[53]

Auch die amerikanischen Eliten waren den Bosniern gewogen, weil ihnen die Vorstellung von einem multikulturellen Land zusagte, und in der Frühphase des Krieges verstand es die bosnische Regierung, dieses Image zu pflegen. Den ganzen Krieg hindurch blieb die amerikanische Politik hartnäckig der Idee eines multiethnischen Bosnien verpflichtet, ungeachtet der Tatsache, daß die bosnischen Serben und die bosnischen Kroaten sie überwiegend ablehnten. Obwohl die Gründung eines multiethnischen Staates offenkundig unmöglich war, wenn – wie man gleichzeitig glaubte – die eine ethnische Gruppe einen Völkermord an der anderen ethnischen Gruppe beging, verschmolzen die amerikanischen Eliten diese widersprüchlichen Vorstellungen in ihrem Kopf zu einem weitverbreiteten Gefühl der Sympathie mit der bosnischen Sache. Idealismus, Moralismus, humanitäre Instinkte, Naivität und Unkenntnis der Verhältnisse auf dem Balkan: dies alles bewog die Amerikaner, probosnisch und antiserbisch zu sein. Gleichzeitig hatte die US-Regierung durch das Fehlen besonderer amerikanischer Sicherheitsinteressen in Bosnien und jeglicher kultureller Verbindungen zu Bosnien keinen Grund, über die Duldung iranischer und saudischer Rüstungslieferungen hinaus viel für das Land zu tun. Durch ihre Weigerung, den Krieg als das zu sehen, was er war, stieß die amerikanische Regierung ihre Verbündeten vor den Kopf, verlängerte die Kämpfe und trug dazu bei, auf dem Balkan einen muslimischen Staat entstehen zu lassen, der stark vom Iran beeinflußt ist. Am Ende empfanden die Bosnier tiefe Bitterkeit gegen die USA, die große Worte gemacht, aber wenig getan hatten, und tiefe Dankbarkeit gegen ihre muslimischen Verwandten, die mit den notwendigen Geldmitteln und Waffen zur Stelle gewesen waren, damit Bosnien überleben und militärische Siege verbuchen konnte.

»Bosnien ist unser Spanien«, bemerkte Bernard-Henri Lévy, und ein saudischer Redakteur pflichtete bei: »Der Krieg in Bosnien und Herzegovina ist das emotionale Äquivalent zum Kampf gegen den Faschismus im spanischen Bürgerkrieg geworden. Die Menschen, die dort gefallen sind, werden als Märtyrer betrachtet, die versucht haben, ihre muslimischen Glaubensgenossen zu retten.«[54] Der Vergleich ist treffend. In einem Zeitalter der Kulturen ist Bosnien jedermanns Spanien. Der spanische Bürgerkrieg war ein Krieg zwischen politischen Systemen und Ideologien, der Bosnienkrieg ein Krieg zwischen Kulturen und Religionen. Demokraten, Kommunisten und Faschisten kamen nach Spanien, um an der Seite ihrer jeweiligen Glaubensbrüder zu kämpfen, und demokratische, kommunistische und (am aktivsten) faschistische Regierungen gewährten ihnen Hilfe. Die jugoslawischen Kriege erlebten eine ähnliche massive Mobilisierung auswärtiger Unterstützung durch westliche Christen, orthodoxe Christen und Muslime zugunsten ihrer kulturellen Verwandten. Die wichtigsten Mächte – Orthodoxie, Islam und der Westen – wurden tief in das Ringen hineingezogen. Nach vier Jahren fand der spanische Bürgerkrieg ein definitives Ende mit dem Sieg der Franco-Truppen. Die Kriege zwischen den Religionsgemeinschaften auf dem Balkan mögen nachlassen und zeitweilig sogar zum Stillstand kommen, aber niemand wird einen entscheidenden Sieg verbuchen, und kein Sieg bedeutet: kein Ende. Der spanische Bürgerkrieg war ein Vorspiel zum Zweiten Weltkrieg. Der bosnische Krieg ist eine weitere blutige Episode in einem andauernden Kampf der Kulturen.

Bruchlinienkriege zum Stillstand bringen

»Jeder Krieg muß enden.« Das ist die konventionelle Weisheit; aber gilt sie auch für Bruchlinienkriege? Die Antwort lautet: ja und nein. Die Gewalt entlang kultureller Bruchlinien mag eine Zeitlang ganz aufhören, aber sie endet selten für immer. Kennzeichnend für Bruchlinienkriege sind häufige Waffenruhen, Feuerpausen, Waffenstillstände, nicht aber umfassende Friedensverträge, in denen zentrale politische Streitfragen gelöst werden. Diesen flackernden »Ein-und-aus«-Charakter haben sie, weil sie in tiefen Bruchlinienkonflikten wurzeln, bei denen es um alte Gegensätze und Feindschaften zwischen Gruppen unterschiedlicher Kulturen geht. Die Konflikte wiederum wurzeln in der geographischen Nähe, der unterschiedlichen Religion, Kultur, Gesellschaftsstruktur und geschichtlichen Erinnerung der beiden Gesellschaften. Im Laufe von Jahrhunderten können diese Gesellschaften sich weiterentwickeln, und der zugrunde liegende Konflikt kann sich auflösen. Oder der Konflikt kann schnell und brutal verschwinden, indem eine Gruppe die andere auslöscht. Sofern jedoch keines von beidem geschieht, dauert der Konflikt fort und mit ihm die wiederkehrenden Perioden der Gewalt.

Bruchlinienkriege sind sporadische Kriege, Bruchlinienkonflikte schwelen endlos.

Um auch nur die zeitweilige Einstellung eines Bruchlinienkrieges herbeizuführen, bedarf es für gewöhnlich zweier Faktoren. Der eine ist die Erschöpfung der Primärbeteiligten. Irgendwann, wenn die Zahl der Opfer in die Zehntausende, die der Flüchtlinge in die Hunderttausende gestiegen ist und Städte – Beirut, Grosny, Vukovar – in Schutt und Asche liegen, rufen die Menschen »Wahnsinn, Wahnsinn! Genug ist genug!«, die Radikalen auf beiden Seiten vermögen nicht mehr die Volkswut anzustacheln, in Verhandlungen, die sich jahrelang ergebnislos hingeschleppt haben, kommt frischer Wind, und die Gemäßigten behaupten sich und erreichen irgendeine Abmachung, die das Gemetzel beendet. Im Frühjahr 1994 hatte der sechsjährige Krieg um Berg-Karabach Armenier wie Aserbaidschaner »erschöpft«, und so einigten sie sich auf einen Waffenstillstand. Im Herbst 1995 wurde in ähnlicher Weise aus Bosnien berichtet: »Alle Seiten sind erschöpft«, und die Vereinbarungen von Dayton nahmen Gestalt an.[55] Derartige Friedensschlüsse tragen jedoch den Keim des Scheiterns in sich. Sie ermöglichen es beiden Seiten, sich zu erholen und ihre Ressourcen aufzufüllen. Sobald dann eine Seite die Chance eines Vorteils sieht, geht der Krieg weiter.

Zu einer zeitweiligen Kriegspause ist aber noch ein weiterer Faktor erforderlich: das Engagement von Sekundär- oder Tertiärbeteiligten, die Interesse und Durchsetzungsfähigkeit genug haben, um die kämpfenden Parteien an einen Tisch zu bringen. Bruchlinienkriege werden niemals aufgrund direkter Verhandlungen zwischen den Primärparteien allein und nur selten auf Vermittlung unparteiischer Seiten eingestellt. Der kulturelle Abstand, heftige Haßgefühle und die Gewalt, die beide Seiten einander zugefügt haben, machen es den Primärparteien extrem schwer, sich zusammenzusetzen und produktiv eine Feuerpause zu erörtern. Die tieferen politischen Streitfragen, wer welches Gebiet und welche Menschen unter welchen Bedingungen kontrolliert, schieben sich ständig in den Vordergrund und verhindern eine Einigung selbst über begrenztere Fragen.

Konflikte zwischen Ländern oder Gruppen mit gemeinsamer Kultur können gelegentlich beigelegt werden durch die Vermittlung einer unparteiischen dritten Seite, die ebenfalls dieser Kultur angehört und hohes Ansehen genießt und der daher von beiden Seiten zugetraut wird, daß sie eine in den Werten dieser Kultur gründende Lösung findet. So konnte der Papst erfolgreich im argentinisch-chilenischen Grenzkonflikt vermitteln. In Konflikten zwischen Gruppen aus unterschiedlichen Kulturen jedoch gibt es keine unparteiischen Seiten. Es ist überaus schwer, eine einzelne Persönlichkeit, eine Institution oder einen Staat zu finden, den beide Parteien für vertrauenswürdig halten. Jeder potentielle Vermittler gehört einem der konfligierenden Kulturkreise oder aber einem dritten Kulturkreis mit einer wieder anderen Zivilisation und anderen Interessen an, die in keiner der Konfliktparteien Vertrauen erwecken. Den Papst werden weder Tschetschenen und Russen noch Tamilen und Singhalesen um Vermittlung bitten. Internationale Organisationen scheitern für gewöhnlich ebenfalls, weil sie nicht in der Lage sind, den Konfliktparteien spürbare Kosten aufzuzwingen oder spürbare Vorteile auszusetzen.

Bruchlinienkriege werden nicht durch unparteiische Individuen, Gruppen oder Organisationen beendet, sondern durch eigennützige Sekundär- und Tertiärparteien, die sich hinter ihre kulturellen Verwandten gestellt haben und in der Lage sind, einerseits mit den Sekundär- und Tertiärparteien der anderen Seite Vereinbarungen auszuhandeln und andererseits ihre kulturellen Verwandten zur Annahme dieser Vereinbarungen zu bewegen. Der kulturelle Schulterschluß verschärft und verlängert zwar den Krieg, ist aber in der Regel auch eine notwendige, wiewohl nicht hinreichende Bedingung für die Begrenzung und Einstellung des Krieges. Sekundär- und Tertiärverbündete legen in der Regel keinen Wert darauf, zu kämpfenden Primärbeteiligten des Krieges gemacht zu werden, und versuchen diesen daher unter Kontrolle zu halten. Sie haben auch differenziertere Interessen als die Primärbeteiligten, die ihr Augenmerk ausschließlich auf den Krieg richten, und sind in den Beziehungen zueinander mit anderen Fragen befaßt. Daher werden sie es wahrscheinlich irgendwann als ihrem Interesse dienend ansehen, das Kämpfen zu beenden. Aufgrund des Schulterschlusses mit ihren Verwandten haben sie auch Macht über ihre Verwandten. So wirken also die Sekundär- und Tertiärparteien auf eine Beschränkung und schließlich die Einstellung der Kampfhandlungen hin.

Kriege ohne Sekundär- oder Tertiärparteien beinhalten eine geringere Wahrscheinlichkeit des Umsichgreifens als andere, sind aber auch schwerer einzustellen, ebenso Kriege zwischen Gruppen aus Kulturen ohne Kernstaat. Besondere Probleme werfen Bruchlinienkriege auf, die einen Aufstand in einem etablierten Staat involvieren, ohne daß eine nennenswerte Unterstützung durch Sekundär- oder Tertiärparteien gegeben wäre. Falls der Krieg eine gewisse Zeit andauert, erhöhen die Aufständischen generell ihre Forderungen und verlangen nicht mehr irgendeine Form der Autonomie, sondern vollständige Unabhängigkeit, was die Regierung ablehnt. Die Regierung fordert für gewöhnlich, daß die Aufständischen als ersten Schritt zur Beendigung der Kämpfe die Waffen niederlegen, was die Aufständischen ablehnen. Die Regierung lehnt natürlich auch die Einschaltung Dritter in das Problem ab, das in ihren Augen eine rein innere Angelegenheit unter Beteiligung von »verbrecherischen Elementen« ist. Die Definition des Problems als innere Angelegenheit liefert andern Staaten auch den Vorwand dafür, sich nicht einzumischen, wie das in bezug auf die westlichen Mächte und Tschetschenien der Fall gewesen ist. Diese Probleme werden noch verwickelter, wenn die beteiligten Kulturen keinen Kernstaat haben. So konnte zum Beispiel der Krieg im Sudan, der 1956 ausgebrochen war, 1972 beendet werden, als die Parteien erschöpft waren und der Weltkirchenrat und der Allafrikanische Kirchenrat in einer für nichtstaatliche Organisationen einzigartigen Leistung das Abkommen von Addis Abeba aushandelten, das dem Südsudan die Autonomie brachte. Zehn Jahre später setzte jedoch die Regierung das Abkommen außer Kraft, der Krieg begann wieder, die Aufständischen steckten ihre Ziele noch höher, die Position der Regierung verhärtete sich, und Bemühungen um eine neue Verhandlungslösung zur Einstellung des Krieges scheiterten. Weder die arabische Welt noch Afrika hatten Kernstaaten, die Interesse und Durchsetzungskraft genug besaßen, um die Beteiligten unter Druck zu setzen. Vermittlungsversuche des früheren amerikanischen Präsidenten Jimmy Carter und diverser afrikanischer Politiker scheiterten ebenso wie die Bemühungen eines Ausschusses von ostafrikanischen Staaten, dem Kenia, Eritrea, Uganda und Äthiopien angehörten. Die USA, deren Beziehungen zum Sudan ausgesprochen feindselig sind, konnten nicht direkt eingreifen; ebensowenig konnten sie den Iran, den Irak oder Libyen, die alle enge Beziehungen zum Sudan unterhalten, um sinnvolle Einflußnahme bitten; sie waren daher darauf beschränkt, Saudi-Arabien zu gewinnen, aber der saudische Einfluß auf den Sudan war auch begrenzt.[56]

Generell werden Verhandlungen über eine Feuerpause in dem Umfang begünstigt, wie es ein gleich starkes und paralleles Engagement von Sekundär- und Tertiärparteien beider Seiten gibt. Unter bestimmten Umständen kann ein einzelner Kernstaat mächtig genug sein, um ein Ende des Krieges herbeizuführen. 1992 versuchte die Konferenz für Sicherheit und Zusammenarbeit in Europa (KSZE), im armenisch-aserbaidschanischen Krieg zu vermitteln. Es wurde ein Ausschuß, die Minsk-Gruppe, geschaffen, dem die Primär-, Sekundär- und Tertiärparteien des Konfliktes (Berg-Karabach-Armenier, Armenien, Aserbaidschan, Rußland, die Türkei) sowie Frankreich, Deutschland, Italien, Schweden, die Tschechische Republik, Weißrußland und die USA angehörten. Diese Länder hatten, mit Ausnahme der USA und Frankreichs mit ihren nennenswerten armenischen Diasporagemeinden, wenig Interesse und wenig oder gar keine Möglichkeiten, ein Ende des Krieges herbeizuführen. Als die beiden Tertiärparteien Rußland und Türkei sowie die USA sich auf einen Plan geeinigt hatten, wurde er von den Berg-Karabach-Armeniern abgelehnt. Rußland aber initiierte auf eigene Faust in Moskau eine lange Reihe von Verhandlungen zwischen Armenien und Aserbaidschan, die »eine Alternative zur Minsk-Gruppe schufen ... und damit die Bemühungen der internationalen Gemeinschaft gegenstandslos machten.«[57] Nachdem sich bei den primären Konfliktparteien Erschöpfung breitgemacht hatte und Rußland sich die Unterstützung des Iran für die Verhandlungen hatte zusichern lassen, führte der russische Vorstoß schließlich zur Vereinbarung einer Feuerpause. Als Sekundärparteien kooperierten Rußland und der Iran auch bei den sporadisch erfolgreichen Versuchen, eine Feuerpause in Tadschikistan zu vereinbaren.

Rußland wird im Transkaukasus weiterhin präsent bleiben und daher in der Lage sein, die von ihm vermittelte Feuerpause durchzusetzen, solange es daran ein Interesse hat. Anders ist die Situation der USA im Hinblick auf Bosnien. Das Abkommen von Dayton gründete auf Vorschlägen, die von der »Kontaktgruppe«, das heißt den interessierten Kernstaaten (Deutschland, Großbritannien, Frankreich, Rußland und USA) ausgearbeitet worden waren. Allerdings war keine der anderen tertiären Parteien an der Ausarbeitung der endgültigen Vereinbarung enger beteiligt, und zwei der drei Primärparteien des Krieges standen bei den Verhandlungen abseits. Die Durchsetzung des Abkommens obliegt einer von den USA dominierten NATO-Truppe. Falls die USA ihre Truppen aus Bosnien abziehen, wird es weder für die europäischen Mächte noch für Rußland einen Anreiz geben, die Einhaltung des Abkommens weiter zu erzwingen. Für die bosnische Regierung, die bosnischen Serben und die bosnischen Kroaten wird es jeden Anreiz geben, die Kämpfe erneut aufzunehmen, nachdem sie wieder zu Kräften gekommen sind; und die serbische und die kroatische Regierung werden versucht sein, die Gelegenheit zu ergreifen und ihren Traum von einem Großserbien beziehungsweise einem Großkroatien in die Tat umzusetzen.

Robert Putnam hat anschaulich gemacht, wie sehr Verhandlungen zwischen Staaten ein »Zwei-Ebenen-Spiel« sind: Die Diplomaten verhandeln sowohl mit Zielgruppen in ihrer eigenen Heimat als auch gleichzeitig mit ihren Kollegen aus dem anderen Land. In einer analogen Untersuchung hat Huntington gezeigt, wie Reformer in einer autoritären Regierung, die mit Gemäßigten in der Opposition über den Übergang zur Demokratie verhandeln, gleichzeitig mit den Hardlinern in der eigenen Regierung verhandeln oder fertig werden müssen, während die Gemäßigten dasselbe mit den Radikalen in der Opposition tun müssen.[58] Diese Zwei-Ebenen-Spiele erfordern ein Minimum von vier Parteien und mindestens drei, oft sogar vier Beziehungen zwischen ihnen. Ein komplexer Bruchlinienkrieg ist ein Drei-Ebenen-Krieg mit mindestens sechs Parteien und mindestens sieben Beziehungen zwischen ihnen (siehe Abbildung 11.1). Horizontale Beziehungen über die Bruchlinie hinweg existieren zwischen den Primär-, Sekundär- und Tertiärparteien beider Seiten. Vertikale Beziehungen existieren zwischen den verschiedenen Ebenen innerhalb jeder Kultur. Um eine Einstellung der Kämpfe in einem diesem Modell entsprechenden »ausgewachsenen« Krieg zu erreichen, sind folgende Faktoren erforderlich:

- aktives Engagement der Sekundär- und Tertiärparteien;
- Verhandlungen zwischen den Tertiärparteien um die Rahmenbedingungen für eine Beendigung der Kämpfe;
- eine Zuckerbrot-und-Peitsche-Politik der Tertiärparteien, um die Sekundärparteien zur Annahme dieser Bedingungen zu bewegen und auch die Primärparteien zu deren Annahme zu drängen;
- Entzug der Unterstützung der Primärparteien und letzten Endes deren Verrat durch die Sekundärparteien; und
- infolge dieses Druckes Annahme der Bedingungen durch die Primärparteien, die selbstverständlich gegen sie verstoßen werden, wenn dies in ihrem Interesse zu liegen scheint.

Der Friedensprozeß in Bosnien wies alle diese Elemente auf. Bemühungen einzelner Akteure, der USA, Rußlands, der Europäischen Union, eine Vereinbarung zu erzielen, blieben bemerkenswert erfolglos. Die westlichen Mächte zögerten, Rußland als gleichberechtigten Partner in den Prozeß einzubeziehen. Die Russen protestierten energisch gegen ihren Ausschluß, wobei sie darauf verwiesen, daß sie historische Verbindungen mit den Serben und auch direktere Interessen auf dem Balkan als jede andere Großmacht hätten. Rußland bestand auf seiner Rolle als gleichberechtigter Partner bei den Bemühungen um eine Beilegung der Konflikte und verurteilte energisch »die Tendenz der USA, ihre eigenen Bedingungen zu diktieren«. Die Notwendigkeit, die Russen einzubeziehen, wurde im Februar 1994 offenkundig. Ohne Konsultation Rußlands setzte die NATO den bosnischen Serben ein Ultimatum für den Abzug ihrer schweren Waffen aus dem Gebiet um Sarajevo und drohte andernfalls mit Luftangriffen. Die Serben wiesen diese Aufforderung zurück, und eine gewaltsame Konfrontation mit der NATO schien in der Luft zu liegen. Jelzin sagte warnend: »Einige Leute versuchen, die Bosnienfrage ohne Beteiligung Rußlands zu lösen«, und setzte hinzu: »Das werden wir nicht zulassen.« Dann ergriff die russische Regierung die Initiative und überredete die Serben, ihre Waffen abzuziehen, sofern Rußland Friedenstruppen in das Gebiet von Sarajevo entsandte. Dieser diplomatische Coup verhinderte eine Eskalation der Gewalt, demonstrierte dem Westen die Durchsetzungsfähigkeit Rußlands bei den Serben und führte russische Truppen mitten in das zwischen bosnischen Muslimen und Serben umstrittene Gebiet.[59] Durch dieses Manöver untermauerte Rußland wirkungsvoll seinen Anspruch auf »gleichberechtigte Partnerschaft« mit dem Westen im Umgang mit Bosnien.

Im April 1994 gab die NATO jedoch erneut ihre Einwilligung zur Bombardierung serbischer Stellungen, ohne Rußland zu konsultieren. Dies rief im gesamten politischen Spektrum Rußlands eine ungeheuer negative Reaktion hervor und stärkte die nationalistische Opposition gegen Jelzin und Kosyrew. Unmittelbar darauf gründeten die relevanten Tertiärmächte – Großbritannien, Frankreich, Deutschland, Rußland und die USA – die Bosnien-Kontaktgruppe, um eine Friedensregelung auszuarbeiten. Im Juni 1994 legte die Gruppe einen Plan vor, der 51 Prozent Bosniens einer muslimisch-kroatischen Föderation und 49 Prozent den bosnischen Serben zusprach und der zur Grundlage der späteren Vereinbarung von Dayton wurde. Im folgenden Jahr erwies es sich als notwendig, Vorkehrungen für die Beteiligung russischer Truppen an der Durchsetzung der Abmachungen von Dayton zu treffen.

Vereinbarungen zwischen den Primärparteien müssen den Sekundär- und Primärakteuren schmackhaft gemacht werden. Wie der russische Diplomat Vitaly Tschurkin sagte, mußten die Amerikaner die Bosnier bearbeiten, die Deutschen die Kroaten und die Russen die Serben.[60] In der Anfangsphase der jugoslawischen Kriege hatte Rußland ein folgenschweres Zugeständnis gemacht, indem es Wirtschaftssanktionen gegen Serbien zustimmte. Als verwandtes Land, dem die Serben trauen konnten, war Rußland manchmal auch in der Lage, die Serben zu zügeln und durch Druck zur Annahme von Kompromissen zu bringen, die sie sonst abgelehnt hätten. So setzte sich Rußland 1995 gemeinsam mit Griechenland bei den bosnischen Serben für die Freilassung holländischer Friedenstruppen ein, die sie als Geiseln genommen hatten. Mitunter brachen die bosnischen Serben jedoch Vereinbarungen, denen sie unter russischem Druck zugestimmt hatten, und brachten damit Rußland in Verlegenheit, weil es nicht in der Lage war, für seine Verwandtschaft zu bürgen. So trafen die Russen zum Beispiel im April 1994 eine Vereinbarung mit den bosnischen Serben, daß sie ihren Angriff auf Gorazde einstellen würden, doch danach brachen die Serben diese Vereinbarung. Die Russen tobten. Die bosnischen Serben seien »kriegswütig« geworden, erklärte ein russischer Diplomat. Jelzin beharrte: »Die serbische Führung muß die Verpflichtung erfüllen, die sie gegenüber Rußland eingegangen ist«, und Rußland zog seine Einwände gegen NATO-Luftangriffe auf serbische Stellungen zurück.[61]

Deutschland und andere westliche Staaaten unterstützten und stärkten zwar Kroatien, vermochten das Verhalten der Kroaten aber auch zu zügeln. Präsident Tudjman war zutiefst darauf erpicht, daß sein katholisches Land als europäisches Land anerkannt und in europäische Organisationen aufgenommen werden würde. Die westlichen Mächte nutzten sowohl die diplomatische, wirtschaftliche und militärische Unterstützung, die sie Kroatien gewährten, als auch den Wunsch der Kroaten nach Zugehörigkeit zum »Club«, um Tudjman in vielen Streitfragen kompromißbereit zu stimmen. Im März 1995 wurde Tudjman vor Augen geführt, daß er dem Verbleib der UN-Schutztruppe in der Krajina zustimmen müsse, falls Kroatien Teil des Westens zu werden wünsche. Ein europäischer Diplomat sagte damals: »Der Anschluß an den Westen ist für Tudjman sehr wichtig. Er will nicht mit den Serben und den Russen allein zurückbleiben.« Man gab ihm auch zu verstehen, daß seine Truppen ethnische Säuberungen zu unterlassen hätten, als sie in der Krajina und anderswo von Serben bewohnte Gebiete eroberten, und daß er auf die Ausweitung seiner Offensive nach Ostslawonien verzichten müsse. In einer anderen Streitfrage wurde den Kroaten bedeutet, daß für sie, wie ein US-Diplomat es formulierte, »das Tor zum Westen auf ewig verschlossen bleiben« werde, falls sie nicht der Föderation mit den Muslimen beiträten.[62] Als wichtigste ausländische Quelle der Finanzhilfe für Kroatien war besonders Deutschland in einer starken Position, das Verhalten der Kroaten zu beeinflussen. Die enge Beziehung, welche die USA zu Kroatien aufbauten, trug ebenfalls dazu bei, Tudjman wenigstens noch 1995 an der Realisierung seines oft geäußerten Wunsches zu hindern, Bosnien-Herzegowina zwischen Kroatien und Serbien aufzuteilen.

Im Gegensatz zu Rußland und Deutschland fehlte den USA die kulturelle Gemeinsamkeit mit ihrem bosnischen Klienten, weshalb sie in einer schwachen Position waren und die Muslime kaum durch Druck zu Kompromissen bewegen konnten. Außerdem halfen die USA abgesehen von ihrer Rhetorik den Bosniern nur dadurch, daß sie bei den Verletzungen des Waffenembargos durch den Iran und andere muslimische Staaten ein Auge zudrückten. Infolgedessen empfanden die bosnischen Muslime zunehmende Dankbarkeit gegenüber der größeren islamischen Gemeinschaft und identifizierten sich in zunehmendem Maße mit dieser. Gleichzeitig verurteilten sie die USA, weil sie »mit zweierlei Maß« mäßen und die Aggression gegen sie (die Bosnier) nicht ebenso abwehrten wie die gegen Kuwait. Daß die bosnischen Muslime sich als Opfer präsentierten, machte es für die USA doppelt schwer, durch Druck auf sie ihre Verständigungsbereitschaft zu erhöhen. Sie waren daher in der Lage, Friedensvorschläge abzulehnen, mit Hilfe ihrer muslimischen Freunde ihre militärische Stärke auszubauen und schließlich die Initiative zu ergreifen und einen wesentlichen Teil des verlorenen Gebietes zurückzuerobern.

Widerstand gegen Kompromisse ist bei den Primärparteien ausgeprägt. Im transkaukasischen Krieg dominierte die ultranationalistische Armenische Revolutionäre Föderation (Daschnak), die in der armenischen Diaspora sehr stark war, das Gebiet Berg-Karabach, lehnte die von der armenischen und der aserbaidschanischen Regierung akzeptierten türkisch-russisch-amerikanischen Friedensvorschläge vom Mai 1993 ab, unternahm militärische Offensiven, die den Vorwurf ethnischer Säuberungen provozierten, vergrößerte die Aussicht auf ein Umsichgreifen des Krieges und verschlechterte ihre Beziehungen zu der gemäßigteren armenischen Regierung. Der Erfolg der Berg-Karabach-Offensive warf Probleme für Armenien auf, das sehr auf Verbesserung seiner Beziehungen zur Türkei und zum Iran bedacht war, um die aus dem Krieg und der türkischen Blockade resultierende Nahrungsmittel- und Energieknappheit zu lindern. »Je besser die Dinge für Karabach laufen, desto schwieriger wird es für Eriwan«, kommentierte ein westlicher Diplomat.[63] Der armenische Präsident Levon Ter-Petrosjan mußte wie Präsident

Jelzin den Druck der Nationalisten in seinem Parlament im übergeordneten außenpolitischen Interesse einer Verständigung mit anderen Staaten abwehren, und Ende 1994 verbot seine Regierung die Daschnak-Partei in Armenien.

Wie die Armenier von Berg-Karabach bezogen die bosnischen Serben und die bosnischen Kroaten Hardliner-Positionen. Infolgedessen entstanden, als die kroatische und die serbische Regierung bedrängt wurden, um am Friedensprozeß mitzuwirken, Probleme in den Beziehungen zu ihrer bosnischen Verwandtschaft. Mit den Kroaten war es weniger schwierig, da die bosnischen Kroaten formell, wenn auch nicht in der Praxis dem Beitritt zu einer Föderation mit den Muslimen zustimmten. Dafür wurde der durch persönliche Feindschaft verschärfte Konflikt zwischen Präsident Milosevic und dem Anführer der bosnischen Serben Radovan Karadzic heftig und öffentlich. Im August 1994 lehnte Karadzic den Friedensplan ab, dem Milosevic zugestimmt hatte. Die serbische Regierung, die ein Ende der Sanktionen erreichen wollte, kündigte an, sie werde bis auf Lebensmittel und Medikamente den Handel mit den bosnischen Serben einstellen. Als Gegenleistung lockerte die UNO die Sanktionen gegen Serbien. Im Jahr darauf erlaubte Milosevic der kroatischen Armee, die Serben aus der Krajina zu vertreiben, und kroatischen und muslimischen Truppen, sie in Nordwestbosnien zurückzuschlagen. Er war sich auch mit Tudjman einig, die allmähliche Rückkehr des von Serben eroberten Ostslawoniens unter kroatische Kontrolle zuzulassen. Mit Billigung der Großmächte »übergab« er bei den Verhandlungen in Dayton praktisch die bosnischen Serben, indem er sie in seine Delegation integrierte.

Milosevic's Handlungsweise bewirkte die Beendigung der UNO-Sanktionen gegen Serbien. Sie trug ihm auch die vorsichtige Billigung einer einigermaßen verdutzten internationalen Gemeinschaft ein. Der nationalistische, aggressive, ethnisch säubernde großserbische Kriegshetzer von 1992 wurde zum Friedensstifter von 1995. Für viele Serben war er freilich zum

Verräter geworden. In Belgrad wurde er von serbischen Nationalisten und von orthodoxen Kirchenführern verurteilt, während die verbitterten Serben der Krajina und Bosniens ihm Verrat vorwarfen. Damit kopierten sie natürlich nur die Vorwürfe, die von Siedlern der West Bank gegen die israelische Regierung wegen deren Abmachung mit der PLO erhoben wurden. Verrat an der kulturellen Verwandtschaft ist der Preis des Friedens in einem Bruchlinienkrieg.

Erschöpfung durch den Krieg und die Anreize und Pressionen von Tertiärparteien erzwingen Veränderungen bei den Sekundär- und Primärparteien. Extremisten, die an der Macht sind, werden entweder durch Gemäßigte abgelöst, oder sie finden wie Milosevic, daß es in ihrem Interesse ist, sich zu mäßigen. Das ist freilich mit einem gewissen Risiko verbunden. Wer als Verräter angesehen wird, zieht viel leidenschaftlicheren Haß auf sich als ein Feind. Führende Persönlichkeiten der Kaschmir-Muslime, der Tschetschenen und der Sri-Lanka-Singhalesen erlitten dasselbe Schicksal wie Sadat und Rabin, weil sie die Sache verraten und den Versuch gemacht hatten, mit dem Erzfeind Kompromißlösungen auszuhandeln. 1914 ermordete ein serbischer Nationalist einen österreichischen Erzherzog. In der Zeit nach Dayton dürfte sein plausibelstes Opfer Slobodan Milosevic sein.

Eine Vereinbarung über die Einstellung eines Bruchlinienkrieges wird in dem Maße erfolgreich sein – sei es auch nur vorübergehend –, wie sie das lokale Machtgleichgewicht zwischen den Primärparteien und die Interessen der Tertiär- und Sekundärparteien widerspiegelt. Die Aufteilung Bosniens im Verhältnis 51:49 war 1994 nicht praktikabel, als die Serben 70 Prozent des Landes unter ihrer Kontrolle hatten. Sie wurde praktikabel, als die Offensiven der Kroaten und Muslime den serbischen Einflußbereich auf fast die Hälfte reduzierten. Der Friedensprozeß wurde auch durch die vorgefallenen ethnischen Säuberungen begünstigt; die Serben wurden auf weniger als drei Prozent der Bevölkerung Kroatiens reduziert, und Mitglieder aller drei Gruppen wurden in Bosnien gewaltsam oder freiwillig getrennt. Darüber hinaus müssen für Sekundär- und Tertiärparteien, letztere oft die Kernstaaten von Kulturen, in einem Krieg reale Sicherheits- oder kommunale Interessen auf dem Spiel stehen, wenn sie eine praktikable Lösung mittragen sollen. Allein auf sich gestellt können Primärbeteiligte einen Bruchlinienkrieg nicht beenden. Die Einstellung solcher Kriege und die Verhinderung ihrer Eskalation zu Weltkriegen hängt in erster Linie von den Interessen und Handlungen der Kernstaaten der großen Kulturkreise der Welt ab. Ein Bruchlinienkrieg kocht von unten her hoch, ein Bruchlinienfrieden sickert von oben herab.

V

DIE ZUKUNFT DER KULTUREN

Kapitel 12

Der Westen, die Kulturen, »Zivilisation«

Erneuerung des Westens?

In der Geschichte jeder Kultur endet deren Geschichte mindestens einmal, gelegentlich auch öfter. Sobald die globale Phase einer Kultur beginnt, lassen ihre Menschen sich täuschen durch das, was Toynbee die »Fata Morgana der Unsterblichkeit« nennt, und sind überzeugt, daß ihre Gesellschaftsordnung die endgültige sei. So war es im Römischen Reich, im Abbasiden-Kalifat, im Mogulnreich und im Osmanischen Reich. Die Bürger eines solchen Weltstaates, sagt Arnold Toynbee, neigen dazu, in ihm trotz scheinbar unübersehbarer Tatsachen nicht die Zuflucht für eine Nacht zu sehen, sondern »das Gelobte Land, das Endziel menschlichen Strebens«. Dasselbe galt auf dem Höhepunkt der Pax Britannica zum Beispiel für die englische Mittelschicht 1897: »Wie sie es sahen, war für sie die menschliche Geschichte aus … Und sie hatten allen Grund, sich zu dem dauerhaften Zustand der Glückseligkeit zu gratulieren, den dieser Ausgang der Geschichte ihnen beschert hatte.«[1] Gesellschaften, die annehmen, daß ihre Geschichte zu Ende sei, sind jedoch für gewöhnlich Gesellschaften, deren Geschichte bald im Niedergang begriffen sein wird.

Ist der Westen eine Ausnahme von diesem Schema? Melko hat die beiden Schlüsselfragen auf den Punkt gebracht:

> »Erstens: Ist die westliche Zivilisation eine neue Spezies, eine Klasse für sich, unvergleichlich anders als alle Zivilisationen, die bisher existiert haben?
> Zweitens: Droht (oder verspricht) ihre weltweite Expansion die Entwicklungsmöglichkeiten aller anderen Zivilisationen zu beenden?«[2]

Die meisten Westler neigen natürlich dazu, beide Fragen zu bejahen. Und vielleicht haben sie recht. Aber in der Vergangenheit haben die Völker anderer Kulturen ähnlich gedacht, und sie irrten gewaltig.

Der Westen unterscheidet sich offensichtlich von allen anderen Kulturkreisen, die bisher existiert haben, durch seine überwältigende Auswirkung auf alle Kulturen, die es seit 1500 gegeben hat. Er hat auch die Prozesse der Modernisierung und Industrialisierung in Gang gesetzt, die sich weltweit verbreiteten, und daraufhin haben Gesellschaften aller anderen Kulturkreise den Versuch gemacht, mit dem Westen an Wohlstand und Modernität gleichzuziehen. Bedeuten aber diese Charakteristika des Westens, daß seine kulturelle Entwicklungsgeschichte und Dynamik vollkommen verschieden waren von dem Bild, das alle anderen Kulturen in dieser Beziehung boten? Das Zeugnis der Geschichte und die Befunde der vergleichenden Kulturgeschichte lassen anderes vermuten. Die Entwicklung des Westens ist bis heute nicht signifikant von den entwicklungsgeschichtlichen Mustern abgewichen, die allen historisch bekannten Kulturen gemeinsam sind. Das Wiedererstarken des Islam und die wirtschaftliche Dynamik Asiens beweisen, daß auch andere Kulturen gesund und munter sind und zumindest potentiell eine Gefahr für den Westen darstellen. Ein großer Krieg, an dem der Westen und die Kernstaaten anderer Kulturen beteiligt sind, ist nicht unvermeidlich, aber auch nicht unmöglich. Andererseits könnte sich der allmähliche, zögerliche Niedergang des Westens, der Anfang des 20. Jahrhunderts begann, noch jahrzehnte- oder gar jahrhundertelang fortsetzen. Oder der Westen könnte eine Periode der Erneuerung durchmachen, seinen Einfluß auf die Weltangelegenheiten wieder steigern und seine Stellung als führende Kultur behaupten, die andere Kulturen als Vorbild akzeptieren und der sie nacheifern.

Die wahrscheinlich brauchbarste Periodisierung der Entwicklungsgeschichte historisch belegter Kulturen stammt von Carroll Quigley.[3] Seiner These zufolge nahm die westliche Kultur zwischen 370 und 750 n. Chr. allmählich Gestalt an, indem sie Elemente der klassischen, der semitischen, der Sarazenen- und der Barbaren-Kultur miteinander vermischte. Die Periode der Reifung dauerte von der Mitte des 8. Jahrhunderts bis zum Ende des 10. Jahrhunderts; auf sie folgte ein für Hochkulturen ungewöhnliches Schwanken zwischen Phasen der Expansion und Phasen des Konflikts. Nach Auffassung Quigleys und anderer Kulturhistoriker scheint der Westen gegenwärtig dabei zu sein, aus einer solchen Konfliktphase herauszutreten. Der westliche Kulturkreis ist zu einer Sicherheitszone geworden; innerwestliche Kriege sind bis auf gelegentliche ökonomische Scharmützel buchstäblich undenkbar geworden. Wie in Kapitel 2 dargelegt, entwickelt der Westen heute das Äquivalent eines Weltreiches in Form eines komplexen Systems von Staatenbünden, Bundesstaaten, Regimen und anderen Arten von Institutionen der Kooperation, die auf kultureller Ebene die Bindung des Westens an eine demokratisch-pluralistische Politik verkörpern. Der Westen ist, mit einem Wort, eine »reife« Gesellschaft an der Schwelle dessen geworden, was künftige Generationen einmal als ein »goldenes Zeitalter« betrachten werden, eine Periode des Friedens, die laut Quigley resultiert aus »dem Fehlen rivalisierender Einheiten im Inneren der betreffenden Zivilisation und aus der Entferntheit oder dem Fehlen von Kämpfen mit anderen Gesellschaften außerhalb ihrer«. Es ist auch eine Periode der Prosperität, vorbereitet durch »die Beendigung innerer kriegerischer Zerstörung, die Beseitigung innerer Handelsbarrieren, die Einführung eines gemeinsamen Maß-, Gewichts- und Münzsystems und das extensive System von Regierungsausgaben im Zusammenhang mit der Errichtung eines Weltreichs.«

In früheren Kulturen endete diese Phase eines seligen Goldenen Zeitalters mit ihren Unsterblichkeitsvisionen entweder dramatisch und schnell mit dem Sieg einer fremden Gesellschaft oder langsam, aber nicht minder schmerzhaft durch inneren Zerfall. Was im Inneren einer Kultur vorgeht, ist für ihre Widerstandsfähigkeit gegen zerstörende Einflüsse von außen ebenso entscheidend wie für das Aufhalten des inneren Verfalls. Kulturen wachsen, behauptete Quigley 1961, weil sie ein »Instrument der Expansion« besitzen, das heißt eine militärische, religiöse, politische oder wirtschaftliche Organisation, die den erwirtschafteten Überschuß akkumuliert und ihn in produktive Neuerungen investiert. Kulturen erleben ihren Niedergang, wenn sie aufhören, »den Überschuß in die Aufgabe zu stecken, Dinge auf neue Weise zu tun. Modern ausgedrückt würde man sagen: die Investitionsrate sinkt.« Dies geschieht, weil die gesellschaftlichen Gruppen, die den Überschuß kontrollieren, ein persönliches Interesse daran haben, ihn »für unproduktive, aber ego-förderliche Zwecke« zu gebrauchen, »wodurch die Überschüsse in den Konsum fließen, anstatt effizientere Produktionsmethoden zu ermöglichen«. Die Menschen zehren vom Kapital, und die Kultur geht aus der Phase des Universalstaates in die Phase des Verfalls über. In dieser Periode finden sich

> »akute wirtschaftliche Depression, sinkende Lebensstandards, Bürgerkriege zwischen den verschiedenen angestammten Interessen und zunehmendes Analphabetentum. Die Gesellschaft wird immer schwächer. Es werden vergebliche Anstrengungen gemacht, durch Gesetze dem Schwund entgegenzusteuern. Aber der Niedergang hält an. Die religiöse, geistige, soziale und politische Ebene der Gesellschaft verliert die Gefolgschaft der Massen des Volkes in großem Umfang. Neue religiöse Bewegungen erfassen die Gesellschaft. Es wächst der Unwille, für die Gesellschaft zu kämp-

fen oder sie auch nur durch das Entrichten von Steuern zu unterstützen.«

Der Verfall führt sodann zur Phase der Invasion: »Die Zivilisation, zur Selbstverteidigung nicht mehr *fähig*, weil zur Selbstverteidigung nicht mehr *bereit*, ist weit offen für ›barbarische Eindringlinge‹«, die häufig aus »einer anderen, jüngeren, kraftvolleren Zivilisation« kommen.[4]

Die eine große Lehre aus der Geschichte der Kulturen lautet jedoch, daß vieles wahrscheinlich, aber nichts unausweichlich ist. Kulturen können sich reformieren und erneuern, und sie haben es getan. Die entscheidende Frage für den Westen lautet, ob er – von äußeren Herausforderungen einmal abgesehen – fähig ist, die inneren Verfallsprozesse aufzuhalten und umzukehren. Kann der Westen sich erneuern, oder wird anhaltende innere Fäulnis einfach sein Ende und/oder seine Unterordnung unter andere, wirtschaftlich und demographisch dynamischere Kulturen beschleunigen?

Mitte der neunziger Jahre wies der Westen viele jener Merkmale auf, die Quigley als Kennzeichen einer reifen Kultur an der Schwelle zum Verfall aufzählt. Wirtschaftlich war der Westen bei weitem reicher als jede andere Kultur, aber er hatte auch, besonders im Vergleich zu den Gesellschaften Ostasiens, ein niedriges Wirtschaftswachstum sowie eine niedrige Spar- und Investitionsrate. Der individuelle und kollektive Konsum hatte Vorrang vor der Bildung von Grundlagen für künftige wirtschaftliche und militärische Macht. Das natürliche Bevölkerungswachstum war niedrig, besonders im Vergleich zu dem der islamischen Länder. Freilich mußte keines dieser Probleme zwangsläufig katastrophale Folgen haben. Die Volkswirtschaften des Westens wuchsen noch immer; im großen und ganzen waren die Völker des Westens immer besser dran; und auf dem Gebiet der wissenschaftlichen Forschung und technologischen Innovation behauptete der Westen noch immer seine Führungsposition. Zwar würden die niedrigen Geburtenziffern kaum durch die Regierungen beseitigt werden (deren einschlägige Bemühungen generell noch weniger erfolgreich sind als ihre Bemühungen um Reduktion des Bevölkerungswachstums). Indessen könnte die Einwanderung von Menschen aus nichtwestlichen Kulturen eine potentielle Quelle der Auffrischung und neuen menschlichen Kapitals werden, sofern sie zwei Bedingungen erfüllt: erstens müßten Priorität tüchtige, qualifizierte, tatkräftige Menschen mit dem im Gastland benötigten Talent und Fachwissen haben; und zweitens müßten die neuen Migranten und ihre Kinder an die Kultur des jeweiligen Landes und des Westens assimiliert werden. Die USA hatten eher Probleme damit, die erste Bedingung zu erfüllen, europäische Länder mit der Erfüllung der zweiten. Doch liegt es durchaus im Erfahrungs- und Kompetenzbereich westlicher Regierungen, politische Vorgaben über Ausbildungsniveau, Herkunft, Charakteristika und Assimilation von Einwanderern zu machen.

Viel bedeutsamer als wirtschaftliche und demographische Fragen sind Probleme des moralischen Verfalls, des kulturellen Selbstmords und der politischen Uneinigkeit des Westens. Zu den oft genannten Beispielen für moralischen Verfall gehören:

1. die Zunahme asozialen Verhaltens wie Kriminalität, Drogenkonsum und generell Gewalt;
2. der Verfall der Familie, damit zusammenhängend die Zunahme von Ehescheidungen, unehelichen Geburten, Müttern im Teenageralter und Alleinerziehenden;
3. zumindest in den USA der Rückgang des »Sozialkapitals«, das heißt der freiwilligen Mitgliedschaft in Vereinen, und das Schwinden des mit solchen Mitgliedschaften einhergehenden zwischenmenschlichen Vertrauens;
4. das generelle Nachlassen der »Arbeitsethik« und der zunehmende Kult der vorrangigen Erfüllung persönlicher Wünsche;
5. abnehmendes Interesse für Bildung und geistige Betätigung, in den USA am Absinken der akademischen Leistungen ablesbar.

Das zukünftige Wohlergehen des Westens sowie sein Einfluß auf andere Gesellschaften hängen in erheblichem Umfang davon ab, ob und wie es ihm gelingt, mit diesen Tendenzen fertigzuwerden, in denen natürlich der moralische Überlegenheitsanspruch von Muslimen und Asiaten gründet.

Die westliche Kultur wird von Gruppen innerhalb der westlichen Gesellschaft in Frage gestellt. Eine dieser Herausforderungen kommt von Einwanderern aus anderen Kulturkreisen, die eine Assimilation ablehnen und nicht aufhören, Werte, Gebräuche und Kultur ihrer Herkunftsgesellschaften zu praktizieren und zu propagieren. Am auffallendsten ist diese Erscheinung bei Muslimen in Europa, die jedoch nur eine kleine Minderheit sind. Sie ist auch, wenngleich in geringerem Maße, bei Hispanics in den USA anzutreffen, die eine große Minderheit sind. Falls in diesem Falle die Assimilation scheitert, werden die USA ein gespaltenes Land werden, bedroht von inneren Streitigkeiten und Zwistigkeiten, die das nach sich zieht. In Europa könnte die westliche Kultur auch durch die Schwächung ihres zentralen Elements, des Christentums, unterminiert werden. Immer weniger Europäer bekennen sich zu einer religiösen Überzeugung, beachten religiöse Gebote und beteiligen sich an religiösen Aktivitäten.[5] Diese Tendenz spiegelt weniger eine Feindschaft gegen die Religion wider als die Gleichgültigkeit gegen sie. Gleichwohl ist die europäische Kultur durchdrungen von christlichen Begriffen, Werten und Praktiken. »Die Schweden sind wahrscheinlich das irreligiöseste Volk Europas«, kommentierte einer von ihnen, »aber man kann dieses Land nicht verstehen, wenn man sich nicht klarmacht, daß unsere Institutionen und gesellschaftlichen Gepflogenheiten, Familie, Politik und Lebensweise zutiefst vom lutherischen Erbe geprägt sind.« Im Gegensatz zu den Europäern glauben die Amerikaner mehrheitlich an Gott, halten sich für ein religiöses Volk und besuchen in großer Zahl die Kirchen. Während noch Mitte der achtziger Jahre Beweise für ein Wiedererstarken der Religion in Amerika fehlten, scheinen die folgenden zehn Jahre eine vermehrte religiöse Betätigung erlebt zu haben.[6] Die Erosion des Christentums bei den Westlern dürfte also nur sehr langfristig eine Gefahr für das Wohlbefinden der westlichen Kultur darstellen.

In den USA entstand eine unmittelbarere und gefährlichere Herausforderung. In der Vergangenheit wurde die nationale Identität der Amerikaner in kultureller Hinsicht definiert durch ihre Zugehörigkeit zum westlichen Kulturkreis und in politischer Hinsicht durch die Hauptpunkte des amerikanischen Credos, denen die Amerikaner mehrheitlich zustimmten: Freiheit, Demokratie, Individualismus, Gleichheit vor dem Gesetz, Achtung von Verfassung und Privateigentum. Im ausgehenden 20. Jahrhundert gerieten beide Aspekte amerikanischer Identität unter konzentrierten und nachhaltigen Beschuß duch eine kleine, aber einflußreiche Minderheit von Intellektuellen und Publizisten. Im Namen eines Multikulturalismus attackierten sie die Identifikation der USA mit dem westlichen Kulturkreis, leugneten die Existenz einer gemeinsamen amerikanischen Kultur und warben für rassische, ethnische und sonstige subnationale kulturelle Identitäten und Gruppierungen. Sie brandmarkten die – wie es in einem ihrer Berichte heißt – »systematische Voreingenommenheit zugunsten der europäischen Kultur und ihrer Derivate« im Bildungswesen und »das Vorherrschen der monokulturellen europäisch-amerikanischen Perspektive«. Die Multikulturalisten seien, so Arthur M. Schlesinger, Jr., »sehr oft ethnozentristische Separatisten, die im Erbe des Westens wenig mehr sehen als die Verbrechen des Westens«. Ihnen »steht der Sinn danach, die Amerikaner von ihrem sündigen europäischen Erbe zu befreien und erlösende Infusionen aus nichtwestlichen Kulturen anzubringen«.[7]

Der multikulturelle Trend kam auch in einer Vielzahl von Gesetzen zum Ausdruck, die sich an die Bürgerrechtsgesetze der sechziger Jahre anschlossen. In den neunziger Jahren machte die Administration Clinton die Ermutigung multikultureller Verschiedenartigkeit zu einem ihrer Hauptziele. Der Kontrast zur Vergangenheit war frappierend. Die Gründungsväter [der USA] hatten Verschiedenartigkeit als Realität und als Problem betrachtet: daher das nationale Motto *e pluribus unum*, gewählt von einem Komitee des Kontinentalkongresses, welchem Benjamin Franklin, Thomas Jefferson und John Adams angehörten. Auch später fürchteten politische Führungspersönlichkeiten die Gefahren rassischer, regionaler, ethnischer, wirtschaftlicher und kultureller Verschiedenartigkeit (die denn auch den größten Krieg des Jahrhunderts zwischen 1815 und 1914 hervorrief), hielten sich an den Aufruf *bring us together* und sahen in der Förderung der nationalen Einheit ihre zentrale Verantwortung. »Der eine absolut sichere Weg, diese Nation in den Ruin zu stürzen, ja ihr jede Möglichkeit zu nehmen, als Nation weiterzubestehen«, mahnte Theodore Roosevelt, »wäre, sie zu einem Sammelsurium zankender Nationalitäten werden zu lassen.«[8] In den neunziger Jahren ließ die Führung der USA diese Entwicklung nicht nur zu, sondern förderte mit Fleiß die Verschiedenartigkeit anstelle der Einheit des Volkes, das sie regierte.

Die Machtinhaber anderer Länder haben, wie wir sahen, manchmal versucht, ihr kulturelles Erbe zu verleugnen und die Identität ihres Landes von der einen Kultur zu einer anderen zu verschieben. Bis heute haben sie damit in keinem einzigen Fall Erfolg gehabt, vielmehr haben sie schizophrene, zerrissene Länder geschaffen. Die Multikulturalisten in Amerika verwerfen auf ähnliche Weise das kulturelle Erbe ihres Landes. Anstatt jedoch zu versuchen, die USA mit einer anderen Kultur zu identifizieren, möchten sie ein Land der vielen Kulturen schaffen, will sagen ein Land, das zu keiner Kultur gehört und eines kulturellen Kerns ermangelt. Die Geschichte lehrt, daß ein so beschaffenes Land sich nicht lange als kohärente Gesellschaft halten kann. Die multikulturellen USA werden nicht mehr die USA sein, sondern die UNO.

Die Multikulturalisten stellten ein weiteres zentrales Element des amerikanischen Credos in Frage, indem sie die Rechte von Individuen durch Rechte von Gruppen ersetzten, welche im wesentlichen über Rasse, Ethnizität, Geschlechterzugehörigkeit und sexuelle Präferenz definiert wurden. Das amerikanische Credo, sagte Gunnar Myrdal in den vierziger Jahren und bestätigte damit die Eindrücke ausländischer Beobachter wie Hector St. John de Crèvecœur und Alexis de Tocqueville, sei »der Zement im Bau dieser großen und disparaten Nation« gewesen. »Als Nation ist es unser Schicksal gewesen«, pflichtete Richard Hofstadter bei, »keine Ideologien zu haben, sondern eine zu sein.«[9] Was soll dann aus den USA werden, wenn diese Ideologie von einem bedeutenden Teil ihrer Bürger verleugnet wird? Das Schicksal der Sowjetunion, jenes anderen großen Landes, dessen Einheit mehr noch als die der USA in ideologischen Begriffen definiert war, ist ein ernüchterndes Beispiel für Amerikaner. Der japanische Philosoph Takeshi Umehara sagt voraus: »Das totale Scheitern des Marxismus ... und der dramatische Zerfall der Sowjetunion waren nur Vorläufer für den Zusammenbruch des westlichen Liberalismus, des Hauptstroms der Moderne. Weit davon entfernt, als die Alternative zum Marxismus und als die herrschende Ideologie am Ende dieses Jahrhunderts dazustehen, wird der Liberalismus der nächste Dominostein sein, der fällt.«[10] Welchen Platz soll in einer Ära, in der weltweit Völker sich in kulturellen Begriffen definieren, eine Gesellschaft ohne kulturellen Kern einnehmen, die sich allein durch ein politisches Credo definiert? Politische Grundsätze sind eine heikle Basis für den Aufbau einer dauerhaften Gemeinschaft. In einer Welt aus vielen Kulturkreisen, in der Kultur zählt, könnten die USA einfach der letzte anomale Überrest einer verblassenden westlichen Welt sein, in der Ideologie zählte.

Die Ablehnung des Credos und der westlichen Kultur bedeutet das Ende der Vereinigten Staaten von Amerika, wie wir sie gekannt haben. Sie bedeutet praktisch auch das Ende der westlichen Kultur. Wenn die USA entwestlicht werden, reduziert sich der Westen auf Europa und ein paar gering bevölkerte europäische Siedlungsgebiete in Übersee. Ohne die USA wird der Westen zu einem winzigen, weiter schrumpfenden Teil der Weltbevölkerung auf einer kleinen, unwichtigen Halbinsel am Rande der eurasischen Landmasse.

Der Konflikt zwischen Multikulturalisten und Verteidigern der westlichen Kultur und des amerikanischen Credos ist laut James Kurth »der *eigentliche* Kampf« im amerikanischen Teil des westlichen Kulturkreises.[11] Die Amerikaner können der Streitfrage nicht ausweichen: Sind wir ein westliches Volk, oder sind wir etwas anderes? Die Zukunft der USA und die Zukunft des Westens hängen davon ab, daß die Amerikaner ihre Bindung an die westliche Kultur bekräftigen. Innenpolitisch bedeutet das eine Absage an die konfliktstiftenden Sirenengesänge des Multikulturalismus. International bedeutet es die Absage an die schwer faßbaren, illusorischen Forderungen, die USA mit Asien zu identifizieren. Welche wirtschaftlichen Vebindungen es zwischen ihnen geben mag, die fundamentale kulturelle Kluft zwischen asiatischen Gesellschaften und der amerikanischen schließt ihren Einzug in ein gemeinsames Haus aus. Die Amerikaner sind kulturell Teil der westlichen Familie; Multikulturalisten können diese Beziehung beschädigen und sogar zerstören – ersetzen können sie sie nicht. Wenn Amerikaner ihre kulturellen Wurzeln suchen, finden sie sie in Europa.

Mitte der neunziger Jahre gab es eine neue Diskussion um Wesen und Zukunft des Westens. Daraus entstand eine Erneuerung der Erkenntnis, daß eine solche Realität existiert hatte, und die besorgte Frage, was ihre weitere Existenz garantieren würde. Die Diskussion entsprang zum Teil der Überlegung, die führende westliche Institution, die NATO, um die westlichen Länder des Ostens zu erweitern, und zum Teil den ernsthaften Meinungsverschiedenheiten im Westen über die richtige Reaktion auf den Zerfall Jugoslawiens. Sie spiegelte in einem weiteren Sinne auch die Sorge um die künftige Einheit des Westens nach dem Wegfall der sowjetischen Bedrohung und besonders die Sorge darüber, was dieser für das Engagement der USA in Europa bedeute. In dem Maße, wie westliche Länder immer mehr mit immer mächtiger werdenden nichtwestlichen Ländern interagieren, sind sie sich ihres gemeinsamen, westlich geprägten kulturellen Kerns immer deutlicher bewußt geworden. Führende Politiker auf beiden Seiten des Atlantiks haben die Notwendigkeit betont, die atlantische Gemeinschaft zu verjüngen. Ende 1994 und 1995 traten der deutsche und der britische Verteidigungsminister, der französische und der amerikanische Außenminister, Henry Kissinger und verschiedene andere führende Persönlichkeiten für diese Sache ein. Ihr Anliegen faßte der britische Verteidigungsminister Malcolm Rifkind zusammen, der im November 1994 die Notwendigkeit einer »Atlantischen Gemeinschaft« vertrat, die auf vier Säulen ruhe: »Verteidigung und Sicherheit innerhalb der Struktur der NATO; gemeinsamer Glaube an Rechtsstaatlichkeit und parlamentarische Demokratie; liberaler Kapitalismus und freier Handel; das gemeinsame Kulturerbe Europas, ausgehend von Griechenland und Rom über die Renaissance bis zu den gemeinsamen Werten und Überzeugungen und der gemeinsamen Kultur unseres eigenen Jahrhunderts«.[12] 1995 initiierte die Europäische Kommission ein Projekt zur »Erneuerung« der transatlantischen Beziehung, was zur Unterzeichnung eines umfangreichen Paktes zwischen der Europäischen Union und den USA führte. Gleichzeitig sprachen sich viele führende Politiker und Wirtschaftsleute Europas für die Schaffung einer transatlantischen Freihandelszone aus. Obwohl der amerikanische Gewerkschaftsverband AFL-CIO gegen die NAFTA und andere Maßnahmen zur Liberalisierung des Handels gewesen war, begrüßte seine Führung nun nachdrücklich ein transatlantisches Freihandelsabkommen, das keine amerikanischen Arbeitsplätze durch Konkurrenz aus Billiglohnländern gefährdete. Auch Konservative in Europa (Margaret Thatcher) und Amerika (Newt Gingrich) sowie kanadische und weitere britische Politiker unterstützten das Abkommen.

Der Westen, so zeigten wir in Kapitel 2, durchlief zunächst eine europäische Entwicklungs- und Expansionsphase, die mehrere Jahrhunderte dauerte, und danach eine zweite, amerikanische Phase im 20. Jahrhundert. Wenn Nordamerika und Europa ihre moralischen Grundlagen erneuern, auf ihre kulturelle Gemeinsamkeit bauen und Formen einer engen wirtschaftlichen und politischen Integration entwickeln, die ergänzend neben ihre Sicherheitszusammenarbeit in der NATO treten, könnten sie eine dritte, euroamerikanische Phase des wirtschaftlichen Wohlstands und politischen Einflusses stiften. Eine sinnvolle politische Integration würde in einem gewissen Umfang ein Gegengewicht zum relativen Rückgang des westlichen Anteils an Bevölkerung, Sozialprodukt und militärischem Potential der Welt bilden und in den Augen von Führungspersönlichkeiten anderer Kulturen die Macht des Westens erneuern. »Das Bündnis aus EU und NAFTA könnte mit seiner geballten Handelsmacht dem Rest der Welt die Bedingungen diktieren«, mahnte Ministerpräsident Mahathir die Asiaten.[13] Ob der Westen politisch und wirtschaftlich zusammenfindet, hängt jedoch überwiegend davon ab, ob die USA ihre Identität als westliche Nation bekräftigen und es als ihre globale Rolle definieren, die Führungsnation der westlichen Kultur zu sein.

Der Westen in der Welt

Eine Welt, in der kulturelle Identitäten – ethnische, nationale, religiöse, zivilisatorische – von zentraler Bedeutung sind und in der kulturelle Affinitäten und Unterschiede über Bündnisse, Antagonismen und Politik von Staaten entscheiden, hat drei umfassende Implikationen für den Westen im allgemeinen und für die USA im besonderen.

Erstens können Staatsmänner die Realität nur dann konstruktiv verändern, wenn sie sie anerkennen und verstehen. Die heute entstehende Politik der Kulturen, die wachsende Macht nichtwestlicher Kulturkreise und das zunehmende kulturelle Selbstbewußtsein dieser Gesellschaften sind in der nichtwestlichen Welt allgemein anerkannt worden. Europäische Führungspersönlichkeiten haben auf die kulturellen Kräfte verwiesen, die Menschen zusammenführen und auseinanderbringen können. Amerikanische Eliten hingegen akzeptieren und verarbeiten diese neu entstehenden Realitäten nur langsam. Die Administrationen Bush und Clinton unterstützten die Einheit der multikulturellen Staaten Sowjetunion, Jugoslawien, Bosnien und Rußland in dem vergeblichen Versuch, die machtvollen ethnischen und kulturellen Kräfte zu stoppen, die auf Spaltung hinwirkten. Sie förderten Pläne einer multikulturellen wirtschaftlichen Integration, die entweder bedeutungslos sind wie die APEC oder erhebliche und unerwartete wirtschaftliche und politische Kosten verursachen wie im Falle NAFTA und Mexiko. Sie unternahmen den Versuch, enge Beziehungen zu den Kernstaaten anderer Kulturen aufzubauen, etwa in Gestalt der »globalen Partnerschaft« mit Rußland oder des »konstruktiven Dialogs« mit China; dabei gibt es natürliche Interessenkonflikte zwischen den USA und diesen Ländern. Gleichzeitig versäumte es die Administration Clinton, Rußland rückhaltlos in die Friedensbemühungen für Bosnien einzubinden, obwohl Rußland als Kernstaat der Orthodoxie großes Interesse an diesem Krieg nahm. Der Chimäre eines multikulturellen Landes nachjagend, verweigerte die Administration Clinton der serbischen und der kroatischen Minderheit die Selbstbestimmung und trug statt dessen dazu bei, auf dem Balkan einen islamistischen Einparteienstaat und Partner des Iran entstehen zu lassen. In ähnlicher Weise unterstützte die US-Regierung auch die Unterwerfung von Muslimen unter orthodoxe Herrschaft, indem sie sich auf den Standpunkt stellte: »Ohne Frage ist Tschetschenien Teil der Russischen Föderation.«[14]

Während die Europäer allgemein die fundamentale Bedeutung der Scheidelinie zwischen westlicher Christenheit einerseits und Orthodoxie und Islam andererseits einräumen, mochten die USA nach den Worten ihres Außenministers »keine fundamentale Spaltung Europas in einen katholischen, einen orthodoxen und einen islamischen Teil anerkennen«. Wer aber keine fundamentalen Spaltungen anerkennen will, ist dazu verurteilt, an ihnen zu scheitern. Die Administration Clinton schien anfangs zu vergessen, daß das Machtgleichgewicht zwischen den USA und ostasiatischen Gesellschaften sich verändert hatte, und proklamierte daher in bezug auf Menschenrechte, Kernwaffenweitergabe und andere Streitfragen immer wieder Ziele, die sie nicht zu verwirklichen vermochte. Alles in allem hat die US-Regierung außerordentliche Schwierigkeiten gehabt, sich auf eine Ära einzustellen, in der Weltpolitik von kulturellen und zivilisatorischen Strömungen geprägt wird.

Zweitens krankte das außenpolitische Denken der USA an der Zögerlichkeit, mit der die für den Kalten Krieg entwickelten politische Strategien aufgrund der veränderten Verhältnisse aufgegeben, modifiziert oder manchmal auch nur überdacht wurden. Manche sahen noch immer die potentielle Gefährdung durch eine wiedererstandene Sowjetunion. Generell neigte man dazu, an Bündnissen und Rüstungskontrollvereinbarungen festzuhalten, die aus der Zeit des Kalten Krieges stammten. Die NATO muß so bewahrt werden, wie sie zur Zeit des Kalten Krieges war. Der japanisch-amerikanische Sicherheitspakt [von 1960] ist von zentraler Bedeutung für die Sicherheit in Ostasien. Der [1972 zwischen der Sowjetunion und den USA über die Stationierung von Raketenabwehrsystemen geschlossene] ABM-Vertrag ist unantastbar. Der CFE-Vertrag [die Vereinbarung über die konventionellen Streitkräfte in Europa] muß eingehalten werden. Selbstverständlich dürfen diese und andere Vermächtnisse des Kalten Krieges nicht leichtfertig über Bord geworfen werden. Aber ebenso selbstverständlich liegt es nicht zwangsläufig im Interesse der USA oder des Westens, daß sie in der Form beibehalten werden, die sie während des Kalten Krieges hatten. Die Realitäten einer multikulturellen Welt legen nahe, die NATO um andere westliche Gesellschaften zu erweitern, die ihr angehören wollen, und zugleich die Sinnlosigkeit der Mitgliedschaft von zwei Ländern anzuerkennen, deren jedes der Intimfeind des anderen ist und die beide wenig kulturelle Affinität zu den anderen Mitgliedern aufweisen. Ein ABM-Vertrag entsprach dem Bedürfnis des Kalten Krieges, die Verwundbarkeit sowohl der sowjetischen wie der amerikanischen Gesellschaft sicherzustellen und damit einen sowjetisch-amerikanischen Atomkrieg zu verhindern. Heute kann er durchaus die Fähigkeit der USA und anderer Gesellschaften einschränken, sich vor unvorhersehbaren nuklearen Bedrohungen oder Angriffen durch terroristische Bewegungen oder irrationale Diktatoren zu schützen. Der amerikanisch-japanische Sicherheitspakt trug zur Abschreckung einer sowjetischen Aggression gegen Japan bei. Welchen Zweck soll er in der Ära nach dem Kalten Krieg erfüllen? Die Verständigung Japans mit einem aufstrebenden China verzögern? Eine weitere Militarisierung Japans verhindern? In Japan äußert man zunehmend Zweifel an der Militärpräsenz der Amerikaner im Lande, während man in den USA zunehmend an der Notwendigkeit einer einseitigen Verpflichtung zur Verteidigung Japans zweifelt. Der CFE-Vertrag diente der Entschärfung der Konfrontation zwischen der NATO und dem Warschauer Pakt in Mitteleuropa, die heute nicht mehr gegeben ist. Die wichtigste Auswirkung dieses Vertrages besteht heute darin, daß Rußland Schwierigkeiten hat, der wahrgenommenen Bedrohung seiner Sicherheitsinteressen durch muslimische Völker im Süden des Landes zu begegnen.

Drittens stellt kulturelle und zivilisatorische Vielfalt den Glauben des Westens und besonders Amerikas an die globale Relevanz der westlichen Kultur in Frage. Dieser Glaube äußert sich auf deskriptive und auf normative Weise. Deskriptiv behauptet er, daß Völker aller Gesellschaften westliche Werte, Institutionen und Praktiken übernehmen wollen. Wenn es scheint, daß sie diesen Wunsch nicht haben und ihrer eigenen traditionellen Kultur verhaftet sind, sind sie Opfer eines »falschen Bewußtseins« von der Art, wie Marxisten es Proletariern zuschrieben, die den Kapitalismus unterstützten. Normativ vertritt der universalistische Glaube des Westens das Postulat, daß die Menschen weltweit sich westliche Werte und Institutionen und die westliche Kultur aneignen sollten, weil diese das höchste, aufgeklärteste, liberalste, rationalste, modernste und zivilisierteste Denken der Menschheit verkörpern.

In der entstehenden Welt ethnischen Konflikts und kulturellen Kampfes krankt der Glaube an die Universalität der westlichen Kultur an drei Problemen: er ist falsch, er ist unmoralisch, und er ist gefährlich. Daß er falsch ist, ist die zentrale These des vorliegenden Buches, eine These, die Michael Howard treffend so zusammenfaßt: »Die verbreitete Annahme des Westens, daß kulturelle Verschiedenheit eine historische Kuriosität ist, welcher durch das Heranwachsen einer gemeinsamen, westlich orientierten, anglophonen Weltkultur, die unsere Grundwerte prägt, bald der Boden entzogen sein wird ... ist schlicht nicht wahr.«[15] Ein Leser, der immer noch nicht von der Klugheit von Sir Michaels Bemerkung überzeugt ist, lebt in einer Welt, die sehr weit von der in diesem Buch beschriebenen entfernt ist.

Der Glaube, daß nichtwestliche Völker westliche Werte und Institutionen und westliche Kultur übernehmen sollten, ist unmoralisch aufgrund der Mittel, die notwendig wären, um ihn in die Tat umzusetzen. Die fast weltweite Ausbreitung europäischer Macht Ende des 19. Jahrhunderts und die globale Dominanz der USA Ende des 20. Jahrhunderts verbreiteten große Teile der westlichen Zivilisation über die Welt. Doch der europäische Globalismus existiert nicht mehr. Die amerikanische Hegemonie geht zurück, und sei es nur darum, weil sie nicht mehr benötigt wird, um wie im Kalten Krieg die USA vor einer militärischen Bedrohung durch die Sowjetunion zu schützen. Kultur, haben wir behauptet, folgt der Macht. Wenn nichtwestliche Gesellschaften neuerlich durch westliche Kultur geprägt werden sollen, dann kann das nur als Resultat einer gewaltsamen Expansion, Etablierung und Einflußnahme westlicher Macht geschehen. Die notwendige logische Konsequenz des Universalismus ist Imperialismus. Abgesehen davon verfügt der Westen als eine ausgereifte Kultur nicht mehr über die wirtschaftliche oder demographische Dynamik, die er benötigte, um anderen Gesellschaften seinen Willen aufzuzwingen. Außerdem widerspricht jede diesbezügliche Bemühung den westlichen Werten der Selbstbestimmung und Demokratie. In dem Maße, wie asiatische Kulturen und die muslimische mehr und mehr auf die globale Relevanz ihrer Zivilisation pochen, wird dem Westen mehr und mehr der Zusammenhang zwischen Universalismus und Imperialismus einleuchten.

Gefährlich ist der westliche Universalismus, weil er zu einem großen interkulturellen Krieg zwischen Kernstaaten führen könnte, und er ist gefährlich für den Westen, weil er zur Niederlage des Westens führen könnte. Mit dem Zusammenbruch der Sowjetunion sehen Westler ihre Kultur in einer Position beispielloser Dominanz, während gleichzeitig die schwächeren asiatischen, muslimischen und sonstigen Gesellschaften beginnen, an Stärke zu gewinnen. Das könnte sie verleiten, sich die vertraute und eindrucksvolle Logik des Brutus [in Shakespeares *Julius Caesar*] zu eigen zu machen:

> »[...] Daß unsere Legionen übervoll
> Und unsre Sache reif. – Der Feind nimmt täglich zu.
> Wir, auf dem Gipfel, stehn schon an der Neige.
> Der Strom der menschlichen Geschäfte wechselt:
> Nimmt man die Flut wahr, führet sie zum Glück;
> Versäumt man sie, so muß die ganze Reise
> Des Lebens sich durch Not und Klippen winden.
> Wir sind nun flott auf solcher hohen See,
> Und müssen, wenn der Strom uns hebt, ihn nutzen,
> Wo nicht, verlieren wir, was wir gewagt.«
>
> (*A. W. Schlegel.*)

Diese Logik jedoch bescherte Brutus die Niederlage bei Philippi; der klügere Kurs für den Westen wäre, nicht die Veränderung der Macht aufhalten zu wollen, sondern zu lernen, sich durch die Klippen zu winden, die Not zu ertragen, das Wagnis zu mindern und seine Kultur zu sichern.

Alle Kulturen machen einen ähnlichen Prozeß der Entstehung, des Aufstiegs und des Niedergangs durch. Der Westen unterscheidet sich von anderen Kulturen nicht durch die Art seiner Entwicklung, sondern durch die Eigenart seiner Werte und Institutionen. Zu diesen gehören vor allem Christentum, Pluralismus, Individualismus und Rechtsstaatlichkeit; sie ermöglichten es dem Westen, die Modernität zu erfinden, weltweit zu expandieren und Gegenstand des Neides anderer Gesellschaften zu werden. In ihrer Gesamtheit sind diese Merkmale dem Westen eigentümlich. Europa ist nach den Worten von Arthur Schlesinger, Jr., »die Quelle, die *einzige* Quelle ... für Ideen wie individuelle Freiheit, politische Demokratie, Rechtsstaatlichkeit, Menschenrechte und kulturelle Freiheit ... Dies sind *europäische* Ideen, nicht asiatische, nicht afrikanische, nicht nahöstliche, es sei denn, sie wären übernommen worden.«[16] Sie machen die westliche Kultur einzigartig, und die westliche Kultur ist wertvoll nicht, weil sie universal wäre, sondern weil sie wirklich einzigartig *ist.* Die vornehmste Aufgabe der führenden Politiker des Westens ist daher nicht, andere Kulturen nach dem Bild des Westens umformen zu wollen, was nicht in ihrer schrumpfenden Macht liegt, sondern die einzigartigen Qualitäten der westlichen Kultur zu erhalten, zu schützen und zu erneuern. Weil sie das mächtigste Land des Westens sind, fällt diese Aufgabe überwiegend den USA zu.

Um die Kultur des Westens bei schrumpfender Macht des Westens zu bewahren, ist es im Interesse der USA und der europäischen Länder,

- eine stärkere politische, wirtschaftliche und militärische Integration zu erreichen und ihre Politik so abzustimmen, daß Staaten anderer Kulturen daran gehindert werden, Differenzen unter ihnen auszunutzen;
- die westlichen Staaten Mitteleuropas, nämlich die Visegrád-Gruppe [Polen, Ungarn, Tschechien, Slowakei], die baltischen Republiken, Slowenien und Kroatien in die Europäische Union und die NATO zu integrieren;

- die »Verwestlichung« Lateinamerikas und soweit möglich eine enge Bindung lateinamerikanischer Länder an den Westen zu ermutigen;
- die Entwicklung der konventionellen und nichtkonventionellen militärischen Macht islamischer und sinischer Länder zu zügeln;
- die Abwendung Japans vom Westen und seine Hinwendung zu einer Verständigung mit China zu verlangsamen;
- Rußland als Kernstaat der Orthodoxie und große Regionalmacht mit legitimen Sicherheitsinteressen an seinen südlichen Grenzen zu akzeptieren;
- die technologische und militärische Überlegenheit des Westens über andere Kulturen zu behaupten;
- und vor allem einzusehen, daß eine Intervention des Westens in Angelegenheiten anderer Kulturkreise wahrscheinlich die gefährlichste Quelle von Instabilität und potentiellem globalen Konflikt in einer multikulturellen Welt ist.

Nach dem Ende des Kalten Krieges verfielen die USA in heftigste Debatten darüber, welchen Kurs die amerikanische Außenpolitik einzuschlagen habe. In dieser Ära können die USA jedoch weder die Welt beherrschen noch ihr den Rücken kehren. Weder Internationalismus noch Isolationismus, weder Multilateralismus noch Unilateralismus wird den Interessen der USA dienen. Diese werden am besten gefördert, indem die USA jene einander entgegensetzte Extreme meiden und stattdessen eine atlantikorientierte Politik der engen Zusammenarbeit mit ihren europäischen Partnern verfolgen, um die Interessen und Werte der einzigartigen, ihnen gemeinsamen Kultur zu schützen und zu fördern.

Krieg der Kulturen und Weltordnung

Ein globaler Krieg unter Beteiligung der Kernstaaten der großen Kulturkreise der Welt ist höchst unwahrscheinlich, aber nicht unmöglich. Entstehen könnte ein solcher Krieg, wie wir angedeutet haben, aus der Eskalation eines Bruchlinienkrieges zwischen Gruppen aus verschiedenen Kulturen, am wahrscheinlichsten unter Beteiligung von Muslimen auf der einen Seite und Nichtmuslimen auf der anderen. Eine Eskalation wäre vorstellbar, wenn mögliche muslimische Kernstaaten miteinander in der Hilfeleistung für ihre bedrängten Glaubensgenossen wetteifern. Sie könnte gedämpft werden durch das Interesse, das verwandte Sekundär- und Tertiärländer daran haben mögen, selber nicht tief in den Krieg hineingezogen zu werden. Eine gefährlichere Quelle eines weltweiten interkulturellen Krieges könnte eine Verschiebung des Machtgleichgewichts zwischen Kulturkreisen und ihren Kernstaaten sein. Falls er weiter andauert, wird der Aufstieg Chinas, verbunden mit dem zunehmenden Selbstbewußtsein dieses »größten Mitspielers in der Geschichte des Menschen«, die internationale Stabilität zu Beginn des 21. Jahrhunderts enormen Belastungen aussetzen. Der Aufstieg Chinas zur beherrschenden Macht in Ost- und Südostasien würde den amerikanischen Interessen, wie sie immer wieder gesehen worden sind, diametral zuwiderlaufen.

Wie könnte sich bei dieser amerikanischen Interessenlage ein Krieg zwischen den USA und China entwickeln? Angenommen, wir haben das Jahr 2010. Die amerikanischen Truppen haben das mittlerweile wiedervereinigte Korea verlassen, ihre Militärpräsenz in Japan haben die USA stark reduziert. Taiwan und Festlands-China haben eine Verständigung erzielt, wonach Taiwan weiterhin den größten Teil seiner faktischen Unabhängigkeit behält, jedoch ausdrücklich die Suzeränität Beijings anerkennt und mit Unterstützung Chinas in die UNO aufgenommen worden ist, wie die Ukraine und Weißrußland 1946. Die Erschließung der Erdölreserven im Südchinesischen Meer ist rasch vorangekommen, im wesentlichen unter chinesischen Vorzeichen, aber mit vietnamesischer Kontrolle über einige Gebiete, die von amerikanischen Firmen erschlossen werden. Mit gesteigertem Selbstvertrauen auf seine Möglichkeiten der Machtausübung kündigt China an, daß es seine vollständige Kontrolle über das Südchinesische Meer herstellen wird, über das es bereits Souveränitätsrechte beansprucht hat. Die Vietnamesen sträuben sich, und es kommt zu Kämpfen zwischen chinesischen und vietnamesischen Kriegsschiffen. Die Chinesen, begierig darauf, ihre Demütigung von 1979 wettzumachen, marschieren in Vietnam ein. Die Vietnamesen bitten die USA um Beistand. Die Chinesen warnen die USA vor einer Einmischung. Japan und die anderen Nationen Asiens sind unschlüssig. Die USA erklären, daß sie die Eroberung Vietnams durch China nicht akzeptieren können, fordern Wirtschaftssanktionen gegen China und entsenden einen ihrer wenigen noch verbliebenen Flugzeugträger-Kampfverbände in das Südchinesische Meer. Die Chinesen verurteilen dies als Verletzung chinesischer Hoheitsgewässer und unternehmen Luftangriffe gegen den Kampfverband. Bemühungen des UNO-Generalsekretärs und des japanischen Ministerpräsidenten um Aushandlung einer Feuerpause schlagen fehl, und die Kämpfe greifen auf andere Gebiete Ostasiens über. Japan untersagt den USA die Benutzung amerikanischer Stützpunkte in Japan, die USA setzen sich über das Verbot hinweg. Japan erklärt seine Neutralität und stellt die Stützpunkte unter Quarantäne. Chinesische Unterseeboote sowie Flugzeuge, die von Taiwan und dem Festland aus operieren, fügen amerikanischen Schiffen und Einrichtungen in Ostasien schweren Schaden zu. Unterdessen marschieren chinesische Bodentruppen in Hanoi ein und besetzen große Teile Vietnams.

Da sowohl China als auch die USA über Raketen verfügen, die Kernwaffen in das Gebiet des Gegners tragen können, herrscht ein stillschweigendes Unentschieden, und in der Anfangsphase des Krieges werden diese Waffen nicht eingesetzt. Die Furcht vor derartigen Angriffen existiert jedoch in beiden Gesellschaften und ist vor allem in den USA sehr stark. Sie veranlaßt viele Amerikaner zu der Frage, warum sie dieser Gefahr ausgesetzt werden. Was liegt daran, ob China das Südchinesische Meer, Vietnam oder auch ganz Südostasien beherrscht? Besonders heftig ist die Opposition gegen den Krieg in den von Hispanics dominierten südwestlichen Staaten der USA, wo die Menschen und die Regierungen sagen »das ist nicht unser Krieg« und den Versuch machen, nach dem Vorbild Neu-Englands im Krieg von 1812 abzuspringen. Nachdem die Chinesen ihre anfänglichen Siege konsolidiert haben, bewegt sich die öffentliche Meinung Amerikas in die Richtung, die Japan 1942 erhofft hatte: Der Preis für die Vereitelung dieses neuesten Anspruchs auf eine Vormachtstellung ist zu hoch; handeln wir ein Ende der sporadisch ausbrechenden Kämpfe im Westpazifik aus.

Unterdessen beginnt der Krieg jedoch, Auswirkungen auf die großen Staaten anderer Kulturkreise zu haben. Indien nutzt die Gelegenheit, die sich durch Chinas Engagement in Ostasien ergibt, und unternimmt einen verheerenden Angriff auf Pakistan, in der Absicht, die nuklearen und konventionellen Waffenpotentiale dieses Landes auszuschalten. Zunächst ist Indien erfolgreich, aber nun tritt das Militärbündnis zwischen Pakistan, Iran und China in Aktion, und der Iran kommt Pakistan mit seinen modernen und hochentwickelten militärischen Kräften zu Hilfe. Indien wird in einen zähen Kampf gegen iranische Truppen und pakistanische Guerillas aus verschiedenen ethnischen Gruppen verwickelt. Sowohl Pakistan als auch Indien appellieren an mehrere arabische Staaten, sie zu unterstützen – wobei Indien vor einer möglichen iranischen Dominanz in Südwestasien warnt –, aber die anfänglichen Erfolge Chinas gegen die USA haben in muslimischen Gesellschaften große antiwestliche Bewegungen ausgelöst. Die wenigen noch verbliebenen prowestlichen Regierungen in arabischen Ländern und der Türkei werden Zug um Zug von islamistischen Bewegungen gestürzt, die sich aus den letzten Kohorten des muslimischen Jugend-Booms rekrutieren. Die durch die Schwäche des Westens ausgelöste antiwestliche Flutwelle führt zu einem massiven arabischen Angriff gegen Israel, den die stark reduzierte Sechste US-Flotte nicht aufhalten kann.

China und die USA werben um Unterstützung bei anderen Schlüsselstaaten. In dem Maße, wie China immer neue militärische Erfolge verbucht, wird Japan immer nervöser und entschließt sich, auf den chinesischen Zug aufzuspringen. Aus der formellen Neutralität wird eine prochinesische Neutralität; schließlich gibt Japan den chinesischen Forderungen nach und tritt in den Krieg ein. Japanische Truppen besetzen die restlichen US-Stützpunkte in Japan, und die USA evakuieren eilig ihre Truppen. Die USA verhängen eine Blockade gegen Japan, und japanische Schiffe liefern sich im Westpazifik gelegentliche Gefechte mit amerikanischen. Bei Ausbruch des Krieges hat China einen bilateralen Sicherheitspakt mit Rußland vorgeschlagen (der entfernt an den Hitler-Stalin-Pakt erinnert). Die chinesischen Erfolge haben jedoch auf Rußland genau die entgegengesetzte Wirkung wie auf Japan. Die Aussicht auf einen Sieg Chinas und einer totale chinesische Dominanz in Ostasien schreckt Moskau. Da sich Rußland in eine antichinesische Richtung bewegt und seine Truppen in Sibirien zu verstärken beginnt, stören die zahlreichen chinesischen Siedler in Sibirien diese Bewegungen. Daraufhin greift China militärisch ein, um seine Landsleute zu schützen, und besetzt Wladiwostok, das Amur-Tal und andere wichtige Teile Ostsibiriens. Während die Kämpfe zwischen russischen und chinesischen Truppen in Zentralsibirien sich ausweiten, kommt es zum Aufruhr in der Mongolei, wo China schon früher ein »Protektorat« errichtet hat.

Für alle Kombattanten ist die Kontrolle über und der Zugang zu Erdöl von zentraler Bedeutung. Trotz seiner enormen Investitionen in die Kernenergie ist Japan noch immer entscheidend auf Erdölimporte angewiesen, was das Land in seiner Neigung bestärkt, sich mit China zu verständigen und an dessen Erdölimporten vom Persischen Golf, aus Indonesien und dem Südchinesischen Meer zu partizipieren. In dem Maße, wie im Verlauf des Krieges arabische Länder immer mehr unter die Kontrolle islamischer Radikaler gelangen, versiegen die Erdöllieferungen vom Persischen Golf in den Westen, weshalb der Westen immer abhängiger von russischen, kaukasischen und zentralasiatischen Erdölquellen wird. Das veranlaßt den Westen zu verstärkten Bemühungen, Rußland auf seine Seite zu ziehen, und zur Unterstützung Rußlands bei der Ausweitung seiner Kontrolle über die erdölreichen muslimischen Länder in seinem Süden.

Unterdessen haben die USA emsig versucht, die volle Unterstützung ihrer europäischen Verbündeten zu mobilisieren. Diese bieten zwar diplomatischen und wirtschaftlichen Beistand an, zögern aber, sich militärisch zu engagieren. China und der Iran befürchten jedoch, daß westliche Länder sich letzten Endes doch hinter die USA stellen werden, so wie die USA in zwei Weltkriegen schließlich England und Frankreich zu Hilfe kamen. Um dies zu verhindern, schaffen sie heimlich kernwaffentaugliche Mittelstreckenraketen nach Bosnien und Algerien und warnen die europäischen Mächte vor einem Eintritt in den Krieg. Wie fast alle chinesischen Versuche der Einschüchterung anderer Länder, hat auch dieser Vorstoß (außer in Japan) genau das Gegenteil dessen zur Folge, was China wollte. Der amerikanische Nachrichtendienst entdeckt und meldet die Aufstellung der Raketen, und der NATO-Rat erklärt, die Raketen müßten unverzüglich abgezogen werden. Noch bevor jedoch die NATO agieren kann, marschiert Serbien, das den Ehrgeiz hat, auf seine historische Rolle als Verteidiger des Christentums gegen die Türken zu pochen, in Bosnien ein. Kroatien beteiligt sich, und die beiden Länder besetzen Bosnien, erbeuten die Raketen, teilen das Land auf und setzen ihre Bemühungen um Vollendung der ethnischen Säuberungen fort, die sie in den neunziger Jahren des 20. Jahrhunderts hatten abbrechen müssen. Albanien und die Türkei versuchen, den Bosniern zu helfen; Griechenland und Bulgarien marschieren im europäischen Teil der Türkei ein, und in Istanbul bricht Panik aus, als Türken über den Bosporus fliehen. Unterdessen explodiert eine in Algerien abgefeuerte Rakete mit nuklearem Sprengkopf in der Nähe von Marseille, und die NATO unternimmt zur Vergeltung verheerende Luftangriffe auf nordafrikanische Ziele.

So verwickeln sich die USA, Europa, Rußland und Indien in einen wahrhaft globalen Kampf gegen China, Japan und den größten Teil des Islam. Wie würde ein solcher Krieg ausgehen? Beide Seiten verfügen über große Kernwaffenpotentiale, und sofern diese auf eine nicht nur minimale Weise ins Spiel gebracht würden, könnte es offenkundig in den wichtigsten Ländern zu umfassenden Zerstörungen kommen. Falls jedoch die beiderseitige Abschreckung funktioniert, könnte die beiderseitige Erschöpfung zur Aushandlung eines Waffenstillstandes führen, der allerdings das Grundproblem der chinesischen Hegemonie in Ostasien nicht lösen würde. Andererseits könnte der Westen auch versuchen, China durch den Einsatz konventioneller militärischer Mittel zu besiegen. Das Bündnis Japans mit China gibt jedoch China den Schutz eines insularen *cordon sanitaire*, der die USA daran hindert, ihre Kriegsmarine gegen die chinesischen Bevölkerungs- und Industriezentren an der Küste einzusetzen. Die Alternative wäre, China vom Westen her anzugreifen. Die Kämpfe zwischen Rußland und China veranlassen die NATO, Rußland als Mitglied aufzunehmen und Rußland kooperativ zu helfen, chinesische Übergriffe auf Serbien zurückzuschlagen, die russische Kontrolle über die muslimischen Erdöl- und Erdgasländer Zentralasiens zu behaupten, Aufstände von Tibetern, Uighuren und Mongolen gegen die chinesische Herrschaft zu unterstützen und westliche und russische Truppen nach und nach ostwärts nach Sibirien zu verlegen und dort den entscheidenden Angriff über die Chinesische Mauer gegen Beijing und das Han-Kernland vorzubereiten.

Welchen unmittelbaren Ausgang dieser globale Krieg zwischen Kulturen auch nehmen mag – gegenseitige nukleare Verwüstung, ausgehandelte Einstellung infolge beiderseitiger Erschöpfung oder sogar Aufmarsch russischer und westlicher Truppen auf dem Platz des Himmlischen Friedens –, das umfassendere langfristige Ergebnis wäre fast zwangsläufig eine drastische Einbuße an wirtschaftlicher, demographischer und militärischer Macht auf seiten aller Hauptbeteiligten des Krieges.

Infolgedessen würde die globale Macht, die sich im Laufe der Jahrhunderte vom Osten zum Westen verschoben hatte und danach begann, sich wieder vom Westen zum Osten zu verschieben, sich nunmehr vom Norden zum Süden verlagern. Die großen Nutznießer des Krieges zwischen den Kulturen sind diejenigen Kulturen, die sich aus ihm herausgehalten haben. Nachdem der Westen, Rußland, China und Japan in unterschiedlichem Umfang verwüstet sind, hat Indien, sofern es solchen Verwüstungen trotz seiner Beteiligung am Krieg entgehen konnte, nunmehr freie Hand, die Umgestaltung der Welt nach hinduistischen Grundsätzen in Angriff zu nehmen. Große Teile der amerikanischen Öffentlichkeit geben die Schuld an der gravierenden Schwächung der USA der engstirnig westlichen Orientierung der WASP-Eliten [weiß-angelsächsisch-protestantisch], und führende Hispanics kommen an die Macht, gestützt auf das Versprechen umfassender Marshall-Plan-artiger Hilfe durch die boomenden lateinamerikanischen Länder, die den Krieg ausgesessen haben. Afrika hingegen hat zum Wiederaufbau Europas wenig beizutragen und speit statt dessen Heerscharen von entwurzelten Menschen aus, die sich auf die Überreste stürzen. Falls China, Japan und Korea verwüstet sind, verschiebt sich auch in Asien die Macht nach Süden. Indonesien, das neutral geblieben war, wird zum dominierenden Staat und schickt sich an, von seinen australischen Beratern angeleitet den Gang der Ereignisse von Neuseeland im Osten bis nach Myanmar und Sri Lanka im Westen und Vietnam im Norden zu gestalten. Dies alles verheißt künftigen Konflikt mit Indien und einem wiedererstandenen China. Auf jeden Fall aber verlagert sich das Zentrum der Weltpolitik nach Süden.

Wenn dieses Szenario dem Leser absurd, unplausibel und phantastisch vorkommt, dann um so besser. Hoffen wir, daß kein anderes Szenario eines globalen Kampfes der Kulturen größere Plausibilität besitzt! Das Plausibelste und damit Irritierendste an unserem Szenario ist jedoch die Ursache des Krieges: das Eingreifen eines Kernstaates der einen Kultur (USA) in einen Streit zwischen dem Kernstaat einer anderen Kultur (China) und einem Mitgliedsstaat dieser anderen Kultur (Vietnam). Für die USA war eine solche Intervention notwendig, um dem Völkerrecht Geltung zu verschaffen, eine Aggression abzuwehren, die Freiheit der Meere zu schützen, den Zugang der USA zu den Erdölreserven des Südchinesischen Meeres zu sichern und die Beherrschung Ostasiens durch eine einzelne Macht zu verhindern. Für China war diese Intervention ein völlig inakzeptabler, aber typischer, anmaßender Versuch des westlichen Führungsstaates, China zu demütigen und zu ducken, Opposition gegen China innerhalb seines legitimen Einflußbereichs zu provozieren und China seine angemessene Rolle in der Weltpolitik streitig zu machen.

In der kommenden Ära ist es also zur Vermeidung großer Kriege zwischen den Kulturen erforderlich, daß Kernstaaten davon absehen, bei Konflikten in anderen Kulturen zu intervenieren. Das ist eine Wahrheit, die zu akzeptieren manchen Staaten, besonders den USA, schwerfallen wird. Dieses *Prinzip der Enthaltung*, demzufolge Kernstaaten sich der Intervention bei Konflikten in anderen Kulturen enthalten, ist die erste Voraussetzung für Frieden in einer multikulturellen, multipolaren Welt. Die zweite Voraussetzung ist das *Prinzip der gemeinsamen Vermittlung*, demzufolge Kernstaaten miteinander verhandeln, um Bruchlinienkriege zwischen Staaten oder Gruppen innerhalb ihrer jeweiligen Kultur einzudämmen oder zu beenden.

Das Akzeptieren dieser Prinzipien und einer Welt mit größerer Gleichheit zwischen den verschiedenen Kulturen wird dem Westen und jenen Kulturen nicht leichtfallen, die etwa das Ziel verfolgen, die dominierende Rolle des Westens mittragen oder gar übernehmen zu wollen. In einer derartigen Welt könnten Kernstaaten es als ihr Vorrecht ansehen, selbst über Kernwaffen zu verfügen, diese aber den anderen Staaten ihres Kulturkreises vorzuenthalten. Im Rückblick auf seine Bemühungen um den Aufbau eines »vollen Nuklearpotentials« für Pakistan rechtfertigte Zulfikar Ali Bhutto diese Bemühungen folgendermaßen: »Wir wissen, daß Israel und Südafrika das volle Nuklearpotential besitzen. Die christliche, die jüdische, die hinduistische Zivilisation besitzen dieses Potential. Nur die islamische Zivilisation besaß es nicht; aber diese Situation sollte sich ändern.«[17] Der Wettlauf um die Führungsposition in einer Kultur, der ein einzelner Kernstaat fehlt, kann auch zum Wettlauf um Kernwaffen reizen. Obgleich der Iran sehr kooperative Beziehungen zu Pakistan unterhält, hat er offenkundig das Gefühl, Kernwaffen ebenso dringend zu benötigen wie Pakistan. Andererseits haben Brasilien und Argentinien ihre diesbezüglichen Programme aufgegeben. Südafrika hat seine Kernwaffen vernichtet, wenngleich es sich wünschen mag, wieder Kernwaffen zu besitzen, falls Nigeria mit dem Aufbau eines eigenen Nuklearpotentials beginnen sollte. Zwar birgt die Weiterverbreitung von Kernwaffen offensichtliche Risiken, aber wie Scott Sagan und andere dargelegt haben, könnte eine Welt, in welcher nur ein oder zwei Kernstaaten in jedem großen Kulturkreis Kernwaffen besitzen und andere Staaten nicht, eine ziemlich stabile Welt sein.

Die meisten der führenden internationalen Institutionen stammen aus der Zeit kurz nach dem Zweiten Weltkrieg und sind entsprechend westlichen Interessen, Werten und Usancen ausgestaltet worden. In dem Maße, wie die Macht des Westens im Verhältnis zu der anderer Kulturen zurückgeht, werden Pressionen entstehen, diese Institutionen entsprechend den Interessen dieser Kulturen umzugestalten. Die offenkundigste, wichtigste und wahrscheinlich umstrittenste Streitfrage betrifft den ständigen Sitz im Sicherheitsrat der UNO. Ständige Mitglieder sind die Hauptsiegermächte des Zweiten Weltkrieges, eine Konstellation, die immer weniger der machtpolitischen Realität in der Welt entspricht. Auf lange Sicht gesehen wird es entweder Veränderungen bei der ständigen Mitgliedschaft geben, oder es dürften sich andere, weniger formale Verfahrensweisen für die Behandlung von Sicherheitsfragen entwickeln, ähnlich den G-7-Treffen, die sich mit globalen Wirtschaftsfragen befassen. In einer multikulturellen Welt sollte im Idealfall jeder große Kulturkreis mindestens einen ständigen Sitz im Sicherheitsrat haben. Gegenwärtig haben ihn nur drei. Die USA haben sich für die Mitgliedschaft Japans und Deutschlands stark gemacht, aber es ist klar, daß diese Länder nur Mitglied werden können, wenn auch andere Länder zum Zug kommen. Brasilien hat fünf neue ständige Mitglieder, allerdings ohne Vetorecht, vorgeschlagen: Deutschland, Japan, Indien, Nigeria und sich selbst. Damit blieben jedoch eine Milliarde Muslime ohne Vertretung, es sei denn, Nigeria übernähme diese Aufgabe. Unter kulturbezogenen Gesichtspunkten sollten natürlich Japan und Indien ständiges Mitglied sein, und Afrika, Lateinamerika und die muslimische Welt sollten einen ständigen Sitz haben, der nach dem Rotationsprinzip von den führenden Staaten dieser Kulturen wahrgenommen werden könnte. Die Auswahl könnte von der Organisation der Islamischen Konferenz, der Organisation der Afrikanischen Einheit und der Organisation Amerikanischer Staaten (bei Stimmenthaltung der USA) vorgenommen werden. Angemessen wäre es auch, den britischen und den französischen Sitz zu einem einzigen Sitz für die Europäische Union zusammenzuziehen, der von einem von der EU ebenfalls nach dem Rotationsprinzip zu wählenden Land wahrgenommen würde. Sieben Kulturen hätten damit einen ständigen Sitz, und der Westen hätte zwei, ein Arrangement, das annähernd repräsentativ für die Verteilung von Bevölkerung, Wohlstand und Macht in der Welt wäre.

Die Gemeinsamkeiten der Kulturen

Manche Amerikaner haben für Multikulturalismus in ihrer Heimat geworben; manche haben für Universalismus im Ausland geworben; und manche haben beides getan. Multikulturalismus in der Heimat gefährdet die USA und den Westen; Universalismus im Ausland gefährdet den Westen und die Welt. Beide leugnen die Einzigartigkeit der westlichen Kultur. Die globalen Monokulturalisten wollen die Welt Amerika gleichmachen. Die heimischen Multikulturalisten wollen Amerika der Welt gleichmachen. Ein multikulturelles Amerika ist unmöglich, weil ein nichtwestliches Amerika nicht amerikanisch ist. Eine multikulturelle Welt ist unvermeidbar, weil das globale Imperium unmöglich ist. Die Bewahrung der USA und des Westens erfordert die Erneuerung der westlichen Identität. Die Sicherheit der Welt erfordert das Akzeptieren der multikulturellen Welt.

Führen die Verblasenheit des westlichen Universalismus und die Realität einer weltweiten kulturellen Verschiedenheit zwangsläufig und unwiderruflich zu einem moralischen und kulturellen Relativismus? Wenn der Universalismus den Imperialismus rechtfertigt, rechtfertigt dann der Relativismus die Repression? Wiederum lautet die Antwort auf diese Fragen: ja und nein. Kulturen sind relativ; Moral ist absolut. Kulturen sind, wie Michael Walzer ausführt, »dicht«; sie schreiben Institutionen und Verhaltensmuster vor, um die Menschen auf die Pfade zu lenken, die in einer bestimmten Gesellschaft die rechten sind. Über, neben und resultierend aus dieser maximalistischen Moral gibt es jedoch eine »dünne« minimalistische Moral, in der sich »wiederkehrende Elemente der dichten oder maximalen Moral« niederschlagen. Minimale moralische Vorstellungen von Wahrheit und Gerechtigkeit sind in jeder dichten Moral zu finden und von dieser nicht zu trennen. Es gibt auch minimale moralische »Negativvorschriften, und zwar zumeist Regeln gegen Mord, Betrug, Folter, Unterdrückung und Tyrannei«. Was die Menschen gemeinsam haben, ist mehr »das Gefühl eines gemeinsamen Feindes [oder Übels] als die Bindung an eine gemeinsame Kultur«. Die menschliche Gesellschaft ist »universal, weil sie menschlich ist, partikular, weil sie Gesellschaft ist«. Manchmal marschieren wir mit anderen; meistens marschieren wir allein.[18] Gleichwohl entspringt der gemeinsamen *conditio humana* doch eine »dünne« minimale Moral, und es sind in allen Kulturen »universale Dispositionen« anzutreffen.[19] Anstatt die vermeintlich universalen Aspekte einer Kultur zu propagieren, gilt es, im Interesse der kulturellen Koexistenz nach dem zu suchen, was den meisten Hochkulturen gemeinsam ist. Der konstruktive Weg in einer multikulturellen Welt besteht darin, auf Universalismus zu verzichten, Verschiedenheit zu akzeptieren und nach Gemeinsamkeiten zu suchen.

Einen bedeutsamen Versuch, derartige Gemeinsamkeiten in einem sehr kleinen Gemeinwesen zu benennen, hat Anfang der neunziger Jahre Singapur unternommen. Von der Bevölkerung Singapurs sind rund 76 Prozent Chinesen, 15 Prozent Malayen und Muslime und 6 Prozent indische Hindus und Sikhs. In der Vergangenheit hat die Regierung versucht, in der Bevölkerung »konfuzianische Werte« zu propagieren, sie hat aber auch darauf gedrungen, daß jeder Singapurer Englisch lernt und fließend spricht. Im Januar 1989 verwies Präsident Wee Kim Wee in seiner Ansprache zur Eröffnung der Legislaturperiode auf den überaus starken kulturellen Einfluß des Westens, welchem die 2,7 Millionen Singapurer ausgesetzt gewesen seien; dieser hätte sie zwar »in engen Kontakt zu neuen Ideen und Technologien aus dem Ausland gebracht«, sie aber »auch fremden Lebensweisen und Werten ausgesetzt«. »Traditionell asiatische Vorstellungen von Moral, Pflicht und Gesellschaft, die uns in der Vergangenheit Halt gegeben haben«, mahnte er, »machen heute einer eher verwestlichten, individualistischen und egozentrischen Lebensperspektive Platz.« Es sei notwendig, die Kernwerte zu benennen, die den verschiedenen ethnischen und religiösen Gemeinschaften Singapurs gemeinsam seien und die »die Quintessenz dessen enthalten, was es bedeutet, Singapurer zu sein«.

Präsident Wee gab vier solche Werte zu bedenken: »Die Gesellschaft über das Ich stellen; die Familie als Grundbaustein der Gesellschaft hochhalten; wichtige Fragen einvernehmlich und nicht durch Streit lösen; auf rassische und religiöse Toleranz und Harmonie dringen.« Die Ansprache löste eine ausgiebige Diskussion über die Singapurer Werte aus und führte zwei Jahre später zu einem *White Paper*, das die Position der Regierung erläuterte. Das *White Paper* bekräftigte alle vier der vom Präsidenten angesprochenen Werte, fügte aber noch einen fünften über die Unterstützung des Individuums hinzu, hauptsächlich aufgrund der Notwendigkeit, den Vorrang des individuellen Verdiensts in der Singapurer Gesellschaft gegenüber der konfuzianischen Wertschätzung von Hierarchie und Familie zu betonen, welche zum Nepotismus führen kann. Das *White Paper* definierte die »Gemeinsamen Werte« wie folgt:

> Nation vor [ethnischer] Gemeinschaft, Gesellschaft vor Ich;
> Familie als Grundbaustein der Gesellschaft;
> Anerkennung und Unterstützung des Individuums durch die Gemeinschaft;
> Rassische und religiöse Harmonie.

Die Erklärung über die »Gemeinsamen Werte« zitierte zwar die Bindung Singapurs an die parlamentarische Demokratie und das Prinzip der Tüchtigkeit im politischen System, schloß aber ausdrücklich politische Werte aus ihrem Katalog aus. Die Regierung betonte, daß »Singapur in entscheidenden Aspekten eine asiatische Gesellschaft« sei und es bleiben müsse. »Singapurer sind keine Amerikaner oder Angelsachsen, mögen wir auch englisch sprechen und westliche Kleidung tragen. Wenn Singapurer längerfristig nicht mehr von Amerikanern, Briten oder Australiern zu unterscheiden wären, ja schlimmer noch, zu einer schlechten Kopie von ihnen würden [das heißt: ein zerrissenes Land], würden wir unseren Vorsprung vor diesen westlichen Gesellschaften verlieren, der es uns erlaubt, international zu bestehen.«[20]

Das Singapurer Projekt war der ehrgeizige und aufgeklärte Versuch, für Singapur eine kulturelle Identität zu definieren, die seinen ethnischen und religiösen Gemeinschaften gemeinsam war und Singapur vom Westen unterschied. Gewiß würde eine Formulierung westlicher und speziell amerikanischer Werte weit mehr Gewicht auf die Rechte des Individuums gegenüber denen der Gemeinschaft legen, auf die Freiheit der Rede, auf den Wettstreit der Ideen als Vehikel der Wahrheitsfindung, auf politische

Teilhabe und Konkurrenz und auf das Prinzip der Rechtsstaatlichkeit, der Herrschaft des Rechts gegenüber der Herrschaft noch so fachkundiger, weiser und verantwortlicher Lenker. Gleichwohl würden die wenigsten Westler die Singapurer Werte als unwürdig zurückweisen, auch wenn sie sie ergänzen und einigen geringere Priorität einräumen würden. Zumindest auf einer Basisebene »dünner« Moral existieren einige Gemeinsamkeiten zwischen Asien und dem Westen. Ferner sind, worauf viele hingewiesen haben, den großen Weltreligionen – Westliches Christentum, Orthodoxie, Hinduismus, Buddhismus, Islam, Konfuzianismus, Taoismus, Judentum –, mögen sie auch die Menschheit in einem größeren oder geringeren Maße gespalten haben, doch gewisse zentrale Werte gemeinsam. Falls die Menschen je eine Universalkultur entwickeln, wird sie nach und nach aus der Erkundung und Ausweitung dieser Gemeinsamkeiten hervorgehen. So wäre, neben dem Prinzip der Enthaltung und dem Prinzip der gemeinsamen Verhandlung, ein drittes Prinzip für den Frieden in einer multikulturellen Welt das *Prinzip der Gemeinsamkeiten*: Menschen in allen Kulturen sollten nach Werten, Institutionen und Praktiken suchen und jene auszuweiten trachten, die sie mit Menschen anderer Kulturen gemeinsam haben.

Dieses Bemühen würde dazu beitragen, nicht nur den Kampf der Kulturen zu begrenzen, sondern auch Zivilisation im Singular, das heißt Zivilisiertheit zu stärken. Zivilisation im Singular bezieht sich vermutlich auf eine komplexe Mischung – auf hohem Niveau – von Moral, Religion, Bildung, Kunst, Philosophie, Technologie, materiellem Wohlstand und wahrscheinlich anderen Dingen. Diese Elemente verändern sich offenkundig nicht unbedingt gleichzeitig. Trotzdem ist die Wissenschaft ohne weiteres in der Lage, in der Geschichte von Kulturen Höhepunkte und Tiefpunkte ihres Zivilisationsgrades auszumachen. Die Frage lautet also: Wie kann man das Auf und Ab in der Entwicklung der menschlichen Zivilisiertheit schematisieren? Gibt es eine allgemeine, säkulare Tendenz – jenseits einzelner Kulturen – zu immer höheren Zivilisationsgraden? Falls es eine solche Tendenz gibt, ist sie dann das Ergebnis der Modernisierungsprozesse, die die Kontrolle des Menschen über seine Umwelt steigern und damit immere höhere Ebenen technischer Subtilität und materiellen Wohlstands erzeugen? Ist also in der jetzigen Ära ein höherer Grad an Modernität Vorbedingung eines höheren Zivilisationsgrades? Oder variiert der Zivilisationsgrad hauptsächlich innerhalb der Geschichte der einzelnen Kulturen?

Diese Frage ist ein weiteres Beispiel für die Debatte, ob Geschichte ihrem Wesen nach linear oder zyklisch ist. Es ist vorstellbar, daß Modernisierung im Verein mit einer moralischen Entwicklung des Menschen, die durch größere Bildung, Bewußtheit und Kenntnis der menschlichen Gesellschaft und ihrer natürlichen Umwelt herbeigeführt wird, eine stetige Bewegung zu immer höheren Zivilisationsgraden bewirkt. Andererseits mögen Zivilisationsgrade auch einfach nur Phasen in der Entwicklungsgeschichte von Kulturen widerspiegeln. Wenn eine Kultur erstmals entsteht, sind ihre Menschen für gewöhnlich kraftvoll, dynamisch, gemein, brutal, mobil und expansionistisch. Sie sind relativ unzivilisiert. In dem Maße, wie die Kultur sich weiterentwickelt, wird sie seßhafter und entwickelt die Techniken und Fertigkeiten, die sie zivilisierter machen. Sobald der Konkurrenzkampf zwischen ihren konstituierenden Elementen nachläßt und ein universaler Staat entsteht, erreicht die Kultur ihren höchsten Zivilisationsgrad, ihr »goldenes Zeitalter« mit einer Hochblüte von Moral, Kunst, Literatur, Philosophie, Technologie und kriegerischer, wirtschaftlicher und politischer Kompetenz. Sobald sie als Kultur ihren Niedergang antritt, geht auch ihre Zivilisiertheit zurück, bis sie dem Ansturm einer anderen aufstrebenden Kultur von ebenfalls geringer Zivilisiertheit erliegt.

Modernisierung hat generell weltweit das materielle Niveau angehoben. Aber hat sie auch die moralische und kulturelle Dimension der Zivilisationen gefördert? In mancher Hinsicht scheint das der Fall zu sein. Sklaverei, Folter, brutale Mißhandlung von Menschen sind in der Welt von heute immer inakzeptabler geworden. Ist dies aber einfach das Ergebnis des Einflusses der westlichen Kultur auf andere Kulturen, und wird daher mit dem Verfall der westlichen Macht eine moralische Kehrtwende erfolgen? In den neunziger Jahren gibt es viele Hinweise auf die Relevanz des »Reinen-Chaos«-Prinzips in der Weltpolitik: ein weltweiter Zusammenbruch von Recht und Ordnung, gescheiterte Staaten und zunehmende Anarchie in vielen Teilen der Welt, eine weltweite Verbrechenswelle, transnationale Mafia-Organisationen und Drogenkartelle, steigende Drogensucht in vielen Gesellschaften, eine allgemeine Schwächung der Familie, der Rückgang von Vertrauen und sozialer Solidarität in vielen Ländern, ethnische, religiöse und kulturbezogene Gewalt und das in weiten Teilen der Welt herrschende Gesetz des Stärkeren, beziehungsweise der Faustwaffe. In immer mehr Städten – Moskau, Rio de Janeiro, Bangkok, Schanghai, London, Rom, Warschau, Tokio, Johannesburg, Delhi, Karatschi, Kairo, Bogotá, Washington – scheint das Verbrechen zu triumphieren und selbst die elementarste Zivilisiertheit zu verschwinden. Die Menschen sprechen von der Unregierbarkeit der Welt. Der Aufstieg transnationaler Wirtschaftsunternehmen geht zunehmend einher mit der Ausbreitung transnationaler krimineller Mafiastrukturen, Drogenkartelle und terroristischer Banden, die gegen die Zivilisation gewaltsam vorgehen. Recht und Ordnung sind die erste Vorbedingung einer Zivilisation, und in vielen Teilen der Welt – Afrika, Lateinamerika, der früheren Sowjetunion, Südasien, dem Nahen Osten – scheinen sie sich aufzulösen, aber auch in China, Japan und im Westen in schwere Bedrängnis zu geraten. Weltweit scheint die Zivilisation in vieler Hinsicht der Barbarei zu weichen, und es entsteht die Vorstellung, daß über die Menschheit ein beispielloses Phänomen hereinbrechen könnte: ein diesmal weltweites finsterstes Mittelalter.

In den fünfziger Jahren mahnte Lester Pearson, die Menschen seien auf dem Weg in »ein Zeitalter, wo unterschiedliche Zivilisationen lernen müssen, nebeneinander in friedlichem

Austausch zu leben, voneinander zu lernen, die Geschichte, die Ideale, die Kunst und Kultur des anderen zu studieren, einander gegenseitig das Leben zu bereichern. Die Alternative auf dieser kleinen, übervölkerten Welt heißt Mißverständnis, Spannung, Kampf und Katastrophe.«[21] In der heraufziehenden Ära sind Kämpfe zwischen Kulturen die größte Gefahr für den Weltfrieden, und eine auf Kulturen basierende internationale Ordnung ist der sicherste Schutz vor einem Weltkrieg. Die Zukunft des Friedens und der Zivilisation hängt davon ab, daß die führenden Politiker und Intellektuellen der großen Weltkulturen einander verstehen und miteinander kooperieren. Im Kampf der Kulturen werden Europa und Amerika vereint marschieren müssen oder sie werden getrennt geschlagen. In dem größeren Kampf, dem globalen »eigentlichen Kampf« zwischen Zivilisation und Barbarei sind es die großen Weltkulturen mit ihren großen Leistungen auf dem Gebiet der Religion, Kunst und Literatur, der Philosophie, Wissenschaft und Technik, der Moral und des Mitgefühls, die ebenfalls vereint marschieren müssen, da auch sie sonst getrennt geschlagen werden.

Anmerkungen

Kapitel 1

1 Henry A. Kissinger: *Diplomacy* (New York 1994), S. 23 f.
2 H. D. S. Greenway gebraucht diesen Ausdruck in *Boston Globe*, 3. Dezember 1992, 19.
3 Vaclav Havel: »The New Measure of Man«, *New York Times*, 8. Juli 1994, A27; Jacques Delors: »Questions Concerning European Security«, Rede vor dem Internationalen Institut für strategische Studien, Brüssel, 10. September 1993, S. 3.
4 Thomas S. Kuhn: *Die Struktur wissenschaftlicher Revolutionen*, aus dem Amerikanischen von Kurt Simon (Frankfurt am Main 1967), S. 37.
5 John Lewis Gaddis: »Toward the Post-Cold War World«, *Foreign Affairs* 70 (Frühjahr 1991), S. 101; Judith Goldstein und Robert O. Keohane: »Ideas and Foreign Policy: An Analytical Framework«, in: Goldstein und Keohane (Hrsg.): *Ideas and Foreign Policy: Beliefs, Institutions, and Political Change* (Ithaca 1993), S. 8 bis 17.
6 Francis Fukuyama: »The End of History«, *The National Interest* 16 (Sommer 1989), S. 4, 18. [Vergleiche auch Francis Fukuyama: *Das Ende der Geschichte. Wo stehen wir*, aus dem Amerikanischen von Helmut Dierlamm u. a. (München 1992).]
7 Ansprache an den Kongreß über die Konferenz in Jalta, 1. März 1945, in: Samuel I. Rosenman (Hrsg.): *Public Papers and Addresses of Franklin D. Roosevelt* (New York 1969), Bd. XIII, S. 586.
8 Siehe Max Singer und Aaron Wildavsky: *The Real World Order: Zones of Peace, Zones of Turmoil* (Chatham, New Jersey, 1993); Robert O. Keohane, Joseph S. Nye und Stanley Hoffmann (Hrsg.): *After the Cold War: International Institutions and State Strategies in Europe, 1989-1991* (Cambridge, Massachusetts, 1993), S. 6; und James Goldgeier und Michael McFaul: »A Tale of Two Worlds: Core and Peri-

phery in the Post-Cold War Era«, *International Organization* 46 (Frühjahr 1992), S. 467-491.

9 Siehe F. S. C. Northrop: *Begegnung zwischen Ost und West. Verständnis und Verständigung*. Aus dem Englischen von G. Herding (München 1951).

10 Edward W. Said: *Orientalismus*. Aus dem Amerikanischen von Liliane Weissberg (Frankfurt/Main - Berlin - Wien 1981), S. 54.

11 Siehe Kenneth N. Waltz: »The Emerging Structure of International Politics«, *International Security* 18 (Herbst 1993), S. 44-79; John J. Mearsheimer: »Back to the Future: Instability in Europe after the Cold War«, *International Security* 15 (Sommer 1990), S. 5-56.

12 Stephen D. Krasner bezweifelt die Bedeutung des Westfälischen Friedens als Wendepunkt. Siehe seinen Beitrag »Westphalia and All That« in Judith Gadstein und Robert O. Keohane (Hrsg.): *Ideas and Foreign Policy*, S. 235-264.

13 Zbigniew Brzezinski: *Macht und Moral. Neue Werte für die Weltpolitik*. Aus dem Amerikanischen von Klaus Timmermann und Ulrike Wasel (Hamburg 1994); Daniel Patrick Moynihan: *Pandaemonium: Ethnicity in International Politics* (Oxford 1993); siehe auch Robert Kaplan: »The Coming Anarchy«, *Atlantic Monthly* 273 (Februar 1994), S. 44-76.

14 Siehe *New York Times*, 7. Februar 1993, S. 1, 14; sowie Gabriel Schoenfeld: »Outer Limits«, *Post-Soviet Prospects* 17 (Januar 1993), S. 3, unter Berufung auf Zahlenangaben des russischen Verteidigungsministeriums.

15 Siehe Gaddis: »Toward the Post-Cold-War World«; Benjamin R. Barber: »Jihad vs. McWorld«, *Atlantic Monthly* 269 (März 1992), S. 53-63, und Jihad vs. McWorld (New York 1995); Hans Mark: »After Victory in the Cold War: The Global Village or Tribal Warfare«, in J. J. Lee und Walter Korter (Hrsg.): *Europe in Transition: Political, Economic, and Security Prospects for the 1990s* (LBJ School of Public Affairs, University of Texas, Austin, März 1990), S. 19-27.

16 John J. Mearsheimer: »The Case for a Nuclear Deterrent«, *Foreign Affairs* 72 (Sommer 1993), S. 54.

17 Lester B. Pearson: *Democracy in World Politics* (Princeton 1955), S. 82 f.

18 Ganz unabhängig von mir entwickelte Johan Galtung eine der meinen ganz analoge Analyse über die entscheidende Bedeutung der

sieben oder acht großen Zivilisationen und ihrer Kernstaaten für die Weltpolitik. Siehe seinen Beitrag »The Emerging Conflict Formations«, in: Katharine und Majid Tehranian (Hrsg.): *Restructuring for World Peace: On the Threshold of the Twenty-First Century*, (Cresskill, New Jersey, 1992), S. 23 f. Galtung sieht sieben regional-kulturelle Gruppierungen entstehen, die von Hegemonialmächten dominiert werden: den USA, der Europäischen Gemeinschaft, Japan, China, Rußland, Indien und einem »islamischen Kern«. Andere Autoren, die Anfang der neunziger Jahre ähnliche Argumente zum Thema Kulturen vertraten, waren zum Beispiel: Michael Lind: »America as an Ordinary Country«, *American Enterprise* 1 (September/Oktober 1990), S. 19-23; Barry Buzan: »New Patterns of Global Security in the Twenty-first Century«, *International Affairs* 67 (1991), S. 441, 448 f.; Robert Gilpin: »The Cycle of Great Powers: Has It Finally Been Broken?« (Princeton University, unveröffentlichter Text, 19. Mai 1993), S. 6 ff.; William S. Lind: »North-South Relations: Returning to a World of Cultures in Conflict«, *Current World Leaders* 35 (Dezember 1992), S. 1073 -1080, und »Defending Western Culture«, *Foreign Policy* 84 (Herbst 1994), S. 40-50; »Looking Back from 2992: A World History, Chapter 13: The Disastrous 21st Century«, *Economist*, 26. Dezember 1992 bis 8. Januar 1993, S. 17-19; »The New World Order: Back to the Future«, *Economist*, 8. Januar 1994, S. 21-23; »A Survey of Defence and the Democracies«, *Economist*, 1. September 1990; Zsolt Rostovanyi: »Clash of Civilizations and Cultures: Unity and Disunity of World Order« (unveröffentlichter Text, 29. März 1993); Michael Vlahos: »Culture and Foreign Policy«, *Foreign Policy* 82 (Frühjahr 1991), S. 59-78; Donald J. Puchala: »The History of the Future of International Relations«, *Ethics and International Affairs* 8 (1994), S. 177-202; Mahdi Elmandjra: »Cultural Diversity: Key to Survival in the Future« (Referat, vorgetragen auf dem Ersten Mexikanischen Kongreß über Zukunftsstudien, México 1994). 1991 veröffentlichte Elmandjra in arabischer Sprache ein Buch, das im Jahr darauf auf französisch unter dem Titel *Première Guerre Civilisationnelle* (Casablanca 1992, 1994) erschien.

19 Fernand Braudel: *Schriften zur Geschichte 1. Gesellschaften und Zeitstrukturen*. Aus dem Französischen übersetzt von Gerda Kurz/Siglinde Summerer (Stuttgart 1992), S. 284.

Kapitel 2

1 »Weltgeschichte ist die Geschichte der großen Kulturen.« Oswald Spengler: *Der Untergang des Abendlandes. Umrisse einer Morphologie der Weltgeschichte* (Vollständige Ausgabe in einem Band, München 1963), S. 761. Zu den großen Werken dieser Gelehrten, die Wesen und Dynamik von Kulturen untersuchen, gehören: Max Weber: *Gesammelte Aufsätze zur Religionssoziologie. I: Die protestantische Ethik und der Geist des Kapitalismus. II: Hinduismus und Buddhismus* (Tübingen 1978); Émile Durkheim und Marcel Mauss: »Note on the Notion of Civilization«, *Social Research* 38 (1971), S. 808-813; Oswald Spengler, *Der Untergang des Abendlandes*; Pitirim Sorokin: *Social and Cultural Dynamics* (4 Bde., New York 1937-1985); Arnold Toynbee: *A Study of History* (12 Bde., London 1934-1961); [vergleiche auch Arnold Toynbee, *Der Gang der Weltgeschichte. Erster Band: Aufstieg und Verfall der Kulturen. Zweiter Band: Kulturen im Übergang.* Aus dem Englischen von Jürgen von Kempski (2 Bde., Zürich 1958). Diese deutsche Fassung ist gekürzt und bearbeitet, weshalb an dieser Stelle nur auf sie verwiesen sei. Im folgenden werden Zitate aus diesem Werk Toynbees aus dem englischen Original übersetzt – A. d. Ü.]; Alfred Weber, *Kulturgeschichte als Kultursoziologie* (Leiden 1935); A. L. Kroeber: *Configurations of Culture Growth* (Berkeley 1944), und *Style and Civilizations* (Westport, Conn. 1973); Philip Bagby: *Culture and History: Prolegomena to the Comparative Study of Civilizations* (London 1958); Carroll Quigley: *The Evolution of Civilizations: An Introduction to Historical Analysis* (New York 1961); Rushton Coulbourn: *Der Ursprung der Hochkulturen.* Aus dem Amerikanischen von Erich Gaenschalz (Stuttgart 1962); S. N. Eisenstadt: »Cultural Traditions and Political Dynamics: The Origins and Modes of Ideological Politics«, *British Journal of Sociology* 32 (Juni 1981), S. 155-181; Fernand Braudel: *Schriften zur Geschichte 1. Gesellschaften und Zeitstrukturen.* Aus dem Französischen von Gerda Kurz/Siglinde Summerer, *Schriften zur Geschichte 2. Menschen und Zeitalter.* Aus dem Französischen von Jochen Grube, Joachim Kalka und Gerda Kurz/Siglinde Summerer (Stuttgart 1992, 1993); William H. McNeill: *The Rise of the West: A History of the Human Community* (Chicago 1963); Adda B. Bozeman: »Civilizations Under Stress«, *Vir-*

ginia Quarterly Review 51 (Winter 1975), S. 1-18, *Strategic Intelligence and Statecraft* (Washington 1992), und *Politics and Culture in International History: From the Ancient Near East to the Opening of the Modern Age* (New Brunswick, N. J. 1994); Christopher Dawson: *Gestaltungskräfte der Weltgeschichte. Studien zur Soziologie, Theologie und Philosophie der Geschichte.* Aus dem Englischen von Marianne Schön (Wien 1959) und *Die Revolution der Weltgeschichte. Universalhistorische Betrachtungen.* Aus dem Englischen von Marianne Schön (Wien 1960); Immanuel Wallerstein: *Geopolitics and Geoculture: Essays on the Changing World-System* (Cambridge 1992); Felipe Fernández-Arnesto: *Millenium: A History of the Last Thousand Years* (New York 1995). Zu diesen Werken könnte man die letzte, unter tragischen Vorzeichen stehende Arbeit von Louis Hartz zählen: *A Synthesis of World History* (Zürich 1983), die »mit bemerkenswerter Hellsicht«, wie Samuel Beer bemerkt, »eine Spaltung der Menschheit ganz ähnlich dem heutigen Bild der Welt nach dem Kalten Krieg voraussieht«. Sonderheft Louis Hartz, *Harvard University Gazette* 89 (27. Mai 1994). Für Hartz zerfiel die Welt in fünf große »Kulturbereiche«: den christlichen, muslimischen, hinduistischen, konfuzianischen und afrikanischen. Eine unentbehrliche erste Übersicht und Einführung in das Studium von Kulturen ist Matthew Melko: *The Nature of Civilizations* (Boston 1969). Wertvolle Anregungen verdanke ich auch der kritischen Stellungnahme zu meinem Artikel in *Foreign Affairs* von Hayward W. Alker, Jr.: »If Not Huntington's ›Civilizations‹, Then Whose?« (unveröffentlichter Text, Massachusetts Institute of Technology, 25. März 1994).

2 Braudel: *Schriften zur Geschichte 1*, S. 245 ff.; Gerrit W. Gong: *The Standard of »Civilization« in International Society* (Oxford 1984), S. 81 ff., 97-100; Wallerstein: *Geopolitics and Geoculture*, S. 160 ff. und 215 ff.; Toynbee: *Study of History*, Bd. X, S. 274 f., und *Kultur am Scheidewege*, S. 30.

3 Braudel: *Schriften zur Geschichte 1*, S. 277. Einen ausführlichen Überblick über Definitionen von Kultur und Zivilisation, besonders die deutsche Unterscheidung zwischen beiden, bieten A. L. Kroeber und Clyde Kluckhohn: *Culture: A Critical Review of Concepts and Definitions* (Cambridge 1952), passim, besonders aber S. 15-29.

4 Bozeman: »Civilizations Under Stress«, S. 1.

5 Durkheim und Mauss: »Notion of Civilization«, S. 811; Braudel:

Schriften zur Geschichte 1, S. 273; Wallerstein: *Geopolitics and Geoculture*, S. 215; Dawson: *Dynamics of World History*, S. 51, 402; Spengler: *Untergang des Abendlandes*, S. 43. Interessanterweise enthält die *International Encyclopedia of the Social Sciences* (Hrsg. David L. Sills, 17 Bde., New York 1968) keinen eigenen Eintrag zum Stichwort »civilization« oder »civilizations«. Das »concept of civilization« (im Singular) wird in einem Unterabschnitt des Artikels über »Urban Revolution« abgehandelt, während Zivilisationen (im Plural) nur beiläufig in dem Artikel über »Culture« erwähnt werden.

6 Herodot: *Historien* VIII, 144. Aus dem Griechischen von A. Horneffer, (Stuttgart 1971), S. 581.

7 Edward A. Tiryakian: »Reflections on the Sociology of Civilizations«, *Sociological Analysis* 35 (Sommer 1974), S. 125.

8 Toynbee: *Study of History*, Bd.I, S. 455, zitiert bei Melko: *Nature of Civilizations*, S. 8 f.; und Braudel: *Schriften zur Geschichte 1*, S. 273.

9 Braudel: *Schriften zur Geschichte 1*, S. 282, 283.

10 Bozeman: *Strategic Intelligence and Statecraft*, S. 26.

11 Quigley: *Evolution of Civilizations*, S. 146 ff.; Melko: *Nature of Civilizations*, S. 101 ff. Siehe D. C. Somervell, »Argument« in seiner gekürzten Fassung von Arnold J. Toynbee: *A Study of History*, Bde. I-VI (Oxford 1946), S. 569 ff.

12 Lucian W. Pye: »China: Erratic State, Frustrated Society«, *Foreign Affairs* 69 (Herbst 1990), S. 58.

13 Siehe Quigley: *Evolution of Civilizations*, Kap. 3, vor allem S. 77, 84; Bagby: *Culture and History*, S. 165-174; Spengler, *Untergang des Abendlandes*, S. 599 ff.; Toynbee: *Study of History*, Bd. I, S. 133, XII, S. 546 f.; Braudel: *Histoire des civilisations*, passim; McNeill: *The Rise of the West*, passim; und Rostovanyi: »Clash of Civilizations«, S. 8 f.

14 Melko: *Nature of Civilizations*, S. 133.

15 Fernand Braudel.

16 In den neunziger Jahren erfuhr diese Literatur eine wichtige Ergänzung durch einen Autor, der beide Kulturen gut kennt; siehe Claudio Veliz: *The New World of the Gothic Fox* (Berkeley 1994).

17 Siehe Charles A. und Mary R. Beard: *The Rise of American Civilization* (2 Bde., New York 1927), und Max Lerner: *Amerika. Wesen und Werden einer Kultur. Geist und Leben der Vereinigten Staaten von heute* (Frankfurt am Main 1960). Mit patriotischem Eifer be-

hauptet Lerner: »Ob gut oder schlecht, Amerika ist, was es ist – ein eigenständiges Kulturland mit vielen charakteristischen Kräften und einem eigenen Sinn, das als eine der historischen Hochkulturen mit gleichem Rang neben Griechenland und Rom tritt« (S. 64). Freilich räumt er auch ein: »Fast ausnahmslos gilt für die großen Geschichtstheorien, daß in ihnen Amerika als Träger einer eigenständigen Kultur keinen Platz findet« (S. 63).

18 Die Bezeichnungen »Osten« und »Westen« für geographische Gebiete sind verwirrend und ethnozentrisch. »Norden« und »Süden« haben weltweit gültige, feste Bezugspunkte an den Polen. »Osten« und »Westen« haben keine derartigen Bezugspunkte; es fragt sich immer: östlich und westlich wovon? Es kommt ganz darauf an, wo man steht. Ursprünglich meinten »Westen« und »Osten« vermutlich den westlichen bzw. östlichen Teil Eurasiens. Aus amerikanischer Sicht jedoch ist der Ferne Osten eigentlich der Ferne Westen. In der chinesischen Geschichte bedeutete der Westen meistens Indien. Aber: »In Japan bedeutete ›der Westen‹ für gewöhnlich China.« William E. Naff: »Reflections on the Questions of ›East‹ and ›West‹ from the Point of View of Japan«, *Comparative Civilizations Review* 13/14 (Herbst 1985, Frühjahr 1986), S. 228.

19 Zur Bedeutung von Elementen europäischer Zivilisation bei der Gründung neuer Gesellschaften in Nordamerika, Lateinamerika, Südafrika und Australien siehe Louis Hartz: *The Founding of New Societies: Studies in the History of the United States, Latin America, South Africa, Canada, and Australia* (New York 1964).

20 Dawson: *Gestaltungskräfte der Weltgeschichte*, S. 147. Siehe auch Mary C. Bateson: »Beyond Sovereignty: An Emerging Global Civilization«, in R. B. J. Walker und Saul H. Mendlovitz (Hrsg): *Contending Sovereignties: Redefining Political Community* (Boulder 1990), S. 148 f.

21 Toynbee rechnet sowohl den Theravada- als auch den lamaistischen Buddhismus zu den »fossilen Zivilisationen«: *Study of History*, Bd. I., S. 35, 91 f.

Wie steht es um eine jüdische Kultur? Die meisten Kulturtheoretiker erwähnen sie kaum. Gemessen an der Zahl seiner Menschen, ist das Judentum offenkundig keine große Kultur. Toynbee beschreibt es als »gehemmte Zivilisation«, die sich aus der früheren altsyrischen Hochkultur entwickelt habe. Historisch hängt es mit dem Christentum und dem Islam zusammen, und mehrere Jahrhunderte lang behaupteten die Juden ihre eigene kulturelle Identität innerhalb des westlichen, orthodoxen bzw. islamischen Kulturkreises. Mit der Gründung Israels besaßen die Juden alle Erfordernisse einer Kultur: Religion, Sprache, Sitten, Literatur, Institutionen sowie eine territoriale und politische Heimat. Aber wie ist es um die subjektive Identifikation bestellt? Das Verhalten von Juden, die in anderen Kulturen leben, reicht von völliger Identifikation mit dem Judentum und mit Israel bis zu einem nominellen Judentum und völliger Identifikation mit der Kultur, in der sie leben; letzteres ist allerdings hauptsächlich unter Juden anzutreffen, die im Westen zu Hause sind. Siehe Mordecai M. Kaplan: *Judaism as a Civilization* (Philadelphia 1981; ursprünglich erschienen 1934), vor allem S. 173-208.

22 Siehe zum Beispiel Bernard Lewis: *Kaiser und Kalifen. Christentum und Islam im Ringen um Macht und Vorherrschaft*. Aus dem Englischen von Holger Fliessbach (München 1996); Toynbee: *Study of History*, Kapitel IX, »Contacts between Civilizations in Space (Encounters between Contemporaries)«, Bd. VIII, S. 88 ff. Benjamin Nelson: »Civilizational Complexes and Intercivilizational Encounters«, *Sociological Analysis* 34 (Sommer 1973), S. 79-105.

23 S. N. Eisenstadt: »Cultural Traditions and Political Dynamics: The Origins and Modes of Ideological Politics«, *British Journal of Sociology* 32 (Juni 1981), S. 157, und »The Axial Age: The Emergence of Transcendental Visions and the Rise of Clerics«, *Archives Européennes de Sociologie* 22 (Nr. 1, 1982), S. 298. Siehe auch Benjamin I. Schwartz: »The Age of Transcendence in Wisdom, Revolution, and Doubt: Perspectives on the First Millenium B.C.«, *Daedalus* 104 (Frühjahr 1975), S. 3. Der Begriff der Achsenzeit stammt von Karl Jaspers: *Vom Ursprung und Ziel der Geschichte* (Zürich 1949).

24 Toynbee: *Kultur am Scheidewege*, S. 75. Vgl. William H. McNeill: *The Rise of the West*, S. 295-298, der hervorhebt, in welchem Ausmaß bei Anbruch der christlichen Ära bereits »organisierte Handelsrouten zu Wasser und zu Lande ... die vier großen Kulturen des Kontinents miteinander verbanden«.

25 Braudel: *Schriften zur Geschichte 2*, S. 381 f.: »So ist gelegentlich eine massive, wenn auch äußerst langsame Verbreitung von Kulturgütern zu beobachten: Beispielsweise der Wandel des Kostüms um

1340 in Frankreich, als der wehende Mantel der Kreuzfahrer vom kurzen, knappen Wams der Männer mit enganliegenden Kniehosen und spitz zulaufenden Schnabelschuhen abgelöst wird, lauter Neuheiten, die zusammen mit dem Kinnbärtchen und dem Schnurrbart *à l'espagnole* des 14. Jahrhunderts aus Katalonien kommen, in Wirklichkeit jedoch von viel weiter her, nämlich aus dem von den Katalanen frequentierten Orient... Die weibliche Kleidung, vornehmlich die Hörnerhaube, wird über den Hof der Lusignan von Zypern sogar vom China des (zu Beginn des 10. Jahrhunderts untergegangenen) Tang-Reichs übernommen! Kurzum, um die Strahlkraft der Kulturen scheint es ähnlich bestellt zu sein wie um das Licht ferner Sterne, das wir, obwohl die Sterne selbst bereits seit Jahrhunderten oder Jahrtausenden erloschen sind, noch immer erblicken...«

26 Siehe Toynbee: *Study of History*, Bd. VIII, S. 347 f.

27 McNeill: *Rise of the West*, S. 547.

28 D. K. Fieldhouse: *Economics and Empire, 1830-1914* (London 1984), S. 3; F. J. C. Hearnshaw: *Sea Power and Empire* (London 1940), S. 179.

29 Geoffrey Parker: *Die militärische Revolution. Die Kriegskunst und der Aufstieg des Westens 1500-1800*. Aus dem Englischen von Ute Mihr (Frankfurt/New York 1990), S. 22; Michael Howard: »The Military Factor in European Expansion«, in Hedley Bull und Adam Watson (Hrsg.): *The Expansion of International Society* (Oxford 1984), S. 33 ff.

30 A. G. Kenwood und A. L. Lougheed: *The Growth of the International Economy 1820-1990* (London 1992), S. 78 f.; Angus Maddison: *Dynamic Forces in Capitalist Development* (New York 1991), S. 326 f.; die Hinweise von Alan S. Blinder in der *New York Times*, 12. März 1995, S. 5E. Siehe auch Simon Kuznets: »Quantitative Aspects of the Economic Growth of Nations – X. Level and Structure of Foreign Trade: Long-term Trends«, *Economic Development and Cultural Change* 15 (Januar 1967, Teil II), S. 2-10.

31 Charles Tilly: »Reflections on the History of European State-making«, in Charles Tilly (Hrsg.): *The Formation of National States in Western Europe* (Princeton 1975), S. 18.

32 R. R. Palmer: »Frederick the Great, Guibert, Bulow: From Dynastic to National War«, in Peter Paret (Hrsg.): *Makers of Modern Strategy*

from Machiavelli to the Nuclear Age (Princeton 1986), S. 119.

33 Edward Mortimer: »Christianity and Islam«, *International Affairs* 67 (Januar 1991), S. 7

34 Hedley Bull: *The Anarchical Society* (New York 1977), S. 9-13. Siehe auch Adam Watson: *The Evolution of International Society* (London 1992), und Barry Buzan: »From International System to International Society: Structural Realism and Regime Theory Meet the English School«, *International Organisation* 47 (Sommer 1993), S. 327-352; Buzan unterscheidet zwischen »zivilisationalen« und »funktionalen« Modellen der internationalen Gesellschaft und kommt zu dem Schluß, daß »zivilisationale internationale Gesellschaften die Geschichte beherrscht« haben und daß es »anscheinend keinen reinen Fall einer funktionalen internationalen Gesellschaft« gibt (S. 336).

35 Spengler: *Untergang des Abendlandes*, S. 24.

36 Toynbee: *Study of History I*, S. 149 ff., 154, 157 ff.

37 Braudel: *Schriften zur Geschichte 2.*

Kapitel 3

1 Siehe V. S. Naipaul: »Our Universal Civilization«, The 1990 Wriston Lecture, The Manhattan Institute, *New York Review of Books*, 30. Oktober 1990, S. 20.

2 Siehe James Q. Wilson: *The Moral Sense* (New York 1993); Michael Walzer: *Thick and Thin: Moral Argument at Home and Abroad* (Notre Dame 1994), besonders Kapitel 1 und 4; einen kurzen Überblick bietet Frances V. Harbour: »Basic Moral Values: A Shared Core«, *Ethics and International Affairs* 9 (1995), S. 155-170.

3 Vaclav Havel: »Civilization's Thin Veneer«, *Harvard Magazine*, 97 (Juli-August 1995), S. 32.

4 Hayward Alker hat zutreffend darauf hingewiesen, daß ich in meinem Aufsatz in *Foreign Affairs* die Idee einer Weltkultur »definitorisch desavouiert« habe, indem ich »Zivilisation« definiere als »die höchste kulturelle Gruppierung von Menschen und die umfassendste Ebene kultureller Identität, die Menschen unterhalb dessen haben, was sie von anderen Spezies unterscheidet«. So wird der Begriff natürlich von den meisten Kulturtheoretikern verwendet. In dem vorliegenden Kapitel lockere ich diese Definition, um die Mög-

lichkeit zuzulassen, daß Völker in der ganzen Welt sich mit einer spezifischen, globalen Kultur identifizieren, die die Kulturen im westlichen, islamischen oder sinischen Sinn ergänzt oder ersetzt.

5 Hedley Bull: *The Anarchical Society: A Study of Order in World Politics* (New York 1977), S. 317.

6 John Rockwell: »The New Colossus: American Culture as Power Export«, und diverse: »Channel-Surfing through U.S. Culture in 20 Lands«, *New York Times*, 30. Januar 1994, Abschn. 2, S. 1 ff.; David Rieff: »A Global Culture«, *World Policy Journal* 10 (Winter 1993/94), S. 73-81.

7 Michael Vlahos: »Culture and Foreign Policy«, *Foreign Policy* 82 (Frühjahr 1991), S. 69; Kishore Mahbubani: »The Dangers of Decadence: What the Rest can Teach the West«, *Foreign Affairs* 72 (Sept./Okt. 1993), S. 12.

8 Aaron L. Friedberg: »The Future of American Power«, *Political Science Quarterly* 109 (Frühjahr 1994), S. 15.

9 Richard Parker: »The Myth of Global News«, *New Perspectives Quarterly* 11 (Winter 1994), S. 41-44; Michael Gurevitch, Mark R. Levy und Itzhak Roeh: »The Global Newsroom: convergences and diversities in the globalization of television news«, in Peter Dahlgren und Colin Sparks (Hrsg.): *Communication and Citizenship: Journalism and the Public Sphere in the New Media* (London 1991), S. 215.

10 Ronald Dore: »Unity and Diversity in World Culture«, in Hedley Bull und Adam Watson (Hrsg.): *The Expansion of International Society* (Oxford 1984), S. 423.

11 Robert L. Bartley: »The Case for Optimism – The West Should Believe in Itself«, *Foreign Affairs* 72 (September/Oktober 1993), S. 16.

12 Siehe Joshua A. Fishman: »The Spread of English as a New Perspective for the Study of Language Maintenance and Language Shift«, in Joshua A. Fishman, Robert L. Cooper und Andrew W. Conrad: *The Spread of English: The Sociology of English as an Additional Language* (Rowley 1977), S. 108 ff.

13 Fishman: »Spread of English as a New Perspective«, S. 118 f.

14 Randolf Quirk, in Braj B. Kachru: *The Indianization of English* (Delhi 1983), S. II; R. S. Gupta und Kapil Kapoor (Hrsg.): *English in India – Issues and Problems* (Delhi 1991), S. 21. Vgl. Sarvepalli Gopal: »The English Language in India«, *Encounter* 73 (Juli/August 1989), S. 16, wo geschätzt wird, daß 35 Millionen Inder »ein Englisch

der einen oder anderen Art sprechen und schreiben«. Weltbank: *World Development Report 1985, 1991* (New York), Tabelle 1.

15 Kapoor und Gupta: »Introduction«, in Gupta und Kapoor (Hrsg.): *English in India*, S. 21; Gopal: »English Language«, S. 16.

16 Fishman: »Spread of English as New Perspective«, S. 115.

17 Siehe *Newsweek*, 19. Juli 1993, S. 22.

18 Zitiert bei R. N. Srivastava und V. P. Sharma: »Indian English Today«, in Gupta und Kapoor (Hrsg.): *English in India*, S. 191; Gopal: »English Language«, S. 17.

19 *New York Times*, 16. Juli 1993, S. A9; Boston Globe, 15. Juli 1993, S. 13.

20 Siehe außer den Projektionen in der *World Christian Encyclopedia* auch die Voraussagen von Jean Bourgeois-Pichat: »Le nombre des hommes: Etat et prospective«, in Albert Jacquard u. a. (Hrsg.): *Les Scientifiques Parlent* (Paris 1987), S.140, 143, 151, 154-156.

21 Edward Said über V. S. Naipaul, zitiert bei Brent Staples: »Con Men and Conquerors«, *New York Times Book Review*, 22. Mai 1994, S. 42.

22 A. G. Kenwood und A. L. Lougheed: *The Growth of the International Economy 1820-1990* (London 1992, 3. Aufl.), S. 78 f.; Angus Maddison: *Dynamic Forces in Capitalist Development* (New York 1991), S. 326 f.; Alan S. Blinder, zitiert in *New York Times*, 12 März 1995, S. 5E.

23 David M. Rowe: »The Trade and Security Paradox in International Politics« (unveröffentlichtes Manuskript, Ohio State University, 15. September 1994), S. 16.

24 Dale C. Copeland: »Economic Interdependence and War: A Theory of Trade Expectations«, *International Security* 20 (Frühjahr 1996), S. 25.

25 William J. McGuire und Claire V. McGuire: »Content and Process in the Experience of Self«, *Advances in Experimental Social Psychology* 21 (1988), S. 102.

26 Donald L. Horowitz: »Ethnic Conflict Management and Civilizational Analysis«, in Joseph V. Montville und Hans Binnendijk (Hrsg.): *Conflict and Peacemaking in Multiethnic Societies* (Lexington, Mass. 1990), S. 121.

27 Roland Robertson: »Globalization Theory and Civilizational Analysis«, *Comparative Civilizations Review* 17 (Herbst 1987), S. 22; Jeffrey

A. Shad, Jr.: »Globalization and Islamic Resurgence«, *Comparative Civilizations Review* 19 (Herbst 1988), S. 67.

28 Siehe Cyril E. Black: *The Dynamics of Modernization: A Study in Comparative History* (New York 1966), S. 1-34; Reinhard Bendix: »Tradition and Modernity Reconsidered«, *Comparative Studies in Society and History* 9 (April 1967), S. 292 f.

29 Braudel: *Schriften zur Geschichte 1*, S. 287.

30 Die Literatur über die prägenden Merkmale der westlichen Zivilisation ist natürlich ungeheuer. Siehe unter anderem William H. McNeill: *Rise of the West: A History of the Human Community* (Chicago 1963); Fernand Braudel: *Schriften zur Geschichte 1*, *Schriften zur Geschichte 2* und frühere Werke; Immanuel Wallerstein: *Geopolitics and Geoculture: Essays on the Changing World-System* (Cambridge 1991). Karl W. Deutsch verdanken wir einen gründlichen, knappen, überaus anregenden Vergleich zwischen dem Westen und neun anderen Kulturen im Hinblick auf 21 geographische, kulturelle, wirtschaftliche, technologische, soziale und politische Faktoren, wobei vor allem nach dem jeweiligen Grad der Verschiedenheit des Westens von den anderen Zivilisationen gefragt wird. Siehe Karl W. Deutsch: »On Nationalism, Regions, and the Nature of the West«, in Per Torsvik (Hrsg.): *Mobilization, Center-Periphery Structures, and Nation-building: A Volume in Commemoration of Stein Rokkan* (Bergen 1981), S. 51-93. Eine knappe Zusammenfassung der wesentlichen und unterscheidenden Züge der westlichen Kultur im Jahre 1500 siehe Charles Tilly: »Reflections on the History of European State-making«, in Tilly (Hrsg.): *The Formation of National States in Western Europe* (Princeton 1975), S. 18 ff.

31 Deutsch: »Nationalism, World Regions, and the West«, in Torsvik (Hrsg.): *Mobilization*, S. 77.

32 Siehe Robert D. Putnam: *Making Democracy Work: Civil Traditions in Modern Italy* (Princeton 1993), S. 121 ff.

33 Deutsch: »Nationalism, World Religions, and the West«, in Torsvik (Hrsg.): *Mobilization*, S. 78. Siehe auch Stein Rokkan: »Dimensions of State Formation and Nation-Building: A Possible Paradigm for Research on Variations within Europe«, in Charles Tilly: *The Formation of National States in Western Europe* (Princeton 1975), S. 576, und Putnam: *Making Democracy Work*, S. 124-127.

34 Geert Hofstede: »National Cultures in Four Dimensions: A Re-

search-based Theory of Cultural Differences among Nations«, *International Studies of Management and Organization* 13 (1983), S. 52.

35 Harry C. Triandis: »Cross-Cultural Studies of Individualism and Collectivism«, in: *Nebraska Symposium on Motivation 1989* (Lincoln 1990), S. 44-133, und *New York Times*, 25. Dezember 1990, S. 41. Siehe auch George C. Lodge und Ezra F. Vogel (Hrsg.): *Ideology and National Competitiveness: An Analysis of Nine Countries* (Boston 1987), passim.

36 Erörterungen über die Interaktion von Zivilisationen gelangen fast zwangsläufig zu irgendeiner Form dieses typischen Reaktionsschemas. Siehe Arnold J. Toynbee: *Study of History* (London 1935/61), Bd. II, S. 187 ff.; *Study of History*, Bd. VIII, S. 152 f., 214; John L. Esposito: *The Islamic Threat: Myth or Reality* (New York 1992), S. 53-62; Daniel Pipes: *In the Path of God: Islam and Political Power* (New York 1983), S. 105-142.

37 Pipes: *Path of God*, S. 349.

38 William Pfaff: »Reflections: Economic Development«, *New Yorker*, 25. Dezember 1978, S. 47.

39 Pipes: *Path of God*, S. 197 f.

40 Ali Al-Amin Mazrui: *Cultural Forces in World Politics* (London 1990), S. 4 f.

41 Esposito: *Islamic Threat*, S. 55; siehe generell S. 55-62; und Pipes: *Path of God*, S. 114-120.

42 Rainer C. Baum: »Authority and Identity – The Invariance Hypothesis II«, *Zeitschrift für Soziologie* 6 (Oktober 1977), S. 368 f. Siehe auch Rainer C. Baum: »Authority Codes: The Invariance Hypothesis«, *Zeitschrift für Soziologie* 6 (Januar 1977), S. 5-28.

43 Siehe Adda Bozeman: »Civilizations under Stress«, *Virginia Quarterly Review* 51 (Winter 1975), S. 5 ff.; Leo Frobenius: *Paideuma: Umrisse einer Kultur- und Seelenlehre* (München 1921), S. 11 ff.; Oswald Spengler: *Der Untergang des Abendlandes*, S. 620 ff.

44 Bozeman: »Civilizations under Stress«, S. 7.

45 William E. Naff: »Reflections on the Question of ›East and West‹ from the Point of View of Japan«, *Comparative Civilizations Review* 13/14 (Herbst 1985 – Frühjahr 1986), S. 222.

46 David E. Apter: »The Role of Traditionalism in the Political Modernization of Ghana and Uganda«, *World Politics* 13 (Oktober 1960), S. 47-68.

47 S. N. Eisenstadt: »Transformation of Social, Political and Cultural Orders in Modernization«, *American Sociological Review* 30 (Oktober 1965), S. 659-673.
48 Pipes: *Path of God*, S. 191, 107.
49 Braudel: *Schriften zur Geschichte I*, S. 286.

Kapitel 4

1 Jeffrey R. Barnett: »Exclusion as National Security Policy«, *Parameters* 24 (Frühjahr 1994), S. 54.
2 Aaron L. Friedberg: »The Future of American Power«, *Political Science Quarterly* 109 (Frühjahr 1994), S. 20 f.
3 Hedley Bull: »The Revolt Against the West«, in Hedley Bull und Adam Watson (Hrsg.): *Expansion of International Society* (Oxford 1984), S. 219.
4 Barry G. Buzan: »New Patterns of Global Security in the Twenty-First Century«, *International Affairs* 67 (Juli 1991), S. 451.
5 *Project 2025* (Entwurf), 20. September 1991, S. 7; Weltbank: *World Development Report 1990* (Oxford 1990), S. 229, 244; *The World Almanac and Book of Facts 1990* (Mahwah [New Jersey] 1989), S. 539.
6 Entwicklungsprogramm der Vereinten Nationen: *Human Development Report 1994* (New York 1994), S. 136 f., 207-211; Weltbank: »World Development Indicators«, *World Development Report 1984, 1986, 1990, 1994*; Bruce Russett *et al.*: *World Handbook of Political and Social Indicators* (New Haven 1994), S. 222-226.
7 Paul Bairoch: »International Industrialization Levels from 1750 to 1980«, *Journal of European Economic History* 11 (Herbst 1982), S. 269, 304.
8 *Economist*, 15. Mai 1993, S. 83, unter Berufung auf: Internationaler Währungsfonds: *World Economic Outlook*; »The Global Economy«, *Economist*, 1. Oktober 1994, S. 3-9; *Wall Street Journal*, 17. Mai 1993, S. A12; Nicholas D. Kristof: »The Rise of China«, *Foreign Affairs* 72 (November/Dezember 1993), S. 61; Kishore Mahbubani: »The Pacific Way«, *Foreign Affairs* 74 (Januar/Februar 1995), S. 100-103.
9 Internationales Institut für Strategische Studien: »Tables and Analyses«, *The Military Balance 1994-95* (London 1994).
10 *Project 2025*, S. 13; Richard A. Bitzinger: *The Globalization of Arms*

Production: Defense Markets in Transition (Washington 1993), passim.

11 Den Zusammenhang zwischen Macht und Kultur verkennen fast einhellig sowohl jene, die meinen, eine universale Kultur sei im Entstehen begriffen und müsse es sein, als auch jene, die behaupten, Verwestlichung sei eine Vorbedingung für Modernisierung. Sie wollen nicht erkennen, daß sie nach der Logik ihrer Argumentation auch die Expansion und Konsolidierung westlicher Weltbeherrschung unterstützen müßten und daß andere Gesellschaften, die über ihr Schicksal frei selbst bestimmen können, alte Credos, Gewohnheiten und Praktiken bekräftigen, die den Universalisten zufolge fortschrittsfeindlich sind. Die Leute, die die Vorzüge einer universalen Zivilisation vertreten, vertreten jedoch für gewöhnlich nicht auch die Vorzüge eines universalen Imperiums.

12 Joseph S. Nye, Jr.: »The Changing Nature of World Power«, *Political Science Quarterly* 105 (Sommer 1990), S. 181 f.

13 William H. McNeill: *The Rise of the West: A History of the Human Community* (Chicago 1963), S. 545.

14 Ronald Dore: »Unity and Diversity in Contemporary World Culture«, in Bull und Watson (Hrsg.): *Expansion of International Society*, S. 420 f.

15 William E. Naff: »Reflections on the Question of ›East and West‹ from the Point of View of Japan«, *Comparative Civilizations Review* 13/14 (Herbst 1985 und Frühjahr 1986), S. 219; Arata Isozaki: »Escaping the Cycle of Eternal Resources«, *New Perspective Quarterly* 9 (Frühjahr 1992), S. 18.

16 Richard Sission: »Culture and Democratization in India«, in Larry Diamond: *Political Culture and Democracy in Developing Countries* (Boulder 1993), S. 55-61.

17 Graham E. Fuller: »The Appeal of Iran«, *National Interest* 37 (Herbst 1994), S. 95.

18 Eisuke Sakakibara: »The End of Progressivism: A Search for New Goals«, *Foreign Affairs* 74 (September/Oktober 1995), S. 8-14.

19 T. S. Eliot, *Idea of a Christian Society* (New York 1940), S. 64.

20 Gilles Kepel: *Revenge of God: The Resurgence of Islam, Christianity and Judaism in the Modern World* (University Park [Pennsylvania] 1994), S. 2.

21 George Weigel: »Religion and Peace: An Argument Complexified«, *Washington Quarterly* 14 (Frühjahr 1991), S. 27.
22 James H. Billington: »The Case for Orthodoxy«, *New Republic*, 30. Mai 1994, S. 26; Suzanne Massie: »Back to the Future«, *Boston Globe*, 28. März 1993, S. 72.
23 *Economist*, 8. Januar 1993, S. 46; James Rupert: »Dateline Taschkent: Post-Soviet Central Asia«, *Foreign Policy* 87 (Sommer 1992), S. 180.
24 Fareed Zakaria: »Culture Is Destiny: A Conversation with Lee Kuan Yew«, *Foreign Affairs* 73 (März/April 194), S. 118.
25 Hassan Al-Turabi: »The Islamic Awakening's Second Wave«, *New Perspectives Quarterly* 9 (Sommer 1992), S. 52-55; Ted G. Jelen: *The Political Mobilization of Religious Belief* (New York 1991); S. 55 ff.
26 Bernard Lewis: »Islamic Revolution«, *New York Review of Books*, 21. Januar 1988, S. 47; Kepel: *Revenge of God*, S. 82.
27 Sudhir Kakar: »The Colors of Violence: Cultural Identities, Religion, and Conflict«, unveröffentlichtes Manuskript, Kap. 6: »A New Hindu Identity«, S. 11.
28 Suzanne Massie: »Back to the Future«, S. 72; Rupert: »Dateline Taschkent«, S. 180.
29 Rosemary Radford Ruther: »A World on Fire with Faith«, *New York Times Book Review*, 26. Januar 1992, S. 10; William H. McNeill: »Fundamentalism and the World of the 1990s«, in Martin E. Marty und R. Scott Appleby (Hrsg.): *Fundamentalism and Society* (Chicago 1993), S. 561.
30 New York Times, 15. Januar 1993, S. A9; Henry Clement Moore: *Images of Development: Egyptian Engineers in Search of Industry* (Cambridge [Massachusetts] 1980), S. 227 f.
31 Henry Scott Stokes: »Korea's Church Militant«, *New York Times Magazine*, 28. November 1972, S. 68.
32 Reverend Edward J. Dougherty SJ, *New York Times*, 4. Juli 1993, S. 10; Timothy Goodman: »Latin America's Reformation«, *American Enterprise* 2 (Juli/August 1991), S. 43; *New York Times*, 11. Juli 1993, S. 1; *Time*, 21. Januar 1991, S. 69.
33 *Economist*, 6. Mai 1989, S. 23; 11. November 1989, S. 41; *Times* (London), 12. April 1990, S. 12; *Observer*, 27. Mai 1990, S. 18.
34 *New York Times*, 16. Juli 1993, S. A9; *Boston Globe*, 15. Juli 1993, S. 13.

35 Siehe Mark Juergensmeyer: *The New Cold War? Religious Nationalism Confronts the Secular State* (Berkeley 1993).

36 Zakaria: »Conversation with Lee Kuan Yew«, S. 118; Al-Turabi: »Islamic Awakening's Second Wave«, S. 53. Siehe Terrance Carroll: »Secularization and States of Modernity«, *World Politics* 36 (April 1984), S. 362-382.

37 John L. Esposito: *The Islamic Threat: Myth or Reality* (New York 1992), S. 10.

38 Régis Debray: »God and the Political Planet«, *New Perspectives Quarterly* 11 (Frühjahr 1994), S. 15.

39 Esposito: *Islamic Threat*, S. 10; Gilles Kepel, zitiert bei Sophie Lannes: »La revanche de Dieu – Interview with Gilles Kepel«, *Géopolitique* 33 (Frühjahr 1991), S. 14; Moore: *Images of Development*, S. 214-216.

40 Juergensmeyer: *The New Cold War*, S. 71; Edward A. Gargan: »Hindu Rage Against Muslims Transforming Indian Politics«, *New York Times*, 17. September 1993, S. A1; Khushwaht Singh: »India, the Hindu State«, *New York Times*, 3. August 1993, S. A17.

41 Dore, in Bull und Watson (Hrsg.): *Expansion of International Society*, S. 411; McNeill, in Marty und Apleby (Hrsg.): *Fundamentalism and Society*, S. 569.

Kapitel 5

1 Kishore Mahbubani: »The Pacific Way«, *Foreign Affairs* 74 (Januar/Februar 1995), S. 100-103; »IMD Executive Opinion Survey«, *Economist*, 6. Mai 1995, S. 5; Weltbank: *Global Economic Prospects and the Developing Countries 1993* (Washington 1993), S. 66 f.

2 Tommy Koh: *America's Role in Asia: Asian Views* (Asia Foundation, Center for Asian Pacific Affairs, Report Nr. 13, November 1993), S. 1.

3 Alex Kerr: *Japan Times*, 6. November 1994, S. 10.

4 Yasheng Huang: »Why China Will Not Collapse«, *Foreign Policy* 95 (Sommer 1995), S. 57.

5 *Cable News Network*, 10. Mai 1994; Edward Friedman: »A Failed Chinese Modernity«, *Daedalus* 122 (Frühjahr 1993), S. 5; Perry Link: »China's ›Core‹ Problem«, *ebd.*, S. 201-204.

6 *Economist*, 21. Januar 1995, S. 38 f.; William Theodore de Bary:

»The New Confucianism in Beijing«, *American Scholar* 64 (Frühjahr 1995), S. 175 ff.; Benjamin L. Self: »Changing Role for Confucianism in China«, *Woodrow Wilson Center Report* 7 (September 1995), S. 4 f.; *New York Times*, 26. August 1991, S. A19.

7 Lee Teng-hui: »Chinese Culture and Political Renewal«, *Journal of Democracy* 6 (Oktober 1995), S. 6-8.

8 Alex Kerr: *Japan Times*, 6. November 1994, S. 10; Kazuhiko Ozawa: »Ambivalence in Asia«, *Japan Update* 44 (Mai 1995), S. 18 f.

9 Zu einigen dieser Probleme siehe Ivan P. Hall: »Japan's Asia Card«, *National Interest* 38 (Winter 1994/95), S. 19 ff.

10 Casimir Yost: »America's Role in Asia: One Year Later« (Asia Foundation, Center for Asian Pacific Affairs, Report Nr. 15, Februar 1994), S. 4; Yochi Funabashi: »The Asianization of Asia«, *Foreign Affairs* 72 (November/Dezember 1993), S. 78; Anwar Ibrahim: *International Herald Tribune*, 31. Januar 1994, S. 6.

11 Kishore Mahbubani: »Asia and a United States in Decline«, *Washington Quarterly* 17 (Frühjahr 1994), S. 5-23; ein Gegenangriff findet sich bei Eric Jones: »Asia's Fate: A Response to the Singapore School«, *National Interest* 35 (Frühjahr 1994), S. 18-28.

12 Mahathir bin Mohamad: *Mare jirenma* [Das malaysische Dilemma] (japanische Übersetzung von Takata Masayoshi, Tokio 1983), S. 267, zitiert bei Ogura Kazuo: »A Call for a New Concept of Asia«, *Japan Echo* 20 (Herbst 1993), S. 40.

13 Lu Xiangiu: »A Post-Cold War Alternative from East Asia«, *Straits Time*, 10. Februar 1992, S. 24.

14 Yotaro Kobayashi: »Re-Asianize Japan«, *New Perspectives Quarterly* 9 (Winter 192), S. 20; Funabashi: »The Asianization of Asia«, S. 75 ff.; George Yong-Soon Yee: »New East Asia in a Multicultural World«, *International Herald Tribune*, 15. Juli 1992, S. 8.

15 Yoichi Funabashi: »Globalize Asia«, *New Perspectives Quarterly* 9 (Winter 192), S. 23 f.; Kishore M. Mahbubani: »The West and the Rest«, *National Interest* 28 (Sommer 1992), S. 7; Hazuo: »New Concept of Asia«, S. 41.

16 *Economist*, 9. März 1996, S. 33.

17 Einige Leser werden sich fragen, warum »Islamische Resurgenz« großgeschrieben wird. Der Grund ist der, daß es sich um ein überaus wichtiges historisches Ereignis handelt, das ein Fünftel oder mehr der Menschheit tangiert, daß es zumindest ebenso bedeutsam

ist wie die Amerikanische Revolution, die Französische Revolution oder die Russische Revolution, die für gewöhnlich auch alle groß geschrieben werden, und daß es ähnlich und vergleichbar der Protestantischen Reformation ist, die fast immer großgeschrieben wird.

18 Bandar bin Sultan, *New York Times*, 10. Juli 1994, S. 20.

19 John L. Esposito: *The Islamic Threat: Myth or Reality* (New York 1992), S. 12; Ali E. Hillal Dessouki: »The Islamic Resurgence«, in Ali E. Hillal Dessouki (Hrsg.): *Islamic Resurgence in the Arab World* (New York 1982), S. 9-13.

20 Thomas Case, zitiert bei Michael Walzer: *The Revolution of the Saints: A Study in the Origins of Radical Politics* (Cambridge [Massachusetts] 1965), S. 10 f.; Hassan Al-Turabi: »The Islamic Awakening's Second Wave«, *New Perspectives Quarterly* 9 (Sommer 1992), S. 52. Die nützlichste Einzelabhandlung zum Verständnis von Charakter, Anziehungskraft, Grenzen und historischer Rolle des islamischen Fundamentalismus im ausgehenden 20. Jahrhundert ist möglicherweise Walzers Studie über den englisch-calvinistischen Puritanismus des 16. und 17. Jahrhunderts.

21 Donald K. Emerson: »Islam and Regime in Indonesia: Who's Coopting Whom?« (unveröffentlichte Arbeit, 1989), S. 16; Nasir Tamara: *Indonesia in the Wake of Islam, 1965-1985* (Kuala Lumpur: Malaysisches Institut für Strategische und Internationale Studien 1986), S. 28; *Economist*, 14. Dezember 1985, S. 35 f.; Henry Tanner: »Islam Challenges Secular Society«, *International Herald Tribune*, 27. Juni 1987, S. 7 f.; Sabri Sayari: »Politicization of Islamic Re-Traditionalism: Some Preliminary Notes«, in Metin Heper und Raphael Israeli (Hrsg.): *Islam and Politics in the Modern Middle East* (London 1984), S. 125; *New York Times*, 26. März 1989, S. 14; 2. März 1995, S. A8. Siehe Reportagen über diese Länder in *New York Times*, 17. November 1985, S. 2E; 15. November 1987, S. 13; 6. März 1991, S. A11; 20. Oktober 1990, S. 4; 26. Dezember 1992, S. 1; 8. März 1994, S. A15; und *Economist*, 15. Juni 1985, S. 36 f., und 18. September 1992, S. 23-25.

22 *New York Times*, 4. Oktober 1993, S. A8; 29. November 1994, S. A4; 3. Februar 1994, S. 1; 26. Dezember 1992, S. 5; Erika G. Alin: »Dynamics of the Palestinian Uprising: An Assessment of Causes, Character, and Consequences«, *Comparative Politics* 26 (Juli 1994), S. 494; *New York Times*, 8. März 1994, S. A15; James Peacock: »The

Impact of Islam«, *Wilson Quarterly* 5 (Frühjahr 1981), S. 142; M. Nasir Tamara: *Indonesia in the Wake of Islam: 1965-1985* (Kuala Lumpur: Institut für Strategische und Internationale Studien 1986), S. 22.

23 Olivier Roy: *The Failure of Political Islam* (London 1994), S. 49 ff.; *New York Times*, 19. Januar 1992, S. E3; *Washington Post*, 21. November 1990, S. A1. Siehe Gilles Keppel: *The Revenge of God: The Resurgence of Islam, Christianity and Judaism in the Modern World* (University Park [Pennsylvania] 1994), S. 32; Farida Faouzia Charfi: »When Galileo Meets Allah«, *New Perspectives Quarterly* 11 (Frühjahr 1994), S. 30; Esposito: *Islamic Threat*, S. 10.

24 Mahnaz Ispahani: »Varieties of Muslim Experience«, *Wilson Quarterly* 13 (Herbst 1989), S. 72.

25 Saad Eddin Ibhrahim: »Appeal of Islamic Fundamentalism« (Text, vorgelegt bei der Konferenz über Islam und Politik in der zeitgenössischen muslimischen Welt, Harvard University, 15./16. Oktober 1985), S. 9 f., und »Islamic Militancy as a Social Movement: The Case of Two Groups in Egypt«, in Dessouki (Hrsg.): *Islamic Resurgence*, S. 128-131.

26 *Washington Post*, 26. Oktober 1980, S. 232; Peacock: »Impact of Islam«, S. 140; Ilkay Sunar und Binnaz Toprak: »Islam in Politics: The Case of Turkey«, *Government and Opposition* 18 (Herbst 1983), S. 436; Richard W. Bulliet: »The Israeli-PLO Accord: The Future of the Islamic Movement«, *Foreign Affairs* 72 (November/Dezember 1993), S. 42.

27 Ernest Gellner: »Up From Imperialism«, *New Republic*, 22. Mai 1989, S. 35; John Murray Brown: »Tansu Ciller and the Question of Turkish Identity«, *World Policy Journal* 11 (Herbst 1994), S. 58; Roy: *Failure of Political Islam*, S. 53.

28 Fouad Ajami: »The Impossible Life of Muslim Liberalism«, *New Republic*, 2. Juni 1986, S. 27.

29 Clement Moore Henry: »The Mediterranean Debt Crescent« (unveröffentlichtes Manuskript), S. 346; Mark N. Katz: »Emerging Patterns in the International Relations of Central Asia«, *Central Asian Monitor* 2 (1994), S. 27; Mehrdad Haghayeghi: »Islamic Revival in the Central Asian Republics«, *Central Asian Survey* 13 (Nr. 2, 1994), S. 255.

30 *New York Times*, 10. April 1989, S. A3; 22. December 1992, S. 5; *Economist*, 10. Oktober 1992, S. 41.

31 *Economist*, 20. Juli 1991, S. 35; 21. Dezember 1991 – 3. Januar 1992, S. 40; Mahfulzul Hoque Choudhury: »Nationalism, Religion and Politics in Bangladesh«, in Rafiuddin Ahmed (Hrsg.): *Bangladesh: Society, Religion and Politics* (Chittagong 1985), S. 68; *New York Times*, 30. November 1994, S. A14; *Wall Street Journal*, 1. März 1995, S. 1, A6.

32 Donald L. Horowitz: »The Qur'an and the Common Law: Islamic Law Reform and the Theory of Legal Change«, *American Journal of Comparative Law* 42 (Frühjahr und Sommer 1994), S. 234 ff.

33 Dessouki: »Islamic Resurgence«, S. 23.

34 Daniel Pipes: *In the Path of God: Islam and Political Power* (New York 1983), S. 282 f., 290-292; John Barrett Kelly: *Arabia, the Gulf and the West* (New York 1980), S. 261, 423, zitiert bei Pipes: *Path of God*, S. 291.

35 Vereinte Nationen, Bevölkerungsabteilung: *World Population Prospects: The 1992 Revision* (New York 1993), Tabelle A18; Weltbank: *World Development Report 1995* (New York 1995), Tabelle 25; Jean Bourgeois-Pichat: »Le Nombre des Hommes: Etat et Prospective« , in Albert Jacquard (Hrsg.): *Les Scientifiques Parlent* (Paris 1987), S. 154, 156.

36 Jack A. Goldstone: *Revolution and Rebellion in the Early Modern World* (Berkeley 1991), passim, besonders aber S. 24-39.

37 Herbert Moeller: »Youth as a Force in the Modern World«, *Comparative Studies in Society and History* 10 (April 1968), S. 237-260; Lewis S. Feuer: »Generations and the Theory of Revolution«, *Survey* 18 (Sommer 1972), S. 161-188.

38 Peter W. Wilson und Douglas F. Graham: *Saudi Arabia: The Coming Storm* (Armonk [New York] 1994), S. 28 f.

39 Philippe Fargues: »Demographic Explosion or Social Upheaval«, in Ghassen Salame (Hrsg.): *Democracy Without Democrats? The Renewal of Politics in the Muslim World* (London 1994), S. 158-162, 175-177.

40 Economist, 29. August 1981, S. 40; Denis Dragounski: »Threshold of Violence«, *Freedom Review* 26 (März/April 1995), S. 11.

Kapitel 6

1 Andreas Papandreou: »Europe Turns Left«, *New Perspectives Quarterly* 11 (Winter 1994): 53; Vuk Draskovic, zitiert bei Janice A. Broun:

»Islam in the Balkans«, *Freedom Review* 22 (November/Dezember 1991): 31; Stephen Larrabee: »Instability and Change in the Balkans«, *Survival* 34 (Sommer 1992): 43; Misha Glenny: »Heading Off War in the Southern Balkans«, *Foreign Affairs* 74 (Mai/Juni 1995): 102 f.

2 Ali Al-Amin Mazrui: *Cultural Forces in World Politics* (London 1990), S. 13.

3 Siehe zum Beispiel *Economist*, 16. November 1991, S. 45, 6. Mai 1995, S. 36.

4 Ronald B. Palmer und Thomas J. Reckford: *Building ASEAN: 20 Years of Southeast Asian Cooperation* (New York 1987), S. 109; *Economist*, 23. Juli 1994, S. 31 f.

5 Barry Buzan und Gerald Segal: »Rethinking East Asian Security«, *Survival* 36 (Sommer 1994): 16.

6 *Far Eastern Economic Review*, 11. August 1994, S. 34.

7 Gespräch zwischen Datsuk Seri Mahathir bin Mohamad von Malaysia und Kenichi Ohmae, S. 3, 7; Rafidah Azia, *New York Times*, 12. Februar 1991, S. D6.

8 *Japan Times*, 7. November 1994, S. 19; *Economist*, 19. November 1994, S. 37.

9 Murray Weidenbaum: »Greater China: A New Economic Colossus?« *Washington Quarterly* 16 (Herbst 1993): 78-80.

10 *Wall Street Journal*, 30. September 1994, S. A8; *New York Times*, 17. Februar 1995, S. A6.

11 *Economist*, 8. Oktober 1994, S. 44; Andres Serbin: »Towards an Association of Caribbean States: Raising Some Awkward Questions«, *Journal of Interamerican Studies* 36 (Winter 1994): 61-90.

12 *Far Eastern Economic Review*, 5. Juli 1990, S. 24 f., 5. September 1991, S. 26 f.; *New York Times*, 16. Februar 1992, S. 16; *Economist*, 15. Januar 1994, S. 38; Robert D. Hormats: »Making Regionalism Safe«, *Foreign Affairs* 73 (März/April 1994): 102 f.; *Economist*, 10. Juni 1994, S. 47 f.; *Boston Globe*, 5. Februar 1994, S. 7. Zu Mercosur siehe Luigi Manzetti: »The Political Economy of MERCOSUR«, *Journal of Interamerican Studies* 35 (Winter 1993/94): 101-141, und Felix Pena: »New Approaches to Economic Integration in the Southern Cone«, *Washington Quarterly* 18 (Sommer 1995): 113-122.

13 *New York Times*, 8. April 1994, S. A3, 13. Juni 1994, S. D1, D5, 4. Januar 1995, S. A8; Interview Mahathir, S. 2, 5; »Asian Trade New Directions«, *AMEX Bank Review* 20 (22.März 1993), S. 1-7.

14 Siehe Brian Pollins: »Does Trade Still Follow the Flag?« *American Political Science Review* 87 (Juni 1989): 465-480; Joanne Gowa und Edward D. Mansfield: »Power Politics and International Trade«, *American Political Science Review* 87 (Juni 1993): 408-421; und David M. Rowe: »Trade and Security in International Relations«, unveröffentlichte Arbeit, Ohio State University, September 1994, passim.

15 Sidney W. Mintz: »Can Haiti Change?« *Foreign Affairs* 75 (Januar/Februar 1995); Ernesto Pérez Balladares und Joycelyn McCalla, zitiert in »Haiti's Tradition of Isolation Makes U.S. Task Harder«, *Washington Post*, 25. Juli 1995, S. A1.

16 *Economist*, 23. Oktober 1993, S. 53.

17 *Boston Globe*, 21. März 1993, S. 1, 16, 17; *Economist*, 19. November 1994, S. 23, 11. Juni 1994, S. 90. Auf die Ähnlichkeit zwischen der Türkei und Mexiko in dieser Hinsicht hat Barry Buzan aufmerksam gemacht: »New Patterns of Global Security in the Twenty-first Century«, *International Affairs* 67 (Juli 1991): 449, und Jagdish Bhagwati: *The World Trading System at Risk* (Princeton 1991), S.72.

18 Siehe Marquis Astolphe de Custine: *La Russie en 1839* (Paris 1844), passim.

19 P. J. Tschaadajew: *Statyj i pisma* [Artikel und Briefe] (Moskau 1989), S. 178, und N. J. Danilewskij: *Rossija i Evropa* [Moskau 1991), S. 267 f., zitiert in Sergei Wladislawowitsch Tschugrow: »Russia Between East and West«, in Steve Hirsch (Hrsg.): *MEMO 3: In Search of Answers in the Post-Soviet Era* (Washington 192), S. 138.

20 Siehe Leon Aron: »The Battle for the Soul of Russian Foreign Policy«, *The American Enterprise* 3 (November/Dezember 1992): 10 ff.; Alexei G. Arbatov: »Russia's Foreign Policy Alternatives«, *International Security* 18 (Herbst 1993): 5 ff.

21 Sergei Stankevich: »Russia in Search of Itself«, *National Interest* 28 (Sommer 1992): 48 f.

22 Albert Motivans: » ›Openness to the West‹ in European Russia«, *RFE/RL Research Report* 1 (27. November 1992): 60-62. In der Forschung sind die abgegebenen Stimmen unterschiedlich zugerechnet worden, was jedoch am Gesamtbild wenig änderte. Ich stütze mich hier auf die Analyse von Sergei Chugrov: »Political Tendencies in Russia's Regions: Evidence from the 1993 Parliamentary Elections« (unveröffentlichter Text, Harvard University, 1994).

23 *Süddeutsche Zeitung* (18. Juni 1996), S. 1; Chugrov: »Russia Between«, S. 140.

24 Samuel P. Huntington: *Political Order in Changing Societies* (New Haven 1968), S. 350 f.

25 Duygo Bazoglu Sezer: »Turkey's Grand Strategy Facing a Dilemma«,*International Spectator* 27 (Januar-März 1992), S. 24.

26 Clyde Haberman: »On Iraq's Other Front«, *New York Times Magazine*, 18. November 1990, S. 42; Bruce R. Kuniholm: »Turkey and the West«, *Foreign Affairs* 70 (Frühjahr 1991): 35 f.

27 Ian Lesser: »Turkey and the West after the Gulf War«, *International Spectator* 27 (Januar-März 1992): 33.

28 *Financial Times*, 9. März 1992, S. 2; *New York Times*, 5. April 1992, S. E3; Tansu Ciller: »The Role of Turkey in ›the New World‹«: *Strategic Review* 22 (Winter 1994), S. 9; Haberman: »Iraq's Other Front«, S. 44; John Murray Brown: »Tansu Ciller and the Question of Turkish Identity«, *World Policy Journal* 11 (Herbst 1994): 58.

29 Sezer: »Turkey's Grand Strategy«, S. 27; *Washington Post*, 22. März 1992; *New York Times*, 19. Juni 1994, S. 4.

30 *New York Times*, 4. August 1993, S. A3; 19. Juni 1994, S. 4; Philip Robins: »Between Sentiment and Self-Interest: Turkey's Policy toward Azerbaijan and the Central Asian States«, *Middle East Journal* 47 (Herbst 1993): 593-610; *Economist*, 17. Juni 1995, S. 38 f.

31 Bahri Yilmaz: »Turkey's New Role in International Politics«, *Außenpolitik* 45 (Januar 1994): 94.

32 Eric Rouleau: »The Challenges to Turkey«, *Foreign Affairs* 72 (November/Dezember 1993): 119.

33 Rouleau: »Challenges«, S. 120; *New York Times*, 26. März 1989, S. 14.

34 Ebd.

35 Brown: »Question of Turkish Identity«, S. 58.

36 Sezer: »Turkey's Grand Strategy«, S. 29 f.

37 Ciller: »Turkey in the ›New World‹«, S. 9; Brown: »Questions of Turkish Identity«, S. 56; Tansu Ciller: »Turkey and NATO: Stability in the Vortex of Change«; *NATO Review* 42 (April 1994): 6; Süleyman Demirel: *BBC Summary of World Broadcasts*, 2. Februar 1994. Weitere Belege für die Brückenmetapher bei Bruce R. Kuniholm: »Turkey and the West«, *Foreign Affairs* 70 (Frühjahr 1991): 39; Lesser: »Turkey and the West«, S. 33.

38 Interview Nathan Gardels' mit Octavio Paz: »The Border of Time«, *New Perspectives Quarterly* 8 (Winter 1991): 36.

39 Als Ausdruck dieser Sorge siehe Daniel Patrick Moynihan: »Free Trade with an Unfree Society: A Commitment and its Consequences«, *National Interest* 40 (Sommer 1995): 28-33.

40 *Financial Times*, 11./12. September 1993, S. 4; *New York Times*, 16. August 1992, S. 3.

41 *Economist*, 23. Juli 1994, S. 35; Irene Moss, Menschenrechtsbeauftragte (Australien), *New York Times*, 16. August 1992, S. 3; *Economist*, 23. Juli 1994, S. 35; *Boston Globe*, 7. Juli 1993, S. 2; *Cable News Network*, News Report, 16. Dezember 1993; Richard Higgott: »Closing a Branch Office of Empire: Australian Foreign Policy and the UK at Century's End«, *International Affairs* 70 (Januar 1994): 58.

42 Jat Sujamiko, *The Australian*, 5. Mai 1993, S. 18, zitiert bei Higgott: »Closing a Branch«, S. 62; Higgott: »Closing a Branch«, S. 63; *Economist*, 12. Dezember 1993, S. 34.

43 Interview Kenichi Ohmaes mit Mahathir, 24. Oktober 1994, S. 5 f. Siehe auch *Japan Times*, 7. November 1994, S. 19.

44 Der frühere Botschafter Australiens, Richard Woolcott, *New York Times*, 16. August 1992, S. 3.

45 Paul Kelly: »Reinventing Australia«, *National Interest* 30 (Winter 1992), S. 66; *Economist* 11 (Dezember 1993), S. 34; Higgott: »Closing a Branch«, S. 58.

46 Lee Kuan Yew, zitiert bei Higgott: »Closing a Branch«, S. 49.

47 *Economist*, 14. Januar 1995, S. 45; 26. November 1994, S. 56, mit einer Zusammenfassung des Juppé-Artikels in *Le Monde*, 18. November 1994; *New York Times*, 4. September 1994.

48 Michael Howard: »Lessons of the Cold War«, *Survival* 36 (Winter 1994): 102 f.; Pierre Behar: »Central Europe: The New Lines of Fracture«, *Géopolitique* (englische Ausgabe, August 1992): 42; Max Jakobson: »Collective Security in Europe Today«, *Washington Quarterly* 18 (Frühjahr 1995): 69; Max Beloff: »Fault Lines and Steeples: The Divided Loyalties of Europe«, *National Interest* 23 (Frühjahr 1991): 78.

49 Andreas Oplatka: »Vienna and the Mirror of History«, *Géopolitique* 35 (englische Ausgabe, Herbst 1991): 25; Vytautas Landsbergis: »The Choice«, *Géopolitique* 35 (englische Ausgabe, Herbst 1991): 3; *New York Times*, 23. April 1995, S. 5E.

50 Carl Bildt: »The Baltic Litmus Test«, *Foreign Affairs* 73 (September/Oktober 1994): 84.
51 *New York Times*, 15. Juni 1995, S. A10.

Kapitel 7

1 *Economist*, 14. Januar 1995, S. 45; 26. November 1994, S. 56, mit einer Zusammenfassung des Juppé-Artikels in *Le Monde*, 18. November 1994; *New York Times*, 4. September 1994, S. 11.
2 Michael Howard: »Lessons of the Cold War«, *Survival* 36 (Winter 1994), S. 102 f.; Pierre Behar: »Central Europe: The New Lines of Fracture«, *Géopolitique* (englische Ausgabe, August 1992), S. 42; Max Jakobson: »Collective Security in Europe Today«, *Washington Quarterly* 18 (Frühjahr 1995), S. 69; Max Beloff: »Fault Lines and Steeples: The Divided Loyalties of Europe«, *National Interest* 23 (Frühjahr 1991), S. 78.
3 Andreas Oplatka: »Vienna and the Mirror of History«, *Géopolitique* 35 (englische Ausgabe, Herbst 1991), S. 25; Vytautas Landsbergis: »The Choice«, *Géopolitique* 35 (englische Ausgabe, Herbst 1991), S. 3; *New York Times*, 23. April 1995, S. 5E.
4 Carl Bildt: »The Baltic Litmus Test«, *Foreign Affairs* 73 (September/Oktober 1994), S. 84.
5 *New York Times*, 15. Juni 1995, S. A10.
6 *RFE/RL Research Bulletin* 10 (16. März 1993), S. 1, 6.
7 William D. Jackson: »Imperial Temptations: Ethnics Abroad«, *Orbis* 38 (Winter 1994), S. 5.
8 Ian Brzezinski, *New York Times*, 13. Juli 1994, S. A8.
9 John F. Mearsheimer: »The Case for a Ukrainian Nuclear Deterrent: Debate«, *Foreign Affairs* 72 (Sommer 1993), S. 50-66.
10 *New York Times*, 31. Januar 1994, S. A8.
11 Zitiert bei Ola Tunander: »New European Dividing Lines?« in Valter Angell (Hrsg.): *Norway Facing a Changing Europe: Perspectives and Options* (= Norwegian Foreign Policy Studies Nr. 79) (Oslo 1992), S. 55.
12 John Morrison: »Pereyaslav and After: The Russian-Ukrainian Relationship«, *International Affairs* 69 (Oktober 1993), S. 677.
13 John King Fairbank (Hrsg.): *The Chinese World Order: Traditional China's Foreign Relations* (Cambridge 1968), S. 2 f.

14 Perry Link: »The Old Man's New China«, *New York Review of Books*, 9. Juni 1994, S. 32.

15 Perry Link: »China's ›Core‹ Problem«, *Daedalus* 122 (Frühjahr 1993), S. 205; Wei-ming Tu: »Cultural China: The Periphery as the Center«, *Daedalus* 120 (Spring 1991), S. 22; *Economist*, 8. Juli 1995, S. 31 f.

16 *Economist*, 27. November 1993, S. 33; 17. Juli 1993, S. 61.

17 *Economist*, 27. November 1993, S. 33; Yoichi Funabashi: »The Asianization of Asia«, *Foreign Affairs* 72 (November/Dezember 1993), S. 80. Siehe allgemein Murray Weidenbaum und Samuel Hughes: *The Bamboo Network* (New York 1996).

18 Christopher Gray, zitiert in *Washington Post*, 1. Dezember 1992, S. A30; Lee Kuan Yew, zitiert bei Maggie Farley: »The Bamboo Network«, *Boston Globe Magazine*, 17. April 1994, S. 38; *International Herald Tribune*, 23. November 1993.

19 *International Herald Tribune*, 23. November 1993; George Hicks und J. A. C. Mackie: »A Question of Identity: Despite Media Hype, they are Firmly Settled in Southeast Asia«, *Far Eastern Economic Review*, 14. Juli 1994, S. 47.

20 *Economist*, 16. April 1994, S. 71; Nicholas D. Kristof: »The Rise of China«, *Foreign Affairs* 72 (November/December 1993), S. 48; Gerrit W. Gong: »China's Fourth Revolution«, *Washington Quarterly* 17 (Winter 1994), S. 37; *Wall Street Journal*, 17. Mai 1993, S. A7A; Murray L. Weidenbaum: *Greater China: The Next Economic Superpower?* (Washington University Center for the Study of American Business, Contemporary Issues Series 57) (St. Louis, Februar 1993), S. 2 f.

21 Steven Mufson, *Washington Post*, 14. August 1994, S. A30; *Newsweek*, 19. Juli 1993, S. 24; *Economist*, 7. Mai 1993, S. 35.

22 Siehe Walter C. Clemens, Jr., und Jun Zhan: »Chiang Ching-Kuo's Role in the ROC-PRC Reconciliation«, *American Asian Review* 12 (Frühjahr 1994), S. 151-154.

23 Koo Chen Foo, zitiert in *Economist*, 1. Mai 1993, S. 31; Link: »Old Man's New China«, S. 32. Siehe »Cross-Strait Relations: Historical Lessons«, *Free China Review* 44 (Oktober 1994), S. 42-52. Gong: »China's Fourth Revolution«, S. 39; *Economist*, 2. Juli 1994, S. 18; Gerald Segal: »China's Changing Shape: The Muddle Kingdom?« *Foreign Affairs* 73 (Mai/Juni 1994), S. 49; Ross H. Munro: »Giving

Taipeh a Place at the Table«, *Foreign Affairs* 73 (November/Dezember 1994), S. 115; *Wall Street Journal*, 17. Mai 1993, S. A7A; *Free China Journal*, 29. Juli 1994, S. 1.

24 *Economist*, 10. Juli 1993, S. 28 f.; 2. April 1994, S. 34 f.; *International Herald Tribune*, 23. November 1993; *Wall Street Journal*, 17. Mai 1993, S. A7A.

25 Ira M. Lapidus: *History of Islamic Societies* (Cambridge 1988), S. 3.

26 Mohamed Zahi Mogherbi: »Tribalism, Religion and the Challenge of Political Participation: The Case of Libya« (Text, vorgelegt bei der Konferenz über Herausforderungen der Demokratie in der arabischen Welt, Zentrum für Studien zur politischen und internationalen Entwicklung, Kairo, 22.-27. September 1992), S. 1, 9; *Economist* (Übersicht über den arabischen Osten), 6. Februar 1988, S. 7; Adlan A. El-Hardallo: »Sufism and Tribalism: The Case of Sudan« (Text, vorgelegt bei der Konferenz über Herausforderungen der Demokratie in der arabischen Welt, Zentrum für Studien zur politischen und internationalen Entwicklung, Kairo, 24.-27. September 1992), S. 2; *Economist*, 30. Oktober 1987, S. 45; John Duke Anthony: »Saudi Arabia: From Tribal Society to Nation-State«, in Ragaei El Mellakh und Dorothea H. El Mellakh (Hrsg.): *Saudi Arabia, Energy, Developmental Planning, and Industrialization* (Lexington [Masachusetts] 1982), S. 93 f.

27 Yalman Onaran: »Economics and Nationalism: The Case of Muslim Central Asia«, *Central Asia Survey* 13 (Nr. 4, 1994), S. 493; Denis Dragounski: »Threshold of Violence«, *Freedom Review* 26 (März/April 1995), S. 12.

28 Barbara Daly Metcalf: »The Comparative Study of Muslim Societies«, *Items* 40 (März 1986), S. 3.

29 Ebenda.

30 *Boston Globe*, 2. April 1995, S. 2; zur PAIC allgemein siehe »The Popular Arab and Islamic Conference (PAIC): A New ›Islamist International‹?« *TransState Islam* 1 (Frühjahr 1995), S. 12-16.

31 Bernard Schechterman und Bradford R. McGuinn: »Linkages Between Sunni and Shi'i Radical Fundamentalist Organizations: A New Variable in Middle Eastern Politics?« *The Political Chronicle* 1 (Februar 1989), S. 22-34; *New York Times*, 6. Dezember 1994, S. 5.

Kapitel 8

1 Georgi Arbatov: »Neo-Bolsheviks of the I.M.F.«, *New York Times*, 7. Mai 1992, S. A27.

2 Zusammenfassung nordkoreanischer Einschätzungen durch einen führenden US-amerikanischen Analytiker in *Washington Post*, 12. Juni 1994, S. C1; Aussage des indischen Generals zitiert bei Les Aspin: »From Deterrence to Denuking: Dealing with Proliferation in the 1990's«, Memorandum vom 18. Februar 1992, S. 6.

3 Lawrence Freedman: »Great Powers, Vital Interests and Nuclear Weapons«, *Survival* 36 (Winter 1994), S. 37; Les Aspin, Ausführungen vor dem Ausschuß für Innere Sicherheit und Rüstungskontrolle der Nationalen Akademie der Wissenschaften, 7. Dezember 1993, S. 3.

4 Stanley Norris, zitiert in *Boston Globe*, 25. November 1995, S. 1, 7; Alastair Iain Johnston: »China's New ›Old Thinking‹: The Concept of Limited Deterrence«, *International Security* 20 (Winter 1995/96), S. 21-23.

5 Philip L. Ritcheson: »Iranian Military Resurgence: Scope, Motivations, and Implications for Regional Security«, *Armed Forces and Society* 21 (Sommer 1995), S. 575f.; Warren Christopher, Rede vor der Kennedy School of Government, 20. Januar 1995; *Time*, 16. Dezember 1991, S. 47; Ali Al-Azmin Mazrui: *Cultural Forces in World Politics* (London 1990), S. 220, 224.

6 *New York Times*, 15. November 1991, S. A1; *New York Times*, 21. Februar 1992, S. A9; 12. Dezember 1993, S. 1; Jane Teufel Dreyer: »U.S./China Military Relations: Sanctions or Rapprochement?« *In Depth* 1 (Frühjahr 1991), S. 17f.; *Time*, 16. Dezember 1991, S. 48; *Boston Globe*, 5. Februar 1994, S. 2; Monte R. Bullard: »U.S. -China Relations: The Strategic Calculus«, *Parameters* 23 (Sommer 1993), S. 88.

7 Zitiert bei Karl W. Eikenberry: *Explaining and Influencing Chinese Arms Transfers* (National Defense University, Institute for National Strategic Studies, McNair-Paper Nr. 36) (Washington 1995), S. 37; Erklärung der pakistanischen Regierung, *Boston Globe*, 5. Dezember 1993, S. 19; Bates Gill: »Curbing Beijing's Arms Sales«, *Orbis* 36 (Sommer 1992), S. 386; Chong-pin Lin: »Red Army«, *New Republic*, 20. November 1995, S. 28; *New York Times*, 8. Mai 1992, S. 31.

8 Richard A. Bitzinger: »Arms to Go: Chinese Arms Sales to the Third World«, *International Security* 17 (Herbst 1992), S. 87; Philip Ritcheson: »Iranian Military Resurgence«, S. 576, 578; *Washington Post*, 31. Oktober 1991, S. A1, A24; *Time*, 16. Dezember 1991, S. 47; *New York Times*, 18. April 1995, S. A8; 28. September 1995, S. 1; 30. September 1995, S. 4; Monte Bullard: »U.S.-China Relations«, S. 88; *New York Times*, 22. Juni 1995, S. 1; Gill: »Curbing Beijing's Arms«, S. 388; *New York Times*, 8. April 1993, S. A9; 20. Juni 1993, S. 6.

9 John E. Reilly: »The Public Mood at Mid-Decade«, *Foreign Policy* 98 (Frühjahr 1995), S. 83; *Executive Order 12930*, 29. September 1994; *Executive Order 12938*, 14. November 1994. Diese Anordnungen des Präsidenten erweiterten die *Executive Order 12735* vom 16. November 1990, mit der Präsident Bush den nationalen Notstand in bezug auf chemische und biologische Waffen erklärt hatte.

10 James Fallows: »The Panic Gap: Reactions to North Korea's Bomb«, *National Interest* 38 (Winter 1994), S. 40-45; David Sanger, *New York Times*, 12. Juni 1994, S. 1, 16.

11 *New York Times*, 26. Dezember 1993, S. 1.

12 *Washington Post*, 12. Mai 1995, S. 1.

13 Bilahari Kausikan: »Asia's Different Standard«, *Foreign Policy* 92 (Herbst 1993), S. 28 f.

14 *Economist*, 30. Juli 1994, S. 31; 5. März 1994, S. 35; 27. August 1994, S. 51; Yash Ghai: »Human Rights and Governance: The Asian Debate« (Asia Foundation Center for Asian Pacific Affairs, Occasional Paper Nr. 4), 4. November 1994, S. 14.

15 Richard M. Nixon: *Beyond Peace* (New York 1994), S. 127 f.

16 *Economist*, 4. Februar 1995, S. 30.

17 Charles J. Brown: »In the Trenches: The Battle Over Rights«, *Freedom Review* 24 (September/Oktober 1993), S. 9; Douglas W. Payne: »Showdown in Vienna«, *ebd.*, S. 6 f.

18 Charles Norchi: »The Ayatollah and the Author: Rethinking Human Rights«, *Yale Journal of World Affairs* 1 (Sommer 1989), S. 9; Kausikan: »Asia's Different Standard«, S. 32.

19 Richard Cohen: *The Earth Times*, 2. August 193, S. 14.

20 *New York Times*, 19. September 1993, S. 4E; 24. September 1993, S. 1, B9, B16; 9. September 1994, S. A26; *Economist*, 21. September 1993, S. 75; 18. September 1993, S. 37 f.; *Financial Times*, 25./26. September 1993, S. 11; *Straits Times*, 14. Oktober 1993, S. 1.

21 Zahlen und Zitate aus Myron Weiner: *Global Migration Crisis* (New York 1995), S. 21-28.

22 Ebenda, S. 2.

23 Stanley Hoffmann: »The Case for Leadership«, *Foreign Policy* 81 (Winter 1990/91), S. 30.

24 Siehe B.- A. Roberson: »Islam and Europe: An Enigma or a Myth?« *Middle East Journal* 48 (Frühjahr 1994), S. 302; *New York Times*, 5. Dezember 1993, S. 1; 5. Mai 1995, S. 1; Joel Klotkin und Andries van Agt: »Bedouins: Tribes That Have Made It«, *New Perspectives Quarterly* 8 (Herbst 1991), S. 51; Judith Miller: »Strangers at the Gate«, *New York Times Magazine*, 15. September 1991, S. 49.

25 *International Herald Tribune*, 29. Mai 1990, S. 5; *New York Times*, 15. September 1994, S. A21. Die französische Umfrage war von der französischen Regierung in Auftrag gegeben worden, die deutsche Umfrage vom American Jewish Committee.

26 Siehe Hans-George Betz: »The New Politics of Resentment: Radical Right-Wing Populist Parties in Western Europe«, *Comparative Politics* 25 (Juli 1993), S. 413-427.

27 *International Herald Tribune*, 28. Juni 1993, S. 3; *Wall Street Journal*, 23. September 1994, S. B1; Lawrence H. Fuchs: »The Immigration Debate: Little Room for Big Reforms«, *American Experiment* 2 (Winter 1994), S. 6.

28 James C. Clad: »Slowing the Wave«, *Foreign Policy* 95 (Sommer 1994), S. 143; Rita J. Simon und Susan H. Alexander: *The Ambivalent Welcome: Print Media, Public Opinion and Immigration* (Westport [Connecticut] 1993), S. 46.

29 *New York Times*, 11. Juni 1995, S. E14.

30 Jean Raspail: *Le Camp des Saints* (Paris 1973, 1985), und Jean-Claude Chesnais: *Le Crepuscule de l'Occident: Demographie et Politique* (Paris 1995); Piere Lellouche, zitiert bei Miller: »Strangers at the Gate«, S. 80.
Raspails Buch, 1973 erschienen, wurde 1985 neu aufgelegt, als in Frankreich die Besorgnis über die Einwanderung heftiger wurde. Den US-Amerikanern wurde der Roman 1994, als die Sorge stärker wurde, dramatisch zu Bewußtsein gebracht durch einen Aufsatz von Matthew Connelly und Paul Kennedy: »Must It Be the Rest Against the West?« *Atlantic Monthly* 274 (Dezember 1994), S. 61 ff., und durch Raspails Vorwort zu der französischen Ausgabe von 1985, das

auf englisch in *The Social Contract* 4 (Winter 1993/94), S. 115-117, erschien.

31 Philippe Fargues: »Demographic Explosion or Social Upheaval?« in Ghassam Salame (Hrsg.): *Democracy Without Democrats? The Renewal of Politics in the Muslim World* (London 1994), S. 157

Kapitel 9

1 Adda B. Bozeman: *Strategic Intelligence and Statecraft: Selected Essays* (Washington 1992), S. 50; Barry Buzan: »New Patterns of Global Security in the Twenty-first Century«, *International Affairs* 67 (Juli 1991), S. 448 f.

2 John L. Esposito: *The Islamic Threat: Myth or Reality* (New York 1992), S. 46.

3 Bernard Lewis: *Kaiser und Kalifen: Christentum und Islam im Ringen um Macht und Vorherrschaft* (deutsch von Holger Fliessbach) (München 1996), S. 32.

4 Esposito: *Islamic Threat*, S. 44.

5 Daniel Pipes: *In the Path of God: Islam and Political Power* (New York 1983), S. 102 f., 169-173; Lewis F. Richardson: *Statistics of Deadly Quarrels* (Pittsburgh 1960), S. 235-237.

6 Ira M. Lapidus: *A History of Islamic Societies* (Cambridge 1988), S. 41 f.; Prinzessin Anna Komnene, zitiert bei Karen Armstrong: *Holy War: The Crusades and Their Impact on Today's World* (New York 1991), S. 3 f., und bei Arnold J. Toynbee: *Study of History* (London 1954), Bd. VIII, S. 390.

7 Barry Buzan: »New Patterns«, S. 448 f.; Bernard Lewis: »The Roots of Muslim Rage: Why So Many Muslims Deeply Resent the West and Why Their Bitterness Will Not Be Easily Mollified«, *Atlantic Monthly* 266 (September 1990), S. 60.

8 Mohammed Sid-Ahmed: »Cybernetic Colonialism and the Moral Search«, *New Perspectives Quarterly* 11 (Frühjahr 1994), S. 19; M. J. Akbar, zitiert in *Time*, 15. Juni 1992, S. 24; Abdelwahab Belwahl, zitiert *ebenda*, S. 26.

9 William H. McNeill: »Epilogue: Fundamentalisms and the World of the 1990's«, in Martin E. Marty und R. Scott Appleby (Hrsg.): *Fundamentalism and Society: Reclaiming the Sciences, the Family, and Education* (Chicago 1993), S. 569.

10 Fatima Mernissi: *Islam and Democracy: Fear of the Modern World* (Reading [Massachusetts] 1992); die folgenden Zitate in diesem Absatz: S. 3, 9; 8; 146 f.; 43 f.

11 Eine Auslese aus solchen Meldungen bietet *Economist*, 1. August 1992, S. 34 f.

12 John E. Reilly (Hrsg.): *American Public Opinion and U. S. Foreign Policy* 1995 (Chicago 1995), S. 21; *Le Monde*, 20. September 1991, S. 12, zitiert bei Margaret Blunden: »Insecurity on Europe's Southern Flank«, *Survival* 36 (Sommer 1994), S. 138; Richard Morin, *Washington Post* (National Weekly Ed.), 8.-14. November 1993, S. 37; Foreign Policy Association, National Opinion Ballot Report, November 1994, S. 5.

13 *Boston Globe*, 3. Juni 1994, S. 18; John L. Esposito: »Symposium: Resurgent Islam in the Middle East«, *Middle East Policy* 3 (Nr. 2, 1994), S. 9; *International Herald Tribune*, 10. Mai 1994, S. 1, 4; *Christian Science Monitor*, 24. Februar 1995, S. 1.

14 Robert Ellsworth, *Wall Street Journal*, 1. März 1995, S. 15; William T. Johnsen: *NATO's New Front Line: The Growing Importance of the Southern Tier* (Carlisle Barracks [Pennsylvania]: Institut für Strategische Studien, U.S. Army War College 1992), S. VII; Robbin Laird: *French Security Policy in Transition: Dynamics of Continuity and Change* (Washington: Institut für Nationale Strategische Studien, McNair Paper 38, März 1995), S. 50-52.

15 Ayatollah Ruhollah Khomeini: *Islam and Revolution* (Berkeley [California] 1981), S. 305.

16 *Economist*, 23. November 1991, S. 15.

17 Barry Buzan und Gerald Segal: »Rethinking East Asian Security«, *Survival* 36 (Sommer 1994), S. 15.

18 *Can China's Armed Forces Win the Next War?* Exzerpte, übersetzt und herausgegeben von Ross H. Munro: »Eavesdropping on the Chinese Military: Where It Expects War – Where It Doesn't«, *Orbis* 38 (Sommer 1994), S. 365. Die Verfasser des genannten Dokuments sagten weiter, daß der Einsatz militärischer Gewalt gegen Taiwan »eine wirklich unkluge Entscheidung sein würde«.

19 Buzan und Segal: »Rethinking East Asian Security«, S. 7; Richard K. Betts: »Wealth, Power and Instability: East Asia and the United States After the Cold War«, *International Security* 18 (Winter 1993/94), S. 34-77; Aaron L. Friedberg: »Ripe for Rivalry: Prospects

for Peace in Multipolar Asia«, *International Security* 18 (Winter 1993/94), 5-33.

20 *Can China's Armed Forces Win the Next War?* Exzerpte, übersetzt von Munro: »Eavesdropping on the Chinese«, S. 355 ff.; *New York Times*, 16. November 1993, S. A6; Friedberg: »Ripe for Rivalry«, S. 7.

21 Desmond Ball: »Arms and Affluence: Military Acquisitions in the Asia-Pacific Region«, *International Security* 18 (Winter 1993/94), S. 95-111; Michael T. Klare: »The Next Great Arms Race«, *Foreign Affairs* 72 (Sommer 1993), S. 137 ff.; Buzan und Segal: »Rethinking East Asian Security«, S. 8-11; Gerald Segal: »Managing New Arms Races in the Asia/Pacific«, *Washington Quarterly* 15 (Sommer 1992), S. 83-102; *Economist*, 20. Februar 1993, S. 19-22.

22 Siehe zum Beispiel *Economist*, 26. Juni 1993, S. 75; 24. Juli 1995, S. 25; *Time*, 3. Juli 1995, S. 30 f.; und zu China Jacob Heilbrunn: »The Next Cold War«, *New Republic*, 20. November 1995, S. 27 ff.
Es sei angemerkt, daß zumindest in den USA terminologische Verwirrung im Zusammenhang mit Beziehungen zwischen Ländern herrscht. Für »gute« Beziehungen hält man demnach freundschaftliche, kooperative Beziehungen; »schlechte« Beziehungen sind feindselige, antagonistische Beziehungen. Dieser Sprachgebrauch vermengt zwei ganz verschiedene Dimensionen: Freundschaftlichkeit bzw. Feindseligkeit und Erwünschtheit bzw. Unerwünschtheit. Darin spiegelt sich die typisch amerikanische Annahme wider, daß Harmonie in internationalen Beziehungen immer gut, Konflikt immer schlecht ist. Die Gleichsetzung von guten Beziehungen mit freundschaftlichen ist jedoch nur dann zutreffend, wenn Konflikt unter keinen Umständen wünschenswert ist. Die meisten Amerikaner hielten es für »gut«, daß die Administration Bush die Beziehungen der USA zum Irak zu »schlechten« machte, indem sie wegen Kuwait Krieg führte. Um die Verwirrung darüber zu vermeiden, ob »gut« erwünscht oder harmonisch und »schlecht« unerwünscht oder feindselig bedeutet, werde ich »gut« und »schlecht« nur im Sinne von erwünscht und unerwünscht gebrauchen. Interessanter-, aber verwirrenderweise wird von Amerikanern die Konkurrenz der Meinungen, Gruppen, Parteien, politischen Herrschaftsorgane, Unternehmen in der amerikanischen Gesellschaft begrüßt. Meines Wissens hat noch niemand ernsthaft die Frage untersucht, warum

Amerikaner überzeugt sind, daß Konflikt innerhalb der eigenen Gesellschaft gut, zwischen den Gesellschaften aber schlecht ist.

23 Eine Erörterung der verschiedensten Handelskriege und ihrer Tendenz, zu militärischen Kriegen zu führen, bietet David Rowe: *Trade Wars and International Security: The Political Economy of International Economic Conflict* (=«Project on the Changing Security Environment and American National Interests«, Arbeitspapier Nr. 6, John-M.-Olin-Institut für Strategische Studien, Harvard University, Juli 1994), S. 7 ff.

24 *New York Times*, 6. Juli 1993, S. A1; *Time*, 10. Februar 1992, S. 16 ff.; *Economist*, 17. Februar 1990, S. 21-24; *Boston Globe*, 25. November 1991, S. 1, 8; Dan Oberdorfer, *Washington Post*, 1. März 1992, S. A1.

25 Zitiert in *New York Times*, 21. April 1992, S. A10. *New York Times*, 22. September 1991, S. E2; 21. April 1992, S. A1; 19. September 1991, S. A7; 1. August 1995, S. A2; *International Herald Tribune*, 24. August 1995, S. 4; *China Post (Taipei)*, 26. August 1995, S. 2; *New York Times*, 1. August 1995, S. A2, zitiert einen Bericht von David Shambaugh über Interviews in Beijing.

26 Donald Zagoria, *American Foreign Policy Newsletter*, Oktober 1993, S. 3; *Can China's Armed Forces Win the Next War?* in Munro: »Eavesdropping on the Chinese Military«, S. 355 ff.

27 Roger C. Altman: »Why Pressure Tokyo? The US-Japan Rift«, *Foreign Affairs* 73 (Mai-Juni 1994), S. 3; Jeffrey Garten: »The Clinton Asia Policy«, *International Economy* 8 (März-April 1994), S. 18.

28 Edward J. Lincoln: *Japan's Unequal Trade* (Washington 1990), S. 2 f. Siehe C. Fred Bergsten und Marcus Noland: *Reconcilable Differences? United States-Japan Economic Conflict* (Washington: Institut für Internationale Wirtschaft 1993); Eisuke Sakakibara: »Less Like You«, *International Economy* (April/Mai 1990), S. 36, wo zwischen der kapitalistischen Marktwirtschaft der USA und der nichtkapitalistischen Marktwirtschaft Japans unterschieden wird; Marie Anchordoguy: »Japanese-American Trade Conflict and Supercomputers«, *Political Science Quarterly* 109 (Frühjahr 1994), S. 36, mit Zitaten aus Rudiger Dornbush, Paul Krugman, Edward J. Lincoln und Mordechai E. Kreinin; Eamonn Fingleton: »Japan's Invisible Leviathan«, *Foreign Affairs* 74 (März/April 1995), S. 70.

29 Eine gute Zusammenfassung von Unterschieden der Kultur, der Werte, der sozialen Beziehungen und der Einstellungen bietet Sey-

mour Martin Lipset: *American Exceptionalism: A Double-Edged Sword* (New York 1996), Kapitel 7: »American Exceptionalism – Japanese Uniqueness«.

30 *Washington Post*, 5. Mai 1994, S. A38; *Daily Telegraph*, 6. Mai 1994, S. 16; *Boston Globe*, 6. Mai 1994, S. 11; *New York Times*, 13. Februar 1994, S. 10; Karl D. Jackson: »How to Rebuild America's Stature in Asia«, *Orbis* 39 (Winter 1995), S. 14; Yohei Kono, zitiert bei Chalmers Johnson und E. B. Keehn: »The Pentagon's Ossified Strategy«, *Foreign Affairs* 74 (Juli/August 1995), S. 106.

31 *New York Times*, 2. Mai 1994, S. A10.

32 Barry Buzan und Gerald Segal: »Asia: Skepticism about Optimism«, *National Interest* 39 (Frühjahr 1995), S. 83 f.; Arthur Waldron: »Deterring China«, *Commentary* 100 (Oktober 1995), S. 18; Nicholas D. Kristof: »The Rise of China«, *Foreign Affairs* 72 (November/Dezember 1993), S. 74.

33 Stephen P. Walt: »Alliance Formation in Southwest Asia: Balancing and Bandwagoning in Cold War Competition«, in Robert Jervis und Jack Snyder (Hrsg.): *Dominoes and Bandwagons: Strategic Beliefs and Great Power Competition in the Eurasian Rimland* (New York 1991), S. 53, 69.

34 Randall L. Schweller: »Bandwagoning for Profit: Bringing the Revisionist State Back In«, *International Security* 19 (Sommer 1994), S. 72 ff.

35 Lucian W. Pye: *Dynamics of Factions and Consensus in Chinese Politics: A Model and Some Propositions* (Santa Monica, Cal., 1980), S. 120; Arthur Waldron: *From War to Nationalism: China's Turning Point, 1924-1925* (Cambridge 1995), S. 48 f., 212; Avery Goldstein: *From Bandwagon to Balance-of-Power Politics: Structured Constraints in Politics in China, 1949-1978* (Stanford,Cal. 1991), S. 5 f., 35 ff. Siehe auch Lucian Pye: »Social Science Theories in Search of Chinese Realities«, *China Quarterly* 132 (Dezember 1992), S. 1161-1171.

36 Samuel S. Kim und Lowell Dittmer: »Whither China's Quest for National Identity«, in Lowell Dittmer und Samuel S.Kim (Hrsg.): *China's Quest for National Identity* (Ithaca, N. Y., 1991), S. 240; Paul Dibb: Towards a New Balance of Power in Asia (London: Internationales Institut für Strategische Studien 1995) (= Adelphi Paper 295), S. 10-16; Roderick MacFarquhar: »The Post-Confucian Challenge«, *Economist*, 9. Februar 1980, S. 67-72; Kishore Mahbubani:

»The Pacific Impulse«, *Survival* 37 (Frühjahr 1995), S. 117; James L. Richardson: »Asia-Pacific: The Case for Geopolitical Optimism«, *National Interest* 38 (Winter 1994/95), S. 32; Paul Dibb: »Towards a New Balance«, S. 13. Siehe Nicola Baker und Leonard C. Sebastian: »The Problem with Parachuting: Strategic Studies and Security in the Asia/Pacific Region«, *Journal of Strategic Studies* 18 (September 1995), S. 15 ff., mit einer ausführlichen Erörterung über die Unanwendbarkeit europäisch verwurzelter Konzepte wie Machtgleichgewicht und Sicherheitsdilemma auf Asien.

37 *Economist*, 23. Dezember 1995 – 5. Januar 1996, S. 39 f.

38 Richard K. Betts: »Vietnam's Strategic Predicament«, *Survival* 37 (Herbst 1995), S. 61 ff., 76.

39 *New York Times*, 12. November 1994, S. 6; 24. November 1994, S. A12; *International Herald Tribune*, 8. November 1994, S. 1; Michael Oksenberg, *Washington Post*, 3. September 1995, S. C1.

40 Jitsuo Tsuchiyama: »The End of the Alliance? Dilemmas in the U.S.-Japan Relations« (unveröffentlichter Text, Universität Harvard, John-M.-Olin-Institut für Strategische Studien 1994), S. 18 f.

41 Ivan P. Hall: »Japan's Asia Card«, *National Interest* 38 (Winter 1994/95), S. 26; Kishore Mahbubani: »The Pacific Impulse«, S. 117.

42 Mike M. Mochizuki: »Japan and the Strategic Quadrangle«, in Michael Mandelbaum (Hrsg.): *The Strategic Quadrangle: Russia, China, Japan, and the United States in East Asia* (New York: Rat für Auswärtige Beziehungen 1995), S. 130-139; über die Umfrage von Asahi Shimbun berichtete der *Christian Science Monitor*, 10. Januar 1995, S. 7.

43 *Financial Times*, 10. September 1992, S. 6; Samina Yasmeen: »Pakistan's Cautious Foreign Policy«, *Survival* 36 (Sommer 1994), S. 121, 127 f.; Bruce Vaughn: »Shifting Geopolitical Realities Between South, Southwest and Central Asia«, *Central Asian Survey* 13 (Nr. 2, 1994), S. 313; Leitartikel *Hamshari*, 30. August 1994, S. 1, 4, in: *FBIS-NES-94-173*, 2. September 1994, S. 77.

44 Graham E. Fuller: »The Appeal of Iran«, *National Interest* 37 (Herbst 1994), S. 95; Mu'ammar al-Qadhdhafi, Ansprache in Tripolis (Libyen), 13. März 1994, in: *FBIS-NES-94-049*, 14. März 1994, S. 21.

45 Fereidun Fesharaki, Ost-West-Zentrum, Hawai, zitiert in *New York Times*, 3. April 1994, S. E3.

46 Stephen J. Blank: *Challenging the New World Order: The Arms Transfer Policies of the Russian Republic* (Carlisle Barracks, Pa.: Institut für Strategische Studien, U. S. Army War College, 1993), S. 53-60.
47 *International Herald Tribune*, 25. August 1995, S. 5.
48 J. Mohan Malik: »India Copes with the Kremlin's Fall«, *Orbis* 37 (Winter 1993), S. 75.

Kapitel 10

1 Mahdi Elmandjra in *Der Spiegel*, 11. Februar 1991, zitiert bei Elmandjra: »Cultural Diversity: Key to Survival in the Future«, Erster mexikanischer Kongreß über Zukunftsstudien, 26./27. September 1994, S. 3, 11.
2 David C. Rapoport: »Comparing Militant Fundamentalist Groups«, in Martin E. Marty und R. Scott Appleby (Hrsg.): *Fundamentalisms and the State: Remaking Polities, Economies, and Militance* (Chicago 1993), S. 445.
3 Ted Galen Carpenter: »The Unintended Consequences of Afghanistan«, *World Policy Journal* 11 (Frühjahr 1994), S. 78 f., 81, 82; Anthony Hyman: »Arab Involvement in the Afghan War«, *Beirut Review* (Frühjahr 1994), S. 78, 82; Mary Anne Weaver: »Letter from Pakistan: Children of the Jihad«, *New Yorker*, 12. Juni 1995, S. 44 f.; *Washington Post*, 24. Juli 1995, S. A1; *New York Times*, 20. März 1995, S. 1; 28. März 1993, S. 14.
4 Tim Weiner: »Blowback from the Afghan Battlefield«, *New York Times Magazine*, 13. März 1994, S. 54.
5 Harrison J. Goldin, *New York Times*, 28. August 1992, S. A25.
6 James Piscatori: »Religion and Realpolitik: Islamic Responses to the Gulf War«, in James Piscatori (Hrsg.): *Islamic Fundamentalisms and the Gulf Crisis* (Fundamentalismus-Projekt der Amerikanischen Akademie der Wissenschaften, Chicago 1991), S. 1, 6 f. Siehe auch Fatima Mernissi: *Islam and Democracy: Fear of the Modern World* (Reading, Mass. o. J.), S. 16 f.
7 Rami G. Khouri: »Collage of Comment: The Gulf War and the Mideast Peace; The Appeal of Saddam Hussein«, *New Perspectives Quarterly* 8 (Frühjahr 1991), S. 56.
8 Ann Mosely Lesch: »Contrasting Reactions to the Persian Gulf Cri-

sis: Egypt, Syria, Jordan, and the Palestinians«, *Middle East Journal* 45 (Winter 1991), S. 43; *Time*, 3. Dezember 1990, S. 70; Kanan Makiya: *Cruelty and Silence: War, Tyranny, Uprising and the Arab World* (New York 1993), S. 242 ff.

9 Eric Evans: »Arab Nationalism and the Persian Gulf War«, *Harvard Middle Eastern and Islamic Review* 1 (Februar 1994), S. 28; Sari Nusselbeh, zitiert in *Time*, 15. Oktober 1990, S. 54 f.

10 Karin Haggag: »One Year After the Storm«, *Civil Society* (Kairo) 5 (Mai 1992), S. 12.

11 *Boston Globe*, 19. Februar 1991, S. 7; Safar Al-Hawali, zitiert bei Mamoun Fandy, *New York Times*, 24. November 1990, S. 21; König Hussein, zitiert bei David S. Landes: »Islam Dunk: the Wars of Muslim Resentment«, *New Republic*, 8. April 1991, S. 15 f.; Fatima Mernissi: *Islam and Democracy*, S. 102.

12 Safar Al-Hawali: »Infidels, Without, and Within«, *New Perspectives Quarterly* 8 (Frühjahr 1991), S. 51.

13 *New York Times*, 1. Februar 1991, S. A7; *Economist*, 2. Februar 1991, S. 32.

14 *Washington Post*, 29. Januar 1991, S. A10; 24. Februar 1991, S. B1; *New York Times*, 20. Oktober 1990, S. 4.

15 Zitiert in *Saturday Star* (Johannesburg), 19. Januar 1991, S. 3; *Economist*, 26. Januar 1991, S. 31-33.

16 Sohail H. Hasmi, Rezension zu Mohammed Haikal: »Illusions of Triumph«, *Harvard Middle Eastern and Islamic Review* 1 (Februar 1994), S. 107; Mernissi: *Islam and Democracy*, S. 102.

17 Shibley Telhami: »Arab Public Opinion and the Gulf War«, *Political Science Quarterly* 108 (Herbst 1993), S. 451.

18 *International Herald Tribune*, 28. Juni 1993, S. 10.

19 Roy Licklider: »The Consequences of Negotiated Settlements in Civil Wars, 1945-93«, *American Political Science Review* 89 (September 1995), S. 685, definiert kommunale Kriege als »Identitätskriege«; Samuel P. Huntington: »Civil Violence and the Process of Development«, in: *Civil Violence and the International System* (Internationales Institut für Strategische Studien, London, Dezember 1971 = Adelphi Paper Nr. 83), S. 12-14, nennt als die fünf wesentlichen Charakteristika von Kriegen zwischen Gemeinschaften ein hohes Maß an Polarisierung, ideologische Ambivalenz, Partikularismus, ein hohes Maß an Gewalt und lange Dauer.

20 Diese Schätzungen basieren auf Zeitungsmeldungen und auf Ted Robert Gurr und Barbara Harff: *Ethnic Conflict in World Politics* (Boulder, Col. 1994), S. 160-165.

21 Richard H. Shultz, Jr., und William J. Olson: *Ethnic and Religious Conflict: Emerging Threat to U. S. Security* (Washington, D.C.: Nationales Zentrum für Strategische Information 1994), S. 17 ff.; H. D. S. Greenway, *Boston Globe*, 3. Dezember 1992, S. 19.

22 Roy Licklider: »Settlements in Civil Wars«, S. 685; Gurr und Harff: *Ethnic Conflict*, S. 11; Trent N. Thomas: »Global Assessment of Current and Future Trends in Ethnic and Religious Conflict«, in Robert L. Pfaltzgraff, Jr., und Richard H. Shultz, Jr. (Hrsg.): *Ethnic Conflict and Regional Instability: Implications for U. S. Policy and Army Roles and Missions* (Carlisle Barracks, Penn.: Institut für Strategische Studien des U. S. Army War College, 1994), S. 36.

23 Siehe Richard H. Shultz, Jr., und William J. Olson: *Ethnic and Religious Conflict: Emerging Threat to U. S. Security* (Washington, D.C.: Nationales Zentrum für Strategische Information 1994), S. 3-9; Sugata Bose: »Factors Causing the Proliferation of Ethnic and Religious Conflict«, in Pfaltzgraff und Shultz: *Ethnic Conflict and Regional Instability*, S. 43-49; Michael E. Brown: »Causes and Implications of Ethnic Conflict«, in Michael E. Brown (Hrsg.): *Ethnic Conflict and International Security* (Princeton, N. J. 1993), S. 3-26. Die Gegenposition, wonach ethnische Konflikte seit Beendigung des Kalten Krieges nicht zugenommen haben, vertritt Thomas: »Global Assessment of Current and Future Trends in Ethnic and Religious Conflict«, S. 33-41.

24 Ruth Leger Sivard: *World Military and Social Expenditures 1993* (Washington 1993), S. 20-22.

25 James L. Payne: *Why Nations Arm* (Oxford 1989), S. 124.

26 Christopher B. Stone: »Westphalia and Hudaybiyya: A Survey of Islamic Perspectives on the Use of Force as Conflict Management Technique« (unveröffentlichter Text, Harvard University), S. 27-31, und Jonathan Wilkenfeld, Michael Brecher und Sheila Moser (Hrsg.): *Crises in the Twentieth Century* (Oxford 1988/89), Bd. II, S. 15, 161.

27 Gary Fuller: »The Demographic Backdrop to Ethnic Conflict: A Geographic Overview«, in Central Intelligence Agency: *The Challenge of Ethnic Conflict to National and International Order in the*

1990's: Geographic Perspectives (Washington, Central Intelligence Agency, RTT 95-10039, Oktober 1995), S. 151-154.

28 *New York Times*, 16. Oktober 1994, S. 3; *Economist*, 5. August 1995, S. 32.

29 Vereinte Nationen, Abteilung für Wirtschafts- und Sozialinformation und Politikanalyse, Gruppe Bevölkerung: *World Population Prospects: The 1994 Revision* (New York 1995), S. 29, 51.

30 Susan Woodward: *Balkan Tragedy: Chaos and Dissolution after the Cold War* (Washington 1995), S. 32-35; Branka Magas: *The Destruction of Yugoslavia: Tracking the Breakup 1980-92* (London 1993), S. 6, 19.

31 Paul Mojzes: *Yugoslavian Inferno: Ethnoreligious Warfare in the Balkans* (New York 1994), S. 95 f.; Magas: *Destruction of Yugoslavia*, S. 49-73; Aryeh Neier: »Kosovo Survives«, *New York Review of Books*, 3. Februar 1994, S. 26.

32 Aleksa Djilas: »A Profile of Slobodan Milosevic«, *Foreign Affairs* 72 (Sommer 1993), S. 83.

33 Woodward: *Balkan Tragedy*, S. 33-35, Zahlenangaben aus jugoslawischen Volkszählungen und anderen Quellen; William T. Johnsen: *Deciphering the Balkan Enigma: Using History to Inform Policy* (Carlisle Barracks: Institut für Strategische Studien 1993), S. 25, unter Berufung auf *Washington Post*, 6. Dezember 1992, S. C2; *New York Times*, 4. November 1995, S. 6.

34 Bogdan Denis Denitch: *Ethnic Nationalism: The Tragic Death of Yugoslavia* (Minneapolis 1994), S. 108 f.

35 Payne: *Why Nations Arm*, S. 125, 127.

36 *Middle East International*, 20. Januar 1995, S. 2.

Kapitel 11

1 Roy Licklider: »The Consequences of Negotiated Settlements in Civil Wars, 1945-93«, *American Political Science Review* 89 (September 1995), S. 685.

2 Siehe Barry R. Posen: »The Security Dilemma and Ethnic Conflict«, in Michael E. Brown (Hrsg.): *Ethnic Conflict and International Security* (Princeton 1993), S. 103-124.

3 Roland Dannreuther: *Creating New States in Central Asia* (Internationales Institut für Strategische Studien, März 1994 = Adelphi Paper

Nr. 288), S. 30 f.; Dodjoni Atovullo, zitiert bei Urzula Doroszewska: »The Forgotten War: What Really Happened in Tajikistan«, *Uncaptive Minds* 6 (Herbst 1993), S. 33.

4 *Economist*, 26. August 1995, S. 43; 20. Januar 1996, S. 21.

5 *Boston Globe*, 8. November 1993, S. 2; Brian Murray: »Peace in the Caucasus: Multi-Ethnic Stability in Dagestan«, *Central Asian Survey* 13 (Nr. 4, 1994), S. 514 f.; *New York Times*, 11. November 1991, S. A7; 17. Dezember 1994, S. 7; *Boston Globe*, 7. September 1994, S. 16; 17. Dezember 1994, S. 1 ff.

6 Raju G. C. Thomas: »Secessionist Movements in South Asia«, *Survival* 36 (Sommer 1994), S. 99-101, 109; Stefan Wagstyl: »Kashmiri Conflict Destroys a ›Paradise'«, *Financial Times*, 23./24. Oktober 1993, S. 3.

7 Alija Izetbegovic: *The Islamic Declaration* (o.O. 1991), S. 23, 33.

8 *New York Times*, 4. Februar 1995, S. 4; 15. Juni 1995, S. A12; 16. Juni 1995, S. A12.

9 *Economist*, 20. Januar 1996, S. 21; *New York Times*, 4. Februar 1995, S. 4.

10 Stojan Obradovic: »Tuzla: The Last Oasis«, *Uncaptive Minds* 7 (Herbst-Winter 1994), S. 12 f.

11 Fiona Hill: *Russia's Tinderbox: Conflict in the North Caucasus and Its Implications for the Future of the Russian Federation* (Harvard University, John F. Kennedy School of Government, Projekt »Stärkung demokratischer Institutionen«, September 1995), S. 104.

12 *New York Times*, 6. Dezember 1994, S. A3.

13 Siehe Mojzes: *Yugoslav Inferno*, Kapitel 7: »The Religious Component in Wars«; Denitch: *Ethnic Nationalism: The Tragic Death of Yugoslavia*, S. 29 f., 72 f., 131-133; *New York Times*, 17. September 1992, S. A14; Misha Glenny: »Carnage in Bosnia, for Starters«, *New York Times*, 29. Juli 1993, S. A23.

14 *New York Times*, 13. Mai 1995, S. A3; 7. November 1993, S. E4; 13. März 1994, S. E3; Boris Jelzin, zitiert bei Barnett R. Rubin: »The Fragmentation of Tajikistan«, *Survival* 35 (Winter 1993/94), S. 86.

15 *New York Times*, 7. März 1994, S. 1; 26. Oktober 1995, S. A25; 24. September 1995, S. E3; Stanley Jeyaraja Tambiah: *Sri Lanka: Ethnic Fratricide and the Dismantling of Democracy* (Chicago 1986), S. 19.

16 Khalid Duran, zitiert bei Richard H. Schultz, Jr., und William J. Ol-

son: *Ethnic and Religious Conflict: Emerging Threat to U. S. Security* (Washington: Informationszentrum für Nationale Strategie), S. 25.

17 Khaching Tololyan: »The Impact of Diasporas in U. S. Foreign Policy«, in Robert L. Pfaltzgraff, Jr., und Richard H. Shultz, Jr. (Hrsg.): *Ethnic Conflict and Regional Instability: Implications for U. S. Policy and Army Roles and Missions* (Carlisle Barracks, Penns., Institut für Strategische Studien des U. S. Army War College 1994), S. 156.

18 *New York Times*, 25. Juni 1994, S. A6; 7. August 1994, S. A9; *Economist*, 31. Oktober 1992, S. 38; 19. August 1995, S. 32; *Boston Globe*, 16. Mai 1994, S. 12; 3. April 1995, S. 12.

19 *Economist*, 27. Februar 1988, S. 25; 8. April 1995, S. 34; David C. Rapoport: »The Role of External Forces in Supporting Ethno-Religious Conflict«, in Pfaltzgraff und Shultz: *Ethnic Conflict and Regional Instability*, S. 64.

20 Rapoport: »External Forces«, S. 66; New York Times, 19. Juli 1992, S. E3; Carolyn Fluehr-Lobban: »Protracted Civil War in the Sudan: Its Future as a Multi-Religious, Multi-Ethnic State«, *Fletcher Forum of World Affairs* 16 (Sommer 1992), S. 73.

21 Steven R. Weisman: »Sri Lanka: A Nation Disintegrates«, *New York Times Magazine*, 13. Dezember 1987, S. 85.

22 *New York Times*, 29. April 1984, S. 6; 19. Juni 1995, S. A3; 24. September 1995, S. 9; *Economist*, 11. Juni 1988, S. 38; 26. August 1995, S. 29; 20. Mai 1995, S. 35; 4. November 1995, S. 39.

23 Barnett Rubin: »Fragmentation of Tajikistan«, S. 84, 88; *New York Times*, 29. Juli 1993, S. 11; *Boston Globe*, 4. August 1993, S. 4. Meine Darstellung der Entwicklung des Tadschikistankrieges stützt sich im wesentlichen auf: Barnett R. Rubin: »The Fragmentation of Tajikistan«, *Survival* 35 (Winter 1993/94), S. 71-91, Roland Dannreuther: *Creating New States in Central Asia* (Internationales Institut für Strategische Studien, März 1994 = Adelphi Papers Nr. 288), Hafizulla Emadi: »State, Ideology, and Islamic Resurgence in Tajikistan«, *Central Asian Survey* 13 (Nr. 4, 1994), S. 565-574, sowie Zeitungsberichte.

24 Urszula Doroszewska: »Caucasus Wars«, *Uncaptive Minds* 7 (Winter-Frühjahr 1994), S. 86.

25 *Economist*, 28. November 1992, S. 58; Hill: *Russia's Tinderbox*, S. 50.

26 *Moscow Times*, 20. Januar 1995, S. 4; Hill: *Russia's Tinderbox*, S. 90.

27 *Economist*, 14. Januar 1995, S. 43 ff.; *New York Times*, 21. Dezember 1994, S. A18; 23. Dezember 1994, S. A10; 21. Dezember 1994, S. A18; 23. Dezember 1994, S. A1, A10; 3. Januar 1995, S. 1; 1. April 1995, S. 3; 11. Dezember 1995, S. A6; Vicken Cheterian: »Chechnya and the Transcaucasian Republics«, *Swiss Review of World Affairs*, Februar 1995, S. 10 f.; *Boston Globe*, 5. Januar 1995,s. 1 ff.; 12. August 1995, S. 2.

28 Vera Tolz: »Moscow and Russia's Ethnic Republics in the Wake of Chechnya«, Zentrum für Strategische und Internationale Studien, *Post-Soviet Prospects* 3 (Oktober 1995), S. 2; *New York Times*, 20. Dezember 1994, S. A14.

29 Hill: *Russia's Tinderbox*, S. 4; Dmitry Temin: »Decision Time for Russia«, *Moscow Times*, 3. Februar 1995, S. 8.

30 *New York Times*, 7. März 1992, S. 3; 24. Mai 1992, S. 7; *Boston Globe*, 5. Februar 1993, S. 1; Bahri Yilmaz: »Turkey's New Role in International Politics«, *Aussenpolitik* 45 (Januar 1994), S.95; *Boston Globe*, 7. April 1993, S. 2.

31 *Boston Globe*, 4. September 1993, S. 2; 5. September 1993, S. 2; 26. September 1993, S. 7; *New York Times*, 4. September 1993, S. 5; 5. September 1993, S. 19; 10. September 1993, S. A3.

32 *New York Times*, 12. Februar 1993, S. A8; 8. März 1992, S. 20; 5. April 1993, S. A7; 15. April 1993, S. A9; Thomas Goltz: »Letter from Eurasia: Russia's Hidden Hand«, *Foreign Policy* 92 (Herbst 1993), S. 98-104; Fiona Hill und Pamela Jewett: *Back in the USSR: Russia's Intervention in the Internal Affairs of the Former Soviet Rpublics and the Implications for the United States Policy Toward Russia* (Harvard University, John F. Kennedy School of Government, Projekt »Stärkung Demokratischer Institutionen«, Januar 1994) S. 15.

33 Hill und Jewett: *Back to the USSR*, S. 10.

34 *New York Times*, 22. Mai 1992, S. A29; 4. August 1993, S. A3; 10. Juli 1994, S. E4; *Boston Globe*, 25. Dezember 1993, S. 18; 23. April 1995, S. 1, 23.

35 Flora Lewis: »Between TV and the Balkan War«, *New Perspectives Quarterly* 11 (Sommer 1994), S. 47; Hanns W. Maull: »Germany in the Yugoslav Crisis«, *Survival* 37 (Winter 1995/96), S. 112; Wolfgang Krieger: »Toward a Gaullist Germany? Some Lessons from the Yugoslav Crisis«, *World Policy Journal* 11 (Frühjahr 1994), S. 31 f.

36 Misha Glenny: »Yugoslavia: The Great Fall«, *New York Review of Books*, 23. März 1993, S. 61; Pierre Behar: »Central Europe: The New Lines of Fracture«, *Géopolitique* 39 (Herbst 1994), S. 44.

37 Pierre Behar: »Central Europe and the Balkans Today: Strengths and Weaknesses«, *Géopolitique* 35 (Herbst 1991), S. 33; *New York Times*, 23. September 1993, S. A9; *Washington Post*, 13. Februar 1993, S. 16; Janusz Bugajski: »The Joy of War«, *Post-Soviet Prospects* (Zentrum für Strategische und Internationale Studien), 18. März 1993, S. 4.

38 Dov Ronen: *The Origins of Ethnic Conflict: Lessons from Yugoslavia* (Australian National University, Research School of Pacific Studies, Arbeitspapier Nr. 1 55, November 1994), S. 23 f.; Bugajski: »Joy of War«, S. 3.

39 *New York Times*, 1. August 1995, S. A6; 28. Oktober 1995, S. 1, 5; 5. August 1995, S. 4; *Economist*, 11. November 1995, S. 48 f.

40 *Boston Globe*, 4. Januar 1993, S. 5; 9. Februar 193, S. 6; 8. September 1995, S. 7; 30. November 1995, S. 13; *New York Times*, 18. September 1995, S. A6; 22. Juni 1993, S. A23; Janusz Bugajski: »Joy of War«, S. 4.

41 *Boston Globe*, 1. März 1993, S. 3; 21. Februar 1993, S. 11; 5. Dezember 1993, S. 30; *Times* (London), 2. März 1993, S. 14; *Washington Post*, 6. Dezember 1995, S. A15.

42 *New York Times*, 2. April 1995, S. 10; 30. April 1995, S. 4; 30. Juli 1995, S. 8; 19. November 1995, S. E3.

43 *New York Times*, 9. Februar 1994, S. A12; 10. Februar 1994, S. A1; 7. Juni 1995, S. A1; *Boston Globe*, 9. Dezember 1993, S. 25; *Europa Times*, Mai 1994, S. 6; Andreas Papandreou: »Europe Turns Left«, *New Perspectives Quarterly* 11 (Winter 1994), S. 53.

44 *New York Times*, 10. September 1995, S. 12; 13. September 1995, S. A11; 18. September 1995, S. A6; *Boston Globe*, 8. September 1995, S. 2; 12. September 1995, S. 1; 10. September 1995, S. 28.

45 *Boston Globe*, 16. Dezember 1995 S. 8; *New York Times*, 9. Juli 1994, S. 2.

46 Margaret Blunden: »Insecurity on Europe's Southern Flank«, *Survival* (Sommer 1994), S. 145; *New York Times*, 16. Dezember 1993, S. A7.

47 *Boston Globe*, 14. August 1993, S. 2; *Wall Street Journal*, 17. August 1992, S. A4.

48 Yilmaz: »Turkey's New Role«, S. 94, 97.

49 Janusz Bugajski: »Joy of War«, S. 4; *New York Times*, 14. November 1992, S. 5; 5. Dezember 1992, S. 1; 15., November 1993, S. 1; 18. Februar 1995, S. 3; 1. Dezember 1995, S. A14; 3. Dezember 1995, S. 1; 16. Dezember 1995, S. 6; 24. Januar 1996, S. A1, A6; Susan Woodward: *Balkan Tragedy: Chaos and Dissolution After the Cold War* (Washington 1995), S. 356 f.; *Boston Globe*, 10. November 1992, S. 7; 13. Juli 1993, S. 10; 24. Juni 1995, S. 9; 22. September 1995, S. 1, 15; Bill Gertz, *Washington Times*, 2. Juni 1994, S. A1.

50 *Jane's Sentinel*, zitiert in *Economist*, 6. August 1994, S. 41; *Economist*, 12. Februar 1994, S. 21; *New York Times*, 10. September 1992, S. A6; 5. Dezember 1992, S. 6; 26. Januar 1993, S. A9; 14. Oktober 1993, S. A14; 14. Mai 1994, S. 6; 15. April 1995, S. 3; 15. Juni 1995, S. A12; 3. Februar 1996, S. 6; *Boston Globe*, 14. April 1995, S. 2; *Washington Post*, 2. Februar 1996, S. 1.

51 *New York Times*, 23. Januar 1994, S. 1; *Boston Globe*, 1. Februar 1994, S. 8.

52 Zur stillschweigenden amerikanischen Duldung muslimischer Waffenlieferungen siehe *New York Times*, 15. April 1995, S. 3; 3. Februar 1996, S. 6; *Washington Post*, 2. Februar 1996, S. 1; *Boston Globe*, 14. April 1995, S. 2.

53 Rebecca West: *Black Lamb und Grey Falcon: The Record of a Journey through Yogoslavia in 1937* (London 1941), zitiert bei Charles G. Boyd: »Making Peace with the Guilty: The Truth About Bosnia«, *Foreign Affairs* (September/Oktober 1995), S. 22.

54 Zitiert bei Timothy Garton Ash: »Bosnia in Our Future«, *New York Review of Books*, 21. Dezember 1995, S. 27; *New York Times*, 5. Dezember 1992, S. 1.

55 *New York Times*, 3. September 1995, S. 6E; *Boston Globe*, 11. Mai 1995, S. 4.

56 Siehe U. S. Institute of Peace: *Sudan: Ending the War, Moving Talks Forward* (Washington 1994); *New York Times*, 26. Februar 1994, A. 3.

57 John J. Maresca: *War in the Caucasus* (Washington o. J.), S. 4.

58 Robert D. Putnam: »Diplomacy and Domestic Politics: The Logic of Two Level Games«, *International Organization* 42 (Sommer 1988), S. 427-460; Samuel P. Huntington: *The Third Wave: Democratization in the Late Twentieth Century* (Norman, Okl. 1991), S. 121-163.

59 *New York Times*, 27. Januar 1993, S. A6; 16. Februar 1994, S. 47. Zu der russischen Initiative vom Februar 1994 siehe Leonard J. Cohen: »Russia and the Balkans: Pan-Slavism, Partnership and Power«, *International Journal* 49 (August 1994), S. 836-845.
60 *Economist*, 26. Februar 1994, S. 50.
61 *New York Times*, 20. April 1994, S. A12; *Boston Globe*, 19. April 1994, S. 8.
62 *New York Times*, 15. August 1995, S. 13.
63 Hill und Jewitt: *Back in the USSR*, S. 12; Paul Henze: *Georgia and Armenia – Toward Independence* (Santa Monica, Calif., RAND 7-7924, 1995), S. 9; *Boston Globe*, 22. November 1993, S. 34.

Kapitel 12

1 Arnold J. Toynbee: *A Study of History* (London 1934/61), Bd. VII, S. 7-17; *Kultur am Scheidewege* (Zürich-Wien 1949). Aus dem Englischen von Ernst Doblhofer, S. 23; *Study of History*, Bd.IX, S. 421.
2 Matthew Melko: *The Nature of Civilizations* (Boston 1969), S. 155.
3 Carroll Quigley: *The Evolution of Civilizations: An Introduction to Historical Analysis* (New York 1961), S.146 ff.
4 Quigley: *Evolution of Civilizations*, S. 138 f., 158-160. Quigley schließt mit einer Prognose, die zutreffend sein mag, aber von seiner theoretischen und empirischen Untersuchung eigentlich nicht gestützt wird: »Eine westliche Zivilisation hat um 500 n. Chr. noch nicht existiert; sie existierte um 1500 n. Chr. in voller Blüte, und sie wird mit Sicherheit zu einem bestimmten zukünftigen Zeitpunkt, vielleicht vor 2500 n. Chr., nicht mehr existieren.« Neue Zivilisationen in China und Indien, an die Stelle der vom Westen zerstörten tretend, werden, meint Quigley, dann ihre Phase der Expansion durchmachen und die westliche wie die orthodoxe Zivilisation bedrohen. Carroll Quigley: *The Evolution of Civilizations: An Introduction to Historical Analysis* (Indianopolis 1979, zuerst London 1961), S. 127, 164-166.
5 Mattei Dogan: »The Decline of Religious Beliefs in Western Europe«, *International Social Sciencee Journal* 47 (September 1995), S. 405-419.
6 Robert Wuthnow: »Indices of Religious Resurgence in the United States«, in Richard T. Antoun und Mary Elaine Hegland (Hrsg.):

Religious Resurgence: Contemporary Cases in Islam, Christianity and Judaism (Syracuse 1987), S. 15-34; *Economist* 8 (Juli 1995), S. 19-21.

7 Arthur M. Schlesinger, Jr.: *The Disuniting of America: Reflections on a Multicultural Society* (New York 1992), S. 6 f., 123.

8 Zitiert bei Schlesinger: *Disuniting of America*, S. 118.

9 Gunnar Myrdal: *An American Dilemma* (New York 1944), Bd. I, S. 3; Richard Hofstadter zitiert bei Hans Kohn: *American Nationalism: An Interpretive Essay* (New York 1957), S. 13.

10 Takeshi Umehara: »Ancient Japan Shows Post-Modernism the Way«, *New Perspectives Quarterly* 9 (Frühjahr 1992), S. 10.

11 James Kurth: »The *Real* Clash«, *National Interest* 37 (Herbst 1994), S. 3-15.

12 Malcolm Rifkind, Rede vor der Pilgrim Society zu London, 15. November 1994 (New York: British Information Services, 16. November 1994), S. 2.

13 *International Herald Tribune*, 23. Mai 1995, S. 13.

14 Richard Holbrooke: »America: A European Power«, *Foreign Affairs* 74 (März/April 1995), S. 49.

15 Michael Howard: *America and the World* (St.Louis: Washington University, die Jährliche Lewin-Vorlesung, 5. April 1984), S. 6.

16 Schlesinger: *Disuniting of America*, S. 127.

17 Z. A. Bhutto: *If I Am Assassinated* (New Delhi 1979), S. 137 f., zitiert bei Louis Delvoie: »The Islamization of Pakistan's Foreign Policy«, *International Journal* 51 (Winter 1995/96), S. 133.

18 Michael Walzer: *Thick and Thin: Moral Argument at Home and Abroad* (Notre Dame 1994), S. 1-11.

19 James Q. Wilson: *The Moral Sense* (New York 1993), S. 225.

20 Regierung von Singapur: *Shared Values* (Singapur: Verordnung Nr. 1 vom 2. Januar 1991), S. 2-10.

21 Lester Pearson: *Democracy in World Politics* (Princeton 1955), S. 83 f.

Tabellen

Abbildungen

Karten